Der Gleichlaufgrundsatz – Abkehr oder Rückkehr?

Europäische Hochschulschriften

European University Studies

Publications Universitaires Européennes

Reihe II	**Rechtswissenschaft**
Series II	Law
Série II	Droit

Band/Volume **5531**

Bianca Walther

Der Gleichlaufgrundsatz – Abkehr oder Rückkehr?

Eine kritische Auseinandersetzung
mit der Bestimmung der internationalen
Zuständigkeit im Erbscheinsverfahren
aus deutscher und europäischer Sicht

Bibliografische Information der Deutschen Nationalbibliothek
Die Deutsche Nationalbibliothek verzeichnet diese Publikation in der Deutschen
Nationalbibliografie; detaillierte bibliografische Daten sind im Internet über
http://dnb.d-nb.de abrufbar.

Zugl.: Düsseldorf, Univ., Diss., 2013

Dissertation der Juristischen Fakultät der Heinrich-Heine Universität Düsseldorf
Erstgutachter: Prof. Dr. Dirk Looschelders
Zweitgutachter: Prof. Dr. Dirk Olzen
Tag der mündlichen Prüfung: 28. Mai 2013

Gedruckt auf alterungsbeständigem,
säurefreiem Papier.

D 61
ISSN 0531-7312
ISBN 978-3-631-64184-2 (Print)
E-ISBN 978-3-653-03386-1 (E-Book)
DOI 10.3726/978-3-653-03386-1

© Peter Lang GmbH
Internationaler Verlag der Wissenschaften
Frankfurt am Main 2013
Alle Rechte vorbehalten.
PL Academic Research ist ein Imprint der Peter Lang GmbH.
Peter Lang – Frankfurt am Main · Bern · Bruxelles · New York · Oxford · Warszawa · Wien

www.peterlang.de

Vorwort

Die vorliegende Arbeit wurde im Sommersemester 2013 von der Rechtswissenschaftlichen Fakultät der Heinrich-Heine-Universität zu Düsseldorf als Dissertation angenommen. Die mündliche Prüfung fand im Mai 2013 statt.

Eingereicht wurde die Dissertation im Sommersemester 2012, noch vor Inkrafttreten der Erbrechtsverordnung, so dass sie sich im Wesentlichen auf den der endgültigen Verordnung vorangehenden Entwurf stützt. Die endgültige Fassung wird im Rahmen eines Überblicks und einer abschließenden Bewertung besprochen. Literatur und Rechtsprechung konnten bis Mai 2013 berücksichtigt werden.

Mein Dank gilt meinem Doktorvater, Prof. Dr. Dirk Looschelders, für eine lehrreiche Zeit im Rahmen meiner Lehrstuhltätigkeit und vielfältige Unterstützung bei der Erstellung der Dissertation. Bedanken möchte ich mich auch bei Prof. Dr. Dirk Olzen für die zügige Erstellung des Zweitgutachtens. Prof. Dr. Nicola Preuß danke ich für die Anregung zu diesem Thema.

Diese Arbeit widme ich meinen Eltern, Erika Pelzer-Walther und Eckhard Walther, sowie meiner viel zu früh verstorbenen Großmutter, Martha Pelzer, die meine Ausbildung stets uneingeschränkt unterstützt und mich gelehrt haben, dass es für jedes Problem eine Lösung gibt.

Ich danke auch der Konrad-Adenauer-Stiftung, die mich während des rechtswissenschaftlichen Studiums und während des Promotionsstudiums gefördert hat. Die Menschen, die ich im Rahmen der Förderung kennen lernen durfte, haben mich nachhaltig beeinflusst und sind mitunter zu guten Freunden geworden.

Da es darüber hinaus nicht möglich ist, an dieser Stelle all diejenigen aufzuzählen, die mich in der Vergangenheit immer wieder unterstützt haben, seien stellvertretend Florian Kotscha, Laura Boehm, Anja Boesen, Catrin Behnen, Melanie Herrnberger, Katharina Kunißen, Julia Leven, Michaela Luhs, Hanna Tholen, Maximilian Eßer und Fabian Friedrich genannt, denen ich für ihre Korrekturhilfen, ständige Gesprächsbereitschaft und wundervolle Freundschaft danke.

Ebenso bin ich dem gesamten Dezernat von Dr. Andreas Urban sowie Dr. Volker Howe der Düsseldorfer Sozietät Heuking Kühn Lüer Wojtek für viele lehrreiche Fälle und hilfreiche Anregungen zu großem Dank verpflichtet.

Der Brüsseler Dependance der Bundesnotarkammer, insbesondere Dr. Markus Buschbaum, sowie Dr. Klaus Oertel vom Notariat Dr. Schüller & Dr. Oertel danke ich für zahlreiche nützliche Hinweise und eine spannende Zeit in Brüssel bzw. im Notariat in Düsseldorf.

Düsseldorf, den 14. Juli 2013   Bianca Walther

Inhaltsverzeichnis

7

11

14

1. Teil: Einführung

A. Einleitung

Memento Mori – Die Vergänglichkeit des Seins, genauer die Sterblichkeit des Menschen, ist diesem seit jeher bewusst. Schon im ersten Buch der Bibel, Genesis, wird die Thematik der Sterblichkeit im Sündenfall problematisiert.[1] So bewusst sich der Mensch aber auch seines Todes sein mag: Dessen rechtliche Folgen kann er – insbesondere bei der Berührung verschiedener Rechtsordnungen unterschiedlicher Staaten – zumeist nicht abschätzen. So wird zwar in der heutigen Europäischen Union mit derzeit noch 27 Mitgliedstaaten[2] die Anzahl grenzüberschreitender Erbfälle auf 450.000 bis 580.000 jährlich geschätzt,[3] doch fehlt es in diesen Konstellationen an einheitlichen Regelungen, darunter an solchen zur Bestimmung des anwendbaren Rechts und zur internationalen Zuständigkeit – auch hinsichtlich der Erbscheinserteilung.[4]

---

1 Genesis 3; s.a. Geimer, in: Reichelt/Rechberger, Europäisches Erbrecht, S. 1.

2 Belgien, Bulgarien, Dänemark, Deutschland, Estland, Finnland, Frankreich, Griechenland, Irland, Italien, Lettland, Litauen, Luxemburg, Malta, Niederlande, Österreich, Polen, Portugal, Rumänien, Schweden, Slowakei, Slowenien, Spanien, Tschechien, Ungarn, Vereinigtes Königreich, Zypern. Mit dem Beitritt Kroatiens am 1. Juli 2013 sind es 28 Mitgliedstaaten.

3 So errechnete zwar das Deutsche Notarinstitut in seiner „Rechtsvergleichenden Studie der erbrechtlichen Regelungen des Internationalen Verfahrensrechts und Internationalen Privatrechts der Mitgliedstaaten der Europäischen Union" bzw. in deren Schlussbericht (S. 187 ff.; im Folgenden DNotI-Studie) aus dem Jahr 2002, dass von 50.000 bis 100.000 grenzüberschreitenden Erbfällen jährlich auszugehen ist; Altmeyer (in: ZEuS 2010, 475, 477) geht heute aber von rund 450.000 bis 580.000 Erbfällen aus (nach EU-Pressemitteilung IP 09/1508 vom 14.10.2009, s.a. Chassaing, in: Perspectives du droit des Successions Européennes et Internationales, S. 36; Kohler/Pintens FamRZ 2009, 1529, 1531 sowie – kritisch – Remien, in: Grziwotz, Erbrecht und Vermögenssicherung, S. 97). Vgl. auch: Bericht des Rechtsausschusses mit Empfehlungen an die Kommission zum Erb- und Testamentsrecht (2005/2148[INI]); Berichterstatter: Giuseppe Gargani (im Folgenden: Gargani-Report), S. 3; ausführliche Berechnung des „internationalen Nachlassvermögens": Zusammenfassung der Folgenabschätzung SEK (2009) 411, S. 4 f.; Haas, in: Jud/Rechberger/Reichelt, Kollisionsrecht in der Europäischen Union, S. 129; Gesing, Erbfall mit Auslandsberührung, S. 23 ff.; Heggen RNotZ 2007, 1 f.

4 Insbesondere nehmen Art. 1 Abs. 2 lit. a Brüssel-I-VO (Verordnung [EG] Nr. 44/2001 vom 22. Dezember 2000 über die gerichtliche Zuständigkeit und die Anerkennung und Vollstreckung gerichtlicher Entscheidungen in Zivil- und Handelssachen, ABl. EG 2001 L 12 S. 1) und Art. 1 Abs. 3 lit. f Brüssel-IIa-VO (Verordnung [EG] Nr. 2201/2003 vom 27. November 2003 über die Zuständigkeit und die Anerkennung und

Exemplarisch für diese Mängel sei an einen deutschen Erblasser gedacht, der sich einen Alterswohnsitz an der französischen Atlantikküste zugelegt hat. Nicht nur der Erblasser wird wissen wollen, an wen sein Vermögen einst fallen wird. Die Erben, die Gläubiger und viele andere Interessengruppen stehen nach dem Versterben des Erblassers vor großen Problemen: Nach welchem Recht beurteilt sich, ob sie ein Stück vom „Nachlasskuchen" verlangen können? Von welcher Institution in welchem Land können sie verlangen, dass diese ihnen das Stück abschneidet? Und wie schaffen sie es, dass ihnen das Stück in anderen Ländern nicht entrissen wird?

I. Ausgangslage und Zielsetzung

Die Europäische Kommission sieht die Schwierigkeiten internationaler Erbfälle:

> „Durch die zunehmende Mobilität in einem Raum ohne Binnengrenzen sowie die steigende Zahl familiärer Bindungen zwischen EU-Bürgern aus verschiedenen Mitgliedstaaten, die häufig mit dem Erwerb von Gütern einhergehen, die in mehreren EU-Mitgliedstaaten belegen sind, wird die Abwicklung von Erbschaften beträchtlich erschwert. Die Schwierigkeiten, die sich bei einer Erbschaft mit Auslandsbezug stellen, sind größtenteils auf die Unterschiede im materiellen Recht, im Verfahrensrecht und im Kollisionsrecht der Mitgliedstaaten zurückzuführen."[5]

Lange Zeit konnte der Bereich des Erbrechts aber nicht einheitlich gefasst werden. Zwar gab es das Haager Erbrechtsabkommen aus dem Jahr 1989,[6] das Abkommen der nordischen Staaten vom 19. November 1934 sowie diverse bilaterale Abkommen,[7] doch wurde keinem dieser Abkommen internationale Bedeu-

---

	Vollstreckung von Entscheidungen in Ehesachen und in Verfahren betreffend die elterliche Verantwortung und zur Aufhebung der Verordnung [EG] Nr. 1347/2000, ABl. EG 2003 Nr. L 338 S. 1) erbrechtliche Streitgegenstände ausdrücklich aus ihrem Anwendungsbereich aus, vgl. auch Denkinger, Europäisches Erbkollisionsrecht, S. 316, 347; Ivens, Internationales Erbrecht, S. 1.
5	Grünbuch „Erb- und Testamentsrecht" KOM (2005) 65 endg. vom 1.3.2005 (im Folgenden: Grünbuch), S. 3.
6	Das aber nur in den Niederlanden einseitig in Kraft getreten ist; vgl. DNotI-Studie, S. 231; Deppenkemper, in: Frieser, Fachanwaltskommentar Erbrecht, § 2369 Rdnr. 5, 56; Schroer, Europäischer Erbschein, S. 42 f. (er wirft deshalb die Frage auf, ob das Abkommen nicht als „gescheitert" anzusehen ist, dazu noch unter: Teil 3 A. III. 2. b. aa.).
7	Im Detail: DNotI-Studie, S. 193, 209; Denkinger, Europäisches Erbkollisionsrecht, S. 90 ff.; Bachmayer BWNotZ 2010, 146, 159; Schotten Rpfleger 1991, 181; Seyfarth, Zuständigkeitswandel, S. 24; insbesondere ist das Deutsch-Türkische Nachlassabkommen in der Anlage zu Art. 20 des Konsularvertrages zwischen dem Deutschen

tung zugesprochen. Einzig das Haager Testamentsformübereinkommen von 1961,[8] welches das auf die Form letztwilliger Verfügungen anzuwendende Recht bestimmt, ist in fast ganz Europa verbindlich.[9]

Die mangelnde Einheitlichkeit resultierte nicht zuletzt daraus, dass das Erbrecht in spezifischer Weise die beiden völkerrechtlichen Grundelemente staatlicher Souveränität, „Volk" und „Territorium", berührt.[10] Dadurch differiert gerade das materielle Recht in den einzelnen Mitgliedstaaten traditionsbedingt enorm.[11] So ist beispielsweise ein englischer „Trust" in fast allen europäischen Rechtsordnungen unbekannt.[12] Andersherum kennt das englische Recht keinen Pflichtteil.[13]

    Reich und der Türkischen Republik von 28.5.1929 (RGBl. 1930 II 748) zu nennen; weitere Staatsverträge Deutschlands werden von Zimmermann (in: Keidel, Kommentar zum FamFG, § 343 Rdnr. 52) dargestellt.

8   Haager Übereinkommen über das auf die Form letztwilliger Verfügungen anzuwendende Recht vom 5. Oktober 1961; BGBl. 1965 II, 1145, 1966 II, 11; im Folgenden: HTestFÜ.

9   Mit Ausnahme von Italien und Portugal; DNotI-Studie, S. 231, 272 ff.; s.a. Bünning, Nachlaßverwaltung im internationalen Recht, S. 18; Schotten Rpfleger 1991, 181; ausführlich: Hohloch/Heckel, in: Hausmann/Hohloch, Handbuch des Erbrechts, S. 1912 f.; zu den einzelnen Abkommen: Ivens, Internationales Erbrecht, S. 16 ff.; ausführlich zu weiteren Abkommen: Terner MJ 2007, 147, 152 ff.

10   Bajons, in: FS Heldrich, S. 495, 499; Junghardt, Rom-IV-VO, S. 1; Schroer, Europäischer Erbschein, S. 106.

11   Dazu: Bünning, Nachlaßverwaltung im internationalen Recht, S. 17; Gesing, Erbfall mit Auslandsberührung, S. 175 ff.; Junghardt, Rom-IV-VO, S. 53; Lehmann, Brüssel-IV-Verordnung, Rdnr. 10; Schroer, Europäischer Erbschein, S. 108 f.; Haas, in: Gottwald, Perspektiven der justiziellen Zusammenarbeit, S. 50; Baldus GPR 2006, 80, 82; Henrich DNotZ 2001, 441; Lorenz ErbR 2012, 39 (abweichende „sozio-kulturelle und religiöse Vorstellung"); Stumpf EuZW 2006, 587; kritischer: Leipold, in: FS Söllner, S. 648 ff.; „weicher" formuliert hier Denkinger, Europäisches Erbkollisionsrecht, S. 360 ff.

12   Der Trust ist vergleichbar mit der Treuhand. Der Trusterrichter (settelor) überträgt auf den trustee formal das Eigentum an bestimmten Vermögensgegenständen. Der trustee verwaltet diese nach Weisung des settelor zugunsten eines oder mehrerer Begünstigter (beneficiaries). Ihnen schuldet er Rechenschaft und Auskehrung des Gewinns. Das Trust-Vermögen wird damit Sondervermögen. Dazu: Lehmann, Brüssel-IV-Verordnung, Rdnr. 332; Brix/Thonemann-Micker ErbStB 2012, 192; von Oertzen ZEV 2013, 109; s.a. Denkinger, Europäisches Erbkollisionsrecht, S. 313 ff.: „Insbesondere in den Staaten des Common Law ist das Rechtsinstitut des Trust bekannt und im Bereich der Vermögensnachfolge gängig. Dem gegenüber stehen die Staaten des Civil Law, denen die Rechtsfigur unbekannt ist."; de Waal (in: Reid/de Waal/Zimmermann, Exploring the Law of Succession; S. 17 ff.) erkennt aber „trust-

Mit dem am 14. Oktober 2009 vorlegten Entwurf einer „Verordnung des Europäischen Parlaments und des Rates über die Zuständigkeit, das anzuwendende Recht, die Anerkennung und die Vollstreckung von Entscheidungen und öffentlichen Urkunden in Erbsachen sowie zur Einführung eines Europäischen Nachlasszeugnisses"[14] hat die Kommission der Europäischen Union aber dennoch einen weiteren Versuch der Vereinheitlichung des internationalen Erbrechts gewagt – mit Erfolg: Am 13. März 2012 wurde die Verordnung in einer vom Rechtsausschuss des Europäischen Parlaments abgewandelten Version vom Europäischen Parlament mit kleineren sprachlichen Änderungen gebilligt.[15] Sie trägt nunmehr den Titel „Verordnung des Europäischen Parlaments und des Rates über die Zuständigkeit, das anzuwendende Recht, die Anerkennung und Vollstreckung von Entscheidungen und die Annahme und Vollstreckung öffentlicher Urkunden in Erbsachen sowie zur Einführung eines Europäischen Nachlasszeugnisses".[16] Der Rat hat dem Vorschlag am 7./8. Juni 2012 zugestimmt und die Verordnung verabschiedet (Verordnung [EU] Nr. 650/2012).[17] Sie wurde am 27. Juli 2012 im EU-Amtsblatt[18] veröffentlicht, trat am 16. August 2012 in Kraft und wird ab dem 17. August 2015 vollständig anwendbar sein. Die Verordnung beschränkt sich jedoch aus den oben angeführten traditionsbedingten Gründen vornehmlich auf die Vereinheitlichung der internationalen Zustän-

---

nahe" Rechtsinstitute in den Civil-Law-Ländern. Zur Frage der Aufnahme des (Erbschafts-) Trusts in die kommende Verordnung siehe Fn. 662.

13 Denkinger, Europäisches Erbkollisionsrecht, S. 258 ff.; Bachmayer BWNotZ 2010, 146, 172 f; Wagner DNotZ 2010, 506, 516; ausführlich zu den Pflichtteils- und Noterbrechten ab S. 243 ff.; s.a. Verbke/Leleu, in: Towards a European Civil Code, S. 335, 342; Lorenz ErbR 2012, 39, 40.

14 KOM (2009) 154 endg.: Im Folgenden: ErbVO-E2009; abrufbar unter: http://www.europarl.europa.eu/meetdocs/2009_2014/documents/com/com_com(2009) 0154_/com_com(2009)0154_de.pdf.

15 Die durch das Europäische Parlament gebilligte Version ist abrufbar unter: http://www.europarl.europa.eu/sides/getDoc.do?type=TA&reference=P7-TA-2012-0068&language=DE&ring=A7-2012-0045.

16 Änderungsantrag 246 vom 22. Februar 2012, abrufbar unter: http://www.europarl.europa.eu/sides/getDoc.do?pubRef=-%2f%2fEP%2f%2fNONSGML%2bCOMPARL%2bPE-483.680%2b02%2bDOC%2bPDF%2bV0%2f%2fde.

17 Vgl. FD-DStR 2012, 329954. Der Rat der Europäischen Union hat vorangehend ebenfalls einen Entwurf eingebracht (politische Einigung im Rat am 12. Dezember 2011), der der ErbVO in weiten Teilen entspricht, so dass nur noch eine formale Zustimmung des Rates erfolgen musste. Der Entwurf des Rates ist abrufbar unter: http://register.consilium.europa.eu/pdf/de/11/st18/st18320-ad01.de11.pdf.

18 ABl. EU 2012 L 201 S. 107, abrufbar unter: http://eur-lex.europa.eu/LexUriServ/LexUriServ.do?uri=OJ:L:2012:201:FULL:DE:PDF.

digkeitsregelungen sowie des Kollisionsrechtes und spart das materielle Recht bewusst aus.[19]

Doch aus den bereits benannten Gründen ist schon die Vereinheitlichung der Zuständigkeitsregelungen und des Kollisionsrechtes komplex, denn diese beiden Rechtsbereiche unterscheiden sich in den einzelnen Mitgliedstaaten ebenso erheblich voneinander.[20]

Die Unterschiedlichkeit der Regelungen zur Bestimmung der internationalen Zuständigkeit bemängelt auch die DNotI-Studie von 2002. Danach würden die Verschiedenartigkeit der Regelungen der internationalen Zuständigkeit in den einzelnen Staaten sowie die Vielzahl der Gerichte,[21] die mit der Abwicklung ein und desselben grenzüberschreitenden Erbfalls befasst werden können, die Erben und Gläubiger nur zum „forum shopping"[22] anreizen. Dies geschehe insbesondere dadurch, dass jedes Gericht seine eigenen Kollisionsregeln anwende und so vorab zu erkennen sei, welches Recht das Gericht auf den Sachverhalt anwenden wird. So könne das Recht „gewählt" werden, das den eigenen Interessen am ehesten entspricht. Ebenso seien Nachlassspaltungen, also Sachverhalte, bei denen der Nachlass mehrerer Rechtsordnungen untersteht,[23] die Folge einer Vielzahl von Zuständigkeitskriterien, die sich gegebenenfalls auf bestimmte Güter beschränken.[24] Darüber hinaus könne in einigen Staaten die Zurückweisung des Einwandes, eine Rechtssache sei vor einem zuerst befassten ausländischen Gericht rechtshängig, die Nachlassspaltung erschweren, da die verschiedenen Verfahren nicht vor einem einzigen Gericht stattfinden könnten.[25]

Zudem kritisiert die Studie die erheblichen Unterschiede im Kollisionsrecht[26] und untermauert ihre Kritik mit einem anschaulichen Beispiel:

---

19 DNotI-Studie, S. 185; so auch schon Jayme ZfRV 1983, 162; s.a. Leipold, in: FS Söllner, S. 648 ff.; eine Harmonisierung des materiellen Erbrechts liegt zudem außerhalb des Zuständigkeitsbereichs der Europäischen Union: Zusammenfassung der Folgenabschätzung SEK (2009) 410, S. 2; a.A. Kroppenberg, Nationale Rechtskultur, S. 103 ff.

20 DNotI-Studie, S. 193; vertiefend: Dörner, in: FS Holzhauer, S. 474, 475; s.a. Ivens, Internationales Erbrecht, S. 19.

21 Sofern im Folgenden von Gerichten gesprochen wird, sind davon auch sonstige ausländische Institutionen erfasst, denen nach dem ausländischen Recht die Erbscheinserteilung oder sonstige Erbrechtsbehandlung übertragen ist (weiter als Art. 2 lit. b Erb-VO-E2009, da auch Notare erfasst sind, denen nicht gerichtliche Aufgaben übertragen sind, wie bspw. der französische Notar); vgl. Teil 3 A. III. 1. b.

22 Dazu sogleich ausführlich, s.u. Teil 1 B. II. 4.

23 Zum Begriff siehe Teil 1 B. I. 1. e.

24 Ebenda.

25 DNotI-Studie, S. 205.

26 So auch: Bünning, Nachlaßverwaltung im internationalen Recht, S. 18.

„Die Verschiedenartigkeit der Kollisionsnormen der EU-Staaten ist mit Sicherheit eine Quelle für rechtliche Unsicherheiten, sowohl für den künftigen Erblasser, als auch für seine Erben und Gläubiger. Führt man das einfache Beispiel eines Italieners an, der in Frankreich domiziliert ist und bewegliche Güter in Frankreich und in Italien besitzt und ferner unbewegliche Güter in Frankreich und Deutschland, so stellt man leicht fest, dass die Erbfolge unterschiedlich geregelt wird, je nachdem, wo die Abwicklung stattfindet. Ein französischer Richter wird die Erbfolge der beweglichen und der in Frankreich belegenen unbeweglichen Güter dem französischen Recht unterstellen, die deutschen unbeweglichen Güter dem deutschen Recht. Ein italienischer Richter wird sämtliche Güter, d.h. bewegliche und unbewegliche Güter unabhängig von dem Ort ihrer Belegenheit dem italienischen Recht unterstellen. Ein deutscher Richter wird ebenso verfahren außer im Hinblick auf die französischen unbeweglichen Güter, die er dem französischen Recht unterstellt, da er gemäß Art. 3 Abs. 3 EGBGB [Art. 3a Abs. 2 EGBGB] die französische Kollisionsnorm, die die in Frankreich belegenen Güter dem französischen Recht unterstellt, als eine Sonderbestimmung betrachtet."[27]

Auch wenn aber sowohl Zuständigkeitsregelungen als auch Kollisionsrecht in den Mitgliedstaaten jeweils erheblich differieren, will sich der Europäische Verordnungsgeber nicht darauf beschränken, beispielsweise nur das Verfahrensrecht europaweit einheitlich zu regeln.[28] Er geht vielmehr hierüber hinaus und koppelt die Zuständigkeitsregelungen und das Kollisionsrecht über einen identischen Anknüpfungspunkt aneinander und verbindet so Verfahrens- und Kollisionsrecht. Einheitliches Anknüpfungskriterium für die internationale Zuständigkeit und das anzuwendende Recht ist grundsätzlich der gewöhnliche Aufenthalt des Erblassers zum Todeszeitpunkt.[29]

Diese neu geschaffene Parallelität von internationaler Zuständigkeit und materiellem Kollisionsrecht steht dem in Deutschland bis zum 1. September 2009 geltenden Gleichlaufprinzip nahe.[30] Dieser Grundsatz knüpfte die internationale

---

27 DNotI-Studie, S. 259.

28 Eine Beschränkung allein auf das Verfahrensrecht wurde damit abgelehnt, dass mit der (ebenfalls vorgesehenen) Anerkennung ausländischer Entscheidungen in der Sache auch das angewandte ausländische Kollisionsrecht akzeptiert werde; Bauer IPRax 2006, 202.

29 Vgl. Art. 4, 21 ErbVO.

30 Ist aber nicht identisch, obwohl auch die Kommission von einem „Gleichlauf" von anwendbarem Recht und internationaler Zuständigkeit sprach, Bauer IPRax 2006, 202, 203; Dörner ZEV 2005, 137, 138; Lehmann FPR 2008, 203, 204; s.a. Bajons, in: FS Heldrich, S. 495, 505; so auch DNotI-Studie, S. 184. Es handelt sich nicht um einen klassischen Gleichlauf, wie die folgenden Ausführungen zeigen, sondern um einen „phänotypischen" Gleichlauf, dem eine Parallelität der Anknüpfungskriterien zugrunde liegt; vgl. Berenbrok, Internationale Nachlaßabwicklung, S. 33, 45; Pfeiffer, Internationale Zuständigkeit, S. 95 f.

Zuständigkeit unter anderem für die Erteilung eines Erbscheines im Erbscheinsverfahren[31] an das einschlägige materielle Sachrecht.[32] Indem der Grundsatz eine Abhängigkeit der Zuständigkeit vom anwendbaren materiellen Recht herstellte und nicht nur identische Anknüpfungspunkte wählte, ging er sogar über eine bloße Parallelität hinaus.

Nach der Einführung des FamFG zum 1. September 2009 richtet sich die internationale Zuständigkeit im Erbscheinsverfahren gemäß §§ 105, 343 Abs. 1 FamFG nun nach der örtlichen Zuständigkeit.[33] Die örtliche Zuständigkeit bestimmt dabei, welches von mehreren Gerichten unterschiedlicher Gerichtsbezirke tätig zu werden hat.[34]

Diese neue deutsche Regelung wird wiederum von der ErbVO abgelöst, da die europäische Regelung einer nationalen Regelung vorgeht.[35] Aufgrund der teilweise sehr ähnlichen Strukturen, aber auch der enormen Unterschiede, gibt die ErbVO Anlass zu untersuchen, welche Vor- und Nachteile der Gleichlaufgrundsatz in Deutschland hatte, welche die gegenwärtige Gesetzeslage hat und wie die erstmals im Vorentwurf von 2009 zur ErbVO, ErbVO-E2009, angedachte Parallelbestimmung von internationaler Zuständigkeit und anwendbarem Recht damit harmonisiert. Zur Verdeutlichung der systemimmanenten Vor- und

---

31 Einschränkend befasst sich die Untersuchung nur mit diesem Verfahren.

32 Zum Gleichlaufgrundsatz: Birk, in: Münchener Kommentar zum BGB, Art. 25 EGBGB Rdnr. 63; Mayer, in: Münchener Kommentar zum BGB, § 2369 Rdnr. 54; Dörner, in: Staudinger, Kommentar zum BGB, Art. 25 EGBGB Rdnr. 835 ff.; ausführlich ab Teil 2 B. II.

33 Entspricht der Lehre von der Doppelfunktionalität, bspw. vertreten in: Dörner, in: Staudinger, Kommentar zum BGB, Art. 25 EGBGB Rdnr. 848 ff.; Schurig, in: Soergel, Kommentar zum BGB, Art. 25 Rdnr. 48 ff.; Berenbrok, Internationale Nachlaßabwicklung, S. 56 ff.; Kegel/Schurig, IPR, S. 1017; Riering MittBayNot 1999, 519; Ultsch MittBayNot 1995, 6 ff. Entgegen allen (und insbesondere dem Gesetzgeber, vgl. BT-Drucks. 16/6308 S. 221 f.) geht Birk (in: Münchener Kommentar zum BGB, Art. 25 EGBGB Rdnr. 315 ff.) davon aus, dass der Gleichlaufgrundsatz auch heute noch vertreten wird. Ihm zufolge gelte die im Zivilprozessrecht allgemein anerkannte Parallelität von örtlicher und internationaler Zuständigkeit weiterhin für die übrigen in § 343 FamFG genannten Verfahren. Dabei lässt er § 105 FamFG unberücksichtigt. Ausführlich zur Neuregelung unten Teil 2 C.

34 Die örtliche Zuständigkeit entspricht grundsätzlich dem Gerichtsstand, siehe bspw. § 12 ZPO sowie Bendtsen, in: HK-ZPO, § 12 Rdnr. 1; Patzina, in: Münchener Kommentar zur ZPO, § 12 ZPO Rdnr. 4; Heinrich, in: Musielak, Kommentar zur ZPO, § 12 Rdnr. 2.

35 Siehe Art. 288 Abs. 2 AEUV sowie Bachmayer BWNotZ 2010, 146, 157.

Nachteile wird zudem auf die Verfahrensregelungen anderer europäischer Staaten eingegangen.[36]

Bei einem Vergleich der deutschen Regelungen zur Bestimmung der internationalen Zuständigkeit mit denen des ErbVO-E2009 werden klärungsbedürftige Problematiken aufgedeckt. Die aufgedeckten Probleme dienen als Grundlage einer abschließenden Darstellung und Bewertung der endgültig verabschiedeten Version der ErbVO. Es sollen noch zu bewältigende Schwierigkeiten hinsichtlich dieser europäischen Verordnung aufgedeckt und Lösungen angeboten werden.

Ziel der Arbeit ist es daher, anhand der gefundenen Kritikpunkte zunächst Lösungsvorschläge für eine deutsche, insbesondere jedoch für eine europäische Regelung zu erarbeiten.

II. Gang der Untersuchung

Unter Teil 1 B. werden die Begriffe des internationalen Erbfalls und des internationalen Erbscheinsverfahrens erläutert (siehe B. I.). Der Schwerpunkt liegt bei den Ausführungen zum internationalen Erbfall auf der Herausarbeitung der wesentlichen Anknüpfungsmomente, die das internationale Erbkollisionsrecht für den Umgang mit diesen Erbfällen bereithält. Die Ausführungen zum internationalen Erbscheinsverfahren konzentrieren sich vornehmlich auf den Aspekt der internationalen Zuständigkeit. Sodann werden praktische Probleme im Umgang mit internationalen Erbfällen unter besonderer Berücksichtigung des internationalen Erbscheinsverfahrens erläutert (siehe B. II.).

Im zweiten Teil werden die Systeme des deutschen Gleichlaufgrundsatzes und der Neuregelung seit dem 1. September 2009 untersucht. Eine Erläuterung der Funktionsweise sowie eine Betrachtung der Argumente für und gegen das jeweilige System ermöglichen einen Einblick in die Entwicklung der deutschen Zuständigkeitsbestimmungen im Erbscheinsverfahren. Insbesondere die vorgestellten Argumente bilden zudem die Grundlage der weiteren Untersuchung. Mithilfe dieser Argumente werden die Vor- und Nachteile der Regelungen herausgearbeitet. Der Erarbeitung der Vor- und Nachteile dienen auch die im ersten

---

36 Zur Veranschaulichung der drei wesentlichen europarechtlichen Strömungen, des germanischen und romanischen Rechts sowie des Common Law (vgl. Schroer, Europäischer Erbschein, S. 55), fließen in die Betrachtung beispielhaft die französischen und die englischen (als Untergruppe des Rechts des Vereinigten Königreichs) Zuständigkeitsregelungen mit ein. Diese eignen sich sehr gut zur gesonderten Berücksichtigung, da sich die Rechtsordnungen und damit auch das Erbscheinsverfahren traditionsbedingt enorm vom deutschen System unterscheiden.

Teil näher ausgeführten Praxisprobleme und die Lösungen, die das jeweilige System hierfür liefert.

Die Ergebnisse des zweiten Teils bilden die Grundlage einer Analyse der Zuständigkeitsregelungen nach dem ErbVO-E2009 im dritten Teil. Der ErbVO-E2009 wird anhand der Ergebnisse des zweiten Teils, aber auch allgemein anhand der Praxisprobleme untersucht. Dabei wird besonderer Wert auf die Entstehung des Verordnungsentwurfs gelegt, in deren Verlauf verschiedene Kriterien zur Bestimmung der Zuständigkeit und des anwendbaren Rechts diskutiert wurden. Im Rahmen der Besprechung des Vorentwurfes werden – mit Ausnahme der Zuständigkeitsvorschriften – alle neuen Regelungen der Verordnung überblicksartig erfasst und dabei ErbVO-E2009 und ErbVO gegenübergestellt. Schließlich werden die Regelungen zur Bestimmung der internationalen Zuständigkeit nach dem Verordnungsentwurf erörtert und bewertet.

Im vierten Teil werden die drei Systeme, Gleichlaufgrundsatz, deutsche Neuregelung und das erstmals im ErbVO-E2009 vorgesehene neue Gleichlaufsystem zusammengeführt. Die jeweiligen Vor- und Nachteile aller Konzepte werden verglichen und Gemeinsamkeiten sowie Unterschiede erarbeitet. Sodann werden mittels dieser Zusammenführung konkrete Vorschläge für eine verbesserte Regelung in der Verordnung entwickelt.

Gegenstand des fünften Teils sind im Wesentlichen die Zuständigkeitsregelungen der verabschiedeten Fassung der ErbVO. Diese werden zunächst in ihren Abweichungen zum Vorentwurf besprochen. Anschließend wird geprüft, inwieweit die ErbVO die im vierten Teil erarbeiteten Vorschläge bereits umgesetzt hat, inwieweit weitere Nachbesserungen erforderlich sind und wie diese aussehen könnten.

B. Erbfall und Zuständigkeit im Erbscheinsverfahren im internationalen Kontext

I. Die Begriffe des internationalen Erbfalls und des internationalen Erbscheinsverfahrens

Um einen Vergleich der Systeme vornehmen zu können, ist insbesondere deren Anwendungsbereich einzugrenzen. Die Regelungen galten, gelten und werden für internationale Erbfälle[37] gelten. Sie sollen bei Vorliegen eines grenzüber-

---

37 Synonym wird der Begriff „transnationaler Erbfall" gebraucht. Dieser ist aber, wie auch Gesing (in: Erbfall mit Auslandsberührung, S. 35) anführt, missverständlich, da die Transnationalität vermuten lässt, dass sich der Sachverhalt vom nationalen Recht

schreitenden Erbfalls die internationale Zuständigkeit der (deutschen) Gerichte bestimmen, unter anderem hinsichtlich der Erteilung eines Erbscheines.

Daher sind die Begriffe des „internationalen Erbfalls" und des „internationalen Erbscheinsverfahrens" von zentraler Bedeutung. Diese werden im Folgenden erörtert. Insbesondere beim internationalen Erbfall werden Kriterien, die Anknüpfungsmomente, angeführt, die das internationale Erbrecht bereithält und die sich auch bei der Bestimmung der Zuständigkeit als Anknüpfungskriterien für ebendiese wiederfinden.[38]

1. Der internationale Erbfall

a. Allgemeines

Bei einem internationalen Erbfall handelt sich im weiteren Sinne um einen „Erbfall mit Auslandsberührung".[39] Ein Erbfall ist dabei der Tod einer Person.[40] Er weist im Gegensatz zu einem rein nationalen Erbfall die Besonderheit auf, dass durch einen Auslandsbezug nicht nur das nationale Erbrecht, sondern auch die erbrechtlichen Regelungen anderer Länder zur Anwendung gelangen können. Ein Auslandsbezug kann beispielsweise aufgrund der Staatsangehörigkeit des Erblassers oder der Erben, des (letzten) Wohnsitzes des Erblassers, seines (gewöhnlichen) Aufenthalts oder der Belegenheit des Nachlasses vorliegen.[41]

Sind Rechtsordnungen verschiedener Staaten bei einem Erbfall tangiert, stellt sich – im Unterschied zu reinen Inlandssachverhalten – die Frage, welches Erbrecht den entsprechenden Sachverhalt regeln soll. So können deutsches Recht, ausländisches Recht oder eine Mischung mehrerer Rechtsordnungen an-

---

löst und eine gewisse Überstaatlichkeit beinhaltet. Der Begriff soll aber ausdrücken, dass der Erbfall mehrere nationale Rechtsordnungen berührt. Zum „transnationalen Erbfall": Heggen RNotZ 2010, 1, 2 f.

38 Ausgegangen wird jeweils von dem deutschen Recht als der lex fori. An geeigneter Stelle wird aber auf andere Rechtsordnungen eingegangen. Ebenso wird teilweise bereits das Recht der Europäischen Union, insbesondere des ErbVO-E2009 einbezogen, obwohl hier eine autonome Auslegung erfolgt, dazu noch unter Teil 3 B. III. 1. c. bb.

39 Piltz, in: Flick/Piltz S. 1; Schroer, Europäischer Erbschein, S. 24; Heggen RNotZ 2010, 1, 3; noch genauer Haas, in: Süß, Erbrecht in Europa, S. 1: „Aufgabe des Internationalen Erbrechts ist es, in Erbfällen mit Auslandsberührung die auf den jeweiligen Sachverhalt anwendbare Rechtsordnung zu bestimmen (Art. 3 Abs. 1 S. 1 EGBGB)."

40 In Deutschland in § 1922 Abs. 1 BGB legaldefiniert, auch international hängt der Eintritt des Erbfalls in allen Rechtsordnungen vom Tod des Erblassers ab; vgl. Kropholler, IPR, S. 440; s.a. Gesing, Erbfall mit Auslandsberührung, S. 45 ff.; Schäuble ZErb 2009, 200, 204.

41 Piltz, in: Flick/Piltz S. 15; Haas, in: Süß, Erbrecht in Europa, S. 1; Schroer, Europäischer Erbschein, S. 24; s.a. Firsching Rpfleger 1972, 1, 3.

zuwenden sein.[42] Da das Gericht als Ausgangspunkt sein eigenes Internationales Privatrecht anwendet (siehe nur Art. 3 EGBGB), erfolgt die Bestimmung des anwendbaren Rechtes grundsätzlich durch das materielle Kollisionsrecht des Staates, dessen angerufene Gerichte sich mit der Rechtsfrage beschäftigen.[43] Das Kollisionsrecht macht die Anwendbarkeit des Sachrechts davon abhängig, ob der in den kollisionsrechtlichen Regelungen geforderte Bezug zu diesem Sachrecht hergestellt wird. Es grenzt so die Anwendungsbereiche der nationalen Rechtsordnungen gegeneinander ab. Ziel ist, die Rechtsordnung für anwendbar zu erklären, die mit dem Sachverhalt am engsten verbunden ist.[44] Die vorgenannten Gründe für Auslandsberührungen werden hier meist zu Anknüpfungsmomenten. Die Anknüpfungsmomente werden aber auch als Kriterien zur Bestimmung der internationalen Zuständigkeit herangezogen, wobei es hier weniger um die engste Verbindung als um die Verfahrenseffektivität geht, wie im Folgenden noch erläutert wird.[45]

Nachfolgend und ausgehend von Art. 25 und 26 EGBGB,[46] [47] den deutschen erbrechtlichen Kollisionsregelungen,[48] werden aufgrund ihrer herausgehobenen Bedeutung für den internationalen Erbfall und als Grundlage zum Verständnis der derzeitigen Unsicherheiten im internationalen Erbrecht sowie zum Überblick

---

42 Piltz, in: Flick/Piltz S. 3; Schömmer/Reiß, Internationales Erbrecht – Italien, S. 1; Schroer, Europäischer Erbschein, S. 25.

43 Lorenz, in: BeckOK-BGB, Einl. IPR Rdnr. 3; Looschelders, IPR, Art. 3 – 46 EGBGB, Übersicht Rdnr. 7; s.a. Beispiel bei Piltz, in: Flick/Piltz S. 3 f., 12.

44 Ausführlich: Lehmann, Brüssel-IV-Verordnung, Rdnr. 48; Kegel/Schurig, IPR, S. 300, 405; Kraus, Die internationale Zuständigkeit in Nachlassverfahren, S. 39; Lorenz, in: FS Geimer, S. 555; s.a. Kropholler, IPR, S. 136.

45 Siehe einführend: Teil 1 B. II.; vgl. auch Lehmann, Brüssel-IV-Verordnung, Rdnr. 48.

46 Art. 26 EGBGB ist die nationale Umsetzung des HTesFÜ. Entsprechendes gilt daher jeweils auch in Bezug auf die Normen dieses Übereinkommens. Zum Vorrang des HTestFÜ bei dessen Anwendbarkeit: Lorenz, BeckOK-BGB, Art. 26 Rdnr. 2; Birk, in: Münchener Kommentar zum BGB, Art. 26 EGBGB, Rdnr. 2.

47 Über Art. 17b Abs. 1 S. 2 EGBGB sind diese erbrechtlichen Normen auch für eingetragene Lebenspartnerschaften relevant (beachte aber die Sonderreglung zugunsten des registerführenden Staates nach Art. 17b Abs. 1 S. 2 a.E.).

48 Gründe für die Anwendbarkeit deutschen Sachrechts sind im Übrigen auch bilaterale Verträge gem. Art. 3 Abs. 2 EGBGB, bspw. das Deutsch-Iranische Niederlassungsabkommen vom 17.2.1929, der Deutsch-Türkische Konsularvertrag vom 28.5.1929 und der Deutsch-Sowjetische Konsularvertrag vom 25.4.1958 (vor Auflösung: UdSSR, danach Russische Föderation; vgl. Fn. 7; Birk, in: Münchener Kommentar zum BGB, Art. 25 EGBGB Rdnr. 302 ff.); auch kann aus Rück- und Weiterverweisung i.S.d. Art. 4 EGBGB oder Statutenwechsel die Anwendung deutschen Rechts folgen; vgl. Piltz, in: Flick/Piltz S. 4; Wachter, in: Flick/Piltz, S. 23, 84 ff.; Schömmer/Reiß, Internationales Erbrecht – Italien, S. 16 ff.; Kroiß ErbR 2006, 2, 3.

über die nachfolgend dargestellte Diskussion zum maßgeblichen Anknüpfungsmoment in der ErbVO[49] (als Kriterium zur Bestimmung des anwendbaren Rechts aber auch der internationalen Zuständigkeit) beispielhaft die wichtigsten Anknüpfungsmomente im erbrechtlichen Bereich aufgezeigt.

b. Staatsangehörigkeit

Zentrales Anknüpfungsmoment im deutschen Internationalen Privatrecht ist (derzeit noch) die Staatsangehörigkeit.[50] Man spricht insoweit vom „Staatsangehörigkeitsprinzip".[51] Danach unterstehen die persönlichen Verhältnisse eines Menschen dem Recht des Staates, dem er angehört oder zu einem bestimmten Zeitpunkt angehört hat.[52] Die Entscheidung über die Staatsangehörigkeit einer Person trifft jeder Staat selbst, was auf völkerrechtliche Gründe zurückzuführen ist.[53] Nach Art. 25 Abs. 1 EGBGB richtet sich die „Rechtsnachfolge von Todes wegen" im deutschen Recht nach der Staatsangehörigkeit im Todeszeitpunkt.[54] Für den deutschen Erblasser hat dies grundsätzlich die Anwendung deutschen Rechts und damit einen rein nationalen Erbfall zur Folge. Doch wären bei einem ausländischen Erblasser beispielsweise das materielle Kollisionsrecht seines Heimatstaates (vgl. Art. 4 Abs. 1 EGBGB) und gegebenenfalls auch das entsprechende Sachrecht anzuwenden.

Für Verfügungen von Todes wegen kann, neben anderen Kriterien, die im Folgenden noch erörtert werden, in Deutschland ebenfalls die Staatsangehörigkeit im Zeitpunkt der Errichtung der Verfügung von Bedeutung sein, wie in Art. 26 Abs. 1 S. 1 Nr. 1 und Nr. 5 EGBGB ausgeführt wird.

---

49   Art. 4 und 21 Abs. 1 ErbVO.

50   Ausführlich zur geschichtlichen Entwicklung: Herweg, Europäisierung des Internationalen Erbrechts, S. 43; Mansel, Personalstatut, S. 5 ff.

51   Lehmann, Brüssel-IV-Verordnung, Rdnr. 49; zurückgehend auf Mancini; vgl. Kropholler, IPR, S. 263.

52   Thorn, in: Palandt, Kommentar zum BGB, Art. 5 Rdnr. 1; Kropholler, IPR, S. 269; Junghardt, Rom-IV-VO, S. 57.

53   Siehe nur: Looschelders, IPR, Art. 3 – 46 EGBGB, Art. 5 Rdnr. 3; Gesing, Erbfall mit Auslandsberührung, S. 40, Fn. 104 m.w.N. (auch zur Problematik, ob die entsprechende Vorfrage selbständig oder unselbständig angeknüpft wird).

54   Kritisch zur Staatsangehörigkeit als Anknüpfungsmoment im Erbrecht: Kropholler, IPR, S. 435 mit Verweis auf Basedow NJW 1986, 2971, 2977, der befürchtete, dass, würde vom Staatsangehörigkeitsprinzip in Art. 25 Abs. 1 BGB abgerückt und stattdessen an den letzten Aufenthalt des Erblassers angeknüpft, den Nachlassgerichten eine „Lawine von aufwendigen Fremdrechts-Nachlaßverfahren" (so Kropholler) drohe; siehe auch Blumenwitz, in: Staudinger, Kommentar zum BGB, Anh. I zu Art. 5 Rdnr. 1 ff. (auch zur EU-Konformität, dazu noch unter Teil 3 A. III. 2. b. aa.).

In manchen Rechtsordnungen ist auch die Staatsangehörigkeit sonstiger Erbbeteiligter von Bedeutung.[55]

c. Wohnsitz und „Domicil/e"

Der Wohnsitz stellt einen weiteren wesentlichen Grund für die Auslandsberührung dar. Im deutschen Recht bestimmt sich der Wohnsitz nach den §§ 7 ff. BGB. Abgestellt wird nach §§ 7, 8 BGB auf ein faktisches Element, nämlich den tatsächlichen Aufenthalt, und ein voluntatives Element, den rechtsgeschäftlichen Begründungswillen.[56] In den deutschen Regelungen des erbrechtlichen Kollisionsrechtes kommt ihm zwar bei der Bestimmung des anzuwendenden Rechtes bei letztwilligen Verfügungen in Art. 26 Abs. 1 S. 1 Nr. 3, S. 2 EGBGB nur eine untergeordnete Bedeutung zu,[57] doch ist für diverse erbrechtliche Kollisionsregelungen in anderen europäischen Staaten der Wohnsitz des Erblassers zentrales Anknüpfungsmoment. Zu nennen ist dabei insbesondere das französische Recht. Hier ist das „Domicil(e)", der Wohnsitz des französischen Rechts, anstelle der Staatsangehörigkeit primärer Anknüpfungsmoment für das Personalstatut.[58] Die Bestimmung von Wohnsitz bzw. Domicil(e) richtet sich grundsätzlich[59] nach derjenigen Rechtsordnung, die das Anknüpfungsmoment in ihrer Kollisionsnorm verwendet, d.h. neben den §§ 7 ff. BGB für die Bestimmung im deutschen Recht also beispielsweise im französischen Recht nach dem Hauptwohnsitz („principal établissement") einer Person (Art. 102 ff. Code civil).[60]

---

55   Haas, in: Süß, Erbrecht in Europa. S. 2, Schroer, Europäischer Erbschein, S. 26.

56   Zusammenfassend: Junghardt, Rom-IV-VO, S. 72; ausführlich Teil 2 C. II 2. a. aa. (2) (a).

57   Dazu generell: von Hoffmann/Thorn, IPR, S. 202; Kegel/Schurig, IPR, 439; Kropholler, IPR, S. 444 ff.

58   von Hoffmann/Thorn, IPR, S. 203; Kegel/Schurig, IPR, S. 440; Kropholler, IPR, S. 87, wobei Kropholler; s.a. Junghardt, Rom-IV-VO, S. 71.

59   In Staatsverträgen ist eine autonome Auslegung erforderlich. Allerdings sieht Art. 1 S. 3 HTestFÜ (s.a. Art. 26 Abs. 1 S.2 EGBGB) vor, dass jeder Staat selbst bestimmt, ob in diesem ein Wohnsitz des Erblassers bestand; vgl. Gesing, Erbfall mit Auslandsberührung, S. 41.

60   Grundsatz, dass jeder Staat selbst über die Auslegung seiner nationalen Normen, also auch des nationalen IPR, bestimmt, vgl. Frantzen, in: FS Jayme, S. 187, 188; der von „Domizil" i.S.d. Wohnsitzes spricht und zur Begriffsbestimmung auf die ausländischen Rechtsordnungen (unter Ausnahme des englischen Rechts) verweist; s.a. von Hoffmann/Thorn, IPR, S. 204; zum französischen Recht: Fuchs/Hau/Thorn, Fälle zum Internationalen Privatrecht, S. 148; siehe zur Bestimmung im europäischen Raum DNotI-Studie, S. 195.

Das Domicile des französischen Rechts entspricht so weitestgehend dem gewöhnlichen Aufenthalt.[61] Im anglo-amerikanischen Rechtskreis[62] hat das „Domicil" hingegen eine vom gewöhnlichen Aufenthalt abweichende Bedeutung, die sich dem deutschen Wohnsitzbegriff annähert.[63] Das Domicil beschreibt hier vielmehr die Verbundenheit zu einem Rechtsgebiet und nicht zu einem bestimmten Ort.[64] Es wird unterschieden zwischen dem „Domicil of origin", dem „Geburtsdomizil", und einem erwählten „Domicil of choice".[65] Letzteres wird objektiv durch den tatsächlichen Aufenthalt („physical presence") und subjektiv mit der Absicht begründet, in dem gewählten Land für immer oder zumindest für unbestimmte Zeit zu bleiben („for indefinite future time") und nicht in das ursprüngliche Land des Domicil of origin zurückzukehren („animus manendi et non revendi"), wobei es teilweise ausreichen kann, für einen nicht von vornherein beschränkten Zeitraum bleiben zu wollen.[66] Darüber hinaus existiert aber keine genaue Definition des Domizilbegriffs.[67]

---

61 Lorenz, in: BeckOK-BGB, Art. 5 EGBGB Rdnr. 19; Junghardt, Rom-IV-VO, S. 71. Das DNotI setzt den Domizilbegriff sogar „kontinentaleuropäisch" völlig mit dem gewöhnlichen Aufenthalt gleich, DNotI-Studie, S. 262. Zum Begriff des gewöhnlichen Aufenthalts sogleich.

62 In der Europäischen Union gelangt dieses Common-Law-Verständnis des Domicil in England, Wales, Schottland, Nordirland, Irland, auf Malta und auf Zypern zur Anwendung; vgl. Junghardt, Rom-IV-VO, S. 70 m.w.N.

63 Junghardt, Rom-IV-VO, S. 72; so auch im dänischen Recht: Ring/Olsen, in: Süß, Erbrecht in Europa, S. 419.

64 Lorenz, in: BeckOK-BGB, Art. 5 EGBGB Rdnr. 18; Sonnenberger, in: Münchener Kommentar zum BGB, Einl. IPR, Rdnr. 726; Odersky, in: Süß, Erbrecht in Europa, S. 721; von Bar/Mankowski, IPR, Band I, S. 565; Junghardt, Rom-IV-VO, S. 70; Kegel/Schurig, IPR, S. 440; Rauscher, IPR, Rdnr. 285.

65 Lorenz, in: BeckOK-BGB, Art. 5 EGBGB Rdnr. 18; Dörner, in: Staudinger, Kommentar zum BGB, Anh. zu Art. 25, 26 EGBGB Rdnr. 282; Odersky, in: Süß, Erbrecht in Europa, S. 721; Denkinger, Europäisches Erbkollisionsrecht, S. 54; Junghardt, Rom-IV-VO, S. 70; Odersky, Die Abwicklung deutsch-englischer Erbfälle, S. 58 ff.

66 Odersky, in: Süß, Erbrecht in Europa, S. 721; von Hoffmann/Thorn, IPR, S. 203; Denkinger, Europäisches Erbkollisionsrecht, S. 55; Junghardt, Rom-IV-VO, S. 70; Rauscher, IPR, Rdnr. 285 f.

67 Völkl, in: Große-Wilde/Ouart, Deutscher Erbrechtskommentar, Art. 25 Rdnr. 32; Ferid, IPR, S. 41; von Hoffmann/Thorn, IPR, S. 203; Kegel/Schurig, IPR, S. 440; Ficker, in: FS Nipperdey, Band I, S. 301 ff.; Junghardt, Rom-IV-VO, S. 70.

d. Aufenthalt

Weiterer, wesentlicher Anknüpfungspunkt gerade in der ErbVO ist der Aufenthalt. Zu unterscheiden sind ein schlichter und ein gewöhnlicher Aufenthalt.[68] Zur Begründung des schlichten Aufenthalts genügt die tatsächliche körperliche Anwesenheit an einem Ort.[69]

Die Bestimmung des gewöhnlichen Aufenthalts ist hingegen schwieriger. Konzipiert ist er als „faktischer Wohnsitz", um normative Wertungsdifferenzen zwischen den nationalen Rechtsordnungen zum Wohnsitz zu umgehen. Im Gegensatz zum schlichten Aufenthalt zeigt das Adjektiv „gewöhnlich" aber an, dass ein Wertungselement hinzukommen muss, um den reinen Tatsachenbegriff zu formen.[70]

Der gewöhnliche Aufenthalt ist in Deutschland wie der Wohnsitz für die Bestimmung des anzuwendenden Rechts bei letztwilligen Verfügungen maßgeblich, Art. 26 Abs. 1 S. 1 Nr. 3 EGBGB.[71] Auch die ErbVO stellt zur Bestimmung der internationalen Zuständigkeit und des anwendbaren Kollisionsrechtes grundsätzlich auf den gewöhnlichen Aufenthalt des Erblassers im Zeitpunkt seines Todes ab.[72]

Eine einheitliche und subsumtionsfähige (Legal-)Definition existiert jedoch nicht.[73] Gerade im deutschen Recht wird zwar im Steuerrecht (§ 9 S. 1 AO) der gewöhnliche Aufenthalt als Ort definiert, an dem sich eine Person unter Um-

---

68 Von Bar/Mankowski, IPR, Band I, S. 563 ff.; Kegel/Schurig, IPR, S. 440; Kropholler, IPR, S. 284; Rauscher, IPR, Rdnr. 272 ff.

69 Von Bar/Mankowski, IPR, Band I, S. 568; von Hoffmann/Thorn, IPR, S. 207; Kegel/Schurig, IPR, S. 472; Kropholler, IPR, S. 284; s.a. Junghardt, Rom-IV-VO, S. 86.

70 Lehmann, Brüssel-IV-Verordnung, Rdnr. 59; s.a. Sonnenberger, in: Münchener Kommentar zum BGB, Einl. IPR, Rdnr. 722; Gesing, Erbfall mit Auslandsberührung, S. 41.

71 Eine Zusammenstellung aller deutschen Normen, die auf den gewöhnlichen Aufenthalt Bezug nehmen, findet sich bei Lehmann, Brüssel-IV-Verordnung, Rdnr. 62 ff. (ohne Berücksichtigung der Einführung des FamFG); s.a. Baetge, Gewöhnlicher Aufenthalt im IPR, S. 39 ff.; Junghardt, Rom-IV-VO, S. 77 ff. Zur Verwendung des Begriffs in ausländischen Rechtsordnungen: Baetge, Gewöhnlicher Aufenthalt im IPR, S. 55 ff.

72 Vgl. Art. 4, 21 ErbVO; zur „wachsenden Bedeutung" des gewöhnlichen Aufenthalts siehe auch Kropholler, IPR, S. 290 ff.

73 Ausführlich: Lehmann, Brüssel-IV-Verordnung, Rdnr. 59 ff. Ausdrücklicher Verzicht der Aufnahme einer Definition bei der IPR-Reform 1986, vgl. BT-Drucks. 10/504, 41: „Der Entwurf verzichtet auf eine Definition des gewöhnlichen Aufenthalts. Dieser Begriff könnte nur seinem Zweck nach, nicht jedoch in allen tatbestandlichen Einzelheiten genau umschrieben werden. Der gewöhnliche Aufenthalt dient als Anknüpfungspunkt sowohl im autonomen wie auch im völkervertraglichen Kollisionsrecht; eine Festschreibung seines Inhalts könnte die anzustrebende Harmonisierung beider kollisionsrechtlicher Materien gefährden." S.a. Junghardt, Rom-IV-VO, S. 158.

ständen aufhält, die erkennen lassen, dass sie an diesem Ort nicht nur vorübergehend verweilt. Doch kann unter diese Definition weder einheitlich subsumiert werden, noch lassen sich spezifische Gedanken des Steuerrechts verallgemeinern, so dass beispielsweise § 9 S. 2 AO, der eine Fiktion dahingehend beinhaltet, dass der gewöhnliche Aufenthalt an dem Ort vermutet wird, an dem sich eine Person mehr als sechs Monate aufhält, ebenso wenig übertragen werden kann wie die Rechtsprechung zum Steuerrecht.[74]

In der deutschen Literatur und Rechtsprechung ist der Begriff daher sehr umstritten. Während das Reichsgericht 1917 noch davon ausging, „die bloße Tatsache eines nicht nur vorübergehenden Verweilens von gewisser Dauer und Regelmäßigkeit"[75] begründe einen gewöhnlichen Aufenthalt, wurde diese ausschließlich von quantitativen Kriterien abhängige Definition von den Zivilgerichten in den 60er-Jahren aufgegeben.[76] Vielmehr orientiert sich die heute wohl herrschende Ansicht an der tatsächlichen Bindung an die soziale Umwelt, mithin die soziale Integration. Wesentlich sei der Daseinsmittelpunkt, also der Schwerpunkt der Bindung einer Person insbesondere in familiärer und beruflicher Hinsicht.[77] Damit werden stärker die Folgen der bereits genannten Kriterien, körperliche Anwesenheit und Anwesenheitsdauer, betont.[78] Wie diese Folgen aller-

---

74 So auch: Lehmann, Brüssel-IV-Verordnung, Rdnr. 62, Fn. 129. Er verweist darauf, dass der Gesetzgeber durch die Wiederholung der Definition des § 9 S. 1 AO in § 30 Abs. 3 S. SGB I gezeigt habe, dass es sich eben nicht um eine allgemeingültige Definition handle. Auch § 9 S. 3 AO, der Besuchs-, Erholungs-, Kur- oder ähnliche Aufenthalte ausnimmt, ist nicht übertragbar; s.a. Baetge, Gewöhnlicher Aufenthalt im IPR, S. 39 ff. (ab S. 41 zur Nichtübertragbarkeit des steuerrechtlichen Begriffs auf das Internationale Privatrecht); Gesing, Erbfall mit Auslandsberührung, S. 41; Junghardt, Rom-IV-VO, S. 78 f.

75 RGZ 91, 287, 288.

76 Sie lebt aber noch teilweise im Steuerrecht auf, vgl. die Weiterentwicklung der Regel in § 9 S. 2 AO und § 132 Abs. 1 AO der Dienstanweisung für Standesbeamte. Zu alledem: Lehmann, Brüssel-IV-Verordnung, Rdnr. 66.

77 So die ständige Rechtsprechung des BGH, vgl. bspw.: BGH NJW 1975, 1068; NJW 1993, 2047; FamRZ 2001, 412. Bei Minderjährigen soll es statt der beruflichen auf die schulischen Bindungen ankommen, vgl. OLG Hamm NJW 1992, 636, 637; Looschelders, IPR, Art. 3 – 46 EGBGB, Art. 5 Rdnr. 8; zusammenfassend: Lehmann, Brüssel-IV-Verordnung, Rdnr. 67; s.a. Kegel, in: FS Rehbinder, S. 699, 703 f. sowie 706: „Berufliche und familiäre Beziehungen sind nur wichtig, um bei Zweifeln zu entscheiden, wo sich jemand gewöhnlich aufhält. Den Ausschlag gibt gemeinhin, wo jemand zur Ruhe kommt, wo er schläft."

78 Baetge IPRax 2001, 573, 574 ff.; Lehmann, Brüssel-IV-Verordnung, Rdnr. 67; für starre Frist (von sechs Monaten) aber: Kegel, in: FS Rehbinder, S. 699, 702 ff.; Spickhoff (IPRax 1995, 185, 186 f.) fasst zusammen, dass sich der Lebensmittelpunkt meist dort befinde, wo sich der Betroffene am längsten aufhalte.

dings konkret festgestellt werden, insbesondere welches Maß an sozialer Integration gefordert werden muss, ist damit noch immer nicht geklärt. Bei Minderjährigen[79] sollen beispielsweise in der Regel sechs Monate für eine Integration ausreichen,[80] während der Zeitraum bei Erwachsenen deutlich länger angesetzt wird.[81]

Deutsche Rechtswissenschaftler nehmen daher unterschiedliche Eingrenzungen vor. *Lehmann*[82] unterscheidet in Anhänger einer streng objektiven Theorie und solche einer kombiniert subjektiv-objektiven Theorie. Während sich Erstere auf den tatsächlichen räumlichen Lebensmittelpunkt fokussieren und den gewöhnlichen Aufenthalt danach bestimmen, wo sich der Betreffende hauptsächlich (nicht zwingend ständig) aufhält und wo der Schwerpunkt seiner Bindungen liegt, also nur äußerliche Umstände relevant sein sollen,[83] ist die zweite Ansicht offener.[84] Sie legt grundsätzlich auch die tatsächliche Dauer des Aufenthalts in der Vergangenheit und die damit verbundenen sozialen, wirtschaftlichen und finanziellen Bindungen der Bestimmung des gewöhnlichen Aufenthalts zugrunde,[85] lässt aber auch die voraussichtliche Dauer und Beständigkeit des Aufenthalts und die damit in aller Regel einhergehende Integration zur Begründung des gewöhnlichen Aufenthalts genügen, wenn sich aus den Umstän-

---

79 Denen im Erbrecht aufgrund ihrer zumeist mangelnden Testierfähigkeit nur eine untergeordnete Rolle zukommt, vgl. nur § 2229 BGB.

80 Siehe nur: BGHZ 78, 293, 300 ff.; OLG Hamm FamRZ 1991, 1346; Thorn, in: Palandt, Kommentar zum BGB, Art. 5 EGBGB, Rdnr. 10; Kropholler, IPR, S. 284, von Hoffmann/Thorn, IPR, S. 207; von Bar/Mankowski, IPR, Band I, S.563; Gesing, Erbfall mit Auslandsberührung, S. 41 f.; kritisch aber: BGH FamRZ 1997, 1070. Der Einzelfall soll aber dennoch berücksichtigt werden, siehe insbesondere BVerfG, Beschluss vom 29.10.1998 – 2 BvR 1206/98, Rz. 73 = NJW 1999, 631; zu alledem: Lehmann, Brüssel-IV-Verordnung, Rdnr. 67.

81 Kropholler, IPR, S. 286; für eine Sechsmonatsfrist auch bei Erwachsenen aber Kegel, in: FS Rehbinder, S. 699, 701 ff.; vgl. Lehmann, Brüssel-IV-Verordnung, Rdnr. 67, Fn. 142.

82 Lehmann, Brüssel-IV-Verordnung, Rdnr. 68 ff.

83 So insbesondere Spellenberg, in: Staudinger, Kommentar zum BGB, Art. 3 EheGVO Rdnr. 48 ff. (kritisch zur zweiten Ansicht: Rdnr. 67 ff.); im Ergebnis auch Lehmann, Brüssel-IV-Verordnung, Rdnr. 82.

84 Ausdrücklich: Lehmann, Brüssel-IV-Verordnung, Rdnr. 70.

85 BGH NJW 1993, 2047; Kropholler, IPR, S. 284 ff.; ausschlaggebend waren auch die Urteile des BGH NJW 1975, 1068 und NJW 1981, 520; anders jedoch Kegel und Schurig (in: IPR, S. 471), die davon ausgehen, der Bleibewille sei nur widerleglich indiziert. Diese Ansicht führt bei Fällen mit nachweislicher Rückkehrabsicht zu divergierenden Ergebnissen und kann daher – in Fortführung der Einordnung von Lehmann – als eine rein subjektive Theorie bezeichnet werden, die nur partiell objektive Kriterien heranzieht.

den ergibt, dass der Aufenthalt längerfristig angelegt ist und den bisherigen Daseinsmittelpunkt ersetzen soll.[86] Dem Willen des Betroffenen kommt damit
zentrale Bedeutung zu, und dieser kann letztlich den gewöhnlichen Aufenthalt
bestimmen.[87]

In vielen Fällen verbietet sich aber eine schematische Lösung, auch wenn
die oben angeführten Theorien schlüssige Kriterien liefern. So können beispielsweise die unfreiwillige Aufenthaltsnahme, Grenzgängerfälle, die klassischen Internatsfälle oder Auslandsstudien- und Klinikaufenthalte, aber auch Fälle der fehlenden Bleibeberechtigung im Aufenthaltsland nicht unproblematisch
anhand obiger Kriterien bewertet werten.[88] Auch kann anhand der Theorien
nicht immer geklärt werden, wann ein gewöhnlicher Aufenthalt beendet wird.[89]
Der Begriff ist daher sehr stark einzelfallabhängig und wird stetig von der
Rechtsprechung weiterentwickelt und angepasst.[90]

Auch wenn diese Gedanken und Theorien nicht zwischen einem deutschen
und einem autonomen Verständnis unterscheiden, also den gewöhnlichen Aufenthalt unabhängig davon bestimmen wollen, ob er im deutschen oder europäischen Recht auftaucht, ist es auf europäischer Ebene doch der EuGH, der den
Begriffsinhalt des gewöhnlichen Aufenthalts durch seine Rechtsprechung formt.
Dies berücksichtigend, folgen umfassende Erläuterungen zum Begriff des gewöhnlichen Aufenthalts aus europäischer Sicht im Rahmen der Ausführungen
zum ErbVO-E2009 unter Teil 3 A. III. 2. b. aa. sowie Teil 3 B III. 1. c. bb., da
ein wesentlicher Kritikpunkt der Verordnung und im Ergebnis auch des zu untersuchenden Gleichlaufs die Anknüpfung an den gewöhnlichen Aufenthalt ist.
Dabei wird unter anderem der Fokus auf die Frage gelegt, ob die ErbVO eine
Legaldefinition des Begriffs enthalten muss.

---

86   BGHZ 78, 293; OLG Hamm FamRZ 1991, 1346; Kropholler, IPR, S. 285; von
      Bar/Mankowski, IPR, Band I, S. 563; Schlosser, EU-ZPR, Art. 2 EheGVO Rdnr. 3;
      darstellend auch: Herweg, Europäisierung des Internationalen Erbrechts, S. 49.
87   S. Fn. 86; s.a. Lehmann, Brüssel-IV-Verordnung, Rdnr. 70; Rechberger/Schur, in:
      Jud/Rechberger/Reichelt, Kollisionsrecht in der Europäischen Union, S. 205.
88   Zusammenstellung bei: Lehmann, Brüssel-IV-Verordnung, Rdnr. 73 ff.
89   Lehmann, Brüssel-IV-Verordnung, Rdnr. 80: Dies führe gerade bei der subjektiv-
      objektiven Theorie zu mehreren gewöhnlichen Aufenthalten. Ausführlich zu dem
      Problem mehrerer gewöhnlicher Aufenthalte Fn. 759.
90   Er kann aber auch nachteilig dazu verwandt werden, „ergebnisorientierte Korrektur-
      versuche" vorzunehmen, wenn eine Norm ansonsten wenig Spielraum lässt; so jeden-
      falls: Lehmann, Brüssel-IV-Verordnung, Rdnr. 82.

e. Belegenheit des Nachlasses und Nachlassspaltung

Ein weiterer Grund für Auslandsberührungen bzw. ein weiterer Anknüpfungsmoment ist die Belegenheit des Nachlasses.[91] Gerade im deutschen Recht existiert nach Art. 3a Abs. 2 EGBGB eine spezielle Regelung für im Ausland belegenes Vermögen. Danach unterfällt dieses Vermögen nicht dem zur Anwendung berufenen Recht, wenn es sich nicht in dem entsprechenden Staat befindet und an seinem Belegenheitsort besonderen Regelungen unterliegt.[92] Solch eine besondere Regelung existiert mit Art. 3 Abs. 2 Code Civil beispielsweise in Frankreich, wonach für Immobilien das Belegenheitsrecht maßgeblich ist. Befindet sich also in Frankreich unbewegliches Vermögen eines deutschen Erblassers, zum Beispiel ein Grundstück, wäre zwar gemäß Art. 25 Abs. 1 EGBGB grundsätzlich deutsches Erbrecht maßgeblich. Nach Art. 3a Abs. 2 EGBGB, der auf die besonderen französischen Vorschriften und damit Art. 3 Abs. 2 Code Civil[93] verweist, würde dies aber nicht für die Immobilie gelten. Diesbezüglich wäre allein französisches Erbrecht anzuwenden. Bei dieser Besonderheit handelt es sich um das Problem der „Nachlassspaltung".[94] Die Nachlassspaltung ist zu un-

---

91 Bei der erbrechtlichen Anknüpfung werden die Länder unterschieden in solche, deren Rechtsordnung von einer Nachlasseinheit ausgeht und damit den gesamten Nachlass einheitlich anknüpft und solche, deren Rechtsordnung den Nachlass spaltet, bspw. Frankreich, s.u. Teil 1 B. I. 1. e.; s.a. DNotI-Studie, S. 232 ff.; Denkinger, Europäisches Erbkollisionsrecht, S. 51 f.; Mansel, in: FS Ansay, S. 185, 188.

92 Prinzip der „lex rei sitae", vgl.: Lorenz, in: BeckOK-BGB, Art. 3a EGBGB Rdnr. 5; Sonnenberger, in: Münchener Kommentar zum BGB, Art. 3a EGBGB, Rdnr. 8; Schroer, Europäischer Erbschein, S. 27.

93 Schömmer/Reiß, Internationales Erbrecht – Italien, S. 6; Denkinger, Europäisches Erbkollisionsrecht, S. 51 ff.; Fuchs/Hau/Thorn, Fälle zum IPR, S. 146; Bachmayer BWNotZ 2010, 146, 162.

94 Als Ausnahme zu der im Erbrecht vorherrschenden „Nachlasseinheit"; Döbereiner, in: Süß, Erbrecht in Europa, S. 613, 625; von Hoffmann/Thorn, IPR, S. 419 ff.; Kropholler, IPR, S. 436; s.a. DNotI-Studie, S. 259 f.; Dörner, in: FS Holzhauer, S. 474, 477; ausführlich: Ivens, Internationales Erbrecht, S. 38 ff. sowie Kopp, Nachlaßspaltung, S. 11 ff. Wegen der vorherrschenden Stellung geht auch die ErbVO vom Prinzip der Nachlasseinheit aus. Staaten, bei denen es (derzeit noch) zur Nachlassspaltung aufgrund von dort hinterlassenen Nachlass-Immobilien eines deutschen Erblassers kommen kann, sind (laut von Oertzen/Pawlytta, in: Münchener Anwaltshandbuch Erbrecht, § 33 Rdnr. 84): Albanien, Argentinien, Armenien, Australien, Bahamas, Bangladesh, Barbados, Belarus (Weißrussland), Belgien, Bermudas, Birma, Bolivien, Brasilien (wohl nur bei brasilianischen Erben), Cayman Islands, China, Costa Rica (auch bei beweglichen Vermögen), Dominikanische Republik, Elfenbeinküste, Frankreich, Gabun, Georgien, Ghana, Gibraltar, Großbritannien, Guatemala, Guinea, Haiti, Indien, Indonesien, Irland, Jamaika, Kamerun, Kanada, Kasachstan, Kenia, Lettland, Liberia, Litauen, Luxemburg, Madagaskar, Mali, Malta, Mauritius, Moldawien, Monaco, Mon-

terscheiden in eine rechtliche und eine faktische Nachlassspaltung. Während die rechtliche Nachlassspaltung beispielsweise aus der Rück- und Weiterverweisung oder Art. 3a Abs. 2 EGBGB resultieren kann, also unterschiedlich angeknüpft wird, wie in Bezug auf das soeben angeführte französische Recht, ist die faktische Nachlassspaltung Folge der divergierenden Bestimmung des anzuwendenden Rechts durch die Gerichte in verschiedenen Staaten aufgrund ihres unterschiedlichen Internationalen Privatrechtes.[95] Zu einer Nachlassspaltung kann es auch durch eine Rechtswahl kommen, wie bei Art. 25 Abs. 2 EGBGB. Demgemäß kann sich der Erblasser dafür entscheiden, in Deutschland belegenes, unbewegliches Vermögen dem deutschen Recht zu unterstellen.[96]

Keine Nachlassspaltung, sondern ein Nachlasskonflikt liegt hingegen vor, wenn zwei Staaten den Fall bezogen auf ein und denselben Nachlass parallel und nach unterschiedlichem Recht beurteilen, wobei jede Rechtsordnung für den gesamten Nachlass die Geltung der von ihr ermittelten Rechtsordnung beansprucht. Das Phänomen der unterschiedlichen Beurteilung, weil sich sowohl die Sach- als auch die Kollisionsrechte voneinander unterscheiden, wird auch als „hinkendes Rechtsverhältnis" bezeichnet.[97]

---

golei, Namibia, Neuseeland, Nigeria, Österreich (aber wohl nur für Erbfälle bis zum 31. Dezember 1978), Pakistan, Panama (auch bei beweglichen Vermögen), Paraguay, Rumänien, Russland, San Marino, Schottland, Seychellen, Singapur, Sri Lanka, Südafrika, Tadschikistan, Tansania, Thailand, Trinidad und Tobago, Türkei, Uganda, Ukraine, Uruguay, USA und Zypern; s.a. Süß, in: Süß, Erbrecht in Europa, S. 33.

95 Fetsch RNotZ 2006, 1, 7 f. Die faktische Nachlassspaltung ist damit Grundlage internationaler Entscheidungsdivergenzen, dazu Teil 1 B. II. 1. sowie Süß, in: Süß, Erbrecht in Europa, S. 162. Angesprochen wurde hier nur die territoriale (auch „vertikale") Nachlassspaltung. Zur funktionellen (horizontalen) Nachlassspaltung, die sich mit der zeitlichen Komponente (insbesondere der Unterscheidung zwischen Erwerb und Abwicklung des Erbfalles) befasst, siehe Teil 1 B. I. 2. a. sowie bspw. Kopp, Nachlaßspaltung, S. 31 ff.; Bachmayer BWNotZ 2010, 146, 163; Fetsch RNotZ 2006, 1, 7. (jeweils mit intensiver Untersuchung des österreichischen und anglo-amerikanischen Rechts). Zur Frage, ob auf die funktionelle Nachlassspaltung im (deutschen) Erbschein hingewiesen werden muss: Fetsch RNotZ 2006, 77, 84 f.

96 Siehe nur: Looschelders, Anpassung im IPR, S. 364.

97 Ausführlich zur Abgrenzung von Nachlasskonflikt und kollisionsrechtlicher Nachlassspaltung: Gesing, Erbfall mit Auslandsberührung, S. 120 ff. Zum Begriff des „hinkenden Rechtsverhältnisses" vgl. bspw. Kropholler, IPR, S. 238 ff.; Schotten/Schmellenkamp, IPR in der notariellen Praxis, § 3 Rdnr. 52; Schroer, Europäischer Erbschein, S. 34; s.a. Gesing, Erbfall mit Auslandsberührung, S. 105 ff.

f. Sonstige Anknüpfungsmomente

Nach Art. 26 Abs. 1 S. 1 Nr. 2 EGBGB ist der Ort der Testamentserrichtung relevanter Bezugspunkt. Dieser kann auch im Ausland liegen und den internationalen Bezug herstellen.[98] Güterstandliche Regelungen ausländischer Rechtsordnungen können ebenfalls Auswirkungen auf das anzuwendende Recht haben.[99]

Letztlich können auch eine Rechtswahl (in Deutschland nur begrenzt nach Art. 25 Abs. 2 EGBGB zugelassen, in anderen Rechtsordnungen völlig ausgeschlossen)[100] und die Anerkennung ausländischer Entscheidungen zu grenzüberschreitenden Sachverhalten führen.[101]

2. Das internationale Erbscheinsverfahren

Die vorangehenden Ausführungen zeigen, dass ein Erbfall aus verschiedenen Gründen einen grenzüberschreitenden Bezug aufweisen kann. Weist ein Erbfall diesen Bezug auf, stellt sich daran anknüpfend die Frage, wie sich die Internationalität verfahrensrechtlich auswirkt.[102] Da sich diese Arbeit eingrenzend mit dem internationalen Erbscheinsverfahren als Untergruppe der internationalen Nachlassabwicklung und dabei mit dem Unteraspekt der internationalen Zuständigkeit bei der Ausstellung des Erbscheins beschäftigt,[103] liegt der Fokus der

---

98 Haas, in: Süß, Erbrecht in Europa, S. 3; Looschelders, IPR, Art. 3 – 46 EGBGB, Art. 25 Rdnr. 21; Schroer, Europäischer Erbschein, S. 27.

99 Vgl. Birk, in: Münchener Kommentar zum BGB, Art. 25 EGBGB, Rdnr. 150 ff.; Haas, in: Süß, Erbrecht in Europa. S. 3 f.

100 Ausführliche Darstellung bei: Gesing, Erbfall mit Auslandsberührung, S. 43 mit Hinweis auf weitere Rechtsordnungen, die eine Rechtswahl – wenn zumeist auch nur eingeschränkt – ermöglichen.

101 Haas, in: Süß, Erbrecht in Europa, S. 4. Gerade Letztere hat aber in der erbrechtlichen Praxis eine eher untergeordnete Bedeutung. Ein erbrechtliches Anerkennungsverfahren für Entscheidungen ist in Art. 39 ff. ErbVO vorgesehen, Art. 59 ff. ErbVO betreffen die Anerkennung öffentlicher Urkunden (in der endgültigen Version: Annahme öffentlicher Urkunden); ausführlich zur Anerkennung von ausländischen Erbnachweisen nach dem alten und neuen deutschen System Teil 2 B. II. 1. C. aa. (1) sowie C. II. 3. A. bb.

102 Aus verfahrensrechtlicher Sicht stellt sich diese Frage natürlich vor der Frage des anwendbaren Rechts; s.a. Wachter, in: Flick/Piltz S. 19; allerdings hat das Verfahrensrecht mehr eine „dienende" Funktion hinsichtlich der möglichst „vollständigen und exakten Anwendung und Durchsetzung der Normen des Internationalen Privatrechts" (wobei die Auswirkung, dass das Verfahrensrecht auf Grund des lex-fori-Prinzips auch das anwendbare Internationale Privatrecht bestimmt, natürlich darüber hinaus geht), vgl. Junghardt, Rom-IV-VO, S. 51.

103 Genauer, mit dem Beschluss über die Erteilung, vgl. auch Schäuble ZErb 2009, 200.

nachfolgenden Erörterungen auf ebendieser Zuständigkeit. Es erfolgt zunächst eine Zusammenfassung des Erbscheinsbegriffs und des Begriffs des Erbscheinsverfahrens.

a. Allgemeines zum Erbschein und internationalen Erbscheinsverfahren

Der einzige formalisierte Erbnachweis im deutschen Recht und damit der wichtigste Erbnachweis in Deutschland ist der Erbschein nach § 2353 BGB.[104] Ein Erbschein stellt ein auf Antrag erteiltes amtliches Zeugnis dar, das beurkundet, wer Erbe ist und welchen Verfügungsbeschränkungen dieser unterliegt.[105] Dieses Zeugnis hat also keine konstitutive, sondern lediglich eine deklaratorische Wirkung: Es bezeugt, wer materiell-rechtlich Erbe ist, ernennt den Erben aber nicht zu einem solchen. Es handelt sich folglich formal betrachtet um „eine Bescheinigung des Nachlassgerichts über eine eingetretene Tatsache"[106], wobei das Gericht wegen der „weitergehenden materiellen Wirkungen des Erbscheins"[107] selbigen nur dann erteilt, wenn es die zur Begründung des Antrags erforderlichen Tatsachen für festgestellt hält. Erforderlichenfalls hat das Gericht im Wege der Amtsermittlung Nachforschungen anzustellen, §§ 2358 f. BGB. Sind die Tatsachen im Zeitpunkt der Erbscheinsausstellung unrichtig oder werden sie später unrichtig, ist der Erbschein einzuziehen, vgl. §§ 2361 f. BGB.[108]

Auch wenn er materiell-rechtlich die Rechtslage hinsichtlich der Erbenstellung nicht ändert, so kommt dem Erbschein dennoch eine materiell-rechtliche Wirkung zu: Ihm wird eine besondere Legitimationswirkung zugesprochen, denn der erklärte Inhalt gilt im Rahmen der §§ 2365 ff. BGB als richtig. So ist beispielsweise aufgrund dieses so genannten öffentlichen Glaubens ein gutgläubiger Erwerb vom Erbscheinserben, d.h. von dem im Erbschein ausgewiesenen

---

104 Weitere Erbnachweise sind das eröffnete öffentliche Testament, die beglaubigte Testamentsablichtung mit Eröffnungsprotokoll sowie das Testamentsvollstreckerzeugnis; vgl. Denkinger, Europäisches Erbkollisionsrecht, S. 262; Schroer, Europäischer Erbschein, S. 46; Starke NJW 2005, 3184 f.

105 Der Begriff des Erbscheins ist in § 2353 BGB legaldefiniert. Der Erbschein nach § 2353 BGB wird als allgemeiner Erbschein bezeichnet (im Gegensatz zu § 2369 BGB alte und neue Fassung, der den Umfang des Erbscheins beschränkt, dazu unter Teil 2 B. II. 1. b. aa.); Stürner, in: Jauernig, Kommentar zum BGB, § 2353 Rdnr. 1; Mayer, in: Münchener Kommentar zum BGB, § 2353 Rdnr. 1 ff., insb. Rdnr. 5; Schroer, Europäischer Erbschein, S. 46; Schäuble ZErb 2009, 200; Zehntmeier NWB 2010, 1986; Zimmermann, Erbschein und Erbscheinsverfahren, Rdnr. 734 ff.

106 Bachmayer BWNotZ 2010, 146, 169.

107 Ebenda.

108 Bachmayer BWNotZ 2010, 146, 169; s.a. DNotI-Studie, S. 277 f.

Erben, möglich.[109] Auf diese Weise sichert der Erbschein die Verkehrsinteressen ab. Eine Bank, bei der ein Konto des Erblassers existiert, darf beispielsweise grundsätzlich auf die Richtigkeit des Erbscheins vertrauen und eine Umschreibung auf die Erben vornehmen. Der Erbschein hat also insgesamt und insbesondere für die Erben den Zweck, ihr Erbrecht zu verifizieren, so dass sie ungehindert Verfügungen über den Nachlass treffen können.[110] Die praktische Bedeutung des Erbscheins ist daher nicht nur hinsichtlich seiner Gutglaubenswirkung enorm.[111]

Den Erbschein erhalten die Erben (oder sonstigen Berechtigten nach § 2353 BGB)[112] nach einem entsprechenden Antrag. Das Verfahren, in dem der Erbschein ausgestellt wird, wird Erbscheinsverfahren genannt. Das Erbscheinsverfahren ist daher aus deutscher Sicht das Verfahren, in dem ein Erbschein erteilt wird, genauer, bei dem ein Beschluss über die Erteilung oder die Ablehnung eines zuvor eingereichten Erbscheinsantrags getroffen und in dessen Anschluss bei positivem Beschluss ein Erbschein erteilt wird.[113]

Das internationale Erbscheinsverfahren ist ein Teilbereich des internationalen Zivilverfahrensrechts.[114] Das internationale Zivilverfahren bezeichnet die Gesamtheit der Rechtssätze, die Zivilverfahren mit Auslandsbezügen regeln.[115]

---

109 Siehe § 2366 BGB; Zehntmeier NWB 2010, 1986, 1988. Ausführlich zu den Rechtswirkungen des Erbscheins: Brox/Walker, Erbrecht, Rdnr. 616. Zur Frage der materiellen Wirkung des Erbscheins bei Erteilung auf der Grundlage ausländischen Erbrechts: Bachmayer BWNotZ 2010, 146, 170.

110 Wie bspw. auch in Bezug auf die Eintragung im Grundbuch, vgl. § 35 Abs. 1 GBO.

111 Ausführlich zu praktischen Aspekten: Schroer, Europäischer Erbschein, S. 46 ff.

112 Siehe dazu: Brox/Walker, Erbrecht, Rdnr. 620; Olzen, Erbrecht, Rdnr. 912 ff. Berechtigt sind aber auch die Gläubiger des Erben, wenn diese den Erbschein zur Zwangsvollstreckung benötigen, vgl. §§ 792, 896 ZPO, s.a. Lange/Kuchinke, Erbrecht, S. 1007; Leipold, Erbrecht, Rdnr. 645. „Beteiligt" können aber noch weitere Personen wie die in § 345 Abs. 1 S. 2 FamFG Genannten sein. So insbesondere diejenigen, die nach dem Inhalt einer vorliegenden Verfügung von Todes wegen als Erben in Betracht kommen, vgl. Leipold, Erbrecht, Rdnr. 645.

113 Schäuble ZErb 2009, 200; Zehntmeier NWB 2010, 1986, 1988, s.a. Brox/Walker, Erbrecht, Rdnr. 620 ff.; Leipold, Erbrecht, Rdnr. 647; Zimmermann JuS 2009, 817 ff. Also ist der Beschluss nicht mit dem Erbschein gleichzusetzen. Es bedarf eines Erteilungsaktes, vgl. auch Schlögel, in: BeckOK-FamFG § 352 Rdnr. 17.

114 Ausführlich: Hohloch/Heckel, in: Hausmann/Hohloch, Handbuch des Erbrechts, S. 1911; Wachter, in: Flick/Piltz S. 110; s.a. Birk, in: Münchener Kommentar zum BGB, Art. 25 EGBGB Rdnr. 307 ff.: Unterscheidung des internationalen Verfahrensrechts in ein streitiges, ein Nachlass- und ein Nachlassverwaltungsverfahren.

115 Von Hoffmann/Thorn, IPR, S. 63; Kropholler, IPR, S. 587; s.a. Haas, in: Süß, Erbrecht in Europa, S. 205.

Dabei sind die Sachverhalte international, die Verfahrensvorschriften hingegen vom nationalen Gesetzgeber herrührend.[116]

Die nationale Ausgestaltung führt dazu, dass in den verschiedenen Staaten vollkommen unterschiedliche Verfahren und Zuständigkeiten gegeben sind. Diese Unterschiedlichkeit ist gerade im Erbrecht enorm.[117] Zum Beispiel ist in Deutschland bei erbrechtlichen Fragen grundsätzlich das Nachlassgericht anzurufen. Dessen Kompetenz zur Erteilung von Erbscheinen ergibt sich aus § 342 Nr. 6 FamFG und § 2353 BGB.

In Frankreich ist hingegen der Notar anzurufen. Es handelt sich um einen „acte de notoriété", Art. 730-1 Code Civil, im Rahmen dessen der Notar nach einer Beweisaufnahme den Erbschein erteilt.[118]

Wiederum anders ist das Verfahren in Großbritannien und Österreich.[119] Hier liegt eine funktionelle Nachlassspaltung vor: Es wird zwischen Erbfolge („succession") und Nachlassabwicklung („administration") unterschieden.[120] Es findet kein „Vonselbsterwerb" statt, wie im deutschen Recht nach § 1922 BGB vorgesehen, sondern ein Antrittserwerb.[121]

In Großbritannien wird ein „personal representative", der entweder ein „executor" (bei testamentarischer Erbfolge) oder „administrator" (bei gesetzlicher Erbfolge) ist, mit der Nachlassabwicklung beauftragt. Ihm obliegt die Liquidation des Nachlasses und gegebenenfalls die Auskehrung des Überschusses an die

---

116 Von Hoffmann/Thorn, IPR, S. 63 f.; Schack, IZVR, Rdnr. 2.

117 Ausführlich zu den Verfahren der Mitgliedstaaten: Lübcke, Das neue europäische Internationale Nachlassverfahrensrecht, S. 118 ff.

118 DNotI-Studie, S. 282 ff.; Ferid, in: Ferid/Firsching/Dörner/Hausmann, Internationales Erbrecht, Frankreich, Lfg. 18, Band III, Grdz. K I, Rdnr. 306 ff.; Cornelius, in: Flick/Piltz, S. 174; Kroiß, Internationales Erbrecht, Rdnr. 268; Schroer, Europäischer Erbschein, S. 56 ff. Kein acte de notoriété, sondern die Ausstellung eines certificat d'héritier wird im ehemals deutschen Elsass-Lothringen vorgenommen. Dabei wird ein dem deutschen Erbschein vergleichbares Zeugnis erteilt, das in Frankreich ansonsten dem acte de notoriété gleichgestellt wird, vertiefend (insbesondere zur Anerkennung) Schroer, Europäischer Erbschein, S. 61 f.; Gotthard ZfRV 1991, 2; s.a. DNotI-Studie, S. 278 sowie insb. Teil 2 C. III.

119 Zusammenfassend: Herweg, Europäisierung des Internationalen Erbrechts, S. 98 ff.; Bachmayer BWNotZ 2010, 146, 174.

120 Vgl. bspw. Schroer, Europäischer Erbschein, S. 74. Zur funktionellen Nachlassspaltung s.o. Fn. 95 sowie Denkinger, Europäisches Erbkollisionsrecht, S. 296 ff.; Herweg, Europäisierung des Internationalen Erbrechts, S. 97 ff.; Bachmayer BWNotZ 2010, 146, 158.

121 Dies kann eine „hereditas iacens" zur Folge haben, einen ruhenden und damit herrenlosen Nachlass; vgl. Gesing, Erbfall mit Auslandsberührung, S. 68.

Begünstigten („beneficiaries").[122] In Österreich ist zwar kein personal representative erforderlich, doch verlangt das österreichische Recht für die Nachlassabwicklung eine „Einantwortung", d.h. die gerichtlich angeordnete Übergabe des Nachlasses in den rechtlichen Besitz des Erben.[123]

b. Internationale Zuständigkeit

Aufgrund dieser Verschiedenartigkeit ist die sich vorab stellende zentrale Frage im internationalen Erbscheinsverfahren die nach der internationalen Zuständigkeit. Diese regelt die Verteilung der Rechtsprechungsaufgaben zwischen den Staaten.[124] Es ist zu klären, ob das angerufene Gericht überhaupt dazu berechtigt ist, das anwendbare Recht zu bestimmen, oder ob nicht die Gerichte eines anderen Staates anzurufen sind.[125] Die internationale Zuständigkeit grenzt also die Kompetenzen zwischen den anzurufenden Gerichten der verschiedenen Staaten ab, ohne bereits das konkret zuständige Gericht oder das anzuwendende Recht zu bestimmen.[126]

---

122 DNotI-Studie, S. 200; Henrich, in: Ferid/Firsching/Dörner/Hausmann, Internationales Erbrecht, Großbritannien, Lfg. 22, Band III, Grdz. G I, II 234 ff., Rdnr. 306 ff.; Cornelius, in: Flick/Piltz, S. 177; Odersky, in: Süß, Erbrecht in Europa, S. 750 ff.; ders., Die Abwicklung deutsch-englischer Erbfälle, S. 6 ff.; Schroer, Europäischer Erbschein, S. 75; Hausmann, in: FS Heldrich, S. 649, 653; mit Bezug zum ErbVO-E2009: Lehmann, Brüssel-IV-Verordnung, Rdnr. 316 ff.

123 § 797 ABGB sowie §§ 547, 799, 819 ABGB; ausführlich: Dallafior, Die Legitimation des Erben, S. 60 ff.; Einweisung der Erben durch deutsche Nachlassgerichte, S. 1 ff.; Tersteegen ZErb 2007 339; s.a. Bachmayer BWNotZ 2010, 146, 163 ff. Letzterer erklärt zudem, dass die Einantwortung nicht auf österreichische Gerichte beschränkt sei, also auch deutsche Gerichte eine Einantwortung vornehmen könnten und müssten, da diese seiner Meinung nach den deutschen Gerichten nicht wesensfremd sei. Zur Frage des „Wesensfremden" siehe Teil 2 B. II. 1. b. cc.

124 Lehmann, Brüssel-IV-Verordnung, Rdnr. 349; Schütze, Deutsches Internationales Zivilprozessrecht, Rdnr. 102; Haas, in: Jud/Rechberger/Reichelt, Kollisionsrecht in der Europäischen Union, S. 132; ausführlich: Seyfarth, Zuständigkeitswandel, S. 7 ff.

125 Dazu auch: Gesing, Erbfall mit Auslandsberührung, S. 72 f. Hau, Positive Kompetenzkonflikte, S. 15. Es ergibt sich also eine Dreistufigkeit: Zunächst ist die internationale Zuständigkeit zu klären, sodann sind das anwendbare Recht und schließlich das Sachrecht zu bestimmen.

126 Von Hoffmann/Thorn, Internationales Privatrecht, S. 73; Koch/Magnus/Mohrenfels, IPR und Rechtsvergleichung, S. 30; Matthies, Internationale Zuständigkeit, S. 7; Bachmayer BWNotZ 2010, 146, 147; Neuhaus RabelsZ 20 (1955), 201; s.a. Heldrich, Internationale Zuständigkeit und anwendbares Recht, S. 69 ff.; prägnant zusammengefasst von Firsching ZZP 95, 121, 123. In Deutschland ist die internationale Zuständigkeit in jeder Verfahrenslage von Amts wegen zu prüfen. Fehlt sie, hat sich das Gericht für unzuständig zu erklären; dazu: Gesing, Erbfall mit Auslandsberührung, S. 76.

Die Frage der internationalen Zuständigkeit ist insbesondere deshalb von großer Bedeutung, weil nach ganz herrschender Auffassung das „Lex-Fori-Prinzip"[127] gilt, d.h., dass das angerufene Gericht sein Verfahrensrecht anwendet und sodann durch Anwendung seines eigenen Internationalen Privatrechtes das maßgebliche Sachrecht bestimmt. So kann bei Anrufung des deutschen Nachlassgerichtes die Staatsangehörigkeit eines in Frankreich lebenden deutschen Staatsbürgers, der nur bewegliches Vermögen hinterlässt, dazu führen, dass wegen Art. 25 Abs. 1 EGBGB deutsches Erbrecht anzuwenden ist, während bei Anrufung eines französischen Notars die Anwendung französischen Rechtes geboten ist, da für die Rechtsnachfolge bei beweglichem Vermögen nach französischem Internationalen Privatrecht das letzte „Domicile" des Erblassers entscheidend ist.[128]

Die Zuständigkeitskriterien differieren in den einzelnen Mitgliedstaaten. Teilweise wird auf den letzten Wohnsitz des Erblassers, teilweise auf den Wohnsitz des Beklagten (im streitigen Verfahren) oder auch auf die Belegenheit des Nachlasses oder die Staatsangehörigkeit abgestellt.[129] In einigen Ländern ist es sogar möglich, dass sich ein Gericht zugunsten eines zuerst mit der Sache befassten anderen Gerichts für unzuständig erklärt,[130] bzw. dass es eine Entscheidung trotz bestehender internationaler Zuständigkeit verweigert, wenn die Klage vor einem besser geeigneten ausländischen Gericht ebenfalls zulässig ist („forum non conveniens").[131]

---

127 Siehe bspw.: Schömmer/Reiß, Internationales Erbrecht – Italien, S. 2; von Hoffmann/Thorn, IPR, S. 64; Kegel/Schurig, IPR, S. 1055 f.; Schäuble, Einweisung der Erben durch deutsche Nachlassgerichte, S. 62; Schröder, Internationale Zuständigkeit, S. 83; a.A. Kropholler, IPR, S. 595; allgemein: Kroiß, Internationales Erbrecht, Rdnr. 2.

128 Das „Domicile" befindet sich nach Art. 102 ff. Code Civil am „principal établissement" einer Person, vgl. Fuchs/Hau/Thorn, Fälle zum Internationalen Privatrecht, S. 146; von Hoffmann/Thorn, IPR, S. 203.

129 Vgl. DNotI-Studie S. 194 ff.; Dörner/Hertel/Lagarde/Riering IPRax 2005, 1, 2.

130 In der EU: Großbritannien und Irland (anscheinend vereinzelt auch in Schweden); in diesen beiden Ländern ist es auch möglich, dass das Gericht dem Kläger untersagt, das Verfahren im Ausland fortzusetzen, sog. „antisuit injunction", vgl. DNotI-Studie, S. 201 ff.

131 Ausführlich dazu: Patzina, in: Münchener Kommentar zur ZPO, § 12 ZPO Rdnr. 104 f.; Dorsel, Forum non conveniens, S. 21 ff.; Hau, Positive Kompetenzkonflikte, S. 117 ff.; von Hoffmann/Thorn, IPR, S. 84; Kropholler, IPR, S. 637 ff. sowie Fn. 910.

Insbesondere in Deutschland wird zwischen einem streitigen Verfahren und einem Verfahren der freiwilligen Gerichtsbarkeit[132] unterschieden.[133] Wie die Abgrenzung der Verfahren im Einzelnen vorzunehmen ist, ist seit jeher umstritten. *Prütting*[134] nimmt differenzierend an, dass die freiwillige Gerichtsbarkeit der Gestaltung konkreter Privatrechtsverhältnisse durch Schaffung von Rechten und durch Mitwirkung zu ihrer Begründung, Änderung und Aufhebung dient, während die streitige Gerichtsbarkeit die Aufrechterhaltung und Bewährung der Rechtsordnung durch Schutz gegen Störung und Gefährdung zur Aufgabe hat. Allerdings kann auch diese Definition nicht gänzlich überzeugen, da im Rahmen der freiwilligen Gerichtsbarkeit verhandelte Sachverhalte nicht immer unstreitig sind, so dass sich eine Abgrenzung insgesamt nur formell, also dem Enumerationsprinzip entsprechend nach der Aufzählung im Gesetz, vornehmen lässt.[135]

Im Fall des streitigen Verfahrens richtet sich die internationale Zuständigkeit seit jeher nahezu ausschließlich nach der örtlichen Zuständigkeit, d.h. die Vorschriften zur Bestimmung der örtlichen Zuständigkeit sind doppelfunktional und werden analog zur Bestimmung der internationalen Zuständigkeit herangezogen.[136] Anders ist dies zumeist bei der freiwilligen Gerichtsbarkeit. Dies galt insbesondere für das in diesen Bereich fallende Erbscheinsverfahren vor der Neuregelung im September 2009.[137] Nur im Rahmen der freiwilligen Gerichtsbarkeit und speziell beim Erbscheinsverfahren wurde der Gleichlaufgrundsatz

---

132 Der Begriff der Gerichtsbarkeit beinhaltet die Befugnis, Recht zu sprechen, „facultas iurisdictionis", dazu: Gesing, Erbfall mit Auslandsberührung, S. 75; Hau, Positive Kompetenzkonflikte, S. 15; von Hoffmann/Thorn, IPR, S. 67.

133 Genaue Abgrenzung bei Prütting, in: Prütting/Helms, Kommentar zum FamFG, Einleitung, Rdnr. 48 ff. sowie § 1 Rdnr. 5 f.; zu den einzelnen Ländern und deren Unterscheidung siehe Denkinger, Europäisches Erbkollisionsrecht, S. 316 ff.; s.a. Gesing, Erbfall mit Auslandsberührung, S. 74.

134 Prütting, in: Prütting/Helms, Kommentar zum FamFG, Einleitung, Rdnr. 51.

135 § 1 FamFG, so auch: Friederici, in: Friederici/Kemper, Kommentar zum FamFG, § 1 Rdnr. 3; Schöpflin, in: Schulte-Bunert/Weinreich, Kommentar zum FamFG, § 1 Rdnr. 7; Bachmayer BWNotZ 2010, 146, 154 so auch die Gesetzesbegründung zu § 1 FamFG: BT-Drucks. 16/6306, S. 175; der Begriff der freiwilligen Gerichtsbarkeit darf aber nicht zu eng gefasst werden, da auch bei ausländischer lex causae eine materielle Auslegung des Begriffs geboten sein kann, damit deutsche Gericht unbekannte gerichtliche Verrichtungen durchführen können, Schäuble ZErb 2009, 200, 202; s.a. Geimer, in: FS Ferid, S. 89, 95. Ausführlich: Seyfarth, Zuständigkeitswandel, S. 16, 27 (zur Rechtslage unter Geltung des Gleichlaufgrundsatzes), 74 (zur Rechtslage nach dem 1. September 2009).

136 Siehe bspw. BGHZ 44, 46; FGG-Reformgesetz, S. 489; von Bar, IPR, Band II, Rdnr. 385; Birk, in: Münchener Kommentar zum BGB, Art. 25 EGBGB Rdnr. 315; Gesing, Erbfall mit Auslandsberührung, S. 78; Strübing ZErb 2008, 178, 179.

137 Seit dem 1. September 2009 ausdrücklich in § 352 FamFG geregelt.

vertreten. Nunmehr richtet sich die internationale Zuständigkeit gemäß § 105 FamFG i.V.m. §§ 342 Nr. 6, 343 FamFG nach der örtlichen Zuständigkeit. Daher ist dieses Verfahren das für die Untersuchung relevante.[138]

Die ErbVO sieht hingegen vor, die internationale Zuständigkeit in grundsätzlich allen erbrechtlichen Angelegenheiten primär an den letzten gewöhnlichen Aufenthalt des Erblassers zu knüpfen und verbindet damit – ähnlich dem Gleichlaufgrundsatz – Verfahrensrecht und materielles (Kollisions-)Recht.

II. Probleme mit dem internationalen Erbfall und dem internationalen Erbscheinsverfahren in der Praxis

Die Vielzahl der Gründe für einen Auslandsbezug und die enormen Unterschiede der internationalen Erbrechts- bzw. Verfahrenssysteme führen zu erheblichen Problemen in der Praxis. Weder die Beteiligten noch deren rechtlicher Beistand, Notare oder sogar die Gerichte sind davor bewahrt. Die Beteiligten müssen sich fragen, welches Gericht anzurufen ist, wie sie zu ihrem Recht gelangen bzw. wo und unter welchen Bedingungen sie einen Erbnachweis erhalten, mit dem sie sich legitimieren können. Notare, die sich mit der Nachlassplanung des Erblassers auseinandersetzen, müssen möglichst umfassend prüfen, wie sich die Nachlassabwicklung des Erblassers gestalten wird, um diesen eingehend beraten zu können. Schließlich sind es die Gerichte, die entscheidend an der Erteilung des Erbnachweises[139] beteiligt sind und bei internationalen Erbfällen angemessen reagieren müssen.[140]

Kernprobleme sind dann aus der Sicht der internationalen Zuständigkeit zumeist internationale Entscheidungsdivergenzen, Rechtsunsicherheit und mangelnder Rechtsschutz sowohl aus Bürgersicht als auch aus staatlicher Sicht.[141] Sie bilden die maßgeblichen Kriterien für die Bewertung der zu untersuchenden

---

138   Vgl. von Hoffmann/Thorn, IPR, S. 423 f.; Schömmer/Reiß, Internationales Erbrecht – Italien, S. 77.

139   Es soll hier von ausländischen Erbnachweisen gesprochen werden, da nicht jede Rechtsordnung einen „Erbschein" kennt; vgl. bspw. Graf, in: Firsching/Graf, Nachlassrecht, Rdnr. 2.67; Schroer, Europäischer Erbschein, S. 23; zu den Ländern, deren Rechtsordnung einen Erbschein kennt bzw. nicht kennt DNotI-Studie, S. 277 ff.; Wilsch, in: BeckOK-GBO, § 35 Rdnr. 156 f.; Zimmermann, Erbschein und Erbscheinsverfahren, Rdnr. 717 ff.

140   Zu diesen Interessengruppen aus kollisionsrechtlicher Sicht: Gesing, Erbfall mit Auslandsberührung, S. 71 f.

141   S.a. Bachmayer BWNotZ 2010, 146, 147 (als „Zielvorstellungen" bezeichnet) sowie DNotI-Studie, S. 189 ff. und Kraus, Die internationale Zuständigkeit in Nachlassverfahren, insb. S. 53 ff.

42

Systeme und helfen so zu erkennen, ob das jeweilige System den Praxisproblemen angemessen begegnen kann. Es ist daher erforderlich, die Bedeutung der Begriffe vorab zusammenzufassen, wobei diese Zusammenfassung schnell zeigen wird, dass sich die Begriffe teilweise überschneiden, teilweise aber auch gegenläufig sind.[142]

1. Internationale Entscheidungsdivergenzen

Treffen verschiedene mit einer Sache befasste Gerichte in verschiedenen Staaten unterschiedliche Entscheidungen, liegen internationale Entscheidungsdivergenzen vor. Erfasst sind beispielsweise die Fälle des Nachlasskonflikts.[143] Diese Problematik wird zwar dadurch eingeschränkt, dass das deutsche Internationale Privatrecht die Möglichkeit der Rück- und Weiterverweisung nach Art. 4 Abs. 1 EGBGB eröffnet.[144] Jedoch gewährleistet dies nicht stets, dass das Recht zur Anwendung gelangt, das auch die anderen angerufenen Gerichte anwenden.[145] Gerade Art. 5 Abs. 1 S. 2 EGBGB, der bei mehrfacher Staatsangehörigkeit stets die deutsche für ausschlaggebend hält, kann dem entgegenstehen.[146] Ebenso wirken sich (faktische) Nachlassspaltungen negativ aus.[147]

Zur Vermeidung internationaler Entscheidungsdivergenzen sollte also derselbe Lebenssachverhalt von verschiedenen Rechtsanwendern in verschiedenen Staaten nicht unterschiedlich beurteilt werden.[148] Dies kann nur dann vollständig vermieden werden, wenn jedes Gericht weltweit die ausländische Entscheidung anerkannte, kollisionsrechtlich nur ein materielles Recht zur Anwendung gelangte oder sich weltweit nur ein Gericht für zuständig erklärte, was aber in der Literatur mitunter treffend als „Utopie" bezeichnet wird.[149] Aus für diese Arbeit

---

142 So auch hinsichtlich seiner „Zielvorstellungen": Bachmayer BWNotZ 2010, 146, 147.

143 S.o. Teil 1 B. I. 1. e. S.a. Gesing, Erbfall mit Auslandsberührung, S. 121, 126 ff., die sich zudem ausführlich mit der damit einhergehenden Problematik der hinkenden Rechtsverhältnisse beschäftigt (S. 105 ff.).

144 Ausführlich zur Rück- und Weiterverweisung: Fn. 167.

145 Zu weiteren Gründen, die aus kollisionsrechtlicher Sicht zu Entscheidungsdivergenzen führen können: Gesing, Erbfall mit Auslandsberührung, S. 128 ff.

146 Kritisch zu dieser Norm daher: Gesing, Erbfall mit Auslandsberührung, S. 184 ff.

147 Vgl. abermals Teil 1 B. I. 1. e.

148 Bachmayer BWNotZ 2010, 146, 148; Dörner/Hertel/Lagarde/Riering IPRax 2005, 1, 2; s.a. Süß (in: Süß, Erbrecht in Europa, S. 162): Das Hervorrufen unterschiedlicher Ergebnisse aufgrund der Anwendung verschiedener materieller Rechtsordnungen wird auch als faktische Nachlassspaltung bezeichnet, s.a. Teil 1 B. I. 1. e.

149 So auch das Beispiel von Bachmayer BWNotZ 2010, 146, 148; Berenbrok, Internationale Nachlaßabwicklung, S. 72 f.; allerdings sieht die ErbVO (so wie der ErbVO-E2009) vor, dass grundsätzlich nur ein Gericht international zuständig sein soll, Art. 4

relevanter „Zuständigkeitssicht" muss es aber daher zumindest das Ziel sein, möglichst wenige zuständige Gerichte zu finden, so dass es nicht zu divergierenden Entscheidungen kommen kann. Je weniger Gerichte zuständig sind, desto geringer ist die Gefahr, dass sie – selbst bei einheitlichem materiellem Recht, da auch dieses unterschiedlich angewandt werden kann – divergierende Entscheidungen treffen. Bei der Bewertung der Systeme bedeutet daher „Vermeidung internationaler Entscheidungsdivergenzen" vornehmlich Vermeidung mehrerer Gerichtsstände.[150]

2. Rechtsunsicherheit

Positiv formuliert bedeutet Rechtssicherheit die Vorhersehbarkeit von Entscheidungen und ein gewisses Maß an Kontinuität. Kontinuität meint dabei insbesondere, dass Obergerichte die Entscheidung nicht alsbald und ohne Änderung äußerer Umstände wieder aufheben.[151]

Vor allem dann, wenn das materielle Recht auf das Verfahrensrecht eines Staates zugeschnitten ist – und umgekehrt – kann bei Maßgeblichkeit ausländischen Rechts diese Rechtssicherheit leicht durchbrochen werden. So kann nur dort ein Testamentsvollstrecker ernannt werden, wo dieses Institut auch bekannt ist.[152]

Als Beispiel aus internationaler Sicht sei auch das materielle Kollisionsrecht angeführt. Hier werden Vorhersehbarkeit und Kontinuität dadurch durchbrochen, dass jeder Staat sein eigenes Kollisionsrecht anwendet und durch die divergierenden Anknüpfungspunkte unterschiedliche Ergebnisse in Bezug auf das anzuwendende Sachrecht folgen können.[153] Dies hat mitunter auch zur Folge,

---

ErbVO/ ErbVO-E2009; s.a. Lurger, in: Rechberger, Brücken im Europäischen Rechtsraum, S. 48 f. sowie Teil 3 B. I.

150 Dies kann aber unter anderem zu einem Spannungsverhältnis im Hinblick auf den sogleich erörterten Rechtsschutz aus Bürgersicht führen, Teil 1 B. II. 3.

151 Bachmayer BWNotZ 2010, 146, 147 f. Aus rechtsstaatlicher Sicht sind en detail die aus Art. 20 Abs. 3 GG stammenden Grundsätze zu beachten, darunter die Rechtsklarheit, die Bestimmtheit und der Vertrauensschutz. Diese Aspekte und deren Entwicklung werden hier aber nicht detailliert besprochen, da es auf die Rechtssicherheit im internationalen Kontext ankommt, was durch das folgende Beispiel verdeutlicht wird. Zur Rechtssicherheit im Rahmen von Art. 20 GG aber bspw. Huster/Rux, in: BeckOK-GG, Art. 20 Rdnr. 168 ff.; Grzeszick, in: Maunz/Dürig, Kommentar zum GG, Art. 20 VII. Rdnr. 50 ff.

152 So das Beispiel von Bachmayer BWNotZ 2010, 146, 147.

153 Ggf. folgen auch Konflikte bei Abweichungen von Erb- und Sachenrecht, vgl. das Beispiel in der DNotI-Studie, S. 190; der Gedanke wird von Berenbrok (in: Internationale

dass die Planbarkeit nahezu aufgehoben wird. Der Erblasser kann nicht vorhersehen, welches Recht bezüglich seiner Nachlassabwicklung nach seinem Tode angewandt wird.[154] Zwar kann dem durch eine Rechtswahl begegnet werden, doch wird der Laie diese nicht zwingend vornehmen[155] und beispielsweise auch nicht in jedem mit seinem Leben in Berührung kommenden Land eine Überprüfung der Wirksamkeit seiner letztwilligen Verfügung vornehmen lassen.[156]

Auch für die am Erbfall Beteiligten, insbesondere Erben und Nachlassgläubiger, birgt dies die Gefahr, Risiken eines möglichen Rechtsstreites nicht umfassend abwägen zu können.[157]

Mangelnder Rechtssicherheit kann daher bestenfalls durch eine Zuständigkeitskonzentration auf die Gerichte begegnet werden, deren materielle Vorschriften auf den Fall anzuwenden sind.[158]

3. Mangelnder Rechtsschutz aus Bürgersicht

An die Frage der Rechtssicherheit schließt sich die Frage des Rechtsschutzes aus Bürgersicht an. Rechtsschutz aus der Sicht des Bürgers bedeutet, dass Gerichte überhaupt, d.h. zeitlich und örtlich schnell erreichbar sind und zudem ergangene Entscheidungen zur Durchsetzung der Rechte verhelfen.[159]

Nachlaßabwicklung, S. 72 f.) hinsichtlich des internationalen Entscheidungseinklanges angeführt; s.a. Herweg, Europäisierung des Internationalen Erbrechts, S. 217.

154 So auch: DNotI-Studie, S. 190, 205; Schroer, Europäischer Erbschein, S. 30; als besondere Ausprägung der mangelnden Planbarkeit ist zudem abermals die Nachlassspaltung anzuführen, s.a. Süß, in: Süß, Erbrecht in Europa, S. 36 ff.; Lurger, in: Rechberger, Brücken im Europäischen Rechtsraum, S. 46; Lorenz ErbR 2012, 39.

155 Zumal eine Rechtswahl nur in wenigen Ländern (u.a. aber Deutschland, Art. 25 Abs. 2 EGBGB) möglich ist; vgl. Schroer, Europäischer Erbschein, S. 32.

156 DNotI-Studie, S. 189 f. (hier zur Frage der Entscheidungsdivergenz bei der Testamentsgestaltung); Bachmayer (in: BWNotZ 2010, 146, 147) führt als Beispiel an, dass das Verfahren zur Ernennung eines Testamentsvollstreckers nur dort Sinn mache, wo dieses Institut überhaupt bekannt sei. Zu berücksichtigen ist aber, dass bzgl. der Testamentsform in weiten Teilen Europas das HTestFÜ gilt (außer Italien und Portugal, vgl. DNotI-Studie, S. 184).

157 Schroer, Europäischer Erbschein, S.30; selbiger verweist auf Baldus GPR 2006, 80, 82 und dessen kritische Bewertung der derzeitigen Rechtslage als reines „Lottospiel"; Süß (in: Süß, Erbrecht in Europa, S. 286 ff. m.w.N.) macht beispielhaft Ausführungen zum Pflichtteilsrecht und der unterschiedlichen Pflichtteilshöhe.

158 Bachmayer BWNotZ 2010, 146, 147 f.

159 Bachmayer BWNotZ 2010, 146, 147; Heldrich (in: Internationale Zuständigkeit und anwendbares Recht, S. 106) unterscheidet zudem den Rechtsschutz im streitigen Verfahren und die Rechtsfürsorge in der freiwilligen Gerichtsbarkeit.

An solch einem Rechtsschutz mangelt es also, wenn der Bürger nur durch erheblichen Zeit- und/oder Kostenaufwand Schutz durch die Gerichte zu erlangen vermag. Ebenso wenig wird dem Rechtsschutz genügt, wenn beispielsweise eine Anerkennung inländischer Entscheidungen im Ausland nicht erfolgt. So kann unter Umständen auch eine Entscheidung deutscher Gerichte mangels Anerkennungsverfahren keinerlei Wirkung oder keine vollumfängliche Wirkung im Ausland entfalten, mit der Folge, dass im Ausland ein neues Verfahren durchgeführt werden muss.[160] Diese Notwendigkeit eines weiteren Verfahrens kann sich zeitlich und finanziell negativ auswirken und so den Rechtsschutz des Bürgers beeinträchtigen.

4. Mangelnder Rechtsschutz aus staatlicher Sicht („forum shopping")

Aus staatlicher Sicht ist ein weiterer Aspekt des „mangelnden Rechtsschutzes" zu nennen, der sich eher als „Häufung" denn als Mangel auswirkt. Durch die unterschiedliche Bestimmung der internationalen Zuständigkeit in den einzelnen Ländern kann es dazu kommen, dass doppelte oder mehrfache Zuständigkeiten und Verfahren gegeben sind. Ein „effektiver Rechtsschutz",[161] wie ihn Art. 19 Abs. 4 GG bzw. Art. 20 Abs. 3 i.V.m. Art. 2 Abs. 1 GG und Art. 6 EMRK fordern, wird dann nicht mehr gewährleistet.[162]

Darüber hinaus droht bei einer Mehrzahl eröffneter Gerichtsstände das so genannte „forum shopping". Dieses ist Folge des positiven Kompetenzkonfliktes. Sind bei grenzüberschreitenden Erbfällen mehrere Gerichte zuständig, so hängt das anzuwendende Recht davon ab, welches Gericht zuerst angerufen wird. Unter forum shopping versteht man daher das systematische Ausnutzen in mehreren Staaten nebeneinander existierender internationaler Zuständigkeiten um bestimmter rechtlicher oder tatsächlicher Vorteile willen.[163] Die Anwend-

---

160   Zur Erbscheinsanerkennung: Schroer, Europäischer Erbschein, S. 35; Süß, in: Süß, Erbrecht in Europa, S. 165; ausführlich unten Teil 2 B. II.1. c. aa. (2); C. II. 3. a. bb sowie Teil 3 A. III. 3. b.

161   Siehe dazu bspw. Jarass, in: Jarass/Pieroth, Kommentar zum GG, Art. 19 Rdnr. 65 ff.; Sachs, in, Sachs, Kommentar zum GG, Art. 19 Rdnr. 143 ff.; insbesondere zur Verfahrensdauer: BVerfGE 40, 237; 93, 1.

162   So wohl aus positiver Sicht auch Bachmayer BWNotZ 2010, 146, 147. Art. 20 Abs. 3 i.V.m. Art. 2 Abs. 1 GG bringt den allgemeinen Justizgewährleistungsanspruch zum Ausdruck, der im Zivilverfahren gilt, vgl. Huster/Rux, in: BeckOK-GG, Art. 20 Rdnr. 186.

163   Looschelders, IPR, Art. 3 – 46 EGBGB, Vorbem. zu Art. 3 – 6 Rdnr. 31; Patzina, in: Münchener Kommentar zur ZPO, § 12 ZPO Rdnr. 103; Schack, IZVR, Rdnr. 251; s.a. Schroer, Europäischer Erbschein, S. 31 ff.; zum „forum shopping" als Folge internationaler Entscheidungsdivergenzen siehe Süß, in: Süß, Erbrecht in Europa, S. 162; Her-

barkeit eines bestimmten Sachrechts zu Gunsten des Anrufenden ist dabei zumeist das Hauptmotiv.[164] So ist es beispielsweise auch einem (Mit-)Erben bei
grenzüberschreitenden Erbfällen unter Umständen möglich, dasjenige von mehreren international zuständigen Gerichten anzurufen, das ihm unter Anwendung
des nach dortiger Auffassung maßgeblichen Rechts den größeren Erbteil zu-
weist.

Durch die so geschaffene „Wahl des besten Rechtes" durch den Anrufenden
werden partiell erhebliche Unstimmigkeiten bei der Rechtsanwendung geschaffen, die den internationalen Entscheidungseinklang nahezu aufheben.[165] Folglich
vermeiden auch hier nur Zuständigkeitskonzentrationen das forum shopping.[166]

III. Zusammenfassung

Die Vielzahl von Gründen für Auslandsberührungen und die Zunahme der Nutzung der europäischen Freizügigkeitsregelungen führen dazu, dass sich die derzeit vorhandene hohe Zahl internationaler Erbfälle zukünftig noch weiter ver-
größern wird.

Die steigende Anzahl internationaler Erbfälle beinhaltet wiederum, dass sich
die für die Erteilung von Erbscheinen zuständigen Stellen vermehrt mit der Bestimmung des anzuwendenden Rechts auseinandersetzen müssen. Dabei stellt
sich für den Rechtsanwender, aber auch den Rechtsschutzsuchenden die Frage,
welches Gericht im internationalen Kontext zuständig ist. Viele unterschiedliche
Anknüpfungspunkte und Verfahrensregelungen führen hier, wie bereits aufgezeigt, zu internationalen Entscheidungsdivergenzen, Rechtsunsicherheit und
mangelndem Rechtsschutz.

Die vorangehend genannten Schwierigkeiten verdeutlichen die Bedeutung
eines einheitlichen Kollisions- und Verfahrensrechts im internationalen Erbscheinsverfahren, wie es die ErbVO vorsieht. Allerdings ist fraglich, ob die Verordnung allen aufgeworfenen Schwierigkeiten gerecht zu werden vermag, oder

---

weg (in: Europäisierung des Internationalen Erbrechts, S. 216) geht darüber hinaus und
schreibt: „Dieser Zustand [der mehrfachen Zuständigkeitseröffnung] hat zur Folge,
dass der Kläger das für ihn günstigste Forum wählen kann. Mit der Wahl des Forums
trifft er zugleich eine Wahl über das Kollisionsrecht und somit letzten Endes über das
anwendbare Sachrecht. Aus dem forum shopping wird ein ‚IPR-shopping', aus diesem
wiederum ein ‚Sachrechts-shopping'."

164 DNotI-Studie, S. 205; Schack, IZVR, Rdnr. 254; ein Beispiel für diese Unstimmigkeiten liefert Schroer, in: Europäischer Erbschein, S. 33; Völker FF 2009, 443.
165 So auch: DNotI-Studie, S. 189.
166 Bachmayer BWNotZ 2010, 146, 147 f.; Schroer, Europäischer Erbschein, S. 130.

ob sie nicht noch verbesserungswürdig ist. Dies wird mittels des Vergleiches mit den deutschen Systemen und sodann dem Vorentwurf näher untersucht.

2. Teil: Die Bestimmung der internationalen Zuständigkeit im deutschen Erbscheinsverfahren

Im deutschen Erbscheinsverfahren ist die Rechtslage vor (siehe B.) und nach (siehe C.) dem 1. September 2009 zu unterscheiden. Zu diesem Zeitpunkt ist das Gesetz über Verfahren in Familiensachen und in den Angelegenheiten der freiwilligen Gerichtsbarkeit (FamFG) in Kraft getreten, das die internationale Zuständigkeit (neu-)geregelt hat.

A. Fallbeispiel

Der Veranschaulichung des Gleichlaufgrundsatzes und der Neuregelung dient insbesondere der folgende Fall mit zwei Abwandlungen, dessen kollisionsrechtliche Ebene an dieser Stelle und dessen verfahrensrechtliche Komponenten jeweils unter B. bezogen auf den Gleichlaufgrundsatz bzw. unter C. bezüglich der Neuregelung besprochen werden.[167]

Im Ausgangsfall hat ein französischer Erblasser seinen letzten Wohnsitz in Österreich und stirbt in Deutschland, ohne ein Testament zu hinterlassen. Sein

---

167   Anhand dieses Falles kann zudem die Problematik der Rück- und Weiterverweisung veranschaulicht werden. Zum besseren Verständnis solch einer Rückverweisung („Renvoi au premier degré") und Weiterverweisung („Renvoi au second degré") soll folgende Konstellation angenommen werden: Die deutsche Kollisionsnorm verweist aufgrund ihres Anknüpfungsmomentes auf das ausländische Recht und damit nach Art. 4 Abs. 1 S. 1 EGBGB auch auf dessen Internationales Privatrecht. Dieses erachtet aber wiederum aufgrund eines anderen Anknüpfungsmomentes nicht das eigene Sachrecht, sondern das Recht eines anderen Staates für maßgeblich. Handelt es sich bei diesem anderen Recht um das deutsche, liegt eine Rückverweisung vor, die das deutsche Recht nach Art. 4 Abs. 1 S. 2 EGBGB annimmt. Wird weiterverwiesen, d.h. es wird auf das Recht eines dritten Staates verwiesen, so entscheidet wiederum das internationale Privatrecht dieses Staates über das anzuwendende Recht. Diese Kette bricht dann ab, wenn auf eine Rechtsordnung zum zweiten Mal verwiesen wird; vgl. Sonnenberger, in: Münchener Kommentar zum BGB, Art. 4 EGBGB Rdnr. 1 ff.; von Hoffmann/Thorn, IPR, S. 245 ff.; Schömmer/Reiß, Internationales Erbrecht – Italien, S. 17; Strübing ZErb 2008, 178, 183 f.; ausführlich auch Bachmayer BWNotZ 2010, 146, 159 f.

Nachlass besteht aus in Deutschland belegenem beweglichem Vermögen.[168] Die Erben beantragen die Erbscheinserteilung in Deutschland.

Das deutsche Nachlassgericht beginnt seine Prüfung mit der Anwendung des eigenen Internationalen Privatrechtes und damit bei gesetzlicher Erbfolge mit Art. 25 Abs. 1 EGBGB. Danach ist die Staatsangehörigkeit maßgebliches Anknüpfungsmoment. Es erfolgt also die Verweisung auf das französische Recht, inklusive dessen Internationalem Privatrecht. Das französische Recht erklärt aber durch Art. 3 Abs. 2 Code civil den letzten Wohnsitz des Erblassers zum maßgeblichen Anknüpfungsmoment für „mobilia sequuntur personam", also bewegliches Vermögen,[169] und verweist damit auf das österreichische Recht samt dessen Kollisionsrecht. Das österreichische internationale Privatrecht stellt auf das Personalstatut ab (§§ 28 Abs. 1, 9 Abs. 1 IPRG)[170] und verweist damit zurück auf das französische Recht. Dieses nimmt die Verweisung an, so dass französisches Sachrecht anzuwenden ist.

Der Ausgangsfall wird nun dahingehend abgewandelt, dass der letzte Wohnsitz des Erblassers in Deutschland liegt. Aufgrund der Verweisung des französischen Rechts auf das deutsche Recht würde sich letzteres nach Art. 4 Abs. 1 S. 2 EGBGB ohne weiteres für anwendbar erklären, selbst wenn den Erblasser sonst nichts mit dem deutschen Recht verbände.

Bei der zweiten Abwandlung ist davon auszugehen, der Erblasser sei Deutscher gewesen und habe unbewegliches Vermögen in Frankreich hinterlassen. Sodann käme es wegen des französischen Internationalen Privatrechts zu einer Nachlassspaltung:[171] Aufgrund von Art. 25 Abs. 1 EGBGB wäre deutsches Recht für das bewegliche und nach Art. 3a Abs. 2 EGBGB (bzw. Art. 3 Abs. 3 EGBGB a.F.) sowie Art. 3 Abs. 2 Code civil französisches Recht für das unbewegliche Vermögen maßgeblich.

---

168   Der Renvoi wird in Frankreich im Grundsatz anerkannt. Nach dem Urteil des 1. Zivilsenats der Cour de cassation vom 11. Februar 2009 (Civ. 1re, 11 février 2009, n° 06-12.140) gilt dies aber nur, wenn der Renvoi zur Anwendung einer einheitlichen Rechtsordnung für das gesamte Nachlassvermögen führt, was hier bei Anwendbarkeit der lex rei sitae ggf. nicht der Fall wäre (sonst wohl jeweils eigenständige Behandlung der Nachlassmassen), vgl. Döbereiner, in: Süß, Erbrecht in Europa, S. 613; DNotI-Studie, S. 254; s.a. Denkinger, Europäisches Erbkollisionsrecht, S. 60 ff.

169   Zur Herleitung vgl. Döbereiner, in: Süß, Erbrecht in Europa, S. 613.

170   Zu weiteren Problemen des österreichischen Rechts, insbesondere zu § 28 IPRG und zur Einantwortung siehe Bachmayer BWNotZ 2010, 146, 163 f.; 174 ff.

171   Zum Nachlassspaltung in Bezug auf das französische Recht s.o. Teil 1 B. I. 1. e.

B. Die Bestimmung der internationalen Zuständigkeit im deutschen Erbscheinsverfahren vor dem 1. September 2009

I. Einführung

Vor dem 1. September 2009 galt in Deutschland der Gleichlaufgrundsatz. Dieser war jedoch nie kodifiziert, sondern eine Entwicklung der Rechtsprechung,[172] die Inhalt und Umfang des Grundsatzes formte.[173] Dementsprechend kritisch wurde er seit jeher betrachtet.[174] Dennoch bestimmte er über 100 Jahre, also nahezu seit Inkrafttreten des BGB im Jahre 1900 bis zum Jahr 2009, die internationale Zuständigkeit. Viele Stimmen in der Literatur schlossen sich diesem Rechtsprechungsgebilde an. Er konnte daher – im Gegensatz zu der von den Gegnern vertretenen „Doppelfunktionalitätstheorie"[175] – wohl als herrschend bezeichnet werden.[176]

Es gab verschiedene Ausprägungen des Gleichlaufgrundsatzes. Zu unterscheiden waren der Gleichlaufgrundsatz nach der Rechtsprechung (siehe II. 1.) sowie der in der Literatur vertretene „strenge" und der dort ebenfalls vertretene „gemäßigte" Gleichlaufgrundsatz (siehe II. 2.).[177]

Die drei Gleichlaufvarianten werden nachfolgend vorgestellt und ihre Begründungen auf Basis der bisherigen Kritik einer eigenen Stellungnahme zuge-

---

172 Haas, in: Süß, Erbrecht in Europa, S. 215; Schaal BWNotZ 2007, 154; Wiethölter (in: Vorschläge und Gutachten zur Reform des Deutschen Internationalen Erbrechts, S. 141, 161) spricht von der Gleichlauftheorie als „Gleichlauflegende".

173 Bspw. KG KGJ 25 A, S. 241; KGJ 36 A, S. 102; KGJ 41 A, S. 62 (internationale Zuständigkeit noch als sachliche Zuständigkeit bezeichnet); KGJ 53 A, S. 77; BayObLG BayObLGZ 1956, 119; 1958, 34; 1959, 390; 1972, 383; 1976, 151; 1980, 42; 1980, 72; NJW 1987, 1148; OLG Karlsruhe NJW 1990, 1420; OLG Hamm IPRax 1994, 49 ff.; OLG Köln IPRax 1994, 376; OLG Zweibrücken ZEV 2001, 488.

174 Insbesondere durch die Vertreter der Doppelfunktionalitätstheorie, vgl. Heldrich NJW 1967, 417; s.u. Teil 2 B. II. 1.c. bzw. Teil 2 B. II. 2. b.

175 Die Doppelfunktionalitätstheorie wollte – wie nun § 105 FamFG – die internationale an die örtliche Zuständigkeit knüpfen und berief sich dabei auf § 73 FGG a.F.; zur Doppelfunktionalitätstheorie, s.a. Teil 2 B. II. c.

176 So bspw. Denkinger, Europäisches Erbkollisionsrecht, S. 318; Bünning (in: Nachlaßverwaltung im internationalen Recht, S. 59) spricht kritisch von einer „gewohnheitsrechtlichen Verfestigung"; anders Siehr (in: IPR, S. 112 ff.), der davon ausgeht, dass es sich beim Gleichlaufgrundsatz um eine „immer mehr verblassende Lehrmeinung" handelte.

177 So auch die Unterscheidung bei Bünning, Nachlaßverwaltung im internationalen Recht, S. 57 ff.

führt. Dabei werden im Rahmen des Gleichlaufgrundsatzes nach der Rechtsprechung die Ausnahmen des Grundsatzes berücksichtigt. Insbesondere wird die einzig kodifizierte Ausnahme nach § 2369 BGB a.F.[178] erörtert.[179] Durch eine abschließende Bewertung des Gleichlaufgrundsatzes werden dessen Vor- und Nachteile herausgearbeitet (siehe III.).

II. Der Gleichlaufgrundsatz

1. Der Gleichlaufgrundsatz in der Rechtsprechung

Nach der Gleichlaufvariante der Rechtsprechung galten deutsche Nachlassgerichte dann als zur Einleitung der Nachlassabwicklung international zuständig, wenn deutsches Erbrecht anwendbar war (positiver Gleichlauf). Bei ausländischen Erbstatuten war grundsätzlich kein deutsches Gericht zuständig, selbst wenn sich alle Beteiligten und sämtliche Nachlassgegenstände im Inland befanden (negativer Gleichlauf).[180]

a. Ausgestaltung des Gleichlaufgrundsatzes

Für die Vertreter dieser Statutszuständigkeit war es irrelevant, aus welchem Grund das deutsche Recht anwendbar war. Ebenfalls unberücksichtigt blieb, ob das deutsche Recht ganz oder nur teilweise zur Anwendung gelangte.

So konnte sich die Anwendbarkeit deutschen Rechts aus vorrangigen (Art. 3 EGBGB) bi- oder multilateralen Verträgen ergeben, die jedoch im erbrechtlichen Bereich sehr selten anzutreffen waren und sind.[181] Subsidiär konnte die Anwendbarkeit deutschen Rechts beispielsweise aus der Staatsangehörigkeit des Erblassers nach Art. 25 Abs. 1 EGBGB, einer Rechtswahl (beispielsweise

---

178 Der bis zum 1. September 2009 galt.
179 Ausdrücklich: Haas, in: Süß, Erbrecht in Europa, S. 215.
180 Zusammenfassend: Berenbrok, Internationale Nachlaßabwicklung, S. 17 f.; Bünning, Nachlaßabwicklung im internationalen Recht, S. 57; Jayme ZfRV 1983, 162, 169; auch „forum legis" genannt, vgl. auch DNotI-Studie, S. 198 f.; Schäuble, Einweisung der Erben durch deutsche Nachlassgerichte, S. 64 f.
181 Bspw. der Deutsch-Türkische Konsularvertrag von 1929; zu allen Verträgen: Fn. 48. Vgl. nur BayObLG BayOblGZ 1958, 34; BayOblGZ 1972, 383, 384; Deppenkemper, in: Frieser, Fachanwaltskommentar Erbrecht, § 2369 Rdnr. 18; Dörner ZEV 1996, 90; zu diesem Vertrag auch Sticherling IPRax 2010, 234; bzgl. der internationalen Zuständigkeit an sich existiert nur das Haager Erbrechtsabkommen von 1989, das nur in den Niederladen einseitig in Kraft getreten ist, vgl. Deppenkemper, in: Frieser, Fachanwaltskommentar Erbrecht, § 2369 Rdnr. 5, 56; Schroer, Europäischer Erbschein, S. 42 f; s.a. Teil 3 A. III. 2. b. aa.

Art. 25 Abs. 2 EGBGB), einer letztwilligen Verfügung (Art. 26 EGBGB) oder aus einer Rück- oder Weiterverweisung (Art. 4 Abs. 1 EGBGB) folgen.[182]

Für die Fallbeispiele (oben Teil 2 A.) bedeutet dies, dass sich bei Anwendbarkeit des französischen Rechts im Ausgangsfall das deutsche Gericht für international unzuständig erklärt hätte. In Bezug auf das inländische Vermögen wären die deutschen Gerichte sodann höchstens gemäß § 2369 BGB a.f. für die Erteilung eines so genannten „Fremdrechtserbscheines" zuständig gewesen.[183]

Wäre, wie in der ersten Abwandlung, deutsches Recht maßgeblich, wäre das deutsche Gericht nach dieser Ansicht auch international zuständig gewesen. Wäre hingegen, wie in der zweiten Abwandlung, teils deutsches, teils französisches materielles Recht anzuwenden, wäre die deutsche internationale Zuständigkeit nur hinsichtlich des deutschen Teils, also hier hinsichtlich des beweglichen Vermögens, gegeben gewesen.[184]

b. Ausnahmen vom Gleichlaufgrundsatz

Seit jeher wurden jedoch Ausnahmen vom Gleichlaufgrundsatz anerkannt.[185] Dabei war zwischen der geschriebenen Ausnahme des § 2369 BGB a.F. und den ungeschriebenen Ausnahmen, namentlich der Notzuständigkeit und der Zuständigkeit bei (vorläufigen) Sicherungsmaßnahmen, zu unterscheiden. Eine Beschränkung der Zuständigkeit deutscher Nachlassgerichte existierte dahingehend, keine „wesensfremde" Tätigkeit vorzunehmen.

---

182   Mayer, in: Münchener Kommentar zur ZPO, § 343 FamFG Rdnr. 27; von Hoffmann/Thorn, IPR, S. 423; Hohloch/Heckel, in: Hausmann/Hohloch, Handbuch des Erbrechts, S. 1997; Rehm MittBayNot 1994, 274, 277; Schaal BWNotZ 2007, 154; Wittrowski RNotZ 2010, 102, 103.

183   Zu § 2369 BGB sogleich Teil 2 B. II. 1. b. aa.

184   Wobei bei der Erteilung eines Eigenrechtserbscheins, also eines dem deutschen materiellen Recht unterliegenden Erbscheins, und eines Fremdrechtserbscheins, also eines solchen, der fremdes Recht zum Gegenstand hat, sich aber auf in Deutschland belegenes Vermögen bezieht, beide in einem „Doppelerbschein" ausgestellt worden wären, vgl. Wittrowski RNotZ 2010, 102, 104, 110, 117.

185   Kurze Zusammenfassung bei Kroiß ErbR 2006, 2; Edenfeld ZEV 2000, 482; Riering MittBayNot 1999, 519 ff.; Berenbrok (in: Internationale Nachlaßabwicklung, S. 20 ff.) und Bünning (in: Nachlaßverwaltung im internationalen Recht, S. 73 f.) besprechen als Ausnahmeurteil zudem den Fall „Zannantonio" (BayObLG NJW 1967, 417) bei dem über die Anwendung sämtlicher Ausnahmen die Zuständigkeit der deutschen Gerichte herbeigeführt, an dem Gleichlaufgrundsatz aber dennoch festgehalten wurde; siehe auch Teil 2 B. III. 3.; wegen der extensiven Anwendung von Ausnahmen geht Hohloch (in: Erman, Kommentar zum BGB, Art. 25 EGBGB, Rdnr. 45) auch nicht mehr davon aus, dass die Gleichlauftheorie „einschränkungslos herrschte", vgl. auch Fn. 350.

aa. § 2369 BGB a.F.

§ 2369 Abs. 1 BGB a.F. machte eine Ausnahme vom Gleichlaufgrundsatz[186] und nahm eine internationale Zuständigkeit deutscher Nachlassgerichte für im Inland befindliche Gegenstände trotz Anwendung ausländischen Rechts an. Gründe dafür waren unter anderem die Erleichterung von Verfügungen und der Schutz des inländischen Rechtsverkehrs sowie die Herbeiführung der Grundbuchberechtigung.[187] Irrelevant war, ob sich im Inland tatsächlich Nachlassgegenstände befanden oder dies nur behauptet wurde.[188] Das Gericht hatte fremdes Sachrecht anzuwenden und war zur Kenntnisverschaffung des ausländischen Rechts von Amts wegen verpflichtet.[189]

Sollte daher wie im Ausgangsfall (vollständig) ausländisches Sachrecht zur Anwendung gelangt sein, konnte gemäß § 2369 BGB a.F. für im Inland belegenes Vermögen ein so genannter „Fremdrechtserbschein" nach dem ausländischen Recht erteilt werden.[190] Die Gerichte waren dabei also nur beschränkt zuständig.

---

186 Vgl. Olzen, Erbrecht, Rdnr. 909; Kraus, Die internationale Zuständigkeit in Nachlassverfahren, S. 12 ff.; Kroiß ErbR 2006, 2; ders. ZEV 2009, 493; ebenso § 2368 Abs. 3 BGB, der auf den Erbschein verwies und noch heute verweist, s.a. Haas, in: Süß, Erbrecht in Europa, S. 216, der fälschlicherweise § 2268 Abs. 3 BGB anführt; zusätzlich wurde eine Zuständigkeit kraft Sachzusammenhangs zu § 2369 BGB a.F. angenommen; Berenbrok, Internationale Nachlaßabwicklung, S. 21 f.; Heggen RNotZ 2007, 1, 4. Zu den kaum relevanten weiteren beschränkten Erbscheinen nach § 18 Abs. 2 HöfeO und den besonderen Vorschriften des Wiedergutmachungsgesetzes siehe Mayer, in: Münchener Kommentar zum BGB, § 2353 Rdnr. 17 f.

187 Vgl. Edenhofer, in: Palandt, Kommentar zum BGB, 67. Auflage 2008, § 2369 Rdnr. 8; von Hoffmann/Thorn, IPR, S. 424; Bachmayer (in: BWNotZ 2010, 146, 149) erwähnt zudem eine „Annex-Zuständigkeit" für alle die Feststellung des Erbrechts betreffenden Maßnahmen. Berenbrok (in: Internationale Nachlaßabwicklung, S. 20 ff.) führt auch die Zuständigkeit kraft Sachzusammenhangs zu § 2369 BGB an, bspw. bei der Testamentseröffnung oder der Entgegennahme der Annahmeerklärung. Dazu auch: Seyfarth, Zuständigkeitswandel, S. 54 f.

188 BayObLG BayObLGZ 1995, 47, 50; KG OLGZ 1975, 293; Graf, in: Firsching/Graf, Nachlassrecht, Rdnr. 2.99; Kroiß, Internationales Erbrecht, Rdnr. 111; Zimmermann, Erbschein und Erbscheinsverfahren, Rdnr. 408; a.A. Mayer, in: Münchener Kommentar zum BGB, § 2369 Rdnr. 9.

189 Vgl. bspw. BayObLG BayObLGZ 1971, 34, 37; Edenhofer, in: Palandt, Kommentar zum BGB, 67. Auflage 2008, § 2369 Rdnr. 8; zur Anwendung ausländischen Rechts durch deutsche Gerichte siehe Haas, in: Süß, Erbrecht in Europa, S. 210 f.

190 Kroiß ZEV 2009, 493 und Strübing ZErb 2008, 178, 179 f. mit diversen Beispielen; Muscheler Jura 2009, 567; ausführlich Berenbrok, Internationale Nachlaßabwicklung,

bb. Not- und Sicherungsmaßnahmen

Trotz Geltung ausländischen Rechts wurde von der Rechtsprechung die Anordnung von (vorläufigen) Sicherungs- und Notmaßnahmen anerkannt. Sie hielt diese Ausnahme für geboten, um die nötige Flexibilität zu zeigen, die ihr eigentlich aufgrund des starren Gleichlaufs fehlte. So war es möglich, Not- und Fürsorgemaßnahmen anzuordnen, sollte der Antragsteller kein für ihn zuständiges Forum finden und sich deshalb in einer an Rechtsverweigerung grenzenden Notlage befinden.[191]

Vorläufige Maßnahmen zur Sicherung des Nachlasses waren darüber hinaus uneingeschränkt zulässig, da sie kein ausländisches Gericht benachteiligten. Sie waren sogar international geboten, da es dem einheitlich-internationalen Gedanken entsprach, im Bedürfnisfall an der Sicherung des ausländischen Nachlasses mitzuwirken.[192]

Eine rechtliche Begründung lieferte die Rechtsprechung für diese Ausnahmen nicht. Vielmehr stützte sie diese allein auf das Gewohnheitsrecht,[193] insbesondere auf einen „gewohnheitsrechtlichen Satz des Völkerrechts".[194]

S. 23 ff., der insbesondere auf die Rechtslage nach der Teilung Deutschlands eingeht; siehe auch Edenfeld ZEV 2000, 482.

191 Vgl. BGHZ 49, 1; BayObLG NJW 1967, 447; BayObLGZ 1965, 423; OLG Frankfurt OLGZ 1977, 180 ff.; OLG Zweibrücken OLGZ 1985, 413, 415; darstellend: Heldrich, in: Palandt, Kommentar zum BGB, 67. Auflage 2008, Art. 25 EGBGB Rdnr. 18 ff.; ausführlich (insbesondere zur Nachlassverwaltung und zum Nachlasskonkurs): Bünning, Nachlaßverwaltung im internationalen Recht, S. 67 ff.; allerdings musste der Erblasser im Falle einer drohenden Rechtsverweigerung seinen letzten Aufenthalt in Deutschland gehabt haben (Aufenthaltszuständigkeit), Deutscher gewesen sein (Staatsangehörigkeitszuständigkeit) oder Nachlassgegenstände in Deutschland hinterlassen haben, vgl. Zimmermann, in: Keidel, Kommentar zum FamFG, § 343 Rdnr. 50; auch „forum necessitatis" genannt, vgl. DNotI-Studie, S. 199; vgl. auch Kroiß ZEV 2009, 493 mit einem instruktiven Beispielsfall nach LG Hagen FamRZ 1997, 645.

192 Heldrich, in: Palandt, Kommentar zum BGB, 67. Auflage 2008, Art. 25 EGBGB Rdnr. 18 ff.

193 Zusammenfassung bei Wiethölter, in: Vorschläge und Gutachten zur Reform des Deutschen Internationalen Erbrechts, S. 141, 155; s.a. DNotI-Studie, S. 199.

194 Mokierend: Bünning, Nachlaßverwaltung im internationalen Recht, S. 68; a.A. Kroiß (in: ZEV 2009, 493), der bei der Herleitung der Sicherungszuständigkeit wohl fälschlicherweise davon ausging, dass § 74 FGG a.F. durch die Rechtsprechung doppelfunktional angewandt wurde, was einen Verstoß gegen den Gleichlaufgrundsatz bedeutet hätte und damit über eine bloße Ausnahme hinausgegangen wäre.

cc. Grenze der „wesenseigenen Zuständigkeit"

Wurde aber ausnahmsweise eine Zuständigkeit auch bei Anwendung ausländischen Rechts bejaht, so war sie wiederum begrenzt durch die „wesenseigene Zuständigkeit". Es sollten also keine vom ausländischen Recht vorgesehenen Tätigkeiten vorgenommen werden, die in der deutschen Rechtsordnung kein Pendant finden konnten. Diese Begrenzung wurde damit begründet, dass das Verfahrensrecht der einzelnen Länder derart auf das materielle Recht zugeschnitten sei, dass es dem Gericht in manchen Fällen nicht möglich sei, die im ausländischen Verfahrensrecht vorgesehene Tätigkeit vorzunehmen.[195]

Für den umgekehrten Fall, also aus deutscher Sicht, seien exemplarisch das gerichtliche Nachlassauseinandersetzungsverfahren nach den §§ 86 ff. FGG a.F. und der Antrag auf Nachlassverwaltung nach § 1981 BGB genannt. Diese Verfahren tragen der Verwaltungsbefugnis der Erben und der grundsätzlich unbeschränkten Erbenhaftung des materiellen Rechts Rechnung. Nach vorbenannter Auffassung wären sie daher anderen Rechtsordnungen wesensfremd, sofern diesen eine entsprechende Regelung fehlt.[196]

Der Begriff der „Wesensverschiedenheit" durfte zum Nachteil der Parteien aber nicht zu eng verstanden werden, so dass eine Begrenzung letztlich nur in seltenen Fällen erfolgte.[197]

c. Argumente für und gegen die Entwicklung des Gleichlaufgrundsatzes

Als Argument für den Gleichlaufgrundsatz wurde vorgebracht, es würde nicht hinreichend auf die ausländische Jurisdiktion Rücksicht genommen, würden deutsche Gerichte fremdes Recht anwenden oder sich gar über die Einwendun-

---

195 Dazu: Berenbrok, Internationale Nachlaßabwicklung, S. 140 ff.; Haas, in: Süß, Erbrecht in Europa, S. 219; Ferid, in: FS Cohn, S. 32; Wiethölter, in: Vorschläge und Gutachten zur Reform des Deutschen Internationalen Erbrechts, S. 141, 180. Bünning (in: Nachlaßabwicklung im internationalen Recht, S. 58) merkt kritisch an, dass vom Fehlen einer ausländischen Zuständigkeitsnorm nicht auf die eigene Zuständigkeit geschlossen werden dürfe. Heldrich (in: NJW 1967, 417, 420) löst die wesenseigene Zuständigkeit gänzlich vom Gleichlaufgrundsatz und will sie scheinbar als Korrektiv zur Doppelfunktionalitätstheorie nutzen; ebenso kritisch: Bachmayer BWNotZ 2010, 146, 166 f. m.w.N.

196 Haas, in: Süß, Erbrecht in Europa, S. 219.

197 Bspw. war die nach italienischem Recht vorgesehene Entgegennahme einer Ausschlagungserklärung nicht wesensfremd: LG Hagen FamRZ 1997, 645; Haas, in: Süß, Erbrecht in Europa, S. 220; s.a. Heldrich, Internationale Zuständigkeit und anwendbares Recht, S. 215, 255 ff., insb. 266 ff. Ausführlich zur streitigen Frage, ob die Einantwortung nach österreichischem Recht den deutschen Gerichten „wesensfremd ist": Kopp, Nachlaßspaltung, S. 97 ff.; s.a. Berenbrok, Internationale Nachlaßabwicklung, S. 142.

gen ausländischen Rechts hinwegheben, die dieses gegen eine Anwendung im Rahmen des deutschen Verfahrensrechts haben könnte.[198] Zudem wurde der Gleichlaufgrundsatz der Rechtsprechung mit praktischen Erwägungen begründet. Darüber hinaus betonten die Befürworter des Gleichlaufgrundsatzes die enge Verzahnung von materiellem Recht und Verfahrensrecht. Ebenso wurden der Wortlaut, die Entstehungsgeschichte sowie die Systematik von § 2369 BGB a.F., § 73 FGG a.F.[199] und Art. 25 EGBGB a.F.[200] zugunsten des Gleichlaufgrundsatzes angeführt.[201] Diese Argumente werden im Folgenden näher untersucht.

In die Untersuchung fließt auch die vielfach geäußerte Kritik am Gleichlaufgrundsatz mit ein. Hervorzuheben ist die Kritik derer, die der Doppelfunktionalitätstheorie gefolgt sind, da sich diese Ansicht von der Gleichlauftheorie der Rechtsprechung vollkommen unterschied und ihre Anhänger schon während der Geltung des Gleichlaufgrundsatzes erhebliche Bedenken an selbigem äußerten. Insbesondere aus den soeben genannten Normen zogen sie daher Schlüsse zugunsten ihrer Ansicht und gegen die Rechtsprechung. Zum besseren Verständnis der nachfolgenden Ausführungen bedarf es daher einer kurzen Einordnung dieser Theorie:

Die Doppelfunktionalitätstheorie ging davon aus, dass sich, wie im Zivilrecht allgemein,[202] die internationale Zuständigkeit auch im Erbscheinsverfahren nach der örtlichen Zuständigkeit zu richten habe. Die Vorschriften der örtlichen Zuständigkeit sollten also eine „Doppelfunktion" innehaben. Hier wurden daher die für die Bestimmung der örtlichen Zuständigkeit maßgeblichen §§ 73, 74 FGG a.F. auch auf die Bestimmung der internationalen Zuständigkeit angewandt.[203] § 73 FGG a.F. knüpfte die örtliche Zuständigkeit primär an den Wohnsitz oder Aufenthalt des Erblassers (Abs. 1), sekundär war das Amtsgericht Schöneberg zuständig (Abs. 2). Sofern die Voraussetzungen von Abs. 1 oder 2 nicht einschlägig waren, war bei der Belegenheit von Nachlass im Inland

---

198 Vgl. von Hoffmann/Thorn, IPR, S. 423; Bünning, Nachlaßabwicklung im internationalen Recht, S. 58.

199 In der bis zum 1. September 2009 geltenden Fassung.

200 In der bis zum 31. August 1986 geltenden Fassung.

201 Deskriptiv: Bünning, Nachlaßabwicklung im internationalen Recht, S. 60 ff.; Berenbrok, Internationale Nachlaßabwicklung, S. 18 f.

202 Siehe bspw. BGHZ 44, 46; FGG-Reformgesetz, S. 489; von Bar, IPR, Band II, Rdnr. 385; Birk, in: Münchener Kommentar zum BGB, Art. 25 EGBGB Rdnr. 315; Strübing ZErb 2008, 178, 179, dazu bereits unter Teil 1 B. I. 2. b.

203 Zur Doppelfunktionalitätstheorie als Gegenlösung zum Gleichlaufgrundsatz: Bünning, Nachlaßverwaltung im internationalen Recht, S. 95 ff.; Schurig, in: Soergel, Kommentar zum BGB, Art. 25 Rdnr. 48 ff.; zur Doppelfunktionalitätstheorie selbst siehe bereits Fn. 33.

jedes Gericht, in dessen Bezirk sich Nachlassgegenstände befanden, für den gesamten im Inland befindlichen Nachlass örtlich (und nach der Doppelfunktionalitätstheorie damit international) zuständig (Abs. 3). Abs. 4 enthielt besondere Zuständigkeiten. § 74 FGG a.f. sah darüber hinaus eine besondere Fürsorgezuständigkeit vor.[204]

Abgesehen von der Fürsorgezuständigkeit sind diese Anknüpfungen mit der Gesetzesänderung zum 1. September 2009 nahezu vollständig in §§ 343, 344 FamFG übernommen worden. § 105 FamFG, der vorsieht, dass sich die internationale Zuständigkeit grundsätzlich nach der örtlichen Zuständigkeit richtet, verweist insofern auf die §§ 343, 344 FamFG. Damit ist die Theorie der Doppelfunktionalität Gesetz geworden. Die einzelnen Voraussetzungen der §§ 343, 344 FamFG und weitere Kriterien werden daher im Rahmen der Neuregelung besprochen.[205]

Die an der Gleichlauftheorie entäußerte Kritik der Vertreter der Doppelfunktionalitätstheorie fließt aber bereits in die nachfolgenden Ausführungen mit ein.

aa. Rücksichtnahme auf die ausländische Jurisdiktion

(1) Begründung der Befürworter

Wesentlicher Grund für die Entwicklung und Beibehaltung des Gleichlaufgrundsatzes sei, so dessen Vertreter, seine Rücksichtnahme auf das ausländische Recht. Wäre eine ausländische Rechtsordnung berufen, käme dieser auch die Jurisdiktion zu. Das ausländische Recht würde bei seiner Anwendung durch die deutschen Gerichte untergraben, und aufgrund der Komplexität der Rechtsordnungen der einzelnen Länder wäre die vollständige und inhaltlich korrekte Anwendung ausländischen Rechts durch die deutschen Gerichte nicht hinreichend gewährleistet.[206] Auch die Problematik, dass sich das Recht ändern könne und gegebenenfalls immer wechselnde Regelungen zu berücksichtigen wären, stütze diese Argumentation. Aus vorbenannten Gründen werde der Gleichlaufgrundsatz durch die Ablehnung der eigenen Zuständigkeit bei Maßgeblichkeit auslän-

---

204 Ausführliche Darstellung der Doppelfunktionalitätstheorie bei: Dörner, in: Staudinger, Kommentar zum BGB, Art. 25 EGBGB, Rdnr. 848 ff.; insb. 850; Schurig, in: Soergel, Kommentar zum BGB, Art. 25 Rdnr. 48 ff.

205 Siehe Teil 2 C. II. 2. a.

206 Vgl. bspw. KG JR 1963, 144; siehe auch Kraus, Die internationale Zuständigkeit in Nachlassverfahren, S. 19.

dischen Rechts der Rücksichtnahmepflicht gegenüber der ausländischen Jurisdiktion gerecht.[207]

Andere sahen zudem – psychologisch betrachtet – die Gefahr, dass bei Nichtanwendung des Gleichlaufgrundsatzes die Gerichte rein praktisch immer seltener prüften, ob ausländische Gerichte etwas gegen die Behandlung des Falles vor deutschen Gerichten einzuwenden hätten. Letztlich lasse dieses „Heimwärts streben" die ausländische Jurisdiktion unberücksichtigt.[208]

(2) Kritik der Gegner

Diese Rücksichtnahme auf die ausländische Jurisdiktion wurde ebenfalls kritisiert. Es sei nicht die ausländische Rechtsordnung, sondern das inländische Kollisionsrecht, das bestimme, dass zunächst ausländisches Kollisionsrecht und sodann ausländisches Sachrecht anzuwenden sei. Dementsprechend seien auch die inländischen Zuständigkeitsregelungen maßgeblich. Dem ausländischen Recht sei hier keine hervorgehobene Bedeutung beizumessen, da es allein die deutsche Legislative und Exekutive seien, die über die Zuständigkeitsvorschriften und deren Anwendung bestimmten. Das ausländische Recht könne und dürfe daher nicht in die inländische Jurisdiktion eingreifen. Nur wenn ein völkerrechtlicher Grundsatz bestünde, der eine Berücksichtigung des ausländischen Rechts geböte, wäre dies anders zu beurteilen. Allein aus der Gebiets- und Personalhoheit folge allerdings keine Berücksichtigungspflicht. Umgekehrt lasse sich aus diesen Hoheiten schließen, dass eine „Beziehung der beteiligten Personen oder der verfahrensbefangenen Gegenstände zum Inland" die Zuständigkeit mitforme, nicht jedoch das anzuwendende materielle Recht.[209]

Zudem ergebe sich aus formaler Sicht, dass dem ausländischen Staat keine Jurisdiktion zukomme, weil sich der Nachlass und/oder die Nachlassbeteiligten im Inland befänden und die Jurisdiktion an der Staatsgrenze ende. Eine ausländische Jurisdiktion werde nur dann für die Regelungsbefugnis über inländische

---

207 Vgl. bspw. OLG Frankfurt OLGZ 1977, 180, 182 (mit kritischer Anmerkung zum Gleichlaufgrundsatz, aber im Ergebnis der Theorie folgend); OLG Zweibrücken OLGZ 1985, 413, 415; von Bar, IPR, Band II, Rdnr. 390.

208 Neuhaus NJW 1967, 1167, 1168.

209 Bünning, Nachlaßverwaltung im internationalen Recht, S. 65; ähnlich bereits Riezler, IZPR, S. 210 f.; Neuner, Internationale Zuständigkeit, S. 17 ff.; Wiethölter, in: Vorschläge und Gutachten zur Reform des Deutschen Internationalen Erbrechts, S. 141, 162; weitere Gedanken zum Völkerrecht bei Heldrich, Internationale Zuständigkeit und anwendbares Recht, S. 136 ff.; auch Schwimann (in: RabelsZ 34 [1970], 201, 217 ff.) greift diesen Aspekt auf und geht davon aus, dass multilateraler Entscheidungseinklang ohnehin nur durch zwischenstaatliche Vereinbarungen erreicht werden könne.

59

Sachverhalte relevant, wenn die ausländische Entscheidung[210] im Inland anerkannt werde.[211] Es handle sich folglich vielmehr um eine Frage der Anerkennung nach inländischem Recht,[212] also um die Frage, ob die Entscheidung im
Inland dieselben Wirkungen habe, die ihr in dem Staat zugestanden würden, in
dem sie ergangen sei, sofern sie dem deutschen Recht nicht wesensfremd sei.
Diese Wirkungserstreckung umfasse insbesondere die Rechtskraft- und Gestaltungswirkung.[213] Eine Anerkennung ausländischer Erbnachweise werde im Inland aber ohnehin mehrheitlich abgelehnt, da sich eine solche – außer bei Vorliegen eines Staatsvertrages[214] – nach § 16a FGG a.F.[215] richten müsse, dieser

---

210 Bzw. der ausländische Erbnachweis.

211 Bünning, Nachlaßverwaltung im internationalen Recht, S. 66 f., 85 f.

212 So auch Berenbrok, Internationale Nachlaßabwicklung, S. 73 ff. (zum strengen Gleichlauf), S. 85 ff. (zum gemäßigten Gleichlauf); zum Aspekt der Anerkennung und Wirksamkeit siehe insbesondere Heldrich, Internationale Zuständigkeit und anwendbares
Recht, S. 120 ff., 203 f.; 210 ff., 226; er geht auf S. 180 ff. sogar noch weiter und will
den Gleichlauf von materiellem Recht und Verfahrensrecht nur da akzeptieren, wo die
Einschaltung der Gerichte zwingend notwendig ist; die Grenze bilde dabei die „wesenseigene Zuständigkeit".

213 Zur Definition der Anerkennung (als Wirkungserstreckung und nicht als Gleichstellung) nach der wohl ganz herrschenden Meinung: Bumiller/Harders, in: Bumil-
ler/Harders, Kommentar zum FamFG, § 108 Rdnr. 1; Wick, in: Jansen, Kommentar
zum FGG, § 16a Rdnr. 4; Zimmermann, in: Keidel/Kuntze/Winkler, Kommentar zum
FGG, § 16a Rdnr. 3; s.a. Sieghörtner, in: BeckOK-FamFG, § 108 Rdnr. 45 m.w.N;
Schäuble, Einweisung der Erben durch deutsche Nachlassgerichte, S. 298; Geimer, in:
FS Ferid, S. 89, 90 f.; für eine Gleichstellung nach erfolgreicher Substitution im Rahmen des § 35 GBO aber wohl Kaufhold ZEV 1997, 399.

214 So insbesondere der Deutsch-Türkische Konsularvertrag von 1929 in seinem § 17 der
Anlage zu Art. 20 für den Erbnachweis über beweglichen Nachlass, wobei die Wirkungen des türkischen Erbnachweises begrenzt sind, so dass auch dessen Wirkungen
in Deutschland nicht allzu weitreichend sind, was dazu führt, dass § 2369 BGB a.F.
doch wieder aushelfen muss; vgl. bspw. Graf, in: Firsching/Graf, Nachlassrecht, 2.67;
Freitag, in: PWW, Kommentar zum BGB, Art. 25 EGBGB Rdnr. 45; Dörner, in: Staudinger, Kommentar zum BGB, Art. 25 EGBGB, Rdnr. 908, 916; ders. ZEV 1996, 90,
96; allgemein zur begrenzten Wirkung selbst bei Anerkennung: DNotI-Studie, S. 217;
eine Anerkennung war und ist auch für österreichische Einantwortungsurkunden vorgesehen, was aus dem Deutsch-Österreichischen Vertrag über die gegenseitige Anerkennung und Vollstreckung von gerichtlichen Entscheidungen, Vergleichen und öffentlichen Urkunden in Zivil- und Handelssachen vom 6. Juni 1959 hervorging; allerdings kritisch in Bezug auf § 35 GBO: Krzywon BWNotZ 1989, 133. Zum deutsch-
griechischen Verhältnis siehe Lintz/Papadimopoulos MittBayNot 2009, 442, 446 f.;
vgl. allgemein: Kroiß, in: Bonefeld/Kroiß/Tanck, Der Erbprozess, S. 1134 f.; ders., Internationales Erbrecht, Rdnr. 2 sowie Art. 69, 70 Abs. 1 Brüssel-I-VO; zu alledem (zur
heutigen Rechtslage): Sieghörtner, in: BeckOK-FamFG, § 108 Rdnr. 40; im europäi-

aber nur in Rechtskraft erwachsende gerichtliche Entscheidungen erfasse, unter die die meisten ausländischen Erbnachweise mangels Regelungs- und Gestaltungsfunktion nicht fielen. Überdies wären die deutschen Nachlassgerichte trotz Anerkennung nicht an den im Ausland erteilten Erbschein gebunden.[216] Ausländische und inländische Zuständigkeit konkurrierten dementsprechend.[217]

Darüber hinaus werde durch die im deutschen Recht zugelassene Nachlassspaltung eine unterschiedliche Bewertung eines einheitlichen Sachverhaltes ermöglicht, welche den Schutz der ausländischen Jurisdiktion eindämme.[218] Auch Sicherungs- und Fürsorgezuständigkeiten könnten gegebenenfalls dazu führen, dass die ausländische Jurisdiktion untergraben würde, wenn beispielsweise das ausländische Gericht seine Einstellung nachträglich ändere und den Fall nun doch entscheiden wolle. Zudem könne bei Nachlässen, die sich über mehrere Staaten verteilten, nicht verhindert werden, dass Gerichte der Drittstaaten tätig würden. Dann sei die Rücksichtnahme nur im Verhältnis der deutschen Gerichte zu denen der lex causae gewährleistet.[219]

---

schen Raum gibt es zwar viele Abkommen, wie das DNotI (DNotI-Studie, S. 209) aber herausarbeitet, scheint keines von diesen jemals praktische Bedeutung erlangt zu haben.

215 In der bis zum 1. September 2009 geltenden Fassung.

216 Auch der deutsche Erbschein wirkt, wie unter Teil 1 B. I. 2. a ausgeführt, lediglich materiell-rechtlich. Zu alledem vgl. bspw. BayObLG NJW-RR 1991, 1098; KG NJW-RR 1997, 1094; KG NJW 1954, 1331; OLG Bremen NotBZ 337; OLG Zweibrücken, MDR 1990, 341; Heldrich, in: Palandt, Kommentar zum BGB, 67. Auflage 2007, Art. 25 EGBGB, Rdnr. 22; Wick, in: Jansen, Kommentar zum FGG, § 16a Rdnr. 36; Zimmermann, in: Keidel/Kuntze/Winkler, Kommentar zum FGG, § 16a Rdnr. 2n; Dörner, in: Staudinger, Kommentar zum BGB, Art. 25 EGBGB, Rdnr. 914 f.; Schroer, Europäischer Erbschein, S. 92 ff.; Zimmermann, Erbschein und Erbscheinsverfahren, Rdnr. 734 ff. (wobei er in Soergel, Kommentar zum BGB, § 2369 Rdnr. 4 angibt, dass § 16a FGG a.F. zwar erfüllt sein könne, aber selbst dann die Gerichte nicht an den ausländischen Erbnachweis gebunden seien, da dieser hinter den Wirkungen des deutschen Erbschein zurückbleibe); Heggen RNotZ 2007, 1, 6; a.A. waren wohl kurz vor der Abschaffung des FGG nur noch Haas/Sieghörtner, in: Bengel/Reimann, Handbuch der Testamentsvollstreckung, Kap. 9, Rdnr. 455 f. Haas (in: Süß, Erbrecht in Europa, S. 233 ff.) allein formuliert aber vorsichtiger, die Nichtanwendung von § 16a FGG auf Erbscheine sei „fragwürdig" und diskutiert zudem eine Substitution ausländischer Erbscheine, scheint sich hier aber wiederum der herrschenden Meinung anzuschließen und lehnt eine solche für ausländische Erbscheine ab; zur Nachfolgernorm (§ 108 FamFG) siehe Teil 2 C. II. 3. a. bb.

217 S.a. Seyfarth, Zuständigkeitswandel, S. 60 f.

218 Kousoula, Europäischer Erbschein, S. 88 f.

219 So auch: Dörner, in: Staudinger, Kommentar zum BGB, Art. 25 Rdnr. 849; s.a. BT-Drucks. 16/6308, S. 222.

Weiterhin werde die Rechtserlangung zwar nicht verweigert, aber zumindest erschwert, gerade wenn kaum ein Bezug zum ausländischen Recht gegeben sei, dieses aber dennoch – beispielsweise aufgrund der Staatsangehörigkeit – zur Anwendung gelange und deutsche Gerichte darum ihre Zuständigkeit ablehnten. Dann sei das ausländische Gericht (beispielsweise ein Gericht Japans) von Deutschland aus anzurufen, auch wenn sich nur in Deutschland Vermögen befände. [220]

Daran anknüpfend sei zu bedenken, dass der Gleichlaufgrundsatz nicht nur zur Gefährdung des effektiven Rechtsschutzes führen könne, sondern dass eventuell mehrere Gerichte ihre Zuständigkeit annehmen könnten und bei Anwendung des eigenen materiellen Erbrechts Entscheidungsdivergenzen drohten. [221] Ebenso sei die Rücksichtnahme auf die ausländische Jurisdiktion nicht gewährleistet, wenn bei einem sich in Deutschland aufhaltenden Ausländer das deutsche Kollisionsrecht auf das Recht eines Staates verweise, dessen Rechtsordnung die Zuständigkeit beispielsweise an den gewöhnlichen Aufenthalt knüpfe. Denn dann seien mangels anwendbaren deutschen Sachrechts weder das deutsche noch das ausländische Gericht zuständig. [222]

(3) Stellungnahme

Zunächst ist es richtig, dass der Gleichlaufgrundsatz insoweit nützlich war, als er eine inländische Zuständigkeit ablehnte, sofern ausländisches materielles Recht anwendbar war. Dadurch konnten sich ausländische Gerichte mit der Sache befassen, auf deren Jurisdiktion dadurch Rücksicht genommen wurde. Der Gleichlaufgrundsatz war daher in diesen Fällen „neutral". Hätten die deutschen Gerichte ihre Zuständigkeit hingegen bejaht, wären sie womöglich zu einem Ergebnis gelangt, das von dem Ergebnis des ausländischen Gerichts hätte abweichen können. [223] Unter Umständen wären ausländische Gerichte (beispielsweise

---

220 Berenbrok, Internationale Nachlaßabwicklung, S. 68 ff. (zum strengen Gleichlauf).
221 Bachmayer BWNotZ 2010, 146. 149.
222 Dafür gäbe es aber dann die Notzuständigkeit, s.o. Teil 2 B. I. 1. b. bb. Nach Heldrich (in: Internationale Zuständigkeit und anwendbares Recht, S. 206) dürfe auch nicht vernachlässigt werden, dass komplexe Sachverhalte möglichst einem Gericht zuzuordnen seien, um Teilzuständigkeiten auf Grund einer rechtlichen Spaltung einheitlicher Sachverhalte bei der im Kollisionsrecht auftauchenden „sachrechtlichen Anknüpfung" zu vermeiden; s.a. Kopp, Nachlaßspaltung, S. 78. Zum Aspekt des Rechtsschutzes (aus Bürgersicht) zusammenfassend: Kraus, Die internationale Zuständigkeit in Nachlassverfahren, S. 28 f. sowie ausführlich unten Teil 2 B. III. 3.
223 So vom Gedanken her schon Schwind, in: FS Dölle, Band 2, S. 105: „Dem Wesen des IPR entsprechend geht es ja nicht darum, zwischen den statischen und dynamischen Elementen des Rechtes die sachgerechte Lösung zu finden, sondern nur darum, unter

aufgrund ihres Internationalen Privatrechts oder aufgrund von Staatsverträgen) zu einem ganz anderen Ergebnis gekommen, wie etwa einem solchen, das dem Sachverhalt gegebenenfalls eher gerecht geworden wäre.[224]

Der Gleichlaufgrundsatz ließ es nicht zu solchen Ergebnissen kommen. Allerdings bewirkte die „Flucht in die Neutralität", dass die Bürger stets an ausländische Gerichte verwiesen wurden. Die Angst vor divergierenden Entscheidungen und die Rücksichtnahme auf die ausländische Jurisdiktion führten so zu einer mangelnden Rücksichtnahme auf die Interessen der Beteiligten. So wurden bei einer Interessenabwägung einseitig die Interessen ausländischer Staaten berücksichtigt, das Interesse an einer Rechtserlangung aber vernachlässigt. Dass die Rechtserlangung tatsächlich erschwert wurde, gestand auch die Rechtsprechung indirekt ein, wenn sie diverse Ausnahmen vom Gleichlaufgrundsatz anerkannte.

Letztlich ist den Kritikern darin zuzustimmen, dass die mangelnde Anerkennung zumeist ein bedeutendes Problem darstellte, da § 16a FGG a.F. nur für ausländische Entscheidungen galt, unter die ausländische Erbnachweise mangels Regelungs- und Gestaltungswirkung richtigerweise zumeist nicht fielen. Auch ansonsten fehlte jedwede Bindungswirkung an ausländische Erbnachweise. Selbst wenn es doch einmal zu einer Anerkennung eines ausländischen Erbnachweises kam, war zudem nach herrschender Meinung nur eine Wirkungserstreckung gegeben, d.h. dem ausländischen Erbnachweis kamen in Deutschland nur die Wirkungen zu, die er im Ausland hatte, so dass gerade die Gutglaubenswirkung nach §§ 2365 ff. BGB ausländischen Nachweisen verwehrt blieb. Gerade dadurch gelang es den Vertretern des Gleichlaufgrundsatzes nicht, hinreichend auf die ausländische Jurisdiktion Rücksicht zu nehmen, selbst bei Ablehnung der eigenen Zuständigkeit bei Maßgeblichkeit ausländischen Sachrechts.

Der Rechtsprechung ist also im Ergebnis allenfalls darin beizupflichten, dass auf die ausländische Jurisdiktion hinreichend Rücksicht genommen wurde, erklärte sich ein deutsches Gericht bei Einschlägigkeit ausländischen Sachrechts für international unzuständig. Dies galt aber nur dann, wenn sich ausländische Gerichte nicht ebenso für unzuständig erklärten, da ansonsten erhebliche Rechtsschutzlücken entstanden.

Berücksichtigung der fast allen Rechtsordnungen innewohnenenden Dynamik die sachgerechte Anknüpfung zu finden." S.a. Berenbrok, Internationale Nachlaßabwicklung, S. 79.

224 Ähnlicher Gedanke bei Heldrich, Internationale Zuständigkeit und anwendbares Recht, S. 204.

bb. Praktische Erwägungen

(1) Begründung der Befürworter

In der Praxis wurde als Hauptgrund für die Entwicklung des Gleichlaufgrundsatzes angeführt, dass die Anwendung ausländischen Rechts oft mit einer umfassenden Recherche und einer langen Verfahrensdauer einhergehe, was einen erheblichen Zeit- und Kostenaufwand zur Folge habe.[225] Insbesondere falle die notwendige Einholung von Rechtsgutachten ins Gewicht. Diese Rechtsgutachten seien einzuholen, weil der Richter das ausländische Recht zwar nicht kennen, sich aber die Kenntnis des ausländischen Rechts von Amts wegen verschaffen müsse. Inbegriffen seien nicht nur Gesetze, Gewohnheits- und Richterrecht, sondern auch die rechtlichen Besonderheiten und Rechtsanschauungen der entsprechenden Rechtsordnungen.[226]

Der Gleichlaufgrundsatz könne dies nach Ansicht seiner Befürworter umgehen (abgesehen von den Fällen des § 2369 BGB a.F. bzw. § 2368 Abs. 3 BGB).[227] So seien die Nachlassgerichte davor bewahrt, von Amts wegen das ausländische Sachrecht zu ermitteln und anzuwenden. Das angewandte deutsche Recht hingegen sei von den inländischen Gerichten am besten zu verwirklichen.[228]

Sofern trotz Maßgeblichkeit ausländischen Sachrechts dennoch ein innerer Bezug zum deutschen Recht durch die Belegenheit von Nachlassgegenständen im Inland gegeben sei, drohe – so die Befürworter – keine inländische Rechtsverweigerung, da § 2369 BGB a.F. die Erteilung eines Fremdrechtserbscheines ermögliche.[229]

---

225 Heldrich, Internationale Zuständigkeit und anwendbares Recht, S. 110 f.

226 BGHZ 36, 348, 353; 118, 151, 162; BGH NJW 1988, 647; Sonnenberger, in: Münchener Kommentar zum BGB, Einl. IPR Rdnr. 624; Looschelders, IPR, Art. 3 – 46 EGBGB, Vorbem. zu Art. 3 – 6 Rdnr. 45 ff.; Thorn, in: Palandt, Kommentar zum BGB, Einl., Vorbem. Art. 3 EGBGB Rdnr. 34, Uricher, in: Praxiskommentar Erbrecht, § 2369 Rdnr. 6; Kegel/Schurig, IPR; S. 500 ff.; Gesing, Erbfall mit Auslandsberührung, S. 83 f.

227 Bünning (in: Nachlaßabwicklung im internationalen Recht, S. 59) verweist darauf, dass die ständige Rechtsprechung als Indiz für ein „eminent praktisches Bedürfnis" angesehen wird (so bspw. von von Bar, IPR, Band II, Rdnr. 390).

228 Heldrich, Internationale Zuständigkeit und anwendbares Recht, S. 177, 203 ff. mit anschließender Kritik, dass ein gewichtiges Interesse daran bestehen könne, das sachnächste Gericht entscheiden zu lassen; s.u. I. 1. c. aa. (2).

229 So aber wohl allgemein die Sorge von Heldrich, Internationale Zuständigkeit und anwendbares Recht, S. 204 f.

(2) Kritik der Gegner

Die große praktische Erleichterung, welche die Anwendung des Gleichlaufgrundsatzes lieferte, wurde auch von dessen Gegnern nicht ernstlich bestritten. Durch diesen sei es den Nachlassgerichten möglich – sofern sie sich für zuständig hielten – schnell und umfassend eine Entscheidung in der Sache zu treffen, also unter anderem einen Erbschein zu erteilen.[230]

Dennoch könnten allein pragmatische Erwägungen nicht die richterrechtliche Entwicklung einer Zuständigkeitsregelung rechtfertigen.[231]

So führte *Heldrich*[232] an, dass jedes entwickelte internationale Privat- und Verfahrensrecht von der Annahme ausgehen müsse, die Unsicherheitsfaktoren bei der Anwendung fremden Rechts würden durch den Vorteil ausgeglichen, jeden Fall möglichst nach dem ihm am nächsten stehenden Gesetz und durch das nächstgelegene Gericht entscheiden zu lassen.

Er ergänzte, dass es ungerechtfertigt sei, Nachlassfragen anders zu behandeln als beispielsweise schuldrechtliche Fragen, da in beiden Fällen immense Probleme auftreten könnten. Dem Richter nur im Nachlassbereich die Kompetenz abzusprechen, sei reine Willkür.[233] Ebenso merkte er an, der Richter könne die Anwendung ausländischen Rechts aufgrund von § 2369 BGB a.F., § 2368 Abs. 3 BGB ohnehin nicht gänzlich vermeiden und auch der Gesetzgeber habe dies nicht ausschließen wollen.[234] Zudem wende die Rechtsprechung in Fällen der ungeschriebenen Ausnahmen auch ausländisches Recht an und dort vermöge sie auch schwierige Probleme zu meistern.[235]

Außerdem müsse nach Ansicht der Kritiker berücksichtigt werden, dass der Richter, der seine internationale Zuständigkeit nach dem Gleichlaufgrundsatz bestimme, vorab prüfen müsse, welches materielle Recht einschlägig sei, was unter Umständen ebenfalls einen erheblichen Zeitaufwand zur Folge haben könne.[236] Andere bemängelten den erhöhten Zeit- und Kostenaufwand, der laut der

---

230   Vgl. bspw. Heldrich NJW 1967, 417, 420.

231   Ebenso wenig kann daher eine gewohnheitsrechtliche Anerkennung gegeben gewesen sein, so Heldrich NJW 1967, 417, 419.

232   Heldrich NJW 1967, 417, 420; vgl. auch Heldrich, Internationale Zuständigkeit und anwendbares Recht, S. 206 f.

233   Diese Begründung nutzt er zudem um herauszustellen, dass es sich weniger um ein Praxisproblem als um ein Problem der Verzahnung von materiellem Recht und Verfahrensrecht handelt.

234   Heldrich, Internationale Zuständigkeit und anwendbares Recht, S. 217.

235   So auch: Berenbrok, Internationale Nachlaßabwicklung, S. 248; s.a. Dörner, in: Staudinger, Kommentar zum BGB, Art. 25 EGBGB, Rdnr. 849.

236   Josef DNotZ 1904, 199, 204 f. Er gibt (in: DNotZ 1904, 199, 205) auch an, dass es im Nachhinein zu Problemen kommen könne, wenn bspw. eine Nachlasspflegschaft an-

Rechtsprechung durch Anwendung des Gleichlaufgrundsatzes reduziert werden sollte. Die prinzipielle Verweisung des Erben (oder sonstigen Antragstellers) an die Nachlassgerichte des lex-causae-Staates aufgrund der Notzuständigkeit führe zwar nicht zu einer Rechtsverweigerung, aber immerhin zu erheblichen Kostennachteilen und Verfahrensverzögerungen.[237]

Zudem wurde daran anknüpfend nicht nur moniert, dass die privaten Interessen der Beteiligten schutzwürdiger seien als die „starke Betonung des Interesses einer ausländischen Rechtsordnung an ihrer Berücksichtigung".[238] Selbst die grundsätzliche Anknüpfung an die Staatsangehörigkeit nach Art. 25 Abs. 1 EGBGB führe dann zu Problemen, wenn diese schwer zu ermitteln sei, wie sich bei diversen Sachverhalten gezeigt habe.[239] Auch sei in den Fällen, in denen die Rechtsprechung die internationale Zuständigkeit deutscher Gerichte bejaht habe, sei letztlich immer auch ein weiterer Inlandsbezug i.S.d. §§ 73, 74 FGG a.F. gegeben gewesen, so dass das Zuständigkeitskriterium der Maßgeblichkeit deutschen Sachrechts nicht erforderlich sei.[240]

Wieder andere Kritiker gingen sogar noch weiter und kritisierten, dass der Gleichlaufgrundsatz dem Justizgewährungsanspruch nicht genüge, wenn nicht von seinen Ausnahmen viel stärker Gebrauch gemacht würde, da die deutsche grundsätzliche Anknüpfung an die Staatsangehörigkeit in vielen Fällen das „Forum" verweigere, in denen Rechtsschutz aus völkerrechtlicher Sicht (auch aus der Sicht von Art. 3 GG) geboten sei.[241]

Letztlich arbeitet auch die DNotI-Studie[242] heraus, dass oft keine Anerkennung inländischer Erbscheine im Ausland erfolge.[243] Dies führe wie die man-

---

geordnet worden sei und diese später angezweifelt würde. Stelle sich heraus, dass die Zuständigkeit des Nachlassgerichtes nicht gegeben gewesen sei, so habe sich der Nachlasspfleger gegebenenfalls des Siegelbruchs strafbar gemacht; ähnlicher Gedanke bei Bünning, Nachlaßverwaltung im internationalen Recht, S. 66.

237 Dörner, in: Staudinger, Kommentar zum BGB, Art. 25 Rdnr. 849.
238 Bünning, Nachlaßverwaltung im internationalen Recht, S. 67; so auch Heldrich (in: Internationale Zuständigkeit und anwendbares Recht, S. 119, 177), der zusammenfassend erklärt, dass gegebenenfalls das Interesse, das sachnächste Gericht zu wählen, vorrangig sei, was bei der Gleichsetzung von örtlicher und internationaler Zuständigkeit schon wegen § 33 ZPO der Fall sei.
239 Bünning, Nachlaßverwaltung im internationalen Recht, S. 77, 222; KGJ 36A, S. 102 ff.
240 Bünning, Nachlaßverwaltung im internationalen Recht, S. 77, 222.
241 Ultsch MittBayNot 1995, 6, 15; siehe auch unten Teil B II. 1. c. bb. (2).
242 DNotI-Studie, S. 225.
243 Süß, in: Süß, Erbrecht in Europa, S. 165 – dies gilt zumindest für den europäischen Raum; ausführlich DNotI-Studie, S. 217 (zumeist Ablehnung einer Anerkennung oder Korrektur, bzw. lediglich dann Anerkennung, wenn das Recht des Staates, in dem an-

gelnde Anerkennung ausländischer Erbnachweise im Inland dazu, dass neue Verfahren im In- oder Ausland durchzuführen seien, was keine praktische Erleichterung, sondern vielmehr einen erhöhten Kosten- bzw. Zeitaufwand zur Folge habe.[244]

(3) Stellungnahme

Wie sich bei der Theorie des gemäßigten Gleichlaufgrundsatzes zeigen wird,[245] lässt auch hier das Absehen von der Anwendung ausländischen Rechts aus „Angst", es gegebenenfalls falsch anzuwenden, die Grundpfeiler des Internationalen Privatrechts ins Wanken geraten. Das deutsche Internationale Privatrecht scheut auch sonst nicht davor zurück, ausländisches Recht anzuwenden. Warum dies allein im Erbscheinsverfahren der Fall sein soll, ist daher nicht ersichtlich. Den deutschen Gerichten sollte – wie auch den ausländischen – vielmehr vertraut werden, dass sie das jeweilige Recht im Wesentlichen richtig anwenden.[246] Darüber hinaus führte auch hier die mangelnde Anerkennung ausländischer Erbnachweise im Inland zu einem erhöhten Zeit- und Kostenaufwand, so dass für die Erben letztlich nicht viel gewonnen wurde, im Gegenteil. Zwar vermochte das Erbscheinsverfahren in den Fällen, in denen eine deutsche Zuständigkeit bejaht wurde, schneller durchzuführen sein, als wenn erst noch ausländisches Sachrecht zu prüfen gewesen wäre; dies nützte den Erben jedoch dann wenig, wenn sich ein deutsches Gericht gar nicht für zuständig erklärte oder aber ledig-

---

erkannt werden soll, maßgeblich war); insb. S. 289 ff. Vorgesehen ist eine Anerkennung deutscher Erbscheine bspw. nach Art. 95 des schweizerischen IPR, vgl. DNotI-Studie, S. 291 ff.; Schroer, Europäischer Erbschein, S. 85 ff.; Fetsch RNotZ 2006, 77, 87 f. (die beiden letztgenannten jeweils mit Auflistung der wenigen europäischen Länder, die eine Anerkennung zumindest in eng umgrenzten Fällen zulassen); hinsichtlich des Echtheitsnachweises öffentlicher Urkunden existiert zudem das Haager Apostillenübereinkommen vom 5. Oktober 1961 (Haager Übereinkommen vom 5. Oktober 1961 zur Befreiung ausländischer öffentlicher Urkunden von der Legalisation); vgl. Buschbaum/Kohler GPR 2010, 162, 165; zum Abkommen: Ferid RabelsZ 27 (1962), 411, 413 ff.

244 Der Einwand, den unter anderem Seyfarth (in: Zuständigkeitswandel, S. 60 m.w.N.) anführt, das Absprechen eines Rechtsschutzbedürfnisses sei bei mangelnder Anerkennung im Ausland und Leerlaufen im Inland hinreichend gewesen, kann also nicht greifen.

245 S.u. Teil 2 B. II. 2. b.

246 Dieser Gedanke wurde wohl nur in Bezug auf den gemäßigten Gleichlaufgrundsatz so klar formuliert, ließe sich aber auf den Grundsatz der Rechtsprechung übertragen; s.u. Teil 2 B. II. 2. b. aa. (1) (b). So wohl auch: Kraus, Die internationale Zuständigkeit in Nachlassverfahren, S. 76.

lich das Erteilen eines Fremdrechtserbscheins in Betracht kam, bei dem ebenfalls ausländisches Recht geprüft werden musste.

Allein pragmatische Erwägungen erscheinen aber argumentativ ohnehin nicht hinreichend. Ausschließlich der Einfachheit halber darf kein neuer Rechtsgrundsatz geschaffen werden. Vielmehr sind die übrigen Begründungen der Rechtsprechung darauf zu überprüfen, ob sie in sich schlüssig dieses pragmatische Gebilde des Gleichlaufgrundsatzes tragen können.

cc. Verbindung von materiellem Recht und Verfahrensrecht

(1) Begründung der Befürworter

Auch die Verflechtung von materiellem Recht und Verfahrensrecht wurde von der Rechtsprechung angeführt: Gerade auf dem Gebiet der freiwilligen Gerichtsbarkeit und insbesondere im Erbrecht sei diese enorm. Eine Tätigkeit deutscher Gerichte verbiete sich daher, wenn ausländisches Recht das Erbstatut bestimme. Es bestehe die Gefahr der Verfälschung, da fremden Rechtsinstituten nicht richtig zur Geltung verholfen werden könne. Denn es wurde nur teilweise bejaht, dass diese ohne Weiteres in einen Erbschein aufgenommen werden konnten. Insbesondere die allgemeine Praxis deutscher Nachlassgerichte ging (und geht noch heute) davon aus, dass die Institute dem deutschen Rechtssystem angeglichen werden müssen, sofern sie dem deutschen Recht unbekannt sind, wie zum Beispiel eine anglo-amerikanische execution, und soweit sich ein deutsches Äquivalent findet.[247] Zudem könne es zu widerstreitenden Entscheidungen kommen, wenn die Gerichte der lex causae über den gleichen Sachverhalt entschieden.[248]

---

247 Insbesondere wenn sich kein Äquivalent findet, ist umstritten, ob das ausländische Rechtsinstitut ohne Angleichung aufgenommen werden kann; ausführlich: Dörner, in: Staudinger, Kommentar zum BGB, Art. 25 Rdnr. 882 ff.; Herzog, in: Staudinger, Kommentar zum BGB, § 2369 BGB Rdnr. 25 ff.; Looschelders, Anpassung im IPR, S. 183 ff.; 189; s.a. Weidlich, in: Palandt, Kommentar zum BGB, § 2369 Rdnr. 4; Uricher, in: Praxiskommentar Erbrecht, § 2369 Rdnr. 5; Wittrowski RNotZ 2010, 102, 104, 113.

248 Vgl. bspw. KG JR 1963, 144; OLG Zweibrücken OLGZ 1985, 413, 415; OLG Frankfurt OLGZ 1977, 180, 183; von Bar, IPR, Band II, Rdnr. 390; Lange/Kuchinke, Erbrecht, S. 58; Dölle RabelsZ 27 (1962), 201, 203 f.; Firsching ZZP 95, 121, 129 f.; ders. Rpfleger 1972, 4 f.; ähnlicher Gedanke bei Neuhaus NJW 1967, 1167, 1168; zusammenfassend: Berenbrok, Internationale Nachlaßabwicklung, S. 111; Kousoula, Europäischer Erbschein, S. 87.

Von Bar[249] hatte daher die Sorge, dass „fremdes Recht in seiner inneren Be- zogenheit auf das Verfahrensrecht nicht ohne inhaltliche Verfälschung in das Korsett des deutschen Verfahrensrechts gezwungen werden könn[t]e".[250] Andere gingen auf die oben bereits angesprochenen Beispiele ein.[251] §§ 86 ff. FGG a.f. sowie §§ 1981, 1967, 1945, 1942 Abs. 1 BGB seien gerade Aus- fluss der engen Verzahnung von materiellem Recht und Verfahrensrecht. Diese Verflechtung sei auch in anderen Rechtsordnungen vorhanden. Aufgrund dieser feinen Abstimmung von inländischem Verfahrensrecht und eigenem materiellen Recht sei es schwierig, deutsches Verfahrensrecht bei Maßgeblichkeit ausländi- schen materiellen Rechts anzuwenden.

(2) Kritik der Gegner

Kritische Stimmen gingen hingegen davon aus, dass es manchmal vom Zufall abhänge, ob ein Verfahren der streitigen oder freiwilligen Gerichtsbarkeit zuge- ordnet werde. Demnach sei die Unterscheidung in Doppelfunktion der örtlichen Zuständigkeit im streitigen Verfahren[252] und Gleichlaufgrundsatz im Teilbereich der freiwilligen Gerichtsbarkeit nicht gerechtfertigt. Die Behauptung der enge- ren Verknüpfung von materiellem Recht und Verfahrensrecht im Bereich der freiwilligen Gerichtsbarkeit sei nicht haltbar und dieses Argument der Recht- sprechung daher hinfällig.[253]

Zudem wurde angeführt, die Verbindung von materiellem Recht und Ver- fahrensrecht sei nur eine scheinbare, denn es bestünden gewichtige Unterschiede bei den zu berücksichtigenden Interessen.[254] Während es im Verfahrensrecht

249   von Bar, IPR, Band II, Rdnr. 390.
250   Vgl. auch Bünning, Nachlaßabwicklung im internationalen Recht, S. 59; Darstellung und Kritik auch bei Heldrich, Internationale Zuständigkeit und anwendbares Recht, S. 13, 110 sowie Kraus, Die internationale Zuständigkeit in Nachlassverfahren, S. 21 ff.
251   S.o. Teil 2 B. II. 1. b. cc.; Berenbrok, Internationale Nachlaßabwicklung, S. 111, wobei er als Kritiker des Gleichlaufgrundsatzes nur allgemein erläutert.
252   Siehe bereits oben Teil 1 B. I. 2. b.
253   Heldrich, Internationale Zuständigkeit und anwendbares Recht, S. 172 f.; so wohl auch Sonnenberger, in: Münchener Kommentar zum BGB, Einl. IPR, Rdnr. 455; Ke- gel/Schurig, IPR, S. 1019; Schlechtriem, Ausländisches Erbrecht im deutschen Verfah- ren, S. 6 f.; 12; Schwimann RabelsZ 34 (1970), 201, 212; Ultsch MittBayNot 1995, 6, 12. Ausdrücklich dagegen: Firsching Rpfleger 1972, 1, 4.
254   Bünning, Nachlaßverwaltung im internationalen Recht, S. 66 f., 83 f. Ähnlicher Ge- danke bei Berenbrok, Internationale Nachlaßabwicklung, S. 36; Heldrich, Internationa- le Zuständigkeit und anwendbares Recht, S. 130 f.; auch Kropholler (in: IPR, S. 449) geht davon aus, dass eine Trennung von materiellem Recht und Verfahrensrecht durchaus möglich ist.

geboten sein könne, mehrere Gerichtsstände zu eröffnen, dürfe aus Gründen der Rechtssicherheit nur eine Rechtsordnung maßgeblich sein.[255] Der Richter entscheide zunächst über seine Zuständigkeit und erst dann über das anzuwendende Recht, so dass die internationale Zuständigkeit gar nicht vom anwendbaren Recht abhängen könne.[256]

Andere Kritiker gestanden hingegen teilweise ein, dass die Verknüpfung von materiellem Recht und Verfahrensrecht im Bereich der freiwilligen Gerichtsbarkeit enger sei. Doch führe dies ihrer Ansicht nach nicht zu dem Schluss, dass deshalb in diesem Bereich deutsche Gerichte bei Maßgeblichkeit ausländischen Rechts unzuständig seien. Deutsche Gerichte könnten, wie § 293 ZPO oder gerade im Bereich der freiwilligen Gerichtsbarkeit die §§ 35 b, 43 b FGG a.F.[257] zeigten, durchaus fremdes Recht anwenden. Auch wendeten selbst die Befürworter des Gleichlaufgrundsatzes im Rahmen der Notzuständigkeit fremdes Recht an, was sie nicht täten, wenn dies zu hinkenden Rechtsverhältnissen oder fehlerhafter Rechtsanwendung führe.[258]

Auftretende Verzahnungsprobleme seien ebenso über die allgemeinen Grundsätze der Qualifikation, der Anpassung sowie der Substitution[259] und der Transposition[260] zu bewältigen. Sollte sich fremdes Recht nicht mit den inländi-

---

255 So auch Beitzkes in seinem einleitenden Diskussionsbeitrag am 2. Verhandlungstag zum Thema „Die Frage der internationalen Zuständigkeit im Bereich der freiwilligen Gerichtsbarkeit", abgedruckt in: Berichte der deutschen Gesellschaft für Völkerrecht, Heft 10 (1971), S. 245; s.a. Odersky, Die Abwicklung deutsch-englischer Erbfälle, S. 53 m.w.N.; Pfeiffer, Internationale Zuständigkeit, S. 109 ff.

256 Siehe bereits oben Teil 1 B. I. 2.

257 In der bis zum 1. September 2009 geltenden Fassung.

258 Dazu: Kopp, Nachlaßspaltung, S. 77, 79; Kousoula, Europäischer Erbschein, S. 88; Pfeiffer, Internationale Zuständigkeit, S. 104 f.; Schröder, Internationale Zuständigkeit, S. 537; Heldrich NJW 1967, 417, 420; ebenso Ultsch MittBayNot 95, 6, 12; s.a. FGG-Reformgesetz, S. 490; ähnlich Kegel/Schurig, IPR, S. 1019 ff.; dies führt auch Neuhaus an, obwohl er in NJW 1967, 1167, 1168 grundsätzlich dafür plädiert, am Gleichlaufgrundsatz festzuhalten; vgl. auch Haas, in: Süß, Erbrecht in Europa, S. 210 f.; Kraus, Die internationale Zuständigkeit in Nachlassverfahren, S. 27 f.

259 Vgl. Ultsch MittBayNot 1995, 6, 12. Zu den einzelnen Begriffen siehe: Looschelders, IPR, Art. 3 – 46 EGBGB, Vorbem. zu Art. 3 – 6 Rdnr. 12 ff. (Qualifikation), 56 f. (Substitution), 58 ff. (Anpassung); Kegel/Schurig, IPR, S. 325 ff. (Qualifikation), 357 ff. (Anpassung, hier Angleichung genannt); Kropholler, IPR, S. 113 ff. (Qualifikation), 231 ff. (Substitution), 234 ff. (Anpassung). Zur Entwicklung des Substitutionsbegriffs und zur Abgrenzung von der Anpassung: Looschelders, Anpassung im IPR, S. 64 ff.; 169 ff.; zum Begriff der Qualifikation: S. 140 f.

260 Looschelders (in: Anpassung im IPR, S. 184 ff.) erläutert, warum die Aufnahme ausländischer Rechtsinstitute in den deutschen Erbschein keine Anpassung, sondern eine Transposition ist (zum Verhältnis von Transposition, Anpassung und Substitution vgl.

schen Verfahrensregelungen vereinbaren lassen, bleibe zudem noch immer die Ablehnung der internationalen Zuständigkeit aufgrund des Institutes der wesenseigenen Zuständigkeit oder – beispielsweise bei völlig unnützen Verfahren – die Verneinung des Rechtsschutzbedürfnisses.[261]

(3) Stellungnahme

Nachzuvollziehen ist, dass Verfahrensrecht und materielles Recht insbesondere im Erbrecht nicht gänzlich getrennt voneinander betrachtet werden können. Den Kritikern ist aber darin zuzustimmen, dass dies noch nicht dazu führen kann, die Zuständigkeit vom anwendbaren Sachrecht abhängig zu machen. Im logischen Prüfungsaufbau stellt sich die Frage der Zuständigkeit – also die Frage, ob der Richter überhaupt das anwendbare Recht bestimmen darf – vor der Frage der Bestimmung des anwendbaren Rechts. Die Anhänger des Gleichlaufgrundsatzes nach der Rechtsprechung führten hier also eine Inzidentprüfung durch und verwischten damit die Grenzen von Zulässigkeit und Begründetheit.[262] Darüber hinaus wiesen die Kritiker nach, dass durchaus die Möglichkeit besteht, fremdes Recht anzuwenden und allein die enge Verzahnung kein Hindernis ist, berücksichtigt man die Grundsätze der Qualifikation bzw. Anpassung, Substitution und Transposition. Diese Grundsätze modifizieren das ausländische Recht gegebenenfalls derart, dass es mit den Grundsätzen des deutschen Rechts konform geht. Letztlich zeigt dies auch die Rechtsprechung, die, wie schon bei der Kritik der pragmatischen Erwägungen angeführt, im Rahmen der Ausnahmezuständigkeiten sehr wohl ausländisches Recht anwenden kann, ohne dass sie die Verwobenheit von materiellem Recht und Verfahrensrecht davon abhält.[263]

dd. Wortlaut, Entstehungsgeschichte und Systematik von § 2369 BGB a.F., § 73 FGG a.F. und Art. 25 EGBGB a.F.

Weiterhin wurden Wortlaut, Entstehungsgeschichte und Systematik von § 2369 BGB a.F., § 73 FGG a.F. sowie Art. 25 EGBGB a.F. zur Begründung des Gleichlaufgrundsatzes angeführt. Aber auch einige Gegner des Gleichlaufgrund-

---

S. 418: „Anpassung und Substitution gehen der Transposition vor"). Zum Begriff der Transposition: S. 64 ff.

261 BT-Drucks. 16/6308, S. 221; Sonnenberger, in: Münchener Kommentar zum BGB, Einl. IPR, Rdnr. 455, 459; Dörner, in: Staudinger, Kommentar zum BGB, Art. 25 EGBGB, Rdnr. 849.

262 Ähnlicher Gedanke bei Josef DNotZ 1904, 199, 204 f.; kritisch hierzu: Heldrich, Internationale Zuständigkeit und anwendbares Recht, S. 221 f.

263 S.a. oben Teil 2 B. II. c. bb. (2).; anders, aber wohl nicht mehr zeitgemäß: Kraus, Die internationale Zuständigkeit in Nachlassverfahren, S. 81 ff.

satzes[264] setzten sich intensiv mit den Auslegungen der § 2369 BGB a.F., § 73 FGG a.F. und Art. 25 EGBGB a.F. auseinander und sprachen sich aufgrund der gewonnenen Ergebnisse gegen die Argumentation der Rechtsprechung aus.[265] Wegen des engen Zusammenhangs der Normen und der dazugehörigen Begründung und Kritik und somit zur besseren Übersicht erfolgt die Stellungnahme nicht einzeln zu jeder Norm, sondern abschließend nach den Ausführungen zu allen Normen.

(1) § 2369 BGB a.F.

(a) Begründung der Befürworter

Zumeist wurde die Theorie des Gleichlaufgrundsatzes auf den Wortlaut des § 2369 BGB a.F. gestützt:[266]

„Gegenständlich beschränkter Erbschein

(1) Gehören zu einer Erbschaft, für die es an einem zur Erteilung des Erbscheins zuständigen deutschen Nachlassgericht fehlt, Gegenstände, die sich im Inland befinden, so kann die Erteilung eines Erbscheins für diese Gegenstände verlangt werden.

(2) Ein Gegenstand, für den von einer deutschen Behörde ein zur Eintragung des Berechtigten bestimmtes Buch oder Register geführt wird, gilt als im Inland befindlich. Ein Anspruch gilt als im Inland befindlich, wenn für die Klage ein deutsches Gericht zuständig ist."

§ 2369 BGB a.F. ergebe bei diesem Wortlaut überhaupt nur Sinn, wenn der Gleichlauftheorie gefolgt werde. Die internationale Zuständigkeit sei bei Geltung eines fremden materiellen Erbrechts grundsätzlich zu verneinen. Nach dem Wortlaut des § 2369 BGB a.F. wäre sodann die Zuständigkeit deutscher Gerichte bei Geltung eines ausländischen materiellen Erbrechts gerade die Ausnahme. Ergäbe sich die Zuständigkeit deutscher Gerichte dagegen aus § 73 FGG a.F. – und folgte man der Doppelfunktionalitätstheorie – so würde § 2369 BGB a.F.

---

264 Wie bspw. Bünning, Nachlaßverwaltung im internationalen Recht, S. 60 ff.; Berenbrok, Internationale Nachlaßabwicklung, S. 56 ff.

265 Unberücksichtigt bleibt die Äußerung des Gesetzgebers von 1983 (Regierungsbegründung zum IPR-Gesetz – Entwurf vom 20.5.1983 – BT-Drucks. 10/504, S. 92), eine Normierung des Gleichlaufgrundsatzes nicht vorzunehmen, um abzuwarten, wie sich der Gleichlaufgrundsatz entwickelt, da dies weder zugunsten noch zulasten des Grundsatzes angeführt werden kann, folgt daraus doch lediglich, dass der Gesetzgeber diesen Grundsatz als in der Rechtsprechung vorherrschend erkannt und gerade nicht, dass er diesen gebilligt hat; anders aber wohl Kraus, Die internationale Zuständigkeit in Nachlassverfahren, S. 51 f.

266 KG KGJ 36 A, S. 102, 104 ff.; BayObLG BayObLGZ 1914, 74: S.a. Kraus, Die internationale Zuständigkeit in Nachlassverfahren, S. 18 f.

leer laufen, da dieser wie § 73 Abs. 3 FGG a.f. auf die Belegenheit von Nachlassgegenständen abstelle.[267]

(b) Kritik der Gegner

Gegen die Gleichlauftheorie der Rechtsprechung trugen die Kritiker vor, die an § 2369 BGB a.f. anknüpfende Argumentation basiere auf einem nur „scheinbaren Normwiderspruch"[268]. Dieser ergebe sich aus der fehlerhaften Vorstellung, bei Nichtanwendbarkeit deutschen Erbrechts fehle regelmäßig eine internationale Zuständigkeit, weil die Institute des anwendbaren Rechts und der internationalen Zuständigkeit nicht getrennt, sondern einheitlich über Art. 25 EGBGB bestimmt würden. Vielmehr sei § 2369 BGB a.f. aber so zu verstehen, dass, wenn der Nachlass aufgrund einer Nachlassspaltung in seiner Aufteilung mehreren Rechtsordnungen unterläge und daher kein unbeschränkter Erbschein i.S.d. § 2353 BGB erteilt werden könne, ein gegenständlich beschränkter Erbschein nach § 2369 BGB a.f. zu erteilen sei. Bei diesem Verständnis treffe § 2369 BGB a.f. keine Bestimmung über die internationale Zuständigkeit und stehe daher nicht im Normwiderspruch zu § 73 FGG a.f.[269] Ganz im Gegenteil sei die so gegebene Rechtslage der Problematik angemessen. So könne der unbeschränkte Erbschein i.S.d. § 2353 BGB lediglich in den Fällen des § 73 Abs. 1 und Abs. 2 FGG entweder als Eigen- oder Fremdrechtserbschein ausgestellt werden. Der gegenständlich beschränkte Erbschein nach § 2369 BGB werde

---

267 Vgl. von Bar, IPR, Band II, Rdnr. 386; Wagenitz, Zuständigkeit deutscher Gerichte, S. 25; s.a. Bünning, Nachlaßabwicklung im internationalen Recht, S. 62.

268 Berenbrok, Internationale Nachlaßabwicklung, S. 61; Bünning, Nachlaßverwaltung im internationalen Recht, S. 62; s.a. Sonnenberger, in: Münchener Kommentar zum BGB, Einl. IPR, Rdnr. 454. Etwas skurril Siehr, IPR, S. 114: Da er davon ausgeht, § 73 FGG a.f. und damit die Doppelfunktionalität hätten gegolten, versucht er gar nicht, die Norm zugunsten der Doppelfunktionalitätstheorie zu interpretieren, sondern erklärt lediglich, § 2369 BGB a.f. sei „eigenartig".

269 Bünning, Nachlaßverwaltung im internationalen Recht, S. 62; so auch andiskutiert im Entwurf des Bürgerlichen Gesetzbuches bzgl. § 2079 (2. Lesung); vgl. Protokolle, Band 5, S. 693 ff. (Mugdan V, 844 ff.); Von Bar (in: IPR, Band II, Rdnr. 389) führt zustimmend zwar zunächst an, dass es sich danach bei dem (dem § 73 Abs. 3 FGG a.f. ähnlichen) Wortlaut des § 2369 BGB a.f. mehr um eine Bestätigung als um eine Ausnahme handle, fährt aber kritisch fort, dass § 2369 BGB a.f. selbst einen gesetzlich geregelten Fall der Notzuständigkeit darstelle, was § 2368 Abs. 3 BGB bestätige, da das „schönste subjektive Recht" nichts nütze, wenn man darüber kein Zeugnis habe, mit dem man sich legitimieren könne. Ein Erbschein sei aber bspw. gerade im Grundbuchrecht nach § 35 Abs. 1 GBO vonnöten. Zudem werde ein Erbschein im Ausland zumeist nicht ausgestellt.

hingegen nur in Fällen mit geringerem Inlandsbezug ausgestellt, in denen die Erteilung eines unbeschränkten Erbscheins nicht gerechtfertigt werden könne.[270] Auch auf die Entstehungsgeschichte des § 2369 BGB a.f. wurde die Ablehnung des Gleichlaufgrundsatzes gestützt. § 2369 BGB a.f. entstamme § 2079 des Entwurfes des Bürgerlichen Gesetzbuches (2. Lesung).[271] Dieser sollte laut der Kommission weder die internationale noch die örtliche Zuständigkeit regeln und auch das anwendbare Recht nicht bestimmen. Nach dem Entwurf sollten nur die Fälle erfasst sein, in denen deutsches Recht nicht für den gesamten Nachlass gilt, sich aber im Inland Nachlassgegenstände befinden, also kein unbeschränkter Erbschein erteilt werden kann, obwohl ein Bedürfnis nach einer Erbscheinserteilung im Inland vorhanden sei.[272]

Um dies klarzustellen, sei sogar überlegt worden, den Wortlaut des § 2079 des Entwurfes wie folgt umzuformulieren: „Ist ein deutsches Nachlaßgericht zur Erteilung eines Erbscheins für die Erbschaft im Ganzen nicht zuständig, so kann in Ansehung der im Inlande befindlichen Gegenstände die Errichtung eines Erbscheins verlangt werden."[273]

Berenbrok[274] wies aber darauf hin, dass dieser Vorschlag mit der Begründung abgelehnt worden sei, man solle Fragen der Zuständigkeit und der Bestimmung des materiellen Rechts dem Verfahrensrecht und dem Internationalen Privatrecht überlassen. Der Gesetzgeber habe daher gar nicht auf die Frage der internationalen Zuständigkeit eingehen wollen. Auch sei zu berücksichtigen, dass sich der Gesetzgeber von 1900 weniger mit internationalen Erbfällen und damit mit der internationalen Zuständigkeit zu beschäftigen gehabt habe. Der Gesetzgeber habe dieses Problem nicht als eigenständiges angesehen, so dass er

---

270 Bünning, Nachlaßverwaltung im internationalen Recht, S. 62 mit Verweis auf Berenbrok, Internationale Nachlaßabwicklung, S. 61; Heldrich, Internationale Zuständigkeit und anwendbares Recht, S. 220 sowie Schröder, Internationale Zuständigkeit, S. 540; a.A. Kraus, Die internationale Zuständigkeit in Nachlassverfahren, S. 47 f.: Bei dieser Interpretation wäre § 2369 BGB überflüssig. Kraus sieht § 2369 BGB dementsprechend als ein Argument zugunsten des Gleichlaufgrundsatzes an.

271 Protokolle, Band 5, S. 693 ff. (Mugdan V, 844 ff.).

272 Somit auch in Fällen der Nachlassspaltung, wie in den obigen Beispielen angeführt (siehe Teil 2 A.). Bünning, Nachlaßverwaltung im internationalen Recht, S. 63; Kopp, Nachlaßspaltung, S. 76; Wiethölter, in: Vorschläge und Gutachten zur Reform des Deutschen Internationalen Erbrechts, S. 141, 148; s.a. Heldrich NJW 1967, 417, 419.

273 Protokolle, Band 5, S. 693 ff. (Mugdan V, 844 ff.); s.a. Bünning, Nachlaßverwaltung im internationalen Recht, S. 63; Wagenitz, Zuständigkeit deutscher Gerichte, S. 26.

274 Berenbrok, Internationale Nachlaßabwicklung, S. 63 f.

mit § 2369 BGB wohl weder eine Entscheidung in die eine noch in die andere Richtung habe treffen wollen.[275]

(2) § 73 FGG a.F.

(a) Begründung der Befürworter

Auch die Entstehungsgeschichte des § 73 FGG a.f. wurde zur Begründung des Gleichlaufgrundsatzes herangezogen: § 55 des Entwurfes eines „Gesetzes für das Deutsche Reich, betreffend Angelegenheiten der nichtstreitigen Rechtspflege" aus dem Jahr 1888 wurde fast wörtlich in § 73 FGG a.f. übernommen.[276] In der Begründung zu § 55 des Entwurfs hieß es, dass ein deutsches Nachlassgericht örtlich zuständig sein sollte, wenn der Erblasser Deutscher sei oder Ausländer, der seinen Aufenthalt im Inland habe oder dessen Nachlass sich im Inland befinde.[277]

Vom BGB und vom Internationalen Privatrecht sollte hingegen die Frage beantwortet werden, ob deutsche Gerichte bei Nachlassbehandlungen mit Auslandsbezug überhaupt tätig werden könnten, also die Frage der – damals noch nicht so bezeichneten – internationalen Zuständigkeit. Nach der Begründung zum Entwurf beantworten BGB und Internationales Privatrecht die Frage damit, dass deutsche Nachlassgerichte nur bei deutschem Erbstatut international zuständig sein sollten.[278]

Aus dieser Argumentationskette folgerte die Rechtsprechung, dass auch § 73 FGG a.F. nur die Frage der örtlichen Zuständigkeit betreffe, die der internationalen Zuständigkeit aber durch das materielle Recht zu beantworten sei und die

275 Dazu auch: Schröder, Internationale Zuständigkeit, S. 535 f., der auch auf die Protokolle betreffend die Entstehung der Vorschrift verweist; Wiethölter, in: Vorschläge und Gutachten zur Reform des Deutschen Internationalen Erbrechts, S. 141, 162. Selbst wenn der Gesetzgeber das Problem als eigenständig angesehen hat, so wird er nach Schlechtriem (in: Ausländisches Erbrecht im deutschen Verfahren, S. 10) auf eine baldige Regelung in den Verfahrensgesetzen gehofft und § 2369 BGB nur als „Vorsichtsmaßnahme" eingeführt haben; so auch Berenbrok, Internationale Nachlaßabwicklung, S. 63 f.; ähnlicher Gedanke zu § 73 FGG a.f. auf S. 58 ff.; siehe auch Kraus, Die internationale Zuständigkeit in Nachlassverfahren, S. 30.
276 KG KGJ 36 A, S. 102, 105 f.; kritisch Josef DNotZ 1904, 199, 202 f.: § 55 des Entwurfs bzw. § 73 Abs. 3 FGG a.f. entstammten einem deutsch-russischen Vertrag und stellten eine Ausnahmevorschrift dar, dazu sogleich Teil 2 B. II. 1. c. dd. (2) (a).
277 KG KGJ 36 A, S. 102, 106.
278 KG KGJ 36 A, S. 102, 106; Wagenitz, Zuständigkeit deutscher Gerichte, S. 23 f.

internationale Zuständigkeit daher nur bei Anwendbarkeit deutschen materiellen Erbrechts vorliege.[279]

(b) Kritik der Gegner

Diese Begründung, § 73 FGG a.f. und dessen Entstehungsgeschichte sprächen für den Gleichlaufgrundsatz, wurde massiv kritisiert. Denn an der von den Vertretern des Gleichlaufgrundsatzes angeführten Stelle im Entwurf von 1888 (2. Lesung) werde auf § 73 Abs. 3 FGG a.f. und auf einen Sonderfall Bezug genommen.[280] Es handle sich dabei um Fälle, in denen im Inland befindlicher Nachlass eines Ausländers nach der lex rei sitae zu behandeln sei. Die entsprechende Regelung gehe dabei auf einen Vertrag zwischen dem Deutschen Reich und Russland aus dem Jahre 1874 zurück, der vorgesehen habe, Immobilien nach der lex rei sitae und Mobilien nach dem Recht des Heimatstaates des Erblassers zu vererben.[281] Es habe sich um eine Ausnahmevorschrift gehandelt, der ein verallgemeinerungsfähiger Gedanke nicht zu entnehmen sei.[282] Darüber hinaus, argumentierten die Kritiker, sei diese Statutszugehörigkeit in der Begründung zum Entwurf des FGG nicht mehr zu finden. Vielmehr ergebe sich daraus, dass § 73 Abs. 3 FGG a.f. lediglich eine Notzuständigkeit begründe, sofern die Absätze 1 und 2 nicht einschlägig seien. Da sich Aussagen über die internationale Zuständigkeit in der Begründung zum FGG nicht finden ließen, spreche viel dafür, § 73 Abs. 1 FGG a.f. als grundsätzliche Regelung auch hinsichtlich der internationalen Zuständigkeit anzusehen. Jedenfalls liefere § 73 FGG a.f. keine Grundlage für die Anwendung des Gleichlaufgrundsatzes.[283]

---

279   So auch die Darstellung bei Berenbrok, Internationale Nachlaßabwicklung, S. 56 ff.; Bünning, Nachlaßverwaltung im internationalen Recht, S. 60 sowie ausführlich Kraus, Die internationale Zuständigkeit in Nachlassverfahren, S. 41 ff.

280   Vgl. Bünning, Nachlaßverwaltung im internationalen Recht, S. 60; Josef DNotZ 1904, 199, 202.

281   RGBl. 1875, S. 136; Bünning, Nachlaßverwaltung im internationalen Recht, S. 61; Wagenitz, Zuständigkeit deutscher Gerichte, S. 24 f.

282   Vgl. Bünning, Nachlaßverwaltung im internationalen Recht, S. 61; Josef DNotZ 1904, 199, 202.

283   Dazu: Berenbrok, Internationale Nachlaßabwicklung, S. 60; Bünning, Nachlaßverwaltung im internationalen Recht, S. 60; Heldrich, Internationale Zuständigkeit und anwendbares Recht, S. 219; Schlechtriem, Ausländisches Erbrecht im deutschen Verfahren, S. 13; Schröder, Internationale Zuständigkeit, S. 536 f.; Wiethölter, in: Vorschläge und Gutachten zur Reform des Deutschen Internationalen Erbrechts, S. 141, 162 m.w.N., Kopp, Nachlaßspaltung, S. 77; Kraus, Die internationale Zuständigkeit in Nachlassverfahren, S. 26, 44 f.

(3) Art. 25 EGBGB a.F.

(a) Begründung der Befürworter

Zudem wurde Art. 25 EGBGB a.F. für den Gleichlaufgrundsatz angeführt,[284] der in seiner bis zum 31. August 1986 geltenden Fassung folgenden Inhalt hatte:

„Ein Ausländer, der zur Zeit seines Todes seinen Wohnsitz im Inland hatte, wird nach den Gesetzen des Staates beerbt, dem er zur Zeit seines Todes angehörte. Ein Deutscher kann jedoch erbrechtliche Ansprüche auch dann geltend machen, wenn sie nur nach den deutschen Gesetzen begründet sind, es sei denn, dass nach dem Recht des Staates, dem der Erblasser angehörte, für die Beerbung eines Deutschen, welcher seinen Wohnsitz in diesem Staat hatte, die deutschen Gesetze ausschließlich maßgebend sind."

Art. 25 EGBGB a.F. sei – trotz anders lautendem Wortlaut – wie Art. 213 EGBGB zu verstehen gewesen. Art. 213 EGBGB lautet folgendermaßen:

„Für die erbrechtlichen Verhältnisse bleiben, wenn der Erblasser vor dem Inkrafttreten des Bürgerlichen Gesetzbuchs gestorben ist, die bisherigen Gesetze maßgebend. Dies gilt insbesondere auch von den Vorschriften über das erbschaftliche Liquidationsverfahren."

Diese intertemporale Vorschrift habe sowohl materielles als auch formelles Erbrecht, also die Zuständigkeit und das Verfahren, umfasst. Die Rechtsprechung deutete Art. 213 EGBGB daher so, dass deutsche Gerichte bei Einschlägigkeit ausländischen Sachrechts international unzuständig gewesen seien, da sie nur ihr eigenes Verfahren hätten anwenden können.[285]

Demnach sei auch Art. 25 EGBGB a.F. so zu verstehen, dass die Gerichte nur bei Anwendung deutschen Sachrechts international zuständig sein sollten.

(b) Kritik der Gegner

Eine intertemporale Vorschrift wie Art. 213 EGBGB mit einer Vorschrift des Internationalen Privatrechts gleichzusetzen, wurde von den Gegnern wegen der verschiedenen Zweckrichtungen abgelehnt. Insbesondere wurde vorgetragen, dass Art. 213 EGBGB ein zuständiges Gericht voraussetze, dies bei Art. 25

---

284 KG KGJ 41 A 62, 66 ff. (im Übrigen distanziert zur vorangehenden Argumentation des KG KGJ 36 A, S. 102); deskriptiv: Kraus, Die internationale Zuständigkeit in Nachlassverfahren, S. 5 ff., 18.

285 Vgl. dazu Berenbrok, Internationale Nachlaßabwicklung, S. 19; 64 ff., Fn. 42; Bünning, Nachlaßverwaltung im internationalen Recht, S. 60; Wiethölter, in: Vorschläge und Gutachten zur Reform des Deutschen Internationalen Erbrechts, S. 141, 148.

EGBGB a.F. aber nicht mehr vorhanden sein solle.[286] Vielmehr spreche Art. 213 EGBGB dafür, bei ausländischem materiellem Recht auch inländisches Verfahrensrecht anzuwenden, da nach dieser Vorschrift das alte materielle Recht im Rahmen des zum Entscheidungszeitpunkt maßgeblichen Verfahrensrechts angewandt werden solle.[287]

(4) Stellungnahme

Es kann weder hinsichtlich der Argumentation basierend auf § 2369 BGB a.F. noch der auf § 73 FGG a.F. ein eindeutiges Ergebnis gefunden werden. Gerade bei § 2369 BGB a.F. ist nicht von der Hand zu weisen, dass der Wortlaut des § 2369 BGB a.F. uneindeutig war und sowohl für als auch gegen die Gleichlauftheorie angeführt werden konnte. Die Entstehungsgeschichte des § 2369 BGB a.F. könnte zwar als Argument gegen die Gleichlauftheorie angeführt werden. Mit den Kritikern ist aber eher davon auszugehen, dass sich der Gesetzgeber von 1900 weniger mit internationalen Erbfällen und damit mit der internationalen Zuständigkeit zu beschäftigen hatte und das Problem der internationalen Zuständigkeit allein schon aus diesem Grund nicht als eigenständiges angesehen hat. Somit hat er in Übereinstimmung mit den Kritikern mit § 2369 BGB weder eine Entscheidung in die eine noch in die andere Richtung treffen wollen.

Wie auch diverse Literaturstimmen[288] letztlich richtigerweise feststellen, können § 2369 BGB a.F. und § 73 FGG a.F. den Gleichlaufgrundsatz daher weder begründen noch ihn von der Hand weisen.

Art. 25 EGBGB a.F. kann zutreffenderweise nicht mit Art. 213 EGBGB gleichgesetzt werden. Denn es fehlt bereits die Vergleichbarkeit einer Norm zur

---

286   Berenbrok, Internationale Nachlaßabwicklung, S. 64 ff.; Bünning, Nachlaßverwaltung im internationalen Recht, S. 63; Kraus, Die internationale Zuständigkeit in Nachlassverfahren, S. 49 f.; Schlechtriem, Ausländisches Erbrecht im deutschen Verfahren, S. 8 f.; Wiethölter, in: Vorschläge und Gutachten zur Reform des Deutschen Internationalen Erbrechts, S. 141, 150 m.w.N.

287   Bünning, Nachlaßverwaltung im internationalen Recht, S. 64; Heldrich, Internationale Zuständigkeit und anwendbares Recht, S. 220 f.; Heldrich NJW 1967, 417, 419; im Ergebnis so auch Berenbrok, Internationale Nachlaßabwicklung, S. 65 f.; Wiethölter führt (in: Vorschläge und Gutachten zur Reform des Deutschen Internationalen Erbrechts, S. 141, 149) zudem an, dass bei der Annahme, Art. 25 EGBGB a.F. beziehe sich auf materielles Recht und Verfahrensrecht, fälschlicherweise nicht zwischen Verfahrensrecht und internationaler Zuständigkeit unterschieden werde; zusammenfassend: Kraus, Die internationale Zuständigkeit in Nachlassverfahren, S. 30.

288   Bünning, Nachlaßverwaltung im internationalen Recht, S. 63; Berenbrok, Internationale Nachlaßabwicklung, S. 60, 62; so auch Wiethölter, in: Vorschläge und Gutachten zur Reform des Deutschen Internationalen Erbrechts, S. 141, 163.

Bestimmung des anwendbaren Rechts mit einer zeitlichen Übergangsnorm.[289] Zudem ließe die Vergleichbarkeit eher den oben angeführten gegenteiligen Schluss zu, bei ausländischem materiellem Recht dennoch inländisches Verfahrensrecht anzuwenden. Den Kritikern ist daher in vollem Umfang zuzustimmen.

ee. Ergebnis

Die Kritik am Gleichlaufgrundsatz ist größtenteils berechtigt. Trotz der Pragmatik des Gleichlaufgrundsatzes konnte er im Gesetz keine wirkliche Stütze finden. Das Berufen auf die Rücksichtnahme auf die ausländische Jurisdiktion schien eher wie ein Deckmantel, unter dem ein „wackeliges Konstrukt" versteckt werden sollte. Nicht zuletzt darum wurde der Gleichlaufgrundsatz der Rechtsprechung in der Literatur kritisiert oder abgewandelt.

d. Zusammenfassung

Der Gleichlaufgrundsatz nach der Rechtsprechung bestimmte positiv, dass deutsche Gerichte nur dann international zuständig sein sollten, wenn auch deutsches materielles Recht einschlägig war. Negativ formuliert waren die deutschen Gerichte nicht zuständig, wenn ausländisches Sachrecht anzuwenden war.

Eine gesetzliche Ausnahme von diesem Grundsatz bildete § 2369 BGB a.F., der die Erteilung eines Fremdrechtserbscheins für im Inland belegenes Vermögen vorsah. Darüber hinaus nahm die Rechtsprechung als ungeschriebene Ausnahmen an, dass die deutschen Gerichte auch bei ausländischem Sachrecht für Sicherungsmaßnahmen sowie Not- und Fürsorgemaßnahmen zuständig waren. Die jeweilige Grenze sollte die „weseneigene" Zuständigkeit bilden, d.h. die Gerichte sollten keine wesensfremden Tätigkeiten vornehmen müssen.

Als Argument für diesen Gleichlaufgrundsatz stützte sich die Rechtsprechung auf die Rücksichtnahme auf die ausländische Jurisdiktion, praktische Erwägungen sowie die Verflechtung von materiellem Recht und Verfahrensrecht. Darüber hinaus führte die Rechtsprechung den Wortlaut, die Entstehungsgeschichte und die Systematik von § 2369 BGB a.F., § 73 FGG a.F. und Art. 25 EGBGB a.F. als zentrale Argumente an.

Die von der Rechtsprechung vorgebrachten Argumente wurden insbesondere von den Vertretern der Doppelfunktionalitätstheorie kritisiert, die auch bei Nachlassverfahren im Rahmen der freiwilligen Gerichtsbarkeit – wie im streitigen Verfahren üblich – die internationale Zuständigkeit nach den §§ 73, 74 FGG a.F., d.h. nach der örtlichen Zuständigkeit, bestimmen wollten.

Die vorgebrachten Argumente dieser Kritiker sind nicht von der Hand zu weisen.

---

289   S.a. Kopp, Nachlaßspaltung, S. 76.

Unter anderem legten sie dar, dass der Gleichlaufgrundsatz zwar, wenn überhaupt, einschränkt auf die ausländische Jurisdiktion Rücksicht nehme, die Rechtserlangung durch ein solches System jedoch nicht zuletzt erschwert würde, was auch die Rechtsprechung durch die Anerkennung diverser Ausnahmen indirekt eingestand. Sie führten weiterhin an, dass allein pragmatische Erwägungen zur Begründung eines solchen Konstrukts nicht ausreichend seien. Ebenso wenig seien Verfahrensrecht und materielles Recht derart miteinander verbunden, dass sie dieses Konstrukt rechtfertigen könnten. Auch die vorgebrachten Normen sprächen sich nicht eindeutig für oder gegen den Gleichlaufgrundsatz aus.

Der Kritik wurde im Rahmen der Stellungnahme weitestgehend zugestimmt: Das Rechtsprechungskonstrukt wankte aufgrund der schwammigen Argumente auf einem unsicheren Gerüst – trotz des ehrbaren Ziels, eine praktikable und die Interessen anderer Staaten berücksichtigende Zuständigkeitsregelung zu entwerfen.

2. Der Gleichlaufgrundsatz in der Literatur

In der Literatur haben sich im Wesentlichen zwei Strömungen des Gleichlaufgrundsatzes gebildet: zum einen der „strenge" Gleichlaufgrundsatz, der den Gedanken der Rechtsprechung aufgriff. Zum anderen gibt es den „gemäßigten" Gleichlaufgrundsatz, der die obigen Gedanken eher als Basis für die Zuständigkeitsbestimmung begriff. Beide Ansichten sind in Ausgangspunkt, Zielrichtung und Wirkungsweise verschieden.[290]

a. Der strenge Gleichlaufgrundsatz

Der strenge Gleichlauf ging in seiner Reinform davon aus, dass die internationale Zuständigkeit immer vom anwendbaren Sachrecht abhänge und nur dann eine Zuständigkeit deutscher Gerichte gegeben sei, wenn auch deutsches materielles Recht anzuwenden sei. Bei Anwendbarkeit ausländischen Sachrechts waren deutsche Gerichte nicht zuständig. Damit entsprach der strenge Gleichlaufgrundsatz dem Grundgedanken der Rechtsprechung.[291]

Die eher radikalen Vertreter dieses Ansatzes anerkannten aber keinerlei Ausnahmen von diesem Grundsatz. Weder Sicherungs- noch Not- oder Fürsorgezuständigkeiten deutscher Gerichte wurden zugelassen.[292] Zu Recht wurde

---

290   Berenbrok, Internationale Nachlaßabwicklung, S. 34.
291   Berenbrok, Internationale Nachlaßabwicklung, S. 34 f.; Bünning, Nachlaßverwaltung im internationalen Recht, S. 79 f.
292   Wirklich vertreten wurde dieser Ansatz nur von Dölle (in: RabelsZ 27 [1962], 201 ff., insbesondere S. 212), aber auch hier höchstens eingeschränkt, s. Fn. 111.

dieser Ansatz daher schon geraume Zeit vor der Aufgabe des Gleichlaufprinzips der Rechtsprechung nicht mehr vertreten.[293]

Vielmehr wurde der von der Literatur akzeptierte Gleichlaufgrundsatz der Rechtsprechung von den weniger radikalen Vertretern als strenger Gleichlaufgrundsatz übernommen,[294] da er notwendige Ausnahmen anerkannte, die einer inländischen Rechtsverweigerung entgegenwirkten.[295]

Die obigen Ausführungen zum Gleichlaufgrundsatz nach der Rechtsprechung treffen demnach auch auf den strengen Gleichlaufgrundsatz zu.

b. Der gemäßigte Gleichlaufgrundsatz

Nach dem gemäßigten Gleichlaufgrundsatz[296] sollten deutsche Gerichte bei der Anwendbarkeit ausländischen Sachrechts nur mit Zustimmung des ausländischen Rechts als Wirkungsstatut zuständig sein (negative Funktion). Bei Anwendung deutschen materiellen Rechts sollte hingegen eine inländische Subsidiaritätszuständigkeit vorliegen, also deutsche Gerichte lediglich subsidiär zuständig sein (positive Funktion).[297]

Beim Ausgangsfall und bei der Abwandlung bliebe es also im Grundsatz bei dem zuvor für den Gleichlaufgrundsatz der Rechtsprechung gefundenen Ergebnis. Allerdings würde im Ausgangsfall und damit bei Maßgeblichkeit französischen Rechts die Zustimmung des französischen Rechts für eine dennoch beanspruchte internationale Zuständigkeit deutscher Gerichte verlangt werden. Dies wäre auch bei der zweiten Abwandlung und damit bei einer Nachlassspaltung, bei der die deutschen Gerichte grundsätzlich nur für den deutschen Teil zustän-

---

293 So ist auch Dölle (in: RabelsZ 27 [1962], 201, 217) wohl nie davon ausgegangen, dass eine Einschränkung generell auszuschließen sei; vgl. Berenbrok, Internationale Nachlaßabwicklung, S. 34; Bünning, Nachlaßverwaltung im internationalen Recht, S. 79 ff.; so auch schon: Neuhaus, Grundbegriffe des IPR, S. 428; vgl. Sonnenberger, in: Münchener Kommentar zum BGB, Einl. IPR, Rdnr. 453.

294 Berenbrok, Internationale Nachlaßabwicklung, S. 34 f.

295 S.o. Teil 2 B. II. 1. b.

296 Begründet von Neuhaus, u.a. in: Grundbegriffe, S. 428 ff. sowie RabelsZ 20 (1955), 201, 259 f.; RabelsZ 35 (1971), 401, 419 f. (zunächst beschränkt auf Gestaltungsakte); ausgeweitet von Dölle RabelsZ 27 (1962), 201 ff.; s.a. Berenbrok, Internationale Nachlaßabwicklung, S. 37; Bünning, Nachlaßverwaltung im internationalen Recht, S. 81 ff.; Kraus, Die internationale Zuständigkeit in Nachlassverfahren, S. 24 ff.; Pfeiffer, Internationale Zuständigkeit, S. 118 ff.

297 Berenbrok, Internationale Nachlaßabwicklung, S. 34; Kraus, Die internationale Zuständigkeit in Nachlassverfahren, S. 22; ähnlich wird die Zuständigkeit in der Schweiz bestimmt, siehe Denkinger, Europäisches Erbkollisionsrecht, S. 320 ff.; vgl. auch Art. 87 Abs. 1 schweizerisches IPRG, Art. 88 Abs. 1 schweizerisches IPRG, s.a. unten Fn. 1101.

dig wären, hinsichtlich des französischen Teils zu fordern. Bei der ersten Abwandlung, wenn also deutsches Recht maßgeblich ist, wären die deutschen Gerichte hingegen nur subsidiär zuständig.

Die Theorie des gemäßigten Gleichlaufs wurde von den Literaturvertretern umfassend begründet. Nachfolgend werden die wesentlichen Argumente zusammengefasst und sodann kritisch untersucht. Abermals schließt eine Stellungnahme die Untersuchung ab.

aa. Argumente für und gegen die Entwicklung des gemäßigten Gleichlaufgrundsatzes

Die Argumente für und gegen die Entwicklung des gemäßigten Gleichlaufgrundsatzes können unterschieden werden in solche, die sich auf dessen positive Funktion beziehen und solche, die auf seine negative Funktion abstellen.

(1) Positive Funktion

(a) Begründung der Vertreter

Nach Meinung der Befürworter sollte die positive Funktion des gemäßigten Gleichlaufs die richtige Rechtsanwendung gewährleisten.[298] Bei deutscher lex causae ohne deutschen Gerichtsstand drohe die Aushöhlung inländischer Kollisionsregeln. Auch seien komplizierte Fragen des deutschen Rechts für ausländische Gerichte manchmal nicht zu durchschauen.

Einer möglichen Rechtsverweigerung sollte ebenfalls entgegengewirkt werden. Sofern die Einschaltung der Gerichte nach deutschem Recht zwingend erforderlich sei und die primär berufenen ausländischen Gerichte ein Tätig werden ablehnten, seien notfalls die deutschen Gerichte zuständig.[299] *Berenbrok*[300] und *Heldrich*[301] führten dazu als Beispiel an: Ein ausländisches Gericht lehnt die nach deutschem Recht erforderliche Tätigkeit ab und wendet das deutsche Recht wegen Überschreitung seiner wesenseigenen Zuständigkeit nicht an, weil nach dem ausländischen Recht ein gerichtliches Eingreifen nicht notwendig ist. Nach dem gemäßigten Gleichlauf seien die deutschen Gerichte dann zuständig, damit die kollisionsrechtliche Verweisung auf das deutsche Recht sinnvoll bleibe.

---

298 Neuhaus, Grundbegriffe des IPR, S. 429; ders. RabelsZ 20 (1955), 201, 259 ff.; ders. JZ 1966, 237, 241; s.a. Kraus, Die internationale Zuständigkeit in Nachlassverfahren, S. 21; Dölle RabelsZ 27 (1962), 210, 214, 217, 234; Drobing JZ 1959, 316, 318.

299 Zusammenfassung bei: Berenbrok, Internationale Nachlaßabwicklung, S. 38.

300 Berenbrok, Internationale Nachlaßabwicklung, S. 38.

301 Heldrich, in: Berichte der deutschen Gesellschaft für Völkerrecht, Heft 10 (1971), S. 127.

(b) Kritik der Gegner

Die Kritiker entgegneten der vorgebrachten Befürchtung einer falschen Rechtsanwendung durch ausländische Gerichte, dass dieser Gedanke der Aushöhlung dazu führe, den Idealen des deutschen Internationalen Privatrechts absolute Wertigkeit zuzusprechen, deren Anforderungen nur bei deutscher Zuständigkeit genügt werde. Wegen des kollisionsrechtlichen Gerechtigkeitsgedankens sei dann aber nicht nur bei deutschem Recht die inländische Zuständigkeit zu bejahen, sondern auch bei jedem anderen – also auch ausländischem – Recht.[302]

Zudem stelle der Gedanke der Befürworter, das ausländische Gericht könne gegebenenfalls das deutsche Recht nicht richtig anwenden, den „Ausgangspunkt jedes entwickelten Kollisionsrechts in Frage"[303]. Denn so werde den ausländischen Gerichten die Fähigkeit abgesprochen, das deutsche Recht (bzw. allgemein fremdes Recht) im Wesentlichen richtig zu erkennen.[304]

Gegen die mögliche Rechtsverweigerung wurde angeführt, dass das deutsche Recht auch aufgrund ausländischen Kollisionsrechts zur Anwendung gelangen könne und gerade nicht wegen des deutschen Internationalen Privatrechts, also völlig unabhängig von der Theorie des gemäßigten Gleichlaufs. Eine Auffangzuständigkeit sei dann gar nicht gegeben. Der gemäßigte Gleichlauf sei daher ein untaugliches Mittel. Denn bestünde eine ausländische Zuständigkeit und nicht ohnehin schon eine konkurrierende inländische Zuständigkeit, so sei allein ausländisches Internationales Privatrecht maßgeblich und eine Argumentation bezogen auf den Sinngehalt der deutschen kollisionsrechtlichen Vorschriften verbiete sich.[305]

Gehe man dennoch von der Subsidiaritätszuständigkeit aus, habe dies die kuriose Folge, dass deutsche Gerichte wegen der Maßgeblichkeit deutschen Rechts nach fremdem Internationalem Privatrecht zuständig seien, während deutsche Gerichte nach dem eigenen Internationalen Privatrecht ein anderes Sachrecht anzuwenden hätten.[306]

---

302 Heldrich, in: Berichte der deutschen Gesellschaft für Völkerrecht, Heft 10 (1971), S. 125 ff. so auch Berenbrok, Internationale Nachlaßabwicklung, S. 37 f.
303 Berenbrok, Internationale Nachlaßabwicklung, S. 38.
304 Bünning, Nachlaßverwaltung im internationalen Recht, S. 90.
305 Berenbrok, Internationale Nachlaßabwicklung, S. 38 f.; Bünning, Nachlaßverwaltung im internationalen Recht, S. 90; Pfeiffer, Internationale Zuständigkeit, S. 132 f.
306 Berenbrok, Internationale Nachlaßabwicklung, S. 39.

(2) Negative Funktion

(a) Begründung der Vertreter

Als besonders starkes Argument für die Anwendung des gemäßigten Gleichlaufgrundsatzes wurde die Rücksichtnahme auf das ausländische Recht aufgefasst, die dessen negative Funktion herbeiführe. So solle diese auf eine fremde lex causae dadurch hinreichend Rücksicht nehmen, dass sie keine internationale Zuständigkeit inländischer Gerichte zulasse, wenn ausländisches materielles Recht maßgeblich sei und dieses Recht erkennen lasse, dass es eine solche Zuständigkeit nicht billige.[307] Daher sei diese Theorie im Gegensatz zur strengen Ansicht weniger starr und radikal bei Maßgeblichkeit ausländischen Rechts.

Darüber hinaus beschränkten einige Vertreter des gemäßigten Gleichlaufgrundsatzes die negative Funktion auf rechtsgestaltende Gerichtsakte und lieferten hierdurch ein weiteres Argument zugunsten des gemäßigten Gleichlaufs: Von dem Begriff der rechtsgestaltenden Gerichtsakte sollten alle Fälle erfasst sein, in denen das maßgebliche Recht die Mitwirkung eines Gerichts zwingend erfordere. Nur bei diesen Akten sei, sofern zur Anwendung berufen, eine Zustimmung der ausländischen Rechtsordnung einzuholen. Hier sei die Verzahnung von materiellem Recht und Verfahrensrecht bzw. internationaler Zuständigkeit noch enger als ohnehin schon. Bei einer zwingend gebotenen Mitwirkung folge das Tätigwerden des Richters nicht aus dem Justizgewährungsauftrag, sondern aufgrund der speziellen Ermächtigung der seine Mitwirkung für erforderlich haltenden Norm. Werde also entgegen der Intention des berufenen fremden Rechts eine inländische Zuständigkeit angenommen, verstoße dies aufgrund der engen Verflechtung von materiellem Recht und Verfahrensrecht gegen die deutsche Kollisionsnorm.[308]

(b) Kritik der Gegner

Dem Argument der Rücksichtnahme auf das ausländische Recht ist formal entgegengehalten worden, dass es sich bei der negativen Funktion gar nicht um eine Zuständigkeitsbestimmung handle, sondern um eine reine „Zuständigkeitsnachfrage". Beim ausländischen Recht werde lediglich angefragt, ob eine Zu-

---

307 Neuhaus, Grundbegriffe des IPR, S. 430, 432; RabelsZ 20 (1955), 201, 259 ff.; Dölle RabelsZ 27 (1962), 201, 214; s.a. Berenbrok, Internationale Nachlaßabwicklung, S. 41 ff.

308 Neuhaus, Grundbegriffe des IPR, S. 430; RabelsZ 35 (1971), 401, 419 f.; s.a. Bünning, Nachlaßverwaltung im internationalen Recht, S. 88.

ständigkeit in Deutschland „genehm" wäre. Eine eigenständige Bestimmung der Zuständigkeit erfolge damit nicht.[309]

Diese Zuständigkeitsfrage, die schon fast der Einführung eines Anerkennungserfordernisses entspreche, scheine zwar zunächst ein Vorteil gegenüber dem reinen Gleichlaufgrundsatz zu sein, wie ihn die strenge Theorie und die Rechtsprechung vertraten, doch sei eine solche Anerkennungsprognose oft „mühsam und unsicher"[310].[311] Ein solches Erfordernis dürfe es daher – wenn überhaupt – nur in Fällen offensichtlicher Nichtanerkennung geben. Ansonsten seien die Erben (oder sonstigen Antragsteller) höchstens auf eine mögliche Nichtanerkennung im Ausland hinzuweisen. Im Übrigen dürfe ihnen der Rechtschutz nicht verwehrt werden, denn der Kläger bzw. Antragsteller müsse selbst entscheiden, ob er die Nichtanerkennung der Entscheidung durch das Sachstatut in Kauf nehmen wolle.[312]

Auch das Argument der engen Verflechtung von materiellem Recht und Zuständigkeit wurde kritisiert. Denn es könne zwar „zwingend notwendig" ein Gericht mitwirken müssen, doch sei damit nicht gesagt, dass es sich dabei um ein statutseigenes Gericht handeln müsse. Genauso gut könne gegebenenfalls ein deutsches Gericht die notwendige Handlung vornehmen. In besonders gelagerten Fällen, in denen dies einmal nicht möglich sei, könne die Zuständigkeit deutscher Gerichte durch das Kriterium der „wesenseigenen Zuständigkeit" begrenzt werden.[313]

bb. Stellungnahme

Der gemäßigte Gleichlaufgrundsatz war eine durchaus positiv hervorzuhebende Abwandlung vom starren Gleichlaufprinzip, wie es Rechtsprechung und Anhänger der strengen Theorie vertraten. Insbesondere führte er zu einem „weicheren" Umgang mit der Problematik. Dennoch ist den Kritikern darin zuzustimmen, dass auch die Argumente zur Begründung des gemäßigten Gleichlaufs nicht gänzlich überzeugten.

---

309 Bünning, Nachlaßverwaltung im internationalen Recht, S. 86.
310 Berenbrok, Internationale Nachlaßabwicklung, S. 86.
311 Bspw. stellt sich bei manchen „Anerkennungsnormen" die Frage, ob es sich um gerichtliche Entscheidungen oder bloße Verwaltungstätigkeiten handelt, vgl. Berenbrok, Internationale Nachlaßabwicklung, S. 86; s.a. Haas, in: Gottwald, Perspektiven der justiziellen Zusammenarbeit, S. 69.
312 Berenbrok, Internationale Nachlaßabwicklung, S. 87; ähnlich schon Heldrich, in: Berichte der deutschen Gesellschaft für Völkerrecht, Heft 10 (1971), S. 114 ff.
313 Berenbrok, Internationale Nachlaßabwicklung, S. 44; Bünning, Nachlaßverwaltung im internationalen Recht, S. 84; 88.

Sicherlich wurde auf das ausländische Recht verstärkt Rücksicht genommen und die bloße Prüfung, ob eine ausländische Rechtsordnung etwas gegen die inländische Zuständigkeit einzuwenden hatte, lieferte praktische Erleichterungen, ohne statisch zu wirken. Auch wurde einer Rechtsverweigerung durch die mögliche Eröffnung der Zuständigkeit deutscher Gerichte im Rahmen der positiven Funktion entgegengewirkt.

Jedoch legten die Kritiker schlüssig dar, dass durch diese Ansicht an den Grundpfeilern des Internationalen Privatrechts gerüttelt wurde, zweifelte man die Fähigkeit des Richters an, auch schwierige Fragen ausländischen Rechts zu beantworten. Zudem ist es richtig, dass in den entscheidenden Fällen gar nicht das deutsche Kollisionsrecht und letztlich auch nicht der gemäßigte Gleichlaufgrundsatz zur Anwendung gelangten.

Ebenso ist den Kritikern darin zuzustimmen, dass es im Ergebnis eine Frage der wesenseigenen Zuständigkeit hätte sein sollen, ob die Gerichte ausländische Tätigkeiten vornehmen konnten und ein Rückgriff auf den gemäßigten Gleichlaufgrundsatz obsolet war.

Schließlich war der gemäßigte Gleichlaufgrundsatz im Ergebnis vielmehr eine einer Anerkennung gleichstehende „Zuständigkeitsnachfrage" und kein eigenständiges Bestimmungsgebilde.

Daher war der gemäßigte Gleichlaufgrundsatz zwar ein

„entscheidender Schritt von der starren Statutszuständigkeit hin zu einer, den Eigenarten der Zuständigkeits- und Rechtsanwendungsnormen eher entsprechenden Lösung"[314],

doch waren seine dogmatische Begründung und seine Ausformung nicht hinreichend.

c. Zusammenfassung

In Bezug auf den strengen Gleichlaufgrundsatz ergeben sich keine Abweichungen zu den obigen Ausführungen. Er ist im Ergebnis mit dem in der Rechtsprechung vertretenen Ansatz identisch. Ein radikaler Ansatz, der keine Ausnahmen vom Gleichlauf von materiellem Recht und Verfahrensrecht zuließ, wurde schon vor der Abkehr von der Gleichlauftheorie nicht mehr vertreten.

Der gemäßigte Gleichlaufgrundsatz hingegen stellt eine erhebliche Abweichung von der strengen Gleichlauftheorie bzw. vom Gleichlaufgrundsatz nach der Rechtsprechung dar. Positiv eröffnete er eine Subsidiaritätszuständigkeit bei Anwendbarkeit deutschen materiellen Rechts. Negativ sollten bei Anwendbarkeit ausländischen Rechts deutsche Gerichte nur mit Zustimmung des Wirkungsstatuts zuständig sein.

---

314 Bünning, Nachlaßverwaltung im internationalen Recht, S. 82.

Begründet wurde dieser Ansatz im Wesentlichen mit der Rücksichtnahme auf das ausländische Recht und der Vermeidung von Rechtsverweigerung. Die Kritiker verwiesen aber darauf, dass der Ansatz im Grunde zu weitreichend sei und die Nutzung der „Grenze der wesenseigenen Zuständigkeit" im Ergebnis flexibler wäre. Zudem entspreche er so eher einer Anerkennung statt einem eigenen System.

Die vorgebrachten Argumente für den gemäßigten Gleichlaufgrundsatz überzeugen zwar in Anbetracht der Kritik an dieser Theorie nicht gänzlich, doch führte dieser Ansatz zumindest zu einem „weicheren" Umgang mit der Frage der internationalen Zuständigkeit als es der strenge Gleichlaufgrundsatz bzw. der Gleichlaufgrundsatz nach der Rechtsprechung tat.

III. Bewertung des Systems

Anhand der eingangs erörterten Praxisprobleme[315] werden im Folgenden die Gleichlaufvarianten bewertet. Dabei wird zunächst auf die Frage eingegangen, ob das System helfen kann, internationale Entscheidungsdivergenzen zu vermeiden oder zumindest zu minimieren. Daraufhin erfolgt eine Überprüfung des Grundsatzes auf die Herbeiführung von Rechtssicherheit und Rechtsschutz. Abschließend werden die herausgearbeiteten Punkte durch weitere, von den vorgenannten Kriterien unabhängige Vor- und Nachteile ergänzt.

1. Vermeidung internationaler Entscheidungsdivergenzen

Nimmt man die Argumentation der Befürworter des strengen Gleichlaufgrundsatzes bzw. des Gleichlaufgrundsatzes nach der Rechtsprechung[316] zum Ausgangspunkt, bei der die Rücksichtnahme auf die ausländische Jurisdiktion betont wird, könnte angenommen werden, dass die Vermeidung internationaler Entscheidungsdivergenzen ein entscheidender Vorteil des Grundsatzes war. Gerade durch die Ablehnung der eigenen Zuständigkeit bei Anwendbarkeit ausländischen Rechts wurde vermieden, Gerichte verschiedener Staaten Entscheidungen fällen zu lassen.[317] Wie sich aber durch die Kritik an der Argumentation der Be-

---

315 S.o. Teil 1 B. II.

316 Wird im Folgenden vom Gleichlaufgrundsatz ohne weiteren Zusatz gesprochen, sind stets die Variante der Rechtsprechung und der strenge Gleichlauf gemeint.

317 Unabhängig davon, ob diesen nun die Jurisdiktion zukommt oder nicht, s.o. Teil 2 B. II. 1. c. aa. sowie Berenbrok, Internationale Nachlaßabwicklung, S. 73; s.a. Mayer, in: Münchener Kommentar zum BGB, § 2353 Rdnr. 54; Kraus, Die internationale Zuständigkeit in Nachlassverfahren, S. 68 ff.

fürworter gezeigt hat, ist dieser grundsätzliche Gedanke einzuschränken. Denn der internationale Entscheidungseinklang war weiterhin gefährdet, wenn eine Nachlassspaltung eintrat oder die deutschen Gerichte aufgrund ihrer Sicherungs- oder Not- und Fürsorgezuständigkeit tätig wurden. Lag eine Nachlassspaltung vor, so waren deutsche und ausländische Gerichte parallel zuständig. Bei der Sicherungs- oder Not- und Fürsorgezuständigkeit wurden die Gerichte sogar anstelle des ausländischen Gerichts tätig, was Folgen „erheblichen Ausmaßes" haben konnte, wenn das ausländische Gericht später seine Meinung änderte und doch noch eine Entscheidung in der Sache traf.[318]

Ebenso wenig konnte der Gleichlaufgrundsatz ausschließen, dass sich bei Anwendbarkeit deutschen Rechts ausländische Gerichte für zuständig erklärten. Beispielsweise war danach ein ausländisches Gericht nicht daran gehindert, seine Zuständigkeit bei einem deutschen Erblasser mit gewöhnlichem Aufenthalt im Ausland abweichend an diesen Aufenthalt zu knüpfen. Mehrfache Zuständigkeiten waren sogar bei paralleler Anknüpfung von inländischen und ausländischen Gerichten an die Staatsangehörigkeit möglich. So hätte beispielsweise eine Rechtswahl nach Art. 25 Abs. 2 EGBGB im Ausland keine Wirkung entfalten oder der ausländische Staat die maßgebliche Staatsangehörigkeit gegebenenfalls abweichend bestimmen können. Ebenso war es möglich, dass eine Rückverweisung auf das deutsche Recht durch das Heimatrecht gar nicht als solche auf das deutsche Recht zu verstehen, sondern aus der Sicht des Heimatstaates vielmehr als Verweisung auf das eigene materielle Recht anzusehen war.[319] Letztlich kam es selten vor, dass ein deutscher Erbschein im Ausland anerkannt wurde.[320] Grundsätzlich wurde ein Nachweis des Erbrechts gefordert, der der lex fori entsprach,[321] so dass im Ausland ein neues Verfahren durchzuführen war, das zu divergierenden Entscheidungen führen konnte. In solchen Fällen drohten daher weiterhin Entscheidungsdivergenzen.[322] Divergierende Entscheidungen konnten also auch dann nicht ausgeschlossen werden, wenn ein ausländischer Erbnachweis (wie zumeist der Fall) im Inland nicht anerkannt oder sonstwie berücksichtigt wurde, denn dann war unter Umständen ein neues Verfahren in Deutschland durchzuführen.[323]

Internationale Entscheidungsdivergenzen drohten also insbesondere dann, wenn sich Nachlassgegenstände des Erblassers im Ausland befanden, sich die deutschen Gerichte für zuständig erklärten und einen Erbschein erteilten, da

---

318 S.o. Teil 2 B. II. 1. c. aa. (2).
319 Sog. „Renvoi croisée", vgl. Süß, in: Süß, Erbrecht in Europa, S. 167 f.
320 S.o. Teil 2 B. II. 1. c. bb. (2) sowie Fn. 243.
321 Vgl. Schroer, Europäischer Erbschein, S. 54.
322 Siehe auch Schroer, Europäischer Erbschein, S. 35, 100, 148.
323 S.o. Teil 2 B. II. 1. c. bb. (2).

aufgrund der zumeist mangelnden Anerkennungsmöglichkeiten im Ausland dieser oft keine Wirkung entfalten konnte.[324] Es war dann ein neues Verfahren im Ausland anzustreben, wobei divergierende Ergebnisse nicht ausgeschlossen werden konnten.[325]

Zudem war es, wenn ein Drittstaat involviert war, lediglich möglich, bi-, aber nicht multilateralen Entscheidungseinklang herbeizuführen.[326] Es konnte also auch durch die Unzuständigkeitserklärung deutscher Gerichte bei Maßgeblichkeit ausländischen Sachrechts nicht verhindert werden, dass Gerichte eines dritten, von dem Staat mit dem zur Anwendung berufenen Sachrecht verschiedenen Staates ebenfalls eine Entscheidung hätten treffen können.

Damit vermied die Anwendung des Gleichlaufgrundsatzes nur soweit internationale Entscheidungsdivergenzen, wie ausländisches Recht zur Anwendung berufen, kein in Deutschland belegener Nachlass vorhanden oder alternativ keine Nachlassspaltung gegeben, keine Sicherungs- bzw. Not- und Fürsorgezuständigkeit der deutschen Gerichte möglich war und sich kein anderes ausländisches Gericht für zuständig erklärte. Ferner wurde Entscheidungseinklang gewährleistet, wenn sich bei Maßgeblichkeit deutschen Rechts kein anderes ausländisches Gericht für zuständig erklärte.

Waren die obigen Voraussetzungen aber gegeben, so waren internationale Entscheidungsdivergenzen durch die nahezu vollumfängliche Konzentration auf ein Gericht ausgeschlossen.

Bachmayer führt dazu aus, der Gleichlaufgrundsatz sei grundsätzlich geeignet, dem Ziel des internationalen Entscheidungseinklangs gerecht zu werden. Wenn deutsche Gerichte ihre Zuständigkeit nur bei Anwendbarkeit deutschen Erbrechts annähmen und sie im Übrigen ablehnten, würde ein Einmischen in fremde Rechtsordnungen vermieden.[327]

Der gemäßigte Gleichlaufgrundsatz wirkte Entscheidungsdivergenzen zudem noch weiter entgegen, da er bei Maßgeblichkeit deutschen Rechts nur eine subsidiäre Zuständigkeit begründete und bei ausländischem Recht „anfragte", ob dieses eine innerdeutsche Zuständigkeit billigte. Diese Variante wurde zwar ebenso kritisch betrachtet wie die Ausgangsform der Rechtsprechung, doch kann ihr nicht abgesprochen werden, dass durch die darin enthaltene Flexibilität und die „Absprache" mit dem ausländischen Recht Entscheidungsdivergenzen reduziert wurden.[328]

---

324 Bünning, Nachlaßverwaltung im internationalen Recht, S. 85 f.; s.a. Fn. 243.

325 Vgl. insb. Berenbrok, Internationale Nachlaßabwicklung, S. 72 ff.; Bünning, Nachlaß-verwaltung im internationalen Recht, S. 85 f. sowie Teil 2 B. II. 1. c. bb. (2).

326 Siehe auch Berenbrok, Internationale Nachlaßabwicklung, S. 79.

327 Bachmayer BWNotZ 2010, 146, 149; s.a. Kopp, Nachlaßspaltung, S. 78.

328 So auch: Kraus, Die internationale Zuständigkeit in Nachlassverfahren, S. 70.

Es lässt sich daher festhalten, dass der Gleichlaufgrundsatz internationale Entscheidungsdivergenzen lediglich teilweise vermeiden konnte.

2. Rechtssicherheit

Die Rechtsunsicherheit, die durch Entscheidungsdivergenzen, aber auch allgemein droht, wurde im Gleichlaufsystem zumindest bei Maßgeblichkeit deutschen Rechts eingedämmt. Denn nach dem Gleichlaufgrundsatz der Rechtsprechung sollten grundsätzlich nur in diesen Fällen deutsche Gerichte international zuständig sein. War dies der Fall, so wandten inländische Gerichte inländisches Recht an. Dieses Sachrecht war den Richtern bekannt und sie konnten Entscheidungen treffen, die sowohl vorhersehbar waren als auch eine gewisse Kontinuität aufwiesen.

Weiterhin wirkte sich der Gleichlaufgrundsatz hinsichtlich der Verflechtung von materiellem Recht und Verfahrensrecht positiv aus.[329] Durch die Anwendbarkeit deutschen Verfahrensrechts nur bei Maßgeblichkeit deutschen Sachrechts wurde dieser Zusammenhang gewahrt. Auch durch die Ablehnung der innerdeutschen Zuständigkeit bei Anwendbarkeit ausländischen Sachrechts wurde vermieden, ausländisches Sachrecht in das deutsche Verfahrenssystem einzuführen, so dass prozessuale Akte nicht angepasst werden mussten. Damit war vorherzusehen, welcher verfahrensrechtliche Aspekt mit welchem materiellen verknüpft werden und wie das Gericht seine Entscheidung aufbauen würde.[330]

Ebenso versprach der Gleichlaufgrundsatz aus der Sicht eines deutschen Erblassers eine gewisse Rechtssicherheit. Denn wegen Art. 25 Abs. 1 EGBGB war es zumeist die deutsche Staatsangehörigkeit, die zum deutschen Recht führte. Der deutsche Erblasser (und dessen Erben oder sonstige Antragsteller) konnte also darauf vertrauen, dass deutsche Gerichte seinen Fall entscheiden, dabei das ihm vertraute Recht anwenden und Obergerichte die entsprechende Entscheidung nicht alsbald wieder aufheben würden.

Aus der Sicht eines ausländischen Erblassers war aber wenig Rechtssicherheit gegeben. Sollte ein deutsches Gericht seinetwegen angerufen worden sein, so wäre bei gesetzlicher Erbfolge (bei Nichtbestehen einer Vereinbarung i.S.d. Art. 3 EGBGB) höchstens in Fällen der Rück- und Weiterverweisung oder bei Eingreifen einer der Ausnahmen vom Gleichlaufgrundsatz eine innerdeutsche

---

329   Obwohl die Kritiker die Einführung des Gleichlaufgrundsatzes auf der Basis dieser Verzahnung anzweifelten, ist die enge Verbindung von materiellem Recht und Verfahrensrecht in diesem Bereich nicht von allen Seiten bestritten worden, s.a. Teil 2 B. II. 1. c. cc. (2).

330   Siehe dazu auch Bachmayer BWNotZ 2010, 146, 147.

Zuständigkeit gegeben gewesen. Nicht nur, dass gerade die Ausnahmen heraus-zufinden erschwerten, ob eine deutsche Zuständigkeit gegeben sein konnte. Ge-gebenenfalls war sogar ausländisches Recht maßgeblich. Die Erben (oder sons-tigen Antragsteller) hätten dann, unter Umständen, obwohl der Erblasser nur Vermögen in Deutschland hinterließ, ausländische Gerichte anrufen müssen, deren Bewertung des Falles aus der Sicht der das Vermögen in Deutschland er-wartenden Erben (oder sonstigen Antragsteller) nicht immer absehbar war. Ge-rade wenn die Erben (oder sonstigen Antragsteller) in Deutschland lebten oder Deutsche waren, war hier kaum etwas vorhersehbar.[331] Schlimmer noch, war es sogar möglich, dass sich gar kein Gericht für zuständig hielt, was aus Rechtssi-cherheitsgesichtspunkten ebenfalls bedenklich war.[332]

Nur wenn von § 2369 BGB a.F. Gebrauch gemacht und ein Fremdrechtserb-schein für in Deutschland belegenes Vermögen erteilt wurde, garantierte dieser innerhalb der deutschen Grenzen ein gewisses Maß an Rechtssicherheit.

Über die deutschen Grenzen hinaus war aber aufgrund der mangelnden An-erkennungsmöglichkeiten im Ausland ohnehin keine Rechtssicherheit gege-ben.[333] Ein weiteres Verfahren im Ausland mit abweichender materiell-rechtlicher Grundlage konnte in seinem Umfang und Ausmaß, wie bereits in Be-zug auf den ausländischen Erblasser angesprochen, nicht abgeschätzt werden und damit ebenso wenig dem Problem der Rechtssicherheit begegnen.[334]

Effektiver löste diese Rechtssicherheitsprobleme der gemäßigte Gleichlauf-grundsatz, der gerade in diesen Fällen dadurch überzeugte, dass er zumindest beim ausländischen Recht „anprüfte", ob nicht doch die deutschen Gerichte zu-ständig waren. Hier blieb immerhin die Möglichkeit eröffnet, die deutschen Ge-richte mit der Angelegenheit zu betrauen. Allerdings war die aus der negativen Funktion des gemäßigten Gleichlaufgrundsatzes folgende „Anerkennungsprog-nose" eher hinderlich, da sie das Verfahren unsicher und aufwändig werden ließ.[335]

Ein Nachteil beider Gleichlaufgrundsätze war aber die mangelnde Kodifika-tion, wodurch „Gewohnheitsrecht" angewandt wurde, das durch die Vielzahl von Ausnahmen nicht absehbar machte, wann eine Zuständigkeit bejaht werden würde und wann nicht.[336]

---

331 Siehe dazu auch das in der Einleitung beschriebene Beispiel unter Teil 2 A.
332 Bachmayer BWNotZ 2010, 146, 149.
333 S.o. Teil 2 B. II. 1. c. bb. (2) sowie Fn. 243.
334 So auch Bachmayer BWNotZ 2010, 146, 149.
335 Kraus, Die internationale Zuständigkeit in Nachlassverfahren, S. 67.
336 Anders aber Kraus, Die internationale Zuständigkeit in Nachlassverfahren, S. 63 ff. Er hielt es für rechtssicherer, auf den Gleichlaufgrundsatz zu vertrauen, da der Gesetzge-ber eine neue Regelung hätte „ausprobieren" können, wohingegen der Gleichlauf-

Im Ergebnis zeigt sich, dass zumindest bei Anwendbarkeit deutschen Sachrechts ein größeres Maß an Rechtssicherheit gegeben war. Bei Maßgeblichkeit ausländischen Rechts konnte aber auch der Gleichlaufgrundsatz keine umfassende Rechtssicherheit bieten und ließ manche Erben (oder sonstigen Antragsteller) mit der Verweisung an ausländische Gerichte zurück, deren Entscheidungen ungewiss waren.

3. Rechtsschutz aus Bürgersicht

War deutsches Recht auf den Sachverhalt anzuwenden, so lag nach der strengen Gleichlauftheorie und dementsprechend nach der Theorie der Rechtsprechung die internationale Zuständigkeit auch bei den deutschen Gerichten. Das Gericht konnte also sowohl örtlich als auch zeitlich schnell reagieren. Die Anwendung des eigenen materiellen Rechts war möglich und der Bürger erhielt zeitnah den nötigen Rechtsschutz. Die von der Rechtsprechung angeführten Vorteile der Zeit- und Kostenreduktion sind aus Rechtsschutzsicht ebenfalls positiv hervorzuheben.[337]

Dass dabei aber auch ein gewisser Zeitaufwand zur Bestimmung des anwendbaren Sachrechts anfallen musste,[338] ist offensichtlich. Schließlich fällt dieser Aufwand immer an, wenn eine Auslandsberührung vorliegt. Bei Maßgeblichkeit deutschen Rechts war dann aber gleichgültig, ob die entsprechende Prüfung im Rahmen der Zulässigkeit oder erst auf der Ebene der Begründetheit vorgenommen wurde, so dass der Zeitaufwand an dieser Stelle keiner gesonderten Berücksichtigung bedurfte.

Anders sah dies bei Maßgeblichkeit ausländischen Rechts aus, wenn sich also deutsche Gerichte für international unzuständig erklärten. Denn dann war der zeitliche Aufwand vergebens und der Antragsteller musste eine langwierige Prüfung erdulden, deren Ergebnis die Unzuständigkeitserklärung war. Sodann hatte er ein ausländisches Gericht anzurufen. Dieses anzurufen, konnte je nach Ent-

---

grundsatz durch die Rechtsprechung verfestigt gewesen sei. Dass eine kodifizierte Norm aber nahezu immer sicherer ist als ein Grundsatz, den die höchstrichterliche Rechtsprechung jederzeit verwerfen kann, ist offensichtlich.

337 So auch: Kraus, Die internationale Zuständigkeit in Nachlassverfahren, S. 54 ff.; er bejaht aber generell den Rechtsschutz aus Bürgersicht mit der Begründung, dass die Erben und sonstigen Bedachten sich meist im Inland befänden und dies den Gleichlaufgrundsatz rechtfertige und zudem ansonsten das Ausnahmesystem vom Gleichlaufgrundsatz umfassenden Rechtsschutz auch für Ausländer biete. Dazu, dass der Schluss, die extensive Anwendung der Ausnahmen stütze die Regel, jedoch verfehlt ist, sogleich (s.a. Fn. 350).

338 Bemängelt von Josef DNotZ 1904, 199, 204 f., s.o. Teil 2 B. II. 1. c. bb. (2).

fernung und Kooperation des ausländischen Staates zu erheblichen Kostennachteilen und Verfahrensverzögerungen führen.[339] Unter Umständen sorgte die Abhängigkeit der Zuständigkeit von den Normen des Internationalen Privatrechtes ebenfalls dafür, dass sich deutsche Gerichte mangels anwendbaren deutschen Rechts für unzuständig erklärten, das zur Anwendung berufene ausländische Recht die Zuständigkeit aber beispielsweise an den gewöhnlichen Aufenthalt knüpfte und ein in Deutschland lebender und sich dort gewöhnlich aufhaltender Ausländer somit keinen Rechtsschutz erlangen konnte.[340]

Nur ausnahmsweise half auch hier § 2369 BGB a.F., der für in Deutschland belegenes Vermögen die Erteilung eines Fremdrechtserbscheines vorsah und so zumindest innerhalb deutscher Grenzen ein grundlegendes Maß an Rechtsschutz gewährte.

Über die deutschen Grenzen hinaus war aber auch hier kaum Rechtsschutz geboten, da ein deutscher Erbschein im Ausland oft nicht anerkannt wurde.[341]

Zusammenfassend ist festzuhalten, dass den Interessen der Beteiligten letztlich nicht hinreichend nachgekommen wurde. Zudem war es ungerechtfertigt, dort Rechtsschutz zu verweigern, wo er aus völkerrechtlicher Sicht oder aus Gleichberechtigungsaspekten geboten war.[342] Zwar wurde von den oben genannten Ausnahmen durchaus Gebrauch gemacht, doch dauerte es teilweise lange, bis deren Einschlägigkeit von den Gerichten anerkannt wurde.[343] Die Vielzahl gerade der ungeschriebenen Ausnahmen, welche die Rechtsprechung auf diverse Sachverhalte nahezu willkürlich anwandte, bewies zudem, dass das System keinen vollumfänglichen Rechtsschutz garantierte, wenn dem Grundsatz starr gefolgt worden wäre.[344]

---

339 Dazu Teil 2 B. II. 1. c. aa (2) sowie Ultsch MittBayNot 1995, 6, 13.

340 S.o. Teil 2 B. II. 1. c. aa (2); wobei dem in der Praxis wohl oft durch die extensive Anwendung der Ausnahmen vom Gleichlaufgrundsatz entgegengewirkt wurde.

341 S.o. Teil 2 B. II. 1. c. bb. (2) sowie Fn. 243.

342 Dazu Teil 2 B. II. 1. c. bb. (2).

343 Berenbrok, Internationale Nachlaßabwicklung, S. 70 f.; auch S. 74.

344 Rauscher (in: Münchener Kommentar zur ZPO, § 105 FamFG Rdnr. 37) hingegen erklärt, es habe keine Rechtsschutzverweigerung gegeben, da gerade diese Ausnahmen ausschweifend angewandt wurden, was lediglich eine sprachliche Umgestaltung einer faktischen Rechtsschutzverweigerung mit Ausnahmemöglichkeiten darstellt; s.a. Hohloch, in: Erman, Kommentar zum BGB, Art. 25 EGBGB, Rdnr. 45; Hohloch/Heckel, in: Hausmann/Hohloch, Handbuch des Erbrechts, S. 1994, 1997 ff.; Hohloch, in: Horndasch/Viefhues, FamFG, § 105 Rdnr. 39.

Zur Verdeutlichung dieser Willkür und parallel zur Kenntlichmachung, dass der Gleichlaufgrundsatz in seiner Ursprungsform dem Rechtschutz nicht genügt hätte, dient auch folgendes Beispiel:[345]

In der viel zitierten Entscheidung „Zannantonio" des Bayerischen Obersten Landesgerichtes aus dem Jahr 1965[346] war auf den vollständig in Deutschland belegenen Nachlass italienisches Recht anzuwenden. Da sich alle Beteiligten im Inland befanden, bestand in Italien keine Zuständigkeit für die Inventarisierung zur Beschränkung der Erbenhaftung zugunsten der minderjährigen Erben.[347] Erst in der dritten Instanz erklärte das Bayerische Oberste Landesgericht, dass entgegen dem Gleichlaufgrundsatz deutsche Gerichte international zuständig und die Vornahme der entsprechenden Tätigkeiten deutschen Gerichten nicht wesensfremd seien. Aufgrund des Gedankens der Austauschbarkeit des Verfahrens im internationalen Verfahrensrecht gingen die Gerichte davon aus, dass durch die Inventarisierung in Deutschland die Haftungsbeschränkung in Italien eintrete.[348]

Für die Annahmeerklärung der Erbschaft (unter Vorbehalt der Inventarerrichtung) ergab sich die Zuständigkeit deutscher Gerichte daraus, dass diese „aufs engste mit der Erbscheinserteilung zusammenhängt"[349] und die Erbscheinserteilung auf Grund des in Deutschland belegenen Vermögens vor einem deutschen Amtsgericht beantragt wurde.

Damit veranschaulichte das Gericht, dass nur durch die extensive Anwendung von Ausnahmen Rechtsschutz gewährt werden konnte.[350]

---

345 Dieses bezieht sich zwar nicht auf die Erbscheinserteilung, steht aber symbolisch für die extensive Ausnahmenanwendung, die auch bei der Erbscheinserteilung nicht ungewöhnlich war.

346 BayObLG BayOblGZ 1965, 423 = NJW 1957, 447; s.a. Kraus, Die internationale Zuständigkeit in Nachlassverfahren, S. 8 ff.

347 Art. 471 codice civile a.F.; wobei nach neuer Rechtslage in Italien ein Einschreiten der italienischen Gerichte möglich gewesen wäre, vgl. Heggen RNotZ 2007, 1, 5.

348 Siehe auch: Bünning, Nachlaßabwicklung im internationalen Recht, S. 73 ff. (mit anschließender Kritik); Heldrich, Internationale Zuständigkeit und anwendbares Recht, S. 215; ders. NJW 1967, 417 sowie Wiethölter, in: Vorschläge und Gutachten zur Reform des Deutschen Internationalen Erbrechts, S. 141, 153.

349 Vgl. auch Wiethölter, in: Vorschläge und Gutachten zur Reform des Deutschen Internationalen Erbrechts, S. 141, 153.

350 Siehe dazu Pfeiffer, Internationale Zuständigkeit, S. 99 ff.; 153 f.; Ultsch MittBayNot 1995, 6, 15 sowie BayObLG BayOblGZ 1961, 176: Hier war ein deutscher Staatsangehöriger aus dem Sudetengebiet während der Vertreibung aus der Tschechoslowakei verstorben. Obwohl Erbstatut das im Sudetengebiet damals geltende tschechoslowakische Recht (ABGB, TestG) war, wurde ein unbeschränkter Erbschein nach § 2353 BGB erteilt. Das Gericht zweifelte dabei an, ob der Gleichlaufgrundsatz auf deutsche

Schließlich zeigt aber auch hier die mangelnde Möglichkeit, ausländische Entscheidungen im Inland anzuerkennen oder sonstwie zu berücksichtigen und umgekehrt die Tatsache, dass ausländische Gerichte inländische Entscheidungen kaum anerkannten und berücksichtigten, dass weder innerdeutsche Erbscheine noch ausländische Erbnachweise in vollem Umfang durchgesetzt werden konnten. Dies erschwerte die Erlangung von Rechtsschutz erheblich.[351]

Eine flexiblere Lösung, die auf die Anwendung der Ausnahmen verzichten konnte, lieferte auch hier der gemäßigte Gleichlaufgrundsatz. Durch die subsidiäre Zuständigkeit bei Maßgeblichkeit deutschen Rechts und die Zuständigkeit mit Rücksichtnahme auf das ausländische Recht bei Maßgeblichkeit ausländischen Rechts konnte sich der Rechtssuchende zumindest darauf verlassen, dass deutsche Gerichte tätig würden, wenn ihm im Ausland Rechtsschutz versagt wurde, letztlich also eine Rechtsverweigerung drohte. Allerdings kann auch hier nicht geleugnet werden, dass die „Zuständigkeitsnachfrage" im Ausland einen erheblichen Zeitaufwand bedeutete und auch Kostenprobleme bei der Kommunikation mit ausländischen Gerichten schnell auftauchen konnten.

Damit bleibt es im Ergebnis dabei, dass umfassender Rechtsschutz nicht oder nur eingeschränkt bei Anwendbarkeit deutschen Sachrechts gewährt wurde. Im Falle der Einschlägigkeit ausländischen materiellen Rechts gewährten die deutschen Gerichte Rechtsschutz nur beschränkt, entweder über § 2369 BGB a.F. oder die ungeschriebenen Ausnahmen bzw. beim gemäßigten Gleichlaufgrundsatz über eine „Zuständigkeitsnachfrage". Gerade aufgrund der mangelnden Anerkennung im Ausland[352] wurde umfassender Rechtsschutz sowohl bei Maßgeblichkeit deutschen als auch ausländischen Sachrechts aber ohnehin nur innerhalb deutscher Grenzen gewährt.

4. Rechtsschutz aus staatlicher Sicht

Bezüglich des Rechtsschutzes aus staatlicher Sicht ist grundsätzlich auf die bei der Vermeidung internationaler Entscheidungsdivergenzen gefundenen Ergeb-

---

Staatsangehörige überhaupt anzuwenden oder ob er nicht auf ausländische Staatsangehörige zu beschränken sei. Zudem käme der Tschechoslowakei keine Jurisdiktion zu, da sie die Verbindung mit den „Volksdeutschen" gelöst habe und das TestG ohnehin „reichsdeutschen Ursprungs" sei. Letztlich seien Bedenken hinsichtlich der Schwierigkeiten bei der Anwendung ausländischen materiellen Erbrechts vernachlässigungswürdig. A.A. Kraus, Die internationale Zuständigkeit in Nachlassverfahren, S. 56 ff.

351 S.o. Teil 2 B. II. 1. c. bb. (2); ausführlich zur Anerkennungsproblematik: Berenbrok, Internationale Nachlaßabwicklung, S. 75 ff.; Schwimann RabelsZ 34 (1970), 201, 208 ff.

352 S.o. Teil 2 B. II. 1. c. bb. (2) sowie Fn. 243.

nisse zu verweisen, denn diese Divergenzen werden zumeist durch die Eröffnung mehrerer Foren herbeigeführt. Dementsprechend gilt auch hier, dass die Anwendung des Gleichlaufgrundsatzes nur dann umfassenden Rechtsschutz aus staatlicher Sicht gewährte, wenn ausländisches Recht zur Anwendung berufen, kein in Deutschland belegener Nachlass vorhanden oder alternativ keine Nachlassspaltung gegeben, keine Sicherungs- bzw. Not- und Fürsorgezuständigkeit der deutschen Gerichte möglich war und sich kein anderes ausländisches Gericht für zuständig erklärte. Bei Maßgeblichkeit deutschen Rechts wurde dann hinreichender Rechtsschutz aus staatlicher Sicht gewährt, wenn sich kein anderes ausländisches Gericht für zuständig erklärte. Denn nur dann war ein einziges Gericht zuständig.

War ausländisches Recht anzuwenden und erklärten sich deutsche Gerichte für international unzuständig (war also auch keine Ausnahme einschlägig und lag keine Nachlassspaltung vor), so wurde aus deutscher Sicht verhindert, dass mehrere Foren eröffnet wurden. Ein forum shopping wurde so zumindest aus deutscher Sicht vermieden.

Allerdings sorgte die deutsche Regelung allein nicht dafür, dass sich nur ein einziges ausländisches Gericht für zuständig erklärte. Es war also trotz Unzuständigkeitserklärung der deutschen Gerichte zugunsten einer ausländischen Rechtsordnung möglich, dass sich ein Drittstaat ebenfalls für zuständig erklärte. Ein forum shopping konnte außerhalb der deutschen Gerichtsbarkeit daher nicht gänzlich vermieden werden.[353]

Erklärten sich darüber hinaus deutsche Gerichte bei Maßgeblichkeit deutschen Rechts nach dem strengen Gleichlaufgrundsatz und dementsprechend dem Gleichlaufgrundsatz nach der Rechtsprechung für zuständig, war zudem unabhängig von einer vom ausländischen Recht angenommenen internationalen Zuständigkeit eine inländische gegeben. Sollten sich also neben den deutschen auch ausländische Gerichte für zuständig erklärt haben, insbesondere mangels Anerkennung eines deutschen Erbscheins,[354] war dies nach dem deutschen System irrelevant und ein forum shopping blieb uneingeschränkt möglich.

Ebenso war ein forum shopping aufgrund der meist mangelnden Anerkennung oder Berücksichtigung eines ausländischen Erbnachweises im Inland nicht auszuschließen.[355]

---

353 Es sei denn bei einer Anerkennung ausländischer Erbnachweise bzw. inländischer Erbscheine in jedem anderen Land, was aber lediglich eine Utopie sein kann; ähnlich Bachmayer BWNotZ 2010, 146, 148 (hinsichtlich der Zuständigkeit nur eines Gerichtes weltweit); s.a. Teil 2 B. II. 1. c. bb. (2) sowie Fn. 243.
354 S.o. Teil 2 B. II. 1. c. bb. (2) sowie Fn. 243.
355 S.o. Teil 2 B. II. 1. c. aa. (2).

Allein der gemäßigte Gleichlaufgrundsatz nahm hier eine nur subsidiäre Zuständigkeit an und vermied so auch bei Anwendbarkeit deutschen Rechts eine Zuständigkeitsverdoppelung. Dies gewährleistete der gemäßigte Gleichlaufgrundsatz ebenfalls bei ausländischer Zuständigkeit, wenn er beim ausländischen Recht anfragte, ob ein Tätig werden deutscher Gerichte gebilligt würde. Somit wurde aus staatlicher Sicht nur eingeschränkt Rechtsschutz gewährleistet.

5. Sonstige bewertungsrelevante Umstände

Positiv hervorzuheben ist, dass der Gleichlaufgrundsatz sehr einfach zu praktizieren war und die deutschen Gerichte ausgehend von Art. 25 Abs. 1 EGBGB keine umfassende Prüfung vornehmen mussten, sondern sich grundsätzlich und vorbehaltlich Art. 3a Abs. 2 EGBGB an der Staatsangehörigkeit des Erblassers orientieren konnten.[356] Gerade bei einem deutschen Erblasser war das System sehr leicht zu handhaben.

Weder positiv noch negativ fällt die Gesetzeskonformität des Gleichlaufsystems ins Gewicht. Denn wie sich gezeigt hat, können die herangezogenen Vorschriften den Gleichlaufgrundsatz weder begründen noch eine Gegenargumentation liefern.

Negativ zu bewerten ist allerdings am gemäßigten Gleichlaufgrundsatz, dass er in den entscheidenden Fällen selten zur Anwendung gelangte. Erklärte sich ein ausländisches Gericht wegen Überschreitung der wesenseigenen Zuständigkeit für unzuständig, so konnte auch der gemäßigte Gleichlaufgrundsatz nicht immer helfen, da das deutsche Recht gegebenenfalls aufgrund ausländischen und nicht des deutschen Kollisionsrechtes zur Anwendung gelangte und die Theorie dann keine subsidiäre Zuständigkeit begründete.

6. Zusammenfassung

Die positiven und negativen Aspekte des Systems gleichen sich nahezu aus. In der Praxis mochte der Gleichlaufgrundsatz der Rechtsprechung durch seine Einfachheit bestechen. Er begründete aber in nicht wenigen Fällen Entscheidungsdivergenzen und konnte diese nur begrenzt vermeiden. Dies führte zu mangelndem Rechtsschutz aus staatlicher Sicht.

---

356 Wobei auch die Ermittlung der Staatsangehörigkeit in manchen Fällen schwierig sein konnte, vgl. Bünning, Nachlaßverwaltung im internationalen Recht, S. 77; KG KGJ 36A, 102 ff.

Auch der Rechtsschutz aus Bürgersicht wurde nicht umfassend gewährt. Ebenso wenig gelang es der Rechtsprechung, durch diesen Grundsatz die nötige Kontinuität zu wahren, die zur Erlangung von Rechtssicherheit nötig gewesen wäre.

Der gemäßigte Gleichlaufgrundsatz konnte zwar den Anforderungen größtenteils gerecht werden, was aber sehr seinem „Anerkennungscharakter" zu verdanken ist.[357] Nur durch die Zuständigkeitsnachfrage konnte er da überzeugen, wo der Gleichlaufgrundsatz der Rechtsprechung und damit der strenge Gleichlaufgrundsatz versagten. Da die Variante des gemäßigten Gleichlaufs aber hauptsächlich aus dieser „Zuständigkeitsnachfrage" bestand, ansonsten jedoch die Anknüpfungskriterien des strengen Gleichlaufs aufgriff, konnte sie, wie ausgeführt, weder dogmatisch noch pragmatisch als eigenständiges System überzeugen.

Der Gleichlaufgrundsatz enthielt daher viele sehr positive Gedanken, die sich an den Praxisproblemen orientierten. Ihm gelang es in einigen Bereichen, Lösungen für diese Probleme zu finden. Dennoch blieb er in den übrigen Bereichen weit hinter den Praxisanforderungen zurück.

Folglich war der Gleichlaufgrundsatz nur ein eingeschränkt hilfreicher Ansatz zur Lösung immer wieder auftauchender Praxisprobleme und konnte bei einer Gesamtbetrachtung nicht überzeugen.

IV. Ergebnis

Die verschiedenen Gleichlaufvarianten haben jeweils Vor- und Nachteile. Die Untersuchung hat gezeigt, dass die Argumente zur Begründung der einzelnen Varianten der Kritik nicht standhalten können. Die anschließende Bewertung, die Argumente und Kritik aufgriff, hat zudem erhebliche Lücken bei der Vermeidung internationaler Entscheidungsdivergenzen sowie der Rechtssicherheit bzw. dem Rechtsschutz aus Bürger- und staatlicher Sicht gezeigt, die jedoch gerade Gründe für den Gleichlaufgrundsatz sein sollten.

---

357   S.o. Teil 2 B. II. 2. c.

C. Die Bestimmung der internationalen Zuständigkeit im deutschen Erbscheinsverfahren nach dem 1. September 2009

I. Einführung

Seit dem 1. September 2009 und bis zum 16. August 2015[358] richtet sich die internationale Zuständigkeit in Nachlass- und Teilungsangelegenheiten nach der örtlichen Zuständigkeit, was sich aus § 105 FamFG i.V.m. §§ 343, 344 FamFG ergibt.[359] Damit distanziert sich der Gesetzgeber eindeutig vom bis dahin vertretenen Gleichlaufgrundsatz:[360]

> „Auch die nicht anderweitig geregelte internationale Zuständigkeit in Nachlass- und Teilungssachen soll sich nach dem Entwurf gemäß § 105 aus der örtlichen Zuständigkeit nach den §§ 343, 344 ergeben. Damit wird der ungeschriebenen sog. Gleichlauftheorie, wonach die deutschen Gerichte für Nachlasssachen nur bei Anwendung deutschen Sachrechts zuständig seien, eine Absage erteilt."[361]

Wie beim Gleichlaufgrundsatz wird im Folgenden die Neuregelung dargestellt und einer kritischen Würdigung unterzogen (II.). Eine Bewertung schließt die Untersuchung ab (III.).

II. Die örtliche Zuständigkeit als maßgeblicher Anknüpfungspunkt zur Bestimmung der internationalen Zuständigkeit

1. Das FamFG

Das FamFG geht aus dem FGG-Reformgesetz vom 17. Dezember 2008 hervor. Dieses Gesetz enthält weitreichende Neuerungen im Bereich der freiwilligen

---

358   Danach wird die ErbVO gelten, siehe bereits Teil A I.

359   Der zeitliche Anwendungsbereich ergibt sich auch aus Art. 111 FGG-RG: Danach ist das FamFG auf Verfahren, die bis zum Inkrafttreten am 1. September 2009 eingeleitet wurden oder deren Einleitung bis zu diesem Zeitpunkt beantragt wurden, nicht anwendbar; siehe zudem: Hohloch/Heckel, in: Hausmann/Hohloch, Handbuch des Erbrechts, S. 1993; Fröhler BWNotZ 2008, 183, 191; Kroiß ZEV 2009, 493, 495; Zimmermann ZEV 2009, 53; zur Besonderheit des Art. 111 Abs. 2 FamFG vgl. Bachmayer BWNotZ 2010, 146, 154.

360   Was wohl nur Birk (in: Münchener Kommentar zum BGB, Art. 25 EGBGB Rdnr. 315 ff.) anders sieht, s. Fn. 33.

361   BT-Drucks. 16/6308 S. 221 f.

Gerichtsbarkeit und des familiengerichtlichen Verfahrens. Das FamFG löst insbesondere das Gesetz über die Angelegenheiten der freiwilligen Gerichtsbarkeit (FGG) aus dem Jahr 1898, in Kraft getreten zusammen mit dem BGB im Jahr 1900, und das sechste Buch der ZPO („Verfahren in Familiensachen", §§ 606 bis 687 ZPO) ab. Damit fasst das FamFG die unübersichtlichen, undurchsichtigen und teils unvollständigen Normen dieser beiden Gesetze zusammen, die bis dahin jeweils gegenseitig ergänzend fungierten.[362] Der Gesetzgeber nennt als „signifikantes Beispiel" das familiengerichtliche Verfahrensrecht, das in großen Teilen dem FGG unterlag. Eine schwer verständliche Hin- und Rückverweisung zwischen ZPO und FGG machte dieses sowohl dem betroffenen Bürger als auch professionellen Rechtsanwendern kaum zugänglich.[363]

Nun behandeln Buch 1 allgemeine, die Bücher 2 bis 8 besondere Vorschriften. Buch 9 enthält Schlussvorschriften. Buch 4 beinhaltet die hier relevanten Vorschriften zu den Verfahren in Nachlass- und Teilungssachen.[364]

Eine vollständige Novellierung sollte das FamFG nicht vornehmen. Lediglich partielle Änderungen wurden aufgenommen, wie beispielsweise die nachfolgend erörterte Änderung der Bestimmung der internationalen Zuständigkeit im Nachlassverfahren. Im Übrigen ist das Nachlassverfahrensrecht nahezu unverändert in das FamFG übernommen worden. War zuvor angedacht, das gesamte erbrechtliche Verfahrensrecht in das FamFG zu übernehmen, also insbesondere die Regelungen der §§ 2353 ff. BGB zum Erbschein, so hat der Gesetzgeber von „dieser anspruchsvollen Aufgabe" aufgrund – so heißt es – „europarechtlicher Bedenken" abgesehen, so dass lediglich die Vorschriften über die Eröffnung von Verfügungen von Todes wegen aus dem BGB in die § 348 bis § 351 FamFG überführt wurden. Darüber hinaus bleiben die §§ 2353 ff. BGB unberührt oder wurden – wie § 2369 BGB – der Novellierung angepasst.[365]

Es wird somit auch bei der Untersuchung der Neuregelung erforderlich sein, auf das BGB und den dortigen Sonderfall des § 2369 BGB zurückzugreifen.[366]

---

362 Ausführliche Zusammenfassungen finden sich bei Prütting, in: Prütting/Helms, Kommentar zum FamFG, Einleitung, Rdnr. 1 ff.; Schöpflin, in: Schulte-Bunert/Weinreich, Kommentar zum FamFG, Einleitung, Rdnr. 1 ff.; Bolkert MittBayNot 2009, 268; Fröhler BWNotZ 2008 183; Heinemann DNotZ 2009, 6; Rohlfing ErbR 2008, 144; s.a. BT-Drucks. 16/6308 S. 1, 161 ff.; kritisch: Maass ZNotP 2006, 282.

363 BT-Drucks. 16/6308 S. 1.

364 Wobei sich § 105 FamFG als allgemeine Norm im ersten Buch befindet.

365 BT-Drucks. 16/6308, S. 279 f.; Heinemann DNotZ 2009, 6, 23; ders. ZErb 2008, 293; ders. ZFE 2009, 8; kritisch Maass ZNotP 2006, 282, 288; Zimmermann FGPrax 2006, 189 f.; ders. JuS 2009, 817.

366 Zur Neufassung des § 2369 BGB: BT-Drucks. 16/6308, S. 277; 348 f.

2. Die für die Bestimmung der internationalen Zuständigkeit relevanten Normen

Zunächst wird die grundsätzliche Bestimmung der internationalen Zuständigkeit nach neuer deutscher Rechtslage erörtert. Anschließend wird auf Ausnahmen und Einschränkungen eingegangen.

a. Grundsatz

Aus dem allgemeinen Teil des FamFG, genauer aus § 105 FamFG, folgt, dass sich die internationale Zuständigkeit nach der örtlichen Zuständigkeit richtet:

> „In anderen Verfahren nach diesem Gesetz sind die deutschen Gerichte zuständig, wenn ein deutsches Gericht örtlich zuständig ist."

Da sich weder in den §§ 98 bis 104 FamFG noch im vierten Buch eine entsprechende Sonderregelung findet, gilt § 105 FamFG damit auch für Nachlass- und Teilungssachen[367], so dass die Theorie der Doppelfunktionalität der örtlichen Zuständigkeit Gesetz geworden ist.[368] Dass davon auch die Erteilung von Erbscheinen erfasst ist, ergibt sich aus § 342 Abs. 1 Nr. 6[369] FamFG und mittelbar aus § 352 FamFG[370], der ebenfalls dem vierten Buch entstammt und sich mit der Entscheidung über Erbscheinsanträge befasst.[371]

---

367 Siehe dazu bspw.: Hau FamRZ 2009, 821, 823. Die Auslegung erfolgt auch hier nach der lex fori; wobei systemfremde Begriffe innerdeutschen Systembegriffen als Folge einer weiten Auslegung zugeordnet werden (sofern die Auslegung eine Vergleichbarkeit ergibt), so Bachmayer BWNotZ 2010, 146, 154 f.; Schäuble ZErb 2009, 200, 202 f.

368 BT-Drucks. 16/6308, S. 277; s.a. Fn. 33 sowie Teil 2 B. II. 1. c.; so auch schon im unmittelbaren Anschluss an die Reform OLG Hamm ZErb 2011, 111. Einige Autoren wollen daher auch für Altfälle auf die §§ 73, 74 FGG a.F. zurückgreifen, vgl. Staudinger, in: HK-BGB, Art. 25 EGBGB Rdnr. 20.

369 § 342 FamFG enthält erstmals eine (wenn auch nicht abschließende) Aufzählung der wichtigsten Nachlasssachen; vgl. Seyfarth, Zuständigkeitswandel, S. 65.

370 § 352 FamFG unterscheidet nun ein streitiges und ein unstreitiges Verfahren, wobei die internationale Zuständigkeit in beiden Fällen gemäß § 105 FamFG i.V.m. §§ 343, 344 FamFG zu bestimmen ist, vgl. auch Baumann NotBZ 2011, 157, 159; ders. NotBZ 2011, 193, 197 f.

371 Hohloch/Heckel, in: Hausmann/Hohloch, Handbuch des Erbrechts, S. 1998; Fröhler, in: Prütting/Helms, Kommentar zum FamFG, § 342 Rdnr. 26. Zur Frage der Zuordnung bestimmter ausländischer Verfahren siehe Bachmayer BWNotZ 2010, 146, 155 sowie Schäuble, Einweisung der Erben durch deutsche Nachlassgerichte, S. 70 f. § 105 FamFG beinhaltet gemäß § 106 FamFG keine ausschließliche Zuständigkeit und gilt nur in Fällen, in denen keine vorrangigen Staatsverträge existieren, was derzeit begrenzt im Deutsch-Türkischen Konsularvertrag von 1929 der Fall ist, bzgl. § 17 der

Wann das Gericht örtlich zuständig ist, folgt wiederum aus §§ 343, 344 FamFG.

aa. § 343 FamFG

(1) Allgemeines

§ 343 FamFG entspricht weitestgehend dem bisherigen § 73 FGG. Neben der Anpassung an die Systematik und den Sprachstil des FamFG bildet § 343 Abs. 3 FamFG allerdings eine wesentliche Neuerung gegenüber § 73 Abs. 3 FGG a.F.: Die Zuständigkeit erstreckt sich auf den gesamten und nicht nur auf den im Inland befindlichen Nachlass.[372]

Die Zuständigkeitskriterien des § 343 FamFG gelten abstufend. Zunächst sind der inländische Wohnsitz und der inländische (schlichte) Aufenthalt zum Zeitpunkt des Erbfalls relevant. Liegen beide nicht in Deutschland, nimmt das Gesetz eine Unterscheidung nach der Staatsangehörigkeit vor: Für den deutschen Erblasser ist gemäß § 343 Abs. 2 FamFG das Amtsgericht Schöneberg in Berlin zuständig. Diesem steht aber die Möglichkeit der Verweisung aus wichtigen Gründen offen.[373] Bei einem ausländischen Erblasser ist nach § 343 Abs. 3

Anlage zu Art. 20, in dem es heißt, dass sich die internationale Zuständigkeit für das unbewegliche Vermögen des Erblassers nach der Belegenheit richtet; s.a. Fn. 214; LG Braunschweig IPRax 2010, 255; Hohloch/Heckel, in: Hausmann/Hohloch, Handbuch des Erbrechts, S. 1991; Mayer, in: Münchener Kommentar zum BGB, § 2369 BGB Rdnr. 1, 2; Bachmayer BWNotZ 2010, 146, 149; sowie insbesondere das Fazit von Beller ZFE 2010, 52, 58.

372 BT-Drucks. 16/6308, 277; Schlögel, in: BeckOK-FamFG, § 343 Rdnr. 13 f.; Bumiller/Harders, in: Bumiller/Harders, Kommentar zum FamFG, § 343 Rdnr. 1; Schemmann, in: Haußleiter, Kommentar zum FamFG, § 343 Rdnr. 1; Mayer, in: Münchener Kommentar zur ZPO, § 343 FamFG Rdnr. 26; Fröhler, in: Prütting/Helms, Kommentar zum FamFG, § 343 Rdnr. 1 f.; Gesing, Erbfall mit Auslandsberührung, S. 80; Bachmayer BWNotZ 2010, 146, 151 f.; Fröhler BWNotZ 2008, 183, 185; Wittrowski RNotZ 2010, 102, 105 f.

373 Sonderregelung gegenüber § 3 FamFG, vgl. Schlögel, in: BeckOK-FamFG, § 343 Rdnr. 11; Schemmann, in: Haußleiter, Kommentar zum FamFG, § 343 Rdnr. 7; Fröhler, in: Prütting/Helms, Kommentar zum FamFG, § 343 Rdnr. 71; soll dem Rechtsgedanken des alten § 46 FGG entsprechen und sich am Maßstab des § 4 FamFG orientieren, siehe BT-Drucks. 16/6308, 277; Bumiller/Harders, in: Bumiller/Harders, Kommentar zum FamFG, § 343 Rdnr. 10; ausführlich: Zimmermann, in: Keidel, Kommentar zum FamFG, § 343 Rdnr. 66 ff.; Mayer, in: Münchener Kommentar zur ZPO, § 343 FamFG Rdnr. 20 ff.; kritisch zu dieser Norm: Mayer ErbR 2010, 70, 77.

FamFG jedes Gericht, in dessen Bezirk sich Nachlassgegenstände befinden, für den gesamten, so genannten „Weltnachlass" zuständig.[374] Diese abstufende Anknüpfung erweitert die Zuständigkeit deutscher Gerichte über die Verweisungsnorm des § 105 FamFG, der, wie soeben ausgeführt, die internationale Zuständigkeit an die örtliche knüpft, im internationalen Bereich erheblich. Im Falle eines deutschen Erblassers ist die Zuständigkeit deutscher Gerichte immer gegeben und zwar ebenfalls für den gesamten Nachlass und unabhängig vom anwendbaren materiellen Recht. Lediglich wenn es sich um einen ausländischen Erblasser handelt, der weder Wohnsitz noch seinen letzten Aufenthalt in Deutschland hatte und der keinerlei Vermögen in Deutschland hinterlässt, sind inländische Gerichte nicht zuständig.[375]

Die Frage, wie die einzelnen Zuständigkeitskriterien hinsichtlich der internationalen Zuständigkeit auszulegen sind, also rein nach dem deutschen Recht (Qualifikation lege fori) oder auch nach dem möglicherweise zur Anwendung berufenen ausländischen Recht (Qualifikation lege causae), wird zumeist zugunsten der Qualifikation lege fori beantwortet.[376] Dies wird mitunter nicht nur mit dem herrschenden Lex-Fori-Prinzip begründet, sondern auch damit, dass schwierige Abgrenzungsfragen des materiellen Rechts nicht schon auf der „ersten Stufe" – der Suche des Gerichtsstands – einbezogen werden sollten.[377] Dafür sprächen auch die ausdrückliche Abkehr des Gesetzgebers vom Gleichlaufgrundsatz sowie die Tatsache, dass die deutschen Normen zur Bestimmung der örtlichen Zuständigkeit grundsätzlich auf das Verständnis des deutschen materiellen Rechts abstellen, so dass dies auch bei Anknüpfung der internationalen Zuständigkeit an die örtliche Zuständigkeit gelten müsse.[378]

Maßgeblicher Zeitpunkt für die Prüfung der örtlichen Zuständigkeit ist grundsätzlich der Todeszeitpunkt des Erblassers.[379] Anders beurteilt sich dies

---

374 Tschichoflos, in: Schulte-Bunert/Weinreich, Kommentar zum FamFG, § 343, Rdnr. 6 ff.; Wittrowski RNotZ 2010, 102, 106.

375 Wittrowski RNotZ 2010, 102, 106.

376 Schäuble (in: ZErb 2009, 200, 204) erklärt; dass sich das Verfahrensrecht hinsichtlich materiell-rechtlicher Begriffe am materiellen Recht und damit auch am Internationalen Privatrecht der lex fori orientiere und somit die Vorschriften des EGBGB anwendbar seien; ausführlich Bachmayer BWNotZ 2010, 146, 150 f.; s.a. Fröhler, in: Prütting/Helms, Kommentar zum FamFG, § 343 Rdnr. 9; Seyfarth, Zuständigkeitswandel, S. 88 f.

377 Bachmayer BWNotZ 2010, 146, 150.

378 Ebenda.

379 Schlögel, in: BeckOK-FamFG, § 343 Rdnr. 3; Bumiller/Harders, in: Bumiller/Harders, Kommentar zum FamFG, § 343 Rdnr. 3; Mayer, in: Münchener Kommentar zur ZPO, § 343 FamFG Rdnr. 13; Fröhler, in: Prütting/Helms, Kommentar zum FamFG, § 343 Rdnr. 10.

nur im Falle des § 343 Abs. 3 FamFG.[380] Hier kommt es zur Bestimmung der „Belegenheit" auf den Zeitpunkt an, zu dem das Gericht mit der Sache befasst wird, also im Falle einer Erbscheinserteilung insbesondere auf den Eingang des Erbscheinsantrags bei Gericht.[381]

Eine Veränderung der zuständigkeitsbegründenden Umstände ist wegen § 2 Abs. 2 FamFG (perpetuatio fori) irrelevant und lässt die örtliche Zuständigkeit nicht entfallen. Dies gilt für inhaltlich einheitliche Sachen, deren Zusammenhang sich nach der Legaldefinition des § 342 FamFG beurteilt.[382] Einige Literaturstimmen gehen jedoch zu Recht davon aus, dass § 2 Abs. 2 FamFG nur Bedeutung für die örtliche, nicht aber für die internationale Zuständigkeit hat, da innerhalb des Anwendungsbereichs der Norm – der wegen der Unwandelbarkeit des letzten Wohnsitzes, des letzten Aufenthalts oder der letzten Staatsangehörigkeit des Erblassers faktisch nur § 343 Abs. 3 FamFG umfasst – nach Wegfall des Inlandsbezuges kein Bedarf mehr an der internationalen Zuständigkeit deutscher Gerichte besteht.[383]

Sollte ein unzuständiges Gericht tätig geworden sein, ist der Erbschein nicht unwirksam, aber einzuziehen, vgl. § 2 Abs. 3 FamFG. Dafür ist wiederum das Gericht zuständig, das den Erbschein erteilt hat.[384]

(2) Die verschiedenen Zuständigkeitskriterien

(a) § 343 Abs. 1 FamFG

§ 343 Abs. 1 FamFG knüpft die Zuständigkeit an den letzten inländischen Wohnsitz bzw. Aufenthalt des Erblassers.

---

380 Dazu sogleich unter Teil 2 C. II. 2. a. aa. (2) (b).

381 Schemmann, in: Haußleiter, Kommentar zum FamFG, § 343 Rdnr. 10; Zimmermann, Das neue FamFG, Rdnr. 619; Bachmayer BWNotZ 2010, 146, 152; Wittrowski RNotZ 2010, 102, 107.

382 Bspw. Entgegennahme der Sterbeanzeige, Testamentseröffnung und Erbscheinserteilung, vgl. BayObLG Rpfleger 1981, 113 (zum FGG); Schlögel, in: BeckOK-FamFG, § 343 Rdnr. 3 m.w.N.; Zimmermann, in: Keidel, Kommentar zum FamFG, § 343 Rdnr. 75.

383 Bachmayer BWNotZ 2010, 146, 155 f.; Schäuble ZErb 2009, 200, 203. Letzterer erklärt aber darüber hinaus, dass eine perpetuatio fori nicht gänzlich ausgeschlossen sei, sondern sich lediglich nicht aus § 2 Abs. 2 FamFG ergebe, da über die Parallelität von örtlicher und internationaler Zuständigkeit und damit der doppelten Anwendung von §§ 343, 344 FamFG keine weitere Gleichschaltung gewollt sei.

384 Schlögel, in: BeckOK-FamFG, § 343 Rdnr. 2; Bumiller/Harders, in: Bumiller/Harders, Kommentar zum FamFG, § 343 Rdnr. 13; Zimmermann JuS 2009, 817; ders. (in: Keidel, Kommentar zum FamFG, § 343 Rdnr. 36) geht zudem von einer Anfechtbarkeit aus.

Da die Norm aus deutscher Sicht auszulegen ist,[385] bestimmt sich der Wohnsitz nach den §§ 7 bis 11 BGB.[386] Ausschlaggebend ist danach grundsätzlich der räumliche Schwerpunkt, also der Mittelpunkt der gesamten Lebensverhältnisse des Erblassers. Dieser richtet sich nach der Niederlassung und dem Domizilwillen des Erblassers, also dem Wille desselben, seinen Wohnsitz zu begründen, entsprechend den Intentionen der §§ 7 Abs. 1, 8 Abs. 1 BGB.[387] So ist beispielsweise bei einem Versterben im Krankenhaus grundsätzlich nicht von einem Wohnsitz des Erblassers auszugehen.[388] Anders hingegen, wenn der Erblasser in einem Sterbehospiz verstirbt: Hier kommt die Rückkehr an die an einem anderen Ort befindliche Wohnung nicht mehr in Betracht.[389] Hat der Erblasser mehrere Wohnsitze, ist § 2 Abs. 1 FamFG zu beachten, der das Gericht für zuständig erklärt, das in der Sache zuerst tätig geworden ist.[390]

Wie eingangs bereits angeführt,[391] wird der Aufenthalt durch ein tatsächliches bzw. faktisches Verhalten bestimmt.[392] Die Dauer und der Grund für den

---

385 S.o. Teil 1 B. I. 1. c.

386 S.a. Schlögel, in: BeckOK-FamFG, § 343 Rdnr. 5; Schemmann, in: Haußleiter, Kommentar zum FamFG, § 343 Rdnr. 4; Zimmermann, in: Keidel, Kommentar zum FamFG, § 343 Rdnr. 40; Wittrowski RNotZ 2010, 102, 106 (der fälschlicherweise nur §§ 7 bis 9 nennt).

387 BayObLG BayObLGZ 1984, 289; Schlögel, in: BeckOK-FamFG, § 343 Rdnr. 5, Mayer, in: Münchener Kommentar zur ZPO, § 343 FamFG Rdnr. 4 ff.; Fröhler, in: Prütting/Helms, Kommentar zum FamFG, § 343 Rdnr. 11 ff.; Kroiß ZEV 2009, 493 f.; eine An- und Abmeldung beim Melderegister hat lediglich Indizwirkung; ausführlich: Siede, in: Frieser, Fachanwaltskommentar Erbrecht, § 343 Rdnr. 10 ff.

388 Schaal, in: Bahrenfuss, Kommentar zum FamFG, § 343 Rdnr. 19; Zimmermann, in: Keidel, Kommentar zum FamFG, § 343 Rdnr. 41; Mayer, in: Münchener Kommentar zur ZPO, § 343 FamFG Rdnr. 9; Wittrowski RNotZ 2010, 102, 106.

389 OLG Düsseldorf FamRZ 2002, 1128 (zu § 73 Abs. 1 FGG a.F.); Wittrowski RNotZ 2010, 102, 106; a.A. ohne Begründung Löhnig, in: Bork/Jacoby/Schwab, Kommentar zum FamFG, § 343 Rdnr. 5; Tschichoflos, in: Schulte-Bunert/Weinreich, Kommentar zum FamFG, § 343 Rdnr. 3.

390 Schlögel, in: BeckOK-FamFG, § 343 Rdnr. 5; Siede, in: Frieser, Fachanwaltskommentar Erbrecht, § 343 Rdnr. 5; Wittrowski RNotZ 2010, 102, 106.

391 S.o. Teil 1 B. I. 1. d.

392 Dies gilt in Deutschland, aber grundsätzlich wohl auch in allen übrigen Ländern, s.o. Teil 1 B. I. 1. d.; Siede, in: Frieser, Fachanwaltskommentar Erbrecht, § 343 Rdnr. 14; Kroiß AnwBl 2009, 592, 593; Wittrowski RNotZ 2010, 102, 106; s.a. BayObLG Rpfleger 2003, 195 (zu § 73 Abs. 1 FGG a.F.); Schemmann, in: Haußleiter, Kommentar zum FamFG, § 343 Rdnr. 4.

Aufenthalt sind dabei irrelevant.[393] Die Anknüpfung an den schlichten Aufenthalt greift insbesondere bei Wohnungslosen. Beispielsweise hat ein Obdachloser, der bei einem Unfall auf der Straße verstirbt, dort seinen (letzten) schlichten Aufenthalt.[394] Diese Anknüpfung ist jedoch insofern erheblicher Kritik ausgesetzt, als sie ein „Einfallstor"[395] für die deutsche Zuständigkeit öffnet. Mitunter aus diesem Grund werden Einschränkungskriterien diskutiert, die Gegenstand von Abschnitt 2. b. cc. sind.

In den unter Teil 2 A. besprochenen Fällen wären also abweichend von der Gleichlauftheorie sowohl im Ausgangsfall als auch in beiden Abwandlungen die deutschen Gerichte uneingeschränkt zuständig. Im Ausgangsfall würde dies aus dem Aufenthalt in Deutschland zum Todeszeitpunkt, in den Abwandlungen (insbesondere) aus dem Wohnsitz des Erblassers folgen.

(b) § 343 Abs. 2 und 3 FamFG

Liegen die Voraussetzungen von § 343 Abs. 1 FamFG nicht vor,[396] werden die örtliche und damit die internationale Zuständigkeit an die Staatsangehörigkeit des Erblassers geknüpft.[397] § 343 Abs. 2 FamFG, der grundsätzlich das Amtsgericht Schöneberg für zuständig erklärt,[398] bezieht sich auf den deutschen Erblasser, also auf denjenigen, der die deutsche Staatsangehörigkeit besitzt oder sonst Deutscher i.S.d. Art. 116 GG ist.[399] Der Erblasser gilt auch bei mehrfacher Staatsangehörigkeit als Deutscher.[400] Bei Staatenlosen oder falls die Staatsangehörigkeit nicht festgestellt werden kann, greift der Rechtsgedanke des Art. 5

---

393   Zimmermann; in: Keidel, Kommentar zum FamFG, § 343 Rdnr. 45; Mayer, in: Münchener Kommentar zur ZPO, § 343 FamFG Rdnr. 12; Kroiß AnwBl 2009, 592, 593; ders. ZEV 2009, 493, 494; Wittrowski RNotZ 2010, 102, 106.
394   Bachmayer BWNotZ 2010, 146, 151.
395   Wittrowski RNotZ 2010, 102, 106; so auch Heinemann ZFE 2009, 8, 9
396   Bzw. können Wohnsitz und Aufenthalt nicht ermittelt werden, vgl. Fröhler, in: Prütting/Helms, Kommentar zum FamFG, § 343 Rdnr. 65, 79.
397   Diese Annäherung an den Gleichlaufgrundsatz wurde von Bünning (in: Nachlaßverwaltung im internationalen Recht, S. 101) als zu weitgehend kritisiert, er forderte hier eine Einschränkung.
398   Dieses kann aber aus wichtigem Grund verweisen, vgl. § 343 Abs. 2 S. 2 FamFG.
399   Fröhler, in: Prütting/Helms, Kommentar zum FamFG, § 343 Rdnr. 59 ff.; Wittrowski RNotZ 2010, 102, 107; die Feststellung der Staatsangehörigkeit erfolgt von Amts wegen, Schlögel, in: BeckOK-FamFG, § 343 Rdnr. 10.
400   Löhnig, in: Bork/Jakoby/Schwab, Kommentar zum FamFG, § 343 Rdnr. 11; Schlögel, in: BeckOK-FamFG, § 343 Rdnr. 10; Schemmann, in: Haußleiter, Kommentar zum FamFG, § 343 Rdnr. 8; Zimmermann, in: Keidel, Kommentar zum FamFG, § 343 Rdnr. 59 und Fröhler in: Prütting/Helms, Kommentar zum FamFG, § 343 Rdnr. 78 mit Verweis auf Art. 5 Abs. 1 S. 2 EGBGB; s.a. Hermann ZEV 2002, 259, 261.

Abs. 2 EGBGB, so dass der gewöhnliche oder schlichte Aufenthalt des Erblassers anstatt der Staatsangehörigkeit entscheidend ist.[401]

Ist § 343 Abs. 2 FamFG nicht einschlägig, der Erblasser also kein Deutscher im Sinne der Norm, so ist auf § 343 Abs. 3 FamFG abzustellen. Aus dem Regelungszweck des § 343 Abs. 3 FamFG, der die Zuständigkeit jedes Gerichts für den gesamten Nachlass eröffnet, wenn sich Nachlassgegenstände[402] in dessen Bezirk befinden, folgt, dass schon die Belegenheit eines Nachlassgegenstands, also beispielsweise auch eines Grundstückes oder des berühmten Regenschirms, ausreicht, um die Zuständigkeit nach Absatz 3 zu begründen.[403] Für die Belegenheit von Forderungen kommt es auf den Wohnsitz des Schuldners an.[404] Bei Grundstücken ist auf die tatsächliche Lage im Inland, nicht auf den Sitz des zuständigen Grundbuchamtes abzustellen. § 2369 Abs. 2 S. 1 BGB, der eine Belegenheitsfiktion beinhaltet, nach der ein Gegenstand als im Inland befindlich gilt, für den von einer deutschen Behörde ein zur Eintragung des Berechtigten bestimmtes Buch oder Register geführt wird, ist insoweit subsidiär.[405]

Eine andere Frage ist, ob § 2369 Abs. 2 S.1 BGB dann eingreift, wenn sich ein Grundstück faktisch im Ausland befindet, aber in einem inländischen Buch oder Register eingetragen ist.[406] Nach dieser Norm gilt zwar ein Nachlassgegenstand als im Inland befindlich, wenn eine solche Eintragung erfolgt ist, doch verweist § 343 Abs. 3 FamFG im Gegensatz zu § 73 Abs. 3 FGG a.F. nicht auf § 2369 Abs. 2 (S. 1) BGB. Aufgrund des Telos von § 2369 Abs. 2 BGB, der „in besonderem Maße die zur Registerfortführung benötigte Erbscheinserteilung ermöglichen soll und insgesamt weit auszulegen ist"[407], wird in der Literatur die entsprechende Anwendung aber auch ohne ausdrücklichen Verweis zu Recht

---

401 Schlögel, in: BeckOK-FamFG, § 343 Rdnr. 10; Zimmermann, in: Keidel, Kommentar zum FamFG, § 343 Rdnr. 58; Wittrowski RNotZ 2010, 102, 107.

402 Wiederum Auslegung nach der lex fori, so dass von den „Nachlassgegenständen" nicht nur Sachen i.S.d. § 90 BGB, sondern auch unkörperliche Gegenstände erfasst sind, vgl. Bachmayer BWNotZ 2010, 146, 152. Zur Belegenheit von Miterbenanteilen: Eule ZEV 2010, 508, 509.

403 Schlögel, in: BeckOK-FamFG, § 343 Rdnr. 13; Bachmayer BWNotZ 2010, 146, 152; Heinemann ZFE 2009, 8, 9.

404 Bassenge, in: Bassenge/Roth, Kommentar zum FamFG und RPflG, § 343 Rdnr. 7; Heinemann, in: Horndasch/Viefhues, FamFG, § 343 Rdnr. 11; Zimmermann, in: Keidel, Kommentar zum FamFG, § 343 Rdnr. 71; Wittrowski RNotZ 2010, 102, 107.

405 BT-Drucks. 16/6308, S. 277; Schlögel, in: BeckOK-FamFG, § 343 Rdnr. 13; Fröhler, in: Prütting/Helms, Kommentar zum FamFG, § 343 Rdnr. 81, 89; Wittrowski RNotZ 2010, 102, 107.

406 Wittrowski RNotZ 2010, 102, 107.

407 Ebenda.

weitestgehend bejaht.[408] Danach ist das im Ausland befindliche, im Inland eingetragene Grundstück gemäß § 2369 Abs. 2 S. 1 BGB als inländisch anzusehen. Auch bei § 343 Abs. 3 FamFG ist § 2 Abs. 1 FamFG einschlägig, sollten wegen verschiedener Nachlassgegenstände in verschiedenen Gerichtsbezirken mehrere Gerichte zuständig sein, so dass das zuerst befasste Gericht allein zuständig ist.[409] Abermals wird die Schaffung eines „Einfallstores" kritisiert, das unter anderem das Hinterlassen einzelner Gegenstände im Inland herbeiführen kann (*Wittrowski*[410] nennt beispielsweise das Hinterlassen einer Reisetasche mit Brille und Geldbeutel, aber auch der bereits erwähnte Regenschirm ist hier von Bedeutung).[411]

bb. § 344 FamFG

§ 344 FamFG beinhaltet spezielle Zuständigkeitsregelungen (und ist daher lex specialis gegenüber § 343 FamFG)[412] für die besondere amtliche Verwahrung von Verfügungen von Todes wegen, die Sicherung des Nachlasses, die Auseinandersetzung des Gesamtguts bei einer Gütergemeinschaft bei Zugehörigkeit eines Anteils an dem Gesamtgut zu einem Nachlass sowie die Entgegennahme einer Erklärung über Erbschaftsausschlagung oder Anfechtung der Ausschlagung, Annahme oder Fristversäumung.[413] Anknüpfungspunkte sind beispiels-

---

408   Schlögel, in: BeckOK-FamFG, § 343 Rdnr. 13 sowie Bumiller/Harders, in: Bumiller/Harders, Kommentar zum FamFG, § 343 Rdnr. 12; Schemmann, in: Haußleiter, Kommentar zum FamFG, § 343 Rdnr. 10; Fröhler, in: Prütting/Helms, Kommentar zum FamFG, § 343 Rdnr. 87 ff.; Herzog, in: Staudinger, Kommentar zum BGB, § 2369 Rdnr. 40; ohne Diskussion: Zimmermann, in: Keidel, Kommentar zum FamFG, § 343 Rdnr. 72; obwohl der Gesetzesbegründung – in der von einem Verweis auf § 2369 Abs. 2 BGB ausdrücklich abgesehen wird – dieses Ergebnis nicht zu entnehmen ist, vgl. BT-Drucks. 16/6308, 277. Hier scheint es dem Gesetzgeber aber eher darum gegangen zu sein, die Einschränkung der Erteilung eines Erbscheins nur über den im Inland befindlichen Nachlass, wie ihn § 73 Abs. 3 FGG a.F. vorsah, vollständig zu streichen, so dass auch der Verweis auf die entsprechende Definition von im Inland belegenem Vermögen nach § 2369 Abs. 2 BGB nicht mehr erforderlich schien.

409   Gleiches gilt natürlich für § 343 Abs. 2 FamFG; Schlögel, in: BeckOK-FamFG, § 343 Rdnr. 13; Schemmann, in: Haußleiter, Kommentar zum FamFG, § 343 Rdnr. 11.

410   Wittrowski RNotZ 2010, 102, 108.

411   S.a. Schäuble ZErb 2009, 200, 205 f.; Schlögel, in: BeckOK-FamFG, § 343 Rdnr. 14.

412   Schlögel, in: BeckOK-FamFG, § 343 Rdnr. 1. Kritisch zu § 344 FamFG: Seyfarth, Zuständigkeitswandel, S. 68 ff., 83 ff.

413   Ob sich bei § 344 Abs. 7 FamFG die internationale Zuständigkeit ebenfalls nach der örtlichen Zuständigkeit richtet, ist umstritten; der Streit kann aber dahinstehen, wenn sich die Zuständigkeit bereits aus § 343 FamFG ergibt, s.a. Sieghörtner, in: BeckOK-

weise der Bezirk, in dem der die Verfügung errichtende Notar seinen Amtssitz hat oder der Bezirk, in dem das Bedürfnis für die Sicherung des Nachlasses besteht. Relevant sind daher örtliche Kriterien und nicht wie bei § 343 Abs. 3 FamFG auch die Staatsangehörigkeit des Erblassers. Für die Erbscheinserteilung findet sich allerdings keine spezielle Regelung in § 344 FamFG, so dass sich die internationale Zuständigkeit deutscher Gerichte allein aus § 343 FamFG ergeben kann.

b. Ausnahmen und Einschränkungen

Der Anknüpfung der internationalen Zuständigkeit an die örtliche Zuständigkeit und der grundsätzlich unbeschränkten Erteilung des Erbscheines stehen, wie schon beim Gleichlaufgrundsatz, insbesondere zwei Ausnahmen gegenüber. So sind § 2369 BGB hinsichtlich einer beschränkten Zuständigkeit sowie die „wesenseigene Zuständigkeit" auch bei der Neuregelung zu beachten.[414] Zudem wird eine mögliche Einschränkung der Neuregelung diskutiert. Es wird hinterfragt, ob ein hinreichender Inlandsbezug gerade in den Fällen zu fordern ist, in denen die internationale Zuständigkeit über den schlichten Aufenthalt des Erblassers oder das Hinterlassen von Gegenständen begründet wird (§ 105 FamFG i.V.m. § 343 Abs. 2 bzw. 3 FamFG).

aa. § 2369 BGB

Zwar ist der Erbschein nach der Neuregelung eigentlich unbeschränkt für den gesamten Weltnachlass zu erteilen, doch schafft § 2369 Abs. 1 BGB die Möglichkeit, den Erbscheinsantrag und damit den Erbschein auf das im Inland belegene Vermögen zu beschränken, wenn zu einer Erbschaft auch Gegenstände gehören, die im Ausland belegen sind:[415]

FamFG, § 105 Rdnr. 21; Fröhler, in: Prütting/Helms, Kommentar zum FamFG, § 343 Rdnr. 151 ff.; Heinemann ZErb 2008, 293, 299.

414   Neben der Besonderheit, dass § 16 Abs. 1 Nr. 6 RPflG im Rahmen der sachlichen Zuständigkeit den Richtervorbehalt nicht mehr nur für den gegenständlich beschränkten Erbschein, sondern generell bei der Erteilung von Erbscheinen unter Anwendung ausländischen Rechts vorsieht; s.a. Kroiß ZEV 2009, 493, 494 f.; ders. ZErb 2008, 300, 301; Wittrowski RNotZ 2010, 102, 109. Auch solle, so Seyfarth (in: Zuständigkeitswandel, S. 87 f.), weiterhin ein Bedürfnis für eine Notzuständigkeit bestehen.

415   Ob dieses inländische Vermögen tatsächlich vorhanden sein oder dies nur behauptet werden muss, ist streitig: S. Teil 2 B. II. 1. b. aa.; Fn. 188 sowie Siegemann/Höger, in: BeckOK-BGB, § 2369 BGB Rdnr. 4; Mayer, in: Münchener Kommentar zum BGB, § 2369 Rdnr. 9; Baumann NotBZ 2011, 193, 195; darüber hinaus reicht aufgrund des Telos der Norm wohl trotz des Wortlautes „Nachlassgegenstände" ein Nachlassgegen-

„Gehören zu einer Erbschaft auch Gegenstände, die sich im Ausland befinden, kann der Antrag auf Erteilung eines Erbscheins auf die im Inland befindlichen Gegenstände beschränkt werden."

Neben der Möglichkeit der isolierten Beantragung eines Eigenrechtserbscheines, also eines solchen, welcher der uneingeschränkten Anwendung deutschen Rechts unterliegt, und/oder eines von mehreren Fremdrechtserbscheinen, also solchen Erbscheinen, bei denen uneingeschränkt ausländisches Recht zur Anwendung gelangt, kann somit auch mithilfe von § 2369 Abs. 1 BGB Nachlassvermögen aus dem deutschen Nachlassverfahren ausgeklammert werden.[416]

Damit gilt § 2369 Abs. 1 BGB nun nicht mehr nur für Fremdrechts-, sondern auch für Eigenrechtserbscheine.[417] Die Beschränkung nach dieser Vorschrift ist vorwiegend bei der Nachlassspaltung sinnvoll, wenn also beispielsweise ausländisches Kollisionsrecht nur hinsichtlich des unbeweglichen Nachlasses auf deutsches Belegenheitsrecht zurückverweist.[418] Das ausländische Erbrecht muss hier im Falle einer Beschränkung nicht ermittelt werden.

Zu beachten ist auch hier die Nachlassspaltung nach Art. 3a Abs. 2 EGBGB. Insoweit sei insbesondere an die obige zweite Abwandlung (unter Teil 2 A.) gedacht. Hier hinterlässt der deutsche Erblasser mit letztem Wohnsitz und Versterben in Deutschland unter anderem ein Grundstück in Frankreich. Nach der Gleichlauftheorie war das deutsche Gericht für den französischen unbeweglichen Nachlass noch unzuständig. Der Erbschein war entsprechend mit einem „Geltungseinschränkungsvermerk" zu versehen.[419] Nunmehr sind die deutschen Gerichte grundsätzlich uneingeschränkt auch für den französischen Nachlass zuständig. Dementsprechend ist ein einheitlicher Erbschein zu erteilen, der den beweglichen Nachlass dem deutschen Recht und den unbeweglichen in Frankreich belegenen Nachlass dem französischen Recht unterstellt. Der Erbschein enthält also unterschiedliche Erbstatute.[420] Es kann aber sinnvoll sein, den Erb-

---

stand aus, OLG Brandenburg NotBZ 2011, 365 f.; Wittrowski RNotZ 2010, 102, 111; ebenso bei § 343 Abs. 3 BGB.

416   Wittrowski RNotZ 2010, 102, 113; s.a. Schaal, in: Bahrenfuss, Kommentar zum FamFG, § 343 Rdnr. 11; der die Erteilung eines Erbscheines, der auf den dem deutschen Recht unterliegenden Nachlass beschränkt ist, aus dem Sinn und Zweck des § 2369 Abs. 1 BGB herleitet.

417   Fröhler BWNotZ 2008, 183, 187; Kroiß ZEV 2009 493, 494; Wittrowski RNotZ 2010, 102, 111.

418   S.o. Teil 1 B. I. 1. e.; so ausdrücklich auch: Leipold, Erbrecht, Rdnr. 649.

419   Schaal, in: Bahrenfuss, Kommentar zum FamFG, § 343 Rdnr. 9; s.a. Teil 2 B. II. 1. b. aa.

420   Schaal, in: Bahrenfuss, Kommentar zum FamFG, § 343 Rdnr. 9 f.; selbiger erklärt darüber hinaus, es sei nun immer zu fordern, dass im Falle eines unbeschränkten Erb-

schein hier auf das im Inland belegene Vermögen zu beschränken und das französische Grundstück nicht mit zu erfassen, beispielsweise wenn die Anerkennung des deutschen Erbscheins in Frankreich ohnehin scheitern würde.[421] Dies zeigt zudem, dass eine Beschränkung nun auch bei Maßgeblichkeit deutschen Rechts möglich ist.

Die Vorschrift kann auch dann nutzbar gemacht werden, wenn einheitlich deutsches oder ausländisches Erbrecht zur Anwendung kommt. Sie ist daher nicht auf Konstellationen der Nachlassspaltung beschränkt.[422]

Über den Wortlaut hinaus wird erwogen, den Anwendungsbereich des § 2369 Abs. 1 BGB auszuweiten.[423] *Schaal*[424] arbeitet heraus, dass aufgrund des Telos der Norm gerade im Falle der Nachlassspaltung auch innerhalb deutscher Grenzen der Erbschein einerseits auf das bewegliche, andererseits auf das unbewegliche Vermögen beschränkt werden könne. Er nennt beispielsweise die Geltung texanischen Rechts, bei dem unbewegliches Vermögen nach dem Belegenheitsort und bewegliches nach dem Domicile vererbt wird, wobei in seinem Fall der Erblasser beides in Deutschland hinterlässt. Darüber hinaus wird die Beschränkung des Erbscheins auf ausschließlich im Ausland befindliche Nachlassgegenstände oder die Erteilung eines den ausländischen Nachlass grundsätzlich umfassenden Erbscheines mit Ausnahme eines bestimmten ausländischen Staates diskutiert.[425] Die beiden letztgenannten Ausdehnungen finden aber keine Stütze im Gesetz und sind – der deutschen Rechtstradition geschuldet – nicht mit dem Reformgedanken vereinbar.[426]

bb. Wesenseigene Zuständigkeit

Abermals bildet die wesenseigene Zuständigkeit die Grenze der internationalen Zuständigkeit, so dass die deutschen Gerichte weiterhin keine Tätigkeiten vor-

---

scheins der Erbscheinsantrag Angaben zum Auslandsvermögen des Erblassers enthalte und der Antrag ansonsten zu beanstanden sei.

421 Schaal, in: Bahrenfuss, Kommentar zum FamFG, § 343 Rdnr. 9 f.

422 BT-Drucks. 16/6308, S. 349; Sieghörtner, in: BeckOK-FamFG, § 105 FamFG Rdnr. 23; Kroiß, in: NK-BGB, § 2369 Rdnr. 1; Herzog, in: Staudinger, Kommentar zum BGB, § 2369 Rdnr. 16; Bolkart MittBayNot 2009, 268, 274; Fröhler BWNotZ 2008, 183, 187.

423 Vgl. Schaal BWNotZ 2007, 154, 157; Wittrowski RNotZ 2010, 102, 111.

424 Schaal, in: Bahrenfuss, Kommentar zum FamFG, § 343 Rdnr. 11.

425 Insbesondere bei Schaal, in: Bahrenfuss, Kommentar zum FamFG, § 343 Rdnr. 11; ders. BWNotZ 2007, 154, 156 f. In diese Richtung tendiert auch die Idee zur Optimierung der europäischen Verordnung, vgl. Teil 4 A.

426 Schaal BWNotZ 2007, 154, 157; Wittrowski RNotZ 2010, 102, 111.

nehmen dürfen, die dem deutschen Rechtskreis wesensfremd sind.[427] Insoweit treffen die obigen Ausführungen zum Gleichlaufgrundsatz hier ebenfalls zu.[428]

cc. Mögliche Einschränkung der Neuregelung

Seit dem Inkrafttreten der Neuregelung werden Stimmen laut, die eine Einschränkung der weiten Anknüpfung der internationalen Zuständigkeit an die örtliche Zuständigkeit fordern.

(1) Art der Einschränkung und Begründung für eine solche

Sofern nur ein schwacher Inlandsbezug besteht – wie beispielsweise bei einer in Deutschland hinterlassenen Reisetasche samt Brille und Geldbeutel des verstorbenen Touristen – halten einige Autoren[429] es nicht für gerechtfertigt, einen allgemeinen Erbschein gemäß § 2353 BGB oder einen gegenständlich beschränkten Erbschein aufgrund von § 105 FamFG i.V.m. § 343 Abs. 3 FamFG zu erteilen. Würde ein Erbschein trotz mangelnden Inlandsbezuges erteilt, folgten schlechtestenfalls international divergierende Entscheidungen oder ein forum

---

427 Dazu, dass es nun noch öfter zur Beschränkung der (nunmehr ausgeweiteten internationalen Zuständigkeit) aufgrund der Wesensfremdheit kommen dürfte: Seyfarth, Zuständigkeitswandel, S. 94. Die wesenseigene Zuständigkeit soll nach dem Notariat II Villingen (in: ZEV 2013, 150) nicht die Vornahme der österreichischen Einantwortung in Deutschland beschränken.

428 Vgl. Teil 2 B. II. 1. b. cc.; BT-Drucks. 16/6308, S. 221 f.; Rauscher, in: Münchener Kommentar zur ZPO, § 105 FamFG Rdnr. 39; Muscheler ZEV 2008, 105, 112, Fn. 95; Schaal BWNotZ 2008, 153, 157 ff.; Wittrowski RNotZ 2010, 102, 112, 127; kritisch zur Beibehaltung des Kriteriums: Bachmayer BWNotZ 2010, 146, 166 f.; an dieser Stelle sei auch Schlögel, in: BeckOK-FamFG, § 343 Rdnr. 25, zu den besonderen ausländischen Angaben, die ein deutscher Erbschein enthalten kann, erwähnt. Er nennt dabei insbesondere den oben bereits angeführten „administrator" nach anglo-amerikanischem Recht, der dem deutschen Testamentsvollstrecker nicht entspreche und demnach ein Erbschein die Ernennung eines solchen nicht enthalten dürfe. Anders sei dies nur bei einem „executor" bzw. „trustee", wenn er weitergehende Aufgaben als die reine Begleichung der Nachlassverbindlichkeiten und die Verteilung des Nachlasses hat; zum „Vindikationslegat", einem dinglich wirkenden Vermächtnis, das es bspw. in Italien gibt, siehe Wittrowski RNotZ 2010, 102, 104.

429 Allen voran Schäuble (in: ZErb 2009, 200, 205), der als Beispiel auch ein Urteil des BayObLG (BayObLGZ 1995, 47, 50) anführt, bei dem eine hinterlassene Foto- und Filmausrüstung die internationale Zuständigkeit begründete; s.a. Mayer, in: Münchener Kommentar zur ZPO, § 343 FamFG Rdnr. 29.

112

shopping, da die Zuständigkeit keine ausschließliche ist, wie § 106 FamFG ausdrücklich regelt.[430]

Bei einem nicht hinreichenden Inlandsbezug fehle daher unter Umständen bereits das nötige Rechtsschutzbedürfnis.[431] Schon vor Inkrafttreten des FamFG war dieses Kriterium des Rechtschutzbedürfnisses im deutschen Erbscheinsverfahren als Zulässigkeitsvoraussetzung anerkannt, wurde aber nur selten verneint.[432] Auch bei der Anknüpfung an den Wohnsitz wird das Rechtsschutzbedürfnis aufgrund des starken Inlandsbezuges von keiner Ansicht abgelehnt. Jedoch soll nach Meinung einiger zumindest in den Fällen, in denen sich die internationale Zuständigkeit aus dem Aufenthalt des Erblassers oder aus der Belegenheit von Nachlassgegenständen ergibt, ein hinreichender Inlandsbezug als „Grundlage für ein ausreichendes Rechtsschutzbedürfnis"[433] dienen.[434]

Argumentiert wird, der Wohnsitz sehe schon von seiner Natur aus einen starken Inlandsbezug vor, dieser stehe aber gleichrangig neben der leicht gegebenen und damit teils schwächeren Anknüpfung an den Aufenthalt und die Belegenheit von Nachlassgegenständen.[435] Die Forderung eines Inlandsbezuges wird auch mit der Rechtsprechung des BGH zum Vermögensgerichtsstand (§ 23 Abs. 1 1. Var. ZPO) begründet, in welcher der BGH eben diesen Bezug als „re-

---

430 Nach Schäuble (in: ZErb 2009, 200, 205 f.) ist der Inlandsbezug bei der Anknüpfung an den Wohnsitz und den Aufenthalt grundsätzlich vorhanden; s.a. Bachmayer BWNotZ 2010, 146, 151; Wittrowski RNotZ 2010, 102, 108.

431 Kritisch: Wittrowski RNotZ 2010, 102, 108. Nach Seyfarth (in: Zuständigkeitswandel, S. 73, 92) wäre solch eine Einschränkung zumindest dann nötig, wenn sich keinerlei Nachlass in Deutschland befindet und eine Anerkennung im Ausland ausscheidet. Er verweist zudem auf Schaal, in: Bahrenfuss, Kommentar zum FamFG, § 343 Rdnr. 6 und Zimmermann ZEV 2009, 53, 57, wobei sich Letzterer tatsächlich nicht für eine Beschränkung auf Basis des Rechtsschutzbedürfnisses ausspricht, sondern, wie nachfolgend ausgeführt, eine Praxislösung bedingt durch die Kostenfrage für wahrscheinlich hält.

432 Wittrowski RNotZ 2010, 102, 108.

433 Vgl. Wittrowski RNotZ 2010, 102, 108.

434 S.a. Rauscher, in: Münchener Kommentar zur ZPO, § 105 FamFG Rdnr. 31; s.a. Mayer, in: Münchener Kommentar zur ZPO, § 343 FamFG Rdnr. 29; Bünning (in: Nachlaßverwaltung im internationalen Recht, S. 101) forderte in seinem Plädoyer zugunsten der Doppelfunktionalitätstheorie zudem eine Einschränkung bei Anknüpfung an die Staatsangehörigkeit, diese Kritik wurde aber bei der Schaffung der Neuregelung nicht wieder aufgegriffen, vermutlich weil die Staatsangehörigkeit nur ein subsidiäres Kriterium bildet.

435 Schäuble ZErb 2009, 200, 206.

duzierendes Element" fordert.[436] Der Wortlaut des § 343 FamFG, der diese Einschränkung nicht vorsehe, sei dementsprechend teleologisch zu reduzieren.[437]

(2) Kritik an der Forderung nach einer Einschränkung

Dem werden jedoch der beabsichtigt uneingeschränkte Wortlaut der Norm und die Intention des Gesetzgebers entgegengehalten, durch die Anknüpfung der internationalen Zuständigkeit an die örtliche Zuständigkeit erstere zugunsten der deutschen Gerichte bewusst auszuweiten.[438] Der Gesetzgeber habe dementsprechend in Kenntnis der Problematik keinen weiteren Inlandsbezug gefordert und insbesondere im Rahmen von § 105 FamFG i.V.m. § 343 Abs. 3 FamFG keine erhöhten Anforderungen an den Wert oder den Umfang der in Deutschland befindlichen Nachlassgegenstände aufgestellt.[439] Mehr noch habe der Gesetzgeber § 73 Abs. 3 FamFG nicht wörtlich in § 343 Abs. 3 FamFG übernommen, sondern inhaltlich dahingehend modifiziert, dass nun keine Beschränkung der Zuständigkeit mehr auf inländische Nachlassgegenstände enthalten ist. Da § 343 Abs. 3 FamFG wegen seiner Auffangfunktion für ausländische Erblasser aber faktisch nur für den Fall der internationalen Zuständigkeit geschaffen wurde, sei dies eine eindeutige Entscheidung des Gesetzgebers gegen ein einschränkendes Kriterium des Inlandsbezuges.[440]

Die bewusste Entscheidung gegen eine Einschränkung zeige auch § 2369 BGB. Hier habe der Gesetzgeber mit der Änderung des § 2369 BGB und der Möglichkeit, den Erbschein auf den Inlandsnachlass zu beschränken, explizit auf

---

436 Schäuble ZErb 2009, 200, 206 u.a. mit Verweis auf BGHZ 115, 90, 98 = BGH NJW 1991, 3092, 3092; NJW-RR 1993, 5; NJW 1997, 2885, 2886 (wobei hier das Kriterium nur angesprochen, nicht bestätigt wurde) sowie auf das diese Rechtsprechung übernommen habende BAG NJW 1997, 3462; s.a. Rauscher, in: Münchener Kommentar zur ZPO, § 105 FamFG Rdnr. 31; kritisch aber schon: Geimer NJW 1991, 3072.

437 Schäuble ZErb 2009, 200, 205; was aber weder dem Telos – der Ausweitung der Zuständigkeit deutscher Gerichte – noch dem Willen des Gesetzgebers und schon gar nicht den Interessen des Rechtsschutzsuchenden entspricht, was Schäuble vereinzelt auch eingesteht. Gegen einen Inlandsbezug spricht sich auch Sieghörtner (in: BeckOK-FamFG, § 105 Rdnr. 22) aus.

438 BT-Drucks. 16/6308, S. 222; Lange, Erbrecht, S. 1102; Bachmayer BWNotZ 2010, 146, 151; Wittrowski RNotZ 2010, 102, 108.

439 Anders noch bei § 2369 BGB a.F., denn hier war das Vorhandensein von Nachlassgegenständen im Inland Voraussetzung für das Bestehen einer nur ausnahmsweise vorliegenden internationalen Zuständigkeit, so dass es nachvollziehbar war, dass die Gerichte hier ein Rechtsschutzbedürfnis verneinten, wenn kein Anhaltspunkt für das Vorhandensein von Nachlassgegenständen im Inland gegeben war; Wittrowski RNotZ 2010, 102, 108.

440 Lange, Erbrecht, S. 1103; Bachmayer BWNotZ 2010, 146, 152 f.

die weite Neufassung reagiert.[441] Würde dennoch ein Inlandsbezug gefordert, würde dies zudem zu einer großen Rechtsunsicherheit und mangelndem Rechtsschutz führen, da eine entsprechende Grenze des Inlandsbezuges kaum sinnvoll zu ziehen sei.[442]

Rein praktisch löse sich dieses Problem über die Kostenfrage,[443] denn nur für eine Reisetasche mit Brille und Geldbeutel werde der Erbe (oder sonstige Antragsteller) wohl kaum einen Erbschein in Deutschland beantragen, den der Staat, in dem sich der größte Teil des Nachlasses befinde, unter Umständen nicht anerkenne, so dass weitere Nachlassverfahrenskosten in diesem Staat anfallen könnten.[444]

(3) Stellungnahme

Den Kritikern ist zuzustimmen. Weder im Gesetz noch in dessen Begründung zu selbigem lassen sich Anhaltspunkte für ein Einschränkungskriterium finden.

Zwar ist der Grund für die geforderte Beschränkung nachvollziehbar. So wird unter Umständen ein deutsches Gericht tätig, obwohl – insbesondere im Falle des § 343 Abs. 3 FamFG und am Beispiel der vergessenen Reisetasche – nahezu keinerlei inländisches Bedürfnis für ein Tätig werden besteht. Doch genau an dem Wort „nahezu" lässt sich der entscheidende Gesichtspunkt für das Fehlgehen einer Einschränkung festmachen. Ist solch ein Nachlass in Deutschland belegen und wollen die Erben (oder die sonstigen Antragsteller), also die Rechtssuchenden, einen Erbschein erteilt bekommen, so besteht schon aufgrund der Belegenheit im Inland ein Zusammenhang zum deutschen Staat – und sei es nur aufgrund der territorialen Souveränität. Dieser Zusammenhang ist dann aber, gerade wegen der zumeist mangelnden Eingriffsmöglichkeit anderer Staaten in die territoriale Souveränität, schon so eng, dass er als hinreichend erachtet wer-

---

441 Fröhler, in: Prütting/Helms, Kommentar zum FamFG, § 343 Rdnr. 167; ebenso bei § 343 Abs. 3 FamFG. Bei der Vorgängernorm, § 73 Abs. 3 FGG a.F., bestand noch – folgte man der Gleichlauftheorie – die Anwendungseinschränkung hinsichtlich der Einschlägigkeit deutschen Erbrechts und des inländischen Nachlasses. Dies wurde aufgegeben, so dass § 343 Abs. 3 FamFG als Auffangnorm gegenüber der Anknüpfung an den Wohnsitz nach § 343 Abs. 1 FamFG vorrangig internationale Geltung beanspruchen soll; Bachmayer BWNotZ 2010, 146, 151 f.; a.A. Rauscher, in: Münchener Kommentar zur ZPO, § 105 FamFG Rdnr. 31; Schäuble ZErb 2009, 200, 205 f.

442 Bachmayer BWNotZ 2010, 146, 151; Wittrowski RNotZ 2010, 102, 108. Ansonsten bliebe noch die Möglichkeit, ein Rechtsschutzbedürfnis zu verneinen, vgl. Seyfarth, Zuständigkeitswandel, S. 92.

443 Zimmermann ZEV 2009, 53, 57; s.a. Wittrowski RNotZ 2010, 102, 109; dazu auch unten Teil 2 C. II. 3. d.

444 Wittrowski RNotZ 2010, 102, 109; s.a. Bachmayer BWNotZ 2010, 146, 151.

den muss. Letztlich muss daraus die Pflicht des Staates, genauer gesagt die Justizgewährungspflicht, folgen, dem Rechtssuchenden den nötigen Rechtsschutz zu gewähren.[445]

Nicht nur im Falle des letzten Wohnsitzes, sondern auch bei letztem Aufenthalt oder Hinterlassen von Erbschaftsgegenständen im Inland sind das staatliche Hoheitsgebiet und somit auch das inländische Recht derart betroffen, dass das deutsche Recht einen Rechtssuchenden nicht aufgrund des geringen Umfanges des Bezuges rechtsschutzlos stellen oder auf ein anderes Land verweisen kann. Ansonsten droht nicht nur Rechtsunsicherheit, sondern es müssten gegebenenfalls zudem die Grundsätze der Not- und Fürsorgezuständigkeit wieder eingeführt werden.[446]

Ist ein Inlandsbezug vorhanden und sei er auch noch so gering, muss das Rechtsschutzbedürfnis bejaht werden. Sollte es dennoch einmal dazu kommen, dass es sich bei der Anrufung des Gerichts um Rechtsmissbrauch handelt – beispielsweise, wenn ein entsprechender Erbnachweis nach ausländischem Recht erteilt und tatsächlich einmal im Inland anerkannt wurde, könnte das Gericht eben aus diesem Grund ein Tätig werden ablehnen. Ebenso bleibt eine Ablehnungsmöglichkeit unter dem Aspekt des Rechtsschutzbedürfnisses bestehen.[447]

Im Übrigen ist den Gegnern der Einschränkung darin zuzustimmen, dass der Gesetzgeber praxisnah gearbeitet zu haben und ebenfalls davon ausgegangen zu sein scheint, dass auch die Erben (oder sonstigen Antragsteller) aus Kostengründen auf die Beantragung eines (allgemeinen) Erbscheins verzichten werden, sollten sich tatsächlich einmal lediglich Reisetasche, Brille und Geldbeutel im Inland befinden.[448]

---

445 Ähnlicher Gedanke Geimer NJW 1991, 3072; s.a. die Ausführungen von Ultsch (in: MittBayNot 1995, 6 ff.) zur Justizgewährungspflicht und der darauf basierenden Kritik am Gleichlaufgrundsatz, worin die Anknüpfung an das anzuwendende Recht als der Pflicht nicht entsprechend angesehen und für eine Anknüpfung an den gewöhnlichen Aufenthalt plädiert wird; zur Justizgewährungspflicht bei der Schaffung der ErbVO siehe: Haas, in: Gottwald, Perspektiven der justiziellen Zusammenarbeit, S. 57 ff.

446 Vgl. auch Rauscher, in: Münchener Kommentar zur ZPO, § 105 FamFG Rdnr. 38; wobei Fröhler (in: Prütting/Helms, Kommentar zum FamFG, § 343 Rdnr. 165) – wohl als einziger – davon ausgeht, dass diese Grundsätze auch nach Abschaffung des Gleichlaufgrundsatzes noch anwendbar sind.

447 Ähnlicher Gedanke bei Dörner, in: Staudinger, Kommentar zum BGB, Art. 25 EGBGB, Rdnr. 855; zum Rechtsschutzbedürfnis: Schellhammer, Zivilprozess, Rdnr. 140 ff.; Zeiss/Schreiber, ZPO, Rdnr. 292 ff.

448 So auch allgemein Kropholler, IPR, S. 279. Er beschäftigt sich mit den Nachteilen der Anknüpfung an den Aufenthalt gegenüber der Anknüpfung an die Staatsangehörigkeit und geht dabei davon aus, dass es zwar möglich sei, das System durch die Wahl des

3. Argumente für und gegen die Neuregelung

Die Befürworter der Neuregelung bringen – ähnlich den Vertretern des Gleichlaufgrundsatzes – zumeist vor, dass (auch) die Neuregelung auf die ausländische Jurisdiktion Rücksicht nehme. Darüber hinaus werden praktische Erwägungen, die nun geschaffene Gesetzesuniformität und die Möglichkeit der gegenständlichen Beschränkung nach § 2369 BGB positiv hervorgehoben.

Neben der Kritik bezüglich der weiten Fassung der Normen zur Bestimmung der internationalen Zuständigkeit werden aber auch diese Begründungsansätze der Befürworter kritisiert, was aber wohl weniger mit dem Wunsch der Beibehaltung der Gleichlauftheorie als mit der offenkundig problematischen Ausarbeitung der Neuregelung einhergeht.[449]

a. Rücksichtnahme auf die ausländische Jurisdiktion

aa. Begründung für die Neuregelung

Die Befürworter der Neuregelung gehen – ebenso wie zuvor die Anhänger des Gleichlaufgrundsatzes – davon aus, dass diese auf die ausländische Jurisdiktion eingehe und auf sie Rücksicht nehme. Viele Staaten wählten den (letzten) Wohnsitz des Erblassers als maßgebliches Kriterium zur Bestimmung der internationalen Zuständigkeit, so wie nun auch § 343 Abs. 1 FamFG.[450] So knüpfe beispielsweise das US-amerikanische Recht bei der Nachlassverwaltung an den letzten Domizilstaat des Erblassers an („domiciliary administration"), ergänzt durch eine Belegenheitszuständigkeit in dem Staat, in dem sich beweglicher

---

Aufenthalts leichter zu manipulieren, eine Manipulation aber eher selten und dem Nachteil daher kein entscheidendes Gewicht beizumessen sei.

449 So bereits Zimmermann FGPrax 2006, 189, 191.

450 Dies ermittelte die DNotI-Studie auf S. 194 ff. für Europa: Sie nennt insbesondere Griechenland, Deutschland (damals noch nur für die streitige Gerichtsbarkeit), Dänemark, Finnland, Irland und Italien (für nicht streitige Sachen), die Niederlande, Portugal, Schweden, Frankreich sowie Belgien und Luxemburg (mit Ausnahme der im Ausland belegenen unbeweglichen Güter), Spanien (subsidiär), Österreich (nur für die Abwicklung der beweglichen Güter, die ein ausländischer Erblasser mit Wohnsitz in Österreich hinterlassen hat und nur dann, wenn die nationalen Behörden des Erblassers die Abwicklung nicht eingeleitet haben); vgl. auch Mansel, in: FS Ansay, S. 185, 187 f.; Dörner/Hertel/Lagarde/Riering IPRax 2005, 1, 2; Kindler IPRax 2010, 44, 45 (zum gewöhnlichen Aufenthalt als Kriterium) sowie die (kritischen) Ausführungen von Rauscher, in: Münchener Kommentar zur ZPO, § 105 FamFG Rdnr. 35. Lorenz (in: ErbR 2012, 39, 40) ermittelt aber, dass kollisionsrechtlich 14 europäische Rechtsordnungen dem Staatsangehörigkeitsprinzip folgen und nur 11 dem Wohnsitz- oder Aufenthaltsprinzip (dann meist in Verbindung mit einer Nachlassspaltung). S.a. Seyfarth, Zuständigkeitswandel, S. 119 f.

Nachlass befindet („ancillary adiministration").[451] Letztere entspreche damit der Regelung des § 343 Abs. 3 FamFG. Im Ergebnis werde daher rein praktisch auf die ausländischen Rechtssysteme und die ausländische Jurisdiktion Rücksicht genommen.[452]

Darüber hinaus seien ein umfassender internationaler Entscheidungseinklang und damit eine umfassende Rücksichtnahme auf die ausländische Jurisdiktion ohnehin nicht zu gewährleisten,[453] was nach der Gesetzesbegründung aber keinerlei negative Auswirkungen haben soll:

> „Durch die – auch für das Erbscheinsverfahren vorgesehene – Ableitung der internationalen von der örtlichen Zuständigkeit kommt es gegenüber der Gleichlauftheorie zwar zu einer Ausweitung der internationalen Zuständigkeit für die Erteilung eines unbeschränkten Fremdrechtserbscheins. Denn gemäß § 105 [FamFG] i.V.m. § 343 Abs. 1 [FamFG] sind die deutschen Gerichte insbesondere auch dann für die Erteilung eines unbeschränkten Fremdrechtserbscheins zuständig, wenn ein ausländischer Erblasser zur Zeit des Erbfalls seinen Wohnsitz bzw. Aufenthalt im Inland hatte. Eine Gefährdung der Verkehrsinteressen ergibt sich hieraus nicht, da der Erbschein ohnehin keine Gewähr dafür bietet, dass der ausländische Staat, in dem Nachlassgegenstände belegen sind, die Erbfolge ebenso beurteilt, wie sie im Erbschein ausgewiesen ist."[454]

bb. Kritik an der Neuregelung

Zunächst ist die oben bereits angeklungene Kritik an der Doppelfunktionalität an dieser Stelle zu beachten.[455] Die Anknüpfung an die Staatsangehörigkeit, wie sie § 73 Abs. 2 FGG a.F. vorsah und wie sie nun auch in § 343 Abs. 2 FamFG enthalten ist, nehme[456] keinerlei Rücksicht auf die ausländische Jurisdiktion, sondern lasse, wie der bei seiner Prüfung vielmals von Art. 25 Abs. 1 EGBGB ausgehende Gleichlaufgrundsatz, die deutsche Staatsangehörigkeit (bzw. die Belegenheit von Nachlassgegenständen), unabhängig vom stärksten Bezugsort des Erblassers, für die Bestimmung der internationalen Zuständigkeit ausreichen.

---

451 S.a. Rauscher, in: Münchener Kommentar zur ZPO, § 105 FamFG Rdnr. 35.

452 So im Ergebnis auch Bachmayer BWNotZ 2010, 146, 157 sowie schon Berenbrok, Internationale Nachlaßabwicklung, S. 85.

453 So bereits Ultsch MittBayNot 1995, 6, 12.

454 BT-Drucks. 16/6308, S. 222.

455 S.o. Teil 2 B. II. 1. c. sowie Bünning, Nachlaßverwaltung im internationalen Recht, S. 101. Dieser hält die Doppelfunktionalitätstheorie jedoch grundsätzlich für vorzugswürdig gegenüber dem Gleichlaufgrundsatz.

456 Ebenso wie § 343 Abs. 3 FamFG, weshalb mitunter eine Einschränkung der Norm diskutiert wird: Teil 2 C. II. 2. b. cc.

Andere kritisieren zudem den Gedanken, die Rücksichtnahme auf die ausländische Jurisdiktion folge daraus, dass die Neuregelung als Bestimmungsgrundlage Zuständigkeitskriterien wähle, die in vielen Ländern üblich seien, so dass sich eine parallele Ausgestaltung ergebe.[457] Es handle sich vielmehr um ein „Zirkelargument".[458] Je nachdem, ob auf internationaler Ebene vermehrt vom Wohnsitz oder vom Heimatstaat als „Sitz" des Nachlasses ausgegangen werde, seien die Wohnsitzzuständigkeit oder der Gleichlaufgrundsatz vorzugswürdig. Dies zeige auch die US-amerikanische Regelung, welche die primäre Anknüpfung der Zuständigkeit an das Domizil um die Belegenheitszuständigkeit ergänzt.

Letztlich seien daher die wechselseitige Anerkennung von Abwicklungspersonen und -entscheidungen maßgeblich.[459] Wenn eine territoriale Sicht der Nachlassabwicklung die Anerkennung hindere, sei es irrelevant, ob die originäre Entscheidung vom Wohnsitz- oder Heimatstaat ausgehe. An dieser Stelle sei auf § 108 FamFG hingewiesen, der in Fortführung von § 16a FGG a.f. eine Anerkennung lediglich für Entscheidungen vorsieht und ausländische Erbnachweise nach herrschender Meinung ebenso wenig erfasst wie die Vorgängernorm.[460] Zudem bleibe es auch hier nach herrschender Ansicht im Rahmen der Anerkennung bei einer bloßen Wirkungserstreckung, so dass die §§ 2365 ff. BGB auf ausländische Erbnachweise nicht anzuwenden seien.[461]

---

457 Rauscher, in: Münchener Kommentar zur ZPO, § 105 FamFG Rdnr. 35.

458 Rauscher, in: Münchener Kommentar zur ZPO, § 105 FamFG Rdnr. 35; dagegen aus europäischer Sicht: DNotI-Studie, S. 261.

459 So auch Bachmayer BWNotZ 2010, 146, 157.

460 Entsprechend der alten Rechtslage entfaltet ein bereits im Ausland erteilter Erbschein auch keine Bindungswirkung; dazu insbesondere: Bachmayer BWNotZ 2010, 146, 156; s.a. OLG Bremen NJW-Spezial 2011, 392 (der ausländischer Erbnachweis ist nicht unanfechtbar); Schaal, in: Bahrenfuss, Kommentar zum FamFG, § 343 Rdnr. 14 (hier elementar auf die Gutglaubenswirkung abstellend); ders. BWNotZ 2007, 154, 160; s.a. zu § 16 a FGG a.F.: Hohloch, in: Erman, Kommentar zum BGB, Art. 25 EGBGB, Rdnr. 55; Hohloch/Heckel, in: Hausmann/Hohloch, Handbuch des Erbrechts, S. 2006 f.; Dörner, in: Staudinger, Kommentar zum BGB, Art. 25 EGBGB Rdnr. 914 sowie KG NJW 1954, 1331; BayObLG NJW-RR 1991, 1098; Freitag, in: PWW, Kommentar zum BGB, Art. 25 EGBGB Rdnr. 45 (mit Klarstellung, dass wegen § 17 der Anlage zu Art. 20 des Deutsch-Türkischen Konsularvertrages von 1929 entsprechende Zeugnisse anerkannt werden); zur sonstigen Bindungswirkung siehe Mayer, in: Münchener Kommentar zum BGB, § 2369 BGB Rdnr. 3; Thorn, in: Palandt, Kommentar zum BGB, Art. 25 EGBGB Rdnr. 19; Hohloch/Heckel (in: Hausmann/Hohloch, Handbuch des Erbrechts, S. 2009) sprechen dem ausländischen Erbnachweis lediglich Indizwirkung zu; s.a. Teil 2 B. II. 1. c. aa. (2).

461 Dazu Teil 2 B. II. 1. c. aa. (2).

Darüber hinaus erklären andere, dass gerade widersprüchliche Entscheidungen drohten, wenn beispielsweise zwei Erben (oder sonstige Antragsteller) in unterschiedlichen Ländern die Gerichte anriefen und sich beide Gerichte für den „Weltnachlass" verantwortlich fühlten, da sie unterschiedliche Anknüpfungspunkte für die Bestimmung der internationalen Zuständigkeit wählten und sich daher für international zuständig erklärten.[462] Eine Rücksichtnahme auf die ausländische Jurisdiktion sei dann gegebenenfalls aufgrund des unterschiedlichen Internationalen Privatrechts gerade nicht gegeben. Dazu trage auch bei, dass eine Regelung, die die ausländische Rechtshängigkeit berücksichtige, nicht existiere bzw. von der inländischen Anerkennung ausländischer Erbnachweise abhängig sei, die, wie ausgeführt,[463] zumeist ausscheide.[464]

Dies bestätigen weitere Kritiker, indem sie § 106 FamFG nennen, wonach die internationale Zuständigkeit deutscher Nachlassgerichte gemäß § 106 FamFG keine ausschließliche ist, so dass neben dem deutschen Gericht auch ein ausländisches Gericht zuständig sein kann.[465] Dies führe dann zu einer nicht hinreichenden Rücksichtnahme auf die ausländische Jurisdiktion, wenn eine unterschiedliche Anknüpfung des materiellen Rechts vorgenommen und aufgrund dessen der Sachverhalt unterschiedlich beurteilt werde.[466]

cc. Stellungnahme

Dass auf die ausländische Jurisdiktion durch eine identische Anknüpfung bei der Bestimmung der internationalen Zuständigkeit Rücksicht genommen wird, ist offensichtlich. Auch wenn die Kritiker anderes behaupten, so sind Wohnsitz und Aufenthalt weltweit doch zumeist die maßgeblichen Zuständigkeitskriterien zur

---

462 Zimmermann FGPrax 2006, 189, 191.
463 Teil 2 B. II. 1. C. bb. (2) sowie Fn. 243.
464 Der Einwand der Rechtshängigkeit durch eine Norm wie § 261 Abs. 3 Nr. 1 ZPO existiert im internationalen Bereich nicht. Nur dann, wenn eine spätere Anerkennung gemäß § 328 Abs. 1 ZPO nicht ausgeschlossen werden kann, wird ausnahmsweise eine solche angenommen (eigentlich nur im Bereich der streitigen Gerichtsbarkeit, zur Allgemeingültigkeit der Grundgedanken hinsichtlich der freiwilligen Gerichtsbarkeit: Dölle RabelsZ 27 [1962], 201, 235; vgl. von Hoffmann/Thorn, IPR, S. 83). Ausführlich: Seyfarth, Zuständigkeitswandel, S. 97 ff. Die Erarbeitung eines Lösungsvorschlags für diese Problematik ist aber aufgrund der bald eingeführten Lösung durch die ErbVO nicht Gegenstand der Arbeit.
465 Bachmayer BWNotZ 2010, 146, 156. Dies folgt natürlich auch daraus, dass die deutsche Rechtsordnung keinen Einfluss auf die Gesetzgebung anderer Staaten hat. S.a. Seyfarth, Zuständigkeitswandel, S. 95 f. (mitunter auch zu dem auf das Erbscheinsverfahren wohl nicht zutreffenden Aspekt, dass die vermehrte Anwendung ausländischen Rechts die Anerkennungsrate steigen lassen dürfte).
466 Bachmayer BWNotZ 2010, 146, 156.

Bestimmung der internationalen Zuständigkeit. Schon aus diesem Grund scheint die ErbVO eine positive Neuerung zu liefern.[467]

Doch lassen sich auch die Gegenargumente von *Rauscher* und *Bachmayer* nicht von der Hand weisen. Da die deutschen Zuständigkeitsbestimmungen nur für Deutschland gelten, kann nicht verhindert werden, dass sich andere Gerichte ebenfalls für zuständig erklären – gerade bei so vielen Alternativen, die die neue deutsche Regelung bietet. Bleibt die Zuständigkeit deutscher Gerichte aber neben der Zuständigkeit ausländischer Gerichte bestehen, kann eine hinreichende Rücksichtnahme auf die ausländische Jurisdiktion nicht gewährleistet werden.

Allein die Tatsache, dass viele Staaten ähnliche Anknüpfungen gewählt haben, überzeugt in der praktischen Gesamtbetrachtung, aber auch auf der rein theoretischen Ebene nicht.

Nur bei hinreichenden Anerkennungsmöglichkeiten im Inland (und auch im Ausland) wird diesen Gefahren folglich begegnet.

Daher kann den Befürwortern nur eingeschränkt zugestimmt werden.

b. Praktische Erwägungen

aa. Begründung für die Neuregelung

Wie schon beim Gleichlaufgrundsatz werden praktische Erwägungen vorgebracht, darunter insbesondere solche, die sich auf die Beschleunigung und die Kosten des Verfahrens beziehen.

Wenn nur ein Gericht anzurufen sei und nicht für ausländischen Nachlass noch verschiedene ausländische Gerichte anzurufen seien, stehe dem Erben (oder sonstigen Antragstellern) ein praktisch leicht handzuhabendes und zügig vorzunehmendes Verfahren zur Verfügung. Durch die „ausgedehnte Zuständigkeit" inländischer Gerichte gemäß § 343, 344 FamFG könne dem Rechtssuchenden zügig Rechtsschutz geboten werden. [468]

Auch die Verfahrenskosten seien dann nur für einen in Deutschland ausgestellten „Welterbschein" zu berechnen und nicht für jedes Land, in dem ein entsprechendes Zeugnis erteilt werden müsste, beispielsweise aufgrund dort belegenen Nachlasses.[469]

---

467 Was ab Teil 3 zu untersuchen ist.

468 Ähnlicher Ansatz bei Bachmayer (in: BWNotZ 2010, 146, 157), der dies vornehmlich unter dem Aspekt des Rechtsschutzes bespricht; s.a. Dörner, in: Staudinger, Kommentar zum BGB, Art. 25 EGBGB Rdnr. 849 (Umkehrschluss aus der Kritik an der Gleichlauftheorie) sowie Teil 2 C. II. 2. a.

469 Siehe hierzu auch die Argumente zu § 2369 BGB, Teil 2 C. II. 3. d.

bb. Kritik an der Neuregelung

Dagegen wird vorgebracht, gerade die Komponente der Verfahrensbeschleunigung sei nicht gegeben. Bei Anwendbarkeit ausländischen Rechts sei zunächst das ausländische Erbrecht zu ermitteln, was bei einzuholenden Rechtsgutachten schon aufgrund der Sprache ein Problem sein könne, darüber hinaus aber auch das Verfahren erheblich verzögere und verteuere, statt es zu beschleunigen und zu vergünstigen – nicht nur wegen möglicher Rechtsanwendungsfehler bei der Anwendung ausländischen Rechts.[470] Exemplarisch für den – hier ansonsten nicht weiter relevanten – Fall des Testamentsvollstreckers führt *Zimmermann* an:

> „Dauerte früher die Entlassung eines Testamentsvollstreckers für den Nachlassteil, der deutschem Recht unterlag, allenfalls einige Monate, dauert es künftig Jahre, bis über beide Teilnachlässe entschieden ist; die Gefahrenlage für den beschwerten Erben kann nicht verhältnismäßig schnell beseitigt werden."[471]

Die Kosten des Verfahrens seien zudem ohnehin erhöht, da der gesamte Nachlass, also der Weltnachlass, als Berechnungsgrundlage diene.[472] Ebenso wenig ließen sich die „nicht zu bestreitenden Kosten einer zersplitterten Verwaltung international belegener Nachlässe"[473] durch die Wohnsitzzuständigkeit der deutschen Gerichte vermeiden, sollte der Belegenheitsstaat des Nachlasses beispielsweise die Nachlassabwicklung territorial beschränken.[474]

Hinzu trete noch eine Besonderheit, die beim Gleichlaufgrundsatz nur eine untergeordnete Rolle spiele: Vermehrt müssten nun wegen der Anwendung ausländischen Rechts ausländische Rechtsinstitute in den deutschen Erbschein übernommen werden.[475] Gerade wenn, wie die Praktiker es vornehmlich for-

---

470 Bachmayer BWNotZ 2010, 146, 157. Rechtliche Grundlage für das Erfordernis der Ermittlung des anzuwendenden Rechts dürfte § 26 FamFG sein, der den Untersuchungsgrundsatz normiert. Dieser gilt für alle Tatsachen, zu denen nach § 293 ZPO auch das ausländische Recht gehört; vgl. Bumiller/Harders, in: Bumiller/Harders, Kommentar zum FamFG, § 26 Rdnr. 9, Ulrici, in: Münchener Kommentar zur ZPO, § 26 FamFG Rdnr. 7; Feskorn, in: Zöller, Kommentar zur ZPO, § 26 FamFG Rdnr. 6; Gesing, Erbfall mit Auslandsberührung, S. 84. Dazu auch Süß, in: Süß, Erbrecht in Europa, S. 165 ff. mit Hinweis darauf, dass auch Gesetzesänderungen in den ausländischen Staaten kurz vor dem Eintritt des Erbfalles zu Komplikationen insbesondere bei der Erstellung von Gutachten führen können.
471 Zimmermann FGPrax 2006, 189, 191.
472 Vgl. bspw. Lukoschek NotBZ 2010, 324, 326 f.; s.a. Teil 2 C.II. 3. d.
473 Rauscher, in: Münchener Kommentar zur ZPO, § 105 FamFG Rdnr. 35.
474 Rauscher, in: Münchener Kommentar zur ZPO, § 105 FamFG Rdnr. 36.
475 Siehe bereits oben Teil 2 B. II. 1. c. cc. sowie Schaal BWNotZ 2007, 154, 160; Wittrowski RNotZ 2010, 102, 104, 113; ein Beispiel zum Vindikationslegat zur alten

dern, ein deutsches Äquivalent für sie gefunden und sie in das deutsche Recht übersetzt werden müssten,[476] könne dies zu zeitlichen Verzögerungen und erhöhten Kosten führen.[477]

Ebenso sei das lange und (dadurch bedingt) teure Verfahren unter Umständen nutzlos, wenn der ausländische Staat den deutschen Erbschein nicht anerkenne.[478] Dies gelte umgekehrt auch für ausländische Erbnachweise, die im Inland – insbesondere mangels Aufnahme eines solchen Verfahrens bei Einführung der Neuregelung – nicht anerkannt oder sonstwie berücksichtigt würden. Hier sei ein weiteres Verfahren im Inland durchzuführen. Eine praktische Erleichterung durch die Neuregelung sei hier nicht zu erkennen.[479]

Im Ergebnis handle es sich nach den Kritikern daher nur um die Verschiebung der theoretischen Grundlage, die praktische Erleichterung bliebe wie beim Gleichlaufgrundsatz nahezu aus.[480]

cc. Stellungnahme

Entgegen dem Argument der Befürworter ist die Verfahrensbeschleunigung nicht stets gegeben, muss doch erst noch das ausländische Recht und das Vorhandensein von Nachlassgegenständen im Ausland ermittelt werden. Zudem kann es vermehrt zu Schwierigkeiten führen, wenn ausländische, dem deutschen Recht unbekannte Rechtsinstitute in das deutsche Rechtssystem übertragen wer-

---

Rechtslage findet sich bei Zimmermann, Erbschein und Erbscheinsverfahren, Rdnr. 420 f.; ausführlich zur alten Rechtslage auch Dörner, in: Staudinger, Kommentar zum BGB, Art. 25 EGBGB, Rdnr. 882 ff.; die Grenze dürfte wohl auch hier eine Art wesenseigene Zuständigkeit sein, gerade bei der vorgesehenen Vornahme dem deutschen Recht unbekannter Handlungen, Siede, in: Frieser, Fachanwaltskommentar Erbrecht, § 343 Rdnr. 23; siehe insbesondere DNotI-Studie, S. 190, das DNotI geht zudem davon aus, dass der Umgang mit dem ausländischen/inländischen Recht unbekannten Erbverträgen und gemeinschaftlichen Testamenten gerade bei der Anerkennung, aber auch generell ein entscheidendes Problem im europäischen Raum sei.

476 S.o. Teil 2 B. II. 1. c. cc.
477 Schaal BWNotZ 2007, 154, 160; im Beispielsfall müsste die execution einer deutschen Testamentsvollstreckung gleichen; vgl. auch Dörner, in: Staudinger, Kommentar zum BGB, Art. 25 EGBGB, Rdnr. 893; Wittrowski RNotZ 2010, 102, 104, 113; Zimmermann, Erbschein und Erbscheinsverfahren, Rdnr. 420, 430 mit Hinweis darauf, dass eine Angleichung unterbleiben könne und müsse und die fremden Begriffe in den deutschen Erbschein aufzunehmen seien; insbesondere zum Recht in England und Wales: Odersky, in: Süß, Erbrecht in Europa, S. 757.
478 Zimmermann FGPrax 2006, 189, 191; s.a. Fn. 243.
479 S.o. Teil 2 B. II. 1. c. bb. (2) sowie Fn. 243 sowie DNotI-Studie, S. 225.
480 Rauscher, in: Münchener Kommentar zur ZPO, § 105 FamFG Rdnr. 36.

den müssen. Das ist aber nach Ansicht der Praktiker unumgänglich.[481] Auch die mangelnde Anerkennung und Berücksichtigung ausländischer Erbscheine im Inland zwingt zu einem weiteren inländischen Verfahren, was den Zeit- und Kostenaufwand erhöht. Entsprechendes gilt für die zumeist mangelnde Anerkennung ausländischer Erbscheine im Inland. Die Sorge um mögliche Rechtsanwendungsfehler bildet jedoch auch hier kein tragfähiges Argument gegen die Neuregelung, da dies nicht nur die Grundsätze des Internationalen Privatrechtes ins Wanken bringen würde, sondern die Anwendung ausländischen Rechts sogar vom Gesetzgeber vorgesehen ist.[482]

Bleibt die Ausnahmeregelung gemäß § 2369 BGB unberücksichtigt, ist eine wesentliche Erleichterung nicht zu sehen, so dass den Kritikern hierin zuzustimmen ist. Das Verfahren ist sicherlich auf internationaler Ebene erleichternd, aber nicht zwingend schneller, einfacher und kostengünstiger zu bewältigen.

c. Gesetzesuniformität

aa. Begründung für die Neuregelung

Die Befürworter der Neuregelung weisen insbesondere auf die neu geschaffene Gesetzesuniformität hin. Durch die in der Neuregelung vorgesehene Anknüpfung der internationalen Zuständigkeit an die örtliche Zuständigkeit werde eine methodische Harmonisierung mit dem allgemein im Zivilrecht geltenden Grundsatz der Konkordanz mit der örtlichen Zuständigkeit hergestellt.[483] Diese neu geschaffene Gesetzesuniformität werde auch in der Gesetzesbegründung als einer der elementaren Entscheidungsgesichtspunkte für die Neuregelung hervorgehoben. Danach stelle die Gleichlauftheorie einen „Systembruch" dar, da sie die Zuständigkeit der deutschen Gerichte an das anwendbare Sachrecht knüpft, was praktisch nirgendwo sonst im Bereich des internationalen Verfahrensrechts so gehandhabt werde.[484]

Damit wird zugleich der Kritik am Gleichlaufgrundsatz Rechnung getragen, die mehrfach den ungerechtfertigten Ausnahmecharakter des Grundsatzes betonte.[485]

---

481 S.o. Teil 2 C. II. 3. a. bb.
482 Dazu bereits Teil 2 B. II. 1. c. bb. (3).
483 Rauscher, in: Münchener Kommentar zur ZPO, § 105 FamFG Rdnr. 34; s.a. Sonnenberger, in: Münchener Kommentar zum BGB, Einl. IPR, Rdnr. 468.
484 BT-Drucks. 16/6308, S. 221; s.a. Geimer, in: Zöller, Kommentar zur ZPO, § 105 FamFG Rdnr. 5.
485 S.o. insb. Teil 2 B. II. 1. c. cc. sowie Engelhardt, in: Keidel, Kommentar zum FamFG, § 105 Rdnr. 3.

bb. Kritik an der Neuregelung

Einige Kritiker erkennen zwar die neu geschaffene Gesetzesuniformität, sehen diese aber nicht als tragfähiges Argument für die Neuregelung an.[486] Die Durchsetzung allgemeiner Strukturen sei nicht ausreichend, um die Abkehr vom Gleichlaufgrundsatz zu rechtfertigen. Allein der Gleichlaufgrundsatz habe eine praktische, also schnellere und billigere, Rechtsdurchsetzung ermöglicht, da auch bisher Ausnahmen zugelassen worden seien, wenn ein praktisches Bedürfnis bestanden habe.[487]

Demnach wird die Gesetzesuniformität auch von den Kritikern als Folge der Neuregelung anerkannt, aber als tragfähiges Argument zugunsten derselben abgelehnt.

cc. Stellungnahme

Eine methodische Harmonisierung ist im deutschen Recht und insbesondere im Verfahrensrecht wünschenswert. Eine Neuregelung allerdings allein auf diese zu stützen und von – zugegebenermaßen von der Rechtsprechung entwickelten, aber dennoch – ständig vertretenen Prinzipien abzuweichen, kann ähnlich den Ausführungen zu den praktischen Erwägungen nicht überzeugen. Vielmehr sind weitere Gründe für die Neuregelung zu untersuchen und letztlich im Wege einer Gesamtschau das Begründungskonzept zu hinterfragen.

d. Möglichkeit der gegenständlichen Beschränkung nach § 2369 BGB

aa. Begründung für die Neuregelung

Die gegenständliche Beschränkung des Erbscheins nach der Neuregelung soll nach der Gesetzesbegründung und den Befürwortern nicht nur den Erben Verfügungen über Nachlassgegenstände erleichtern,[488] sondern insbesondere der Verfahrensbeschleunigung, der Kostenreduktion des Verfahrens und einer Umgehung der Anerkennungsproblematik dienen.[489]

Verfahrenstechnisch sei es – angelehnt an den Gleichlaufgrundsatz – wesentlich einfacher, den im Inland belegenen Nachlass zu bestimmen und das Recht entsprechend anzuwenden, zumal gerade im Falle einer Nachlassspaltung

---

486 Kroiß ZEV 2009, 493; s.a. Zimmermann FGPrax 2006, 189, 190 f.
487 Kroiß ZEV 2009, 493.
488 Beller ZFE 2010, 52, 58.
489 „Praktikabilitätsgründe" laut OLG Brandenburg NotBZ 2011, 365, 366; Wittrowski RNotZ 2010, 102, 105, 111; s.a. Fröhler BWNotZ 2008, 183, 187; Muscheler ZEV 2008, 105, 112; s.a. Seyfarth, Zuständigkeitswandel, S. 78 f. (zunächst kritisch).

die Anwendung des deutschen Rechts für die innerdeutschen Gerichte einfacher zu handhaben sei.[490]

Darüber hinaus eröffne § 107 Abs. 2 S. 3 KostO auch eine finanzielle Erleichterung. Werde der Erbschein auf im Inland belegenes Vermögen beschränkt, blieben bei der Bestimmung des Geschäftswertes für die Erteilung des gegenständlich beschränkten Erbscheins diejenigen Gegenstände, die von der Erbscheinswirkung nicht erfasst werden, außer Betracht.[491] Der Geschäftswert erfasse daher nur das im Inland belegene Vermögen. Auslagen für teure Rechtsgutachten für im Ausland belegenes Vermögen, wie sie der Antragsteller gemäß § 137 Abs. 1 Nr. 5 KostO tragen müsse, blieben ihm grundsätzlich erspart.[492]

Auch seien Anerkennungsaspekte zu berücksichtigen. Da die inländische Anerkennung ausländischer Zeugnisse im Erbrecht selten gegeben sei, könne ein Bedürfnis bestehen, nur für das im Inland befindliche Vermögen einen Erbschein zu beantragen.[493] Sei also fraglich, ob ein deutscher „Welterbschein" im Ausland anerkannt werde, könne es sich anbieten – ebenso wie aus den obigen verfahrenstechnischen Gründen und Kostengründen – den Erbschein zu beschränken.[494]

---

490 Vgl. Mayer, in: Münchener Kommentar zum BGB, § 2369 Rdnr. 1; Herzog, in: Staudinger, Kommentar zum BGB, § 2369 Rdnr. 16. Probleme treten natürlich auf, wenn auf in Deutschland belegenen Nachlass verschiedene Rechtsordnungen anzuwenden sind, Wittrowski RNotZ 2010, 102, 112 f.

491 Herzog, in: Staudinger, Kommentar zum BGB, § 2369 Rdnr. 16; Kroiß, in: Bonefeld/Kroiß/Tanck, Der Erbprozess, S. 1128; Böhringer BWNotZ 2010, 2, 6; Kroiß ZEV 2009 493, 494; Heinemann ZFE 2009, 8, 10; Wittrowski RNotZ 2010, 102, 112, 127; Zimmermann FGPrax 2006, 189, 191 (kritisch zur vollen Gebühr bei Nichtbeschränkung und Nichtanerkennung im Ausland); ders. ZEV 2009, 53, 57; s.a. Michalski, Erbrecht, Rdnr. 1195. Mayer (in: Münchener Kommentar zum BGB, § 2369 Rdnr. 4) weist auf die Unklarheit hin, ob Schuldenabzüge von der Neuregelung der KostO erfasst sind, da zu der früheren Regelung, wonach sich der Geschäftswert für einen Fremdrechtserbschein nach dem Wert der im Inland befindlichen Nachlassgegenstände bestimmte, ein solcher nicht zugelassen war, nunmehr aber grundsätzlich vom Nachlasswert ausgegangen wird, bei dem die Nachlassverbindlichkeiten abgezogen werden können, vgl. § 107 Abs. 2 S. 2 KostO. Anschließend werde, so Mayer, nur eine Korrektur um die von der Erbscheinswirkung nicht erfassten Gegenstände gemacht. Seiner Meinung nach ist daher jetzt der Schuldenabzug im Bereich der von den Erbscheinswirkungen erfassten Nachlassteile möglich.

492 Kroiß ZEV 2009, 493, 494; kritisch Zimmermann FGPrax 2006, 189; ders. Rpfleger 2009, 437; ders. ZEV 2009, 53, 57.

493 Mayer, in: Münchener Kommentar zum BGB, § 2369 Rdnr. 7.

494 So auch Wittrowski RNotZ 2010, 102, 112, 127.

bb. Kritik an der Neuregelung

Zunächst sind es die Befürworter selbst, die § 2369 BGB und dessen weite Fassung indirekt kritisieren. So führen sie an, dass gerade bei Inlandsnachlassspaltungen, also in Fällen, in denen auf im Inland belegenes Vermögen teils ausländisches und teils deutsches Recht anzuwenden ist, die Definition der Erbschaft dem Zweck der Norm entsprechend als „jeder selbständige Nachlass" verstanden werden müsse, damit noch von § 2369 BGB profitiert werden könne.[495] Jedenfalls müsse weiterhin trotz Gebrauchmachens von § 2369 BGB für den im Inland belegenen und dem ausländischen Recht unterfallenden Nachlass das ausländische Recht umfassend ermittelt werden.

Darüber hinaus wird die Verfahrensbeschleunigung zwar nicht in Frage gestellt, doch wird vorgebracht, die Beschränkungsmöglichkeit führe gerade wegen der Beschleunigung dazu, dass § 2369 BGB vermehrt angewandt werden müsse. Auch müsse das Verfahren nach § 2369 BGB zum Regelverfahren gemacht werden, da oft die Gefahr bestehe, dass sich irgendwo im Ausland noch Vermögen befinde.[496] Hier sei dann auch die Anerkennung des Welterbscheines fraglich, da eine solche nur selten vorkäme.[497] Die Ausnahme zur Regel zu machen, könne nicht Sinn der Neuregelung sein.[498]

Rauscher[499] geht davon aus, nur die extensive Anwendung von § 2369 BGB könne vermeiden, dass der Erbe bzw. sonstige Antragsteller „Steine" (Kosten der Rechtsermittlung) statt „Brot" (universeller Erbschein) erlange. Er verlangt daher, den Antragsteller schon bei der Antragstellung über die Möglichkeit der Beschränkung nach § 2369 BGB zu informieren. Dies sei allein schon sinnvoll, um die „durch § 105 FamFG hervorgerufene Illusion zu dämpfen", der umfassende deutsche Erbschein werde auch im Ausland anerkannt.[500]

---

495 Wittrowski RNotZ 2010, 102, 112; so auch Schäuble ZErb 2009, 200, 201 f.

496 Ansonsten ist jeder Antrag zu beanstanden, der nicht angibt, ob sich im Ausland Vermögen befindet; vgl. Schaal, in: Bahrenfuss, Kommentar zum FamFG, § 343 Rdnr. 10; Baumann NotBZ 2011, 193. Von der Erhebung zum Regelverfahren geht wohl letztlich sogar Wittrowski (in: RNotZ 2010, 102, 113 ff.) aus, da er in seinen Beispielsfällen stets die Beschränkungsmöglichkeit nach § 2369 BGB in Erwägung zieht. Wird aber versichert, dass sich im Ausland kein Vermögen befindet, darf von § 2369 BGB kein Gebrauch gemacht werden, vgl. OLG Brandenburg NotBZ 2011, 365, 366.

497 S.o. Teil 2 B. II. 1. c. bb. (2) sowie Fn. 243; s.a. Schlüter, in: Erman, Kommentar zum BGB, § 2369 Rdnr. 1.

498 Vgl. zu dieser Gegenargumentation Lukoschek NotBZ 2010, 324, 327.

499 Rauscher, in: Münchener Kommentar zur ZPO, § 105 FamFG Rdnr. 32.

500 Rauscher, in: Münchener Kommentar zur ZPO, § 105 FamFG Rdnr. 32; s.a. Mayer, in: Münchener Kommentar zur ZPO, § 343 FamFG Rdnr. 29.

Insbesondere von *Zimmermann*[501] wird zu den Kosten und der Reduktion nach § 107 Abs. 2 S. 3 KostO angeführt, dass die Reduktion zwar theoretisch vorgenommen werde, allerdings bei Maßgeblichkeit ausländischen Rechts für im Inland belegenen Nachlass Auslagen anfallen könnten, beispielsweise für kostenintensive Gutachten über das ausländische Erbrecht. Auch beseitige ein Antrag gemäß § 2369 Abs. 1 BGB das Kostenprivileg aus § 46 Abs. 4 S. 1 KostO[502] und führe zum Schuldenabzug nach § 18 Abs. 3 KostO.[503] Mitunter sei dann eine Abwägung, insbesondere hinsichtlich der Anerkennung im Ausland, vonnöten.[504]

cc. Stellungnahme

Zwar liefert § 2369 BGB viele Vorteile und ermöglicht es, aufwändige und kostenintensive Verfahren mit Auslandsberührung relativ zügig und kostengünstig im Sinne des § 107 KostO zu bewältigen. Doch schafft er auch neue Probleme. So führen die Kritiker zu Recht an, dass Auslagen gegebenenfalls enorme weitere Kosten verursachen können und eine entsprechende Abwägung unausweichlich ist. Hier muss aber ebenfalls bedacht werden, dass der Gesetzgeber nicht davon ausgegangen zu sein scheint, dass der Antragsteller bei einem Erblasser, der das meiste Vermögen im Ausland hinterlässt, für geringwertige Güter – wie den bereits erwähnten Regenschirm – einen gesonderten Erbscheinsantrag stellen wird. Demnach wird die Abwägung bei diesen Nachlassgegenständen wohl immer gegen die Beantragung eines Erbscheins in Deutschland sprechen.

e. Ergebnis

Es zeigt sich, dass die Neuregelung ein erfreuliches Ziel verfolgt, allerdings einige Schwächen aufweist. Mögen die Kritikpunkte an den praktischen Erwägungen, also insbesondere die mangelnde Verfahrensbeschleunigung und die gegebenenfalls erhöhten Kosten durch § 2369 BGB eingedämmt werden, kann auch diese kostenbasierte Einschränkung der Kritik nicht völlig überzeugen, da

---

501 Zimmermann FGPrax 2006, 189; ders. Rpfleger 2009, 437; ders. ZEV 2009, 53, 57.

502 Danach ist der Gebührenberechnung der Wert des nach Abzug der Verbindlichkeiten verbleibenden reinen Vermögens oder der Wert des entsprechenden Bruchteils des reinen Vermögens zugrunde zu legen, wenn über den ganzen Nachlass oder einen Bruchteil davon verfügt wird.

503 § 18 Abs. 3 KostO lautet:„Verbindlichkeiten, die auf dem Gegenstand lasten, werden bei Ermittlung des Geschäftswerts nicht abgezogen; dies gilt auch dann, wenn Gegenstand des Geschäfts ein Nachlass oder eine sonstige Vermögensmasse ist."

504 Bolkart MittBayNot 2009, 268, 274; Zimmermann FGPrax 2006, 189; ders. Rpfleger 2009, 437; ders. ZEV 2009, 53, 57; s.a. Seyfarth, Zuständigkeitswandel, S. 104; Wittrowski RNotZ 2010, 102, 113.

durch die ausgedehnte Anwendung dieser Ausnahmevorschrift eine „Ausnahme zur Regel erhoben" wird, was der Intention des Gesetzgebers nicht entsprechen kann.

Auch drohen mangels Anerkennung ausländischer Nachlasszeugnisse und mangels Rücksichtnahme auf ausländische Gerichtsbarkeiten bei der Behandlung des Weltnachlasses unterschiedliche Entscheidungen. Zwar wurde dieses Argument als nicht so schwerwiegend bezeichnet, doch ist es dennoch nachteilig, dass auf die ausländische Jurisdiktion nicht hinreichend Rücksicht genommen wird.

Letztlich überzeugt das Argument der neu geschaffenen Gesetzesuniformität für sich nicht. Dies kann zwar ein Beweggrund für die Neuschaffung oder gar das Ziel sein, doch kann dies eine Gesetzesänderung allein nicht sinnvoll tragen.

4. Zusammenfassung

Die Neuregelung knüpft gemäß § 105 FamFG i.V.m. §§ 343, 344 FamFG die internationale Zuständigkeit an die örtliche Zuständigkeit. § 2369 BGB wurde dieser Neuregelung angepasst und sieht eine Beschränkung des Erbscheins auf den im Inland belegenen Nachlass des Erblassers vor. Die Grenze der Zuständigkeit deutscher Gerichte bildet weiterhin das Kriterium der wesenseigenen Zuständigkeit. Sonstige Einschränkungen, wie ein besonderes Rechtsschutzbedürfnis in Form eines Inlandbezuges, sind abzulehnen.

Im Rahmen der Begründung für die Neuregelung wird die Rücksichtnahme auf die ausländische Jurisdiktion hervorgehoben, da insbesondere die Anknüpfung an den Wohnsitz zur Bestimmung der internationalen Zuständigkeit in vielen Rechtsordnungen üblich sei. Dagegen wird vorgebracht, die Rücksichtnahme bleibe im Gegenteil aus, beanspruche ein Gericht „rücksichtslos" die Zuständigkeit für den gesamten Weltnachlass.

Auch wird die Neuregelung mit praktischen Erwägungen begründet, insbesondere der Verfahrensbeschleunigung und Kostenreduktion. Dies ist aber – abgesehen von Fällen, in denen § 2369 BGB angewandt wird – eher nicht der Fall, gerade aufgrund der zumeist notwendigerweise einzuholenden und kostenintensiven Rechtsgutachten bei Maßgeblichkeit ausländischen materiellen Rechts.

Zudem wird die nun geschaffene Gesetzesuniformität betont, also der Umstand, dass die Bestimmung der internationalen Zuständigkeit im Bereich der freiwilligen Gerichtsbarkeit nun ebenso wie im Bereich der streitigen Gerichtsbarkeit erfolge. Dies überzeugt aber ebenso wenig, da die Gesetzesuniformität eher positives Beiwerk als argumentative Stütze ist.

§ 2369 BGB wird in seiner neuen Fassung ebenfalls befürwortet, da er gerade einige praktische Bedenken, wie die Verfahrensverzögerung und die erhöhten

Kosten, ausräume. Doch wird bei einer extensiven Anwendung der Norm zur Ausräumung der Bedenken eine Ausnahme zur Regel gemacht.

Den Kritikern ist dementsprechend größtenteils zuzustimmen. Insbesondere die nicht hinreichende Rücksichtnahme auf die ausländische Jurisdiktion und die Erhebung der Beschränkung nach § 2369 BGB zum Regelverfahren sind besonders kritisch zu betrachten.

Ob das System dennoch in der Praxis und dabei anhand der Praxisprobleme überzeugen kann, soll auch hier die folgende Bewertung zeigen.

III. Bewertung

Wie schon bei den Ausführungen zum Gleichlaufgrundsatz[505] wird auch an dieser Stelle die soeben erörterte Neuregelung anhand der Praxiskriterien bewertet. Eingangs wird abermals auf die Vermeidung internationaler Entscheidungsdivergenzen abgestellt. Rechtssicherheit sowie Rechtsschutz aus Bürgersicht bzw. aus staatlicher Sicht schließen sich im Folgenden an. Abschließend werden wiederum von den vorbenannten Kriterien unabhängige Vor- und Nachteile erörtert.

1. Vermeidung internationaler Entscheidungsdivergenzen

Schon in der Gesetzesbegründung zu § 105 FamFG geht die Bundesregierung, wie ausgeführt,[506] davon aus, keinen universellen Entscheidungseinklang schaffen zu können. Internationale Entscheidungsdivergenzen seien nicht zu vermeiden, jedoch ein notwendiges Übel zur Erlangung eines umfassenden Rechtsschutzes.

Die deutschen Gerichte werden also nun unabhängig vom einschlägigen Sachrecht tätig, wenn die örtliche Zuständigkeit nach den §§ 343, 344 FamFG gegeben ist. Dabei ist irrelevant, ob ein ausländisches Gericht ebenfalls tätig (geworden) ist und ob ein ausländischer Erbnachweis existiert. Mangels Rücksichtnahme auf eine etwaige ausländische Rechtshängigkeit[507] und wegen der Anordnung in § 106 FamFG, dass es sich bei der in § 105 FamFG festgelegten internationalen Zuständigkeit um keine ausschließliche handelt,[508] ist das Gericht in vollem Umfang zuständig. Es richtet nicht nur über in seinem Hoheitsgebiet belegenen Nachlass, sondern auch über Nachlass, der sich in anderen Ländern befindet. Dies kann, wie oben bereits beschrieben, unter anderem auf-

---

505   Teil 2 B. III.

506   BT-Drucks. 16/6308, S. 222.

507   Vgl. Teil 2 C. II. 3. a. bb.

508   Ebenda.

grund unterschiedlicher Anknüpfungen und insbesondere wegen der vielen subsidiären Zuständigkeitskriterien der deutschen Regelung zu divergierenden Entscheidungen in den verschiedenen Ländern führen, wenn sich deren Gerichte oder sonstige zuständige Instanzen jeweils parallel für zuständig halten.[509] So kann beispielsweise ein französischer Notar für den in Deutschland versterbenden und damit dort seinen letzten Aufenthalt habenden französischen Erblasser mit Wohnsitz in Frankreich entscheiden, dass auch das in Deutschland belegene bewegliche Vermögen französischem Recht untersteht und einen entsprechenden Erbnachweis erteilen.[510] Dieser wird mangels Gestaltungswirkung in Deutschland jedoch nicht anerkannt.[511] Die deutschen Gerichte können daher gemäß § 105 FamFG i.V.m. § 343 Abs. 1 FamFG ebenfalls tätig werden.[512] Hier gelangen zwar beide Gerichte materiell-rechtlich zu dem Ergebnis, dass französisches Recht anzuwenden ist. Dies würde jedoch schon dann anders beurteilt, wenn der in Frankreich wohnende Erblasser deutscher Staatsangehöriger gewesen wäre. Wegen Art. 25 Abs. 1 EGBGB wäre aus deutscher Sicht deutsches materielles Recht maßgeblich. Der acte de notoriété und der deutsche Erbschein könnten dann inhaltlich divergieren.[513]

---

509   S.a. Bachmayer BWNotZ 2010, 146, 157.

510   Art. 3 Abs. 2 Code civil, Art. 102 Abs. 1 Code civil. Dieses Szenario ist angelehnt an den Beispielsfall der Folgenabschätzung vom 14. Oktober 2009; SEC(2009) 410 (im Folgenden: Folgenabschätzung), S. 12. Ähnliche Fälle zur alten Rechtslage bei Zimmermann, Erbschein und Erbscheinsverfahren, Rdnr. 736.

511   Der acte de notoriété ist dem deutschen Erbschein nicht gleichgestellt, vgl. Döbereiner, in: Süß, Erbrecht in Europa, S. 679 f. sowie Gotthard ZfRV 1991, 2.

512   Wird zuerst das deutsche Gericht angerufen und ist keine Vollstreckung in Frankreich vorgesehen (was bei Erbscheinen mangels „Titeleigenschaft" ohnehin nicht relevant ist), so ist eine Anerkennung wohl möglich, soweit das deutsche Verfahren dem des acte de notoriété entspricht und das nach französischem Recht maßgebliche Sachrecht angewandt wurde. Soll hingegen in Frankreich auch vollstreckt werden, muss unter Umständen eine Anerkennung in Frankreich nach Durchführung eines „Exequaturverfahrens" erfolgen. Dabei werden von einem „Tribunal de grande instance" insbesondere die Zuständigkeit des Gerichts sowie die Verfahrensvoraussetzungen und das Ergebnis anhand des ordre public überprüft. Im Erbscheinsverfahren dürfte dies wegen der ausschließlichen französischen Zuständigkeit aber eher selten vorkommen; vgl. Döbereiner, in: Süß, Erbrecht in Europa, S. 675, 677 f. (auch zu ausländischen Entscheidungen im Allgemeinen); noch zum alten Recht: Berenbrok, Internationale Nachlaßabwicklung, S. 81; praktischer Fall einer faktischen Nachlassspaltung, vgl. auch Teil 1 B. I. 1. e., DNotI-Studie, S. 210 sowie Schroer, Europäischer Erbschein, S. 87; von Oertzen/Pawlytta, in: Münchener Anwaltshandbuch Erbrecht, § 33 Rdnr. 84.

513   Natürlich muss dann auch die Zuständigkeit des französischen Notars gegeben sein, dies ist aber schon dann der Fall, wenn der Antragsteller die französische Staatsangehörigkeit besitzt, vgl. Art. 14, 15 Code civil sowie Döbereiner, in: Süß, Erbrecht in Eu-

Anders als beim Gleichlaufgrundsatz drohen daher nicht nur teilweise, sondern schlechthin internationale Entscheidungsdivergenzen.

Auch § 2369 BGB vermag in seiner neuen Fassung keine hinreichende Vermeidung der Divergenzen herbeizuführen, da sich die Norm nur auf das faktische Territorium bezieht, nicht aber auf den von einzelnen Staaten in Anspruch genommenen Zuständigkeitsbereich, so dass auch hier – wie das Beispiel zeigt – ausländische Institutionen divergierende Entscheidungen treffen können.

Internationale Entscheidungsdivergenzen können, wie oben bereits angeführt,[514] somit nur dadurch eingedämmt werden, dass rein praktisch die Anknüpfung an den Wohnsitz oder den Aufenthalt gängige Kriterien zur Bestimmung der Zuständigkeit sind und ausländische Gerichte allein wegen dieser parallelen Ausgestaltung nicht zuständig sind. Doch selbst dann wäre abermals nur ein bi- und kein multilateraler Entscheidungseinklang gewährleistet, sollte auch nur ein Gericht von dieser Parallelität abweichen.[515]

Insgesamt ist daher davon auszugehen, dass internationale Entscheidungsdivergenzen vermehrt auftreten können und eine Vermeidung selbiger oftmals ausbleiben wird.

2. Rechtssicherheit

Auch auf die Rechtssicherheit wirken sich etwaige Entscheidungsdivergenzen aus. Zwar weiß der Rechtssuchende nun hinsichtlich der Zuständigkeit deutscher Gerichte sicher, dass sich das deutsche Gericht, international betrachtet, mit seinem Anliegen auseinandersetzen wird, liegen die Voraussetzungen der §§ 343, 344 FamFG vor. Dies beinhaltet ein gewisses Maß an Rechtssicherheit. Obwohl das Gericht aber nun für den gesamten Nachlass einen Erbnachweis erstellen wird, kann der Rechtssuchende sich nicht darauf verlassen, dass dieser auch internationale Geltung beanspruchen wird. Die Anerkennungsverfahren (bzw. das Vorgehen bei zuvor angenommener ausländischer Zuständigkeit) differieren weiterhin von Staat zu Staat. Gerade wenn also das ausländische Recht ein von der deutschen Regelung divergierendes Kriterium zur Bestimmung der internationalen Zuständigkeit wählt – was aufgrund der vielen subsidiären Kriterien leicht der Fall sein kann – leiden wegen der möglichen verschiedenen Erbnachweise, die nun von deutschem und ausländischem Gericht erteilt werden könn-

---

ropa, S. 677; s.a. DNotI-Studie, S. 198; Denkinger, Europäisches Erbkollisionsrecht, S. 332 ff.; Lehmann (in: FPR 2008, 203) merkt allgemein an, dass französisches und deutsches Internationales Privatrecht nur dann einheitlich ein materielles Recht wählen, wenn der Erblasser im Heimatstaat seinen Wohnsitz hatte.

514 S.o. Teil 2 C. II. 3. a. cc.
515 S.a. Folgenabschätzung, S. 11 f.

ten, Vorhersehbarkeit, Kontinuität und damit die Rechtssicherheit. Nur wenn das ausländische Recht ebenfalls ein identisches Kriterium wählt, entfällt diese Problematik. Dies ist bei der Wohnsitzzuständigkeit zwar oft, aber nicht stets der Fall.[516]

Andererseits kann der Erbe (oder sonstige Antragsteller) aber nun grundsätzlich das anzuwendende Sachrecht leichter bestimmen – ähnlich dem Gleichlaufgrundsatz, jetzt jedoch auch bei Maßgeblichkeit ausländischen Rechts. Ebenso darf der Erblasser, der die Voraussetzungen der §§ 343, 344 FamFG erfüllt, darauf vertrauen, dass deutsche Gerichte seinen Fall entscheiden und dabei zunächst von ihrem Internationalen Privatrecht ausgehen, also beispielsweise auch eine Rechtswahl nach Art. 25 Abs. 2 EGBGB berücksichtigen.[517] Er kann so zwar nicht direkt absehen, welches Recht einschlägig ist, doch kann er, ausgehend vom deutschen Internationalen Privatrecht, zumindest ermitteln, welches materielle Recht einschlägig sein wird.[518] Zudem können sich Antragsteller und Erblasser der Berücksichtigung des ermittelten Rechts durch die deutschen Gerichte gewiss sein. Dies führt zu einer Kontinuität und Unwandelbarkeit, welche die Rechtssicherheit zumindest fördert.

Legt man den unter III.1. erwähnten Beispielfall zugrunde, bedeutet dies, dass bei einem (hier nun) deutschen Erblasser der Erbe einen Erbschein vor den deutschen Gerichten gemäß § 105 FamFG i.V.m. § 343 Abs. 2 FamFG beantragen kann. Das deutsche Rechtssystem, das nach Art. 25 Abs. 1 EGBGB an die Staatsangehörigkeit anknüpft, hält das deutsche Recht für maßgeblich. Dies ist für den Erblasser vorhersehbar, so dass Rechtssicherheit gegeben ist.

Allerdings hält das französische Rechtssystem, das als erbrechtliche Anknüpfung den letzten Wohnsitz, also Frankreich, wählt, hinsichtlich des beweglichen Nachlasses französisches Recht für anwendbar. Der deutsche Erbschein würde dann in Frankreich nicht anerkannt, da das französische Recht für eine Anerkennung die Anwendung des französischen Rechts voraussetzt.[519] Es würde ein weiteres Verfahren in Frankreich durchgeführt werden müssen, dessen inhaltlicher Ausgang vom Verfahren in Deutschland abweicht. Hinreichende Rechtssicherheit wäre in diesem Fall nicht gegeben.[520]

Ebenfalls nur geringfügig hilft die neu geschaffene Gesetzesuniformität, die es dem Erben (oder sonstigem Antragsteller) sicherlich erleichtern wird, sich ein

---

516 So auch Bachmayer BWNotZ 2010, 146, 157.
517 Zur Rechtswahl nach deutschem Recht bereits oben unter Teil 1 B II. 1. e.
518 Wobei unter Umständen und nach Ansicht der Praxis im Erbschein zwar das ermittelte Recht zur Anwendung gelangt, ausländische Rechtsinstitute aber dem deutschen Recht angepasst werden müssen, s.o. Teil 2 B. II. 1. c. cc. (1).
519 S.o. Fn. 512.
520 Siehe auch Bachmayer BWNotZ 2010, 146, 157.

klares Bild darüber zu machen, ob das Gericht sich mit seiner Sache befassen wird.[521] Durch eine starre Regelung, die dem allgemeinen deutschen System der Bestimmung der internationalen Zuständigkeit angepasst ist, findet sich hier ein gewisses Maß an Rechtssicherheit. Doch nützt diese neu geschaffene Rechtssicherheit nichts, wenn das produzierte Ergebnis, wie soeben beschrieben, nicht den Rechtssicherheitsaspekten genügt, insbesondere also im Ausland nicht anerkannt wird.

Einzig wenn bei vorhandenem bzw. als vorhanden behauptetem inländischem und ausländischem Nachlass § 2369 BGB zur Anwendung gelangt, wird Rechtssicherheit in einem umfassenderen Maß erreicht. Denn dann beschränkt sich der Erbschein auf das in Deutschland belegene Vermögen.[522] Hier ist es nicht nötig, auf ausländische Gerichtsbarkeiten zurückzugreifen, da der Erbe (oder sonstige Antragsteller) das erteilte Zeugnis zur Geltendmachung seiner Rechte im Inland vollumfänglich einsetzen kann. Der Erbe (oder sonstige Antragsteller) kann innerhalb der deutschen Grenzen davon ausgehen, dass das Recht und der erteilte Erbschein in gewissem Umfang unwandelbar sind. Ausschweifende Ermittlungen hinsichtlich im Ausland belegenen Nachlasses, die dem Erben mangels Anerkennung nicht nützen, unterbleiben.

Es bleibt aber mitunter der Nachteil, dass ausländische, dem deutschen Recht unbekannte Rechtsinstitute in das deutsche Rechtssystem übernommen werden müssen. § 2369 BGB schließt nicht aus, dass ausländisches Recht anzuwendenden ist. Auch die Anwendung ausländischen Rechts an sich kann aufgrund der Unkenntnis des Rechts dazu führen, dass das Recht nicht so wie in dem Heimatstaat angewandt wird. Selbst wenn diese beiden Argumente keine tragfähigen gegen die Neuregelung sind, so kann dies doch zu Erschwerungen bei der Rechtsanwendung, wenn nicht sogar leichter zu Rechtsanwendungsfehlern führen. Dies würde die Rechtssicherheit ebenfalls beeinträchtigen.[523] Zumindest die möglichen Rechtsanwendungsfehler durch die Anwendung ausländischen Rechts sind aber hinzunehmen, da sie untrennbar mit dem Internationalen Privatrecht verbunden sind.[524]

Insgesamt kann daher nur begrenzt von einer Rechtssicherheit im internationalen Bereich ausgegangen werden. Ein internationaler Erbschein hat keine allgemeine Gültigkeit. Daher ist ungewiss, ob das ermittelte Ergebnis auch im Ausland ohne Weiteres anerkannt wird. Nur bei der Anrufung des Gerichts kann nun – im Gegensatz zum ungeschriebenen Gleichlaufgrundsatz – von der kon-

---

521 S.o. Teil 2 C. II. 3. d.

522 Dazu: S.o. Teil 2 C. II 3. d. aa.

523 S.a. Bachmayer BWNotZ 2010, 146, 157.

524 Dazu bereits Teil 2 B. II. c. bb (3). Daher entfällt eine Berücksichtigung dieses Gesichtspunktes im Folgenden.

stanten Bestimmung der internationalen Zuständigkeit nach § 105 FamFG i.V.m. §§ 343, 344 FamFG ausgegangen werden, was dem auch früher vertretenen Doppelfunktionalitätsprinzip entspricht. So ist es dem Erblasser möglich, schon vorab zu erkennen, ob deutsche Gerichte zuständig sein werden und das anwendbare Recht ausgehend vom deutschen Internationalen Privatrecht zu ermitteln. Beschränkt der Antragsteller seinen Antrag zudem gemäß § 2369 BGB, ist dahingehend Rechtssicherheit gewährleistet, dass der erteilte Erbschein in Deutschland vollumfängliche Wirkung entfalten kann und dabei nicht ausländisches Recht ermittelt und angewandt werden muss, das für Nachlassgegenstände gilt, die im Ausland liegen, wo der deutsche Erbschein (womöglich) nicht anerkannt wird. Selbst dann wäre aber noch nachteilig, dass, der Ansicht der Praktiker zustimmend, ausländische, dem deutschen Recht unbekannte Rechtsinstitute unter Geltung des anzuwendenden Rechts, das auch im Rahmen von § 2369 BGB ausländisches sein kann, in das deutsche Rechtssystem übernommen werden müssen.

3. Rechtsschutz aus Bürgersicht

Der Gesetzgeber beabsichtigt mit der Neuregelung den Rechtsschutz aus Bürgersicht. Doch obwohl es ausdrücklich die Intention des Gesetzgebers war, der Rechtsverweigerung, die sich aus der Anwendung der Gleichlauftheorie ergab, entgegenzuwirken,[525] kann die Neuregelung diese Aufgabe nicht gänzlich erfüllen.

Zunächst ist positiv, dass nun ein Gericht wegen § 105 FamFG i.V.m. §§ 343, 344 FamFG örtlich und zeitlich schnell zu erreichen ist, was auch auf die ausdrückliche und der allgemeinen Zuständigkeitsbestimmung angepasste Neuregelung mit ihren vielen subsidiären Kriterien zurückgeht.[526] Gerade durch die subsidiär wirkenden Kriterien ist nahezu jede Berührungsmöglichkeit zum deutschen Recht als Anknüpfungskriterium erfasst. Dieser weite Rahmen an Bestimmungskriterien führt daher in fast jedem Fall zur Zuständigkeit deutscher Gerichte und ermöglicht dem Rechtsuchenden so die Rechtsschutzerlangung im Inland.

Jedoch müssen die Gerichte aufgrund der Neuregelung dann unter Umständen umfassend ausländisches (und gegebenenfalls dem Richter unbekanntes) Recht prüfen. Dies kann dazu führen, dass ein Verfahren bei einer erforderlichen

---

525   BT-Drucks. 16/6308 S. 221.
526   Zur neuen Gesetzesuniformität s.o. Teil 2 C. II. 3. c.

Einholung umfassender Rechtsgutachten Monate oder Jahre in Anspruch nimmt.[527]

Bachmayer[528] hält dagegen, dass schon der neu gefasste § 343 FamFG durch die Anknüpfung an den Wohnsitz des Erblassers dem Ziel des Rechtsschutzes Rechnung trage, da er den Gerichtsstand an den Ort anknüpft, an dem der Erblasser seinen Lebensmittelpunkt hatte, wo vermutlich das meiste Vermögen belegen ist und wo zumeist auch die Erben (oder sonstige Antragsteller) anzutreffen sind.[529]

Selbst wenn aber das deutsche Gericht nun schnell eine Entscheidung fällen kann, ist doch die zweite Komponente des Rechtsschutzes aus Bürgersicht fraglich. Danach bedeutet Rechtsschutz aus Bürgersicht auch, dass die erlangte Entscheidung – oder wie hier der erteilte Erbschein zumindest mittelbar – zur Durchsetzung der Rechte verhilft.

Wie schon bei der Problematik der Vermeidung internationaler Entscheidungsdivergenzen und bei der Frage der Rechtssicherheit stellt sich wiederum das Problem der Anerkennung im Ausland. Innerhalb deutscher Grenzen dürfte nun mithin ein umfassender Rechtsschutz gewährt werden, da jede deutsche Institution einen deutschen Erbschein als rechtsgültigen Erbnachweis ansehen und dementsprechend handeln wird.

Werden allerdings die deutschen Grenzen überschritten und scheidet im Ausland eine Anerkennung des deutschen Erbscheins aus – was, wie ausgeführt,[530] oft der Fall sein dürfte – so ist das gesamte Verfahren vor den deutschen Gerichten hinfällig. Der Rechtssuchende muss erneut eine entsprechende Instanz anrufen und auf Rechtsschutz hoffen.

Hier hilft ausnahmsweise § 2369 BGB auch nicht weiter. Dieser beschränkt den Erbschein nur auf den in Deutschland belegenen Nachlass, erweitert die Wirkung des Erbscheins also (selbstverständlich) nicht über die deutschen Grenzen hinaus. Andererseits hilft § 2369 BGB aber dann, wenn beispielsweise der Erbe (oder sonstige Antragsteller) lediglich einen Erbnachweis für das in Deutschland belegene Vermögen wünscht. Denn hier entfaltet, wie schon bei der

---

527 S.o. Teil 2 C. II. 3. a. bb.

528 Bachmayer BWNotZ 2010, 146, 157.

529 So auch der Gedanke in Bezug auf den „gewöhnlichen Aufenthalt" als Anknüpfungspunkt in der ErbVO; vgl. nur Denkinger, Europäisches Erbkollisionsrecht, S. 381 sowie des Max-Planck-Instituts für ausländisches und Internationales Privatrecht, Comments on the European Commission Proposal, abgedruckt in RabelsZ 74 (2010), S. 522 bis 720 (im Folgenden: MPI bzw. MPI-Comments), Rz. 131 ff. Ausführlich Teil 3 A. III. 2. b. aa.

530 Vgl. Teil 2 B. II. c. aa. (2) sowie Fn. 243.

Rechtssicherheit betont,[531] der Erbschein insbesondere als Nachweis der Erbenstellung umfassende Wirkung, ohne zugleich eine umfangreiche Prüfung auch in
Bezug auf im Ausland belegene Nachlassgüter zu fordern.

Im Übrigen ist die Rechtsschutzerlangung auch dadurch erschwert, dass ein
ausländischer Erbnachweis in Deutschland zumeist nicht anerkannt wird.[532] Dadurch muss ein weiteres Verfahren in Deutschland durchgeführt werden, was zu
starken zeitlichen Verzögerungen führen kann.

Im Ergebnis findet der Rechtssuchende bei einem Inlandsbezug zwar entsprechend den Voraussetzungen der § 105 FamFG i.V.m. §§ 343, 344 FamFG
ein zuständiges Gericht, das sich unabhängig vom materiellen Recht seiner Sache annimmt, auch wenn dies die Einholung von Rechtsgutachten erfordert, was
zu Verfahrensverzögerungen führen kann. Zudem kann er mithilfe des erlangten
Erbscheins innerhalb der deutschen Grenzen sein Recht durchsetzen, insbesondere also als Erbe seine Erbenstellung nachweisen. Ebenso kann er bei Anerkennung des Erbscheins im Ausland mit dessen Hilfe vorgehen, ohne ein neues
Verfahren im Ausland anstreben zu müssen. Fehlt es aber an einer Anerkennung, so muss ein neues Verfahren durchgeführt werden. Der „Welterbschein"
führt dann trotz umfassender und ggf. ausschweifender und langwieriger
Rechtsprüfung nicht zum Ziel. Entsprechendes gilt für einen ausländischen Erbschein, der im Inland nicht anerkannt wird, so dass vor den deutschen Gerichten
ein neues Verfahren durchgeführt werden muss.

4. Rechtsschutz aus staatlicher Sicht

Der Rechtsschutz aus staatlicher Sicht, also insbesondere die Vermeidung des
forum shopping und mehrfacher Zuständigkeiten, kann durch die Neuregelung
ebenfalls nicht gänzlich gewährleistet werden. Mehr noch werden die deutschen
Gerichte durch die nun geschaffene „Weltzuständigkeit" über ihre Grenzen hinaus tätig. Durch die vielen subsidiären Zuständigkeitskriterien wird dann unabhängig von einer ausländischen Jurisdiktion eine „universelle deutsche Zuständigkeit" begründet. Dass aber diese auch selbstständig über die in ihrem Land
fußenden Sachverhalte urteilen will, lässt die Neuregelung unbeachtet. So wird
eine mehrfache Zuständigkeit nicht verhindert, sondern vielmehr gefördert.
Auch innerhalb der deutschen Grenzen, also insbesondere, wenn § 2369 Abs. 1
BGB zur Anwendung gelangt, kann die alleinige Zuständigkeit eines Staates
nicht gewährleistet werden. Wegen der größtenteils mangelnden Anerken-

---

531 S.o. Teil 2 C. III. 2.
532 S.o. Teil 2 B. II. c. aa. (2) sowie Fn. 243.

nungsmöglichkeit ausländischer Erbnachweise[533] und der mangelnden Möglichkeit, eine entgegenstehende ausländische Rechtshängigkeit zu berücksichtigen[534] darf das deutsche Gericht trotz eines vorhandenen Erbnachweises tätig werden.

So kann der Antragsteller im unter III. 1. angeführten Beispiel eines in Frankreich lebenden (hier abermals) deutschen Erblassers mit letztem Aufenthalt in Deutschland unter Umständen[535] sowohl die französische Institution als auch die deutschen Gerichte anrufen. Je nachdem, welches Gericht angerufen würde, ergäben sich unterschiedliche Entscheidungen und der Antragsteller könnte das für ihn vorteilhaftere Recht aussuchen.[536]

Den Ausführungen zur Vermeidung internationaler Entscheidungsdivergenzen entsprechend kann auch hier Rechtsschutz aus staatlicher Sicht nur bei Zuständigkeit eines Gerichtes gewährt werden. Dies ist dann der Fall, wenn sich nur die deutschen Gerichte, nicht aber parallel ausländische Gerichte für zuständig erklären (beispielsweise aufgrund der parallelen Anknüpfung oder wegen der Anerkennung des deutschen Erbscheins) oder wenn sich nur ein ausländisches Gericht für zuständig erklärt.

Ansonsten wird auch der Rechtsschutz aus staatlicher Sicht nicht gewährleistet.

5. Sonstige bewertungsrelevante Umstände

Positiv zu unterstreichen ist die konkrete Niederschrift einer Regelung, die der üblichen Bestimmung der Zuständigkeit angepasst ist, also die internationale Zuständigkeit an die örtliche Zuständigkeit knüpft.

Nachteilig ist hingegen, dass das Verfahren – sofern nicht von der Beschränkung nach § 2369 BGB Gebrauch gemacht wird – zeit- und kostenintensiv werden kann. Ebenso ist es möglich, dass die Notwendigkeit der Aufnahme ausländischer, dem deutschen Recht unbekannter Rechtsinstitute in den deutschen Erbschein zu Problemen führt. Dies kann sich mitunter im Rahmen der Rechtssicherheit und des Rechtsschutzes aus Bürgersicht negativ auswirken.

---

533 Ebenda.
534 S.o. Teil 2 C. II. 3. a. bb.
535 Also insbesondere dann, wenn der Antragsteller die französische Staatsangehörigkeit besitzt, vgl. Art. 14, 15 Code civil sowie Döbereiner, in: Süß, Erbrecht in Europa, S. 677; s.o. Fn. 513.
536 Sollten aber die deutschen Gerichte zuerst angerufen werden, kann aufgrund einer Anerkennung in Frankreich (ggf. mit vorangehendem „Exequaturverfahren") eventuell kein neuer Antrag mehr gestellt werden, Döbereiner, in: Süß, Erbrecht in Europa, S. 677 f.; s.o. Fn. 512.

6. Zusammenfassung

Die Neuregelung orientiert sich an bürgernahen Zielen, doch genügt sie nicht immer den Anforderungen. Internationale Entscheidungsdivergenzen können nicht beseitigt werden, sondern treten eher vermehrt auf – was auch dem Gesetzgeber bewusst war.[537] Rechtssicherheit und Rechtsschutz werden nur partiell gewährleistet. Evident ist das Problem der mangelnden Anerkennung von ausländischen Erbnachweisen im Inland bzw. von inländischen Erbnachweisen im Ausland.[538] Die Problematik der fehlenden Anerkennung kann allerdings keine nationale Regelung abändern, höchstens in Bezug auf die Anerkennung ausländischer Erbscheine, nicht aber in Bezug auf die ausländische Anerkennung deutscher Erbscheine.

Dem kann auch § 2369 BGB nicht vollständig entgegenwirken, da durch diesen lediglich der Rechtsschutz aus Bürgersicht in vollem Umfang[539] gewährleistet wird, wenn sich der Rechtsuchende auf die deutschen Staatsgrenzen beschränkt. In allen anderen Fällen können und müssen ausländische Gerichte, wie gezeigt, ebenso tätig werden.

Hervorzuheben ist aber, dass bei tatsächlicher Anerkennung im Ausland nur das deutsche Gericht tätig werden muss, um ein Zeugnis über den „Weltnachlass" zu erteilen.

IV. Ergebnis

Obwohl vom Gesetzgeber als positives Novum beabsichtigt, hat die Anknüpfung der internationalen Zuständigkeit an die örtliche Zuständigkeit im Erbscheinsverfahren diverse Nachteile, die sich auf die Problemfelder Vermeidung internationaler Entscheidungsdivergenzen, Rechtssicherheit, Rechtsschutz aus Bürgersicht sowie Rechtsschutz aus staatlicher Sicht teils sehr negativ auswirken.

Es liegt nahe, dass ein Nachbesserungsbedarf (soweit möglich) hinsichtlich der Anerkennungsmöglichkeiten besteht. Dies wird aber, wegen des parallelen Auftretens bei beiden Systemen, im Rahmen eines Vergleichs der Gleichlauftheorie und der Neuregelung intensiver untersucht.

---

537 BT-Drucks. 16/6308, S. 221.
538 Natürlich mit Ausnahme von staatsvertraglichen Regelungen wie § 17 der Anlage zu Art. 20 des Deutsch-Türkischen Konsularvertrages von 1929, s.o. Fn. 214.
539 Bis auf mögliche Probleme bei der Anwendung ausländischen Rechts, die aber nicht ausschlaggebend sein dürfen, s.o. Teil 2 B. II. 1. c. bb. (3).

D. Vergleich der alten und neuen deutschen Regelung

Sowohl für als auch gegen den Gleichlaufgrundsatz bzw. die Neuregelung sprechen gewichtige Argumente. Beide Systeme sind hinsichtlich entscheidender Praxisprobleme defizitär. Eine Gegenüberstellung hebt diese Defizite noch einmal hervor, um abschließend vergleichen zu können, welchem System der Vorzug gebührt, bzw. welche systemimmanenten Vorteile kombiniert werden sollten und wie Nachteile ausgebessert werden können.

In die Untersuchung nicht mit eingestellt wird der gemäßigte Gleichlaufgrundsatz, der vom Prinzip her sowohl dem Problem der Bestimmung der Zuständigkeit als auch dem der Anerkennung durch eine grundsätzlich subsidiäre Zuständigkeit deutscher Gerichte begegnen wollte.[540] Das System wurde, wie vorangehend herausgearbeitet, zu Recht nie angewandt. Es handelte sich eher um ein Anerkennungsverfahren, das stringente Regelungen vermied,[541] die aber hier gerade in Frage stehen und verglichen werden sollen. Das „schwammige" Nachfragen bei der ausländischen Rechtsordnung, ob die deutschen Gerichte tätig werden dürfen, entspricht nicht nur einem Anerkennungsverfahren im weiteren Sinne, sondern beinhaltet auch kein eigenständiges Zuständigkeitskriterium. Vielmehr wählt dieser gemäßigte Gleichlaufgrundsatz das Zuständigkeitskriterium des strengen Gleichlaufgrundsatzes und ergänzt dieses um die Nachfrage. Die Gleichlaufvariante ist daher für einen Vergleich, der zeigen soll, welchem System und implizit welchem Zuständigkeitskriterium der Vorzug zu gewähren ist, nicht relevant. Dennoch werden die positiven Aspekte einer „Zuständigkeitsnachfrage" in Form der Anerkennung aufgegriffen und zum Vergleichsgegenstand gemacht.

I. Vermeidung internationaler Entscheidungsdivergenzen

Während der Gleichlaufgrundsatz zumindest durch die Ablehnung der eigenen Zuständigkeit bei Maßgeblichkeit ausländischen Rechts versuchte, den Entscheidungseinklang zu fördern,[542] nimmt die Neuregelung ihre Zuständigkeit ohne Rücksichtnahme auf die ausländische Jurisdiktion an. Dadurch drohen internationale Entscheidungsdivergenzen. Zwar wird durch die Verwendung von üblicherweise auch in anderen Staaten eingesetzten Anknüpfungspunkten, wie

---

540 Teil 2 B. II. 1.
541 S.o. Teil 2 B. II. 2 c.
542 Vgl. Teil 2 B. III. 1.

140

beispielsweise dem Wohnsitz, eine Parallelität hergestellt, die grundsätzlich geeignet ist, divergierende Entscheidungen zu vermeiden.[543] Doch kann nur durch diese partiell einschlägige Parallelität keine Sicherheit für die Vermeidung internationaler Entscheidungsdivergenzen geliefert werden. Dies gerade dann nicht, wenn bei Aufnahme so vieler subsidiärer Zuständigkeitskriterien eine Überschneidung mit ausländischen Zuständigkeitskriterien nahezu unumgänglich ist.[544]

Aber auch der Gleichlaufgrundsatz konnte internationale Entscheidungsdivergenzen nicht gänzlich vermeiden. Durch die Annahme der eigenen Zuständigkeit bei Einschlägigkeit deutschen Rechts wurde nicht vermieden, dass sich ausländische Gerichte ebenfalls für zuständig erklärten. Ebenso wenig konnte verhindert werden, dass sich bei Ablehnung der eigenen Zuständigkeit mehrere ausländische Gerichte gleichzeitig für zuständig erklärten, so dass nur ein bi-, aber kein multilateraler Entscheidungseinklang erreicht wurde. Schließlich beeinträchtige das umfangreiche Ausnahmesystem den Entscheidungseinklang.[545]

Beiden Systemen ist zudem gemein, dass ein Anerkennungsverfahren für ausländische Erbnachweise prinzipiell nicht existierte bzw. existiert.[546] Bei beiden Systemen ist somit das Vorhandensein ausländischer Erbnachweise für eine deutsche Zuständigkeit irrelevant. Auch dadurch wird der internationale Entscheidungseinklang gefährdet.

Sowohl die alte als auch die neue deutsche Regelung verhindern internationale Entscheidungsdivergenzen folglich kaum. Wird die internationale Zuständigkeit allein vom anwendbaren Sachrecht abhängig gemacht, wird nicht berücksichtigt, wie ausländische Gerichte ihre Zuständigkeit definieren. Dies versucht die Neuregelung zwar zu vermeiden, indem sie zumeist verwandte Anknüpfungskriterien wählt, doch kann auch dies nicht vollumfänglich den internationalen Entscheidungseinklang fördern.

Weder die Gleichschaltung von Zuständigkeit und anwendbarem Sachrecht noch die gestufte Anknüpfung an Aufenthalt, Wohnsitz und Staatsangehörigkeit können dem Praxisproblem der Vermeidung internationaler Entscheidungsdivergenzen in vollem Umfang begegnen.

Nur die hinreichende Rücksichtnahme auf die ausländische Jurisdiktion ermöglicht die Herstellung internationalen Entscheidungseinklangs. Diese Rücksichtnahme ist aber nur dann gegeben, wenn bei der Bestimmung der Zuständigkeit nicht rücksichtslos auf das eigene Recht abgestellt und dessen Maßgeblich-

---

543   Ebenda.
544   Teil 2 B. III. 1.
545   S.o. Teil 2 B. II. 2 c.
546   S.o. Teil 2 B. II. c. aa. (2) sowie Teil 2 C. II. 3. a. bb.

keit als einziges Kriterium herangezogen wird. Der deutsche Gesetzgeber kann aber auch nicht schlechthin die Zuständigkeitskriterien festlegen. Dies darf lediglich der jeweilige Gesetzgeber des Staates bzw. die Europäische Union durch eine entsprechende Verordnung.[547] Somit ist es bis dato[548] nicht möglich zu vermeiden, dass die verschiedenen Staaten unterschiedliche Zuständigkeitskriterien wählen und sich, auch bei Ablehnung der internationalen Zuständigkeit deutscher Gerichte, mehrere ausländische Gerichte für zuständig erklären. Zur Harmonisierung bleibt daher lediglich die Möglichkeit, eine Anknüpfung zu wählen, die auch international gebräuchlich ist.[549] Eine solch harmonische Anknüpfung war aufgrund der „Exotenstellung" des Gleichlaufgrundsatzes bei diesem System nicht vorhanden. Allerdings macht, wie aufgezeigt, die Neuregelung von dieser Möglichkeit Gebrauch, indem sie den (weltweit zumeist verwandten) Wohnsitz als vornehmliches Kriterium zur Bestimmung der Zuständigkeit wählt.[550] Dabei besteht zwar noch immer der weite Anwendungsbereich der Regelung aufgrund der vielen Zuständigkeitskriterien. Doch diese Kriterien wirken nur subsidiär gegenüber dem Wohnsitz, so dass sie den internationalen Entscheidungseinklang insoweit nicht ausschließen.

Die Neuregelung ist jedoch ebenso lückenhaft: Da kein weltweit einheitliches Anknüpfungskriterium existiert, kann die Neuregelung zwar hilfreich sein, versagt aber, wie ausgeführt, teilweise im Ergebnis.[551]

Kann also Entscheidungseinklang folglich mangels entsprechender universeller Anknüpfungspunkte bei der Zuständigkeit nicht erreicht werden,[552] ist dies allenfalls noch im Rahmen der Anerkennung möglich. Die Neuregelung müsste demnach mit Regelungen aufwarten, die eine Anerkennung[553] oder zumindest eine Berücksichtigung ausländischer Erbscheine in Deutschland ermöglichen.

---

547 Was die Europäische Union mit der kommenden ErbVO auch tut. Ähnlicher Gedanke bei Seyfarth, Zuständigkeitswandel, S. 105 ff.

548 Zumindest bis zum Inkrafttreten der Europäischen Verordnung.

549 So auch der Gedanke der DNotI-Studie, S. 206; hier wird der Wohnsitz allerdings „kontinentaleuropäisch" als gewöhnlicher Aufenthalt bzw. Ort der Hauptniederlassung definiert; s.a. Interinstitutional File: 2009/0157 (COD) vom 18. Mai 2010, S. 4 sowie Seyfarth, Zuständigkeitswandel, S. 109 ff.

550 S.o. Teil 2 C. II. 3. a.

551 S.o. Teil 2 C. II. 3. a.; III. 1.

552 Dazu bereits unter Teil 1 B. II. 1.

553 Eine bloße Anerkennung dürfte im Ergebnis ebenfalls nicht genügen, da diese nur die Wirkungserstreckung auf das Inland zur Folge hätte, ansonsten aber insbesondere der Inhalt des Erbscheins, also bspw. auch die Bestimmung der Erbenstellung, unberücksichtigt bliebe; siehe oben Teil 2 B. II. 1. c. aa. (2); ausführlich zum ErbVO-E2009 und zur ErbVO unter Teil 3 A. III. 3. b.

Über solche Regelungen verfügt das neue deutsche System nicht.[554] Solange also keine Regelung existiert, nach der die internationale Zuständigkeit auf der ganzen Welt nach den gleichen Kriterien bestimmt wird,[555] bedarf es der Aufnahme entsprechender Regelungen für ausländische Erbnachweise in das deutsche System.

Nun könnten auch ausländische Nachlasszeugnisse in § 108 FamFG derart aufgenommen werden, dass sie im Rahmen der Norm[556] ausländischen Entscheidungen gleichgestellt werden. Dadurch wäre der herrschenden Meinung entsprochen, die zu Recht davon ausgeht, dass Erbscheine, sofern ihnen keine Gestaltungswirkung zukommt, nicht als Entscheidung anzusehen sind. Der Angst, die Anerkennungsmöglichkeit wäre zu umfassend, wird durch die Anerkennungshindernisse nach § 109 FamFG begegnet. Dieser sieht beispielsweise vor, dass eine Anerkennung ausscheidet, wenn das ausländische Gericht, das den Erbnachweis ausgestellt hat, nach den deutschen Zuständigkeitsregelungen nicht zuständig war (§ 109 Abs. 1 Nr. 1 FamFG).

Da es sich aber bei einem Erbnachweis, wie ausgeführt,[557] um etwas völlig anderes handelt als um eine „Entscheidung", bleiben die zwei nachfolgend geschilderten Probleme bei der Anerkennung bestehen. Eine ausländische Entscheidung kann bei einer Anerkennung im Inland grundsätzlich die gleichen Wirkungen in Deutschland entfalten, die sie auch im Ausland hat. Es ist aber möglich, dass die Wirkungen des ausländischen Erbscheines hinter den Wirkungen des deutschen Erbscheines zurückstehen. Beispielsweise ist unklar, ob einem ausländischen Nachlasszeugnis die umfassenden Wirkungen hinsichtlich des Nachweises der Erbfolge gemäß § 35 GBO zukommen dürfen.[558]

Letztlich ist es möglich, dass bei einem ausländischen Nachlasszeugnis Rechtsinstitute vorliegen, die dem deutschen Recht fremd sind.[559] Dies kann zu Problemen führen, wenn mittels des anerkannten Erbscheins Maßnahmen in Deutschland vorgenommen werden sollen, die daran anknüpfen, wie zum Beispiel die Inbesitznahme des Nachlasses durch den anglo-amerikanischen personal representative.[560] Wehren sich die bisherigen Besitzer gegen die Inbesitznahme vor deutschen Gerichten, müssen diese die Stellung des personal representative im deutschen Rechtssystem und dessen Einsetzung jeweils klären.

---

554 Zu den fehlenden Rechtshängigkeitsregelungen siehe Teil 2 C. II. 3. a. bb.
555 Oder ein einheitliches Nachlasszeugnis erteilt wird; zum europäischen Nachlasszeugnis im Verhältnis zur Anerkennung siehe Teil 3 A. III. 3.
556 Und ggf. im Rahmen von § 109 FamFG, dazu sogleich.
557 S.o. Teil 2 B. II. 1. c. aa. (2).
558 Vgl. Fn. 110, 216, 269.
559 S.o. Teil 2 B. II. 1. c. cc. (1) sowie Teil 2 C. II. 3. b. (bb).
560 Zu diesem Rechtsinstitut: Teil 1 B. I. 2. a.

Diese Besonderheiten muss eine entsprechende Regelung berücksichtigen, so dass eine „klassische" Anerkennung ausscheidet. Möglich wäre lediglich, an die Anerkennung angelehnte Regelungen zu schaffen, die zwar den ausländischen Erbnachweis berücksichtigen, aber auf der Basis des Inhaltes des ausländischen Erbnachweises die Erteilung eines deutschen Erbscheines vorsehen. Ob eine solche „modifizierte" Anerkennung tatsächlich sinnvoll ist, wird an entsprechender Stelle bei der Untersuchung des ErbVO-E2009 und der ErbVO erörtert,[561] da diese sowohl Anerkennungsregelungen als auch die Einführung eines eigenständigen europäischen Erbnachweises beinhaltet und eine eigenständige deutsche Regelung damit ohnehin entbehrlich werden könnte.

Die Aufnahme einer solchen Anerkennungsregelung scheint aber aus deutscher Sicht jedenfalls sinnvoll.

Es ist daher aus der Sicht des Praxisproblems „Vermeidung internationaler Entscheidungsdivergenzen" für die Beibehaltung der Neuregelung unter Umständen samt Einführung von („modifizierten") Anerkennungsregelungen für ausländische Erbnachweise zu plädieren.

II. Rechtssicherheit

Bei der Frage der Rechtssicherheit konnten die beiden Systeme ebenfalls nur teilweise überzeugen. Der Gleichlaufgrundsatz versagte nahezu vollständig. Der deutsche Erblasser konnte zwar absehen, dass ein deutsches Gericht seinen Fall entscheiden würde, der ausländische Erblasser konnte sich dessen aber nicht sicher sein. Außer in den Fällen des § 2369 BGB a.F. war für ihn bzw. seine Erben (oder die sonstigen Antragsteller) keine Rechtssicherheit gegeben. Vorteilhaft war jedoch, dass auf diese Weise materielles Recht und Verfahrensrecht nicht auseinandergerissen wurden und dahingehend ein geringes Maß an Rechtssicherheit garantiert wurde.[562] Die Neuregelung scheint besser aufgestellt. Durch die klare Regelung deutschen Zuständigkeit ist sie dem Gleichlaufgrundsatz und dessen ungeschriebenen Ausnahmen einen Schritt voraus, denn so kann jederzeit abgesehen werden, wann das Gericht zuständig ist – unabhängig vom anwendbaren Sachrecht oder der ausgedehnten Anwendung von Ausnahmen. Doch wird die Rechtssicherheit durch die vielen subsidiären Anknüpfungen beeinträchtigt, die zu mehrfachen Zuständigkeiten führen können und damit ermöglichen, dass inhaltlich divergierende Erbscheine erteilt werden, was die Vorhersehbarkeit, Kontinuität und damit schließlich die Rechtssicherheit beeinträchtigt. Insoweit hilft nur, dass gera-

---

561   Unten Teil 3 A. III. 3. b.

562   Vgl. auch allgemein Teil 1 B. II. 2.

de die Anknüpfung an den Wohnsitz weltweit zumeist gebraucht wird. Überdies zeigt sich gerade bei der Neuregelung das Problem, das auch beim Gleichlaufgrundsatz aufgedeckt wurde. Durch die mangelnden Anerkennungsmöglichkeiten ist ungewiss, ob der deutsche „Welterbschein" tatsächlich internationale Geltung erlangen wird.[563] Dies gilt aber, wie ausgeführt, ebenso für den Erbschein, der nach dem Gleichlaufgrundsatz erteilt wurde, wenn sich beispielsweise Vermögen im Ausland befindet.[564]

Im direkten Vergleich zeigt sich zudem, dass die klar strukturierte Neuregelung nicht nur über das eigene Recht urteilen will, sondern sich auch für das ausländische Recht verantwortlich fühlt, sofern der Erblasser insbesondere durch seinen Wohnsitz oder letzten Aufenthalt einen Bezug zur Bundesrepublik hatte. Zwar ist dadurch nicht unmittelbar absehbar, welches materielle Recht auf den Fall anzuwenden ist, doch kann der Erblasser ausgehend vom deutschen Internationalen Privatrecht ermitteln, welches materielle Recht letztlich auf seinen Erbfall anzuwenden ist und sich dessen Anwendung durch die deutschen Gerichte sicher sein. Dies stellt den entscheidenden Vorteil gegenüber dem Gleichlaufgrundsatz dar, der gerade für den ausländischen Erblasser und insbesondere wegen seiner Ausnahmen diese Vorhersehbarkeit nicht bot.[565]

Dennoch bleibt das Problem der mangelnden Anerkennung von Erbscheinen im In- bzw. Ausland bestehen. Dadurch kann eben keine Rechtssicherheit dahingehend eintreten, dass klar ist, welchen Wirkungsumfang der Erbschein hat.

Bei zweifelhafter Anerkennung im Ausland dürfte diesem Problem über eine Beschränkung des Erbscheins nach § 2369 BGB begegnet werden. Denn selbst wenn dann möglicherweise noch immer ausländisches Recht anzuwenden ist, ausländische Rechtsinstitute in das deutsche Recht übertragen werden müssen[566] und schließlich (zu verschmerzende) Rechtsanwendungsfehler auftreten können, ist zumindest innerhalb der deutschen Grenzen grundsätzlich eine umfassende Wirkung und damit Nutzungsmöglichkeit zur Legitimation garantiert. Daher erscheint es notwendig, dass das Nachlassgericht auf die eventuelle Nichtanerkennung im Ausland, die (in diesem Fall) drohenden Mehrkosten und insbesondere die Möglichkeit der Beschränkung des Erbscheins nach § 2369 BGB hinweist.[567] Diese Hinweispflicht dürfte nicht zuletzt aus § 28 Abs. 2

---

563 S.o. Teil 2 C. III. 2.
564 S.o. Teil 2 B. III. 2.
565 Ebenda.
566 Dazu sogleich unter Teil 2 D. V.
567 So auch schon die Kritiker des gemäßigten Gleichlaufgrundsatzes, s.o. Teil 2 B. II. 2. b. aa. (2) (b); zu sonstigen Beschränkungsmöglichkeiten siehe Baumann NotBZ 2011, 193 ff.; allerdings scheidet eine Beschränkung aus, wenn versichert wird, dass kein Auslandsvermögen vorhanden ist, siehe bereits Fn. 415. In diesen Fällen besteht aber

FamFG folgen.[568] Danach hat das Gericht darauf hinzuwirken, dass sachdienliche Anträge gestellt werden. „Hinwirken" bedeutet, dass die Beteiligten durch gerichtliche Hinweise dazu gebracht werden sollen, den „für die Erreichung ihres Verfahrensziels richtigen sowie wirksamen Antrag zu stellen"[569]. Sachdienliche Anträge sind solche, die geeignet sind, das erkennbar gewordene Verfahrensziel des Antragstellers zum Ausdruck zu bringen und das Verfahren zum Abschluss zu bringen.[570] Gerade durch den Hinweis auf die eventuell mangelnde Anerkennung im Ausland, die Möglichkeit der Beschränkung nach § 2369 BGB und dem gegebenenfalls darauf folgenden Gebrauch machen von der Beschränkung kann der Antragsteller die Wirkungsreichweite des Erbscheins erkennen und das materielle Recht abschließend bestimmen. Dies geht mit seinen Rechtsschutzzielen konform und ermöglicht einen baldigen Abschluss der Erbangelegenheit – nicht nur vor den deutschen Gerichten. So wird auch nicht die Ausnahme zur Regel gemacht,[571] da der Hinweis zum einen nur dann erfolgt, wenn eine Nichtanerkennung droht[572] und der bloße Hinweis zum anderen nicht ausschließt, dass die Erben dennoch einen unbeschränkten Antrag stellen können.[573] So ist dem Antragsteller insbesondere eine Interessenabwägung im Einzelfall[574] weiterhin möglich.[575] Eine Hinweispflicht hinsichtlich der mangelnden Aner-

---

ohnehin kein Bedürfnis, einen beschränkten Erbschein zu erteilen, so dass auch ein Hinweis nicht zu erfolgen hat.

568 Bachmayer (in: BWNotZ 2010, 146, 165) sieht § 28 FamFG unter anderem als Grundlage für die Ermöglichung der Anpassung der Bestimmungen des ausländischen Rechts an das deutsche Verfahren bei einem Antragsverfahren.

569 Sternal, in: Keidel, FamFG, § 28 Rdnr. 15; s.a. Borth/Grandel, in: Musielak/Borth, Kommentar zum FamFG, § 28 Rdnr. 2.

570 Zum sachdienlichen Antrag siehe bspw. Gomille, in: Haußleiter, Kommentar zum FamFG, § 28 Rdnr. 8; Sternal, in: Keidel, FamFG, § 28 Rdnr. 15; Ulrici, in: Münchener Kommentar zur ZPO, § 28 FamFG Rdnr. 22.

571 Vgl. Teil 2 C. II. 3. d. bb.

572 Was zugegebenermaßen zumeist der Fall sein dürfte; s.o. insb. Fn. 243.

573 Insbesondere aufgrund der nicht vorgesehenen Sanktionen für nicht abgeänderte Anträge, vgl. bspw. Burschel, in: BeckOK-FamFG, § 28 Rdnr. 4; Ulrici, in: Münchener Kommentar zur ZPO, § 28 FamFG Rdnr. 26 f. Damit ist dieses Vorgehen auch flexibler als ein bloßes Abstellen auf das fehlende Rechtsschutzbedürfnis, wie u.a. angeregt von Seyfarth, Zuständigkeitswandel, S. 92, vgl. Fn. 431.

574 S.o. Teil 2 C. II. 3. d. cc.

575 Dies wäre zugegebenermaßen nicht der Fall, wenn das Gericht, wie unter Teil 4 A. angeregt, eigenständig beschränken könnte, da aber der Kreis der vorgeschlagenen Beschränkung eng gehalten ist, wird die Möglichkeit der Interessenabwägung für den Antragsteller nicht entscheidend tangiert.

kennung im Ausland und der Beschränkungsmöglichkeit folgt somit aus § 28 Abs. 2 FamFG.[576]

Hinsichtlich der mangelnden Anerkennung im Inland könnten ebenfalls die „modifizierten" Anerkennungsregelungen in Betracht kommen, die schon im Rahmen der Vermeidung internationaler Entscheidungsdivergenzen angedacht wurden. Ob die Aufnahme solcher Regelungen sachgerecht erscheint, wird erst im Rahmen des ErbVO-E2009 und der ErbVO besprochen.[577]

Der Neuregelung ist damit abermals der Vorzug zu gewähren. Intensiv sollten § 28 Abs. 2 FamFG und die Hinweispflicht des Nachlassgerichts auf eine eventuell mangelnde Anerkennung im Ausland sowie die Beschränkungsmöglichkeit nach § 2369 BGB berücksichtigt werden.

III. Rechtsschutz aus Bürgersicht

Bei der Frage, welches System den Bürgern umfassenderen Rechtsschutz bietet, fällt die Antwort eindeutig zugunsten der Neuregelung aus. Der Gleichlaufgrundsatz bot nur dann hinreichenden Rechtsschutz, wenn deutsches Sachrecht anzuwenden war oder wenn von den Ausnahmen zum Gleichlaufgrundsatz, wie im Fall „Zannantonio"[578], umfassend Gebrauch gemacht wurde. Bei Maßgeblichkeit ausländischen Rechts lehnten die deutschen Gerichte ihre internationale Zuständigkeit ab. Rechtsschutz wurde nicht gewährt. Wenn sodann auch noch ausländische Gerichte ihre Zuständigkeit ablehnten, blieb der Rechtsuchende rechtsschutzlos.[579]

Die Neuregelung hilft dem durch eine internationale Zuständigkeit bei letztem Wohnsitz oder Aufenthalt des Erblassers in Deutschland, deutscher Staatsangehörigkeit des Erblassers oder sogar bei der Belegenheit von Nachlassgegenständen im Inland ab. Dadurch wird unabhängig vom Sachrecht und durch weitreichende Kriterien der Zuständigkeitsbestimmung Rechtsschutz gewährt. Das zuständige Gericht kann zeitlich und örtlich nah agieren. Anders als beim Gleichlaufgrundsatz, der nach Art. 25 Abs. 1 EGBGB primär an die Staatsange-

---

576 So indirekt auch Mayer, in: Münchener Kommentar zum BGB, § 2369 BGB Rdnr. 5. Rauscher (in: Münchener Kommentar zur ZPO, § 105 FamFG Rdnr. 32, s.a. Teil 2 C. II. 3. d. bb.) verlangt eine Belehrung bei der Entgegennahme des Erbscheinsantrags, ohne allerdings eine Norm zu nennen.

577 S.u. Teil 3 A. III. 3. b.

578 Vgl. Teil 2 B. III. 3.

579 Wobei wohl auch nur in der Theorie, da die Praxis versuchte, durch eine ausschweifende Anwendung der Ausnahmeregelungen der Rechtsschutzlosigkeit entgegenzuwirken, s.o. Teil 2 B. III. 3.

hörigkeit anknüpfte, kann nicht nur deutschen Staatsangehörigen, sondern auch Ausländern Rechtsschutz geboten werden. Das Verfahren dürfte allerdings eine lange Zeit in Anspruch nehmen, wenn ausländisches Sachrecht anzuwenden und dieses zuvor zu ermitteln ist. Dies ist aber zu vernachlässigen, bedenkt man, dass der Gleichlaufgrundsatz in diesen Fällen gar keinen Rechtsschutz bot.[580]

Zudem ist bei beiden Systemen der Rechtsschutz begrenzt durch die zumeist mangelnde Anerkennung des Erbscheins im Ausland. Ebenso erschwert die mangelnde Möglichkeit der Anerkennung ausländischer Erbnachweise im Inland insbesondere ausländischen Rechtssuchenden die Rechtsschutzerlangung.

Dem können die Systeme nur eingeschränkt durch § 2369 BGB a.f. bzw. § 2369 BGB (n.f.) und deren Erweiterungs- bzw. Begrenzungsfunktion auf das inländische Vermögen sowie die damit einhergehende Möglichkeit der Legitimation durch den Erbschein allein in Deutschland begegnen. Dies würde gerade bei § 2369 BGB die Kosten reduzieren, da auch hinsichtlich ausländischer Nachlassgegenstände nicht mehr umfassend (Rechts-)Ermittlungen vorgenommen werden müssten. Darüber hinaus kann eine deutsche Regelung allein aber ohnehin nicht die ausländischen Anerkennungslücken schließen.[581]

Der danach vorzugswürdigen Neuregelung muss daher auch hier der Hinweis des Gerichts „hinzugefügt" werden, dass zumeist eine Anerkennung im Ausland ausscheidet sowie die Beschränkungsmöglichkeit nach § 2369 BGB besteht, damit die Antragsteller keine „Steine statt Brot"[582] erhalten. Nur so können mithin erhebliche Kosten eingespart werden. Der zeitlichen Verzögerung durch die Einholung von Rechtsgutachten kann allerdings aus nationaler Sicht nicht begegnet werden. Sie ist aber zu verschmerzen, bedenkt man die Alternative, gar keinen Rechtsschutz zu gewähren. Ob darüber hinaus eine modifizierte Anerkennungsregelung nötig ist, um die Anerkennung ausländischer Erbscheine im Inland zu ermöglichen, ist, wie bereits erörtert,[583] Gegenstand der Untersuchung des ErbVO-E2009 und der ErbVO.[584]

IV. Rechtsschutz aus staatlicher Sicht

Auch aus staatlicher Sicht konnte Rechtsschutz nach beiden Systemen nicht gewährleistet werden. Zwar konnte der Gleichlaufgrundsatz das forum shopping

---

580   Teil 2 C. III. 3.
581   Dies könnte im europäischen Raum allerdings der ErbVO gelingen, was zu untersuchen ist.
582   S.o. Teil 2 C. II. 3. d. bb.
583   S.o. Teil 2 D. I.
584   S.u. Teil 3 A. III. 3. b.

bei Ablehnung der eigenen Zuständigkeit eindämmen, doch wurde auch hier bei Annahme der Zuständigkeit ohne Rücksicht auf die ausländische Jurisdiktion nicht verhindert, dass im Ausland ebenfalls ein Forum zur Verfügung gestellt wurde. Die Neuregelung wählt hingegen Kriterien, die weltweit gebräuchlich sind, so dass praktisch ein forum shopping vermieden werden könnte. Dogmatisch nimmt die Regelung aber, wie gezeigt, keinerlei Rücksicht auf die Zuständigkeit ausländischer Gerichte. Mangelnde Anerkennungsregelungen stellen ebenfalls ein erhebliches Problem beider Systeme dar.

Abermals treffen die Erläuterungen zur Vermeidung internationaler Entscheidungsdivergenzen auch auf den Rechtsschutz aus staatlicher Sicht zu. Entscheidungsdivergenzen werden zumindest eingeschränkt, wenn nur ein Gericht zuständig ist. In diesen Fällen scheidet auch ein forum shopping aus. Dies kann einerseits durch eine Harmonisierung der Zuständigkeitsregelungen erreicht werden, was weltweit betrachtet eine Utopie ist.[585] Aus deutscher Sicht muss es daher genügen, Kriterien zu wählen, die zumeist verwandt werden, wie der Wohnsitz und der Aufenthalt. Anderseits könnten Anerkennungsregelungen mehrfache Zuständigkeiten vermeiden, so dass eine Aufnahme der entsprechenden Regelungen in das deutsche System auch hier zumindest zu durchdenken ist. Die konkrete Auseinandersetzung mit solchen Regelungen erfolgt aber erst im Rahmen der Besprechung des ErbVO-E2009 und der ErbVO.[586]

Demnach ist, den obigen Ausführungen entsprechend, auch hier die Neuregelung vorzugswürdig. Es ist aber ebenfalls die Einführung einer inländischen („modifizierten") Anerkennungsregelung erforderlich.

V. Sonstiges

Daneben haben Gleichlaufgrundsatz und Neuregelung weitere Vor- und Nachteile. Hervorzuheben ist insbesondere die Einfachheit, die der Gleichlaufgrundsatz bei seiner Anwendung mit sich brachte. Nach Ermittlung des anwendbaren Rechts – einer Frage, die sich ohnehin materiell-rechtlich stellen würde – war die Zuständigkeit geklärt.[587] Hingegen muss bei der Neuregelung der Wohnsitz, subsidiär der Aufenthalt und schließlich die Staatsangehörigkeit des Erblassers womöglich umständlich herausgefunden werden, um dann noch das anwendbare Recht zu ermitteln. Rein faktisch kann dies aber gegebenenfalls

---

585 Siehe dazu bereits Teil 1 B. II. 1, 4.

586 S.u. Teil 3 A. III. 3. b.

587 Selbstverständlich darf aber der Nachteil nicht vergessen werden, dass dies dann als überflüssig bewertet werden musste, wenn die Zuständigkeit verneint wurde; s.o. Teil 2 B. III. 3.

schneller erfolgen, da oft der letzte Wohnsitz des Erblassers der Ort sein ist, an dem er das meiste Vermögen hinterlässt. Dann ist es auch das dortige Nachlassgericht, an das sich die Erben (oder sonstigen Antragsteller) wenden.[588]

Darüber hinaus ist positiv hervorzuheben, dass der Gesetzgeber – anders als beim „Gleichlaufgrundsatz-Gewohnheitsrecht" – mit der Neuregelung eine geschriebene Regelung geschaffen hat, die zudem der gängigen Systematik im internationalen Zivilverfahrensrecht entspricht und nicht vor der Anwendung ausländischen Rechts zurückschreckt.

Als Nachteil der Neuregelung bleiben aber zum einen die möglicherweise erhöhten Kosten und der zeitliche Aufwand bestehen. Diesem könnte jedoch, wie oben bereits angedacht,[589] dadurch begegnet werden, dass das Nachlassgericht nach § 28 Abs. 2 FamFG auf die Möglichkeit der Beschränkung des Erbscheins nach § 2369 BGB und die eventuelle Nichtanerkennung des deutschen Erbscheins im Ausland hinweist.

Zum anderen ist die Problematik der Übertragung ausländischer Rechtsinstitute, die dem deutschen Recht unbekannt sind und deren bloße inhaltsgleiche Bezeichnung von den Praktikern als unzureichend empfunden wird, in das deutsche Rechtssystem ein wesentlicher Nachteil. Diesem kann durch die Beschränkung nicht begegnet werden, da selbst bei der Beschränkung nach § 2369 BGB ausländisches Sachrecht maßgeblich sein kann.[590] Dem wird aber durch die Rechtsprechung abgeholfen, die seit vielen Jahren schon im Rahmen von § 2369 BGB a.F. diesem Problem vorwiegend durch die Entwicklung von Anpassungs-, Substitutions- und Transpositionslösungen begegnet ist. Ein Beispiel hierfür ist die Festlegung inländischer Äquivalente für ausländische Rechtsinstitute, wie im Fall der oben bereits erwähnten execution.[591] Bei der execution wird für gewöhnlich ein Testamentsvollstreckungsvermerk in den deutschen Erbschein aufgenommen.[592] Schließlich ist dieses Problem gar nicht vollständig lösbar, wenn nicht das materielle Recht weltweit vereinheitlicht würde.[593] Es kann also nicht gegen eine nationale Lösung ins Feld geführt werden.

---

588   S.o. Teil 2 C. III. 3.

589   S.o. Teil 2 D. II.

590   Insoweit bietet der obige Lösungsvorschlag lediglich eine geringe Erleichterung, s.o. Teil 2 D. II.

591   Zum Begriff siehe bereits Teil 1 B. I. 2. a.

592   S.o. Fn. 477. Weitere Beispiele bei: Dörner, in: Staudinger, Kommentar zum BGB, Art. 25 Rdnr. 882 ff.; Herzog, in: Staudinger, Kommentar zum BGB, § 2369 Rdnr. 25 ff.; Looschelders, Anpassung im IPR, S. 364 ff.

593   Da sich dieses aber traditionsbedingt in den einzelnen Staaten enorm unterscheidet, ist mit einer Vereinheitlichung auf materieller Ebene nicht zu rechnen, vgl. Teil 1 A. I.

VI. Ergebnis

Der direkte Vergleich zeigt, dass die Neuregelung hinsichtlich der Bewältigung jedes aufgezeigten Praxisproblems dem Gleichlaufgrundsatz vorzuziehen ist. Obwohl auch die Neuregelung über einige Defizite verfügt, ist die Ausgestaltung prinzipiell besser geeignet, Lösungen für die aufgeworfenen Probleme zu liefern.

Die Schwächen, welche die Neuregelung (wie auch der Gleichlaufgrundsatz) aufweist, fokussieren sich auf die zeitlichen Verzögerungen, falls ausländisches Sachrecht zu ermitteln ist, sowie die Schwierigkeiten der Anerkennung im In- und Ausland.

Neben Rechtsschutzproblemen wären auch international divergierende Entscheidungen und ein erhebliches Maß an Rechtsunsicherheit die Folge.

Aus deutscher Sicht scheint daher eine „Anerkennungsregelung", welche die obigen Besonderheiten berücksichtigt, eine gute Lösung des Anerkennungsproblems. Ob die Einführung solch einer Regelung auch nach der ErbVO noch sinnvoll ist, wird unter Teil 3 A. II. 3. b. untersucht.

Bezüglich der Schwierigkeit der mangelnden Anerkennung deutscher Erbscheine im Ausland kann aus deutscher Sicht nicht gesetzgeberisch eingegriffen werden. Da das deutsche Recht nicht in die ausländische Gesetzgebung einwirken und Anerkennungsregelungen schaffen kann, muss zumindest auf die Möglichkeit der mangelnden Anerkennung hingewiesen werden. Dieser Hinweis fällt unter § 28 Abs. 2 FamFG. Das Nachlassgericht sollte sodann auch auf § 2369 BGB und die Beschränkungsalternative zum Welterbschein eingehen und gegebenenfalls auf diese Beschränkung hinwirken.

Der Problematik der Übertragung ausländischer Rechtsinstitute in das deutsche Rechtssystem kann derzeit nur durch Entwicklungen von Anpassungs-, Substitutions- und Transpositionslösungen abgeholfen werden.[594]

E. Zusammenfassung

Der Gleichlaufgrundsatz ist zu unterteilen in einen Gleichlaufgrundsatz der Rechtsprechung und einen solchen der Literatur. Beim Gleichlaufgrundsatz nach der Rechtsprechung richtete sich die internationale Zuständigkeit deutscher Gerichte nach der Anwendbarkeit deutschen Sachrechts. Von dieser Regelung gab es Ausnahmen, vorwiegend § 2369 BGB a.F., der die Erteilung eines „Fremd-

---

594 Natürlich nur dann, wenn eine bloße Benennung der Institute im Erbschein als unzureichend empfunden wird, s.o. Teil 2 B. II. 1. c. cc. (1).

rechtserbscheines" für im Inland belegenes Vermögen vorsah, die Not- und Fürsorgezuständigkeit sowie die Sicherungszuständigkeit.

Die Entwicklung des Gleichlaufgrundsatzes der Rechtsprechung war erheblicher Kritik ausgesetzt, wie sich im Rahmen der Bewertung des Systems zeigte. Ebenso verhielt es sich mit dem von der Literatur entwickelten Gleichlaufgrundsatz. Dieser entsprach in seiner „strengen" Form dem der Rechtsprechung. Die „gemäßigte" Variante wollte die deutsche Zuständigkeit vornehmlich subsidiär zulassen, insbesondere nach einer „Zuständigkeitsnachfrage" beim ausländischen Recht. Aus diesem Grund handelte es sich allerdings eher um ein Anerkennungsverfahren als um die Bestimmung der internationalen Zuständigkeit anhand objektiver Kriterien.

Die Bewertung des Systems zeigte, dass insbesondere durch die Anwendung des Gleichlaufgrundsatzes der Rechtsprechung internationale Entscheidungsdivergenzen drohten und Rechtsschutz weder aus Bürgersicht noch aus staatlicher Sicht gewährt wurde. Lediglich ein geringes Maß an Rechtssicherheit wurde geboten.

Die Neuregelung orientiert sich hingegen an der von den Kritikern des Gleichlaufgrundsatzes vertretenen Doppelfunktionalitätstheorie. Sie knüpft die internationale Zuständigkeit an die örtliche Zuständigkeit (§ 105 FamFG i.V.m. § 343 FamFG). Für die örtliche Zuständigkeit sind insbesondere der letzte Wohnsitz oder letzte Aufenthalt des Erblassers oder die Belegenheit von Nachlassgegenständen relevant.

Auch die Neuregelung sieht sich Kritik ausgesetzt, so dass auch hier die Bewertung nicht gänzlich positiv ausfällt. Internationale Entscheidungsharmonie, Rechtssicherheit und Rechtsschutz aus staatlicher Sicht werden nur begrenzt gewährleistet. Dagegen ist der Rechtsschutz aus Bürgersicht positiver zu werten, wird aber dadurch eingeschränkt, dass das Verfahren verlängert wird, wenn erst das ausländische Sachrecht ermittelt werden muss.

Letztlich zeigt der direkte Vergleich der Systeme, dass die Neuregelung insgesamt vorzugswürdig ist. So hat sie zwar einige Mängel, die aber zumindest ausgebessert werden können. Insbesondere muss es möglich sein, den Erbschein auf das im Inland belegene Vermögen zu beschränken. Dies ist insbesondere aus Zeit- und Kostengründen und gegebenenfalls mangels Anerkennung im Ausland notwendig. Dafür existiert § 2369 BGB. Ein Hinweis der Gerichte sollte hier nach § 28 Abs. 2 FamFG erfolgen. Der Problematik der Umsetzung ausländischer Rechtsinstitute wird, wie derzeit in der Praxis üblich, durch Anpassungs-, Substitutions- und Transpositionslösungen begegnet.

Ob dem neuen System zusätzlich „Anerkennungsregelungen" zur Seite gestellt werden sollten, die es möglich machen, ausländischen Erbnachweisen innerhalb deutscher Grenzen Geltung zu verleihen, bestenfalls durch Erteilung eines deutschen Erbscheines unter Berücksichtigung des ausländischen Erbnachweises, wird im Rahmen der Untersuchung des ErbVO-E2009 und der ErbVO erörtert.[595]

Ebenso ist bei Vorliegen dem deutschen Recht unbekannter ausländischer Rechtsinstitute bei der Aufnahme in den deutschen Erbschein mangels theoretischer Lösung in der Praxis durch eine Anpassung bzw. Substitution und Transposition zu begegnen.

Auf der Grundlage dieser Erkenntnisse ist im Folgenden die ErbVO (zunächst: Entwurf 2009) insbesondere auf ihre Praxistauglichkeit hin zu untersuchen.

---

595   S.u. Teil 3 A. III. 3. b.

3. Teil: Die Bestimmung der internationalen Zuständigkeit nach dem ErbVO-E2009 mit Diskussion der Rechtsgrundlage und Überblick über die wesentlichen Vorschriften aus Sicht des ErbVO-E2009 und ErbVO

A. Einführung und Überblick

Wie eingangs angeführt, wird auch die neue deutsche Regelung bald von der kommenden europäischen ErbVO abgelöst.[596]

Die ErbVO behandelt Fragen der internationalen Zuständigkeit, des anwendbaren Rechts, der Anerkennung und Vollstreckung von Entscheidungen und Urkunden sowie der Einführung eines einheitlichen Europäischen Nachlasszeugnisses.

In vielerlei Hinsicht betritt die Verordnung damit Neuland. Zunächst ist es ein Novum, dass sie das (klassischerweise eng mit den Traditionen der einzelnen Mitgliedstaaten verbundene)[597] Erbrecht überhaupt zum Gegenstand einer Verordnung macht. Darüber hinaus ist aber auch die Ausgestaltung der Verordnung beachtenswert. So werden nicht nur die Bereiche des Verfahrens- und Kollisionsrechtes sowie der Anerkennung und Vollstreckung berührt. Die Einführung eines eigenständigen „Europäischen Nachlasszeugnisses" ist sogar vollkommen neu.[598]

Um das Betreten dieses Neulandes hinreichend würdigen und eine Problemverortung sinnvoll vornehmen zu können, werden in diesem Teil daher nicht nur die Vorschriften der internationalen Zuständigkeit, sondern auch die weiteren Vorschriften des ErbVO-E2009 bzw. der ErbVO begutachtet. Nur so kann das Konzept der Vorschriften zur internationalen Zuständigkeit des ErbVO-E2009 und auch der ErbVO in Gänze erfasst und schließlich bewertet werden.

Die Vorschriften, die sich nicht auf die internationale Zuständigkeit beziehen (III.) werden basierend auf dem ErbVO-E2009 und der finalen Umsetzung in der ErbVO erläutert. Die internationale Zuständigkeit wird ausschließlich hin-

---

596 S.o. Teil 1 A. I.

597 Siehe bereits oben Teil 1 A. I.

598 Isoliert betrachtet gab es allerdings den Versuch, durch die Haager Konvention von 1973 über die internationale Nachlassverwaltung ein „internationales Zertifikat" einzuführen. Das Übereinkommen trat allerdings nur in Portugal und der ehemaligen Tschechoslowakei in Kraft; vgl. Denkinger, Europäisches Erbkollisionsrecht, S. 261; s.a. Fn. 861 und Teil 3 A. III. 2. b. aa.

sichtlich des ErbVO-E2009 untersucht (B.), da Ziel dieser Arbeit eine abschließende Bewertung der Vorschriften der internationalen Zuständigkeit in der ErbVO ist (5. Teil) und diese erst nach einer vorangehenden Zusammenführung der Erkenntnisse des deutschen Rechts und des ErbVO-E2009 möglich ist (4. Teil). Vorangestellt wird den Erläuterungen die Entwicklung der Verordnung (I.) und deren rechtliche Grundlage (II.), bevor die bereits angesprochene Auseinandersetzung mit den wesentlichen Aspekten des ErbVO-E2009 und der ErbVO (III.) als Grundlage einer Betrachtung der Zuständigkeitsregelungen erfolgt.

In Abschnitt B. erfolgt sodann diese detaillierte Untersuchung der Bestimmung der internationalen Zuständigkeit nach dem ErbVO-E2009. Wie schon bei den Ausführungen zu den deutschen Regelungen bilden eine Darstellung des europäischen Zuständigkeitssystems sowie eine Auseinandersetzung mit den Begründungen für und gegen dessen Ausgestaltung die Grundlage der anschließenden Bewertung.

I. Entwicklungsprozess

Seit dem Amsterdamer Vertrag und dem Maßnahmenprogramm vom 24. November 2000[599] treibt die Europäische Kommission die Europäisierung des Kollisionsrechtes der Mitgliedstaaten konsequent voran.[600] In das Maßnahmenprogramm wurde auch das „Projekt eines Rechtsinstruments über die gerichtliche Zuständigkeit sowie die Anerkennung und Vollstreckung von Entscheidungen in Testaments- und Erbrechtssachen"[601] aufgenommen. Zur Vorbereitung des entsprechenden Rechtsaktes war das DNotI in Würzburg Ende 2001 mit der Erstellung einer rechtsvergleichenden Studie über das internationale Erb- und Erbverfahrensrecht der damals noch 15 Mitgliedstaaten[602] beauftragt worden. Das entsprechende Gutachten, das in Zusammenarbeit mit *Dörner* und *Lagarde* sowie den Berichterstattern der einzelnen Länder entstand, wurde der Kommission im Herbst 2002 vorgelegt. Das Gutachten unterbreitete Vorschläge zur Vereinheitlichung des Erbrechts und des Erbverfahrensrechts in Europa. Diese Vorschläge

---

599 ABl. EG 2001, C 12, 1 ff. = IPRax 2001, 163 ff.

600 Vgl. bspw. Altmeyer ZEuS 2010, 475, 476 f.; Dörner, in: FS Holzhauer, S. 474 ff.; ders. ZEV 2005, 137; Wagner DNotZ 2010, 506 ff.; Navrátilová GPR 2008, 144 ff.; ausführlich zu den Maßnahmenprogrammen im Rahmen der Bestimmung der Kompetenzgrundlage: Herweg, Europäisierung des Internationalen Erbrechts, S. 187 ff.; s.a. Begründung zum ErbVO-E2009, S. 9 ff.

601 Dörner/Hertel/Lagarde/Riering IPRax 2005, 1.

602 Belgien, Dänemark, Deutschland, Finnland, Frankreich, Griechenland, Irland, Italien, Luxemburg, Niederlande, Österreich, Portugal, Schweden, Spanien, Vereinigtes Königreich.

wurden im Mai 2004 bei einer Expertenkonferenz in Brüssel diskutiert.[603] Das Ergebnis bildete die Grundlage für das im Jahr 2005 angefertigte Grünbuch zum Erb- und Testamentsrecht.

Nach dem Eingang zahlreicher Stellungnahmen zu diesem Grünbuch und einer öffentlichen Anhörung im November 2006 wurde am 14. Oktober 2009 der Entwurf der ErbVO, der ErbVO-E2009, vorgelegt. Auf diesen folgten im Dezember 2009 eine erste Aussprache sowie abermals Stellungnahmen und Berichte von Berichterstattern und Abgeordneten des Europäischen Parlaments. Auch das Max-Planck-Institut für Ausländisches und Internationales Privatrecht mit Sitz in Hamburg gab Anregungen und unterbreitete Optimierungsvorschläge.[604] Der Europäische Verordnungsgeber strebte zunächst an, die Verordnung bereits im Jahr 2011 in Kraft treten zu lassen.[605] Das Verfahren zog sich aber hin. Erst im Dezember 2011 legte der Rat einen abgewandelten Entwurf einer Verordnung vor,[606] den der Rechtsausschuss des Europäischen Parlaments in einem Berichtsentwurf aufgriff und den das Europäische Parlament in abgewandelter Form im März 2012 billigte. Die Verabschiedung durch den Ministerrat erfolgte im Juni 2012.[607] In Kraft trat die Verordnung am 16. August 2012. Anwendbar wird sie drei Jahre nach ihrem Inkrafttreten, also am 17. August 2015, sein.[608]

II. Rechtliche Grundlage für den Erlass der ErbVO

Der Europäische Verordnungsgeber muss die Kompetenz zum Erlass der ErbVO haben. Anders als beispielsweise der deutsche Gesetzgeber hat er keine grundsätzliche, generelle Gesetzgebungszuständigkeit. Vielmehr sind die Zuständigkeiten funktional bestimmt und begrenzt. Sie reichen nur soweit wie der politische Auftrag.[609] Aus diesem Grund ist nicht nur eine Norm als Kompetenz-

---

603 Der Ablauf des Symposiums wird unter anderem zusammengefasst von: Süß ZErb 2005, 28; Voltz IPRax 2005, 64.

604 MPI-Comments, s.o. Fn. 529.

605 Schon im April 2010 kritisierte Brand (in: DRiZ 2010, 131), dass die Verordnung nicht vor 2011 Realität würde; ähnlich Dörner, in: Staudinger, Kommentar zum BGB, Art. 25 EGBGB, Rdnr. 1012; Navrátilová GPR 2008, 144, 145.

606 Siehe bereits Fn. 17.

607 Ebenda.

608 Siehe auch: Buschbaum ZEV 2012, 198.

609 Junghardt, Rom-IV-VO, S. 21; Zulege, in: von der Groeben/Schwarze, Kommentar zum EU-/EG-Vertrag, Art. 5 EG Rdnr. 4; Basedow AcP 200 (2000), 445, 473; s.a. Lehmann, Brüssel-IV-Verordnung, Rdnr. 21; Leible/Staudinger EuLF 2000/2001, 225, 234; Majer ZEV 2011, 445; 447 f.

grundlage erforderlich, sondern müssen darüber hinaus auch die Grundsätze der begrenzten Einzelermächtigung, der Subsidiarität und der Verhältnismäßigkeit gewahrt werden (Art. 5 EUV).

1. Kompetenzgrundlage

Der Europäische Verordnungsgeber und die wohl herrschende Meinung sehen Art. 81 AEUV als Kompetenzgrundlage für Maßnahmen auf dem Gebiet des Erbrechts an, der auf die bis zum Jahr 2009[610] geltenden Art. 61 lit. c, 65 EG zurückgeht.[611]

a. Art. 81 AEUV als Kompetenzgrundlage

Art. 81 Abs. 1 AEUV sieht vor, dass die Europäische Union bei Sachverhalten mit grenzüberschreitendem Bezug einen Raum der justiziellen Zusammenarbeit gewährleistet, der im Grundsatz die gegenseitige Anerkennung gerichtlicher und außergerichtlicher Entscheidungen verfolgt. Zum Zwecke der Zusammenarbeit können die Rechtsvorschriften der Mitgliedstaaten vereinheitlicht werden. Da das internationale Erbrecht schon per definitionem nur Sachverhalte mit internationalem Bezug erfasst,[612] liegt die Einschlägigkeit von Art. 81 AEUV als Kompetenzgrundlage nahe.

Zur Verwirklichung des in Abs. 1 genannten Ziels erlassen Europäisches Parlament und Rat nach Art. 81 Abs. 2 AEUV Maßnahmen zur Sicherstellung der sodann näher ausgeführten Punkte,[613] „insbesondere wenn dies für das reibungslose Funktionieren des Binnenmarktes erforderlich ist". Hier relevante, sicherzustellende Punkte sind die gegenseitige Anerkennung und Vollstreckung gerichtlicher und außergerichtlicher Entscheidungen zwischen den Mitgliedstaaten (lit. a), die Vereinbarkeit der in den Mitgliedstaaten geltenden Kollisionsnormen und Vorschriften zur Vermeidung von Kompetenzkonflikten (lit. c) sowie die Zusammenarbeit bei der Erhebung von Beweismitteln (lit. d).[614]

---

610   Also mit dem Inkrafttreten des Lissabon-Vertrags.

611   Begründung zum ErbVO-E2009, S. 2 ff.; MPI-Comments, Rdnr. 12; s.a. Buschbaum/Kohler GPR 2010, 106; Junghardt, Rom-IV-VO, S. 17, 21 ff. Ausführlich auch: Lübcke, Das neue europäische Internationale Nachlassverfahrensrecht, S. 232 ff.

612   So bspw. Herweg, Europäisierung des Internationalen Erbrechts, S. 200 f.; Kousoula, Europäischer Erbschein, S. 58; siehe auch: Schroer, Europäischer Erbschein; Remien CML Rev. 38 (2001), 53, 74.

613   Zum Unterschied der angeführten Punkte des Art. 81 Abs. 2 AEUV im Gegensatz zu Art. 65 Abs. 2 EG a.F. siehe MPI-Comments, Rdnr. 15 f.

614   Buschbaum/Kohler GPR 2010, 106.

Damit sind alle von der Verordnung erfassten Regelungsbereiche eingeschlossen. Insbesondere Art. 81 Abs. 2 lit. c AEUV enthält die Kompetenz zur
Angleichung des Internationalen Privatrechtes und des internationalen Zivilverfahrensrechts. Hingegen ist das materielle Erbrecht nicht erfasst, denn selbst
wenn, wie das Wort „insbesondere" erkennen lässt, obige Punkte nur beispielhaft gelten, ist doch durchgehend lediglich von Zivilverfahrens- und Kollisionsrecht die Rede.[615] Somit muss eine Vereinheitlichung des materiellen Rechtes
nicht nur aus traditionsbedingten Gründen ausscheiden.[616]

Für Harmonisierungsmaßnahmen nach Art. 81 AEUV ist das ordentliche
Gesetzgebungsverfahren vorgesehen, Art. 81 Abs. 2 AEUV. Das Erbrecht unterliegt dabei nach Ansicht der Kommission und der herrschenden Meinung nicht
dem für familienrechtliche grenzüberschreitende Sachverhalte vorgesehenen
Einstimmigkeitsprinzip im Rat nach Art. 81 Abs. 3, S. 2 AEUV. Dies wird damit begründet, dass das Erbrecht in fast allen Mitgliedstaaten (außer in den nordischen Ländern) als eine gegenüber dem Familienrecht autonome Rechtsmate-
rie eingeordnet wird.[617]

Unter (Harmonisierungs-)Maßnahmen im Sinne der Norm fallen, so die
Kommission und die herrschende Meinung, alle Rechtsakte nach Art. 288
AEUV, also auch die darin aufgeführte Verordnung.[618]

---

615 So auch: Rossi, in: Calliess/Ruffert, Kommentar zum EUV/AEUV, Art. 81 AEUV,
   Rdnr. 15, 22 f.; Stumpf, in: Schwarze, EU-Kommentar, Art. 81 AEUV Rdnr. 1 f.;
   Junghardt, Rom-IV-VO, S. 23; Schroer, Europäischer Erbschein, S. 39; ausführlich:
   Herweg, Europäisierung des Internationalen Erbrechts, S. 31 ff.; 201; Kousoula, Euro-
   päischer Erbschein, S. 55 ff.; Lehmann, Brüssel-IV-Verordnung, Rdnr. 22; s.a. Heggen
   RNotZ 2007, 1, 7 f.; Pintens ZEuP 2001, 628, 646.

616 Ausführlich: Lehmann, Brüssel-IV-Verordnung, Rdnr. 22; Rauscher, in: FS Jayme,
   S. 719, 722 ff.; Lorenz ErbR 2012, 39; Pintens FamRZ 2003, 499, 502. Zur Frage, ob
   dieser Ausschluss des materiellen Erbrechts auch die Wirkungen des Europäischen
   Nachlasszeugnisses einschränkt, siehe Fn. 884.

617 Begründung zum ErbVO-E2009, S. 3; MPI-Comments, Rdnr. 12 ff., insb. 17 f.; Lagarde, in: Perspectives du droit des Successions Européennes et Internationales, S. 7;
   s.a. Baldus GPR 2009, 105; Buschbaum/Kohler GPR 2010, 106; Man-
   sel/Thorn/Wagner IPRax 2010, 1, 10; Remde RNotZ 2012, 65, 67; kritisch: Rauscher,
   in: Rauscher, EuZPR/EuIPR, Einf EG-ErbVO Rdnr. 5. Nach dem Änderungsantrag
   122 des Rechtsausschusses (vom 1. Juli 2011, Amendments 122-245, Berichterstatter
   Kurt Lechner, im Folgenden: Lechner-Report II; Amendment 122) soll darauf Rücksicht genommen werden, dass manche Länder das Erbrecht familienrechtlich einord-
   nen und Art. 81 Abs. 3 AEUV daher zu berücksichtigen sein.

618 Dass eine Verordnung nicht erfasst ist, wurde wohl nur bei der Vorgängernorm diskutiert, da Art. 81 Abs. 2 lit. b AEUV in der vorangehenden Fassung nur die „Förderung"
   der Vereinheitlichung vorsah, was nach Ansicht einiger dazu geführt hätte, dass eine

b. Haupteinwände gegen Art. 81 AEUV als Kompetenzgrundlage

Die Kompetenz zum Erlass der ErbVO und insbesondere das Berufen auf Art. 81 AEUV (bzw. vielmehr dessen Vorgängernorm, Art. 65 EG a.f.)[619] als Kompetenzgrundlage werden nicht nur in der Literatur, sondern auch von einigen Mitgliedstaaten[620] durch zwei Einwände[621] in Frage gestellt.

aa. Mangelnder Binnenmarktbezug und mangelnde Binnenmarktfunktionalität

Zunächst war bis zur Einführung von Art. 81 AEUV fraglich, ob das Erbrecht von der Vorgängernorm, Art. 65 EG a.f., überhaupt erfasst werden durfte. Kritisch wurde dabei begutachtet, dass Art 65 EG a.f. vorsah, dass die Regelung für das „reibungslose Funktionieren des Binnenmarktes" erforderlich sein musste. Bezug wurde dabei nicht nur auf die Erforderlichkeit,[622] sondern auch auf die Begriffe des Binnenmarkts und der Binnenmarktfunktionalität genommen.

Verordnung als nicht fördernd, sondern vorschreibend hätte ausscheiden müssen; ausführlich: Herweg, Europäisierung des Internationalen Erbrechts, S. 155 f., 229 ff.; Junghardt, Rom-IV-VO, S. 35 ff.; Kousoula, Europäischer Erbschein, S. 72 ff.; Schroer, Europäischer Erbschein, S. 43; Heggen RNotZ 2007, 1, 8; Leible/Staudinger EuLF 2000/2001, 225, 233; Staudinger ZfRV 2000, 93, 104; Wagner RabelsZ 68 (2004), 119, 133; so auch schon: Navrátilová GPR 2008, 144, 150; Terner MJ 2007, 147, 174.

619   Wie sich im Folgenden zeigt, können die Einwände gegen Art. 81 AEUV wohl allesamt nicht mehr aufrechterhalten werden. Aus diesem Grund erfolgt die Darstellung in der gebotenen Kürze.

620   Durch den Lissabon-Vertrag wurde auch ein sog. „Subsidiaritätstest" eingeführt, bei dem die nationalen Parlamente einen Gesetzgebungsvorschlag wegen Missachtung des Subsidiaritätsprinzips (Art. 5 EU) rügen können. Von dieser Möglichkeit wurde von einigen nationalen Parlamenten hinsichtlich diverser Regelungsbereiche der ErbVO bereits Gebrauch gemacht; vgl. Buschbaum/Kohler GPR 2010, 106 f.; Uerpmann-Wittzack/Edenharter EuR 2009, 313.

621   Der Einwand, dass die Vereinheitlichung von Verfahrens- und Kollisionsrecht mittelbar in das nationale Recht eingreift, da diese Bereiche eng mit den nationalen Vorschriften verbunden sind, wird wohl nur von der Österreichischen Anwaltskammer in ihrer Stellungnahme zum Grünbuch; S. 1 ff. (abrufbar unter: http://www.oerak.or.at/downloads/21_07_254_erbrecht.pdf) angeführt und soll daher nicht weiter problematisiert werden; zusammenfassend: Bajons, in: FS Heldrich, S. 495; Kousoula, Europäischer Erbschein, S. 59.

622   Zur Entkräftung des Vorwurfs der mangelnden Erforderlichkeit ausdrücklich: Begründung zum ErbVO-E2009, S. 4.

Der Begriff des Binnenmarkts sei rein wirtschaftlich zu verstehen gewesen. Die Wirtschaftlichkeit sei aber beim Erbrecht ebenso wenig vorhanden wie die Binnenmarktfunktionalität.[623]

Diese an Art. 65 EG a.f. anknüpfende Diskussion dürfte sich aber nunmehr erübrigt haben. Mit der Einführung von Art. 81 Abs. 2 AEUV und der Aufnahme des Nebensatzes – „insbesondere wenn dies für das reibungslose Funktionieren des Binnenmarktes erforderlich ist" – wurde von der generellen Bezugnahme auf den Binnenmarkt sowie der Erforderlichkeit abgerückt und lediglich ein Regelbeispiel geschaffen.[624]

Selbst wenn aber ein Binnenmarktbezug gefordert würde, wäre dieser hier in Übereinstimmung mit der wohl herrschenden Meinung[625] vorhanden.

Denn zunächst darf der Begriff des Binnenmarktes nicht zu eng gefasst werden. Vielmehr ist der Binnenmarkt wie in der Definition des Art. 26 Abs. 2 AEUV a.F. zu verstehen. Danach handelt es sich um einen Raum ohne Binnen-

---

623 So bspw.: Linke, in: FS Geimer, S. 529, 545 f.; Stumpf EuR 2007, 291, 301 ff.; ausführliche Zusammenfassung bei Kousoula, Europäischer Erbschein, S. 58 ff.; Navrátilová GPR 2008, 144, 147.

624 So auch: MPI-Comments, Rdnr. 12 f.; Rossi, in. Calliess/Ruffert, Kommentar zum EUV/AEUV, Art. 81 AEUV, Rdnr. 13 f.; Bernitt, Vorfragen im europäischen Kollisionsrecht, S. 119 f.; Pfundstein, Pflichtteil, Rdnr. 548; Kohler, in: Jud/Rechberger/Reichelt, Kollisionsrecht in der Europäischen Union, S. 182; Mansel/Thorn/Wagner IPRax 2010, 1, 25; so auch schon: Lehmann, Brüssel-IV-Verordnung, Rdnr. 40; Navrátilová GPR 2008, 144, 149; Wagner IPRax 2007, 290, 292; offen gelassen, ob ein Binnenmarktbezug trotz Regelbeispielsfunktion weiter zu fordern ist: Buschbaum/Kohler GPR 2010, 106, 107; kritisch: Kindler IPRax 2010, 44, 47 f.

625 Vgl. MPI-Comments, Rdnr. 12, 14, Herweg, Europäisierung des Internationalen Erbrechts, S. 199 ff.; Kousoula, Europäischer Erbschein, S. 60 ff., insb. 64 f. Schroer, Europäischer Erbschein, S. 41; Seyfarth, Zuständigkeitswandel, S. 123 ff.; Mansel, in: FS Ansay, S. 185, 189 f.; Basedow CML Rev. 37 (2000), 687, 697 f.; Dörner/Hertel/Lagarde/Riering IPRax 2005, 1; Heß NJW 2000, 23, 27, insb. Fn. 85; Wagner RabelsZ 68 (2004), 119, 136 f.; Herweg (in: Europäisierung des Internationalen Erbrechts, S. 182 ff.) unterscheidet in insgesamt vier Ansichten: Nach der ersten Ansicht entstand sogar durch Art. 65 EGV keine neue Kompetenz für das Internationale Privatrecht. Nach der zweiten wurde zwar eine solche Kompetenz geschaffen, diese bezieht sich aber nur auf das wirtschaftsnahe Internationale Privatrecht. Die dritte Ansicht umschließt auch das wirtschaftsferne Internationale Privatrecht. Die vierte und (nach Herweg) herrschende Ansicht geht davon aus, dass nach Art. 65 EGV durch den Vertrag von Amsterdam vom 2. Oktober 1997 (ABl. Nr. C 340 vom 10. November 1997) eine originäre Zuständigkeit zur Vereinheitlichung des gesamten internationalen Zivilrechts eingeführt wurde, die so auch das internationale Erbrecht erfasst; s.a. Navrátilová GPR 2008, 144, 147.

grenzen, in dem der freie Verkehr von Waren, Personen, Dienstleistungen und Kapital gemäß den Bestimmungen der Verträge gewährleistet ist. Damit erfasst der Binnenmarkt auch die Personenverkehrsfreiheit. Dieser Begriff der Personenverkehrsfreiheit ist aber wohl seit dem Maastrichter Vertrag[626], der Gründung der Europäischen Union und der Einführung des „Unionsbürgers" nicht mehr rein wirtschaftlich zu verstehen.[627] Dafür spricht auch, dass der EG-Vertrag in Art. 67 Abs. 5, 2. Spiegelstrich EG a.f. sogar auf familienrechtliche Aspekte Bezug nahm. Mit dieser Bezugnahme auf das Familienrecht und damit auf einen im Verhältnis zum Erbrecht wesentlich weniger wirtschaftlich geprägten Bereich zeigte der Europäische Verordnungsgeber, dass er in Titel IV (fortan) nicht mehr auf rein wirtschaftliche Aspekte abstellen würde.[628] Die Personenverkehrsfreiheit und damit der Binnenmarkt sind also nicht zwingend nur auf rein wirtschaftliche Sachverhalte anzuwenden. Vielmehr reicht es aus, dass diese beiden durch die vielen unterschiedlichen erbrechtlichen (Kollisions- und Zuständigkeits-)Regelungen beeinträchtigt werden.[629] Dass dem so ist, belegt gerade die obige Untersuchung der beiden deutschen Systeme.[630] Der Einwand des mangelnden Binnenmarktbezuges greift daher nicht.

---

626 Vertrag von Maastricht vom 7. Februar 1992 (Amtsblatt Nr. C 191 vom 29. Juli 1992).

627 Art. 17 EG a.F., heute Art. 20 AEUV; vgl. Basedow EuZW 1997, 609; s.a. Denkinger, Europäisches Erbkollisionsrecht, S. 349; die Personenverkehrsfreiheit ist damit keine Alternative zum Binnenmarktbezug, sondern ein Teil des Binnenmarkts, vgl. Lehmann, Brüssel-IV-Verordnung, Rdnr. 31; andere halten den Amsterdamer Vertrag für entscheidend, siehe Fn. 625.

628 Denkinger, Europäisches Erbkollisionsrecht, S. 349; Mansel RabelsZ 70 (2006), 651, 683; Wagner RabelsZ 68 (2004), 119, 137; Repasi StudZR 2004, 251, 277. Herweg (in: Europäisierung des Internationalen Erbrechts, S. 199 ff., insb. 209 f.; 211 ff.) folgert dies aus einer weiten Auslegung des Binnenmarkt- und Personenfreizügigkeitsbegriffs.

629 MPI-Comments, Rdnr. 12, 14, wobei dort spezifisch darauf abgestellt wird, dass auch ein rein wirtschaftlicher Bezug existiere, berücksichtige man die Erbfolge in Unternehmen und die dortigen Schwierigkeiten bei grenzüberschreitendem Bezug; ähnlich: Lehmann, Brüssel-IV-Verordnung, Rdnr. 28 f. (in Bezug auf Art. 95 EG aber kritisch); Repasi StudZR 2004, 251, 271 ff.; s.a. Herweg, Europäisierung des Internationalen Erbrechts, S. 199 ff., insb. 205 ff.; 215 ff.; Kousoula, Europäischer Erbschein, S. 60 ff., insb. 64 f.; Schroer, Europäischer Erbschein, S. 41; Basedow CML Rev. 37 (2000), 687, 697 f.; Heß NJW 2000, 23, 27, insb. Fn. 85; indirekt auch de Waal (in: Reid/de Waal/Zimmermann, Exploring the Law of Succession; S. 2 ff.), der herausarbeitet, dass das Erbrecht nicht nur eine „economical", sondern auch eine „social" function innehat.

630 Insbesondere Teil 2 D.; ausführlich auch: Herweg, Europäisierung des Internationalen Erbrechts, S. 215 ff.; Repasi StudZR 2004, 251, 279 f.; s.a. Basedow EuZW 1997, 609.

Hinsichtlich der Binnenmarktfunktionalität ist in Übereinstimmung mit der herrschenden Meinung zu berücksichtigen, dass das wesentliche Ziel der Europäischen Union, die Schaffung eines Raumes der Freiheit, Sicherheit und des Rechts,[631] nicht erreicht werden kann, wenn nur dort eingegriffen wird, wo eine unmittelbare Gefährdung der Grundfreiheiten oder eine Wettbewerbsverfälschung droht. Vielmehr muss es ausreichen, wenn die Rechtsangleichung lediglich eine Unterstützungsfunktion hat. Dies folgt nicht zuletzt aus dem Gedanken, dass Art. 65 EG a.f. weiter zu verstehen war als Art. 95 EG a.f. Für Letzteren kam es nicht auf das „reibungslose" Funktionieren des Binnenmarktes, sondern auf das Funktionieren schlechthin an. Dies zeigt, dass im Gegensatz zu Ersterem nur unmittelbare Gefährdungen akzeptiert wurden.[632] Da die angestrebte Erbrechtsvereinheitlichung gerade wegen der oben angeführten Beeinträchtigung der Personenverkehrsfreiheit der Schaffung des Raumes der Freiheit, Sicherheit und des Rechts dient und eine unterstützende Funktion hat, ist die Binnenmarktfunktionalität zu bejahen.

Der Einwand des fehlenden Binnenmarktbezuges geht folglich fehl.

bb. Mangelnde Regelungsbefugnis für Drittstaatensachverhalte

Kritisch wird überdies auch der universelle Charakter der Verordnung begutachtet. Da die ErbVO auch Drittstaatensachverhalte[633] erfassen will, sofern diese noch einen geringen Bezug zu einem Mitgliedstaat aufweisen (insbesondere Art. 25 ErbVO-E2009/Art. 33 ErbVO für eine universelle Anwendung des Kol-

---

631 Art. 3 Abs. 2 EUV.

632 Herweg, Europäisierung des Internationalen Erbrechts, S. 209 ff.; insb. 215; Junghardt, Rom-IV-VO, S. 24 f.; Kousoula, Europäischer Erbschein, S. 61, 65 f.; Repasi StudZR 2004, 251, 275; so im Ergebnis auch: Haas, in: Gottwald, Perspektiven der justiziellen Zusammenarbeit, S. 46 f.; Mansel RabelsZ 70 (2006), 651, 658 f.; Terner MJ 2007, 147, 174; zum Verhältnis von Art. 65 EG a.F. und Art. 95 EG a.F.: Rossi, in: Calliess/Ruffert, Kommentar zum EUV/AEUV, Art. 81 AEUV, Rdnr. 13; Graßhof, in: Schwarze, EU-Kommentar, 2. Auflage 2009, Art. 65 EGV Rdnr. 11; ausführlich: Lehmann, Brüssel-IV-Verordnung, Rdnr. 25 ff.; auch anklingend bei Heß IPRax 2001, 389, 393 f.; nach Tarko (in: ÖJZ 1999, 401, 407) reichte für Art. 65 EGV a.F. ein „gut funktionierender Binnenmarkt" aus; allgemeiner: Drappatz, Gemeinschaftskompetenz, S. 95; Denkinger (in: Europäisches Erbkollisionsrecht, S. 350 f.) stellt auf die Beeinträchtigungen der Nachlassplanung durch die unterschiedlichen Kollisionsrechte ab, die bspw. bei der Verlegung eines kleinen Unternehmens nach Florenz auftreten könnten. Dagegen: Stumpf EuR 2007, 291, 305 f.

633 Bei einem (einfachen) Drittstaatensachverhalt handelt es sich um einen solchen Sachverhalt, der nicht nur Bezug zu einem Mitgliedstaat, sondern auch zu einem Nicht-Mitgliedstaat hat. Ein reiner Drittstaatensachverhalt weist hingegen keinen Bezug zu einem Mitgliedstaat auf; vgl. Majer ZEV 2011, 445, 446.

lisionsrechtes), muss auch die Kompetenzgrundlage die Erfassung von Drittstaatensachverhalten vorsehen. Hier könnte die Bezugnahme auf den Binnenmarkt gegen eine universelle Anwendung sprechen.[634] Insoweit gilt aber ebenfalls, dass nur noch beispielhaft auf den Binnenmarkt Bezug genommen wird.[635] Zudem wird von mehreren Literaturstimmen berechtigterweise zugunsten eines universellen Charakters vorgebracht, dass sich auch aus dem Begriff des Binnenmarktes keine territoriale Schranke ergebe, da anderen Kompetenznormen, wie zum Beispiel Art. 94, 95 EG a.F., trotz des Binnenmarktbezugs die Kompetenz für die Regelung von Drittstaatensachverhalten zugesprochen wird.[636] Ebenso sei die universelle Regelung auch zwingend erforderlich für das reibungslose Funktionieren des Binnenmarktes. Ansonsten könnten einerseits Schwierigkeiten bei der Definition des Binnensachverhaltes gegenüber dem Drittstaatensachverhalt auftreten. So stellt sich die Frage, ob beispielsweise schon der gewöhnliche Aufenthalt der Erben im Mitgliedstaat dem Drittstaatensachverhalt entgegensteht. Darüber hinaus könne auch nur durch eine universelle Regelung dem forum shopping generell begegnet werden.[637] Letztlich werde dem Drittstaat dadurch ebenfalls die schwierige Prüfung erspart, ob er bei einer Gesamtverweisung auf die Verordnung oder das autonome mitgliedstaatliche Kollisionsrecht zurückgreifen muss.[638]

In Übereinstimmung mit den vorgebrachten Argumenten aus der Literatur geht folglich auch der Einwand der mangelnden Regelungsbefugnis für Drittstaatensachverhalte fehl.

---

634 So insbesondere: Herweg, Europäisierung des Internationalen Erbrechts, S. 233; Vékás, in: Reichelt/Rechberger, Europäisches Erbrecht, S. 55; Remien CML Rev. 38 (2001), 53, 75 f. Er erklärt zudem, dass zumindest die Prinzipien der Subsidiarität und der Verhältnismäßigkeit nicht hinreichend berücksichtigt würden; kritisch auch Rauscher, in: Rauscher, EuZPR/EuIPR, Einf EG-ErbVO-E Rdnr. 4 sowie Kindler IPRax 2010, 44, 48.

635 So auch: Majer ZEV 2011, 445, 448. S.a. Seyfarth, Zuständigkeitswandel, S. 130 f.

636 Junghardt, Rom-IV-VO, S. 25 ff.; Leible/Staudinger EuLF 2000/2001, 225, 229 f.; ausführlich zum Verhältnis von Art. 65 EG und Art. 95 EG a.F.: Lehmann, Brüssel-IV-Verordnung, Rdnr. 22 ff.

637 Buschbaum/Kohler GPR 2010, 106, 107; s.a. DNotI-Studie, S. 260; Junghardt, Rom-IV-VO, S. 26 f.; Lehmann, Brüssel-IV-Verordnung, Rdnr. 43; Wagner RabelsZ 68 (2004), 119, 139 ff.; so im Ergebnis auch Herweg, Europäisierung des Internationalen Erbrechts, S. 232 ff.; Mansel, in: FS Ansay, S. 185, 195 ff., insb. 197. Ausführlich unten Teil 4 D.

638 Wagner RabelsZ 68 (2004), 119, 144.

c. Ergebnis

Die Einwände greifen nicht. Seit dem 1. Dezember 2009 ist somit Art. 81 Abs. 1 i.V.m. Abs. 2 lit. a, c, f AEUV Kompetenzgrundlage für den Erlass der ErbVO.

2. Prinzipien der begrenzten Einzelermächtigung, Subsidiarität und der Verhältnismäßigkeit

Es müssten darüber hinaus die Prinzipien der begrenzten Einzelermächtigung, der Subsidiarität und der Verhältnismäßigkeit nach Art. 5 EUV gewahrt sein.

Die Frage der Wahrung des Prinzips der begrenzten Einzelermächtigung nach Art. 5 Abs. 1 und 2 EUV lässt sich aufgrund der Einschlägigkeit von Art. 81 AEUV grundsätzlich bejahen.[639] Allerdings ist zu berücksichtigen, dass die Rechtssetzungskompetenz derzeit noch bei den Mitgliedstaaten liegt, da im erbrechtlichen Bereich bisher noch kein Gebrauch von der Kompetenzgrundlage gemacht wurde. Damit fallen die Schranken der Subsidiarität und der Verhältnismäßigkeit bei der Prinzipienwahrung des Art. 5 EUV besonders ins Gewicht.[640]

Gerade die Wahrung des Subsidiaritätsprinzips (Art. 5 Abs. 3 EUV) scheint aber fraglich. Dieses Prinzip ist „Ausdruck einer dynamischen Kompetenzverteilung zwischen der europäischen Ebene und den Mitgliedstaaten sowie deren politischen Untergliederungen und stellt ein flexibles Instrument dar, mit dessen Hilfe ein Ausgleich für die funktional ausgerichteten europäischen Kompetenztitel zu Gunsten mitgliedstaatlicher Handlungsspielräume geschaffen werden kann".[641] Es soll also gewährleisten, dass die Europäische Union nur dann tätig wird, wenn das entsprechende Ziel nicht auf nationaler Ebene ebenso gut (oder besser) verwirklicht und es tatsächlich auf EU-Ebene besser erreicht werden kann.[642] Dass die nationale Verwirklichung – zumindest in Teilbereichen – bei der ErbVO aber ebenso gut, wenn nicht sogar besser, möglich ist, verlangen nun einige Mitgliedstaaten im Rahmen einer neu geschaffenen Kompetenz, dem so genannten „Subsidiaritätstest", festgestellt zu wissen.[643] Dafür, dass dieser Test aber wahrscheinlich negativ, d.h. die Wahrung der Subsidiarität bejahend, aus-

---

639   Junghardt, Rom-IV-VO, S. 38.

640   Junghardt, Rom-IV-VO, S. 38.

641   Junghardt, Rom-IV-VO, S. 38; s.a. Wagner IPRax 2007, 290, 291; Drappatz, Gemeinschaftskompetenz, S. 74; Leible/Staudinger EuLF 2000/2001, 225, 234; allgemein: Repasi StudZR 2004, 251.

642   Majer ZEV 2011, 445, 448 mit Verneinung für reine Drittstaatensachverhalte.

643   Vgl. Fn. 620; kritisch auch Rauscher, in: FS Jayme, S. 719, 720 f.; hinsichtlich Art. 25 ErbVO-E2009 Vékás, in: Reichelt/Rechberger, Europäisches Erbrecht, S. 55.

fallen dürfte, spricht insbesondere, dass bereits das Haager Übereinkommen über das auf die Rechtsnachfolge von Todes wegen anzuwendende Recht von 1989 als „milderes Mittel" eine Vereinheitlichung mittels völkerrechtlicher Verträge vorsah, dieses aber nicht ratifiziert wurde. Zum Inkrafttreten hätte es lediglich der Ratifizierung durch drei Mitgliedstaaten bedurft. Allerdings haben nur die Niederlande selbiges ratifiziert.[644] Dies zeigt, dass es voraussichtlich nicht zu einer Vereinheitlichung des Erbrechts (bzw. der in die ErbVO aufgenommenen Teilbereiche) allein auf mitgliedstaatlicher Ebene oder durch Mitwirkung der Mitgliedstaaten kommen kann, so dass das Subsidiaritätsprinzip gewahrt sein dürfte.[645]

Schließlich ist auch der Verhältnismäßigkeitsgrundsatz zu berücksichtigen (Art. 5 Abs. 4 EUV). Danach darf das für die Erreichung der Ziele des Vertrags erforderliche Maß nicht überschritten werden, es muss also das „Prinzip des schonenden Ausgleichs"[646] gewahrt sein. Mit der ErbVO wird das Maß aber gerade durch die mangelnde Möglichkeit der Vereinheitlichung des materiellen Rechts gewahrt, da den Mitgliedstaaten so genug „Spielraum" für nationale Entscheidungen und Traditionen geschaffen wird. An der Wahrung des Verhältnismäßigkeitsgrundsatzes bestehen sodann keine weiteren Bedenken.[647]

Im Ergebnis sind auch die Anforderungen des Art. 5 EUV – Wahrung der Prinzipien der begrenzten Einzelermächtigung, der Subsidiarität und der Verhältnismäßigkeit – erfüllt.

3. Ergebnis

Art. 81 Abs. 1 i.V.m. Abs. 2 lit. a, c, f AEUV ist Kompetenzgrundlage für den Erlass der Verordnung. Bedenken hinsichtlich der Einschlägigkeit der Norm und des Regelungsumfanges sowie möglicher Verstöße gegen die Prinzipien der be-

---

644 Herweg, Europäisierung des Internationalen Erbrechts, S. 221; Junghardt, Rom-IV-VO, S. 38 f.

645 Ebenso: Junghardt, Rom-IV-VO, S. 39; im Ergebnis auch: Begründung zum ErbVO-E2009, S. 4; Denkinger, Europäisches Erbkollisionsrecht, S. 353 f.; Lehmann, Brüssel-IV-Verordnung, Rdnr. 44; anders Majer (in: ZEV 2011, 445, 448) hinsichtlich reiner Drittstaatensachverhalte.

646 Repasi StudZR 2004, 251, 261.

647 So auch: Begründung zum ErbVO-E2009, S. 4; Herweg, Europäisierung des Internationalen Erbrechts, S. 221 f.; Junghardt, Rom-IV-VO, S. 39; Remien CML Rev. 38 (2001), 53, 64; Repasi StudZR 2004, 251, 283 ff.; zum Untermaßverbot: Baldus GPR 2006, 80; identische Argumentation für das Familienrecht: Wagner RabelsZ 68 (2004), 119, 152 f; a.A. hinsichtlich reiner Drittstaatensachverhalte: Majer ZEV 2011, 445, 448 f.

grenzten Einzelermächtigung, der Subsidiarität und der Verhältnismäßigkeit bestehen nicht.

III. Überblick über die einzelnen Regelungsbereiche im ErbVO-E2009 und in der ErbVO

Bestehen keine weiteren Bedenken gegen den Erlass der Verordnung, ist diese auf ihren Inhalt hin zu überprüfen. Ausgangspunkt ist der ErbVO-E2009. Sofern die ErbVO von den Vorschriften des ErbVO-E2009 abweicht, werden diese Abweichungen ebenfalls dargestellt.

Nachfolgend werden zunächst die Regelungsbereiche abseits des Systems der internationalen Zuständigkeit (Kapitel II) erörtert, da diese Auswirkungen auf das Zuständigkeitssystem haben und ihre überblicksartige Kenntnis Voraussetzung einer Auseinandersetzung mit den Zuständigkeitsvorschriften ist.[648] Dies insbesondere deshalb, weil für die Bestimmung des anwendbaren Rechts (III.2.) und der internationalen Zuständigkeit ein identisches Kriterium, der gewöhnliche Aufenthalt, gewählt wurde. Aber auch das Umreißen des Anwendungsbereiches und die Aufschlüsselung der zentralen Begriffe des ErbVO-E2009 bzw. der ErbVO (III.1.) sind für die Reichweitenbestimmung der Zuständigkeitsregelungen unumgänglich. Dass auch Anerkennung/Annahme, Vollstreckung (III.3.) und Europäisches Nachlasszeugnis (III.4.) erläutert werden müssen, ergibt sich bereits aus den Ausführungen zum deutschen Recht, da hier gerade die fehlende Anerkennung kritisiert wurde. Eine Betrachtung der allgemeinen und Schlussbestimmungen (III.5.) rundet den Überblick ab.

1. Kapitel I: Anwendungsbereich und Begriffsbestimmungen

Der Anwendungsbereich und die wesentlichen Begriffsbestimmungen der Verordnung ergeben sich aus dem ersten Kapitel des Verordnungsentwurfs und der Verordnung.[649] Kapitel I ist wiederum unterteilt in zwei Artikel im ErbVO-

---

648 Natürlich mit Ausnahme der internationalen Zuständigkeit, die in Teil 3 B. ausführlich untersucht wird.

649 Darüber hinaus wird der Anwendungsbereich in Art. 19, 21, 22 ErbVO-E2009 inhaltlich umgrenzt, was von Dörner (in: ZEV 2010, 221, 223) zutreffend als „unübersichtlich" bezeichnet wird. Um Irritationen zu vermeiden, werden die Normen aber entsprechend ihrer Einordnung im Rahmen des „anzuwendenden Rechts" unter Teil 3 A. III. 2. besprochen. Weitere Eingrenzungen des Anwendungsbereichs finden sich in Art. 50 ErbVO-E2009/83 ErbVO (zeitlich) sowie Art. 45 ErbVO-E2009/75 ErbVO (Weiter-

E2009 bzw. drei Artikel in der ErbVO. Der erste Artikel des ErbVO-E2009 bzw. Art. 1 ErbVO bestimmt den (sachlichen) Anwendungsbereich. Art. 2 Erb-VO-E2009, nunmehr Art. 3 ErbVO, enthält Begriffsbestimmungen. Darüber hinaus betrifft der neu eingefügte Art. 2 ErbVO die innerstaatliche Zuständigkeit der Behörden.

a. Anwendungsbereich

Im ersten Absatz von Art. 1 ErbVO-E2009/Art. 1 ErbVO wird zunächst der grundlegende Rahmen der Verordnung festgelegt. Demnach soll sie auf die Rechtsnachfolge von Todes wegen Anwendung finden. Steuer- und Zollsachen sollen ausgenommen sein, Art. 1 Abs. 1 ErbVO-E2009/Art. 1 Abs. 1 ErbVO.[650] Der Begriff „Rechtsnachfolge von Todes wegen" ist in Art. 2 lit. a ErbVO-E2009/Art. 3 lit. a ErbVO definiert und autonom auszulegen. Er schließt alle mit der Rechtsnachfolge verbundenen Aspekte ein, insbesondere die Erbfolge sowie die Verwaltung und Abwicklung des Nachlasses.[651]

Als Folge der Einschlägigkeit von Art. 81 AEUV als Kompetenzgrundlage gelten nach Art. 1 Abs. 2 ErbVO-E2009, der sich in der ErbVO nur in den Erwägungsgründen 82 und 83 wiederfindet, Besonderheiten für das Vereinigte Königreich, Irland und Dänemark. Erstere haben nach dem „Protokoll über die Position des Vereinigten Königreichs und Irlands hinsichtlich des Raumes der Freiheit, der Sicherheit und des Rechts"[652] ein so genanntes „Opting-In"-Recht. Sie können entscheiden, ob sie sich an der Annahme und Anwendung der Maßnahme nach Art. 81 AEUV[653] beteiligen und die ErbVO so für sich anwendbar

---

geltung von Staatsverträgen). Auch diese werden an der von der Verordnung vorgesehenen Stelle besprochen.

650 Hinsichtlich der Steuersachen führt die Kommission im Rahmen der Begründung zum ErbVO-E2009 auf S. 4 (zur Verhältnismäßigkeit) aus: „Der Vorschlag geht nicht über das zur Erreichung seiner Ziele erforderliche Maß hinaus. Er bewirkt weder eine Harmonisierung des Erbrechts noch des Sachenrechts der Mitgliedstaaten. Auch das Erbschaftsteuerrecht bleibt unberührt. Bei internationalen Erbfällen kann es daher nach wie vor zu Kollisionen zwischen den nationalen Steuersystemen und damit zu Doppelbesteuerung oder Ungleichbehandlung kommen."

651 Begründung zum ErbVO-E2009, S. 5; s.a. Revillard, in; Droit International Privé et Communautaire, Rdnr. 710; Altmeyer ZEuS 2010, 475, 479; kritisch: Godechot-Patris, in: L'Avenir Européen du Droit des Successions Internationales, S. 26 f. Eine funktionelle Erbstatutenspaltung findet (im ErbVO-E2009 noch vorbehaltlich Art. 21 ErbVO-E2009, dazu unten Teil 3 A. III. 2. a.) nicht statt; vgl. Schäuble, Einweisung der Erben durch deutsche Nachlassgerichte, S. 166.

652 Protokoll Nr. 21 zum Lissabon-Vertrag.

653 Vgl. Art. 1, 2 sowie Art. 3 des Protokolls mit Verweis auf den Dritten Teil Titel V unter dem Art. 81 AEUV zu finden ist.

erklären wollen. Ebenso verhält es sich mit dem „Protokoll über die Position Dänemarks"[654], wobei Dänemark eine generelle Nichtteilnahme hinsichtlich des größten Teils des Gemeinschaftsrechtes erklärt hat.[655] Dies ist auf „methodisch-theoretische Schwierigkeiten"[656] bei der Umsetzung des Rechts zurückzuführen. Beispielsweise sind in der dänischen Verfassung besondere Mehrheiten oder ein Volksentscheid bei Souveränitätsübertragungen in den Bereichen Justiz und Inneres vorgesehen.[657] Eine „Beteiligung" Dänemarks kann somit nur über völkerrechtliche Verträge erreicht werden oder dann, wenn Dänemark sich zu einer (zumindest teilweisen) Außerkraftsetzung des Protokolls nach dessen Art. 7 bereit erklärt.[658] Bis dato sind das Vereinigte Königreich und Irland – mangels Opting-In – sowie Dänemark nicht an der Umsetzung der ErbVO beteiligt. Diese Staaten werden demnach derzeit nicht als Mitgliedstaaten, sondern Drittstaaten im Sinne der Verordnung angesehen.[659] Ob zumindest das Vereinigte Königreich und Irland nachträglich noch ein Opting-In erklären, bleibt abzuwarten.[660]

Im dritten Absatz von Art. 1 ErbVO-E2009/Art. 1 Abs. 2 ErbVO werden zahlreiche, vom Anwendungsbereich nicht umschlossene Gebiete aufgelistet.[661]

---

654 Protokoll Nr. 22 zum Lissabon-Vertrag.

655 Art. 1, 2 des Protokolls.

656 Junghardt, Rom-IV-VO, S. 40; Herweg, Europäisierung des Internationalen Erbrechts, S. 245.

657 Vgl. Schmahl, in: von der Groeben/Schwarze, Kommentar zum EU-/EG-Vertrag, Art. 69 EG, Rdnr. 3; Herrnfeld, in: Schwarze, EU-Kommentar, Art. 67 AEUV Rdnr. 34; Stumpf, in: Schwarze, EU-Kommentar, Art. 81 AEUV Rdnr. 5; Graßhof, in: Schwarze, EU-Kommentar, 2. Auflage 2009, Art. 69 EGV Rdnr. 10; Junghardt, Rom-IV-VO, S. 40.

658 So anklingend bei: Mansel/Thorn/Wagner IPRax 2010, 1, 25 sowie Mansel, in: FS Ansay, S. 185, 194.

659 Vgl. Richters ZEV 2012, 576.

660 Noch im August 2010 war deutlich zu erkennen, dass sich Großbritannien nicht beteiligen will; vgl. Steeden ZEV 2010, 513. Diese Ansicht scheint sich auch Anfang 2012 nicht geändert zu haben; FD-DStR 2012, 329954.

661 Lebzeitige Schenkungen sollen nach Art. 1 Abs. 3 lit. f ErbVO-E2009/Art. 1 Abs. 2 lit. g ErbVO vom Anwendungsbereich der Verordnung ausgeschlossen sein, da diese unter die Rom-I-Verordnung fallen. Nicht zu erkennen war im ErbVO-E2009 noch, ob nicht vollzogene Schenkungsversprechen im Sinne des § 2301 Abs. 1 BGB erfasst sein sollten. Eine Klarstellung nimmt darum die ErbVO in Erwägungsgrund 14 vor. Danach sind diese Versprechen erfasst. Zu alledem: Buschbaum/Kohler GPR 2010, 106, 108; Simon/Buschbaum NJW 2012, 2393, 2394; aus österreichischer Sicht: Faber/Grünberger NZ 2011, 97, 99. Ausführliche Kritik am gesellschaftsrechtlichen Ausschluss nach Art. 1 lit. g, h ErbVO-E2009/Art. 1 Abs. 2 lit. h, i ErbVO, gerade wegen vielfach vereinbarter Nachfolgeklauseln: Altmeyer ZEuS 2010, 475, 480 f.; Remde RNotZ 2012, 65, 69; s.a. MPI-Comments, Rdnr. 38 ff.; Leitzen ZEV 2012, 520. Zur

Dieser umfassende Ausschluss von Randbereichen wurde insbesondere hinsichtlich des ErbVO-E2009 in der Literatur scharf kritisiert.[662] Davon sind der (indirekte) Ausschluss der Testierfähigkeit, der Ausschluss des Güterrechts und der sachenrechtliche Ausschluss für diese Arbeit von Interesse und werden daher eingehender betrachtet.

Zunächst wurde hinsichtlich des ErbVO-E2009 zu Recht kritisiert, dass der Ausschluss der „Rechts-, Geschäfts- und Handlungsfähigkeit natürlicher Personen vorbehaltlich des Artikels 19 Absatz 2 Buchstaben c und d" nach Art. 1 Abs. 3 lit. b ErbVO-E2009 dazu geführt hätte, dass die Testierfähigkeit völlig aus dem Anwendungsbereich ausgeklammert worden wären.[663] Der in Art. 1 Abs. 3 lit. b ErbVO-E2009 vorgesehene Rückausschluss hätte nur für die Erbfähigkeit und besondere Erbunfähigkeitsgründe nach Art. 19 Abs. 2 lit. c, d Erb-VO-E2009 gegolten. Gerade dieser Ausschluss der Testierfähigkeit wäre mit Rechtsunsicherheiten einhergegangen. So hätte beispielsweise der Wechsel der Staatsangehörigkeit zu einem Verlust der Testierfähigkeit geführt, da eine diesen

---

teilweise genaueren Fassung der einzelnen auszuschließenden Bereiche, insbesondere zur Anpassung an den Wortlaut der Rom-I-Verordnung und zur sprachlich genaueren Fassung des Gesellschaftsrechtsausschlusses, siehe MPI-Comments, Rdnr. 27 ff.; Lechner-Report I, Amendment 21.

662 Siehe bspw. Altmeyer ZEuS 2010, 475, 479 ff.; Buschbaum/Kohler GPR 2010, 106, 107 ff.; Dutta RabelsZ 73 (2009), 547, 589; MPI-Comments, Rdnr. 27 ff.; hervorgehoben werden hier nur die offenkundigsten Kritikpunkte, Fragen des „Trusts" und des Gesellschaftsrechtsausschlusses bleiben, aufgrund von Detailstreitigkeiten, außen vor; vgl. dazu: MPI-Comments, Rdnr. 38 ff.; Altmeyer ZEuS 2010, 475, 480 f. Zur Diskussion um den Ausschluss des Trusts, der auch für rein erbrechtliche Trusts gilt, siehe bspw. Grünbuch, Frage 11; Stellungnahme des Deutschen Notarvereins vom 19. Januar 2010 (abrufbar unter http://www.dnotv.de; im Folgenden: DNotV-Stellungnahme), S. 7; MPI-Comments, Rdnr. 27, 44 ff. (pro Aufnahme, wenn erbrechtlich angeordnet); Gargani-Report, S. 10; Bericht des Rechtsausschusses des Europäischen Parlaments vom 23. Februar 2011, 2009/0157 (COD), Amendments 1-121, Berichterstatter: Kurt Lechner, Amendment 29 (im Folgenden: Lechner-Report I); Lechner-Report II, Amendment 151 ff.; Lehmann, Brüssel-IV-Verordnung, Rdnr. 332 ff.; Mansel, in: FS Ansay, S. 185, 220 f.; Dutta RabelsZ 73 (2009), 547, 592 f.; Lehmann ZErb 2005, 320, 324; Stumpf EuZW 2006, 587, 589; Terner MJ 2007, 147, 169 f.; zum Trust siehe Fn. 12 und MPI-Comments, Rdnr. 45. Von der ErbVO sollen nach Erwägungsgrund 13 erbrechtliche Trusts aber erfasst sein.

663 So auch: Buschbaum/Kohler GPR 2010, 106, 107; Remde RNotZ 2012, 65, 68; s.a. DNotV-Stellungnahme, S. 7; Seyfarth, Zuständigkeitswandel, S. 201 ff.; Jayme, in: Reichelt/Rechberger, Europäisches Erbrecht, S. 36 f.

Wechsel für unerheblich haltende Regelung, entsprechend Art. 26 Abs. 5 S. 2 EGBGB, dem ErbVO-E2009 fehlte.[664] Darum enthält die ErbVO diesen indirekten Ausschluss in Art. 1 Abs. 2 lit. b ErbVO nicht mehr, sondern verweist in Bezug auf den Rückausschluss nun auch auf Art. 26 ErbVO, in dem die Testierfreiheit (Art. 26 Abs. 1 lit. a ErbVO) geregelt ist.[665] Der Ausschluss des Güterrechtes nach Art. 1 Abs. 3 lit. d ErbVO-E2009 war hingegen angebracht und ist auch so in Art. 1 Abs. 2 lit. d ErbVO übernommen worden. Die Kommission erarbeitet derzeit eine eigenständige Verordnung, die sich dem Güterrecht widmet.[666] Beachtenswert ist dabei insbesondere, dass im Todesfall eines Ehegatten/Lebenspartners das international zuständige Gericht in Güterrechtssachen dasjenige sein soll, das nach der ErbVO international zuständig ist.[667] Dies dürfte auch die Problematik im Umgang mit § 1371 Abs. 1 BGB zumindest entschärfen.[668] Dieser wird teilweise als dem Erbrecht, teilweise

---

664 Buschbaum/Kohler GPR 2010, 106, 107; Jayme, in: Reichelt/Rechberger, Europäisches Erbrecht, S. 36 f.; s.a. MPI-Comments, Rdnr. 155; Dutta RabelsZ 73 (2009), 547, 589; Lehmann ZErb 2005, 320, 322; Remde RNotZ 2012, 65, 68; siehe bereits: Lehmann, Brüssel-IV-Verordnung, Rdnr. 300.

665 Zudem wird auch in Bezug auf die Form letztwilliger Verfügungen eine Klarstellung getroffen: Art. 27 Abs. 3 ErbVO, s.a. ErbVO, Erwägungsgrund 53.

666 Bzw. zwei Verordnungen: Eine bezieht sich auf das Ehegüterrecht, (Vorschlag für eine Verordnung des Rates über die Zuständigkeit, das anzuwendende Recht, die Anerkennung und die Vollstreckung von Entscheidungen im Bereich des Ehegüterrechts, KOM (2011) 126 endg.; im Folgenden: GüterrechtsVO-I)., die andere auf das Güterrecht eingetragener Partnerschaften (Vorschlag für eine Verordnung des Rates über die Zuständigkeit, das anzuwendende Recht, die Anerkennung und die Vollstreckung von Entscheidungen im Bereich des Güterrechts eingetragener Partnerschaften, KOM (2011) 127 endg.; im Folgenden: GüterrechtsVO-II). Einen ersten Überblick über die Verordnungen liefern Buschbaum/Simon GPR 2011, 262; dies. GPR 2011, 305.

667 Vgl. jeweils Art. 3 der GüterrechtsVO-I bzw. GüterrechtsVO-II.

668 Kritisch: Altmeyer ZEuS 2010, 475, 480; s.a. Simon/Buschbaum NJW 2012, 2393 f.; Süß ZErb 2009, 342, 346. S.a. Buschbaum/Kohler GPR 2010, 106, 108; insbesondere habe der fehlende Gleichlauf der Kollisionsrechtsvereinheitlichung Auswirkungen auf das Europäische Nachlasszeugnis; s.a. DNotV-Stellungnahme, S. 4 f.; MPI-Comments, Rdnr. 9 f.; Dörner ZEV 2010, 221, 223 (er nennt neben § 1371 Abs. 1 BGB auch § 1483 ff. BGB), 228 (zur Problematik des Europäischen Nachlasszeugnisses); Remde RNotZ 2012, 65, 68 f.; Steinmetz/Löber/Alcázar ZEV 2010, 234, 235 f., 237; Süß ZErb 2009, 342, 346; vgl. auch Jayme, in: Reichelt/Rechberger, Europäisches Erbrecht, S. 33 f. Buschbaum und Kohler (in: GPR 2010, 106, 108) kritisieren darüber hinaus, dass sich die Ausnahme nicht nur auf das Ehegüterrecht, sondern auch auf das Güterrecht beziehe, das auf Verhältnisse anwendbar sei, die mit der Ehe vergleichbare Wirkungen entfalten. Damit seien zwar registrierte und faktische Lebensgemeinschaf-

als dem Güterrecht oder beidem zugehörig angesehen.[669] Bestimmt das güterrechtlich zuständige Gericht auch gleichzeitig das anzuwendende Erbrecht, dürften jedenfalls keine Entscheidungsdivergenzen bedingt durch unterschiedliche Qualifikationen mehrerer befasster Gerichte drohen. Wünschenswert ist aber dennoch, dass sich der deutsche Gesetzgeber veranlasst sieht, hier Abhilfe zu schaffen.[670]

Kritisiert wurde wiederum die Fassung von Art. 1 Abs. 3 lit. j ErbVO-E2009. Der Ausschluss der „Art der dinglichen Rechte an einem Gegenstand und die Publizität dieser Rechte" wäre weit hinter den Anforderungen eines sachenrechtlichen Ausschlusses zurückgeblieben.[671] Auch wenn die Norm zum Ziel gehabt hätte, den Rechtsübergang von Todes wegen allein dem Erbrecht und nicht dem Sachenrecht zu unterstellen,[672] hätte sie dies nach Ansicht der Kritiker nicht vollständig gewährleisten können. So hätte sie zwar den numerus clausus der dinglichen Rechte gewahrt, diesen numerus clausus aber nicht für sachenrechtliche Erwerbsvorgänge garantieren können. Gerade wegen Art. 19 Abs. 2 lit. f ErbVO-E2009, der jede Übertragung von Nachlassgütern auf Erben

---

ten erfasst, was – von den beiden begrüßt – die Einordnung der gleichgeschlechtlichen Ehe entbehrlich mache. Eine restriktive Auslegung würde aber dazu führen, dass nur eheähnliche Partnerschaften erfasst wären. Sie fordern daher einen generellen Ausschluss des Güterrechts, was zur Vermeidung von Auslegungsschwierigkeiten auch nachvollziehbar ist.

669   Zur nach herrschender Meinung güterrechtlichen Qualifikation des § 1371 Abs. 1 BGB: BayOblG BayOblGZ 1975, 154, 155; OLG Karlsruhe NJW 1990, 1420; 1412; Thorn, in: Palandt, Kommentar zum BGB, Einl., Vorbem. Art. 15 EGBGB Rdnr. 26; Dörner, in: Staudinger, Kommentar zum BGB, Art. 25 Rdnr. 32; Looschelders, Anpassung im IPR, S. 313 ff.; offen gelassen von: OLG Düsseldorf RNotZ 2009, 247 = IPRax 2009, 505 (mit kritischer Anmerkung von Looschelders, der sich für die güterrechtliche Qualifikation ausspricht); Kroiß, in: Bonefeld/Kroiß/Tanck, Der Erbprozess, S. 1118 f.; Schotten/Schmellenkamp, IPR in der notariellen Praxis, § 7 Rdnr. 284 ff.; s.a. Gamillscheg/Lorenz, in: Vorschläge und Gutachten zur Reform des Deutschen Internationalen Erbrechts, S. 65 ff.; zur zukünftigen Einordnung: Jayme, in: Reichelt/Rechberger, Europäisches Erbrecht, S. 33 f.

670   Odersky notar 2013, 3, 4.; Buschbaum im Rahmen der Tagung der Forschungsstelle für Notarrecht am 14.11.2012, vgl. Stretz MittBayNot 2013, 115, 118 sowie Dörner ZEV 2012, 505, 508.

671   Buschbaum/Kohler GPR 2010, 106, 108 f.; s.a. Stellungnahme der Österreichischen Notariatskammer, S. 2, 6 (abrufbar unter: http ://www.ipex.eu/IPEXL-WEB/scrutiny/COD20090157/atbun.do); Seyfarth, Zuständigkeitswandel, S. 210 ff.; Geimer, in: Reichelt/Rechberger, Europäisches Erbrecht, S. 21 ff.

672   Begründung zum ErbVO-E2009, S. 5.

oder Vermächtnisnehmer[673] dem Erbstatut unterstellt hätte, wäre ein „Erwerb am Grundbuch" und damit „an den Vorschriften der lex rei sitae vorbei" möglich gewesen, da das Erbstatut so bestimmt hätte, wie sich der Erwerb zu vollziehen hätte, das Sachenrecht der lex rei sitae also keine Einwände hätte erheben können.[674] Beispielsweise hätte ein dem deutschen Recht unbekanntes Vindikationslegat zu einem Eigentumswechsel in Deutschland führen können, obwohl in Deutschland bisher eine Angleichung zugunsten des Sachenrechts unter Ausschluss des direkten Eigentumswechsels vorgenommen wird, das Vindikationslegat also wie ein schuldrechtliches Damnationslegat behandelt wird.[675] Diese „unzulängliche Abgrenzung zum Sachenrecht [hätte] einen tiefen Einschnitt in das materielle Recht" bedeutet[676], da viele Rechtssysteme die lex rei sitae durch Sonderregelungen schützen.[677] Zu Recht forderten die Kritiker folglich einen weitergehenden Ausschluss für das Sachenrecht und entsprechende Einzelnormen an geeigneter Stelle, insbesondere in Kapitel II (Zuständigkeit) und III (anwendbares Recht).[678] Andere Kritiker beanspruchten darüber hinaus die Klarstellung, dass die dinglichen Anordnungen des Europäischen Nachlasszeugnisses vom Ausschluss nicht erfasst sind.[679]

Die kritischen Stimmen wurden im Rahmen der ErbVO berücksichtigt. In Bezug auf den sachenrechtlichen Ausschluss wird eine klarere Formulierung gewählt (Art. 1 Abs. 2 lit. k und l ErbVO).[680] Ebenso gehen die Erwägungsgründe 10 ff. dezidiert auf die einzelnen Aspekte ein, darunter auch auf die un-

---

673 Und folglich Rechtsgeschäfte inter vivos, vgl. Buschbaum/Kohler GPR 2010, 106, 109.

674 Buschbaum/Kohler GPR 2010, 106, 109; Remde RNotZ 2012, 65, 69.

675 Ausführlich: Remde RNotZ 65, 80 f.

676 Ebenda.

677 Buschbaum und Kohler (in: GPR 2010, 106, 109 f.) nennen die Nachlassspaltung, die Einantwortung nach österreichischem Recht, aber auch Art. 3a Abs. 2 EGBGB.

678 Buschbaum/Kohler GPR 2010, 106, 110. Als Folge eines solchen generellen Ausschlusses führen sie das Beispiel an, dass dann § 1061 BGB, der das unabdingbare Erlöschen des Nießbrauchs im Todesfall beinhaltet, vom Anwendungsbereich ausgenommen wäre. S.a. Remde RNotZ 65, 80 ff. zu diesem Aspekt aus österreichischer Sicht: Traar, in: Reichelt/Rechberger, Europäisches Erbrecht, S. 88; s.a. DNotV-Stellungnahme, S. 5 f.;7 f.

679 MPI-Comments, Rdnr. 51; Darüber hinaus verlangt das MPI – ebenfalls zu Klarstellungszwecken – die Einführung eines Art. 1 Abs. 3 lit. k ErbVO-E2009, der „intellectual property rights" und insbesondere „copyrights" vom Anwendungsbereich ausnimmt; MPI-Comments, Rdnr. 52 f.

680 Siehe auch: ErbVO, Erwägungsgründe 15 ff. sowie Fn. 860. Vgl. auch Simon/Buschbaum NJW 2012, 2393, 2394; Remde RNotZ 2012, 65, 68.

angetastete Wirkung des Europäischen Nachlasszeugnisses.[681] Mit Art. 31 Erb-
VO wird zudem beschrieben, wie vorgegangen werden soll, wenn dingliche
Rechte in einem anderen Mitgliedstaat, in dem dieses Recht unbekannt ist, geltend gemacht werden können. Es soll eine „Anpassung" an das dem geltend ge-
machten Recht am ehesten vergleichbare Recht erfolgen.[682]

Schließlich sieht die ErbVO in dem neu eingefügten Artikel 2 vor, dass die
„Verordnung [...] nicht die innerstaatlichen Zuständigkeiten der Behörden der
Mitgliedstaaten in Erbsachen [berührt]."

b. Begriffsbestimmungen

Von den in Art. 2 ErbVO-E2009/Art. 3 ErbVO näher bestimmten Begriffen sind
insbesondere die des Gerichts und der öffentlichen Urkunde für diese Arbeit von
Bedeutung. In der Literatur wurden und werden allerdings vorwiegend die Definitionen des Erbvertrags[683] und des gemeinschaftlichen Testaments[684] kritisiert,
denen in dieser Arbeit aber keine weitere Aufmerksamkeit zu schenken ist.

Der Begriff des Gerichts war im ErbVO-E2009 sehr weit, aber dennoch
nicht weit genug gefasst. Nach Art. 2 lit. b ErbVO-E2009 sollte „,Gericht' jede
Justizbehörde oder jede sonstige zuständige Stelle eines Mitgliedstaats [sein],
die gerichtliche Aufgaben in Erbsachen wahrnimmt; den Gerichten gleichgestellt [...] [sollten] Stellen [sein], die hoheitliche Aufgaben wahrnehmen, die in

---

681 ErbVO, Erwägungsgrund 18.

682 S.a. ErbVO, Erwägungsgrund 16.

683 Nach Abs. 2 lit. c ErbVO-E2009 stellen „Erbverträge' eine Vereinbarung dar, durch
     die mit oder ohne Gegenleistung Rechte einer oder mehrerer an dieser Vereinbarung
     beteiligter Personen am künftigen Nachlass begründet, geändert oder entzogen wer-
     den." Von Buschbaum und Kohler (in: GPR 2010, 106, 110) wurde hiergegen vorge-
     bracht, der ErbVO-E2009 würde die Definition ungewollt zu weit fassen. Danach
     würden zwar die „klassischen" Erbverträge, wie sie in §§ 2274 ff. BGB erläutert wer-
     den, erfasst. Der ErbVO-E2009 ließe es aber auch zu, Erbverträge ohne Beteiligung
     des Erblassers zu schließen (die in Deutschland nach § 311 Abs. 4, 5 BGB grundsätz-
     lich verboten sind). Sie vermuten ob dieser weiten Fassung einen Fehler in der deut-
     schen Übersetzung der ErbVO-E2009. Dies scheint wahrscheinlich, da sowohl die
     englische als auch die französische Version hier davon ausgehen, dass mindestens ei-
     ner der Vertragsschließenden späterer Erblasser sein muss; s.a. DNotV-Stellungnahme,
     S. 9; Lechner-Report II, Amendment 158. Besser gefasst ist daher Art. 3 Abs. 1 lit. b
     ErbVO, der sich insoweit klarer ausdrückt.

684 Siehe dazu: MPI-Comments, Rdnr. 57; Buschbaum/Kohler GPR 2010, 106, 110 f.;
     folglich beinhaltet auch der Lechner-Report I an dieser Stelle einen Änderungsvor-
     schlag (Amendment 34); ähnlich Lechner-Report II, Amendment 159; s.a. DNotV-
     Stellungnahme, S. 9 f.; Süß ZErb 2009, 342, 345; allgemein zur Zukunft des deutschen
     gemeinschaftlichen Testamentes: Lehmann ZEV 2007, 193.

die Zuständigkeit der Gerichte nach Maßgabe dieser Verordnung fallen". Der Grund für diese weite Fassung lag laut der Begründung zum ErbVO-E2009[685] darin, dass Erbschaftsangelegenheiten in der Regel außergerichtlich geregelt werden. Auch andere Amtsträger wie Notare und Geschäftsstellenbeamte, soweit ihnen Befugnisse übertragen wurden, sollten daher von der Definition erfasst sein.[686]

Angesicht der Tatsache, dass beispielsweise in Frankreich der Notar zur Erteilung eines acte de notoriété zuständig ist,[687] war diese Definition aber noch zu erweitern. Denn Notare, denen keine gerichtlichen Aufgaben übertragen sind, wären nicht unter den Gerichtsbegriff des ErbVO-E2009 gefallen.[688] [689]

Die ErbVO definiert das Gericht in Art. 3 Abs. 2 ErbVO aus diesem Grund umfassender. Allerdings sollen nach den Erwägungsgründen noch immer keine nichtgerichtlichen Behörden von dem Begriff eingeschlossen sein, wenn sie nach innerstaatlichem Recht befugt sind, sich mit Erbsachen zu befassen, aber keine gerichtlichen Funktionen ausüben. Damit dürfte ein Großteil der Notare der Mitgliedstaaten nicht inkludiert sein.[690] Die ErbVO versucht aber, den Notaren ihre erbrechtlichen Aufgaben zu belassen, indem sie angibt, dass deren Zuständigkeiten durch die Verordnung nicht beeinträchtigt werden und sich lediglich nach dem Begriff „Gericht" bestimmt, ob sie an die in der Verordnung fest-

---

685 S. 5.
686 Die in Art. 3 ErbVO-E2009 vorgenommene Einschränkung, dass der ErbVO-E2009 zwar auf alle Gerichte, auf außergerichtliche Stellen aber nur im Bedarfsfall anzuwenden ist, war daher überflüssig, s.a. DNotV-Stellungnahme, S. 9 f.; Wagner DNotZ 2010, 506, 513. Für eine Fassung in Übereinstimmung mit Art. 1 Abs. 1 Brüssel-I-VO: MPI-Comments, Rdnr. 55 ff.; Lechner-Report I, Amendment 32; Lechner-Report II, Amendment 130, 155 ff.
687 S.o. Teil 1 B. I. 2. a.
688 Ausführlich: Lübcke, Das neue europäische Internationale Nachlassverfahrensrecht, S. 371 ff.; Traar, in: Reichelt/Rechberger, Europäisches Erbrecht, S. 101 ff.; Buschbaum/Kohler GPR 2010, 162, 167. Zur Bedeutung des Art. 3 ErbVO-E2009 in diesem Zusammenhang: Geimer, in: Reichelt/Rechberger, Europäisches Erbrecht, S. 14 f. Der österreichische Notar, der als „Gerichtskommissär" fungiert, ist aber von dieser Definition erfasst, vgl. Faber JEV 2010, 42, 44. Mit Art. 3 Abs. 2 ErbVO wurde dieses Problem gesehen und gebannt.
689 Aus diesem Grund wurde bereits eingangs darauf hingewiesen, dass „Gericht" in dieser Arbeit auch diese Stellen umfasst und damit weiter als Art. 2 lit. b ErbVO-E2009 zu verstehen ist, s.o. Fn. 21.
690 ErbVO, Erwägungsgrund 20; anders, aber wohl nur in Bezug auf Deutschland (und hier zu Recht): Remde RNotZ 2012, 65, 70. Weniger kritisch: Buschbaum/Simon ZEV 2012, 525, 526.

gelegten Zuständigkeitsregelungen gebunden sind.[691] Dies dürfte aber, gerade in Anbetracht der Notare, die, wie oben erörtert, maßgeblich für das Erbscheinsverfahren zuständig sind, in einigen Fällen noch immer unbefriedigend sein.[692]

Unbefriedigend, wenn nicht sogar unzureichend, war und ist die Definition der öffentlichen Urkunde. Nach Art. 2 lit. h ErbVO-E2009/Art. 3 Abs. 1 lit. i ErbVO stellt eine „„öffentliche Urkunde' ein Schriftstück dar, das als öffentliche Urkunde förmlich errichtet oder eingetragen worden ist und dessen Beweiskraft sich auf die Unterschrift und den Inhalt der öffentlichen Urkunde bezieht und durch eine Behörde oder eine andere vom Ursprungsmitgliedstaat hierzu ermächtigte Stelle festgestellt worden ist".[693] Neben der Frage, was das Wort „festgestellt" bedeuten soll, da es gerade in Deutschland kein behördliches Feststellungsverfahren gibt,[694] stellt sich die für diese Arbeit relevante Frage, ob auch ein deutscher Erbschein oder ein ausländischer Erbnachweis unter den Begriff der öffentlichen Urkunde fallen soll.[695] Nur wenn dies dann der Fall ist, käme überhaupt eine Anerkennung, wie sie Kapitel V vorsieht, für diese Erbnachweise in Betracht. Für den deutschen Erbschein, der von den deutschen Gerichten erteilt, d.h. förmlich errichtet, wird und dessen Beweiskraft sich auf die

---

691 ErbVO, Erwägungsgrund 21. In Erwägungsgrund 22 wird zudem ausgeführt: „Die in den Mitgliedstaaten von Notaren in Erbsachen errichteten Urkunden sollten nach dieser Verordnung verkehren. Üben Notare gerichtliche Funktionen aus, so sind sie durch die Zuständigkeitsregeln gebunden, und die von ihnen erlassenen Entscheidungen sollten nach den Bestimmungen über die Anerkennung, Vollstreckbarkeit und Vollstreckung von Entscheidungen verkehren. Üben Notare keine gerichtliche Zuständigkeit aus, so sind sie nicht durch die Zuständigkeitsregeln gebunden, und die öffentlichen Urkunden, die von ihnen errichtet werden, sollten nach den Bestimmungen über öffentliche Urkunden verkehren."

692 Ähnlich: Seyfarth, Zuständigkeitswandel, S. 286 f.

693 Entspricht dem „Unibank"-Urteil des EuGH; Urteil vom 17.6.1999, RS. C-260-97, Unibank, Slg. 1999, I-3715=IPRax 2000, 409; Kohler/Buschbaum IPRax 2010, 313, 314 ; weitergehend: Foyer, in: Perspectives du droit des Successions Européennes et Internationales, S. 140 ff.

694 Der DNotV (in: DNotV-Stellungnahme, S. 10) fordert daher die Übersetzung des französischen „établie" als „aufgenommenen", entsprechend § 415 ZPO; unzureichend ist an dieser Stelle der Änderungsvorschlag im Lechner-Report II (Amendment 164); s.a. Stellungnahme der Österreichischen Notariatskammer, S. 2 f.

695 Die meisten anderen „öffentlichen Urkunden" sind ohnehin nicht vom ErbVO-E2009 und der ErbVO erfasst: Personenstandsurkunden sind vom Anwendungsbereich nach Art. 1 Abs. 3 lit. a ErbVO-E2009/Art. 1 Abs. 2 lit. a ErbVO ausgenommen; „Entscheidungen" des Nachlassgerichts sind schon von Art. 29 ff. ErbVO-E2009/Art. 39 ff. ErbVO erfasst; vgl. MPI-Comments, Rdnr. 256; DNotV-Stellungnahme, S. 28; Buschbaum/Kohler GPR 2010, 162, 165; Kohler/Buschbaum IPRax 2010, 313, 314 f.

Unterschrift und den Inhalt bezieht (sogenannte „formelle Beweiskraft"),[696] kann diese Frage wohl bejaht werden.[697]

Hinsichtlich ausländischer Erbnachweise führt die Beantwortung dieser Frage zu Problemen. Eine pauschale Aussage darüber, ob ausländische Erbnachweise zu den öffentlichen Urkunden zählen, kann nicht getroffen werden. Vielmehr ist in jedem Land einzeln zu beurteilen, ob es sich um eine solche Urkunde handelt. Generell können Erbnachweise aber in drei Gruppen eingeordnet werden: In der ersten Gruppe (beispielsweise Großbritannien) werden die Erbnachweise von einem Gericht erteilt. In der zweiten Gruppe sind Notare für die Erteilung zuständig (so in Frankreich). Bei der dritten Gruppe ist eine Ausstellung durch Private vorgesehen (beispielsweise Schweden und Finnland).[698] Die durch Private errichtete „Urkunde" der dritten Gruppe scheidet schon per definitionem aus. Für die erste Gruppe liegt es allerdings nah, eine „öffentliche Urkunde" anzunehmen. Die zweite Gruppe bereitet hingegen Schwierigkeiten. Hier muss im Einzelfall insbesondere die Ermächtigung des Notars überprüft werden.

Nur für bestimmte Urkunden kann daher eine Anerkennung überhaupt in Betracht gezogen werden. Ob eine Anerkennung erfolgen sollte, wird unter III. 3. b. untersucht.

c. Nicht berücksichtigte Bereiche

Neben den angeführten Schwierigkeiten bei den Normen zum Anwendungsbereich und zur Begriffsbestimmung ist – auch hinsichtlich einer späteren Relevanz für diese Arbeit – hervorzuheben, dass einige wesentliche Bereiche aus dem Verordnungsentwurf ausgeklammert wurden. Diese werden auch nur teilweise in der endgültigen Verordnung behandelt.

Zunächst fehlte im ErbVO-E2009 eine Regelung zur Formgültigkeit letztwilliger Verfügungen. Dies wurde von der Kommission damit begründet, dass mit dem HTesFÜ von 1961 ein hinreichendes Regelungsinstrument existiere.[699] Dass das Übereinkommen aber nur von 16 Mitgliedstaaten ratifiziert wurde, wird in der Begründung zum ErbVO-E2009 lediglich mit einem Hinweis berücksichtigt: Eine Ratifizierung sei auch in den übrigen Staaten wünschenswert.[700] Damit sei der ErbVO-E2009 nach Ansicht von *Buschbaum* und *Koh-*

---

696   So bspw. Mayer, in: Münchener Kommentar zum BGB, § 2353 Rdnr. 6; s.a. Siegmann/Höger, in: BeckOK-BGB, § 2353 Rdnr. 1.

697   Insbesondere, wenn das Wort „festgestellt" in das Wort „aufgenommen" abgeändert wird, vgl. Fn. 694.

698   MPI-Comments, Rdnr. 266 ff.; auch der deutsche Erbschein gehört der ersten Gruppe an.

699   Begründung zum ErbVO-E2009, S. 4.

700   Ebenda.

ler[701] nicht nur hinter dem Ziel der Förderung grenzüberschreitender Zirkulation zurückgeblieben, sondern sei auch nicht dem Gebot der vorhersehbaren Nachlassplanung gefolgt.[702] Der bloße Verweis auf ein Übereinkommen und der Hinweis, dass die Ratifikation desselben wünschenswert sei, hätte zudem dem Ziel der Verordnung, Rechtssicherheit zu schaffen, nicht genügt.[703]

Auch der Verordnungsgeber hat diese Unzulänglichkeiten erkannt. In Art. 27 ErbVO wird nunmehr die „Formgültigkeit einer schriftlichen Verfügung von Todes wegen" erläutert.[704] Diese Norm orientiert sich am HTestFÜ. Darüber hinaus sieht Art. 75 Abs. 1 ErbVO vor, dass das HTestFÜ in den Staaten, in denen dieses Übereinkommen ohnehin schon gilt, es auch weiterhin vorrangig gegenüber Art. 27 ErbVO zur Anwendung gelangen soll.[705] Schließlich ist auch in Art. 27 Abs. 3 ErbVO vorgesehen, dass Formvorschriften, welche die Eigenschaften des Erblassers oder Personen, deren Rechtsnachfolge von Todes wegen durch einen Erbvertrag betroffen sind, beschränken, als zur Form gehörend anzusehen sind.[706]

Weder ErbVO-E2009 noch ErbVO beschäftigen sich mit Vorfragenproblematiken, obwohl der Diskussionsentwurf von 2008[707] noch eine Vorschrift enthielt, die bestimmte Vorfragen ausschloss. Dass ErbVO-E2009 und ErbVO insoweit schweigen, kann nachteilig sein, bedenkt man, dass gerade nachfamiliäre Beziehungen, das Bestehen einer Vertretungsmacht zur Ausschlagung der Erbschaft und die Zugehörigkeit von Vermögensgegenständen zur Erbschaft typische Vorfragen sind, die bei nahezu jedem (grenzüberschreitenden) Erbfall auf-

---

701   Buschbaum/Kohler GPR 2010, 106, 110.

702   Ähnlich kritisch: Stellungnahme der Bundesrechtsanwaltskammer, BRAK-Stellungnahme-Nr. 05/2010 (im Folgenden: BRAK-Stellungnahme), S. 6; Rauscher, in: Rauscher, EuZPR/EuIPR, Einf EG-ErbVO-E Rdnr. 77; Seyfarth, Zuständigkeitswandel, S. 204; Lorenz ErbR 2012, 39, 46; Remde RNotZ 2012, 65, 69 f.; für eine modifizierte Aufnahme des HTestFÜ: MPI-Comments, Rdnr. 159 ff.; Dörner ZEV 2010, 221, 223; Dutta RabelsZ 73 (2009), 547, 584 ff.; in Übereinstimmung mit der Begründung zum ErbVO-E2009 hingegen Dörner/Hertel/Lagarde/Riering IPRax 2005, 1, 6.

703   Darum wird im Lechner-Report II, Amendment 134 f., 194 f., die Aufnahme des Übereinkommens gefordert; so bereits: Lehmann, Brüssel-IV-Verordnung, Rdnr. 331; Mansel, in: FS Ansay, S. 185, 189; s.a. Stellungnahme Österreichs, S. 2 (abrufbar unter: http://www.ipex.eu/IPEXL-WEB/scrutiny/COD20090157/atbun.do).

704   Remde RNotZ 2012, 65, 69 f. Ausführlich und kritisch hierzu: Dutta FamRZ 2013, 4, 10.

705   S.a. ErbVO, Erwägungsgrund 52. Zum Verhältnis: Kunz GPR 2012, 253, 256.

706   S.a. ErbVO, Erwägungsgrund 53; Simon/Buschbaum NJW 2012, 2393, 2396.

707   Siehe dazu: Kohler/Pintens FamRZ 2009, 1529, 1531 f. Auch die ErbVO bietet hier keine Lösung an.

treten können.[708] Ob bei diesen Vorfragen eine selbständige oder unselbständige Anknüpfung erfolgen soll,[709] lassen ErbVO-E2009 und ErbVO also offen. Zur Wahrung des inneren Zusammenhangs der Verordnung wäre aber nur eine unselbständige Anknüpfung angemessen.[710]

Letztlich fehlt eine Definition des gewöhnlichen Aufenthalts sowohl im ErbVO-E2009 als auch in der ErbVO. Obwohl der Europäische Verordnungsgeber den gewöhnlichen Aufenthalt zum maßgeblichen Kriterium zur Bestimmung des anzuwendenden Rechts sowie der internationalen Zuständigkeit erklärt, spart er eine Legaldefinition aus.[711] In der Begründung zum ErbVO-E2009[712] wird lediglich darauf hingewiesen, dass es sich dabei um den Ort handelt, an dem der Erblasser den „Mittelpunkt seiner Lebensinteressen" hatte. Weiter geht in dieser Hinsicht die ErbVO, die zumindest in den Erwägungsgründen 23 und 24 nähere Umschreibungen des gewöhnlichen Aufenthalts enthält. Inwieweit die mangelnde Begriffsbestimmung hinderlich und die Aufnahme einer entsprechenden Definition notwendig ist, wird unter B. III. 1. C. bb. erörtert. Die Erwägungsgründe der ErbVO sind Gegenstand des fünften Teils, da diese aufgrund der bis dahin gewonnenen Erkenntnisse genauer begutachtet werden.

---

708 Dörner ZEV 2010, 221, 223; s.a. Seyfarth, Zuständigkeitswandel, S. 207 f.; Altmeyer ZEuS 2010, 475, 492; Lorenz ErbR 2012, 39, 46; als nicht nachteilig angesehen: MPI-Comments, Rdnr. 6 ff.; Lehmann, Brüssel-IV-Verordnung, Rdnr. 312 f.; s.a. Buschbaum/Kohler GPR 2010, 162, 163 f.

709 Hierzu: Heinze, in: FS Kropholler, 105, 112; Sonnenberger, in: FS Kropholler, 227, 240 f.; Bernitt, Vorfragen im europäischen Kollisionsrecht, insb. S. 118 ff.

710 So auch der Einwand von Dörner ZEV 2010, 221, 224 und der Gedanke bei Bernitt, Vorfragen im europäischen Kollisionsrecht, insb. 118 ff.; offener allerdings: Lehmann, Brüssel-IV-Verordnung, Rdnr. 312 f. Dies genau zu untersuchen, ist nicht Gegenstand dieser Arbeit. Hinzuweisen ist lediglich auf die bereits jetzt geführte Diskussion: MPI-Comments, Rdnr. 7 f.; Jayme, in: Reichelt/Rechberger, Europäisches Erbrecht, S. 38 f.

711 Dazu: Stellungnahme Italiens, S. 3 (abrufbar unter: http://www.ipex.eu/IPEXL-WEB/scrutiny/COD20090157/itsen.do); Stellungnahme Österreichs, S. 2; Stellungnahme der Österreichischen Notariatskammer, S. 3 f. (die Europäische Kommission ist aber sehr offen, was die Aufnahme einer Definition angeht, wie sie in ihrer Antwort auf die österreichische Stellungnahme angibt, abrufbar unter: http://www.ipex.eu/IPEXL-WEB/scrutiny/COD20090157/atbun.do); Revillard, in; Droit International Privé et Communautaire, Rdnr. 711; Nourissat, in: Perspectives du droit des Successions Européennes et Internationales, S. 28; Mansel, in: FS Ansay, S. 185, 211 f. (mit konkreten Ideen für eine Definition); weniger kritisch, da der Begriff durch die Rechtsprechung und andere Verordnungen geformt sei: Altmeyer ZEuS 2010, 475, 488, ausführlich unter Teil 3 B. II. 1. c. bb. In dem Vorentwurf zur Verordnung war eine solche Definition aber noch vorhanden, vgl. Junghardt, Rom-IV-VO, S. 153 f.

712 S. 6.

2. Kapitel III: Anzuwendendes Recht

Das dritte Kapitel regelt das anzuwendende Recht. Nicht nur für das deutsche Recht beinhaltet es viele Neuerungen. Die wichtigsten werden hier besprochen, wobei für diese Arbeit nur sekundär relevante Themen unter 2. e. zusammengefasst werden.

a. Nachlasseinheit

Gegenüber Art. 3a Abs. 2 EGBGB und Art. 25 Abs. 2 EGBGB[713] stellt zunächst die in Art. 16 ErbVO-E2009/Art. 21 Abs. 1 ErbVO zum Ausdruck kommende Nachlasseinheit eine Neuerung dar. Nach Art. 16 ErbVO-E2009/Art. 21 Abs. 1 ErbVO „unterliegt die gesamte Rechtsnachfolge von Todes wegen dem Recht des Staates, in dem der Erblasser im Zeitpunkt seines Todes seinen gewöhnlichen Aufenthalt hatte", „sofern diese Verordnung nichts anderes bestimmt". Wo die deutschen Regelungen, wie ausgeführt,[714] eine begrenzte Nachlassspaltung zuließen, wird einer solchen mit Art. 16 ErbVO-E2009/Art. 21 Abs. 1 ErbVO eine Absage erteilt.[715] Dies auch zu Recht, da Nachlassspaltungen die internationale Entscheidungsharmonie beeinträchtigen konnten.[716] Kaum verwunderlich

---

713 Kritisch dazu, dass Art. 25 Abs. 2 EGBGB im Rahmen des ErbVO-E2009 und schließlich der ErbVO kein Äquivalent gefunden hat: Rauscher, in: Rauscher, EuZPR/EuIPR, Einf EG-ErbVO Rdnr. 48 (wobei es ihm bei seiner Kritik insgesamt um die Wahl des gewöhnlichen Aufenthalts als Anknüpfungspunkt geht); s.a. MPI-Comments, Rdnr. 149; Dutta, in: Reichelt/Rechberger, Europäisches Erbrecht, S. 74; Jayme, in: Reichelt/Rechberger, Europäisches Erbrecht, S. 31; Vékás, in: Reichelt/Rechberger, Europäisches Erbrecht, S. 45; Steinmetz/Löber/Alcázar ZEV 2010, 234, 236.

714 S.o. Teil 1 B. I. 1. e. sowie Teil 2 A.

715 Zu den Argumenten für und gegen die Nachlasseinheit siehe bspw.: DNotI-Studie, S. 260 f.; MPI-Comments, Rdnr. 128 f. Denkinger, Europäisches Erbkollisionsrecht, S. 369 ff.; Junghardt, Rom-IV-VO, S. 171; Lehmann, Brüssel-IV-Verordnung, Rdnr. 180 ff.; Haas, in: Gottwald, Perspektiven der justiziellen Zusammenarbeit, S. 100 ff.; Lagarde, in: Gottwald, Perspektiven der justiziellen Zusammenarbeit, S. 14 f.; Sauvage, in: Perspectives du droit des Successions Européennes et Internationales, S. 102 f.; Vékás, in: Reichelt/Rechberger, Europäisches Erbrecht, S. 42 ff.; Dörner, in: FS Holzhauer, S. 474, 476 f.; Remien, in: Grziwotz, Erbrecht und Vermögenssicherung, S. 107; Dutta RabelsZ 73 (2009), 547, 554 ff. Lehmann (in: IPRax 2006, 204, 205) erkennt zudem das Praxisproblem der Aufnahme von Vindikationslegaten, die im Falle der Nachlasseinheit ohne weiteres Verfahren in das deutsche Recht übernommen werden müssten.

716 Wie auch die Ausführungen zum deutschen Recht gezeigt haben, siehe bspw. Teil 2 A. und Teil 2 D. I.; zum kollisionsrechtlichen Ideal des inneren Entscheidungseinklangs: Jud GPR 2005, 133; s.a. Mansel, in: FS Ansay, S. 185, 205 f. zur erleichterten Nach-

ist daher, dass sich sogar die Mitgliedstaaten dieser Neuerung fügen, deren Rechtssysteme derzeit noch eine Nachlassspaltung vorsehen, wie beispielsweise das französische Recht.[717]

Der Grundsatz der Nachlasseinheit sollte im Rahmen des ErbVO-E2009 nur in zwei Fällen eingeschränkt werden. Eine Ausnahme sollte zunächst im Falle der Einschlägigkeit des Art. 22 ErbVO-E2009 vorliegen, also dann, wenn Vermögen nach dem Recht des Belegenheitsmitgliedstaates besonderen materiellrechtlichen Vorschriften unterliegt, die nach der lex rei sitae unabhängig vom Erbstatut Anwendung finden.[718] Erfasst gewesen wäre beispielsweise das Sondererbrecht für landwirtschaftliches Vermögen in Gestalt der Höfeordnung.[719] Kritisiert wurde an dieser Vorschrift, die Beschränkung auf Mitgliedstaaten wäre nicht sinnvoll gewesen, da die entsprechende Problematik auch in Drittstaatensachverhalten auftreten könne. Zudem hätte die Unterstellung eines einheitlichen Erbstatuts im Belegenheitsdrittstaat zu undurchsetzbaren Ergebnissen geführt.[720] Art. 30 ErbVO sieht solch eine Begrenzung auf Mitgliedstaaten aber wohl nicht mehr vor.

Darüber hinaus sollte eine Einschränkung aus Art. 21 ErbVO-E2009 folgen. Nach Art. 21 ErbVO-E2009 sollte der Anwendung des Rechts der Mitgliedstaaten, in denen Nachlassgüter belegen sind, das nach Kapitel III eigentlich anzuwendende Recht nicht entgegenstehen, soweit das Recht des Belegenheitsstaates für die Annahme oder Ausschlagung einer Erbschaft oder eines Vermächtnisses Formvorschriften vorschreibt, die im Anschluss an die Formvorschriften[721] des eigentlich anzuwendenden Rechts zu erfüllen sind (Abs. 1) oder soweit das Be-

---

lassabwicklung. Ausführlich zu den Auswirkungen auf die internationale Zuständigkeit nach dem ErbVO-E2009 Teil 3 B III. c.

717 S.o. Teil 1 B. I. 1. e.

718 Kritisch zu dieser Norm: MPI-Comments, Rdnr. 204 ff.; Bajons, in: FS Heldrich, S. 495, 504; Dutta RabelsZ 73 (2009), 547, 557 f. (Präzisierung des Wortlauts und Aufnahme einer Generalklausel, die Eingriffsnormen der Staaten berücksichtigt); Vékás, in: Reichelt/Rechberger, Europäisches Erbrecht, S. 48 ff.

719 Nicht erfasst ist dagegen die Nachlassspaltung in Fahrnis und Immobilien, wie sie bislang in Frankreich galt und die nach Art. 3a Abs. 2 EGBGB bisher zu beachten war; vgl. Rauscher, in: Rauscher, EuZPR/EuIPR, Einf EG-ErbVO-E Rdnr. 69; Altmeyer ZEuS 2010, 475, 479; Buschbaum/Kohler GPR 2010, 162, 163; Remde RNotZ 65, 77.

720 Rauscher, in: Rauscher, EuZPR/EuIPR, Einf EG-ErbVO-E Rdnr. 70. Er kritisiert daran anknüpfend, dass die Nachlasseinheit für Drittstaatensachverhalte ohnehin unangemessen sei. Nach Art. 30 ErbVO ist die Anwendung aber wohl nicht mehr auf Mitgliedstaaten beschränkt.

721 Eigentlich handle es sich, so Buschbaum und Kohler (in: GPR 2010, 162) um „Formalitäten", wie die französische und die englische Fassung erkennen ließen. Sie gehen daher von einem Übersetzungsfehler aus. Genauer nun Art. 28 ErbVO.

legenheitsrecht die Verwaltung und Abwicklung des Nachlasses von der Bestellung eines Verwalters oder Testamentsvollstreckers durch eine Behörde dieses Mitgliedstaats (Abs. 2 lit. a)[722] oder den endgültigen Übergang des Nachlasses von der Entrichtung der Erbschaftssteuer abhängig macht (Abs. 2 lit. b). Zumindest die auf die Entrichtung der Erbschaftssteuer abzielende Einschränkung nach Art. 21 Abs. 2 lit. b ErbVO-E2009 sah sich keinen Bedenken ausgesetzt, vermutlich, weil sie die Nachlasseinheit nicht wirklich durchbrechen, sondern nur einen (zeitweisen) Vorbehalt einführen sollte.[723] Anders verhielt es sich mit Art. 21 Abs. 1 und Abs. 2 lit. a ErbVO-E2009. Der Regelungsgehalt von Abs. 1 wurde schlicht als zu undurchsichtig bezeichnet.[724] Gegen die Regelung in Abs. 2 lit. a wurde eingewandt, es hätte sich lediglich um eine Kompromissnorm im Hinblick auf das Common Law und dessen Besonderheiten bei der Nachlassabwicklung, also die bereits angeführte administration[725], gehandelt.[726] Die Kritik war insbesondere in Bezug auf Art. 21 Abs. 2 lit. a ErbVO-E2009 berechtigt. Die Aufnahme von Common-Law-Besonderheiten in den Verordnungsentwurf sollte wohl als Anreiz für Großbritannien und Irland dienen, damit diese von ihrem Opting-In Gebrauch machen.[727] Allerdings wäre es unbillig gewesen, inkonsequente Regelungen zu schaffen, nur um Länder, die eine Beteiligung ausschlossen, zum Umdenken zu bewegen, während die übrigen Länder ihre Systeme hinter die neue Verordnung zurückstellten.

Wohl aus diesen Gründen sind Art. 21 und 22 ErbVO-E2009 in der ErbVO nur noch teilweise enthalten. Art. 22 ErbVO-E2009 wurde in geringem Maße abgewandelt in Art. 30 ErbVO übernommen. Art. 21 Abs. 1 ErbVO-E2009

---

722   Wobei das eigentlich anzuwendende Recht die Personen bestimmt, die mit der Verwaltung und Abwicklung des Nachlasses betraut werden können (wie Erben, Vermächtnisnehmer, Testamentsvollstrecker oder Verwalter).

723   Diese Einschränkung taucht dennoch in Art. 29 ErbVO nicht mehr auf.

724   DNotV-Stellungnahme, S. 25; vgl. auch Remde RNotZ 65, 77; Lechner-Report II, Amendment 203.

725   S.o. Teil 1 B. I. 2. a.

726   Vgl. Begründung zum ErbVO-E2009, S. 7; DNotV-Stellungnahme, S. 25; Rauscher, in: Rauscher, EuZPR/EuIPR, Einf EG-ErbVO-E Rdnr. 71; Süß ZErb 2009, 342, 346. Buschbaum und Kohler (in: GPR 2010, 162 f.) monieren zudem, dass es keine Vorbehaltsklausel für die in vielen kontinentaleuropäischen Rechtsordnungen vorgesehenen nachlassbezogenen Übertragungsgeschäfte wie bspw. die Erbauseinandersetzung gebe. Positiv wird die Norm dagegen in den MPI-Comments, Rdnr. 194 ff. und im Grunde auch Lübcke, Das neue europäische Internationale Nachlassverfahrensrecht, S. 279 ff. (mit Verbesserungsvorschlägen zur Berücksichtigung funktioneller Nachlassspaltung) bewertet. S.a. Lechner-Report II, Amendment 204 ff.

727   So auch: Godechot-Patris, in: L'Avenir Européen du Droit des Successions Internationales, S. 22; Faber/Grünberger NZ 2011, 97, 109.

wurde mit Art. 20 ErbVO-E2009 in Art. 28 ErbVO zusammengeführt. Danach sind entsprechende Erklärungen formwirksam, wenn sie den Formerfordernissen des nach Art. 29 ErbVO oder Art. 30 ErbVO anzuwendenden Rechts (lit. a) oder des Rechts des gewöhnlichen Aufenthalts des Erklärenden (lit. b) genügen. Im Übrigen wurde Art. 21 Abs. 2 ErbVO-E2009 in Art. 29 ErbVO um das Element des Vorbehalts der Zahlung der Erbschaftssteuer, Art. 21 Abs. 2 lit. b ErBVO-E2009, reduziert.[728] Vielmehr bezieht sich die Norm nur noch auf die Bestellung eines Nachlassverwalters in Fällen, in denen das Recht des Staates, dessen Gerichte zuständig sind, eine notwendige Bestellung auch bei Anwendbarkeit ausländischen Rechts vorsieht. Die Norm ist gegenüber der Vorgägngernorm, Art. 21 Abs. 2 lit. a ErbVO-E2009, aber wesentlich konkreter und enger gefasst und daher zu begrüßen.

Neben diesen Einschränkungen soll eine Nachlassspaltung nur noch bei Nichtanwendbarkeit der ErbVO, also insbesondere bei Einschlägigkeit eines Drittstaatenübereinkommens,[729] möglich sein.[730]

Die Nachlasseinheit wird damit nunmehr bis auf einige Ausnahmen konsequent[731] eingehalten.

b. Anknüpfungspunkt

Art. 16 ErbVO-E2009/Art. 21 Abs. 1 ErbVO beinhaltet noch eine weitere, weitreichende Neuerung. Danach bestimmt sich das anzuwendende Recht nach dem letzten gewöhnlichen Aufenthalt des Erblassers. Diese Anknüpfung an den letzten gewöhnlichen Aufenthalt des Erblassers bedeutet eine Abkehr vom in Deutschland bisher geltenden Staatsangehörigkeitsprinzip (Art. 25 Abs. 1 EGBGB).[732] Zudem wird Art. 16 ErbVO-E2009 in Art. 21 Abs. 2 ErbVO um einen Anknüpfungsaspekt ergänzt.

aa. Gewöhnlicher Aufenthalt als Anknüpfungspunkt

Die Anknüpfung an den gewöhnlichen Aufenthalt ist die wohl am meisten diskutierte Neuerung der Verordnung. Ob das Staatsangehörigkeitsprinzip, das einen rechtlichen Bindungsfaktor darstellt, oder das Aufenthaltsprinzip, das eine faktische Verbindung für maßgeblich erklärt, vorzuziehen ist, d.h. zur Ausmachung der engsten Verbindung herangezogen werden sollte,[733] wird ganz unter-

---

728   Dazu Teil 3 A. III. 2. a.
729   Siehe dazu: Teil 3 A. III. 2. d.
730   Vgl. Buschbaum/Kohler GPR 2010, 106, 111.
731   Jedenfalls konsequenter als im deutschen Recht; s.a. Teil 1 B. I. 1. e.
732   Altmeyer ZEuS 2010, 475, 487 f.
733   Dazu siehe oben: Teil 1 B. I. 1. a.

schiedlich beantwortet.[734] Auf Ablehnung gestoßen ist aber mehrheitlich eine Anknüpfung an das Domicil[735], da dieses nur in den Common-Law-Staaten eingesetzt und daher als zu spezifisch und kaum verallgemeinerbar angesehen wird.[736] [737]

Da der gewöhnliche Aufenthalt in der Regel ebenso die internationale Zuständigkeit bestimmen soll und sich die Frage, ob die Staatsangehörigkeit oder der gewöhnliche Aufenthalt vorzuziehen ist, folglich auch dort stellt, werden an dieser Stelle schon einmal die zentralen Argumente für und gegen die Wahl des gewöhnlichen Aufenthalts als Anknüpfungspunkt zur Bestimmung des anzuwendenden Rechts erfasst.[738]

Zugunsten des gewöhnlichen Aufenthalts wird zunächst die wachsende Mobilität der EU-Bürger vorgebracht. Diese verlagerten ihren Lebensmittelpunkt immer öfter in einen von ihrem Heimatstaat abweichenden Aufenthaltsstaat. Dieser Aufenthaltsstaat sei der Ort, an dem der Erblasser den größten Teil seines Vermögens, die Gläubiger und wahrscheinlich auch die Erben hinterließe.[739]

---

734   Einige fordern eine reine Anknüpfung an die Staatsangehörigkeit bzw. an den gewöhnlichen Aufenthalt, andere eine Mischform, die einerseits den gewöhnlichen Aufenthalt (oder den Wohnsitz/das Domicil) begünstigt, andererseits aber auch die Staatsangehörigkeit mit aufnimmt.

735   Anglo-amerikanisches Begriffsverständnis, siehe Teil 1 B. I. 1. c.

736   DNotI-Studie, S. 262; Frantzen, in: FS Jayme, S. 187, 188 (Letzterer plädiert aber für die Anknüpfung an das Domicil). Auch Rauscher (in: Rauscher, EuZPR/EuIPR, Einf EG-ErbVO Rdnr. 53 f. sowie: FS Jayme, S. 719, 741 ff.) schlägt vor, an die Staatsangehörigkeit anzuknüpfen, in den Common-Law-Staaten aber abweichend das Domicil für maßgeblich zu erklären. Zusammenfassend: Lehmann IPRax 2006, 204, 206, Fn. 27; Junghardt, Rom-IV-VO, S. 154. Mansel (in: FS Ansay, S. 185, 211) wünscht sich eine am Domicil orientierte Definition des gewöhnlichen Aufenthalts. Dies aber wohl vorwiegend, um den Common-Law-Staaten Anreize zu bieten (Siehe Mansel, in: FS Ansay, S. 185, 211, Fn. 75). Zu einer möglichen Definition s.u. Teil 3 B. III. 1. c. bb. (2).

737   Aus diesem Grund war auch lediglich in Erwägungsgrund 32 des ErbVO-E2009 angeführt, dass, wenn doch einmal die Staatsangehörigkeit das anzuwendende Recht bestimmen sollte (beispielsweise bei einer Rechtswahl), zu berücksichtigen wäre, dass die Common-Law-Staaten das Domicil als gleichwertiges Kriterium erachten.

738   Ausführungen zur Frage, ob sich der gewöhnliche Aufenthalt als Kriterium zur Bestimmung der internationalen Zuständigkeit eignet, erfolgen unter Teil 3 B. III. 1. c. bb.

739   Dieses Argument wird auch hinsichtlich des deutschen Wohnsitzes angeführt (s.o. Teil 2 C. III. 3.). Dies ist auch verständlich, da der Begriff des Wohnsitzes in Deutschland autonom bestimmt wird, sich auf europäischer Ebene aber nur der gewöhnliche Aufenthalt als „faktischer Wohnsitz" (vgl. Teil 1 B. I. 1. c.) tatsächlich mit diesem Begriff vergleichen lässt.

Auch würde insbesondere bei binationalen Ehen nur ein Erbrecht maßgeblich sein. Die Konzentration auf diesen Staat würde daher Behörden und Gerichte bei der Nachlassabwicklung entlasten und zeitliche Verzögerungen, Kosten und Rechtsfehler vermeiden.[740]

Zudem wäre das Anknüpfungskriterium für Drittstaater angemessen, da Europa „Einwanderungsland" sei, bei mitgliedstaatlicher Zuständigkeit auch auf diese die obigen Gedanken zuträfen und eine ebenso zügige und kosten- und rechtsfehlerarme Nachlassabwicklung möglich wäre.[741]

Gegen das Argument der engeren Verbundenheit zum Aufenthaltsstaat wird aber angeführt, dies sei statistisch schwer zu belegen und treffe häufig nicht zu bei Rentnern, die ihren Lebensabend am Aufenthaltsort verbrächten und dazu keinen weiteren Bezug hätten.[742]

Auch könne die Wahl des gewöhnlichen Aufenthalts zu internationalen Entscheidungsdivergenzen führen, da die meisten Drittstaater in der Europäischen Union aus Ländern kämen, die dem Heimatstaatsprinzip folgten.[743] Es sei zu hoffen, dass durch die Entscheidung zugunsten des Aufenthaltsprinzips auch die Drittstaaten zur Abkehr vom Staatsangehörigkeitsprinzip bewegt würden.[744]

Wiederum für das Aufenthaltsprinzip wird vorgebracht, die Entscheidung zugunsten des gewöhnlichen Aufenthalts sei eine Entscheidung zugunsten der Integration in die Sozial- und Rechtsordnung eines Staates.[745] Andererseits be-

---

740 Begründung zum ErbVO-E2009, S. 6 f.; DNotI-Studie, S. 261; MPI-Comments, Rdnr. 132; Dörner, in: FS Holzhauer, S. 474, 478; Haas, in: Gottwald, Perspektiven der justiziellen Zusammenarbeit, S. 99; ders., in: Jud/Rechberger/Reichelt, Kollisionsrecht in der Europäischen Union, S. 135 f.; Leipold, in: FS Söllner, S. 647, 665; Mansel, in: FS Ansay, S. 185, 210; Pfundstein, Pflichtteil, Rdnr. 555 (wenn nach der Definition der Lebensmittelpunkt des Erblassers maßgeblich ist, dazu unter Teil 3 B. III. 1. c. bb [2]); Dörner ZEV 2010, 221; Dutta RabelsZ 73 (2009), 547, 567 f.; Kindler IPRax 2010, 44, 47; kritisch: Jud GPR 2005, 133, 135, 139.

741 Dörner, in: FS Holzhauer, S 474, 478.

742 Vékás, in: Reichelt/Rechberger, Europäisches Erbrecht, S. 52 f.; so auch: Junghardt, Rom-IV-VO, S. 119. Hingegen ist der Einwand, die Anknüpfung an den gewöhnlichen Aufenthalt erleichtere es dem Erblasser, Pflichtteilsansprüche zu umgehen, eher theoretischer Natur, abgesehen davon, dass in „extremen Fällen" mit dem Institut des Rechtsmissbrauchs gearbeitet werden kann: Leipold, in: FS Söllner, S. 647, 665; s.a. Rohe, in: FS Rothoeft, S. 1, 17.

743 Namentlich die Türkei, Marokko, Albanien und Algerien, siehe Dutta RabelsZ 73 (2009), 547, 564.

744 Dutta RabelsZ 73 (2009), 547, 564; so auch Henrich, in: FS Stoll, S. 437, 445; siehe aber auch Lehmann, Brüssel-IV-Verordnung, Rdnr. 165 f.

745 Begründung zum ErbVO-E2009, S. 6 f.; Buschbaum, in: GS Hübner, S. 589, 593; Kindler IPRax 2010, 44, 47; indirekt auch: Dutta RabelsZ 73 (2009), 547, 566 f.; dagegen: Rauscher, in: FS Jayme, S. 719, 733: Wenn der Erblasser seine Staatsangehö-

tonen die Vertreter einer Anknüpfung an die Staatsangehörigkeit, sie sei ein Zeichen der Verbundenheit zu einem Staate, insbesondere zu dessen Rechtsordnung. Die Staatsangehörigkeit symbolisiere, dass der Staatsangehörige dem Schutz des Heimatstaates unterliegen solle, auch hinsichtlich des Zugangs zu den Gerichten und dem Recht.[746] Für den gewöhnlichen Aufenthalt spricht daher das Anpassungs-, für die Staatsangehörigkeit das Kontinuitätsinteresse.[747]

Auch wird vorgebracht, die Staatsangehörigkeit sei vorzugswürdig, weil sie es dem Erblasser ermögliche, durch die politische Einflussnahme, wie beispielsweise Wahlen, das materielle Recht, also auch das Erbrecht, zu verändern.[748]

In Bezug auf das Aufenthaltsprinzip bekräftigen dessen Befürworter, dass die Staatsangehörigkeit nur national, der gewöhnliche Aufenthalt hingegen (auch) autonom bestimmt werden könne, denn dem Europäischen Verordnungsgeber sei es verwehrt, das Staatsangehörigkeitenrecht der Mitgliedstaaten zu vereinheitlichen. So könnten die Mitgliedstaaten aber selbst bestimmen, wer Staatsangehöriger sei und wer nicht und hierdurch indirekt das anwendbare Recht (und die internationale Zuständigkeit, wenn beide an die Staatsangehörigkeit anknüpften) mitbestimmen.[749]

Lediglich klarstellend kann dagegen der Hinweis sein, dass sich das Staatsangehörigkeitsprinzip gegenüber dem Aufenthaltsprinzip auf dem Rückzug befinde.[750] Eine reine Feststellung, so die Gegner des Aufenthaltsprinzips, könne

---

rigkeit beibehalte und nicht dem Aufenthaltsstaat anpasse, spräche dies gegen eine Integration. Dies überzeugt indes nicht, da die Integration von einem faktischen Verhalten und nicht von einem rechtlichen Umstand abhängt.

746 Rauscher, in: Rauscher, EuZPR/EuIPR, Einf EG-ErbVO Rdnr. 50; ders., in: FS Jayme, S. 719, 730 f.; s.a. Junghardt, Rom-IV-VO, S. 62; 102 f.; 120 f.; einschränkend aber bereits Rohe, in: FS Rothoeft, S. 1, 13 ff.

747 So: Herweg, Europäisierung des Internationalen Erbrechts, S. 51 ff.; s.a. Lehmann, Brüssel-IV-Verordnung, Rdnr. 128 ff. Im Ergebnis auch: Lorenz ErbR 2012, 39, 43.

748 Mansel, in: FS Ansay, S. 185, 208 f.

749 MPI-Comments, Rdnr. 132; Dutta RabelsZ 73 (2009), 547, 566 f.; s.a. Junghardt, Rom-IV-VO, S. 104. Zur Frage, ob das Staatsangehörigkeitsprinzip wegen der Möglichkeit demokratischer Teilhabe zu bevorzugen ist: Lehmann, Brüssel-IV-Verordnung, Rdnr. 169 f. (im Ergebnis verneinend).

750 Siehe dazu: MPI-Comments, Rdnr. 131; Rauscher, in: Rauscher, EuZPR/EuIPR, Einf EG-ErbVO Rdnr. 49 (kritisch als „Haager Trend" bezeichnet); Lehmann, Brüssel-IV-Verordnung, Rdnr. 136; Junghardt, Rom-IV-VO, S. 65 ff.; 115 f.; Schroer, Europäischer Erbschein, S. 113, 115; Henrich, in: FS Stoll, S. 437, 442; Kropholler, IPR, S. 291 f.; Fischer RabelsZ 57 (1993), 1, 5 f.

kein Argument hervorbringen.[751] Allerdings kann daraus geschlossen werden, dass die Wahl des bereits in vielen Verordnungen verwandten gewöhnlichen Aufenthalts zu einem Mehr an internationaler Rechtsvereinheitlichung führen würde, was ebenfalls positiv hervorzuheben ist.[752]

Ebenso wenig greift der Einwand, die Anknüpfung an die Staatsangehörigkeit sei diskriminierend im Sinne des Art. 18 AEUV (ehemaliger Art. 12 EG), begünstige also Inländer vor anderen Europäern. Denn nach der ganz herrschenden Ansicht verbietet Art. 18 AEUV zwar eine Diskriminierung aufgrund der Staatsangehörigkeit, in der europarechtlichen und allseitigen Anknüpfung im Kollisionsrecht ist aber keine solche Diskriminierung ersichtlich, da sie gerade nicht nur für Inländer gilt.[753]

Zugunsten der Staatsangehörigkeit wird rein praktisch angeführt, diese sei leicht zu ermitteln.[754] Dagegen wird aber eingewandt, dass gerade bei Doppelbzw. Mehrstaatern eben keine leichte Ermittlung der Staatsangehörigkeit möglich sei. Der Aufwand, zu prüfen, ob der Erblasser mehrere Staatsangehörigkeiten besessen habe, sei bei nahezu jedem Erbfall durchzuführen. Gerade wenn, wie in Deutschland, die Möglichkeit mehrere Staatsangehörigkeiten innezuhaben begrenzt sei und viele daher heimlich eine doppelte Staatsbürgerschaft inne-

---

751   Vékás (in: Reichelt/Rechberger, Europäisches Erbrecht, S. 53) führt hier zudem an, der Gleichlauf von internationaler Zuständigkeit und anzuwendendem Recht sei ein Vorteil, dies wird aber erst eine umfassende Prüfung zeigen können (unter insb. Teil 3 B. III. 1. c. aa.).

752   Siehe dazu: Lehmann, Brüssel-IV-Verordnung, Rdnr. 136; Dutta RabelsZ 73 (2009), 547, 563 f.; Pfundstein, Pflichtteil, Rdnr. 555; Dörner ZEV 2010, 221, 222. Dazu aus Sicht der internationalen Zuständigkeit: Teil 3 C.

753   Siehe nur: Herweg, Europäisierung des Internationalen Erbrechts, S. 226 ff.; Junghardt, Rom-IV-VO, S. 65 ff.; Lehmann, Brüssel-IV-Verordnung, Rdnr. 119 ff.; Leipold, in: FS Söllner, S. 647, 663 f.; Rauscher, in: FS Jayme, S. 719, 733; Lorenz ErbR 2012, 39, 43; so auch bereits: Rohe, in: FS Rothoeft, S. 1, 12 f.; andere sehen das Problem einer möglichen Diskriminierung dennoch als entscheidend an: Birk, in: Münchener Kommentar zum BGB, Art. 25 EGBGB Rdnr. 385 ff.; Mansel, in: FS Ansay, S. 185, 209 (zwar nicht im Sinne einer tatsächlichen Diskriminierung, aber ausschlagend für den „Rückzug" dieses Anknüpfungspunkts im europäischen Raum): Pfundstein, Pflichtteil, Rdnr. 555. Jud (in: GPR 2005, 133, 135) gibt aber zu bedenken, dass auch wenn Art. 18 AEUV nicht einschlägig sei, das Nebeneinander verschiedener Rechtsordnungen für die Bewohner eines Staates dem Integrationsgedanken widerspräche.

754   So auch Herweg, Europäisierung des Internationalen Erbrechts, S. 53 f.; Lorenz ErbR 2012, 39, 44; zusammenfassend: Lehmann, Brüssel-IV-Verordnung, Rdnr. 134; dagegen: Henrich, in: FS Stoll, S. 437, 444.

hätten, könne die Ermittlung aufwendig und langwierig sein.[755] Auch versage das Prinzip insbesondere bei Staatenlosen und Flüchtlingen.[756]

Schließlich wird für das Staatsangehörigkeitsprinzip vorgetragen, dass dieses im Gegensatz zum Aufenthaltsprinzip eine stabile Anknüpfung garantiere, die eine bessere Nachlassplanung ermögliche.[757] Hingegen sei der gewöhnliche Aufenthalt zu unbestimmt und zu leicht wandelbar.[758] Auch könne es aufgrund der Unbestimmtheit des Begriffes zu mehreren gewöhnlichen Aufenthalten kommen,[759] oder dazu, dass der Erblasser durch gezielte Wahl seines gewöhnlichen Aufenthalts das anzuwendende Recht nach seinen Wünschen „manipuliere".[760] Ob der Erblasser tatsächlich den Preis einer Manipulation des Erbrechts zahlen würde, wird von den Befürwortern des Aufenthaltsprinzips stark bezwei-

---

755 So auch das Beispiel von Lehmann ZErb 2005, 320, 321.

756 Lehmann, Brüssel-IV-Verordnung, Rdnr. 161 f.; Schroer, Europäischer Erbschein, S. 114; Haas, in: Gottwald, Perspektiven der justiziellen Zusammenarbeit, S. 97 f.; Faber/Grünberger NZ 2011, 97, 101; Lehmann ZErb 2005, 320, 321; s.a. Herweg, Europäisierung des Internationalen Erbrechts, S. 56; Junghardt, Rom-IV-VO, S. 106 ff. Der Meinung, dass sich in der Praxis die Probleme der Feststellung der Staatsangehörigkeit und des gewöhnlichen Aufenthalts (Domicil) die „Waage halten werden", ist zu Recht Rohe, in: FS Rothoeft, S. 1, 16.

757 Lehmann, Brüssel-IV-Verordnung, Rdnr. 134; Schroer, Europäischer Erbschein, S. 114 (im Ergebnis aber dennoch kritisch); Frantzen, in: FS Jayme, S. 187, 189; Rauscher, in: FS Jayme, S. 719, 730; Remien, in: Grziwotz, Erbrecht und Vermögenssicherung, S. 101 f.; Vékás, in: Reichelt/Rechberger, Europäisches Erbrecht, S. 53; zusammenfassend: Denkinger, Europäisches Erbkollisionsrecht, S. 366.

758 Lehmann, Brüssel-IV-Verordnung, Rdnr. 134; Kropholler, IPR, S. 279; Bajons; in: FS Heldrich, S. 495, 500; Frantzen, in: FS Jayme, S. 187, 189 ff. Frantzen plädiert hier daher für eine Anknüpfung an das Domicil oder die Staatsangehörigkeit oder eine Mischform, die er letztlich mit der Aufnahme einer Rechtswahlklausel zugunsten des Domicil oder der Staatsangehörigkeit (je nachdem, welches grundsätzliche Anknüpfungskriterium gewählt würde) konkretisiert.

759 Oder gar zum Fehlen eines Aufenthalts überhaupt. Ausführlich zum mehrfachen gewöhnlichen Aufenthalt und zum Fehlen des gewöhnlichen Aufenthalts: Baetge, Gewöhnlicher Aufenthalt im IPR, S. 137 ff.; Junghardt, Rom-IV-VO, S. 87 ff.

760 Und so gerade Pflichtteilsansprüche ausschließen kann. Siehe auch: Bajons, in: FS Heldrich, S. 495, 489 ff.; s.a. Fn. 789; Junghardt, Rom-IV-VO, S. 113 ff. sowie Rauscher, in: Rauscher, EuZPR/EuIPR, Einf EG-ErbVO Rdnr. 49, 51. Letzterer will mit der Anknüpfung an die Staatsangehörigkeit oder den Wohnsitz auch den unwissenden Erblasser schützen, der nicht weiß, dass die Verlagerung seines gewöhnlichen Aufenthalts auch das Erbrecht beeinflusst. Ähnlicher Gedanke bei: Remien, in: Grziwotz, Erbrecht und Vermögenssicherung, S. 101 ff.

felt,[761] denn selbst wenn der Erblasser kurzfristig einen anderen gewöhnlichen Aufenthaltsort begründe, werde er diesen, wenn er in den ursprünglichen Staat zurückkehre, doch wieder zurückverlegen. Der Erblasser müsse also schon seinen Lebensabend in dem anderen Staat verbringen. Der Preis dürfte, so die Befürworter des Aufenthaltsprinzips, den meisten Erblassern sicherlich zu hoch sein.[762] Sollte es tatsächlich einen Erblasser geben, der nur zu diesem Zwecke seinen gesamten Lebensmittelpunkt in einen anderen Staat verlagere, könne dem notfalls mit dem Rechtsmittel des Rechtsmissbrauchs begegnet werden.[763]

Da für beide Anknüpfungskriterien gute Gründe sprechen, versuchte das nie in Kraft getretene Haager Übereinkommen von 1989 einen „rechtlichen Spagat" zwischen Staatsangehörigkeit und gewöhnlichem Aufenthalt zu meistern. Dessen Art. 3 sah vor, dass vornehmlich der gewöhnliche Aufenthalt das anzuwendende Recht bestimmen sollte, sofern der Erblasser auch die Staatsangehörigkeit des Aufenthaltstaates besaß (Abs. 1) oder mindestens fünf Jahre in diesem Staat seinen gewöhnlichen Aufenthalt hatte, wenn nicht mehr dafür sprach, dass doch die Staatsangehörigkeit maßgeblich sein sollte (Abs. 2). In allen anderen Fällen sollte die Staatsangehörigkeit entscheidend sein, sofern nicht eine engere Verbindung zu einem anderen Staat bestand. Dann sollte das Recht des letztgenannten Staates maßgeblich sein (Abs. 3). Dieses diffizile System wurde und wird zu Recht als zu kompliziert beurteilt. Dies insbesondere, weil es nicht nur viele Anknüpfungsmöglichkeiten bot, sondern durch die Aufnahme der „engeren Verbindung" ein völlig neues Kriterium schuf, das im internationalen Erbrecht wenig gebräuchlich war und bei der Abgrenzung vom gewöhnlichen Aufenthalt Schwierigkeiten bereitete.[764] Folglich fand der Mischformgedanke des Haager

---

761 Dazu: Denkinger, Europäisches Erbkollisionsrecht, S. 366; Lehmann, Brüssel-IV-Verordnung, Rdnr. 155; Leipold, in: FS Söllner, S. 647, 665; Lehmann ZErb 2005, 320, 321; s.a. Teil 3 B. III. 1. c. bb.

762 Lehmann, Brüssel-IV-Verordnung, Rdnr. 155; ders. ZErb 2005, 320, 321. S.a. Seyfarth, Zuständigkeitswandel, S. 155.

763 So auch Leipold, in: FS Söllner, S. 647, 665.

764 Birk, in: Münchener Kommentar zum BGB, Art. 25 EGBGB Rdnr. 286 ff.; 290; Ebenroth, Erbrecht, Rdnr. 1227; Herweg, Europäisierung des Internationalen Erbrechts, S. 151, 225; Junghardt, Rom-IV-VO, S. 145 ff.; Kegel/Schurig, IPR, S. 1030 ff.; Haas, in: Gottwald, Perspektiven der justiziellen Zusammenarbeit, S. 98 f.; Leipold, in: FS Söllner, S. 647, 660; Fischer RabelsZ 57 (1993), 1, 16; Brandi, Haager Abkommen, S. 116 ff.; van Loon MittRhNotK 1989, 9; Lorenz ErbR 2012, 39, 40; siehe auch Baetge, Gewöhnlicher Aufenthalt im IPR, S. 24 f., 33 (zur mangelnden Definition in dem Abkommen ab S. 34); Khairallah, in: Perspectives du droit des Successions Européennes et Internationales, S. 65; kritisch, aber letztlich mit ähnlichem Fristenvorschlag zugunsten des gewöhnlichen Aufenthalts: Rohe, in: FS Rothoeft, S. 1, 33 ff. S.a. Lechner-Report II, Amendments 180 ff., insb. 185, 187.

Übereinkommens von 1989 berechtigterweise keinen Eingang in den ErbVO-E2009 oder gar die ErbVO.[765]

Es bleibt somit festzuhalten, dass sowohl für den gewöhnlichen Aufenthalt als auch für die Staatsangehörigkeit als Anknüpfungskriterium für das Erbstatut gute Gründe sprechen. Der Europäische Verordnungsgeber hat sich in Übereinstimmung mit der wohl überwiegenden Anzahl der Literaturstimmen[766] und Mitgliedstaaten[767] für eine Anknüpfung an den gewöhnlichen Aufenthalt entschieden. Abgefedert wird die Abkehr vom Staatsangehörigkeitsprinzip (aus deutscher Sicht) durch eine Rechtswahl zugunsten des deutschen Rechts und dadurch, dass an den letzten gewöhnlichen Aufenthalt des Erblassers angeknüpft wird.[768]

Die Hauptkritikpunkte, die gegen den gewöhnlichen Aufenthalt eingewandt werden – dessen mangelnde Stabilität und Unbestimmtheit – bleiben allerdings bestehen. Ob der gewöhnliche Aufenthalt tatsächlich zu unbestimmt und wan-

---

765   Dies natürlich auch aus der Sicht eines möglichen Gleichlaufs von internationaler Zuständigkeit und anzuwendendem Recht. Ein solcher Gleichlauf wäre bei dieser Regelung wohl nicht möglich gewesen; zur internationalen Zuständigkeit aus ErbVO-E2009-Sicht: Teil 3 B. Vom DNotV (DNotV-Stellungnahme, S. 18) wird die Idee der Übertragung des Abkommens auf die ErbVO aber als „zu vorschnell abgelehnt" angesehen (im Ergebnis dennoch ablehnend). Für ein solches Mischsystem bzw. eine Fristenregelung Lechner-Report II, Amendment 180 bis 189; Rauscher, in: Rauscher, EuZPR/EuIPR, Einf EG-ErbVO Rdnr. 56; Denkinger, Europäisches Erbkollisionsrecht, S. 369; Junghardt, Rom-IV-VO, S. 124 (grundsätzliche Anknüpfung an die Staatsangehörigkeit, ergänzt um die Anwendung des gewöhnlichen Aufenthalts und eine Rechtswahl); Mansel, in: FS Ansay, S. 185, 209; Jud GPR 2005, 133, 135, 139; auch anklingend bei Traar, in: Reichelt/Rechberger, Europäisches Erbrecht, S. 100 f.; Rechberger/Schur, in: Jud/Rechberger/Reichelt, Kollisionsrecht in der Europäischen Union, S. 212; Basedow, in: FS Stoll, S. 405, 414.

766   Siehe nur: Dörner, in: FS Holzhauer, S. 474, 478; Haas, in: Gottwald, Perspektiven der justiziellen Zusammenarbeit, S. 99; Haas, in: Jud/Rechberger/Reichelt, Kollisionsrecht in der Europäischen Union, S. 137; Leipold, in: FS Söllner, S. 647, 665; Dutta RabelsZ 73 (2009), 547, 562; Dörner ZEV 2010, 221, 225; Kindler IPRax 2010, 44, 47; Lehmann ZErb 2005, 320, 321; so auch schon: Henrich, in: FS Stoll, S. 437. Mansel (in: FS Ansay, S. 185, 210) fordert allerdings einschränkend, dass der Erblasser auch das Recht des Staats seiner Staatsangehörigkeit wählen können solle. Art. 17 ErbVO-E2009 genügt dieser Forderung.

767   Zu den Staaten und Organisationen, die den gewöhnlichen Aufenthalt in ihren Stellungnahmen zum Grünbuch präferierten: Junghardt, Rom-IV-VO, S. 117; Schroer, Europäischer Erbschein, S. 139 f., insb. Fn. 550, 552; Lehmann IPRax 2006, 204, 206.

768   So bereits: Dörner ZEV 2010, 221, 222; kritisch aber: Lurger, in: Rechberger, Brücken im Europäischen Rechtsraum, S. 50: Viele Parteien dächten nicht an eine Rechtswahl, was auch schon die Grundanknüpfung berücksichtigen müsse.

delbar ist, hängt letztlich von der Definition des gewöhnlichen Aufenthalts ab, also davon, ob es klare Kriterien gibt, die diesen Begriff begrenzen und eine eindeutige Entscheidung zugunsten eines Aufenthaltsstaates ermöglichen.[769] Da eine solche Definition aber nicht in den ErbVO-E2009 aufgenommen wurde und ebenfalls nicht in der ErbVO vorhanden ist, kann dieses Problem nicht losgelöst von der Frage der Definition des gewöhnlichen Aufenthalts geklärt werden. Wie eine solche Definition aussehen könnte und ob es im ErbVO-E2009 bzw. in der ErbVO, die ja zumindest Erwägungsgründe enthält,[770] tatsächlich einer solchen bedarf, wird im Rahmen der Ausführungen zur internationalen Zuständigkeit in Bezug auf den ErbVO-E2009 besprochen, da sich die Frage der Notwendigkeit einer Definition aufgrund der parallelen Verwendung als Kriterium für das anzuwendende Recht sowie für die internationale Zuständigkeit auch dort stellt und eine Definition sich schließlich für beide Bereiche eignen muss. Insoweit sei auf die Ausführungen an dieser Stelle verwiesen.[771] Die hinsichtlich des ErbVO-E2009 gewonnen Erkenntnisse werden sodann im fünften Teil auf die Erwägungsgründe der ErbVO übertragen.[772]

bb. Erweiterung der Anknüpfung in der ErbVO

Es sei aber bereits an dieser Stelle drauf hingewiesen, dass die ErbVO eine Erweiterung hinsichtlich der Anknüpfung enthält. Art. 16 ErbVO-E2009 wird in Art. 21 ErbVO um einen Absatz 2 ergänzt. Während Absatz 1 die ursprüngliche Grundanknüpfung an den gewöhnlichen Aufenthalt beinhaltet, greift Absatz 2 nun das auf, was schon in Bezug auf das Haager Nachlassübereinkommen von 1989 als nicht gelungen bezeichnet wurde.[773] Danach soll, wenn sich „ausnahmsweise aus der Gesamtheit der Umstände" ergibt, dass „der Erblasser im Zeitpunkt seines Todes offensichtlich eine engere Verbindung zu einem anderen als dem Staat hatte, dessen Recht nach Absatz 1 anzuwenden wäre", das Recht dieses anderen Staates auf die Rechtsnachfolge von Todes wegen anzuwenden sein. Damit wird also der Begriff der „engeren Verbindung" in die Verordnung aufgenommen. Erwägungsgrund 25 konkretisiert, dass die befasste Behörde „in Bezug auf die Bestimmung des auf die Rechtsnachfolge von Todes wegen anzuwendenden Rechts [...] in Ausnahmefällen, in denen der Erblasser beispielsweise erst kurz vor seinem Tod in den Staat seines gewöhnlichen Aufenthalts

---

769 So auch: Denkinger, Europäisches Erbkollisionsrecht, S. 367.
770 Vgl. Teil 3 A. III. 1. c.
771 Siehe unten Teil 3 B. III. 1. c. bb.
772 Teil 5 A.
773 Dazu Teil 3 A. III. 2. b. aa. Die Regelung orientiert sich zudem am belgischen und schweizerischen Kollisionsrecht, vgl. Kohler FamRZ 2012, 1425, 1427.

umgezogen ist und sich aus der Gesamtheit der Umstande ergibt, dass er eine offensichtlich engere Verbindung zu einem anderen Staat hatte, zu dem Schluss gelangen [kann], dass die Rechtsnachfolge von Todes wegen nicht dem Recht des gewöhnlichen Aufenthalts des Erblassers unterliegt, sondern dem Recht des Staates, zu dem der Erblasser offensichtlich eine engere Verbindung hatte."

Warum die ErbVO dieses Kriterium aufnimmt – und damit zugleich in manchen Fällen den Gleichlauf zerstört und die Rechtssicherheit erheblich gefährdet – ist nicht nachzuvollziehen. Schon in Bezug auf das Haager Nachlassübereinkommen wurde kritisiert, dass die Aufnahme zweier unbestimmter Begriffe, also des gewöhnlichen Aufenthalts und der engsten Verbindung, mehr Unsicherheit schafft als beseitigt. Wird der gewöhnliche Aufenthalt bestimmt, sind sämtliche (Lebens-)Umstände des Erblassers zu berücksichtigen. Sollte er tatsächlich zu einem bestimmten Staat eine besonders enge Verbindung haben, erscheint fraglich, ob dann nicht schon der gewöhnliche Aufenthalt dort liegt. Darüber hinaus wäre es billig, nicht das Recht des Staates anzuwenden, zu dem der Erblasser „offensichtlich" eine engere Verbindung hat, da dann zumindest eine enge Bindung auch zum Staat des gewöhnlichen Aufenthalts besteht – denn sonst wäre dieser gar nicht gewöhnlicher Aufenthaltsstaat, wie schon das wertende Kriterium „gewöhnlich" angibt.[774] Auch die ErbVO scheint zu erkennen, dass ihre Anknüpfung an die „engste Verbindung" problemanfällig ist. So fügt sie in Erwägungsgrund 25 zusätzlich einen Satz hinzu, der sicherheitshalber konstatiert, dass die offensichtlich engste Verbindung „jedoch nicht als subsidiärer Anknüpfungspunkt gebraucht werden [sollte], wenn sich die Feststellung des gewöhnlichen Aufenthaltsorts des Erblassers im Zeitpunkt seines Todes als schwierig erweist". Es bleibt zu hoffen, dass dieser Fauxpas alsbald bereinigt wird, ansonsten kann nur darauf vertraut werden, dass Art. 21 Abs. 2 ErbVO lediglich einen überschaubaren Anwendungsbereich haben wird und sich die Gerichte tatsächlich nicht auf diese Ausweichklausel „stürzen" werden.[775]

---

774 Siehe bereits Teil 1 B. I. 1. d. Ähnlich auch: Dörner ZEV 2012, 505, 510 f. (aber weniger kritisch), Lehmann DStR 2012, 2085; Vollmer ZErb 2012, 227, 231.

775 Insbesondere wäre unter Umständen auch die Rechtsicherheit gefährdet, die bei der europäischen Regelung bei Binnenmarktsachverhalten gerade durch die Aufnahme des gewöhnlichen Aufenthalts und eines Erwägungsgrundes als gewährleistet anzusehen ist, wie sich in Teil 3 C. I. noch zeigen wird. Kritisch auch: Seyfarth, Zuständigkeitswandel, S. 288 f. (mit Bezug zum vorangehenden Parlamentsentwurf); Geimer im Rahmen der Tagung der Forschungsstelle für Notarrecht am 14.11.2012, siehe Stretz MittBayNot 2013, 115, 116. Optimistischer hingegen: Dutta FamRZ 2013, 4, 8; Kunz GPR 2012, 208, 210.

c. Rechtswahl

Die bereits angesprochene, „abfedernde" Rechtswahlmöglichkeit findet sich in Art. 17 ErbVO-E2009 bzw. nunmehr abgewandelt in Art. 22 ErbVO.[776] Wo das deutsche Recht mit Art. 25 Abs. 2 EGBGB derzeit nur eine Teilrechtswahl für in Deutschland belegene Grundstücke zulässt, soll künftig eine umfassendere Rechtswahl ermöglicht werden.[777]

Als „Ausgleich" für die Abkehr vom Staatsangehörigkeitsprinzip im Rahmen der Regelanknüpfung sollte es dem Erblasser ursprünglich nach Art. 17 Abs. 1 ErbVO-E2009 möglich sein, seinen gesamten Nachlass dem Recht seines Heimatstaates – der auch ein Drittstaat sein kann[778]– zu unterwerfen.[779] Die materielle Wirksamkeit der Rechtswahl sollte gemäß Art. 17 Abs. 3 ErbVO-E2009 dem gewählten Recht unterliegen.[780] Nach Art. 17 Abs. 2 ErbVO-E2009 sollte dabei die Wahl des auf die Rechtsnachfolge anzuwendenden Rechts ausdrücklich[781] im Wege einer Erklärung erfolgen, die den Formerfordernissen[782] einer Verfügung von Todes wegen entsprechen sollte.[783]

---

776 Diese Besonderheit gilt nach Art. 18 Abs. 3 ErbVO-E2009/Art. 25 Abs. 3 ErbVO auch für Erbverträge.

777 Zur Nichtaufnahme eines Äquivalents zu Art. 25 Abs. 2 EGBGB: Fn. 713.

778 Vgl. Herzog ErbR 2013, 2, 3.

779 Vgl. DNotV-Stellungnahme, S. 18 f.; Buschbaum/Kohler GPR 2010, 106, 112; Dörner/Hertel/Lagarde/Riering IPRax 2005, 1, 5; die auf das Heimatrecht begrenzte Rechtswahl hat nach der Begründung zum ErbVO-E2009 (S. 7) auch den Zweck, die Pflichtteilsberechtigten vor dem Entzug des Pflichtteils zu schützen; kritisch Buschbaum/Kohler GPR 2010, 162; s.a. Dutta, in: Reichelt/Rechberger, Europäisches Erbrecht, S. 67 ff.; Lehmann, Brüssel-IV-Verordnung, Rdnr. 249 ff.; ders. IPRax 2006, 204, 206; Jud GPR 2005, 133, 137 ff.; Navrátilová GPR 2008, 144, 151 ff.; mit Hinweis darauf, dass der Schutz im Zweifelsfall über den order-public-Vorbehalt erfolge; s.a. Süß ZErb 2009, 342, 344 f.

780 So auch Art. 22 Abs. 3 ErbVO.

781 Für die Zulassung einer „deutlich ausdrücklichen" Rechtswahl, siehe MPI-Comments, Rdnr. 150; s.a. DNotV-Stellungnahme, S. 20; Lechner-Report I, Amendment 56; Rauscher, in: Rauscher, EuZPR/EuIPR, Einf EG-ErbVO Rdnr. 58; Lorenz ErbR 2012, 39, 45 f.; Remde RNotZ 65, 73 f. sowie Dutta, in: Reichelt/Rechberger, Europäisches Erbrecht, S. 75; ders. RabelsZ 73 (2009), 547, 579; wohl auch Bachmayer BWNotZ 2010, 146, 158. Offener nun auch Art. 22 Abs. 3 ErbVO.

782 Die DNotV (in: DNotV-Stellungnahme, S. 20) fragt sich zu Recht, welches Recht die Formerfordernisse bestimmen soll; s.a. Dörner ZEV 2010, 221, 226; Lechner-Report II, Amendment 191 f.

783 Dies gilt entsprechend bei einer Änderung oder dem Widerruf der Rechtswahl, Art. 17 Abs. 4 ErbVO-E2009/Art. 22 Abs. 4 ErbVO.

Die Rechtswahlregelung nach Art. 17 ErbVO-E2009 war erheblicher Kritik ausgesetzt. Zunächst bemängelten die Kritiker, die Rechtswahlregelung hätte so nicht über eine Lösung für Mehrstaater verfügt.[784] Auch hätte sich Art. 17 Erb-VO-E2009 nicht dazu geäußert, ob der Erblasser die Staatsangehörigkeit (nur) im Zeitpunkt der Rechtswahl oder (auch) im Todeszeitpunkt hätte innehaben müssen.[785] Eine dem auf den Errichtungszeitpunkt abstellende Regelung wie Art. 26 Abs. 5 S. 1 EGBGB wäre hilfreich gewesen, hätte aber im Verordnungs-entwurf ebenfalls gefehlt, so dass vermutlich auf den Todeszeitpunkt abzustellen gewesen wäre, was von einigen Kritikern als nachteilig empfunden wurde.[786]

Diese Kritik an Art. 17 ErbVO-E2009 wurde teilweise aufgegriffen. So wird nun in Art. 22 ErbVO in Bezug auf das gewählte Recht ausdrücklich auf die Staatsangehörigkeit zum Zeitpunkt der Rechtswahl oder zum Todeszeitpunkt abgestellt, Art. 22 Abs. 1 ErbVO. Der Erblasser kann also das Recht des Staates wählen, dem er zum Zeitpunkt der Rechtswahl oder zum Todeszeitpunkt ange-hörte. In Abs. 2 wird zudem eine Regelung für Mehrstaater aufgenommen. Da-nach kann eine Person, die mehrere Staatsangehörigkeiten besitzt, das Recht ei-nes der Staaten wählen, denen sie im Zeitpunkt der Rechtswahl oder im Todes-zeitpunkt angehörte, so dass der Mehrstaater zwischen den Staatsangehörigkei-ten frei wählen kann.[787] Schließlich wird auch der Kritik begegnet, dass die Rechtswahl nicht nur ausdrücklich erfolgen sollte. So ist es nunmehr nach Art. 22 Abs. 3 ErbVO möglich, dass der Erblasser durch die Aufnahme spezifi-

---

784   DNotV-Stellungnahme, S. 19 f.; Rauscher, in: Rauscher, EuZPR/EuIPR, Einf EG-ErbVO Rdnr. 57; Lange, Erbrecht, S. 1109; Geimer, in: Reichelt/Rechberger, Europäi-sches Erbrecht, S. 20; Buschbaum/Kohler GPR 2010, 106, 112; Kindler IPRax 2010, 44, 49; Süß ZErb 2009, 342, 345; Remde RNotZ 65, 73; s.a. Schäuble, Einweisung der Erben durch deutsche Nachlassgerichte, S. 164; zudem ist unklar, ob in Weiterführung des Art. 28 ErbVO-E2009 das Foralrecht gewählt werden kann, siehe Stein-metz/Löber/Alcázar ZEV 2010, 234, 235. Klarer: Art. 22 Abs. 2 ErbVO.

785   DNotV-Stellungnahme, S. 20; MPI-Comments, Rdnr. 140 f. (mit Änderungsvorschlag in Rdnr. 141); Lange, Erbrecht, S. 1109; Geimer, in: Reichelt/Rechberger, Europäi-sches Erbrecht, S. 18 ff.; Altmeyer ZEuS 2010, 475, 489; Buschbaum/Kohler GPR 2010, 106, 112; Faber/Grünberger NZ 2011, 97, 108; Kindler IPRax 2010, 44, 49; Lo-renz ErbR 2012, 39, 45; Süß ZErb 2009, 342, 344; s.a. Lechner-Report I, Amendment 55; Lechner-Report II, Amendment 190. Für eine Rechtswahl zugunsten beider Zeit-punkte bereits Dörner, in: FS Holzhauer, S. 474, 481 ff. Siehe aber Kohler/Pintens FamRZ 2010, 1481, 1484: Der Todeszeitpunkt sei diskutiert, aber abgelehnt worden, der Zeitpunkt der Rechtswahl sei maßgeblich. Nach Art. 22 Abs. 1 ErbVO sind beide Zeitpunkte möglich.

786   Buschbaum/Kohler GPR 2010, 106, 112; Remde RNotZ 65, 74.

787   ErbVO, Erwägungsgrund 41. In der vom Parlament gebilligten Fassung war der To-deszeitpunkt noch nicht enthalten.

scher Bestimmungen des Rechts des Staates, dem er angehört, oder durch Erwähnung dieses Rechts in anderer Weise eine Rechtswahl vornimmt. Dies wohl auch bei einer Rechtswahl zugunsten des deutschen Rechts durch die Aufnahme der Überschrift „Berliner Testament".[788]

Allerdings muss sich Art. 22 ErbVO wie auch Art. 17 ErbVO-E2009 weiterhin Kritik aussetzen. Kritisiert wurde und wird, dass nur die Wahl des Heimatrechts möglich ist.[789] Dabei wäre eine Wahl des Rechts des gewöhnlichen Aufenthalts zum Zeitpunkt der Errichtung der Verfügung von Vorteil. Obwohl Art. 16 ErbVO-E2009, nunmehr Art. 21 Abs. 1 ErbVO, die Anknüpfung an den gewöhnlichen Aufenthalt vorsehe, würde, sofern der Erblasser nicht das Heimatrecht gewählt habe, bei jedem Wechsel des gewöhnlichen Aufenthalts ein Statutenwechsel stattfinden:

> „Dieser [Statutenwechsel] kann zur Folge haben, dass die letztwillige Verfügung unter der letztlich anwendbaren Rechtsordnung nicht mehr umgesetzt werden kann, etwa mit Blick auf vom neuen Erbstatut angeordnete Noterbrechte. Solange Regelungen über das Errichtungsstatut und den Fortbestand einer rechtswirksam errichteten letztwilligen Verfügung fehlen, droht durch den Statutenwechsel schlimmstenfalls ihre Unwirksamkeit."[790]

---

788 Vgl. ErbVO, Erwägungsgrund 39. Kritisch aber: Lechner NJW 2013, 26, 27. Ausführlich zu dieser Problematik und zur Rechtswahl allgemein: Leitzen ZEV 2013, 128.

789 DNotV-Stellungnahme, S. 25; MPI-Comments, Rdnr. 142 ff. (aber sehr weitgehender Änderungsvorschlag), Pfundstein, Pflichtteil, Rdnr. 556; Dutta, in: Reichelt/Rechberger, Europäisches Erbrecht, S. 71 f. (wie auch das MPI für eine Rechtswahl zugunsten des Ehegüterrechts); Mansel, in: FS Ansay, S. 185, 212 f.; Buschbaum/Kohler GPR 2010, 106, 112; Dörner/Hertel/Lagarde/Riering IPRax 2005, 1, 5; Kindler IPRax 2010, 44, 49; Faber JEV 2010, 42, 48; Faber/Grünberger NZ 2011, 97, 108; Lorenz ErbR 2012, 39, 45; Remde RNotZ 65, 74. In den MPI-Comments, Rdnr. 134 ff. wird zudem eine weitergehende Rechtswahl vorgeschlagen; s.a. Altmeyer ZEuS 2010, 475, 489; einschränkend: Lehmann, Brüssel-IV-Verordnung, Rdnr. 278 ff. Buschbaum und Kohler (in: GPR 2010, 106, 112, Fn. 90) lehnen dies, unter Berücksichtigung des Schutzes der Pflichtteilsrechte, allerdings ab; ähnlich: Jud GPR 2005, 133, 136 ff.; ausführlich und auch kritisch: Pfundstein, Pflichtteil, Rdnr. 563 ff.; zusammenfassend zu einer möglichen Rechtswahl des Ehegüterrechts (vor der Verabschiedung einer einheitlichen europäischen Ehegüterrechtsverordnung): Mansel, in: FS Ansay, S. 185, 197 ff., 199; Lorenz ErbR 2012, 39, 45. Zu den Pflichtteilsansprüchen nach dem ErbVO-E2009: Buschbaum/Kohler GPR 2010, 162. Zur Einführung einer „dépeçage": MPI-Comments, Rdnr. 139; Dutta RabelsZ 73 (2009), 547, 571; Kohler/Pintens FamRZ 2010, 1481, 1484; s.a. Geimer, in: Reichelt/Rechberger, Europäisches Erbrecht, S. 8, Vékás, in: Reichelt/Rechberger, Europäisches Erbrecht, S. 45; kritisch: Rauscher, in: Rauscher, EuZPR/EuIPR, Einf EG-ErbVO Rdnr. 60 f.

790 Buschbaum/Kohler GPR 2010, 106, 112.

Dieser Kritik ist zuzustimmen. Die Aufnahme einer solchen Regelung ist aus Rechtssicherheitsgesichtspunkten geboten. Eine entsprechende Ergänzung ist daher wünschenswert.[791]

d. Universelle Anwendung und Renvoi

Auch der universellen Anwendung der ErbVO nach Art. 25 ErbVO-E2009/Art. 20 ErbVO und dem Ausschluss der Rück- und Weiterverweisung (Renvoi) nach Art. 26 ErbVO-E2009/Art. 34 ErbVO ist Aufmerksamkeit zu schenken.

Art. 25 ErbVO-E2009/Art. 20 ErbVO sieht vor, dass das nach dem ErbVO-E2009/der ErbVO bezeichnete Recht selbst dann zur Anwendung gelangt, wenn es nicht das Recht eines Mitgliedstaats ist. Damit wird die universelle Anwendung der Verordnung erklärt, so dass sie nicht nur das Sachrecht der beteiligten Mitgliedstaaten, sondern auch das der Drittstaaten zum anwendbaren Recht bestimmen kann. Der umfassende Anwendungsbereich wird zumeist begrüßt[792] und lässt auf mehr Entscheidungsharmonie hoffen.

Anders verhielt es sich noch mit Art. 26 ErbVO-E2009. Danach sollten unter dem nach Kapitel III anzuwendenden Recht eines Staates die in diesem Staat geltenden Rechtsnormen unter Ausschluss derjenigen des Internationalen Privatrechts zu verstehen sein. Die damit angeordnete Sachnormverweisung hätte dafür gesorgt, dass ausländisches Kollisionsrecht unberücksichtigt geblieben wäre.[793] Für Mitgliedstaaten wäre die Vorschrift damit weitestgehend bedeutungslos gewesen, da (derzeit) bis auf Großbritannien, Irland und Dänemark alle Mitgliedstaaten ohnehin die ErbVO angewendet hätten und aufgrund dieser Kollisionsrechtsvereinheitlichung das nationale Kollisionsrecht hätte zurücktreten müssen.[794] Anderes gilt aber bei nach Art. 45 Abs. 1 ErbVO-E2009, nunmehr

---

791 Zu den Auswirkungen auf den europäischen Gleichlauf siehe Teil 3 B III. 4.

792 So auch das DNotV (in: DNotV-Stellungnahme, S. 25), das zugleich auf S. 4 der DNotV-Stellungnahme die Außerkraftsetzung von Art. 25 EGBGB im Anwendungsbereich der ErbVO vorschlägt, da dieser neben der ErbVO bedeutungslos würde; s.a. Mansel, in: FS Ansay, S. 185, 213 f. Allerdings merkt Altmeyer (in: ZEuS 2010, 475, 483) kritisch an, Art. 25 ErbVO-E2009 führe dazu, dass andere Rechtstraditionen, die über Art. 25 ErbVO-E2009 zu berücksichtigen wären, auch eine andere Wertung des ordre public beinhalteten und dass insoweit erhebliche Abweichungen vom kontinentaleuropäischen Verständnis impliziert werden könnten. Für die vollständige Streichung des Art. 25 ErbVO-E2009 hingegen Vékás, in: Reichelt/Rechberger, Europäisches Erbrecht, S. 54 ff.; Kindler IPRax 2010, 44, 48 f.

793 MPI-Comments, Rdnr. 236; Buschbaum/Kohler GPR 2010, 162, 163; Lorenz ErbR 2012, 39, 47.

794 So auch Buschbaum/Kohler GPR 2010, 162, 163; Süß ZErb 2009, 342, 344; Wagner DNotZ 2010, 506, 516.

Art. 75 ErbVO, weiterhin geltenden Staatsverträgen[795] und im Verhältnis zu Drittstaaten:[796] In beiden Fällen hätte Art. 26 ErbVO-E2009 eingegriffen. Dies hätte, so einige kritische Stimmen, insbesondere im letztgenannten Fall erhebliche Auswirkungen auf den internationalen Entscheidungseinklang gehabt und dem Gericht unter Umständen das drittstaatliche Recht aufgezwungen, obwohl dessen Kollisionsrecht rückverwiesen hätte.[797] Zwar wäre mitunter die Nachlasseinheit gefördert worden, indem eine Unterscheidung in bewegliches und unbewegliches Vermögen vom Drittstaat nicht mehr hätte vorgeschrieben werden können, doch wäre diese unbedingte Förderung der Nachlasseinheit – unter anderem zur Erreichung von Entscheidungseinklang – nicht immer geboten gewesen, gerade wenn einige Staatsverträge ohnehin eine solche Unterscheidung vorgesehen hätten.[798]

Lorenz[799] hingegen verlangte die Beibehaltung der Vorschrift. Wenn die Befürworter der Anknüpfung an den gewöhnlichen Aufenthalt dieser die sachnächste Rechtsordnung bestimme, könne eine Weiterverweisung dies in Frage stellen. Zudem sei die Größe des europäischen Verordnungsgebers bedeutend, da dessen autonome Entscheidungen viel wichtiger seien als ein zufällig herbeigeführter Entscheidungseinklang. Dieser Entscheidungseinklang rechtfertigte eine Verkomplizierung der Rechtsfindung nicht.

Der Ansicht von *Lorenz* wurde allerdings in der ErbVO zu Recht nicht gefolgt. Sicherlich mag die Untersuchung einer Rück- und Weiterverweisung zu einem Mehraufwand führen. Doch gerade dann, wenn es um die Anerkennung von Entscheidungen und möglicherweise auch von Erbnachweisen und dem Eu-

---

795 Zu den einzelnen Verträgen: Fn. 7. Zur Problematik der Nachlassspaltung in diesen Fällen: Buschbaum, in: GS Hübner, S. 589, 593 f.

796 Dörner ZEV 2010, 221, 222 (mit positiver Äußerung zur Vorschrift); Buschbaum/Kohler GPR 2010, 162, 163; s.a. Rauscher, in: Rauscher, EuZPR/EuIPR, Einf EG-ErbVO Rdnr. 45.

797 DNotV-Stellungnahme, S. 25; Geimer, in: Reichelt/Rechberger, Europäisches Erbrecht, S. 9; Mansel, in: FS Ansay, S. 185, 215; Vékás, in: Reichelt/Rechberger, Europäisches Erbrecht, S. 46; Buschbaum/Kohler GPR 2010, 162, 163; Kindler IPrax 2010, 44, 49; s.a. Rauscher, in: Rauscher, EuZPR/EuIPR, Einf EG-ErbVO Rdnr. 45.

798 So bspw. der Deutsch-Türkische Konsularvertrag von 1929, siehe oben Fn. 7 sowie Buschbaum/Kohler GPR 2010, 162, 163; Pfundstein, Pflichtteil, Rdnr. 553. Für ein Überdenken der damaligen Regelung daher: Buschbaum/Kohler GPR 2010, 162, 163; Remde RNotZ 65, 75; Süß ZErb 2009, 342, 344; Wagner DNotZ 2010, 506, 516; für teilweise Zulassung des Renvoi: MPI-Comments, Rdnr. 238 ff.; s.a. Lechner-Report II, Amendment 215 ff.; wohl im Ergebnis für einen generellen Ausschluss des Renvoi: Lehmann, Brüssel-IV-Verordnung, Rdnr. 202 ff.; insb. 206. S.a. DNotV-Stellungnahme, S. 25 f.; Lechner-Report I, Amendment 75.

799 Lorenz ErbR 2012, 39, 47.

ropäischen Nachlasszeugnis geht, wird es hilfreich sein, dass das Recht angewandt wird, das auch der Drittstaat anwenden will, mitunter weil dies oft eine
Voraussetzung für die Anerkennung ist.[800] Zudem scheint es fragwürdig, eine
Regelung wie Art. 26 ErbVO-E2009 vorwiegend mit der „Größe des Gesetzgebers" zu begründen, da im internationalen Bereich nicht schlichtweg das „Recht
des Stärkeren" gelten kann. Schließlich vermag ein Renvoi auch nicht den gewöhnlichen Aufenthalt als Kriterium in Frage zu stellen, wenn dieser aus europäischer Sicht weiterhin das sachnächste Kriterium darstellt. Wie dies die ausländische Jurisdiktion sieht, ist damit gerade nicht gesagt. Die Zulassung eines
partiellen Renvoi stellt den Anknüpfungspunkt damit nicht in Frage, sondern
berücksichtigt nur eine ausländische Jurisdiktion.

Der Verordnungsgeber hat vor diesem Hintergrund Art. 34 ErbVO geschaffen.[801] Art. 34 ErbVO wurde gegenüber der Vorgängernorm, Art. 26 ErbVO-
E2009, eingeschränkt. Danach sind unter dem nach der Verordnung anzuwendenden Recht eines Drittstaats die Rechtsvorschriften dieses Drittstaats einschließlich dessen Internationalen Privatrechts gemeint, sofern es sich um das
Recht eines Mitgliedstaats (Abs. 1 lit. a) oder das Recht eines anderen Drittstaats
handelt, der sein eigenes Recht anwenden würde (Abs. 1 lit. b). Zudem sind
Rück- und Weiterverweisungen, die beispielsweise durch Art. 21 Abs. 2 ErbVO
(„engere Verbundenheit") und Art. 22 ErbVO (Rechtswahl) ausgesprochen werden, unbeachtlich (Abs. 2).

e. Sonstige Regelungen

Der Umfang des Erbstatuts sollte in Art. 19 ErbVO-E2009 festgelegt werden.
An den Anwendungsbereich gemäß Art. 1 ErbVO-E2009 und die Begriffsbestimmungen nach Art. 2 ErbVO-E2009 anknüpfend sollte dem nach Kapitel III
bezeichneten Recht „die gesamte Rechtsnachfolge von Todes wegen vom Eintritt des Erbfalls bis zum endgültigen Übergang des Nachlasses auf die Berechtigten" (Art. 19 Abs.1 ErbVO-E2009) unterliegen. Art. 19 Abs. 2 ErbVO-E2009
beinhaltete zahlreiche Regelbeispiele („insbesondere").[802] Ebenfalls an den Anwendungsbereich anknüpfend, stach hier die – nunmehr verbesserte[803] – mangelhafte Abgrenzung vom Sachenrechtsstatut heraus, die sich beispielsweise in
Art. 19 Abs. 2 lit. f und lit. l ErbVO-E2009 zeigte, welche zu unsauber von der

---

800   Ausführlich unter Teil 4 A.
801   Dazu: Teil 3 A. III. 2. d.
802   Von Wagner DNotZ 2010, 506, 516 als „offene Liste" bezeichnet; Rauscher, in: Rau-
       scher, EuZPR/EuIPR, Einf EG-ErbVO Rdnr. 43.
803   Vgl. Teil 3 A. III. a.

„Übertragung"[804] und der „Verteilung des Nachlasses"[805] sprachen.[806] Die Erb-VO verzichtet hingegen auf solch eine umfassende Regelung. Unbeschadet Art. 19 ErbVO-E2009 sollte es nach Art. 20 ErbVO-E2009 ausreichen, dass bei der Annahme oder Ausschlagung einer Erbschaft oder eines Vermächtnisses oder einer Erklärung zur Begrenzung der Haftung des Erben oder Vermächtnisnehmers die gesetzlichen Voraussetzungen des Staates, in dem der Erbe oder Vermächtnisnehmer seinen gewöhnlichen Aufenthalt hat, eingehalten wurden.[807] Diese Norm geht nun konsequenter und stimmiger in Art. 28 ErbVO auf.

Art. 18 ErbVO-E2009/Art. 25 ErbVO enthält Sonderregelungen für Erbverträge. Gemeinschaftliche Testamente wurden, obwohl in Art. 2 lit. d ErbVO-E2009 definiert, nicht weiter im ErbVO-E2009 erwähnt und tauchten somit im Verordnungsentwurf insgesamt nicht mehr auf.[808] Art. 3 Abs. 1 lit. d ErbVO stellt nun aber klar, dass gemeinschaftliche Testamente unter den Begriff „Verfügung von Todes wegen" fallen und damit von Regelungen, die diese Verfügungen betreffen, erfasst sind.[809]

Daneben enthalten Verordnungsentwurf und Verordnung noch Vorschriften zur Kommorientenvermutung (Art. 23 ErbVO-E2009/ Art. 32 ErbVO) und zum erbenlosen Nachlass (Art. 24 ErbVO-E2009/Art. 33 ErbVO). Im ersten Fall soll bei mehreren gleichzeitig Versterbenden, deren Rechtsfolge von Todes wegen sich nach unterschiedlichen Rechten bestimmt, im Zweifelsfall keinem der

---

804   Art. 19 Abs. 2 lit. f; vgl. DNotV-Stellungnahme, S. 22. In Art. 19 Abs. 2 lit. f als „Übergang" bezeichnet.

805   Art. 19 Abs. 2 lit. l; vgl. DNotV-Stellungnahme, S. 23 f.; siehe auch Rauscher, in: Rauscher, EuZPR/EuIPR, Einf EG-ErbVO Rdnr. 68. Nunmehr „Teilung des Nachlasses" in Art. 23 Abs. 2 lit. j ErbVO.

806   Zu weiteren Kritikpunkten siehe DNotV-Stellungnahme, S. 22 ff.

807   Kritisch bspw.: DNotV-Stellungnahme, S. 24.

808   In der BRAK-Stellungnahme, S. 7, wurde dies als Redaktionsversehen aufgefasst; s.a. Faber/Grünberger NZ 2011, 97, 100; Lorenz ErbR 2012, 39, 46; Wagner DNotZ 2010, 506, 515. Dazu allgemein: Nordmeier ZEV 2012, 513; ders. ZEV 2013, 117 (auch zur Begriffserklärung nachlassbezogener Rechtsgeschäfte); Odersky notar 2013, 3; kritisch zur Einordnung: Herzog ErbR 2013, 2, 8 f.; Lehmann ZErb 2013, 25.

809   Ebenso verwunderlich war die Formulierung des Art. 18 ErbVO-E2009, die nicht genau erkennen ließ, was Folge des Art. 18 (insb. Abs. 1) ErbVO-E2009 sein sollte. Nicht ersichtlich war, ob nur die materielle Wirkung und/oder die Bindungswirkung erfasst oder darüber hinausgehend ein eigenes Erbvertragsstatut eingeführt werden sollte. Klarer ist insoweit Art. 25 ErbVO. Zu diesem Problem: Buschbaum/Kohler GPR 2010, 106, 113; s.a. Rauscher, in: Rauscher, EuZPR/EuIPR, Einf EG-ErbVO Rdnr. 63; Remde RNotZ 65, 76.

Nachlass zustehen.[810] Beim erbenlosen Nachlass ermöglicht es Art. 24 ErbVO-E2009/Art. 33 ErbVO einem Mitgliedstaat, sich den Nachlass anzueignen. Art. 27 Abs. 1 ErbVO-E2009/Art. 35 ErbVO sieht einen allgemeinen Ordre-Public-Vorbehalt vor. Nach Art. 27 Abs. 2 ErbVO-E2009 sollten Pflichtteilsansprüche diesem Vorbehalt nicht unterfallen.[811] Danach hätte die Anwendung einer Vorschrift des nach dem ErbVO-E2009 bestimmten Rechts „nicht allein deshalb als mit der öffentlichen Ordnung des Staates des angerufenen Gerichts unvereinbar angesehen werden [können], weil sie den Pflichtteilsanspruch anders [geregelt hätte] als das Recht am Ort des angerufenen Gerichts." Dieser Vorbehalt ist in Art. 35 ErbVO nicht mehr vorhanden.

Schließlich enthält Art. 28 ErbVO-E2009, nunmehr ausführlich in Art. 36 ff. ErbVO aufgenommen, Regelungen für Staaten ohne einheitliche Rechtsordnung, wie beispielsweise Spanien.[812]

3. Kapitel IV und V: Anerkennung, Annahme und Vollstreckung

Die Kapitel IV und V behandeln Vorschriften zur Anerkennung, Annahme und Vollstreckung, wobei Kapitel IV solche zur Anerkennung und Vollstreckung von Entscheidungen, Kapitel V hingegen solche zur Annahme bzw. Anerkennung und Vollstreckung von öffentlichen Urkunden und Vergleichen enthält.

a. Entscheidungen

Entscheidungen (definiert in Art. 2 lit. g ErbVO-E2009/Art. 3 Abs. 1 lit. g ErbVO), die nach dem ErbVO-E2009 getroffen wurden, sind gemäß Art. 29 ErbVO-E2009/Art. 39 ErbVO in allen Mitgliedstaaten anzuerkennen.[813] Sofern die

---

810   Kritisch: Rauscher, in: Rauscher, EuZPR/EuIPR, Einf EG-ErbVO Rdnr. 74; Lehmann, Brüssel-IV-Verordnung, Rdnr. 342.

811   Positiv hierzu: MPI-Comments, Rdnr. 249 f.; DNotV-Stellungnahme, S. 26. Bedenken äußerten hingegen: Stellungnahme Italiens, S. 6 f.; Rauscher, in: Rauscher, EuZPR/EuIPR, Einf EG-ErbVO Rdnr. 76, Pfundstein, Pflichtteil, Rdnr. 558 ff.; Geimer, in: Reichelt/Rechberger, Europäisches Erbrecht, S. 20 f.; Remien, in: Grziwotz, Erbrecht und Vermögenssicherung, S. 110 f.; Dörner ZEV 2010, 221, 226 f.; Kohler/Pintens FamRZ 2010, 1481, 1484 f. sowie Wagner DNotZ 2010, 506, 517; Lechner-Report II, Amendment 219 f.; s.a. Remde RNotZ 65, 83. Dazu auch: Everts ZEV 2013, 124; Herzog ErbR 2013, 2, 5; Simon/Buschbaum NJW 2012, 2393, 2395.

812   Kritisch: Jayme, in: Reichelt/Rechberger, Europäisches Erbrecht, S. 31 f. Art. 36, 37, 38 ErbVO sind umfassender gestaltet und beziehen sich bspw. auch auf interpersonale Kollisionsnormen.

813   Hierunter fallen abermals nicht die meisten Erbnachweise. Zwar geht in Deutschland der Erteilung eines Erbscheins der Beschluss über die Erteilung voraus, jedoch ist der Inhalt (bspw. die Erbenstellung) ebenso wenig vom Beschluss erfasst wie der Gutglau-

Anerkennung selbst streitig ist, kann jede Partei, welche die Anerkennung geltend macht, in einem Verfahren nach den Artikeln 38 bis 56 der Brüssel-I-Verordnung[814] die Feststellung der Anerkennung beantragen. Sofern die Anerkennung in einem Rechtsstreit vor dem Gericht eines Mitgliedstaats, dessen Entscheidung von der Anerkennung abhängt, verlangt wird, darf dieses Gericht über die Anerkennung entscheiden. Im Übrigen nennt Kapitel IV die üblichen Vorschriften einer Entscheidungsanerkennung. Enthalten sind Gründe für die Nichtanerkennung einer Entscheidung, den Ausschluss der Nachprüfung in der Sache und schließlich die Aussetzung des Verfahrens, sofern gegen die anzuerkennende Entscheidung in einem Mitgliedstaat ein ordentlicher Rechtsbehelf eingelegt wurde, Art. 30 ff. ErbVO-E2009/Art. 40 ff. ErbVO.

Die Vollstreckung richtet sich nach Art. 33 ErbVO-E2009/Art. 43 ff. Erb-VO.

Das Anerkennungs- und Vollstreckungssystem für Entscheidungen entspricht im Wesentlichen dem der Brüssel-I-Verordnung.[815] Obwohl gerade die Brüssel-I-Verordnung vornehmlich Entscheidungen der streitigen Gerichtsbarkeit erfassen will, sieht die herrschende Meinung keine Schwierigkeiten in der Anwendung auf Entscheidungen im Rahmen der freiwilligen Gerichtsbarkeit und begrüßt die Aufnahme der Anerkennungs- und Vollstreckungsregelungen für Entscheidungen.[816] Konkretisierend sieht die ErbVO aber viele weitere Vorschriften gerade in Bezug auf die Vollstreckbarkeit von Entscheidungen vor, darunter auch einen Rechtsbehelf gegen die Entscheidung über den Antrag auf Vollstreckung sowie Sicherungsmaßnahmen, Art. 44 ff. ErbVO.

---

bensschutz des Erbscheins und damit nicht anerkennungsfähig, siehe Teil 2 B. II. 1. c. aa. (2) sowie Teil 2 C. II. 3. a. bb. Anders scheinbar Rauscher, in: Rauscher, EuZPR/EuIPR, Einf EG-ErbVO Rdnr. 38, 81 mit nicht zutreffendem Verweis auf Stumpf EuZW 2006, 587, 592 (die lediglich darauf hinweist, dass der europäische Erbschein eine Alternative zum mangelhaften Anerkennungsverfahren in den einzelnen Mitgliedstaaten darstellt).

814   Fn. 4.

815   MPI-Comments, Rdnr. 251 ff.; DNotV-Stellungnahme, S. 27; Rauscher, in: Rauscher, EuZPR/EuIPR, Einf EG-ErbVO Rdnr. 36; Buschbaum/Kohler GPR 2010, 162, 164; s.a. Lagarde, in: Perspectives du droit des Successions Européennes et Internationales, S. 14. Die Vorschriften orientieren sich aber ebenso an der Brüssel-IIa-Verordnung (s.o. Fn. 4): Kohler/Pintens FamRZ 2010, 1481, 1485; ausführlich zur Entstehung der Normen: Junghardt, Rom-IV-VO, S. 1191 ff.; kritisch: Geimer, in: Reichelt/Rechberger, Europäisches Erbrecht, S. 13 f.

816   Siehe nur: DNotV-Stellungnahme, S. 27; Buschbaum/Kohler GPR 2010, 162, 164 (insb. Fn. 132). Letztere nennen exemplarisch das vollstreckbare Leistungsversprechen einer Partei (Vertragserben in einem Erbvertrag).

b. Öffentliche Urkunden

Schwierigkeiten bereiten hingegen die Regelungen zur Anerkennung/Annahme und Vollstreckung öffentlicher Urkunden, die das Ziel haben, die freie Zirkulation von Urkunden zu ermöglichen.[817]

Insbesondere der ErbVO-E2009 musste sich insoweit erheblicher Kritik gerade in Bezug auf Art. 34 ErbVO-E2009 aussetzen.

Wie schon die fragwürdige Definition der öffentlichen Urkunde erkennen lässt,[818] wurde nicht deutlich, was Hintergrund des Art. 34 ErbVO-E2009 sein sollte.[819] Danach wären die in einem Mitgliedstaat aufgenommenen öffentlichen Urkunden in den anderen Mitgliedstaaten anerkannt worden. Dies sollte nur dann nicht der Fall sein, wenn ihre Gültigkeit im Ursprungsmitgliedstaat nach den dort geltenden Verfahren angefochten worden war oder der Anerkennung die öffentlichen Ordnung (ordre public) des ersuchten Mitgliedstaates entgegenstand.

Daraus hätte geschlossen werden können, dass nicht nur der Urkundsmantel (instrumentum), sondern auch der Inhalt der Urkunde (negotium) anzuerkennen sein sollte.[820] Dies wäre aber fragwürdig gewesen. Anders als Entscheidungen erwachsen die meisten Urkunden nicht in Rechtskraft, haben also, wie bereits in Bezug auf den deutschen Erbschein erörtert, keine Rechts- und Gestaltungswirkung.[821] Die inhaltlichen Anordnungen einer Urkunde sind daher strikt zu trennen von der gesteigerten Beweiskraft, die der Urkunde dahin gehend zukommt, als sie nachweist, dass die angegebenen Parteien zu der angegebenen Zeit vor der Urkundsperson die protokollierten Entscheidungen abgegeben haben.[822] Der

---

817   Begründung zum ErbVO-E2009, S. 8; s.a. Buschbaum/Kohler GPR 2010, 162, 164; Kohler/Buschbaum IPRax 2010, 313 f.

818   Oben Teil 3 A. III. 1. b.

819   So auch: MPI-Comments, Rdnr. 259, 261; DNotV-Stellungnahme, S. 27 f.; Geimer, in: Reichelt/Rechberger, Europäisches Erbrecht, S. 14; Süß, in: Workshop on the Proposal for a Regulation on Succession, S. 12 f.; Buschbaum/Kohler GPR 2010, 162, 164 f.; Buschbaum/Simon GPR 2011, 305, 306; Süß ZErb 2009, 342, 347; Wagner DNotZ 2010, 506, 513, 517; Vorbild der Norm war wohl Art. 46 Brüssel-IIa-VO, bei dem aber allgemeine Meinung ist, dass das Wort „Anerkennung" ein „redaktioneller Missgriff" ist; vgl. Buschbaum/Kohler GPR 2010, 162, 164; Kohler/Buschbaum IPRax 2010, 313, 316. S.a. Lübcke, Das neue europäische Internationale Nachlassverfahrensrecht, S. 500 ff.

820   Buschbaum/Kohler GPR 2010, 162, 164; Mansel/Thorn/Wagner IPRax 2011, 1, 4; ausführlich samt Wertung, nach der nur der Mantel anzuerkennen ist: Kohler/Buschbaum IPRax 2010, 313, 314.

821   S.o. Teil 2 B. II. 1. c. aa. (2).

822   Siehe nur: MPI-Comments, Rdnr. 259; DNotV-Stellungnahme, S. 27 f.; Buschbaum/Kohler GPR 2010, 162, 164.

letztgenannte Aspekt des Echtheitsnachweises ist zwar durchaus anerkennungs-fähig, wird aber schon durch das Apostillenabkommen von 1961[823] gewährleis-tet.[824] Hätte der Europäische Verordnungsgeber dessen Aufnahme in den Erb-VO-E2009 bzw. letztlich die ErbVO beabsichtigt, wäre dies klarer herauszustel-len gewesen.[825] Denn auch in den Erwägungsgründen äußerte sich der Europäische Verord-nungsgeber nicht eindeutig zum Hintergrund von Art. 34 ErbVO-E2009:

> „Öffentliche Urkunden können diesbezüglich allerdings gerichtlichen Entscheidun-gen nicht völlig gleichgestellt werden. Die Anerkennung öffentlicher Urkunden be-deutet, dass sie hinsichtlich ihres Inhalts die gleiche Beweiskraft und die gleichen Wirkungen wie im Ursprungsstaat haben und für sie die – widerlegbare – Vermu-tung der Rechtsgültigkeit gilt. Die Rechtsgültigkeit kann somit stets vor einem Ge-richt des Ursprungsmitgliedstaats nach den in diesem Staat geltenden Verfahrens-vorschriften angefochten werden."[826]

Damit machte der Europäische Verordnungsgeber zwar einerseits deutlich, dass öffentliche Urkunden eben keine Entscheidungen sind und diesen folglich nicht völlig gleichgestellt werden können, erklärte aber auch, dass diese Urkunden hinsichtlich ihres Inhaltes nicht nur die gleiche Beweiskraft, sondern auch die gleichen Wirkungen wie im Ursprungsstaat im anerkennenden Mitgliedstaat ha-ben sollten.

Hätten auch inhaltliche Aspekte, also die Wirksamkeit und die Rechtswir-kungen der Urkunde erfasst sein sollen, die grundsätzlich dem Erbstatut unter-fallen, so hätten mittels der Anerkennung nach Art. 34 ErbVO-E2009 die Be-

823 Vgl. Fn. 243.

824 MPI-Comments, Rdnr. 256; Buschbaum/Kohler GPR 2010, 162, 164; Remde RNotZ 65, 84 (mit Verweis darauf, dass es in einigen Mitgliedstaaten nicht einmal der Apos-tille bedarf); in Deutschland tragen inländische sowie ausländische echte öffentliche Urkunden zudem den vollen Beweis des beurkundeten Vorgangs nach § 415 Abs. 1 ZPO. Ausländische Urkunden bedürfen im Gegensatz zu inländischen lediglich der zu-sätzlichen Legalisation gemäß § 438 Abs. 2 ZPO; vgl. Buschbaum/Simon GPR 2011, 305, 308; Kohler/Buschbaum IPRax 2010, 313, 315. Kohler und Buschbaum (in: IP-Rax 2010, 313, 315) merken zudem an, dass es vergleichbare Regelungen in den meis-ten Mitgliedstaaten gebe und spätestens seit dem Unibank-Urteil des EuGH (s.o. Teil 3 A. III. 1. b.) eine freie Zirkulation der Urkunden ohnehin gewährleistet sei.

825 So im Ergebnis auch: Buschbaum/Kohler GPR 2010, 162, 164 f.; Kohler/Buschbaum IPRax 2010, 313, 314 f., 316; Mansel/Thorn/Wagner IPRax 2011, 1, 4. Darauf zielten wohl auch die Änderungsvorschläge im Lechner-Report II, Amendments 144 f., 222 ff. und die Idee von Traar (in: Reichelt/Rechberger, Europäisches Erbrecht, S. 105 f.) ab.

826 ErbVO-E2009, Erwägungsgrund 26.

stimmungen des Internationalen Privatrechts und insbesondere des Erbstatuts umgangen werden können.[827]

Buschbaum und *Kohler*[828] verwiesen insoweit auf das Beispiel des Testaments. Dieses müsse, sofern es in der Form einer öffentlichen Urkunde errichtet würde, in allen anderen Mitgliedstaaten als wirksam anerkannt werden. Auch könnten testamentsspezifische Formvorschriften bewusst umgangen werden.[829] Dies wäre ebenso wenig gewollt gewesen wie die Tatsache, dass der Notar im Falle des Bedürfnisses der Beglaubigung eines Rechtsgeschäftes über die Wirksamkeit des Geschäftes indirekt hätte bestimmen können.[830]

Hinsichtlich der Problematik der Anerkennung von Erbnachweisen hätte die vollumfängliche Anerkennung zwar den Vorteil gehabt, dass (von der Definition der öffentlichen Urkunde erfasste) ausländische Erbnachweise im Inland in Gänze anerkannt worden wären.[831] Nachteil einer solchen Regelung wäre aber gewesen, dass manche Zeugnisse, wie gerade der deutsche Erbschein aufgrund seiner weiten Gutglaubenswirkung, besonders „exportfähig" gewesen und daher gern beantragt worden wären. Eine zusätzliche Belastung der Gerichte hätte so nicht ausgeschlossen werden können.[832]

Darüber hinaus war nicht klar, ob gerade der deutsche Erbschein von der Anerkennung öffentlicher Urkunden oder der Entscheidungsanerkennung erfasst sein sollte, da der Entscheidungsbegriff nach Art. 2 lit. g ErbVO-E2009 sehr

---

827 So auch MPI-Comments, Rdnr. 259; DNotV-Stellungnahme, S. 27 f.; Buschbaum/Kohler GPR 2010, 162, 165; Buschbaum/Simon GPR 2011, 305, 306; Kohler/Buschbaum IPRax 2010, 313, 316; Wagner DNotZ 2010, 506, 517. Zu Art. 46 Brüssel-IIa-VO, wo sich das Problem ebenfalls wiederfindet: Gottwald, in: Münchener Kommentar zur ZPO, Art. 46 EheVO, Rdnr. 3; ähnlich bereits: Mansel RabelsZ 70 (2006), 651, 716; gefordert wird dieser weitgehende Anerkennungsbegriff, der auch das negotium umfasst, wohl von einigen französischen Literaten, die teilweise mit der Anerkennung das Kollisionsrecht verdrängen (wollen). Eine substantiell-inhaltliche Anerkennung ist aber selbst dem belgischen und französischen Recht unbekannt: Buschbaum/Simon GPR 2011, 305, 307 m.w.N.

828 Buschbaum/Kohler GPR 2010, 162, 165.

829 Buschbaum/Kohler GPR 2010, 162, 165; s.a. MPI-Comments, Rdnr. 259; Kohler/Buschbaum IPRax 2010, 313, 316; Remde RNotZ 65, 84 f.; Wagner DNotZ 2010, 506, 517, Fn. 65.

830 Die Autoren verweisen auf § 14 Abs. 2 BNotO, nach dem der Notar seine Mitwirkung bei Handlungen versagen muss, die einen erkennbar unerlaubten oder unredlichen Zweck verfolgen, Buschbaum/Kohler GPR 2010, 162, 165, Fn. 136. Jedenfalls dies wird eingeschränkt, wenn sich die Norm nur auf erbrechtliche öffentliche Urkunden bezieht, wie es auch Art. 59 ErbVO tut, dazu sogleich.

831 So auch: Süß ZErb 2009, 342, 347.

832 Natürlich nur, wenn die deutsche internationale Zuständigkeit gegeben wäre; s.a. Buschbaum/Simon GPR 2011, 305, 306 (insb. Fn. 63).

weit gefasst war (und ist) und „jede von einem Gericht eines Mitgliedstaats in Erbsachen erlassene Entscheidung ungeachtet ihrer Bezeichnung wie Urteil, Beschluss oder Vollstreckungsbescheid einschließlich des Kostenfestsetzungsbeschlusses eines Gerichtsbediensteten" erfassen wollte.[833] Wie aber bereits angeführt, ist in Deutschland zwischen dem Beschluss, dass ein Erbschein erteilt wird und dem Erbschein selbst zu unterscheiden. Der Beschluss war aber ausdrücklich in Art. 2 lit. g ErbVO-E2009 erwähnt, dem Erbschein vergleichbare Urkunden nicht. Zudem hat der Erbschein, wie mehrfach angeführt, keine Rechts- oder Gestaltungswirkung, was, wie erörtert,[834] ein wesentliches Charakteristikum einer Entscheidung ist. Der Erbschein selbst sollte wohl keine Entscheidung im Sinne des ErbVO-E2009 sein, so dass er – wenn überhaupt – unter Art. 34 ErbVO-E2009 gefallen wäre. Dass dies aber nicht eindeutig aus dem ErbVO-E2009 hervorging, war ebenso nachteilig.

Letztlich scheint fraglich, inwieweit eine Wirkungserstreckung und damit die bloße Anerkennung eines Erbnachweises sinnvoll gewesen wären.[835] Zwar hätte die Anerkennung dabei geholfen, weitere Verfahren zu vermeiden, da bereits ein Erbnachweis erteilt worden wäre, der sodann auch Wirkung im Inland hätte entfalten können. Doch wäre diese nicht über die im Recht des erteilenden Staates vorgesehene Wirkung hinausgegangen. Ein ausländischer Erbschein hätte dann in Deutschland schlechtestenfalls nicht die im deutschen Recht vorgesehenen umfassenden Schutzwirkungen gehabt. So hätte beispielsweise ein spanischer Erbnachweis mangels Gutglaubensschutzes bei Anerkennung in Deutschland die Verkehrsinteressen eher beeinträchtigt als zur effektiven Nutzung beigetragen.[836]

Umgekehrt wären bei einer Anerkennung die deutschen Gutglaubenswirkungen im Ausland nicht immer identischen Umfangs gewesen. Hätte die lex fori die ausländischen Beweiskraftwirkungen nicht gekannt, hätte die Beweis-

---

833 Siehe Fn. 813. Kritisch dazu auch: Seyfarth, Zuständigkeitswandel, S. 199 ff.

834 Teil 2 B II. 1. c. aa. (2).

835 Ähnliche Bedenken äußerte bereits Looschelders im Rahmen der Diskussion im Anschluss an das Referat von Coester-Waltjen zur Anerkennung im Internationalen Personen-, Familien- und Erbrecht (abgedruckt in IPRax 2006, 392, 400 f.): Der Erbschein erzeuge aufgrund seiner Doppelwirkung eine heterogene Rechtslage. Eine Anerkennung impliziere hier auch eine Erstreckung der materiellen Wirkungen des Erbscheins. Dieses Problem sei nur durch eine EG-weite Harmonisierung dieses Rechtsgebiets zu lösen. Er verwies sodann auf das Grünbuch Erb- und Testamentsrecht. Coester-Waltjen stimmte Looschelders zu und verwies auf die Probleme, die gerade ein nachträglich abgeänderter Erbschein mit sich brächte. Die Zeugniswirkung sei mit einer Gleichstellungswirkung vereinbar, hinsichtlich der materiellen Wirkungen scheide eine Wirkungserstreckung aber derzeit aus.

836 So auch das Beispiel von: Lehmann, Brüssel-IV-Verordnung, Rdnr. 455.

kraft einer ausländischen Urkunde nicht „unbesehen im Wege einer Wirkungs-erstreckung im Inland anerkannt werden können."[837]

In diesem Fall hätte es zweckmäßig sein können, Art. 34 ErbVO-E2009 da-hingehend umzuformulieren, dass ein Verfahren geschaffen worden wäre, das vorgesehen hätte, auf der Basis des ausländischen Erbnachweises einen inländi-schen Erbschein auszustellen. Insoweit wären obige Ideen zugunsten einer deut-schen Regelung[838] auf die europäische Ebene zu übertragen gewesen. Der Ein-führung eines solchen Verfahrens bedurfte es aber gar nicht, da der Europäische Verordnungsgeber einen eigenständigen Ansatz gewählt hat, der diese Proble-matik zu lösen versuchte: Mit dem europäischen Nachlasszeugnis wurde ein mitgliedstaatsübergreifender Erbnachweis erteilt, der weitestgehend die Wir-kungen eines deutschen Erbscheines hat.[839] Da dieser in allen Mitgliedstaaten beantragt und länderübergreifend eingesetzt werden kann, war das bereits ange-regte Verfahren aus europäischer Sicht entbehrlich.[840]

Aus diesem und den vorangehend genannten Gründen wurden dementspre-chend auch die Regelungen zur Anerkennung und Vollstreckung öffentlicher Urkunden in der ErbVO novelliert.[841] Kapitel V trägt nunmehr den Titel „Öf-

---

837 Buschbaum/Kohler GPR 2010, 162, 165; s.a. Lehmann, Brüssel-IV-Verordnung, Rdnr. 455; Haas, in: Gottwald, Perspektiven der justiziellen Zusammenarbeit, S. 83 ff. eben-so bereits: Dörner/Hertel/Lagarde/Riering IPRax 2005, 1, 7 f.

838 S.o. Teil 2 D. I.

839 Dazu sogleich Teil 3 A. III. 4.

840 So im Ergebnis auch: Stellungnahme des Bundesrates zum Grünbuch, S. 10 (abrufbar unter: http://ec.europa.eu/justice/news/consulting_public/successions/contributions/contributi on_bundesrat_de.pdf); Traar, in: Reichelt/Rechberger, Europäisches Erbrecht, S. 104 f.; ähnlicher Gedanke bei Lurger, in: Rechberger, Brücken im Europäischen Rechts-raum, S. 54; Buschbaum/Simon GPR 2011, 305, 306, Fn. 63; umgekehrt argumentiert Rauscher (in: Rauscher, EuZPR/EuIPR, Einf EG-ErbVO Rdnr. 81) der den europäi-schen Erbnachweis aufgrund der Anerkennungsmöglichkeiten für entbehrlich hält. Angesichts der angesprochenen Schwierigkeiten gerade hinsichtlich der Wirkungser-streckung und auch der Übernahme von dem deutschen Recht unbekannten Rechtsin-stituten ist dem aber nicht zuzustimmen. Letztlich wird auch Coester-Waltjen (in: FS Jayme, 121, 124) nicht die Existenz von Anerkennung und Europäischem Nachlass-zeugnis gewollt haben, spricht sie doch nur von der Integration dieses Nachweises in ein Anerkennungssystem; ähnlich bereits angedacht von: Haas, in: Gottwald, Perspek-tiven der justiziellen Zusammenarbeit, S. 88 f., 89 ff.; Schroer, Europäischer Erb-schein, S. 154 ff.; Mansel RabelsZ 70 (2006), 651, 729 f., Dör-ner/Hertel/Lagarde/Riering IPRax 2005, 1, 4. Als Alternative zur Anerkennung sieht auch Stumpf (in: EuZW 2006, 587, 593) das Europäische Nachlasszeugnis an.

841 Zur Freunde derer, die sich für eine Streichung oder Umformulierung aussprachen: MPI-Comments, Rdnr. 255 ff.; DNotV-Stellungnahme, S. 27; Buschbaum/Kohler

fentliche Urkunden und gerichtliche Vergleiche". Art. 59 ErbVO spricht auch nicht mehr von der Anerkennung, sondern von der „Annahme öffentlicher Urkunden". Diese sollen zudem nicht mehr „schlechthin" anerkannt werden, sondern die Urkunden sollen in einem anderen Mitgliedstaat die „gleiche formelle Beweiskraft wie im Ursprungsmitgliedstaat oder die damit am ehesten vergleichbare Wirkung haben", sofern dies mit dem ordre public des Mitgliedstaates vereinbar ist.[842] Damit dürfte der „Kampf gegen die inhaltliche Urkundsanerkennung"[843] gewonnen sein: Zwar könnte Art. 59 Abs. 3 ErbVO implizieren, dass eine inhaltliche Anerkennung erfolgen soll. Dieser beschäftigt sich mit Einwänden gegen die in der Urkunde beurkundeten Rechtsgeschäfte oder Rechtsverhältnisse. Mit diesen Rechtsgeschäften ist der gesamte materielle Inhalt der Urkunde gemeint, wie Erwägungsgrund 63 angibt. Nur dann, wenn ein solcher Einwand erhoben wurde, soll nach Art. 59 Abs. 3 S. 2 ErbVO der Urkunde in Bezug auf diese Tatsache in allen Mitgliedstaaten außer dem Ursprungsmitgliedstaat keine Beweiskraft zukommen. Dies könnte im Umkehrschluss bedeuten, dass der materielle Inhalt der Urkunde ansonsten in allen anderen Staaten als bewiesen anzusehen ist, was wiederum zu einer Inhaltsanerkennung führen würde. Dem dürfte aber der oben genannte klare Wortlaut des Art. 59 Abs. 1 ErbVO entgegenstehen, der eindeutig nur die formelle Beweiskraft erfasst sehen will. Da zudem eine Änderung der Norm gerade wegen der Kritik an der zu offenen und (möglicherweise) die materielle Beweiskraft erfassenden Entwurfsvorschrift, Art. 34 ErbVO-E2009, vorgenommen wurde, spricht mehr dafür, Art. 59 Abs. 3 ErbVO nicht als Erweiterungsmöglichkeit auf die materielle Beweiskraft anzusehen. Demnach dürfte auch Art. 59 Abs. 3 ErbVO nichts an der nun lediglich formellen Beweiskraft ändern.[844] Weiterhin existent ist zudem das Europäische Nachlasszeugnis, das gegenüber einer Urkundsanerkennung, wie soeben ausgeführt, vorzugswürdig ist.

Überdies ist in Art. 60 ErbVO eine Vorschrift zur Vollstreckbarkeit öffentlicher Urkunden vorhanden, auch wenn die ErbVO nicht weiter darauf eingeht, um welche Urkunden es sich dabei konkret handeln soll. Dies ist insbesondere deshalb misslich, weil schon hinsichtlich der Vorgängernorm, Art. 35 ErbVO-E2009, kritisiert wurde, der Anwendungsbereich erschließe sich nicht. Tatsäch-

---

GPR 2010, 162, 164 f.; Kohler/Buschbaum IPRax 2010, 313, 316; für zumindest eine Umformulierung hin zur reinen Anerkennung des Urkundsmantels: Buschbaum/Simon GPR 2011, 305, 308 (zur nahezu gleichlautenden Norm in der Güterrechtsverordnung).

842 So auch ErbVO, Erwägungsgrund 61.
843 Dazu ausführlich oben Teil 3 A. III. 3. b.
844 Im Überblick, aber weniger kritisch: Janzen DNotZ 2012, 484; Mansel/Thorn/Wagner IPRax 2013, 1, 6; Simon/Buschbaum NJW 2012, 2393, 2397.

lich ist die Vorschrift nämlich kaum von Bedeutung, da es im Erbrecht wenige vollstreckbare Urkunden gibt.[845] Dadurch schadet die Regelung zwar nicht, ist aber wohl überflüssig.[846]

Schließlich wird mit Art. 61 ErbVO eine Regelung zur Vollstreckbarkeit gerichtlicher Vergleiche eingeführt.[847] Solch ein Vergleich ist auch dem Erbscheinsverfahren nicht fremd (§ 36 FamFG). In Deutschland bildet er aber keinen Vollstreckungstitel nach § 794 Abs. 1 Nr. 1 ZPO.[848] Letztlich wird es ohnehin auf den auf der Basis dieses Vergleichs erteilten Erbschein ankommen, so dass die Regelung aus „erbscheinsverfahrensrechtlicher Sicht" wenig Relevanz haben dürfte.

4. Kapitel VI: Europäisches Nachlasszeugnis

Das soeben angeführte Europäische Nachlasszeugnis wird in Kapitel VI eingeführt.[849] Dabei handelt es sich um ein in allen Mitgliedstaaten als Nachweis der Stellung als Erbe, Vermächtnisnehmer, Testamentsvollstrecker oder Fremdverwalter dienendes Zeugnis, Art. 42 Abs. 1 ErbVO-E2009/Art. 63 Abs. 1 ErbVO.

Ausgestellt wird es gemäß Art. 37 Abs. 2 ErbVO-E2009/Art. 64 ErbVO von der nach Maßgabe der Art. 4 bis 6 ErbVO-E2009/Art. 4, 7, 10, 11 ErbVO international zuständigen Stelle.[850] Das entsprechende Verfahren wird in Art. 40

---

845 Bspw. vollstreckbares Leistungsversprechen einer Vertragspartei, z.B. des Vertragserben, in einem Erbvertrag. Anders als in Art. 57 Brüssel-I-VO, der wohl Vorbild für diese Norm war, siehe Buschbaum/Kohler GPR 2010, 162, 164; Kohler/Buschbaum IPRax 2010, 313, 316.

846 So ausdrücklich: Buschbaum/Kohler GPR 2010, 162, 164.

847 Nach Art. 3 Abs. 1 lit. h ErbVO ist der gerichtliche Vergleich ein von einem Gericht gebilligter oder vor einem Gericht im Laufe eines Verfahrens geschlossener Vergleich in einer Erbsache.

848 Dazu: Müller/Tomhave ErbStB 2011, 353, 356.

849 Der Gesetzgeber hat sich wohl stark am Haager Übereinkommen über die Nachlassabwicklung vom 2. Oktober 1973 (Konvention über die Internationale Abwicklung des Vermögens verstorbener Personen) orientiert, das Deutschland allerdings nicht ratifiziert hat, so auch Lagarde, in: Perspectives du droit des Successions Européennes et Internationales, S. 15.

850 Kritisch noch zu Art. 37 ErbVO-E2009: Buschbaum und Kohler (in: GPR 2010, 162, 167, Fn. 160) weisen abermals auf die zu eng geratene Definition des Gerichts in Art. 2 lit. b ErbVO-E2009 hin, die ihrer Ansicht nach Schwierigkeiten bei der Aufgabenverteilung gerade bei der Erteilung des Europäischen Nachlasszeugnisses mit sich bringe; s.a. Teil 3 A. III. 1. Sie führen aus, dass in Art. 38 Abs. 2 ErbVO-E2009 lediglich die Abgabe einer Erklärung unter Eid als zulässiges Mittel zum Nachweis der Richtigkeit der Angaben vorgesehen sei, in der Praxis aber eidesgleiche- und eidersetzende Maßnahmen, wie die Versicherung an Eides statt, vorherrschend seien. Sie

ErbVO-E2009/Art. 66 ErbVO nur in seinen Grundzügen angeführt und soll im Übrigen der lex fori überlassen sein.[851]

Der Antrag sollte ursprünglich nach Art. 28 Abs. 1 lit. a ErbVO-E2009 nur Angaben zum Todeszeitpunkt und -ort, nicht jedoch zum Geburtsdatum und -ort enthalten. Dies wäre insofern nachteilig gewesen, als diese Angaben für die Ermittlung letztwilliger Verfügungen von Bedeutung sind.[852] Art. 65 Abs. 1 lit. a ErbVO fordert nun aber die Angabe des Geburtsdatums und -ortes.

Antragsberechtigt ist gemäß Art. 37 Abs. 1 ErbVO-E2009/Art. 65 Abs. 1 ErbVO i.V.m. Art. 63 Abs. 1 ErbVO, wem die Verpflichtung obliegt, die Stellung als Erbe, Vermächtnisnehmer, etc. nachzuweisen.[853]

Der Inhalt des Europäischen Nachlasszeugnisses ergibt sich aus dem im Anhang II befindlichen fünfseitigen Formblatt.[854] Dieses setzt die Anforderungen um, die Art. 41 ErbVO-E2009/Art. 68 ErbVO aufstellt. Mitgliedstaatlichen Be-

---

fordern zu Recht die Klarstellung in Art. 37 ErbVO-E2009, dass sich das Antragsverfahren, insbesondere bezüglich des Nachweises der für die Erteilung des Nachlasszeugnisses erheblichen Umstände, nach dem innerstaatlichen Recht richtet; s.a. DNotV-Stellungnahme, S. 32 f.; Lechner-Report I, Amendment 91. Die DNotV-Stellungnahme (S. 30) bemängelt zudem den unklaren Wortlaut des Art. 37 Abs. 2 ErbVO-E2009, aus dem nicht klar hervorgeht, „ob (ausschließlich) das nach dem Kapitel II (Art. 4-6 VO-Entwurf [ErbVO-E2009]) für das Nachlassverfahren international zuständige und befasste Gericht auch das Nachlasszeugnis auszustellen hat oder eine isolierte Zuständigkeit für die Erteilung des Nachlasszeugnisses bestehen kann." Nur im ersten Fall könnten voneinander abweichende Nachlasszeugnisse durch verschiedene Gerichte vermieden werden. Dazu auch: MPI-Comments, Rdnr. 284. Klarer insoweit Art. 64 ErbVO. Auch der französische Notar darf nach Lange (in: DNotZ 2012, 168, 170 f.) das Europäische Nachlasszeugnis erteilen.

851 Bspw. hinsichtlich der Rechtsbehelfe, vgl. Buschbaum/Kohler GPR 2010, 162, 167.

852 Buschbaum/Kohler GPR 2010, 162, 167; s.a. DNotV-Stellungnahme, S. 32; Lechner-Report II, Amendment 229, 234; Lehmann, Brüssel-IV-Verordnung, Rdnr. 485.

853 Einige fordern trotz genereller Befürwortung der rudimentären Regelungen, dass zumindest die zwingende Beteiligung etwaiger Nachlassbeteiligter gesondert geregelt wird; vgl. MPI-Comments, Rdnr. 301; Buschbaum/Kohler GPR 2010, 162, 167; s.a. DNotV-Stellungnahme, S. 35. Für Rauscher (in: Rauscher, EuZPR/EuIPR, Einf EG-ErbVO Rdnr. 83) ist zudem irrelevant, ob eine Person aktuell einen Nachweis ihrer Eigenschaft führen muss, oder die Bescheinigung vorab beantragt wird; die Sprachfassung, die von der aktuellen Stellung ausgine, dürfe keinen Einschnitt des Rechtsschutzes bedeuten (daher wohl auch der Änderungsvorschlag im Lechner-Report II, Amendment 228; s.a. MPI´-Comments, Rdnr. 283). Dem ist zuzustimmen.

854 Auch die Erteilung eines Teilzeugnisses, das dem Antragsteller die Möglichkeit gibt, das Verfahren und damit den Inhalt und den Umfang des Nachlasszeugnisses auf bestimmte Feststellungen zu beschränken, ist nach Art. 39 ErbVO-E2009/Art. 65 ErbVO möglich. Kritisch zu Art. 39 ErbVO-E2009: DNotV-Stellungnahme, S. 34; MPI-Comments, Rdnr. 291 ff.

sonderheiten, wie beispielsweise bestehenden Pflichtteils- oder Noterbrechten, wird mit der Aufnahme von Angaben zu erbrechtlichen Beschränkungen begegnet.[855]

Allerdings hätten in Bezug auf den ErbVO-E2009 insbesondere die oben angesprochenen Abgrenzungsschwierigkeiten zur lex rei sitae[856] auch hier für enorme Probleme gesorgt, hätte das Erbstatut einen unmittelbaren Einzelrechtsübergang auf den Erben oder den Vermächtnisnehmer[857] vorgesehen:[858] Der numerus clausus der dinglichen Rechte wäre vom ErbVO-E2009 nicht geschützt gewesen. Dementsprechend wäre das Erbstatut in vollem Umfang maßgeblich gewesen, so dass beispielsweise bei der Aufnahme eines Vindikationslegates, eines dinglich wirkenden Vermächtnisses,[859] in das Europäische Nachlasszeugnis der Eindruck hätte entstehen können, die Berechtigung der Erben würde sich auch auf die dingliche Wirkung des vermachten Grundstücks erstrecken, weil der deutsche Erbschein das nach deutschem Recht rein schuldrechtlich wirkende Vermächtnis nicht aufnimmt, sondern nur eine Erbenstellung, mithin also hätte angenommen werden können, es liege eine Erbenstellung vor.[860]

---

855 S.a. Buschbaum/Kohler GPR 2010, 162, 168.

856 S.o. Teil 3 A. III. 1. a.

857 Buschbaum und Kohler (in: GPR 2010, 162, 168) nennen bspw. eine dingliche Teilungsanordnung hinsichtlich des Erben und ein Vindikationslegat hinsichtlich des Vermächtnisnehmers.

858 MPI-Comments, Rdnr. 322 ff. (mit Bezugnahme auf das Güterrecht und die mangelnde Aufnahmemöglichkeit von § 1371 Abs. 1 BGB in das Europäische Nachlasszeugnis) Lehmann, Brüssel-IV-Verordnung, Rdnr. 477; Süß, in: Workshop on the Proposal for a Regulation on Succession, S. 7 ff.; Buschbaum/Kohler GPR 2010, 162, 168; Dörner ZEV 2010, 221, 228; Remde RNotZ 65, 79 f. Ähnlich gestalten sich die Probleme, welche die Berücksichtigung von Eheverträgen nach Art. 41 Abs. 2 lit. c ErbVO-E2009/Art. 65 Abs. 3 lit. j ErbVO mit sich bringt. Insbesondere das MPI (MPI-Comments, Rdnr. 308) verlangte daher bereits in Bezug den ErbVO-E2009 die Streichung von lit. c. Die Forderung der Umformulierung von Art. 41 Abs. 2 lit. g ErbVO-E2009 des MPI (in: MPI-Comments, Rdnr. 312), der von güterrechtlichen Aspekten hätte beeinflusst werden können, dürfte sich aber nach der Vereinheitlichung des Güterrechts (genauer: Kollisionsrecht und internationale Zuständigkeit) erledigt haben, da diesbezüglich dann keine Ungenauigkeiten bei der Vermögenszusammensetzung mehr auftreten dürften. Zur kommenden Verordnung für das Güterrecht: Teil 3 A. III. 1. A sowie Fn. 666. Zu Besonderheiten in der deutschen Grundbuchpraxis nach Verabschiedung der ErbVO: Wilsch ZEV 2012, 530.

859 Dazu Fn. 428, 475.

860 So auch: Buschbaum/Kohler GPR 2010, 162, 168; s.a. Rechberger/Schur, in: Jud/Rechberger/Reichelt, Kollisionsrecht in der Europäischen Union, S. 218. Zur Aufnahme des Vindikationslegat im Verhältnis zum deutschen Recht: Looschelders, An-

Es wurde dementsprechend gefordert, das Europäische Nachlasszeugnis auf die wesentlichen Angaben zu beschränken und es dem Recht des Gebrauchsortes zu überlassen, wie es die Angaben interpretiert, beispielsweise ein Vindikationslegat auch deutlich als solches zu kennzeichnen. Der Inhalt des Zeugnisses sollte auf ein Mindestmaß reduziert und die Gründe der Entscheidung auf der Basis einer möglichst exakten Subsumtion in einem separaten Dokument aufgenommen werden.[861] So führte *Altmeyer* aus:

> „Auf diese Weise wird die Transparenz der Entscheidung des Nachlassgerichts erhöht, andererseits aber auch dem Datenschutz Rechnung getragen, da letztlich nur das Nachlasszeugnis zur Vorlage bestimmt ist."[862]

Um zu gewährleisten, dass ausländisches Recht, insbesondere ausländische Rechtsinstitute, im Inland einheitlich interpretiert wird, wurde vorgeschlagen, eine zuständige deutsche Stelle zu schaffen, die einen „bestätigten Erbschein" ausstellt, in dem „die fremden Rechtsbegriffe in die Rechtsinstitute des deutschen ‚übersetzt' werden".[863][864] Allerdings hätte bei Zugrundelegung dieser

---

passung im IPR, S. 407 ff. Dieses Problem dürfte durch Art. 1 Abs. 3 lit. j und ja sowie Art. 31 ErbVO aber eingeschränkt werden.

861   MPI-Comments, Rdnr. 302 ff.; ähnlich: DNotV-Stellungnahme, S. 34 ff.; Lechner-Report II, Amendment 233; Kousoula, Europäischer Erbschein, S. 174; Faber/Grünberger NZ 2011, 97, 114 f. In diese Richtung zielt auch Baldus' (in GPR 2006, 80 ff.) Idee ab, der die Einführung einer Befugnisliste fordert, aus der die wesentlichen Rechtsinstitute und ihre mitgliedstaatlichen Besonderheiten hervorgehen (s.a. Kousoula, Europäischer Erbschein, S. 181). Haas (in: Gottwald, Perspektiven der justiziellen Zusammenarbeit, S. 92) spricht sich für eine Anlehnung an das Haager Übereinkommen über die internationale Verwaltung von Nachlässen vom 2. Oktober 1973 aus, das vorsah, dass das Zeugnis nur generalklauselartige Angaben enthalten sollte. Zu diesem Haager Übereinkommen (das erst 1993 in Kraft trat; dies aber nur für wenige Mitgliedstaaten: Portugal und die frühere Tschechoslowakei): DNotI-Studie, S. 296 ff.; Padovini, in: Jud/Rechberger/Reichelt, Kollisionsrecht in der Europäischen Union, S. 152 ff.; Scoles American Journal of Comparative Law Vol. 42 (1994), 85 ff.; s.a. Fn. 598. Gänzlich gegen ein Europäisches Nachlasszeugnis spricht sich aufgrund dieser Schwierigkeiten Heggen (in: RNotZ 2007, 1, 14) aus.

862   Altmeyer ZEuS 2010, 475, 491.

863   Dörner ZEV 2010, 221, 228; so auch: DNotI-Studie, S. 312; Kousoula, Europäischer Erbschein, S. 181, 280. Diese Stelle könnte auch ein weiteres, von Dörner (in: ZEV 2010, 221, 227 f.) angesprochenes Problem vermeiden: Da das Erbstatut trotz identischer Erbkollisionsregelungen gerade wegen der fehlenden Vorfragenregelung und der den unterschiedlichen Ansichten von ordre-public-Verstößen in den einzelnen Mitgliedstaaten nicht zwingend in allen Mitgliedstaaten identisch bestimmt und somit in verschiedenen Staaten auch unterschiedliche Nachlasszeugnisse ausgestellt werden können, kann die deutsche Stelle insoweit Widersprüche aufdecken. Ähnlicher Ansatz

Idee garantiert werden müssen, dass die Rechtsprechung ein Mitspracherecht bei der Interpretation von Begriffen behält, insbesondere bei unbekannten Rechtsinstituten.[865] Die Forderung nach solch einer Beschränkung wurde auch durch Art. 41 Abs. 2 lit. k ErbVO-E2009[866] bekräftigt. Danach sollte umfassend beschrieben werden, welche Aufgaben und Befugnisse der Testamentsvollstrecker hat. Dies wäre nicht nur praktisch schwer zu handhaben gewesen. Diese Angaben hätten auch als Grundlage der im Folgenden näher ausgeführten Gutglaubenswirkung des Europäischen Nachlasszeugnisses, Art. 42 Abs. 4 ErbVO-E2009,[867] gedient, was es erforderlich gemacht hätte, negativ zu umschreiben, also aufzunehmen, wozu der Testamentsvollstrecker nicht befugt ist.[868]

In der ErbVO wirkt sich der bessere Schutz der sachenrechtlichen Erwerbsvorgänge auch auf diese Problematik mit dem Umgang des numerus clausus sachenrechtlicher Erbwerbsvorgänge im Europäischen Nachlasszeugnis aus.[869]

---

bei Lurger, in: Rechberger, Brücken im Europäischen Rechtsraum, S. 55. Dazu auch hinsichtlich der ErbVO: Dörner ZEV 2012, 505, 509.

864 Dies wäre beispielsweise gerade in Bezug auf das Vereinigte Königreich sinnvoll gewesen. Hinterlässt ein Erblasser mit letztem gewöhnlichem Aufenthalt in einem anderen Mitgliedstaat als Großbritannien Vermögen im Vereinigten Königreich, könnte die zuständige Stelle den bestätigenden Erbschein ausstellen, der dann wohl auch als „probate"-Zeugnis zu Gunsten des personal representative fungieren dürfte. So könnten diese Stellen als zentrale Verbindungsstationen fungieren, die ohne zusätzliche Prüfung des jeweiligen inländischen Gerichts zügig und damit arbeitssparend agieren könnten. Ähnlicher Ansatz von Hertel im Rahmen der Podiumsdiskussion der 21. Europäischen Notartage in Österreich 2009, abgedruckt in: Rechberger, Brücken im Europäischen Rechtsraum, S. 69 ff.

865 Ebenso die Sorge von Gontschar (in: Erbrechtsverordnung und schweizerisches IPRG, S. 10), der die Idee der „Übersetzungsstelle" aus diesem Grund verwirft.

866 Art. 68 lit. o ErbVO.

867 Zur Frage, ob Art. 42 Abs. 4 ErbVO-E2009 mit „Verzeichnis" das nach Art. 41 Abs. 2 lit. k ErbVO-E2009 oder jenes nach Art. 41 Abs. 2 lit. h und i ErbVO-E2009 gemeint ist, siehe MPI-Comments, Rdnr. 310 f.; Buschbaum/Kohler GPR 2010, 162, 169. Art. 42 ErbVO-E2009 findet sich nun in 69 ErbVO wider.

868 Ohne eine generelle Beschränkung auf die wesentlichen Angaben zu fordern: Buschbaum/Kohler GPR 2010, 162, 168; s.a. Rauscher, in: Rauscher, EuZPR/EuIPR, Einf EG-ErbVO Rdnr. 88. An dieser Stelle fordern Buschbaum und Kohler zudem die vollständige Streichung von Art. 41 Abs. 2 lit. h und i ErbVO-E2009, welche die Erstellung über Verzeichnisse von Nachlassgütern vorsehen, zu deren Anfertigung das Gericht aber nicht verpflichtet werden kann, da es keine Nachforschungen über die Zugehörigkeit von Gegenständen zum Nachlass vorzunehmen hat; so auch: Rauscher, in: Rauscher, EuZPR/EuIPR, Einf EG-ErbVO Rdnr. 87.

869 Teil 3 A. III. 1. a.

Dadurch, dass Art. 1 Abs. 2 lit. k und l ErbVO den numerus clausus nun umfassender schützen, kann zumindest teilweise besser mit dieser Problematik umgegangen werden. Eine weitere Verbesserung stellt Art. 31 ErbVO dar, der die „Anpassung" dinglicher Rechte an das mitgliedstaatliche Recht vorsieht, wenn das Recht in einem Mitgliedstaat geltend gemacht wird, dessen Rechtsordnung das dingliche Recht nicht kennt. Schließlich sieht auch Erwägungsgrund 68 vor, dass die das Zeugnis ausstellende Behörde (zumindest) die Formalitäten beachten soll, die für die Eintragung von unbeweglichem Vermögen in dem Mitgliedstaat, in dem das Register geführt wird, vorgeschrieben sind.

Nach Art. 42 ErbVO-E2009/Art. 69 ErbVO kommt dem europäischen Nachlasszeugnis die gleiche Beweis- und Vermutungswirkung, Legitimationswirkung und Gutglaubenswirkung zu wie dem deutschen Erbschein.[870] Insoweit wird wieder bestätigt, dass eine übersichtliche Fassung des Zeugnisses notwendig ist, da nur dann, wenn das Nachlasszeugnis einen eindeutigen und unmittelbar erkennbaren Nachweis über Verfügungs- und Verwaltungsbefugnisse und entsprechende Beschränkungen beinhaltet, die Legitimations- und Beweisfunktion überhaupt erreicht werden kann: Je ausführlicher Entscheidungsgrundlagen und Rechtsfindung im Zeugnis aufgeführt werden, desto mehr wird die Gutglaubenswirkung eingeschränkt.[871]

---

870 Altmeyer ZEuS 2010, 475, 491; Dörner ZEV 2010, 221, 227. Positiv zu den Wirkungen: Padovini, in: Jud/Rechberger/Reichelt, Kollisionsrecht in der Europäischen Union, S. 157 f. Ein weitergehender Beweis wird nicht erbracht, insbesondere nicht über güterrechtliche Verhältnisse, vgl. Buschbaum/Kohler GPR 2010, 162, 168, Fn. 170. Kritisch dazu, ob sich der Umfang des guten Glaubens auch auf die Zugehörigkeit bestimmter Vermögensgegenstände zum Nachlass erstreckt: Lorenz ErbR 2012, 39, 42. Zur Frage, ob eine Kompetenz zum Erlass eines Zeugnisses mit diesen Wirkungen besteht, siehe bspw. Stellungnahme Bundestag, S. 3 f. (abrufbar unter: http://dip21.bundestag.de/dip21/btd/17/002/1700270.pdf; bejahend fällt die Antwort der Europäischen Kommission aus; abrufbar unter: http://www.ipex.eu/IPEXL-WEB/scrutiny/COD20090157/debta.do); Rauscher, in: Rauscher, EuZPR/EuIPR, Einf EG-ErbVO Rdnr. 89; Mansel, in: FS Ansay, S. 185, 192 f.; Heggen RNotZ 2007, 1, 14; Lehmann IPRax 2006, 204, 207; Schack ZEuP 1999, 805, 807 f. Kritik an dem möglicherweise zu weiten Umfang der Vermutungswirkung äußert: Rauscher, in: Rauscher, EuZPR/EuIPR, Einf EG-ErbVO Rdnr. 90.

871 So auch: DNotV-Stellungnahme, S. 38. Der DNotV fordert (in: DNotV-Stellungnahme, S. 35 ff.), einen „Muss-Inhalt", „Zielvorgaben" und einen „Kann-Inhalt" zu unterscheiden, das Nachlasszeugnis also ähnlich dem deutschen Recht zwischen dem Beschluss über die Erteilung des Zeugnisses und der Erteilung selbst differenziert. Der Beschluss soll begründet werden, das Zeugnis selbst nicht, um so den Verkehrsschutzinteressen und dem üblichen Gebrauch des Zeugnisses, dem unter Laien, gerecht zu werden. Diese Ansicht entspricht damit den oben dargestellten An-

Die Wirkungen sollten nach dem ErbVO-E2009 (offenbar)[872] nur so lange andauern, wie das Europäische Nachlasszeugnis Wirkung entfaltet, was nach Art. 43 Abs. 2 S. 1 ErbVO-E2009 noch einer Dauer von drei Monaten ab der Ausfertigung entsprochen hätte.[873] Nach Art. 43 Abs. 3 und 4 ErbVO-E2009 sollten sich insbesondere Leistender und Erwerber auf diese Richtigkeitsvermutung bei Zeugnisvorlage stützen können.[874]

Die ErbVO ist insoweit klarer. Mit Art. 70 ErbVO wird der Problematik des „Verfalls" des Europäischen Nachlasszeugnisses nach nur drei Monaten Abhilfe geschaffen.[875] So wird das Zeugnis erstellt und verbleibt bei der Ausstellungsbehörde. Diese fertigt beglaubigte Abschriften an, die mit einem Ablaufdatum versehen werden. Grundsätzlich sind die Abschriften sechs Monate gültig, eine längere Gültigkeitsfrist kann aber im Ausnahmefall von der Ausstellungsbehörde beschlossen werden. Nach Ablauf der Frist muss eine Verlängerung oder eine neue Abschrift beantragt werden, damit diese Legitimationswirkung hat, welche nun ausdrücklich in Art. 63 ErbVO festgelegt ist. Die erneute Beantragung eines Europäischen Nachlasszeugnisses kann unterbleiben.

Allerdings führt auch im Rahmen der ErbVO gerade die Gutglaubenswirkung zu Problemen, wenn sich Gerichte verschiedener Mitgliedstaaten für zuständig halten (beispielsweise, weil beide vom gewöhnlichen Aufenthalt des Erblassers im Inland ausgehen)[876] und ein Europäisches Nachlasszeugnis erteilen. Eines von beiden wird dann (zumeist) unrichtig sein, so dass sich die Frage

---

sichten, die für eine einfache Fassung des Zeugnisses mit zusätzlichen ausführlichen Dokumenten sind; s.o. Fn. 861.

872 Dazu: Buschbaum/Kohler GPR 2010, 162, 168.

873 Die Aufnahme eines Ablaufdatums in das Europäische Nachlasszeugnis war aber nicht vorgesehen, vgl. Buschbaum/Kohler GPR 2010, 162, 168; kritisch zur Dreimonatsfrist: DNotV-Stellungnahme, S. 38 f.; MPI-Comments, Rdnr. 274, 336; Stellungnahme der Österreichischen Notariatskammer, S. 8; Faber JEV 2010, 42, 50; Faber/Grünberger NZ 2011, 97, 113 f.; Remde RNotZ 2012, 65, 80; Süß ZErb 2009, 342, 347 (insbesondere hinsichtlich der Ausnutzung der Gutglaubenswirkung, der durch diese Frist nicht entgegengewirkt worden wäre); Wagner DNotZ 2010, 506, 517 f.; s.a. Lechner-Report I, Amendment 108 (sechs Monate, bei Bedarf auch länger). Für eine kürzere Frist wohl Lange DNotZ 2012, 168, 178. Die Problematik wird aber durch Art. 70 ErbVO gelöst, der vorsieht, dass beglaubigte Abschriften vom Europäischen Nachlasszeugnis erstellt werden, die eine Gültigkeit von sechs Monaten haben und mit einem Ablaufdatum versehen werden. Das Original verbleibt bei der ausstellenden Behörde.

874 Hier wird die deutsche Sprachfassung kritisiert, die nicht an die Berechtigung, sondern an die Inhaberschaft des Zeugnisses anknüpft, siehe MPI-Comments, Rdnr. 320; Buschbaum/Kohler GPR 2010, 162, 168; Lange DNotZ 2012, 168, 177.

875 Ebenda. Kritisch jedoch: Schlögel, in: BeckOK-FamFG, §343 Rdnr. 29.

876 Bspw. wegen falscher Tatsacheninformationen, dazu noch unter Teil 3 B. III. 1.

stellt, wie dieses unrichtige Europäische Nachlasszeugnis zu beseitigen ist.[877] Über Art. 71, 73 ErbVO (im Entwurf Art. 43 (Abs. 3) ErbVO-E2009) können insbesondere die Berichtigung und Aussetzung des Zeugnisses verlangt werden.[878] Dennoch sind die Regelungen an dieser Stelle ausbaufähig, da diese Fälle eigentlich schon im Grunde vermieden werden sollten und es in diesen Situationen entscheidend auf eine verstärkte Koordination der mitgliedstaatlichen Stellen ankommt.[879] Vorgeschlagen wird daher unter anderem die Einführung eines Registers, das die bereits erteilten Europäischen Nachlasszeugnisse aufführt.[880]

Ein weiteres Problem folgte hinsichtlich des ErbVO-E2009 daraus, dass die Verwendung des Zeugnisses nach Art. 36 Abs. 2 S. 1 ErbVO-E2009 nicht verbindlich sein und es daher „nicht an die Stelle der innerstaatlichen Verfahren" treten sollte, die „Wirkungen des Europäischen Nachlasszeugnisses [...] jedoch auch in dem Mitgliedstaat anerkannt [werden sollten], dessen Behörden das Zeugnis nach Maßgabe dieses Kapitels erteilt haben."[881] Diese Fassung des Art. 36 Abs. 2 S. 2, 3 ErbVO-E2009 ließ nicht erkennen, in welchem Verhältnis nationales und Europäisches Nachlasszeugnis stehen sollten. So wurde zur Erteilung des Europäischen Nachlasszeugnisses nicht die Beabsichtigung eines internationalen Einsatzes gefordert. Vielmehr konnten sich danach die Wirkungen des Europäischen Nachlasszeugnisses auch auf das Inland erstrecken. Da das nationale Verfahren nicht beeinträchtigt werden sollte und weiterhin ein nationaler Erbnachweis erteilt werden konnte, hätten zwei konkurrierende und sich inhaltlich widersprechende Erbnachweise existieren können.[882] Bei Beibehaltung des Art. 34 ErbVO-E2009 hätten gegebenenfalls nationale Erbnachweise und

---

877   Solch ein Szenario wird bspw. durchdacht von Herzog ErbR 2013, 2, 13; Steinmetz/Löber/Alcázar ZEV 2010, 234, 237 sowie von Remien, in: Grziwotz, Erbrecht und Vermögenssicherung, S. 112.

878   In Art. 71 ErbVO „Berichtigung, Änderung oder Widerruf des Zeugnisses". Die Aussetzung der Wirkungen des Zeugnisses wird in Art. 73 ErbVO geregelt.

879   So auch Remien, in: Grziwotz, Erbrecht und Vermögenssicherung, S. 112 f.

880   MPI-Comments, Rdnr. 339 ff.; für dezentrale Register spricht sich Mansel (in: FS Ansay, S. 185, 225 f.) aus.

881   Art. 36 Abs. 2 ErbVO-E2009, leicht modifiziert nun in Art. 62 Abs. 3 ErbVO.

882   Siehe nur: MPI-Comments, Rdnr. 276. Das DNotV (DNotV-Stellungnahme, S. 29) hält die Gefahr kollidierender und/oder sich widersprechender Erbscheine aber für gering, da aufgrund der Zuständigkeitskonzentration das Gericht, das für die Erteilung des nationalen Erbnachweises zuständig ist (Art. 4 ff. ErbVO-E2009/Art. 4 ff. ErbVO, dazu sogleich unter Teil 3 B. I.), auch das Europäische Nachlasszeugnis erteilt (Art. 37 Abs. 2 ErbVO-E2009/Art. 64 ErbVO). Ähnlich im Ergebnis auch MPI-Comments, Rdnr. 328. Zu diesem Problem auch: Fötschl European Review of Private Law 2010, 1259, 1265; Lange DNotZ 2012, 168, 174 f.

Europäischer Erbschein in allen Mitgliedstaaten eingesetzt werden können, was den Rechtsverkehr nachhaltig beeinträchtigt hätte.[883] Die innerstaatliche Verwendung des Europäischen Nachlasszeugnisses wäre überdies mit dem Subsidiaritätsprinzip kollidiert.[884]

Um dieser Problematik entgegenzuwirken, regten *Buschbaum* und *Kohler*[885] nicht nur an, den Anwendungsbereich des Europäischen Nachlasszeugnisses auf grenzüberschreitende[886] Sachverhalte zu begrenzen,[887] sondern die Erteilung des Zeugnisses entsprechend dem europäischen Vollstreckungstitel[888] auszugestalten.[889] Der europäische Vollstreckungstitel wird durch Ergänzung des nationalen Vollstreckungstitels um eine europaweit einheitliche Bescheinigung „erteilt". Damit hat der „nationale" Titel gemeinschaftsweite Wirkung. Diese Idee war im Grunde zu begrüßen, da sie zur Verfahrensökonomie beigetragen und die Erteilung divergierender Zeugnisse sowie deren Einsatz in verschiedenen Mitgliedstaaten vermieden hätte.[890] Zu beachten gewesen wäre aber, dass die nationalen Erbnachweise unterschiedlich hätten ausgestaltet sein können und gerade bei der

---

883   Zu Art. 34 ErbVO-E2009 ausführlich unter: Teil 3 A. III. 3. b.

884   So merkt auch schon der Europäische Verordnungsgeber (ErbVO-E2009, Erwägungsgrund 27) an, dass das Verhältnis von Europäischem Nachlasszeugnis und nationalen Erbnachweisen geklärt werden müsse, um das Subsidiaritätsprinzip zu wahren; s.a. Begründung zum ErbVO-E2009, S. 8; Lehmann, Brüssel-IV-Verordnung, Rdnr. 479 mit Verweis auf DNotI-Studie, S. 312 f.; Süß, in: Workshop on the Proposal for a Regulation on Succession, S. 4 ff.; Buschbaum/Kohler GPR 2010, 162, 166; dies. GPR 2010, 210.

885   Buschbaum/Kohler GPR 2010, 162, 166 f.; dies. GPR 2010, 210.

886   Buschbaum und Kohler (in: GPR 2010, 162, 166) gehen davon aus, dass ein Sachverhalt in diesem Sinne dann grenzüberschreitend sei, wenn ein Erbnachweis außerhalb des jeweiligen Mitgliedstaates seiner Beantragung erbracht werden müsse.

887   Auch andere (Lechner-Report I, Amendments 80, 81, 84, Lechner-Report II, Amendments 226 f.; Lübcke, Das neue europäische Internationale Nachlassverfahrensrecht, S. 618 ff.; Fötschl European Review of Private Law 2010, 1259, 1263 ff.) wollen zwischen nationaler und internationaler Verwendung der Zeugnisse stärker trennen und den Anwendungsbereich des Europäischen Nachlasszeugnisses auf grenzüberschreitende Fälle und teilweise sogar die Anwendung auf andere Staaten als den Ausstellungsstaat beschränken. Damit wäre auch dem Subsidiaritätsprinzip genügt.

888   Nach der Verordnung (EG) Nr. 805/2004 des Europäischen Parlaments und des Rates vom 21. April 2004 zur Einführung eines europäischen Vollstreckungstitels für unbestrittene Forderungen.

889   Siehe hierzu auch: Rauscher, in: Rauscher, EuZPR/EuIPR, Einf EG-ErbVO Rdnr. 82.

890   Auch wenn es weiterhin wünschenswert ist, Art. 34 ErbVO-E2009 zu streichen, wäre das Problem somit zumindest beschränkt; zur Streichung bereits oben Teil 3 A. III. 3. b.; s.a. Buschbaum/Kohler GPR 2010, 210. Zur Verfahrensökonomie: Buschbaum/Kohler GPR 2010, 162, 166.

grenzüberschreitenden Verwendung einheitliche Darstellungen erleichternd wirken. Die ergänzende Bescheinigung des nationalen Erbnachweises hätte daher in jedem Fall gewährleisten müssen, dass die für das Europäische Nachlasszeugnis relevanten Informationen noch immer leicht nachvollziehbar und übersichtlich dargestellt und den nationalen Erbnachweisen so keine reinen Ergänzungsklauseln hinzugefügt worden wären.[891]

Auch die ErbVO schafft insoweit keine eindeutige Abhilfe. Nach Art. 62 Abs. 3 ErbVO kann das Europäische Nachlasszeugnis weiterhin neben innerstaatliche Zeugnisse treten. Zwar besagt Abs. 3 S. 2, dass es sich um eine Verwendung in einem anderen Mitgliedstaat handeln muss, das Zeugnis die Wirkungen des Art. 69 ErbVO (zuvor Art. 42 ErbVO-E2009), also auch die Gutglaubenswirkung,[892] aber auch im Ausstellungsstaat haben kann. Lediglich Art. 63 Abs. 1 ErbVO schafft hier insoweit eine Begrenzung, als er angibt, dass das „Zeugnis [...] zur Verwendung durch Erben, durch Vermächtnisnehmer mit unmittelbarer Berechtigung am Nachlass und durch Testamentsvollstrecker oder Nachlassverwalter bestimmt [ist], die sich *in einem anderen Mitgliedstaat* auf ihre Rechtsstellung berufen oder ihre Rechte als Erben oder Vermächtnisnehmer oder ihre Befugnisse als Testamentsvollstrecker oder Nachlassverwalter ausüben müssen".[893] Um diese möglichen Widersprüche aber einzugrenzen, wäre die oben bereits angeregte Klarstellung dennoch sinnvoll.[894]

Letztlich ist anzumerken, dass das Europäische Nachlasszeugnis entgegen dem Wortlaut des Art. 42 Abs. 5 ErbVO-E2009, nunmehr Art. 69 Abs. 5 ErbVO, der vermuten lassen könnte, es handle sich bei diesem Zeugnis um einen (vollstreckbaren) Titel, lediglich das bestehende Erbrecht (wie der deutsche Erb-

---

891   Das MPI (MPI-Comments, Rdnr. 321) hält es aber für ausreichend, die Gerichte entscheiden zu lassen und das Problem konkurrierender Zeugnisse (egal ob nationaler Erbnachweis oder Europäisches Nachlasszeugnis) in das bereits angesprochene Register aufzunehmen.

892   Hinsichtlich der Gutglaubenswirkung reicht nunmehr grob fahrlässige Unkenntnis aus, um den Gutglaubensschutz entfallen zu lassen, Art. 69 Abs. 2, 3 ErbVO; dazu auch: Buschbaum ZEV 2012, 198; Buschbaum/Simon ZEV 2012, 525, 528.

893   Hervorhebung durch Verfasserin.

894   Insbesondere zur Zirkulation nationaler Erbnachweise aufgrund von Art. 59 ErbVO und der damit einhergehenden Problematik der gleichzeitigen Existenz nationaler Erbrechtsnachweise und des Europäischen Nachlasszeugnisses: Buschbaum im Rahmen der Tagung der Forschungsstelle für Notarrecht, siehe Stretz MittBayNot 2013, 115, 118 sowie Buschbaum/Simon ZEV 2012, 525, 528. Zum ErbVO-E2009: Teil 3 A. III. 4.

schein)[895] bezeugt, also nur deklaratorische Funktion hat und vor allem als Grundlage einer Berichtigung in öffentlichen Registern dient.[896]

Im Ergebnis ist die Einführung des Europäischen Nachlasszeugnisses positiv zu werten. Es ermöglicht gerade den Erben den ungehinderten Nachweis der Erbenstellungen in allen (beteiligten) Mitgliedstaaten. Die konkrete Ausgestaltung sollte allerdings selbst in der ErbVO an einigen Stellen nochmals überdacht werden.

5. Kapitel VII: Allgemeine und Schlussbestimmungen

Der ErbVO-E2009 und die ErbVO schließen mit Kapitel VII und den darin enthaltenen „Allgemeinen und Schlussbestimmungen". Hervorzuheben sind insbesondere Art. 45 und 50 des ErbVO-E2009 bzw. Art. 75 und 83 ErbVO.

Art. 45 ErbVO-E2009/Art. 75 ErbVO bestimmt, dass Staatsverträge mit Drittstaaten weiterhin Vorrang vor den Regelungen des ErbVO-E2009 bzw. der ErbVO haben. Damit gilt insbesondere der Deutsch-Türkische Konsularvertrag aus dem Jahr 1929 auch nach dem Inkrafttreten der ErbVO, genauer nach deren Anwendbarkeit, fort.[897] In Kraft tritt die Verordnung nach Art. 51 Abs. 1 ErbVO-E2009/Art. 84 ErbVO am zwanzigsten Tag nach ihrer Verkündung. Anwendbar ist sie nach dem nunmehr maßgeblichen Art. 84 Abs. 2 ab dem 17. August 2015, mit Ausnahme der Artikel 77 und 78 ErbVO, die ab dem 16. Januar 2014 anzuwenden sind, und der Artikel 79, 80 und 81 ErbVO, die seit dem 5. Juli 2012 gelten.

Übergangsbestimmungen finden sich in Art. 50 ErbVO-E2009/Art. 83 ErbVO.[898] Nach Art. 50 Abs. 1 ErbVO-E2009 bzw. Art. 83 ErbVO soll die Verordnung auf die Rechtsnachfolge von Personen Anwendung finden, die nach dem Beginn ihrer Anwendbarkeit verstorben sind. Hatte der Erblasser vor Anwendbarkeit der ErbVO das auf seinen Nachlass anzuwendende Erbstatut gewählt, sollte diese Wahl gemäß Art. 50 Abs. 2 ErbVO-E2009 als wirksam angesehen werden, soweit sie den Anforderungen des Art. 17 ErbVO-E2009 genügt hätte.

---

895 S.o. Teil 1 B. I. 2. a.

896 Buschbaum/Kohler GPR 2010, 162, 169.

897 MPI-Comments, Rdnr. 19 ff.; Buschbaum/Kohler GPR 2010, 162, 169. Die einzelnen deutschen Verträge, die auch weiterhin gelten, sind in Fn. 7 sowie MPI-Comments, Rdnr. 19, aufgeführt. Ausführlich zur Behandlung von Staatsverträgen mit Drittstaaten: Kohler, in: Reichelt/Rechberger, Europäisches Erbrecht, S 109 ff. Das DNotV (in: DNotV-Stellungnahme, S. 40) fordert aber die Anpassung der Verträge an die ErbVO; Dutta (in: FamRZ 2013, 4, 15) verlangt sogar deren Kündigung, ähnlich auch: Seyfarth, Zuständigkeitswandel, S. 271. Kritisch auch: Herzog ErbR 2013, 2, 3.

898 In der verabschiedeten Fassung Art. 83 ErbVO.

Der Wortlaut der Vorschrift war dabei jedoch insoweit nicht eindeutig, als dass gerade Abs. 2[899] nicht klar erkennen ließ, ob eine vor Geltung der ErbVO getroffene Rechtswahl wirksam bleiben sollte, insbesondere dann, wenn sie nicht ausdrücklich getroffen wurde.[900] Um der Testierfreiheit zu genügen, wollten manche die Vorschrift daher als Heilungsvorschrift verstehen.[901]

In Art. 83 ErbVO wird in Abs. 2 nunmehr klargestellt, dass eine Rechtswahl des Erblassers, die vor dem Stichtag „36 Monate nach Inkrafttreten der Verordnung" getroffen wurde, wirksam ist, „wenn sie die Voraussetzungen des Kapitels III [anzuwendendes Recht] erfüllt oder wenn sie nach den zum Zeitpunkt der Rechtswahl geltenden Vorschriften des Internationalen Privatrechts in dem Staat, in dem der Erblasser seinen gewöhnlichen Aufenthalt hatte, oder in einem Staat, dessen Staatsangehörigkeit er besaß, wirksam ist". Zudem stellt Abs. 3 nicht mehr einseitig auf Erbverträge ab, sondern erfasst nun sämtliche Verfügungen von Todes wegen:

> „Eine vor dem 17. August 2015 errichtete Verfügung von Todes wegen ist zulässig sowie materiell und formell wirksam, wenn sie die Voraussetzungen des Kapitels III erfüllt oder wenn sie nach den zum Zeitpunkt der Errichtung der Verfügung geltenden Vorschriften des Internationalen Privatrechts in dem Staat, in dem der Erblasser seinen gewöhnlichen Aufenthalt hatte, oder in einem Staat, dessen Staatsangehörigkeit er besaß, zulässig sowie materiell und formell wirksam ist."

Schließlich stellt Abs. 4 klar, dass für eine Verfügung von Todes wegen, die vor dem 17. August 2015 nach dem Recht errichtet wurde, das der Erblasser nach der Verordnung hätte wählen können, dieses Recht als das auf die Rechtsfolge von Todes wegen anzuwendende gewählte Recht gilt.

---

899   Art. 50 Abs. 3 ErbVO-E2009, der sich auf Erbverträge bezieht, ist ebenso unklar gefasst.

900   Lechner-Report I, Amendments 118 ff.; MPI-Comments, Rdnr. 366 ff.; Remien, in: Grziwotz, Erbrecht und Vermögenssicherung, S. 101; Altmeyer ZEuS 2010, 475, 484 f.; Buschbaum/Kohler GPR 2010, 162, 169; Steinmetz/Löber/Alcázar ZEV 2010, 234, 235; zudem fehlt eine Übergangsvorschrift, welche die Wirksamkeit letztwilliger Verfügungen betrifft, vgl. DNotV-Stellungnahme, S. 41 f.; Merkle, in: FS Spellenberg, S. 283, 297; Buschbaum/Kohler GPR 2010, 162, 169. Nunmehr existiert aber Art. 83 Abs. 3, 4 ErbVO, der letztgenanntes Problem regelt, dazu auch: Schaal BWNotZ 2013, 29.

901   Buschbaum/Kohler GPR 2010, 162, 169. Besser gefasst in Bezug auf die geschilderten Probleme ist Art. 83 ErbVO.

6. Zusammenfassung

Der Überblick zeigt, dass der Europäische Verordnungsgeber viele wichtige Aspekte bedacht hat – manche allerdings erst im Rahmen der endgültigen ErbVO. In Kapitel I, dort in Art. 1 ErbVO-E2009, der den Anwendungsbereich festlegen sollte, erfolgte die Abgrenzung zur lex rei sitae nur unzureichend. Auch die Definitionen in Art. 2 ErbVO-E2009 gelangen in wesentlichen Punkten nicht. So erfasste die Definition des Gerichts beispielsweise nicht den französischen Notar, der gerade für die hier sehr relevante Erteilung des acte de notoriété zuständig ist. Schließlich wurden im ErbVO-E2009 einige Bereiche vollkommen ausgespart, insbesondere die Formgültigkeit letztwilliger Verfügungen, die Vorfragen und die Definition des gewöhnlichen Aufenthalts.

In die ErbVO wurden hingegen Vorschriften zur Formgültigkeit letztwilliger Verfügungen aufgenommen und auch die Testierfähigkeit vom Anwendungsbereich umschlossen.

Das Kapitel III, welches das anwendbare Recht behandelt, überzeugt im Grunde in den wesentlichen Bereichen. So wird die Nachlasseinheit ebenso begrüßt wie die Möglichkeit der Rechtswahl. In einigen Teilbereichen besteht aber auch hier – insbesondere hinsichtlich Art. 21 Abs. 2 ErbVO – Nachbesserungsbedarf, trotz der genaueren Fassung der Rechtswahl in Art. 22 ErbVO und der Öffnung der Gesamtverweisung bei Drittstaatensachverhalten (Art. 34 ErbVO).

Die in Kapitel IV und V vorgesehene Anerkennung und Vollstreckung von Entscheidungen ist wiederum positiv zu bewerten. Ebenso erfreulich ist, dass der Verordnungsgeber in Bezug auf die „Anerkennung" von Urkunden in der ErbVO gegenüber dem ErbVO-E2009 nachgebessert hat.

Diese Anerkennung ist gerade wegen des in Kapitel VI eingeführten Europäischen Nachlasszeugnisses überflüssig. Dieses Nachlasszeugnis ist ein zu begrüßender und auch erforderlicher Schritt zum ungehinderten Nachweis vor allem der Erbenstellung in den einzelnen (beteiligten) Mitgliedstaaten.

Mit den Allgemeinen und Schlussbestimmungen in Kapitel VII schließen Verordnungsentwurf und Verordnung jeweils ab. Bei diesen wurde insbesondere Art. 50 ErbVO-E2009 mit Art. 83 ErbVO überarbeitet, der nicht eindeutig eine Regelung für eine bereits vor Inkrafttreten der Verordnung getroffene Rechtswahl beinhaltete.

Festzuhalten ist daher, dass der ErbVO-E2009 bereits positive Ansätze zeigte, im Ergebnis aber durch die endgültige ErbVO deutlich nachgebessert werden musste. Hier wurde die Kritik in weiten Teilen aufgegriffen und Lösungen für die hinsichtlich des ErbVO-E2009 erörterten Probleme gefunden. Teilweise werden die Probleme aber nicht gelöst, sondern vergrößert und sogar neue geschaffen. Ob dieses Muster der Weiterentwicklung auch in Bezug auf den in dem Verordnungsentwurf angelegten europäischen Gleichlauf zutrifft, sprich, ob die endgültige ErbVO eine begrüßenswerte Lösung in Bezug auf die Bestimmung der internationalen Zuständigkeit beinhaltet, ist Gegenstand der folgenden Ausführungen, wobei auf die ErbVO selbst erst im fünften Teil eingegangen wird.

B. Die Regelungen zur Bestimmung der internationalen Zuständigkeit

Auf Grundlage dieser Übersicht werden nun die in Kapitel II des ErbVO-E2009 aufgeführten Vorschriften zur Bestimmung der internationalen Zuständigkeit untersucht.

Zunächst erfolgt eine Auseinandersetzung mit der Ausgestaltung des Regelungssystems, den Ausnahmen davon und den verfahrensrechtlichen Besonderheiten. Im Anschluss werden auch hier die Argumente für und gegen das System erörtert.

Die Änderungen nach der ErbVO bleiben im Wesentlichen außer Betracht. Es wird lediglich vorgreiflich in Bezug auf den fünften Teil angeführt, ob die „Entwurfs-Norm" in dieser Form übernommen oder abgewandelt wurde.

I. Ausgestaltung

Die bereits erwähnte Grundanknüpfung fand sich in Art. 4 ErbVO-E2009, der im Wesentlichen so in Art. 4 ErbVO übernommen wurde. Danach sollten „für erbrechtliche Entscheidungen [...] vorbehaltlich der Bestimmungen dieser Verordnung die Gerichte des Mitgliedstaats zuständig [sein], in dessen Hoheitsgebiet der Erblasser im Zeitpunkt seines Todes seinen gewöhnlichen Aufenthalt hatte."[902] Diese sowie die sogleich zu besprechenden Regelungen zur Bestimmung der internationalen Zuständigkeit sollten abschließend sein. Ein Rückgriff

---

902 Mit dieser Norm wird auf Art. 3 Brüssel-II-VO aufgebaut. In den MPI-Comments, Rdnr. 64 ff., wurde allerdings angeregt, den Wortlaut dahin gehend zu verändern, dass er mit der Brüssel-I-VO korrespondiert und nicht – wie der derzeitige Wortlaut vermuten lassen könnte – auch dann eine Zuständigkeit begründet (und so die Brüssel-I-VO verdrängt), wenn das Erbrecht nur am Rande relevant ist. Zudem schlugen die MPI-Comments, Rdnr. 72, vor, genauer herauszuarbeiten, dass auch erbrechtliche Streitigkeiten zu Lebzeiten des Erblassers unter die Verordnung fallen. S.a. Seyfarth, Zuständigkeitswandel, S. 246. Besser gefasst ist Art. 4 ErbVO.

auf nationale Regelungen wäre damit verwehrt und die deutsche Neuregelung daher nicht mehr anwendbar gewesen.[903]

Durch Art. 4 ErbVO-E2009 wäre nicht nur ein Gleichlauf mit der grundsätzlichen Bestimmung des anzuwendenden Rechts nach Art. 16 ErbVO-E2009 ermöglicht worden, sondern nach Art. 37 Abs. 2 ErbVO-E2009 auch die Zuständigkeit für die Erteilung des europäischen Nachlasszeugnisses grundsätzlich an den letzten gewöhnlichen Aufenthalt[904] des Erblassers gekoppelt worden. Damit wäre ein vollumfänglicher Gleichlauf hergestellt worden.

Veranschaulichen soll dieses Gesamtkonzept, das fortan als europäisches Gleichlaufsystem bezeichnet wird, folgendes Beispiel: Ein französischer Staatsangehöriger mit Wohnsitz in Deutschland hat seinen gewöhnlichen Aufenthalt in Belgien. Verstirbt er, wird nicht nur das anzuwendende Recht das belgische sein, die belgischen Gerichte sind dann auch international zuständig.

Fraglich ist allerdings, ob von den „erbrechtlichen Entscheidungen" tatsächlich nur Entscheidungen oder Beschlüsse nach Art. 2 lit. g ErbVO-E2009 erfasst sein sollten. Bestimmte Verfahren in Nachlass- und Teilungssachen wären dann nicht inkludiert worden; insbesondere nicht die Erbenermittlung (§ 342 Nr. 4 FamFG) oder die Eröffnung von Verfügungen von Todes wegen (§ 342 Nr. 3 FamFG).[905] Inbegriffen gewesen wäre aber zumindest der Beschluss über die Erteilung eines Erbscheines.[906]

II. „Ausnahmen" und verfahrensrechtliche Besonderheiten

Anders als beim Gleichlaufgrundsatz und bei der deutschen Neuregelung hätte es von diesem Grundkonzept im ErbVO-E2009 keine Ausnahmen im eigentlichen Sinn gegeben. Vielmehr enthielt der ErbVO-E2009 verschiedene Zustän-

---

903 ErbVO-E2009, Erwägungsgrund 13; Majer ZEV 2011, 445, 447.
904 Oder an ein Gericht, das ausnahmsweise nach Art. 5 oder 6 ErbVO-E2009 zuständig ist. Auch bei einer aus diesen Normen folgenden Zuständigkeit sind also die Gerichte, die nach Kapitel II grundsätzlich zuständig sind, auch für die Erteilung des Europäischen Nachlasszeugnisses zuständig.
905 DNotV-Stellungnahme, S. 11.
906 Wie ausgeführt, ergeht ein Beschluss über die Erteilung des Erbscheins. Im Anschluss wird „als Annex" der Erbschein erteilt, vgl. Teil 1 B. I. 2. a.; Remde RNotZ 2012, 65, 71.

digkeitsregelungen, die zusammen mit den Regelungen zur Bestimmung des anwendbaren Rechts ein ganzheitliches Gebilde schaffen sollten.[907]

1. Verweisung, Art. 5 ErbVO-E2009

Hervorzuheben ist hierbei zunächst die Verweisungsmöglichkeit nach Art. 5 ErbVO-E2009. Diese sollte es ermöglichen, auch im Falle der Rechtswahl durch den Erblasser einen „Gleichlauf" herzustellen:

> „Hat der Erblasser als Erbstatut das Recht eines Mitgliedstaats gemäß Artikel 17 gewählt, kann das nach Artikel 4 befasste Gericht auf Antrag einer Partei und wenn nach seinem Dafürhalten die Gerichte des Mitgliedstaats, dessen Recht der Erblasser gewählt hat, die Erbsache besser beurteilen können, das Verfahren aussetzen und die Parteien auffordern, die Gerichte des betreffenden Mitgliedstaats anzurufen."[908]

Darüber hinaus sollte dem Gericht, an das danach verwiesen werden sollte, eine Frist gesetzt werden, innerhalb derer sich dieses für zuständig hätte erklären müssen (Art. 5 Abs. 2 ErbVO-E2009). Hätte das angerufene Gericht (innerhalb von acht Wochen) eine solche Zuständigkeitserklärung abgegeben, hätte sich wiederum das verweisende Gericht für unzuständig erklärt (Art. 5 Abs. 3 S. 1, 2 ErbVO-E2009). Anderenfalls wäre das zuerst angerufene Gericht zuständig geblieben (Art. 5 Abs. 3 S. 3 ErbVO-E2009).

Hat der französische Erblasser aus dem unter Teil 2 A. angeführten Beispiel also eine Rechtswahl zugunsten des französischen Rechts getroffen und wünschen die Parteien (zum Beispiel, weil sie in Frankreich leben) ein Verfahren vor den französischen Gerichten, hätten sie dies nach dem ErbVO-E2009 vor dem belgischen Gericht beantragen können. Insbesondere dann, wenn der Erblasser nur Vermögen in Frankreich hinterlassen hat, hätte das belgische Gericht wohl einer Verweisung nach Art. 5 ErbVO-E2009 zugestimmt.[909]

---

907 Rauscher, in: Rauscher, EuZPR/EuIPR, Einf EG-ErbVO Rdnr. 11: „Die [...] [ErbVO-E2009] folgt dem Prinzip einer vollständigen Regelung der internationalen Zuständigkeit, die auch Hilfszuständigkeiten umfasst und einen Rückgriff auf nationale Zuständigkeiten nicht vorsieht [...]. Dies entspricht dem Anspruch einer Regelung auch im Verhältnis zu Drittstaaten, im Gegensatz zur Brüssel-I-VO, die Binnensachverhalte über ihren Art. 3 Abs. 1 definiert." So auch der Gedanke in: ErbVO-E2009, Erwägungsgrund 13.

908 Art. 5 Abs. 1 ErbVO-E2009.

909 Dazu, dass bei einer österreichischen Einantwortung bei der Rechtswahl zugunsten österreichischen Rechts wohl stets einer Verweisung (zumindest) deutscher Nachlassgerichte zugestimmt werden muss und die Beteiligten nahezu zum Antrag auf Verweisung verpflichtet sind: Schäuble, Einweisung der Erben durch deutsche Nachlassgerichte, S. 184 ff.; 193 ff.

Art. 5 ErbVO-E2009, der eine besondere „Forum-non-conveniens"-Regelung darstellen sollte,[910] war also ähnlich konsensual gestaltet wie Art. 15 Brüssel-IIa-VO:[911] Einerseits sollte ein Parteiantrag vorliegen, andererseits aber auch die Einschätzung des Gerichts, dass die Gerichte des Heimatstaates die Erbsache besser beurteilen können.[912]

Kritisiert wurde aber, dass, bedingt durch die Parteianträge und die achtwöchige Frist, kein zeitnaher Zugriff auf die Vermögenswerte hätte gesichert werden können.[913] Auch wäre es gerade bei Verfahren der freiwilligen Gerichtsbarkeit schwierig gewesen, die „Parteien" zu bestimmen bzw. zu umgrenzen.[914] Zudem hätte die Verweisung die gesamte Nachlasssache umfassen und nicht nur auf ein Verfahren begrenzt sein sollen, wie die damalige Fassung vermuten ließ,

---

910 So: MPI-Comments, Rdnr. 74; Stellungnahme der Österreichischen Notariatskammer, S. 4; Lorenz ErbR 2012, 39, 40 (keine „echte" Forum-non-conveniens-Regelung); allgemein zur „Forum-non-conveniens"-Regelung: von Hoffmann/Thorn, IPR, S. 84; Kegel/Schurig, IPR, S. 729; Kropholler, IPR, S. 637 ff.; Schäuble, Einweisung der Erben durch deutsche Nachlassgerichte, S. 185 (zur Verfahrensabgabe im deutschen Recht: S. 186 f.). Die Regel besagt, dass ein an sich international zuständiges Gericht eine Sachentscheidung nach seinem Ermessen ablehnen kann, wenn der Fall eine so enge Beziehung zu einem anderen Staat hat, dass er dort besser verhandelt und entschieden werden kann, sofern dieser Staat ein Forum zur Verfügung stellt. S.a. Fn. 131. Ausführlich hierzu: Lübcke, Das neue europäische Internationale Nachlassverfahrensrecht, S. 382 ff., 386 ff.

911 Rauscher, in: Rauscher, EuZPR/EuIPR, Einf EG-ErbVO Rdnr. 15; s.a. MPI-Comments, Rdnr. 83 (mit Anmerkung, dass das Gericht im Rahmen von Art. 15 Brüssel-IIa-VO auch von Amts wegen eine Verweisung prüfen kann).

912 Rauscher, in: Rauscher, EuZPR/EuIPR, Einf EG-ErbVO Rdnr. 15. Der vergleichbare § 4 FamFG verzichtet hingegen auf einen Parteiantrag; s.a. Schäuble, Einweisung der Erben durch deutsche Nachlassgerichte, S. 186 ff. (auch zu den für Art. 5 ErbVO-E2009 relevanten Interessen, die im Ergebnis wohl dazu führen, dass bei Notwendigkeit einer österreichischen Einantwortung das „Dafürhalten" einer Verweisung stets gegeben ist).

913 MPI-Comments, Rdnr. 85; DNotV-Stellungnahme, S. 11. Kritisch hinsichtlich der Praxistauglichkeit äußert sich Dörner (in: ZEV 2010, 221, 224): Die Parteien hätten wenig Interesse daran, das Verfahren an die Heimatstaatengerichte zu transferieren, wenn sich alle Nachlassgegenstände im Staat des letzten (gewöhnlichen) Aufenthaltsorts befänden. Auch fordert er eine eigenständige Verweisungsmöglichkeit in den Fällen, in denen keine Rechtswahl getroffen wurde, sich aber nahezu alle Vermögensgegenstände des Erblassers in seinem Heimatstaat (oder in einem anderen Mitgliedstaat) befinden. Ganz ohne Frist kommen die Nachfolgenormen Art. 6, 7 ErbVO aus, s.u. Teil 5 B. I.

914 Siehe nur: DNotV-Stellungnahme, S. 12. Daher wohl auch der Änderungsvorschlag im Lechner-Report I, Amendment 42. Zur Problematik der gemeinsamen Normen für streitige und freiwillige Gerichtsbarkeit siehe Teil 3 B. II. 3.

da eine Spaltung der Gerichtsstände nicht gewünscht und ratsam gewesen wäre.[915] Diese Kritik war berechtigt. Gerade die Schwierigkeit der Parteibenennung und die lange Dauer bis zur Vornahme bestimmter Maßnahmen wären in der Praxis nachteilig gewesen. Eine genauere Fassung, die diese Probleme berücksichtigt, war und – so viel sei vorweggenommen[916] – ist noch immer wünschenswert, da die ErbVO (nun in Art. 6, 7 ErbVO) hier auch nicht nachgebessert hat.[917]

2. Restzuständigkeit, Art. 6 ErbVO-E2009

Darüber hinaus sah der ErbVO-E2009 eine weitere „Ausnahme" von der Grundanknüpfung vor. Art. 6 ErbVO-E2009 sollte eine besondere Belegenheitszuständigkeit statuieren, sollte der Erblasser seinen gewöhnlichen Aufenthalt nicht in einem Mitgliedstaat und somit in einem Drittstaat gehabt haben. Hinzukommen musste aber noch ein weiterer Umstand: „Hatte der Erblasser im Zeitpunkt seines Todes seinen gewöhnlichen Aufenthalt nicht in einem Mitgliedstaat, sind die Gerichte eines Mitgliedstaates dennoch zuständig, wenn sich in diesem Mitgliedstaat Nachlassgegenstände befinden und wenn (a) der Erblasser seinen vorhergehenden gewöhnlichen Aufenthalt in dem betreffenden Mitgliedstaat hatte, sofern dieser Aufenthalt nicht länger als fünf Jahre vor der Anrufung des Gerichtes zurückliegt, oder hilfsweise (b) der Erblasser im Zeitpunkt seines Todes die Staatsangehörigkeit dieses Mitgliedstaates besaß, oder hilfsweise (c) ein Erbe oder Vermächtnisnehmer seinen gewöhnlichen Aufenthalt in diesem Mitgliedstaat hat oder hilfsweise (d) der Antrag ausschließlich diese Gegenstände betrifft."[918]

Art. 6 lit. a bis d ErbVO-E2009 sollte daher besondere Einschränkungen liefern und einen irgendwie gearteten mitgliedstaatlichen Bezug fordern. Aufgrund der Wendung „oder hilfsweise" war aber unklar, ob es sich bei lit. a bis lit. d um

---

915 DNotV-Stellungnahme, S. 12.

916 Teil 5 B. I.

917 Das MPI (MPI-Comments, Rdnr. 73 ff.) forderte zudem weitreichendere Verweisungsmöglichkeiten, bspw. auch an das Gericht des Staates, in dem die Parteien ihren gewöhnlichen Aufenthalt haben. Dies ist im Rahmen der freiwilligen Gerichtsbarkeit und der Vielzahl dortiger Beteiligter aber wohl kaum erstrebenswert. Zu weiteren Kritikpunkten siehe BRAK-Stellungnahme, S. 4 (Verweisung auch bei Erbverträgen) sowie Seyfarth, Zuständigkeitswandel, S. 250 ff.; Faber/Grünberger NZ 2011, 97, 103. Remde (in: RNotZ 2012, 65, 72) geht davon aus, dass die Norm in der Praxis selten zur Anwendung gelangt, da das Vermögen wohl zumeist am letzten gewöhnlichen Aufenthalt des Erblassers belegen sei.

918 Art. 6 lit. c ErbVO-E2009 taucht in der Nachfolgenorm, Art. 10 ErbVO, nicht mehr auf.

alternative oder subsidiäre Kriterien handeln sollte.[919] Beachtenswert ist zudem, dass Art. 6 lit. d ErbVO-E2009 an § 2369 Abs. 1 BGB a.F.[920] erinnert.[921] Hinterlässt z.b. der Erblasser aus Kanada Nachlass in Frankreich und beschränkt er seinen Erbscheinsantrag auf diesen Nachlass, wären danach die französischen Gerichte für diesen Nachlassteil zuständig gewesen.

Im Übrigen wäre aber ein mitgliedstaatliches Gericht für den gesamten Nachlass zuständig gewesen, da eine entsprechende Einschränkung fehlte.[922]

Schon jetzt wird damit die Parallelität zum alten Gleichlaufgrundsatz deutlich. Konnte Letztgenannter keine inländische Zuständigkeit herbeiführen, war es aber aufgrund der Belegenheit von Nachlassgegenständen im Inland notwendig, einen deutschen (Fremdrechts-)Erbschein zu erteilen, ordnete § 2369 BGB a.F. zugunsten dieser Nachlassgegenstände eine innerdeutsche Zuständigkeit an.[923] Ebenso sollte nach Art. 6 ErbVO-E2009 keine vollumfängliche internationale Zuständigkeit mitgliedstaatlicher Gerichte begründet werden. Vielmehr hätte die Vorschrift einen auf den in den Mitgliedstaaten belegenen Nachlass beschränkten Antrag verlangt.[924]

Da die Kommission das Ziel hatte, ein geschlossenes Zuständigkeitssystem zu schaffen, war diese Ausformung des Entwurfs konsequent.[925] Nur so wäre bei

---

919   Rauscher, in: Rauscher, EuZPR/EuIPR, Einf EG-ErbVO Rdnr. 18; Seyfarth, Zuständigkeitswandel, S. 255 ff.; Dörner ZEV 2010, 221, 225 (mit noch weitreichenderer Kritik); subsidiär laut Art. 10 ErbVO.

920   Dazu oben Teil 2 B. II. 1. B. aa.

921   Sicherlich sind auch Parallelen zu § 2369 BGB zu ziehen, doch verhält es sich hier so, dass die Zuständigkeit für Drittstaatensachverhalte ähnlich dem Gleichlaufgrundsatz ausgeschlossen wird und nur bei auf das Inland beschränkten Anträgen eine Zuständigkeit angenommen wird, so dass eine stärke Verbundenheit zu § 2369 BGB a.F. zu Tage tritt.

922   Nun ausdrücklich so geregelt in Art. 10 Abs. 1 ErbVO.

923   Ausführlich Teil 2 B. II. 1. b. aa. Kritisch dazu, dass Art. 6 lit. d ErbVO-E2009 Folgefragen aufwirft, darunter auch die Frage wo sich (aus europarechtlicher Sicht) Forderungen befinden: Dörner ZEV 2010, 221, 225.

924   Dazu, dass die mitgliedstaatlichen Gerichte in den übrigen Fällen, so auch hinsichtlich des in Drittstaaten belegenen unbeweglichen Vermögens, zuständig sind: Traar, in: Reichelt/Rechberger, Europäisches Erbrecht, S. 96.

925   ErbVO-E2009, Erwägungsgrund 12 f.; Rauscher, in: Rauscher, EuZPR/EuIPR, Einf EG-ErbVO Rdnr. 18; s.a. Süß ZErb 2009, 342, 346. Zur Problematik reiner Drittstaatensachverhalte: Majer ZEV 2011, 445, 449 f. Rauscher (in: Rauscher, EuZPR/EuIPR, Einf EG-ErbVO Rdnr. 19) bemängelt aber, dass die mitgliedstaatlichen Gerichte, die nach Art. 6 ErbVO-E2009 zuständig wären, nicht an die Gerichte des Heimatstaates verweisen könnten, wenn dieses ebenfalls in einem Mitgliedstaat liege. Dies hätte seiner Ansicht nach mit einem Verweis des Art. 6 ErbVO-E2009 auf Art. 5 ErbVO-E2009 gelöst werden können; s.a. Lübcke, Das neue europäische Internationale Nach-

Drittstaatensachverhalten eine Zuständigkeit mitgliedstaatlicher Stellen begründet worden.[926]

Die Norm wurde im Grundsatz in Art. 10 ErbVO übernommen.

3. Widerklage, Art. 7 ErbVO-E2009

Die Zuständigkeit für Widerklagen sollte Art. 7 ErbVO-E2009 regeln. Diese für streitige Verfahren relevante Norm, die das Gericht, bei dem ein Verfahren gemäß den Art. 4, 5 oder 6 ErbVO-E2009 anhängig gewesen wäre, auch für die Prüfung einer Widerklage für zuständig erklärt hätte, soweit diese in den Anwendungsbereich des ErbVO-E2009 gefallen wäre, hätte für das Erbscheinsverfahren keine Relevanz gehabt. Sie bezog sich vielmehr auf Fälle der streitigen Gerichtsbarkeit.[927] Auch insoweit sei bereits vorweggenommen, dass diese Vorschrift in der ErbVO nicht mehr auftaucht.[928]

Hier wird allerdings eine Schwierigkeit des ErbVO-E2009 deutlich, die gerade das deutsche Rechtssystem betroffen hätte. Dadurch, dass im ErbVO-E2009 nicht zwischen streitiger und freiwilliger Gerichtsbarkeit unterschieden wurde,[929] wurde eine „merkwürdige Mischung der Orientierung" herbeigeführt. Einige Normen orientierten sich am streitigen Verfahren (wie die Widerklage), andere hingegen eher am freiwilligen Verfahren (wie der ermessensabhängige Art. 5 ErbVO-E2009). Gerade Art. 5 ErbVO-E2009 hätte sich, so allen voran *Rauscher*,[930] kaum für Erb- und Pflichtteilsprozesse geeignet. Dem ist zwar entgegenzuhalten, dass nicht jedes mitgliedstaatliche Rechtssystem streng zwischen

---

lassverfahrensrecht, S. 430 ff., 439 f.; Schäuble, Einweisung der Erben durch deutsche Nachlassgerichte, S. 191 ff.

926   Rauscher, in: Rauscher, EuZPR/EuIPR, Einf EG-ErbVO Rdnr. 18. Das MPI (MPI-Comments, Rdnr. 94) will noch einen Schritt weitergehen und ein „forum necessitatis", also eine Bedarfszuständigkeit, schaffen; so auch: Gaudemet-Tallon, in: Perspectives du droit des Successions Européennes et Internationales, S. 125. Kritisch zu dieser Fassung wegen einiger Ungenauigkeiten, insbesondere zur fehlenden Bezugnahme auf Art. 5 ErbVO-E2009, vgl. DNotV-Stellungnahme, S. 14; siehe auch MPI-Comments, Rdnr. 86 ff.

927   Kritisch zu dieser Norm: Rauscher, in: Rauscher, EuZPR/EuIPR, Einf EG-ErbVO Rdnr. 22; s.a. DNotV-Stellungnahme, S. 15.

928   Vgl. Teil 5 B. I.

929   Begründung zum ErbVO-E2009, S. 5 f.; Pfundstein, Pflichtteil, Rdnr. 583; Mansel, in: FS Ansay, S. 185, 203. Generell kritisch zur mangelnden Trennung von streitiger und freiwilliger Gerichtsbarkeit: Lübcke, Das neue europäische Internationale Nachlassverfahrensrecht, S. 396 ff.

930   Rauscher, in: Rauscher, EuZPR/EuIPR, Einf EG-ErbVO Rdnr. 12; ähnlich: Wagner DNotZ 2010, 506, 514.

streitiger und freiwilliger Gerichtsbarkeit trennt und europäische Regelungen daher einen Ausgleich schaffen müssen, der die Komplexität der mitgliedstaatlichen Rechtssysteme kompakt erfasst.[931] Es ist aber nicht von der Hand zu weisen, dass dieser Ausgleich in Teilbereichen im ErbVO-E2009 verbesserungswürdig war, wie auch die nachfolgenden Ausführungen verdeutlichen werden.

4. Hilfszuständigkeit für erbrechtliche Erklärungen, Art. 8 ErbVO-E2009

Wiederum dem Bereich der freiwilligen Gerichtsbarkeit zuzuordnen war Art. 8 ErbVO-E2009. Danach sollten die „Gerichte des Mitgliedstaats, in dem der Erbe oder Vermächtnisnehmer seinen gewöhnlichen Aufenthalt hat, [...] auch für die Entgegennahme von Erklärungen über die Annahme oder Ausschlagung einer Erbschaft oder eines Vermächtnisses sowie für Erklärungen zur Begrenzung der Haftung des Erben oder Vermächtnisnehmers zuständig [sein], wenn diese Erklärungen vor einem Gericht abzugeben [gewesen wären]."

Diese Vorschrift war für das Konzept des ErbVO-E2009 notwendig, um den Erben oder Vermächtnisnehmern die Möglichkeit zu geben, die meist fristgebundenen Erklärungen (Annahme und Ausschlagung der Erbschaft oder Haftungsbegrenzungen) zügig vornehmen zu können.[932] Allerdings wäre es sinnvoll gewesen, klarzustellen, dass es sich nicht um eine ausschließliche Zuständigkeit handeln sollte, sondern dass das nach Art. 8 ErbVO-E2009 bezeichnete Gericht neben dem nach Art. 4 ErbVO-E2009 genannten zuständig sein sollte.[933] Dies

---

931   Seyfarth (in: Zuständigkeitswandel, S. 143 f.) führt zudem aus, dass dem europäischen Verordnungsgeber dazu die Rechtssetzungskompetenz fehlt.

932   So insbesondere: ErbVO-E2009, Erwägungsgrund 14.

933   So auch: DNotV-Stellungnahme, S. 15; Lechner-Report I, Amendment 47. Das DNotV wirft zudem die Frage auf, ob hier nicht ausnahmsweise eine Anknüpfung an den Wohnsitz sinnvoller wäre, da der gewöhnliche Aufenthalt der Erben nicht immer zeitnah ermittelt werden könne. Wird aber eine eindeutige Umschreibung des Begriffs anhand objektiver Kriterien aufgenommen, ist dies nicht nötig; dazu Teil 3 B. III. 1. c. bb. (2). Zudem forderte das DNotV, dass im Falle des Art. 8 ErbVO-E2009 an das Gericht der Hauptsache eine entsprechende Mitteilung der Vornahme der Erklärungen erfolgen sollte. Letzteres regte auch das MPI (MPI-Comments, Rdnr. 112 ff.) an und schlug darüber hinaus vor, dass die Erklärungen umgehend dem Gericht der Hauptsache übersandt werden und sie so angesehen werden sollten, als wären sie vor dem Hauptsachegericht abgegeben worden, s.a. Lehmann, Brüssel-IV-Verordnung, Rdnr. 416. Schließlich verlangte das MPI (MPI-Comments, Rdnr. 115), dass die Norm auch hinsichtlich solcher Erklärungen gelte, die nicht vor einem Gericht abgegeben werden. Dass es sich nicht um eine ausschließliche Zuständigkeit handelt, wird in ErbVO, Erwägungsgrund 32, klargestellt, s.a. Teil 5 B. I. Dies wurde von Seyfarth (in: Zustän-

geht aber auch aus der Nachfolgenorm, Art. 13 ErbVO, nicht eindeutig hervor.[934]

5. Hilfszuständigkeit für sachenrechtliche Maßnahmen, Art. 9 ErbVO-E2009

Fraglich ist, ob die in Art. 9 ErbVO-E2009 enthaltende Hilfszuständigkeit für sachenrechtliche Maßnahmen notwendig gewesen wäre. Dieser lautete im Entwurf: „Schreibt das Recht des Mitgliedstaats, in dem Nachlassgegenstände belegen sind, ein Tätig werden seiner Gerichte vor, um sachenrechtliche Maßnahmen zu veranlassen, die die Übertragung dieser Gegenstände, deren Eintragung in ein öffentliches Register oder deren Umschreibung betreffen, sind die Gerichte dieses Mitgliedstaats für solche Maßnahmen zuständig."

Zwar bekräftigte der Europäische Verordnungsgeber, dass die Norm der engen Verbindung von Erb- und Realstatut geschuldet und damit erforderlich war. Doch wäre ihr Anwendungsbereich unklar gewesen. Nicht nur, dass rein sachenrechtlich zu qualifizierende Verrichtungen ohnehin nach Art. 1 Abs. 3 lit. j ErbVO-E2009 ausgenommen gewesen wären, darüber hinaus wären sachenrechtlich zu qualifizierende Vorgänge schon gar nicht unter den generellen Anwendungsbereich des Verordnungsentwurfs nach Art. 1 Abs. 1 ErbVO-E2009 gefallen. Damit wäre lediglich ein begrenzter Anwendungsbereich für die Norm verblieben. Nur dann, wenn das Belegenheitsrecht in den erbrechtlichen Erwerbsvorgang konstitutive Übertragungsakte eingeschaltet hätte, wäre sie einschlägig gewesen. Dies wäre bei der administration oder der österreichischen Einantwortung der Fall gewesen.[935]

Der von Art. 9 ErbVO-E2009 erfasste Regelungsbereich wurde dementsprechend kritisch betrachtet.[936] Angeführt wurde, dass das Erbstatut nach dem ErbVO-E2009 einheitlich zu bestimmen gewesen wäre. Dies hätte nach Art. 19 Abs. 2 lit. f ErbVO-E2009 auch für den Erwerbsvorgang gegolten. Dementsprechend wären Erwerbsregeln des Belegenheitsrechts nur dann anzuwenden gewesen, wenn sie sachenrechtlich zu qualifizieren gewesen wären. Hätte Art. 9 Erb-

---

digkeitswandel, S. 224, 262) allerdings schon im Vorentwurf in die Norm hineininterpretiert.

934   Dazu Teil 5 B. I.
935   Rauscher, in: Rauscher, EuZPR/EuIPR, Einf EG-ErbVO Rdnr. 27.
936   Rauscher, in: Rauscher, EuZPR/EuIPR, Einf EG-ErbVO Rdnr. 26; s.a. DNotV-Stellungnahme, S. 16; Stellungnahme der Österreichischen Notariatskammer, S. 5 f.; Lübcke, Das neue europäische Internationale Nachlassverfahrensrecht, S. 410 ff.; Buschbaum/Kohler GPR 2010, 106, 111; Faber JEV 2010, 42, 46 (im Ergebnis aber eine „milde" Interpretation der Norm anwendend, die sich nur auf rein deklaratorische Maßnahmen beschränkt).

VO-E2009 statuieren sollen, dass Regelungen wie die Einantwortung sachenrechtlicher Natur sein sollen, wäre es den Mitgliedstaaten gestattet gewesen, Kollisionsnormen, die zwischen Erbstatut und Erb-Erwerbsstatut differenzieren, aufrechtzuerhalten.[937] Dies hätte eine Nachlassspaltung wieder eingeführt.[938] Einige forderten daher, einen Absatz 2 in Art. 9 ErbVO-E2009 einzuführen, der die Gerichte der Staaten, deren materielles Recht nach Art. 21 ErbVO-E2009[939] zur Anwendung gelangt wäre, gleichzeitig für zuständig erklärt hätte. In diesem Fall wäre wieder ein Gleichlauf von Forum und Ius herbeigeführt worden.[940]

Dass es tatsächlich nachteilig ist, dass Forum und Ius partiell auseinanderfallen, wurde bereits im Rahmen der Schilderung des deutschen Rechts angesprochen,[941] wird aber auch bei der Untersuchung der Vor- und Nachteile des europäischen Systems unter Teil 3 B. III. berücksichtigt. Zuzustimmen ist den Kritikern aber schon jetzt dahingehend, dass die Vorschrift des Entwurfs, was ihren Anwendungsbereich angeht, unklar und damit nachbesserungsbedürftig war.

Festzuhalten ist jedenfalls, dass der Europäische Verordnungsgeber diese Regelung nicht in die ErbVO übernommen hat.[942]

6. Einstweilige Maßnahmen einschließlich Sicherungsmaßnahmen, Art. 15 ErbVO-E2009

Schließlich sah Art. 15 ErbVO-E2009, der so auch mit kleinen Änderungen in Art. 19 ErbVO übernommen wurde, vor, dass einstweilige Maßnahmen und Si-

---

937 Für das Common Law würde Art. 21 ErbVO-E2009 ohnehin die administration aufrechterhalten, vgl. Rauscher, in: Rauscher, EuZPR/EuIPR, Einf EG-ErbVO Rdnr. 27. Hinsichtlich der Einantwortung aber weniger kritisch: Schäuble, Einweisung der Erben durch deutsche Nachlassgerichte, S. 173 f., 195; s.a. Lurger, in: Rechberger, Brücken im Europäischen Rechtsraum, S. 58 f.

938 Rauscher, in: Rauscher, EuZPR/EuIPR, Einf EG-ErbVO Rdnr. 27. Für eine Streichung daher: Lechner-Report I, Amendment 48. Vorsichtiger aber: Lurger, in: Rechberger, Brücken im Europäischen Rechtsraum, S. 52 f. Dafür, dass Art. 9 ErbVO-E2009 eine ausschließliche Zuständigkeit begründet: Buschbaum/Kohler GPR 2010, 106, 111.

939 Begrenzt auf Art. 21 Abs. 1 und Abs. 2 a ErbVO-E2009. Das MPI bezieht sich insbesondere auf die österreichische Einantwortung, vgl. MPI-Comments, Rdnr. 123; s.a. Schäuble, Einweisung der Erben durch deutsche Nachlassgerichte, S. 195; Faber/Grünberger NZ 2011, 97, 109 f. Zu Art. 21 ErbVO-E2009 siehe oben Teil 3 A. III. 2. a.

940 MPI-Comments, Rdnr. 119 ff., insb. 123; s.a. Lurger, in: Rechberger, Brücken im Europäischen Rechtsraum, S. 58.

941 Unter anderem bei dem Vergleich der Systeme unter Teil 2 D.

942 Vgl. Teil 5 B. I.

230

cherungsmaßnahmen, die das Recht eines Mitgliedstaates vorsieht, auch dann bei den Gerichten dieses Staates hätten beantragt werden können, wenn sich eine Zuständigkeit in der Hauptsache nach der Verordnung nicht ergeben hätte. Klarstellend hätte aber darauf hingewiesen werden sollen, dass auch typische Sicherungsmaßnahmen, die von den Gerichten der freiwilligen Gerichtsbarkeit von Amts wegen ergriffen werden (im deutschen Recht beispielsweise die Bestellung eines Nachlasspflegers nach § 1960 BGB), erfasst sein sollten, so dass die Zuständigkeit nach Art. 15 ErbVO-E2009 nur eine untergeordnete Rolle gespielt hätte.[943]

7. Verfahrensrechtliche Besonderheiten

Auch verfahrensrechtlich ergaben sich aus dem ErbVO-E2009 einige Besonderheiten. Aus Art. 10 ErbVO-E2009 sollte folgen, wann ein Gericht als angerufen gilt. Dabei sollte primär auf den Zeitpunkt abgestellt werden, in dem das verfahrenseinleitende Schriftstück bei Gericht eingereicht worden wäre (Art. 10 lit. a ErbVO-E2009). Falls die Zustellung an den Beklagten vor Einreichung des Schriftstücks bei Gericht zu bewirken gewesen wäre, hätte der Zeitpunkt den Ausschlag gegeben, zu dem die für die Zustellung verantwortliche Stelle das Schriftstück erhalten hätte (Art. 10 lit. b ErbVO-E2009). Damit war Art. 10 ErbVO-E2009 Art. 30 Brüssel-I-VO nachgebildet.[944] Diese Vorschrift wäre, wie schon andere der obigen Regelungen, kaum auf Verfahren der freiwilligen Gerichtsbarkeit übertragbar gewesen. Nur für Antragsverfahren, in denen der Antrag der Zustellung bedarf, hätte sich die Norm überhaupt anwenden lassen.[945] Auch wenn es also kaum möglich ist, streitiges und freiwilliges Verfahren trennend in die Verordnung aufzunehmen,[946] hätte dennoch darauf geachtet werden

---

943 So auch die Forderung der DNotV-Stellungnahme, S. 17. Ebenso weist Lehmann (in: Brüssel-IV-Verordnung, Rdnr. 415) darauf hin, dass geklärt sein müsse, welche Maßnahme wirksam sei, wenn mehrere Gerichte Sicherungsmaßnahmen anordneten, die divergierten. Er plädiert dafür, zentral angeordneten Maßnahmen stets den Vorrang einzuräumen; s.a. Seyfarth, Zuständigkeitswandel, S. 265 ff.; Haas, in: Jud/Rechberger/Reichelt, Kollisionsrecht in der Europäischen Union, S. 139. Diese Forderung ist für die entsprechende Norm in der ErbVO, Art. 19 ErbVO, aufrechtzuerhalten.

944 Rauscher, in: Rauscher, EuZPR/EuIPR, Einf EG-ErbVO Rdnr. 20; Gaudemet-Tallon, in: Perspectives du droit des Successions Européennes et Internationales, S. 128. Dass die verfahrensrechtlichen Besonderheiten allgemein auf der Brüssel-I-VO basieren, zeigt ErbVO-E2009, Erwägungsgrund 16.

945 DNotV-Stellungnahme, S. 16; Rauscher, in: Rauscher, EuZPR/EuIPR, Einf EG-ErbVO Rdnr. 31.

946 S.o. Teil 3 B. II. 3.

sollen, die Sprachfassungen der einzelnen Entwurfs-Normen nicht nur auf ein Verfahren zuzuschneiden.[947] [948]

Erheblich abgewandelt wurde die Vorschrift daher in Art. 14 ErbVO. Wie die Prüfung der Zuständigkeit und das Verhalten bei Unzuständigkeit auszusehen haben, sollte Art. 11 ErbVO-E2009 darlegen: „Das Gericht eines Mitgliedstaats, das in einer Sache angerufen wird, für die es nach dieser Verordnung nicht zuständig ist, erklärt sich von Amts wegen für unzuständig." Ergänzend sollte Art. 12 ErbVO-E2009 die Prüfung der Zulässigkeit beschreiben.[949]

Art. 12 ErbVO-E2009 wäre aber, anders als Art. 11 ErbVO-E2009, weniger mit den verfahrensrechtlichen Aspekten der freiwilligen Gerichtsbarkeit vereinbar gewesen. Während Art. 11 ErbVO-E2009 eine Prüfung der Zuständigkeit von Amts wegen vorsah und damit sowohl auf die streitige als auch auf die freiwillige Gerichtsbarkeit anwendbar gewesen wäre, sprach Art. 12 Abs. 1 ErbVO-E2009 beispielsweise vom „Beklagten". Dass aber dieser Begriff nicht uneingeschränkt auf die „Beteiligten" im Nachlassverfahren übertragen werden kann, zeigt schon die Tatsache, dass es dort möglicherweise sehr viele Beteiligte geben kann.[950] Wäre es, wie in Art. 12 Abs. 1 ErbVO-E2009 vorgesehen, bei Nichteinlassung dieser Beteiligten notwendig, festzustellen, ob jeder Beteiligte durch rechtzeitige Schriftstückzustellung die Möglichkeit hatte, sich zu verteidigen und so lange das Verfahren auszusetzen, wären Verfahren mit überlanger Dauer die Folge. Eine genauere Differenzierung, wer „Beklagter" im Sinne von Art. 12 ErbVO-E2009 sein soll, wäre daher erforderlich gewesen, so dass, wie schon bei Art. 10 ErbVO-E2009, eine offenere Sprachfassung angebracht gewesen wäre. Die ErbVO schafft hier ebenfalls kaum Abhilfe.[951]

Art. 11 und 12 ErbVO-E2009 wurden als Art. 15 und 16 ErbVO im Wesentlichen so in die ErbVO übernommen.

Art. 13 ErbVO-E2009, der in der ErbVO als Art. 17 ErbVO auftaucht, war in der Fassung im Verordnungsentwurf zu eng gefasst. In seiner damaligen Fassung schloss die Norm nur Erbprozesse ein. Auf Nachlasssachen wäre die Be-

---

947   S.a. Schäuble, Einweisung der Erben durch deutsche Nachlassgerichte, S. 191 f.; Seyfarth, Zuständigkeitswandel, S. 188 f., 229 f.

948   Diese Kritik aufnehmend ist daher Art. 14 ErbVO besser formuliert, s.u. Teil 5 B. I.

949   Sowohl Art. 11 ErbVO-E2009 als auch Art. 12 ErbVO-E2009 sind angelehnt an Art. 25, 26 Brüssel-I-VO; wobei Art. 12 ErbVO-E2009 weitestgehend auf (dem Art. 26 Abs. 2 bis 4 Brüssel-I-VO entsprechenden) Art. 18 Brüssel-IIa-VO zurückgeht; vgl. Rauscher, in: Rauscher, EuZPR/EuIPR, Einf EG-ErbVO Rdnr. 28 f.

950   Rauscher, in: Rauscher, EuZPR/EuIPR, Einf EG-ErbVO Rdnr. 29.

951   S.u. Teil 5 B. I.

stimmung zur engen Streitgegenstandsidentität nicht anwendbar gewesen.[952] So hieß es in Abs. 1:

> „Werden bei Gerichten verschiedener Mitgliedstaaten *Klagen* wegen desselben *Anspruchs* zwischen denselben Parteien anhängig gemacht, so setzt das später angerufene Gericht das Verfahren von Amts wegen aus, bis die Zuständigkeit des zuerst angerufenen Gerichts feststeht."[953]

Abs. 2 sollte klarstellen, dass sich das zuletzt angerufene Gericht für unzuständig zu erklären gehabt hätte, wenn sich das zuerst angerufene Gericht für zuständig gehalten hätte.

Doch auch im Erbscheinsverfahren ist es nicht ausgeschlossen, dass zwei Gerichte von ihrer Zuständigkeit ausgehen.[954] Hier hätte aber Art. 14 ErbVO-E2009 geholfen.[955] Nach dessen Absatz 1 hätte, wenn bei Gerichten verschiedener Mitgliedstaaten Verfahren, die im Zusammenhang stehen, anhängig gewesen wären, jedes später angerufene Gericht das Verfahren aussetzen dürfen. So hätte auch das deutsche Nachlassgericht das Erbscheinserteilungsverfahren aussetzen können, wenn beispielsweise ein solches Verfahren[956] zugleich in einem anderen Mitgliedstaat durchgeführt worden wäre. In der ersten Instanz hätte sich das Gericht nach Abs. 2 auf Antrag einer Partei für unzuständig erklärt. Verfahren hät-

---

952 Rauscher, in: Rauscher, EuZPR/EuIPR, Einf EG-ErbVO Rdnr. 33.

953 Hervorhebungen durch Verfasserin. Siehe dazu: Rauscher, in: Rauscher, EuZPR/EuIPR, Einf EG-ErbVO Rdnr. 33.

954 Selbst wenn der Begriff des gewöhnlichen Aufenthalts autonom ausgelegt wird, ausführlich dazu unter Teil 3, B. III. 1. c. bb; s.a. Seyfarth, Zuständigkeitswandel, S. 136 f. Allgemein: Haas, in: Jud/Rechberger/Reichelt, Kollisionsrecht in der Europäischen Union, S. 137 f.; Rechberger/Schur, in: Jud/Rechberger/Reichelt, Kollisionsrecht in der Europäischen Union, S. 202.

955 Rauscher, in: Rauscher, EuZPR/EuIPR, Einf EG-ErbVO Rdnr. 34: Die Regelung wurde für rechtsfürsorgende Maßnahmen der freiwilligen Gerichtsbarkeit geschaffen.

956 Natürlich nur ein entsprechendes Verfahren, da es, wie ausgeführt (Teil 3 A. III. 1. b. sowie Fn. 21) ganz verschiedene Verfahren und zuständige Institutionen gibt und nicht jeder Mitgliedstaat einen Erbschein kennt. Rauscher (in: Rauscher, EuZPR/EuIPR, Einf EG-ErbVO Rdnr. 34) sieht hier zu Recht die Schwierigkeit, dass dem Gericht ein Spielraum gelassen würde hinsichtlich der Frage, ob die konkurrierenden Erbscheinsanträge zu „zusammenhängenden Verfahren" führen. Dies müsse vielmehr zwingend sein. Es wäre zwar sicherlich von Vorteil, wenn die Gerichte keinen Spielraum hätten, doch sei es sehr wahrscheinlich, dass sie diesen stets am Erblasser orientiert ausrichten und konkurrierende Erbscheinsanträge nach einem Erblasser als zusammenhängend ansehen würden, da gerade dies dem Zweck der Regelung entspreche. Den Gerichten solle daher mehr Vertrauen geschenkt werden. Durch den Beurteilungsspielraum bliebe zudem noch ein umfassendes Maß an Flexibilität gewahrt, bestehe tatsächlich einmal kein Zusammenhang (bspw. in anderen als den Erbscheinsverfahren, da diese Verfahren kein „Exklusivrecht" genießen).

ten dabei im Zusammenhang gestanden, „wenn zwischen ihnen eine so enge Beziehung gegeben [gewesen wäre], dass eine gemeinsame Verhandlung und Entscheidung geboten [erschienen wäre], um zu vermeiden, dass in getrennten Verfahren möglicherweise widersprechende Entscheidungen [ergangen wären].“[957] Klärungsbedürftig wäre dann nur noch die Definition des Art. 10 ErbVO-E2009 geblieben, der ja festlegen sollte, wann ein Gericht als angerufen gilt und damit Grundlage des Art. 14 ErbVO-E2009 gewesen wäre, der aber, wie ausgeführt, nur bei Antragsverfahren mit Zustellungsbedürfnis für die freiwillige Gerichtsbarkeit gegolten hätte. Da das deutsche Recht mit § 23 Abs. 2 FamFG aber nur eine „Soll-Vorschrift“ hinsichtlich der Übermittlung des Antrages an die sonstigen Beteiligten enthält[958] und bei der Vielzahl möglicher Beteiligter[959] nicht auszuschließen ist, dass ein Beteiligter übersehen wird, wäre unklar gewesen, wann ein Erbscheinsverfahren anhängig im Sinne des Art. 14 ErbVO-E2009 gewesen wäre. Es wäre daher einerseits erstrebenswert gewesen, dass Art. 10 ErbVO-E2009, wie beschrieben, so gefasst worden wäre, dass auch Verfahren der freiwilligen Gerichtsbarkeit unproblematisch erfasst worden wären. Auch wäre es, vergleicht man Art. 13 mit Art. 14 ErbVO-E2009, vorteilhaft gewesen, hätte man letzteren abgewandelt. Man hätte den später angerufenen Gerichten im Falle des Art. 14 ErbVO-E2009 nicht nur die Möglichkeit geben sollen, das Verfahren auszusetzen, sondern sich gerade bei Verfahrensidentität für unzuständig zu erklären, um nicht noch ein Verfahren anhängig zu belassen, wenn doch ein anderes genau identisch verläuft oder es im Falle des Abs. 2 den Beteiligten zu überlassen, ob sich das später angerufene Gericht für unzuständig erklärt.[960]

In der ErbVO greift Art. 18 ErbVO Art. 14 ErbVO-E2009 auf.

---

957   Art. 14 Abs. 3 ErbVO-E2009.

958   § 23 Abs. 2 FamFG: „Das Gericht soll den Antrag an die übrigen Beteiligten übermitteln.“ Es entspricht aber wohl herrschender Meinung, dass aufgrund des Rechts auf rechtliches Gehör eine Übermittlungspflicht an die Beteiligten folgt, sofern der Antrag nicht offensichtlich unbegründet oder unzulässig ist; vgl. bspw. Burschel, in: BeckOK-FamFG, § 23 Rdnr. 25; Bumiller/Harders, in: Bumiller/Harders, Kommentar zum FamFG, § 23 Rdnr. 16 f.; Ulrici, in: Münchener Kommentar zur ZPO, § 23 FamFG Rdnr. 45.

959   S.o. Fn. 112.

960   Ähnlicher Gedanke bei Schäuble, Einweisung der Erben durch deutsche Nachlassgerichte, S. 193. Weniger kritisch: Lübcke, Das neue europäische Internationale Nachlassverfahrensrecht, S. 457. Dazu noch unter Teil 5 B. I.

8. Zusammenfassung

Zahlreiche Regelungen bilden das Grundgerüst der Zuständigkeitsbestimmung im ErbVO-E2009. Neben der Grundanknüpfung nach Art. 4 ErbVO-E2009, der die internationale Zuständigkeit vom letzten gewöhnlichen Aufenthalt des Erblassers abhängig machen sollte, waren zahlreiche weitere Zuständigkeitsregelungen vorgesehen. Diese differenzierten nicht zwischen streitiger und freiwilliger Gerichtsbarkeit, was teilweise (insbesondere hinsichtlich der verfahrensrechtlichen Besonderheiten bei Art. 10 und 12 ErbVO-E2009, aber auch in Bezug auf Art. 13 ErbVO-E2009 und Art. 14 ErbVO-E2009) zu Recht als nachteilig empfunden wurde.

Vorgesehen war bei einer Rechtswahl des Erblassers eine Verweisungsmöglichkeit gemäß Art. 5 ErbVO-E2009 an das Gericht des Mitgliedstaats, dessen Recht der Erblasser nach Art. 17 ErbVO-E2009 gewählt hat. Eine Zuständigkeit mitgliedstaatlicher Gerichte bei letztem gewöhnlichem Aufenthalt des Erblassers in einem Drittstaat sollte über Art. 6 ErbVO-E2009 begründet werden. Art. 7 ErbVO-E2009 sollte die in der freiwilligen Gerichtsbarkeit nicht relevante Widerklage regeln. Daneben sollten Art. 8 ErbVO-E2009 und Art. 9 ErbVO-E2009 Hilfszuständigkeiten im Falle der Notwendigkeit erbrechtlicher Erklärungen und für sachenrechtliche Maßnahmen beinhalten. Art. 9 ErbVO-E2009 wurde insbesondere deshalb kritisch betrachtet, weil sein Anwendungsbereich beschränkt sein sollte und er indirekt die – eigentlich mit dem ErbVO-E2009 weitestgehend abgeschaffte – Nachlassspaltung weiter ermöglicht hätte.

Verfahrensrechtlich ist hervorzuheben, dass eine Zuständigkeitsprüfung von Amts wegen erfolgen sollte (Art. 11 ErbVO-E2009) und gerade im Erbverfahren die Möglichkeit bestanden hätte, das Verfahren auszusetzen, wenn bei einem anderen Gericht bereits ein identisches Verfahren anhängig gewesen wäre (Art. 14 ErbVO-E2009). Zur Bestimmung der „Anhängigkeit" und damit der „Anrufung" des Gerichts wäre aber auf Art. 10 ErbVO-E2009 zurückzugreifen gewesen, der insofern zu unsauber das Erbscheinserteilungsverfahren nicht erfasst hätte.

III. Argumente für und gegen die Regelung im ErbVO-E2009

Mit dem ErbVO-E2009 wurde durch vorbenannte Vorschriften erstmals ein umfassendes Konzept eines europäischen Gleichlaufs von internationaler Zuständigkeit und anwendbarem Recht angedacht. Verbindungspunkt sollte der gewöhnliche Aufenthalt sein, der parallel internationale Zuständigkeit und anwendbares Recht bestimmen sollte. Dieses Konzept wird nachfolgend untersucht. Als für den europäischen Gleichlauf maßgebliche Normen werden die des Entwurfs zugrunde gelegt. Dadurch wird nicht nur eine Auseinandersetzung mit dem Ursprungsgedanken an einen europäischen Gleichlauf ermöglicht. Die Begutachtung und Bewertung des Entwurfes in Teil 3 C. sorgt dafür, dass eine umfassende Stellungnahme zur endgültigen ErbVO abgegeben werden kann.

Unterschieden wird nachfolgend zwischen Argumenten, die sich auf den Gleichlauf von anwendbarem Recht und Verfahrensrecht beziehen und solchen, die sich mit dem gewöhnlichen Aufenthalt als Kriterium zur Bestimmung der internationalen Zuständigkeit auseinandersetzen. Diese Argumente finden sich in den folgenden Kategorien wieder: Zunächst wurden abermals praktische Erwägungen von den Befürwortern vorgebracht und von den Gegnern kritisiert (1.). Auch sollte der europäische Gleichlauf, so die Befürworter, auf die Verbindung von materiellem Recht und Verfahrensrecht in den Mitgliedstaaten besondere Rücksicht nehmen (2.). Ebenso betonten sie die Konformität mit anderen europäischen Verordnungen (3.). Letztlich wurde – den Gleichlauf und den gewöhnlichen Aufenthalt als entscheidendes Kriterium voraussetzend – das vielschichtige Ausnahmensystem, wie es der ErbVO-E2009 vorsah, von den Befürwortern positiv hervorgehoben (4.).

Die Kritiker führten insbesondere an, dass das Regelungssystem nach dem ErbVO-E2009-Konzept gerade wegen der sehr unbestimmten Anknüpfung an den gewöhnlichen Aufenthalt nicht zu befürworten gewesen sei.[961] Daher wird vornehmlich bei der Untersuchung der praktischen Erwägungen (1.) auf die Problematik der möglichen Unbestimmtheit dieses Kriteriums eingegangen.

1. Praktische Erwägungen

a. Begründung für das europäische Gleichlaufsystem

Hauptsächlich wurden zur Begründung für das europäische System nach dem ErbVO-E2009 praktische Erwägungen vorgebracht.

Zunächst stützten sich die Befürworter darauf, der durch die einheitliche Anknüpfung hervorgerufene Gleichlauf hätte zu einer erheblichen Zeit- und Kostenersparnis geführt. Wären materielles Recht und Verfahrensrecht einheitlich nach dem letzten gewöhnlichen Aufenthalt bestimmt worden, so hätte das angerufene Gericht – wie schon beim Gleichlaufgrundsatz – das ihm bekannte

---

961 Reine Kritiker, wie bspw. beim deutschen Gleichlaufgrundsatz, existieren aber nicht, da viele der Verordnung trotz ihrer Kritik Positives abgewinnen konnten. Demnach wird die Bezeichnung „Kritiker" lediglich zusammenfassend für einzeln geäußerte Kritikpunkte verwandt.

eigene materielle Recht anwenden und damit schnell und effektiv entscheiden können. Auch hätte das Gericht zeitnah einen Erbschein und sogar ein europäisches Nachlasszeugnis erteilen können, da der Gleichlauf auch die Zuständigkeit für dessen Erteilung umfasst.[962]

Schließlich hätte die Konzentration der Zuständigkeit auf das Gericht am letzten gewöhnlichen Aufenthalt des Erblassers (abgesehen von den oben genannten Ausnahmen)[963] zu einer Vermeidung mehrerer Gerichtsstände und damit zu einer Vermeidung des forum shopping und divergierender Entscheidungen geführt.[964]

Anders als der deutsche Gleichlaufgrundsatz hätte der europäische Gleichlaufgrundsatz den Vorteil gehabt, den gewöhnlichen Aufenthalt als einheitliches Kriterium zu wählen und beispielsweise nicht die Staatsangehörigkeit.[965] Die Staatsangehörigkeit wäre hier zu starr und gerade wegen der Möglichkeit der Doppel- und Mehrstaater nicht tauglich gewesen, da ein erheblicher Verfahrensaufwand bestanden hätte, um die Staatsangehörigkeit in diesen Fällen festzustellen. Die Staaten der Europäischen Union hätten sich umfassend und bürokratisch absichern müssen, um diese Möglichkeit auszuschließen. Dies hätte zu langwierigen und unnötigen Zuständigkeitsprüfungen führen können. Zwar hätte auch der gewöhnliche Aufenthalt zur Zuständigkeitsbegründung ermittelt werden müssen. Ferner hätten ähnliche Probleme bei der Feststellung des gewöhnlichen Aufenthalts auftreten können. Doch wäre in diesem Fall kein bürokratischer Abstimmungsaufwand angefallen.[966]

Ohnehin wurde dem gewöhnlichen Aufenthalt im Rahmen des ErbVO-E2009-Konzepts zugesprochen, ein flexibles Kriterium gewesen zu sein, das für die Zuständigkeitsbestimmung am ehesten sachgerecht gewesen sei. Anknüpfend an die Argumentation im Rahmen des Anknüpfungsmoments wurde betont, dass durch die Wahl des gewöhnlichen Aufenthalts als Kriterium zur Bestimmung der internationalen Zuständigkeit die Stelle für zuständig erklärt worden wäre, an der, so die Befürworter, zumeist auch der wesentliche Teil des Nachlasses belegen gewesen wäre. Der Ortsnähe wäre daher ein hoher Stellenwert zugekommen, den ein anderes Kriterium nicht hätte hinreichend berücksichtigen

---

962   S.o. Teil 3 A. III. 4; Mansel, in: FS Ansay, S. 185, 200 f.; Remde RNotZ 2012, 65, 71; s.a. BRAK-Stellungnahme, S. 3; Dörner ZEV 2010, 221, 222 (Entlastung der Gerichte); Lehmann ZErb 2005, 320, 325.

963   Dazu sogleich Teil 3 B. III. 4.

964   Haas, in: Jud/Rechberger/Reichelt, Kollisionsrecht in der Europäischen Union, S. 133 f.; Lagarde, in: Perspectives du droit des Successions Européennes et Internationales, S. 9.

965   Zu den einzelnen Argumenten für und wider siehe bereits oben Teil 3 A. III. 2. b. aa.

966   So bereits: Lehmann, Brüssel-IV-Verordnung, Rdnr. 168.

können.[967] Zudem wäre das Kriterium des gewöhnlichen Aufenthalts der steigenden Mobilität der Bürger der Europäischen Union gerecht geworden.[968] Schließlich hätte es keinen der Beteiligten unbillig begünstigt. Übertragen auf die freiwillige Gerichtsbarkeit wären also die Interessen keines Beteiligten übermäßig bevorzugt worden.[969]

b. Kritik am europäischen Gleichlaufsystem

Diese Begründung zugunsten des europäischen Gleichlaufs und dessen grundsätzliche Ausrichtung nach dem gewöhnlichen Aufenthalt wurden mitunter scharf kritisiert.

Es wurde angeführt, die Konzentration auf nur einen Gerichtsstand wäre wegen der Nachteile, die sich für die Beteiligten ergäben, nicht zu begrüßen gewesen.[970] Wäre nur ein Gericht zuständig gewesen und hätte dieses vom Aufenthaltsort der Beteiligten weit entfernt gelegen, hätten die Beteiligten kostspielige Reisen auf sich nehmen und Dolmetscher beauftragen müssen. Denn ein Recht auf die unentgeltliche Bereitstellung eines solchen Übersetzers sei im Zivilverfahren nicht vorgesehen.[971] Doch nicht nur finanzielle und persönliche Einbußen hätten die Beteiligten hinnehmen müssen. Da den Beteiligten das ausländische Verfahrensrecht hätte unbekannt sein können, wäre die Erreichbarkeit ihrer Rechtsschutzziele beeinträchtigt gewesen.[972]

Letztlich wäre es auch nicht immer gewährleistet gewesen, dass das Gericht inländisches Verfahrensrecht angewendet hätte, da selbst bei Verwendung des grundsätzlich identischen Kriteriums, des gewöhnlichen Aufenthalts, die internationale Zuständigkeit nicht das anwendbare Recht bestimmt hätte und so (bei-

---

967 Begründung zum ErbVO-E2009, S. 5 f.
968 ErbVO-E2009, Erwägungsgrund 13; s.a. Rechberger/Schur, in: Jud/Rechberger/Reichelt, Kollisionsrecht in der Europäischen Union, S. 203 f.
969 Haas, in: Jud/Rechberger/Reichelt, Kollisionsrecht in der Europäischen Union, S. 135 f.
970 Lehmann, Brüssel-IV-Verordnung, Rdnr. 364 ff.; im Ergebnis wird von ihm aber kein Verstoß gegen den Justizgewährungsanspruch festgestellt.
971 Junghardt, Rom-IV-VO, S. 182; Lehmann, Brüssel-IV-Verordnung, Rdnr. 365: Dass eine unentgeltliche Bereitstellung des Dolmetschers nicht vorgesehen sei, folge aus Art. 6 Abs. 3 lit. e EMRK. Dazu: Geimer, IZPR Rdnr. 2652; s.a. § 185 Abs. 1 S. 1 i.V.m. Abs. 3 GVG; Lehmann ZErb 2005, 320, 324.
972 Junghardt, Rom-IV-VO, S. 182; Lehmann, Brüssel-IV-Verordnung, Rdnr. 365; ders. IPRax 2006, 204, 206 (Gerichtsstände für Hilfsgeschäfte – wie bspw. Art. 8 ErbVO-E2009 würden dies aber abmildern); s.a. Haas, in: Gottwald, Perspektiven der justiziellen Zusammenarbeit, S. 60 ff.; Rechberger/Schur, in: Jud/Rechberger/Reichelt, Kollisionsrecht in der Europäischen Union, S. 216, die darauf hinweisen, dass aus diesem Grund ein Ausnahmesystem erforderlich sei.

spielsweise bei einer Rechtswahl, wenn nach dem ErbVO-E2009-Konzept Art. 5 ErbVO-E2009 nicht in Betracht käme) Verfahrensrecht und materielles Recht hätten divergieren können. Dann wären die Beteiligten benachteiligt gewesen, ohne dass es zum gewünschten Ziel des Europäischen Verordnungsgebers, internationale Zuständigkeit und anwendbares Recht zu vereinen, gekommen wäre.[973]

Aufbauend auf der Argumentation zu Lasten des gewöhnlichen Aufenthalts als Anknüpfungsmoment zur Bestimmung des anwendbaren Rechts[974] wurde zudem angeführt, der Gleichlauf wäre wegen der Konzentration auf ein Gericht nachteilig gewesen. Einige Kritiker behaupteten ferner, die Konzentration wäre schon gar nicht gegeben, da es bei Zugrundelegung dieses Kriteriums mehrere gewöhnliche Aufenthalte und damit mehrere international zuständige Gerichte hätte geben können.[975] Einige Kritiker gingen sogar davon aus, dass es gar keinen gewöhnlichen Aufenthalt hätte geben können und so kein zuständiges Gericht vorhanden gewesen wäre.[976] Der Begriff des gewöhnlichen Aufenthaltes wäre viel zu unbestimmt gewesen, um nur einen Ort sicher festlegen zu können und hätte daher nicht nur zur Manipulation durch den Erblasser, sondern auch generell zum forum shopping eingeladen.[977] Ebenso wäre es möglich gewesen, dass ein Gericht aufgrund fehlerhafter Tatsacheninformationen ungerechtfertigt seine Zuständigkeit angenommen hätte.[978] Zudem hätten Fragen der Verfahrenseffizienz die Auslegung des Begriffs „gewöhnlicher Aufenthalt" beeinflussen und so „verwässern" können.[979] Sachgerecht wäre der europäische Gleichlauf damit überhaupt nur dann gewesen, wenn der gewöhnliche Aufenthalt mit einem

---

973 Lehmann, Brüssel-IV-Verordnung, Rdnr. 365,
974 S.o. Teil 3 A. III. 2. b. aa.
975 Siehe bereits Teil 3 A. III. 2. b. aa.
976 Zum fehlenden gewöhnlichen Aufenthalt: BGH NJW 1993, 2047; Thorn, in: Palandt, Kommentar zum BGB, Art. 5 Rdnr. 10; Kropholler, IPR, S. 288; Baetge, Gewöhnlicher Aufenthalt im IPR, S. 142 ff.; zusammenfassend: Spickhoff IPRax 1995, 185, 188 f.
977 S.o. Teil 3 A. III. 2. b. aa.; Junghardt, Rom-IV-VO, S. 113 ff.; Bajons, in: FS Heldrich, S. 495, 500 sowie Haas, in: Jud/Rechberger/Reichelt, Kollisionsrecht in der Europäischen Union, S. 136 f. Letzterer stellt aber im Ergebnis fest, dass dies die Anknüpfung an den gewöhnlichen Aufenthalt nicht grundsätzlich in Frage stellen kann.
978 Lehmann ZErb 2005, 320, 325.
979 DNotV-Stellungnahme, S. 11: Stattdessen soll der letzte Wohnsitz des Erblassers samt Verweisungsmöglichkeit an die Gerichte des gewöhnlichen Aufenthalts maßgeblich sein. Dies scheint aber nicht nur zu komplex, sondern auch gerade, weil der Wohnsitz zu stark national geprägt ist (s.o. Teil 1 B. I. 1. c.), auf europäischer Ebene kaum realisierbar. Darum wurde auch das Domicil (anglo-amerikanisches Begriffsverständnis) nur vereinzelt als Anknüpfungspunkt in Betracht gezogen (dazu Teil 3 A. III. 2. b. aa.).

beschränkenden Kriterium, wie einer starren Frist, versehen oder direkt die Staatsangehörigkeit zum maßgeblichen Kriterium ernannt worden wäre.[980]

c. Stellungnahme

Da sich die vorgebrachten Argumente, wie eingangs angeführt, in solche teilen lassen, die sich explizit auf den Gleichlauf beziehen und solche, die den gewöhnlichen Aufenthalt im Fokus haben, wird auch die nachfolgende Stellungnahme geteilt.

aa. Stellungnahme zum Gleichlauf

Hinsichtlich des Gleichlaufs ist den Kritikern gerade in Bezug auf die möglichen Nachteile für die Erben zu widersprechen.

Den Erben wären keine erheblichen Nachteile erwachsen. Wie von vielen angeführt, dürften sich die Erben und der wesentliche Teil des Nachlasses am Ort des letzten gewöhnlichen Aufenthalts des Erblassers befinden. Die Gerichte und auch die Erben bzw. sonstigen Beteiligten stehen dann in einem unmittelbaren Näheverhältnis zum Nachlass, auf den sich ein potenzieller Erbschein bezieht. Es wäre in diesem Fall nachteilig, würde das Gericht am gewöhnlichen Aufenthaltsort zwar zuständig sein, sich aber nach der ggf. ausländischen Staatsangehörigkeit richten müssen, die zu einem schwer zu ermittelnden ausländischen Recht führen kann, was wiederum zeit- und kostenintensiv (und damit nachteilig für die Beteiligten) ist. Der europäische Gleichlauf nach dem ErbVO-E2009 hätte somit das Näheverhältnis bekräftigt und schnell und sicherlich auch eindeutig klare Verhältnisse geschaffen. Er hätte mithin die Erteilung eines Erbscheines beschleunigen können.

Wäre es doch einmal vorkommen, dass die Erben weit entfernt vom Nachlass beheimatet gewesen wären, wäre dies aber auch nicht unbillig gewesen.[981] Die Erben sind ja zumeist durch das Erbe begünstigt, so dass in einem solchen Fall nicht die Interessen der Erben, sondern die des Erblassers im Vordergrund stehen. Hat dieser seinen gewöhnlichen Aufenthalt in einen Mitgliedstaat verlegt, in dem er auch stirbt, wäre es in seinem Sinne gewesen, dass sich dieser Staat, dessen Recht anwendbar wäre und der dieses sicherlich auch gut, wenn nicht sogar am besten anwenden kann, seiner Nachlassabwicklung annimmt. Hätte er dies nicht gewollt, hätte er eine entsprechende Rechtswahl treffen können. Denn gerade, wenn der Erblasser im hohen Alter noch auswandert, wird er sich über den Nachlass und eine Rechtswahl hinreichend Gedanken gemacht

---

980   Dazu bereits unter: Teil 3 A. III. 2. b. aa.
981   Zumal in Fällen fristgebundener Erklärungen Art. 8 ErbVO-E2009 eingreift und bei einer Rechtswahl Art. 5 ErbVO-E2009 zum Einsatz kommen kann.

haben und wäre nicht von der Anwendung des Rechts am gewöhnlichen Aufenthalt und der Zuständigkeit der dortigen Gerichte „überrascht" gewesen.[982] Hinsichtlich des Gleichlaufs ist zudem darauf hinzuweisen, dass die Kritik insoweit nicht greift, als sie bemängelt, der Gleichlauf hätte nicht stets durchgehalten werden können. Unabhängig davon, ob dem tatsächlich so ist oder nicht – immerhin sollte nach dem ErbVO-E2009-Konzept Art. 5 ErbVO-E2009 den Gleichlauf in vielen Fällen wieder herstellen, in denen die Rechtswahl den Gleichlauf eigentlich zerstört hätte[983] – kann der Versuch der Herstellung der Einheit doch anerkennend gewürdigt werden.

Im Ergebnis vermögen die Einwände der Kritiker daher nicht zu überzeugen. Der Gleichlauf von Forum und Ius wäre aus praktischer Sicht im Grunde zu begrüßen gewesen.

bb. Stellungnahme zum Kriterium des gewöhnlichen Aufenthalts

Während die Befürworter hervorheben, das Kriterium des gewöhnlichen Aufenthalts im europäischen Gleichlaufsystem wäre nicht nur sachgerechter und unbürokratischer als die Staatsangehörigkeit gewesen, sondern auch der Mobilität der Bürger gerecht geworden, waren die Kritiker dem Kriterium gegenüber skeptisch eingestellt. Insbesondere dessen Unzuverlässigkeit, die vornehmlich aus der Unbestimmtheit des Begriffs hergerührt hätte, wurde gerügt. Dies hätte dazu geführt, dass das Kriterium gegenüber der Staatsangehörigkeit nachteilig gewesen wäre.

Ob das Kriterium des gewöhnlichen Aufenthalts tatsächlich vorzugswürdig gewesen wäre, hängt also maßgeblich davon ab, ob es ein verlässliches Mittel zur Bestimmung der internationalen Zuständigkeit gewesen wäre und ob es den soeben als grundsätzlich positiv eingeordneten europäischen Gleichlauf hätte tragen können. Dies hängt aber, wie oben bereits angesprochen,[984] wiederum davon ab, wie der Begriff des gewöhnlichen Aufenthalts im Sinne des europäi-

---

982   Relativierend hinsichtlich der Anknüpfung aber Lehmann, Brüssel-IV-Verordnung, Rdnr. 157 ff.: Er erläutert, dass sowohl die Anknüpfung an die Staatsangehörigkeit als auch an den gewöhnlichen Aufenthalt für den Erblasser/die Angehörigen überraschend sein können. Die Bevölkerung müsse daher unabhängig vom gewählten Kriterium umfassend informiert werden. Es wäre aber beim gewöhnlichen Aufenthalt zu berücksichtigen, dass dieser für den Erblasser unter Umständen schwerer zu ermitteln sei als die Staatsangehörigkeit, was Lehmann der fehlenden Definition zuschreibt, dazu Teil 3 B. III. 1. C. bb. (2).

983   S.o. Teil 3 B. II. 1.

984   S.o. Teil 3 A. III. 2. b. aa.

schen Gleichlaufs zu verstehen gewesen wäre.[985] Eine Definition sah jedoch, wie so häufig,[986] auch der ErbVO-E2009 nicht vor.[987] Aus diesem Grund ist näher zu untersuchen, wie der Begriff im Lichte des ErbVO-E2009-Konzepts zu verstehen gewesen wäre.

Aus deutscher Sicht wurde der Begriff bereits unter Teil 1 B. I. 1. d erfasst. Hier wird zumeist nicht zwischen einem national oder autonom[988] bestimmten Begriff unterschieden. Allerdings ist zu hinterfragen, ob das nationale Verständnis des Begriffs des gewöhnlichen Aufenthalts in Bezug auf den europäischen Gleichlauf eine andere Prägung erhalten hätte. Für diese Untersuchung wird zunächst auf die Rechtsprechung des EuGH eingegangen, der aufgrund der mangelnden Definition nach dem ErbVO-E2009-Konzept eine entscheidende Bedeutung beizumessen gewesen wäre.[989] Aufgrund dieser Rechtsprechung wird

---

985   S.a. Lehmann, Brüssel-IV-Verordnung, Rdnr. 173; gegen eine Definition angelehnt an das anglo-amerikanische Domicil: Dutta RabelsZ 73 (2009), 547, 568 f.

986   S.o. Teil 1 B. I. 1. D. sowie Lehmann FPR 2008, 203, 204; obwohl bspw. Art. 19 Abs. 1 Verordnung (EG) Nr. 593/2008 des Europäischen Parlaments und des Rates vom 17. Juni 2008 über das auf vertragliche Schuldverhältnisse anzuwendende Recht (Rom-I-VO) und Art. 23 Abs. 2 Verordnung (EG) Nr. 864/2007 des Europäischen Parlaments und des Rates vom 11. Juli 2007 über das auf außervertragliche Schuldverhältnisse anzuwendende Recht (Rom-II-VO) eine Definition liefern, die aber spezifisch auf den handelsrechtlichen Anwendungsbereich zugeschnitten und nicht übertragbar sind, vgl. Junghardt, Rom-IV-VO, S. 76 sowie Sonnenberger, in: FS Kropholler, S. 227, 236 ff. Zur sehr weiten Definition, die der Europarat 1972 empfahl (Empfehlung zur Vereinheitlichung der Rechtsbegriffe „Wohnsitz" und „Aufenthalt"; Resolution des Ministerrats 72 [1] vom 18.1. 1972; veröffentlich im Annuaire Européen 20 [1974], 320 ff.), der aber keine weitere Beachtung geschenkt wurde: Baetge, Gewöhnlicher Aufenthalt im IPR, S. 29 ff.; Junghardt, Rom-IV-VO, S. 74 ff.; Kropholler, IPR, S. 282 f.

987   Siehe bereits Teil 3 A. III. 1. c. Lediglich angedeutet in der Begründung zum ErbVO-E2009, S. 6.

988   Hinsichtlich der ErbVO ist eine autonome Begriffsbestimmung notwendig. Auch in Bezug auf die Abgrenzung zu anderen EU-Verordnungen, vgl. nur: Stellungnahme der Österreichischen Notariatskammer, S. 3; Lange, Erbrecht, S. 1108; Buschbaum/Kohler GPR 2010, 106, 112; Faber JEV 2010, 42, 4; Süß ZErb 2009, 342, 343; ausführlich: Schäuble, Einweisung der Erben durch deutsche Nachlassgerichte, S. 179 ff., Lurger, in: Rechberger, Brücken im Europäischen Rechtsraum, S. 56 f.; s.a. Seyfarth, Zuständigkeitswandel, S. 145.

989   So wird bspw. im Vorentwurf zur ErbVO und zum ErbVO-E2009 aus dem Jahr 2008 (abgedruckt in Junghardt, Rom-IV-VO, S. 216 ff.) bei der dort aufgeführten Definition des gewöhnlichen Aufenthalts (Art. 1.2 lit. j, dazu sogleich unter Teil 3 B. III. 1. c. bb. [2]) in einer Fußnote darauf hingewiesen, dass eine Begriffsdefinition wegen der Rechtsprechung des EuGH auch entbehrlich ist (vgl. Junghardt, Rom-IV-VO, S. 153 f.). Auch bei der Brüssel-II-a-Verordnung (im Borrás-Bericht) wird auf diese Rechtsprechung konkret Bezug genommen: Bericht Borrás, ABl. EG C 221 v. 16.7.1998, S.

hinterfragt, wie eine Definition des Begriffs im ErbVO-E2009 hätte aussehen können, sofern sie denn überhaupt erforderlich gewesen wäre bzw. in der Erb-VO ist.

(1) Rechtsprechung des EUGH

Der EuGH hat sich vornehmlich im Rahmen steuerrechtlicher und sozialrechtlicher Entscheidungen zum gewöhnlichen Aufenthalt geäußert. Doch vermehrt wird auch in Entscheidungen zum Internationalen Privatrecht und zur Zuständigkeit sowie zur Anerkennung und Vollstreckung auf dieses Kriterium eingegangen.[990]

Im sozialrechtlichen Bereich hatte der EuGH zunächst in der Rechtssache 13/73 (Angenieux)[991] zu entscheiden, wo ein Handelsvertreter seinen gewöhnlichen Aufenthalt hatte. Dieser hatte zwar Wohnung und Arbeitgeber in einem Mitgliedstaat, reiste aber regelmäßig zu Kundenbesuchen in einen anderen Staat und übernachtete dort auch. Der EuGH stellte hier auf die Interessen des Vertreters ab und führte aus, dass die Beziehung zum Arbeitgeber prägend sei und die Kundenbeziehungen dahinter zurücktreten müssten, schließlich habe er diesen ersten Staat zur Rückkehr nach Besuchsreisen erwählt.[992] Er erklärte damit den Ursprungs- und nicht den bereisten Mitgliedstaat zum maßgeblichen gewöhnlichen Aufenthaltsstaat. Der EuGH sprach ab dieser Entscheidung immer wieder davon, dass der ständige Mittelpunkt der Interessen maßgeblich sei, der vom Betroffenen gewählt werde und an den dieser regelmäßig zurückkehre.[993]

In den folgenden sozialrechtlichen Entscheidungen konzentrierte sich der EuGH darauf, diese Interessen und den Lebensmittelpunkt zu konkretisieren. In der Rechtssache 76/76 (Di Paolo)[994] ging er von einer engen Auslegung des gewöhnlichen Aufenthalts aus. Er konstatierte, eine Einzelfallabwägung sei notwendig. Gerade bei der Abwanderung ins Ausland seien die dort ausgeübte Tätigkeit, die Dauer und Kontinuität des Wohnsitzes vor der Abwanderung sowie

---

27 ff., Rz. 28, 32 a.E.; s.a. Rechberger/Schur, in: Jud/Rechberger/Reichelt, Kollisionsrecht in der Europäischen Union, S. 204; Hau FamRZ 2000, 1333, 1334.

990   Lehmann, Brüssel-IV-Verordnung, Rdnr. 89; ders. FPR 2008, 203, 204. Die nachfolgenden Ausführungen sind an die Zusammenstellung bei Lehmann, Brüssel-IV-Verordnung, Rdnr. 90 ff. angelehnt.

991   EuGH Slg. 1973, 935 ff.

992   EuGH Slg. 1973, 935 ff. LS. 2; s.a. Junghardt, Rom-IV-VO, S. 81 f.; Lehmann, Brüssel-IV-Verordnung, Rdnr. 90.

993   EuGH Slg. 1973, 935 ff. LS. 2; vgl. Rechtssache 297/89 (Ryborg), EuGH Slg. 1991, I-1943; Lehmann, Brüssel-IV-Verordnung, Rdnr. 90; s.a. Junghardt, Rom-IV-VO, S. 81 f.

994   EuGH Slg. 1977, 315.

die familiären Umstände zu berücksichtigen.[995] Weiter stellte er (aus sozialrechtlicher Sicht) die Vermutung auf, dass bei einem festen Arbeitsplatz an dem Ort des Arbeitsplatzes auch der gewöhnliche Aufenthalt liege.[996] An allgemeinen Feststellungen zum gewöhnlichen Aufenthalt konnte dieser Entscheidung aber nicht viel entnommen werden. Sie ließ gerade nicht erkennen, wie sich Dauer und Kontinuität des früheren Aufenthalts auf einen späteren Aufenthaltswechsel auswirken sollten.[997]

In der rentenversicherungsrechtlichen Sache C-242/99 (Vogeler)[998] relativierte der EuGH aber die bereits angesprochene Vermutungsregelung, dass sich dort, wo sich die Arbeitsstelle befinde, auch der gewöhnliche Aufenthalt befinden müsse. Denn in dieser Entscheidung lagen zwei Festanstellungen in zwei verschiedenen Mitgliedstaaten vor. Der Wohnsitzstaat sei in diesem Fall ausschlaggebend. So wurde ein mehrfacher gewöhnlicher Aufenthalt vermieden, ohne dass der EuGH dazu Stellung nehmen musste.[999]

Die starke Einzelfallabhängigkeit und die Bedeutung von beruflichen und familiären Aspekten betonte der EuGH ebenso in der arbeitsrechtlichen Rechtssache C-216/89 (Reibold).[1000] Bei einer befristeten Tätigkeit im Ausland mit jeweils dreimonatigem Urlaub im Ursprungsstaat seien sowohl die Befristung als auch der Heimaturlaub zu berücksichtigen, weshalb der gewöhnliche Aufenthalt im Ursprungsstaat liege.[1001]

Auch in der Rechtssache C-262/00 (Louloudakis)[1002] ging der EuGH auf die zu berücksichtigenden Umstände ein. Er präzisierte, dass alle erheblichen Tatsachen, die Rückschlüsse auf den Willen des Betroffenen zuließen, an einen Ort gebunden zu sein, was sich aus der Kontinuität der Bindung ergebe, für die Bestimmung des gewöhnlichen Aufenthalts maßgeblich seien. Dabei stellte der EuGH auf die körperliche Anwesenheit des Betroffenen, die seiner Angehörigen, die Einrichtung der Wohnung, den tatsächlichen Schulbesuch der Kinder, den Ort der Vermögensinteressen und schließlich den Ort ab, an dem verwal-

---

995 EuGH Slg. 1977, 315, LS. 2, Rdnr. 17/20; zusammenfassend auch: Junghardt, Rom-IV-VO, S. 82; Lehmann, Brüssel-IV-Verordnung, Rdnr. 91.

996 EuGH Slg. 1977, 315 Rdnr. 17/20; Lehmann, Brüssel-IV-Verordnung, Rdnr. 91.

997 Ähnlich auch Rechtssache C-90/97 (Swaddling), EuGH Slg. 1999, I-1075; s.a. Lehmann, Brüssel-IV-Verordnung, Rdnr. 92.

998 EuGH Slg. 2000, I-9083.

999 Lehmann, Brüssel-IV-Verordnung, Rdnr. 104.

1000 EuGH Slg. 1990, S. 4163.

1001 EuGH Slg. 1990, S. 4163; Lehmann, Brüssel-IV-Verordnung, Rdnr. 95.

1002 EuGH Slg. 2001, I-5547.

tungsmäßige Beziehungen zu staatlichen Stellen und gesellschaftlichen Einrichtungen unterhalten werden.[1003]

Zudem sei auf die beamtenrechtliche Rechtssache 284/87 (Schäflein)[1004] hingewiesen, in der der EuGH ausdrücklich mitteilte, eine starre Frist des Aufenthalts von 185 Tagen pro Jahr an einem Ort reiche nicht aus, um den Mittelpunkt der persönlichen Interessen an diesem Ort zu sehen. Vielmehr seien noch die persönlichen und beruflichen Bindungen sowie deren Dauer zu berücksichtigen.[1005] Damit ist die oben erörterte deutsche steuerspezifische Regelung und Fiktion schon von vornherein nicht auf die europäische Ebene zu übertragen.[1006]

Im international-privatrechtlichen bzw. zuständigkeitsrechtlichen Bereich hatte der EuGH insbesondere den Kindesaufenthalt zu bestimmen.[1007] Der EuGH stellte in der Rechtssache C-523/07[1008] fest, dass der Kindesaufenthalt im Sinne von Art. 8 Brüssel-IIa-VO abhängig vom Einzelfall sei. Es handle sich um den Ort, „der Ausdruck einer gewissen sozialen und familiären Integration des Kindes" sei. Maßgeblich seien „insbesondere die Dauer, die Regelmäßigkeit und die Umstände des Aufenthalts in einem Mitgliedstaat sowie die Gründe für diesen Aufenthalt und den Umzug der Familie in diesen Staat, die Staatsangehörigkeit des Kindes, Ort und Umstände der Einschulung, die Sprachkenntnisse sowie die familiären und sozialen Bindungen des Kindes in dem betreffenden Staat".[1009] Diese Rechtsprechung kann zwar nicht uneingeschränkt auf den Erwachsenenaufenthalt übertragen werden.[1010] Jedoch hält der EuGH auch hier den Daseinsmittelpunkt als Schwerpunkt der sozialen, familiären und beruflichen Beziehungen für ausschlaggebend und knüpft mit den speziellen Kriterien an die Rechtssache C-262/00 (Louloudakis) an. Die verwandten Kriterien scheinen also auch auf andere Rechtsgebiete übertragen werden zu können.[1011]

1003 EuGH Slg. 2001, I-5547 Rdnr. 55; Lehmann, Brüssel-IV-Verordnung, Rdnr. 106; s.a. Junghardt, Rom-IV-VO, S. 82 mit Verweis auf Rechtssache C-297/89 (Ryborg), EuGH Slg. 1991, I-1943, und Rechtssache C-383-95 (Cross Medical Ltd.), EuGH Slg. 1997, I-57.

1004 EuGH Slg. 1988, S. 4475.

1005 EuGH Slg. 1988, S. 4475 Rdnr. 10 f. sowie EuGH Slg. 1991, I-1943 Rdnr. 19.

1006 Dazu Teil 1 B. I. 1. d; s.a. Junghardt, Rom-IV-VO, S. 78 f. (zur Übertragbarkeit auf das deutsche Internationale Privatrecht)

1007 Dörner (in: ZEV 2010, 221, 225) will diese Rechtsprechung angepasst auf den Erwachsenenaufenthalt auf die ErbVO übertragen; s.a. Altmeyer ZEuS 2010, 475, 488; BRAK-Stellungnahme, S. 4.

1008 EuGH Slg 2009, I-2805.

1009 EuGH Slg 2009, I-2805 LS. 2.

1010 Vgl. Süß ZErb 2009, 342, 344 (eigenständige Maßstäbe); Wagner DNotZ 2010, 506, 513 f.

1011 So auch: Dörner ZEV 2010, 221, 225; s.a. Altmeyer ZEuS 2010, 475, 488.

Der EuGH verdeutlichte damit, dass es sich bei dem gewöhnlichen Aufenthalt um den Ort handelt, den der Betroffene als ständigen Mittelpunkt seiner Interessen gewählt hat. Dreh- und Angelpunkt ist damit der Wille des Betroffenen, der anhand verschiedener zu berücksichtigender Tatsachen zu ermitteln ist (familiäre, soziale und berufliche Beziehungen). Damit stellt der EuGH auf eine „subjektive Gesamtbetrachtung"[1012] ab. Objektive Kriterien sind hingegen zur Ermittlung des Willens bei der Gesamtbetrachtung ebenfalls heranzuziehen.[1013] Starre Fristen wie die 185-Tage-Regelung können so jedoch nicht allein stehen, sondern sind nur ein Aspekt der Gesamtschau. Persönliche und berufliche Bindungen des Betroffenen sowie deren Dauer dürfen daneben nicht unberücksichtigt bleiben.

Unklar bleibt bei der oben angesprochenen Auswahl an Urteilen aber insbesondere, wie die Vermutungsregelung zu bewerten ist. Diese auf den Arbeitsplatz bezogene Vermutung, die, so der EuGH, widerlegt werden kann, kann auf das Erbrecht nicht übertragen werden,[1014] zumal die meisten Erblasser ein Alter erreicht haben dürften, in dem sie keiner Arbeit mehr nachgehen.

Insgesamt zeigt der EuGH aber, dass er grundsätzlich gewillt ist, die Kriterien, die er in den einzelnen Entscheidungen aufgegriffen und jeweils dem Rechtsgebiet angepasst hat, mit einem einheitlichen Gedanken an den Begriff des gewöhnlichen Aufenthalts zu versehen, der vornehmlich um den Lebensmittelpunkt kreist und eine subjektive Gesamtbetrachtung erfordert.

(2) Definitionsansätze

Damit stellt sich die Frage, ob aus diesen vom EuGH aufgestellten Grundsätzen eine Definition des gewöhnlichen Aufenthalts für das europäische Gleichlaufsystem entwickelt werden kann und im Rahmen einer Definition hätte entwickelt werden müssen. Eine solche hätte beispielsweise die in der Rechtssache C-262/00 (Louloudakis)[1015] angesprochenen Umstände, wie die körperliche Anwesenheit oder den Ort der Vermögensinteressen, als entscheidend nennen können. Auch hätte, um Fragen an die Anforderungen einer Aufenthaltsdauer als maßgeblichem Umstand vorzubeugen, eine konkrete Aufenthaltsbegründungsfrist als beschränkendes Element aufgenommen werden können.[1016]

1012 Lehmann, Brüssel-IV-Verordnung, Rdnr. 109.
1013 Damit zeigen sich Parallelen zur streng objektiven Theorie, s.o. Teil 1 B. I. 1. D. sowie Lehmann, Brüssel-IV-Verordnung, Rdnr. 116.
1014 Ausführlich: Lehmann, Brüssel-IV-Verordnung, Rdnr. 112 ff.
1015 S.o. Teil 3 B. III. 1. c. bb. (1).
1016 Dazu bereits oben Teil 3 A. III. 2. b. aa., insb. Fn. 764.

Teilweise wurde im Rahmen der Entstehung des europäischen Gleichlaufs nach dem ErbVO-E2009 solch eine Definition für sinnvoll gehalten und gefordert.[1017] So war bereits *Lehmann*[1018] in Bezug auf den ErbVO-E2009 für die Einführung einer Definition, konnte aber keine konkrete Ausformulierung einer solchen liefern, sondern wies nur darauf hin, welche Besonderheiten[1019] die entsprechende Regel im ErbVO-E2009 seiner Ansicht nach hätte berücksichtigen müssen: Einerseits wäre zu klären gewesen, ob der gewöhnliche Aufenthalt immer ein freiwilliges Element beinhalten muss, so dass beispielsweise der gewöhnliche Aufenthalt von Pflegebedürftigen, die in Alten- und Pflegeheimen untergebracht werden, die in Staaten liegen, in denen sie sich zuvor nicht gewöhnlich aufgehalten haben, nicht mehr geändert werden kann, sollten sie keinen freien Willen mehr bilden können.[1020] Andererseits wäre zu hinterfragen gewesen, ob ein beschränkendes Element, wie die bereits angesprochene Frist, aufzunehmen gewesen wäre.[1021] *Lehmann*[1022] lehnte dieses Kriterium einer starren Frist ab, wollte sie aber als Integrationsmaßstab heranziehen, also praktisch die Vermutung aufstellen, dass nach einer gewissen Zeit ein hinreichendes Maß an Integration vorliege, das den gewöhnlichen Aufenthalt begründet. Den gewöhnlichen Aufenthalt wollte er dann aber – um Verwechslungen zu vermeiden – als „gefestigten Aufenthalt" bezeichnet wissen.[1023] Schließlich war ihm daran gelegen, eine Lösung für mehrfache gewöhnliche Aufenthalte in einer Definition

---

1017 So ausdrücklich: Lurger, in: Rechberger, Brücken im Europäischen Rechtsraum, S. 56 f.; Lorenz ErbR 2012, 39, 44.

1018 Lehmann, Brüssel-IV-Verordnung, Rdnr. 243.

1019 Dazu auch: Rechberger/Schur, in: Jud/Rechberger/Reichelt, Kollisionsrecht in der Europäischen Union, S. 205 ff.

1020 Problematisch ist auch, wie dann mit Personen zu verfahren ist, die generell zur freien Willensbildung nicht fähig sind, siehe dazu: Lehmann, Brüssel-IV-Verordnung, Rdnr. 211 ff.; s.a. Baetge, Gewöhnlicher Aufenthalt im IPR, S. 121 ff.; Kropholler, IPR, S. 288 f.; Geimer, in: Reichelt/Rechberger, Europäisches Erbrecht, S. 17. Der DNotV-Stellungnahme (S. 17) hat zudem die Sorge, dass der Kampf um die Betreuung ein Vorhutgefecht des Kampfes um das Erbstatut würde, da die Betreuer unter Umständen den gewöhnlichen Aufenthalt des Betreuten und zukünftigen Erblassers steuern könnten. Gerade in Fällen der §§ 1906 f. BGB ist dies aber ohne Genehmigung des Betreuungsgerichtes nicht möglich, so dass insoweit das Problem entschärft wird.

1021 Lehmann, Brüssel-IV-Verordnung, Rdnr. 221 ff.

1022 Lehmann, Brüssel-IV-Verordnung, Rdnr. 226 ff., 230 ff.; ähnlich: Baetge, Gewöhnlicher Aufenthalt im IPR, S. 108 ff.; Süß ZErb 2009, 342, 344.

1023 So zumindest der von ihm angeführte Vorschlag: Lehmann, Brüssel-IV-Verordnung, Rdnr. 231; ders. FPR 2008, 203, 204 f.

festzulegen. Ausnahmen- und Ausweichklauseln in der Definition stand er allerdings kritisch gegenüber, da diese nur verkomplizierend gewirkt hätten.[1024]

Die Gedanken *Lehmanns* fanden sich in Bezug auf das ErbVO-E2009-Konzept bei vielen Autoren wieder. Wenigen gelang es aber, eine Definition zu bilden. Viele Ideen waren zu schemenhaft, d.h. offen und kaum greifbar gestaltet; so auch im Vorentwurf zum ErbVO-E2009 von 2008.[1025] Nach dortiger Legaldefinition des Art. 1.2 lit. j sollte der gewöhnliche Ort der Ort sein, „an dem der Erblasser das konstante, gewöhnliche Zentrum seiner Interessen hatte, welches in der Absicht und mit einem stabilen Charakter begründet wurde; um diese Absicht feststellen zu können, sind die effektive und geplante Aufenthaltsdauer des Verstorbenen in diesem Staat sowie die vorübergehende oder längerfristige Unterkunft heranzuziehen; die bloße Absicht, später wieder in den Heimatstaat zurückzukehren, genügt nicht für die Absicht des Verstorbenen, gerade diesen Mitgliedstaat als das gewöhnliche Zentrum seines Interesses zu bestimmen."[1026] Dieser Entwurf war aber ebenso konturlos wie die übrigen Ansätze, da er lediglich die Aufenthaltsdauer und die diese Dauer zum Ausdruck bringende Unterkunft berücksichtigte, hingegen andere, konkrete Kriterien unberücksichtigt ließ.[1027] Zudem sollte nach dem Entwurf von 2008 der Begriff des gewöhnlichen Aufenthalts („habitual residence") durch das gewöhnliche Zentrum der Interessen („habitual centre of his interests") beschrieben werden, also der Begriff „gewöhnlich" mit ebendiesem Begriff erklärt werden, was die Fragwürdigkeit dieser Definition bekräftigt.

Schließlich sei darauf hingewiesen, dass insbesondere *Kropholler*[1028] zusätzlich verlangte, an den jeweiligen Begriff des gewöhnlichen Aufenthalts unterschiedlich hohe Anforderungen zu stellen, also beispielsweise auch in Bezug auf

---

1024 Lehmann, Brüssel-IV-Verordnung, Rdnr. 242.

1025 Art. 1.2 lit. j, der Vorentwurf ist abgedruckt in Junghardt, Rom-IV-VO, S. 216 ff., siehe auch Fn. 989.

1026 Übersetzt von: Junghardt, Rom-IV-VO, S. 153 f.; englische Version auf S. 217.

1027 S.a. Junghardt, Rom-IV-VO, S. 156. Im Protokoll zum Hearing vom 30.11.2006, Punkt 2.2 (abrufbar unter:
http://ec.europa.eu/civiljustice/news/docs/discussion_paper_hearing_30_11_2006.pdf)
war vorgesehen, dass zusätzlich die Nachlassbelegenheit entscheidend sein sollte. Warum gerade dieser (in der Praxis sicherlich relevante) Aspekt gestrichen wurde, ist unklar.

1028 Kropholler, IPR, S. 285 ff.; daraus folgt auch die Idee von Lehmann (in: Brüssel-IV-Verordnung, Rdnr. 231), der gewöhnliche Aufenthalt sei besser als „gefestigter Aufenthalt" zu bezeichnen. Ähnlich wie Kropholler sehen dies wohl Rechberger/Schur, in: Jud/Rechberger/Reichelt, Kollisionsrecht in der Europäischen Union, S. 208. Zusammenfassend, auch in Bezug auf andere Differenzierungstheorien: Baetge, Gewöhnlicher Aufenthalt im IPR, S. 86 ff.; s.a. Junghardt, Rom-IV-VO, S. 82 f.

den Begriff im Kollisionsrecht und hinsichtlich der internationalen Zuständigkeit.[1029] Die konkrete Ausgestaltung dieser Normen zeigte er aber nicht auf.[1030]

Im Ergebnis spiegeln die Ansätze klar wider, was viele Befürworter einer Definition nicht wahrhaben wollten: Es war und ist nahezu unmöglich, eine einheitliche Definition zu schaffen, die alle erforderlichen Probleme erfasst.[1031] Dem Rentner, der sechs Monate in Deutschland und sechs an der französischen Mittelmeerküste lebt, mithin einen alternierenden Aufenthalt hat, abstrakt einen gewöhnlichen Aufenthalt zuzuweisen, ist kaum möglich. Auch bei mehrfachen gewöhnlichen Aufenthalten an sich hätten im ErbVO-E2009 Sonderregelungen geschaffen werden müssen. Schließlich ist das Element der Freiwilligkeit, das *Lehmann* ansprach, ebenfalls nur schwer in eine Definition aufzunehmen. Hinzu kommt, dass einige Literaturvertreter sogar davon ausgingen, es könne vorkommen, dass der Betroffene gar keinen gewöhnlichen Aufenthalt habe.[1032] Zudem sind die Anforderungen – unabhängig davon, wie hoch sie sind – schwierig zu benennen. Schließlich würde eine Definition wohl eher schaden als nutzen, da dann nicht mehr nur der Begriff des „gewöhnlichen Aufenthalts" zu bestimmen wäre, sondern auch die in der Definition enthaltenen Begriffe streitig sein könnten.[1033]

Andererseits hätte es sicherlich auch nicht ausgereicht, einen europäischen Gleichlauf ohne Definition auskommen lassen zu wollen.[1034] Dies, obschon das

---

1029 Lehmann (in: Brüssel-IV-Verordnung, Rdnr. 222) geht aber davon aus, dass hier ausnahmsweise an Erbstatut (dem Personalstatut nahestehend) und internationale Zuständigkeit (da ausschließlich), in beiden Fällen hohe Anforderungen zu stellen seien. Ob dies Krophollers Willen entspricht, kann aber aus IPR, S. 285 ff. nicht gefolgert werden; s.a. Buschbaum/Kohler GPR 2010, 106, 112.

1030 Kropholler (in: IPR, S. 287) nennt lediglich beispielshaft das Scheidungsrecht; s.a. Lehmann, Brüssel-IV-Verordnung, Rdnr. 224; Süß ZErb 2009, 342, 344. Letzterer hat daher die Sorge, es könne von der Rechtsprechung versucht werden, einen (unpassenden) „Mittelweg" zu finden.

1031 So auch: Junghardt, Rom-IV-VO, S. 159; Dörner ZEV 2010, 221, 226. Dies ist wohl auch neben der Flexibilität der Grund, warum bis dato keine Definition existiert: Lehmann FPR 2008, 203, 205; aus deutscher Sicht: BT-Drucks. 10/504, S. 41; s.a. von Hoffmann/Thorn, IPR, S. 206; Fn. 73 sowie Fn 265. Ähnlich: Lechner-Report I, S. 64. S.a. Lübcke, Das neue europäische Internationale Nachlassverfahrensrecht, S. 351 ff.

1032 Dazu bereits oben Teil 3 A. III. 2. b; s.a. Stretz MittBayNot 2013, 115.

1033 Siehe Wagner DNotZ 2010, 506, 514.

1034 So auch: Junghardt, Rom-IV-VO, S. 158 f.; Remde RNotZ 2012, 65, 72 f.; dagegen wohl Altmeyer ZEuS 2010, 475, 488: „Da er [der gewöhnliche Aufenthalt] aber in den neueren EU-Verordnungen des EU-Kollisionsrechts als Anknüpfungspunkt verwendet wird und der EuGH diese Vorgehensweise mittlerweile in mehreren Urteilen bestätigt hat, kann zur Auslegung auf die Literatur und Rechtsprechung zu den Verordnungen Rom I, Rom II und der Unterhaltsverordnung sowie auf die Verordnung Brüssel II zu-

Konzept des ErbVO-E2009 einigen Problemen ohne Definition hätte begegnen können: So sollte danach einem mehrfachen gewöhnlichen Aufenthalt die Rechtshängigkeits-/Aussetzungsregelung des Art. 14 ErbVO-E2009[1035] entgegengehalten werden.[1036] Und selbst wenn es, wie von *Lehmann*[1037] vermutet, bei einer Lösung über eine Rechtshängigkeitsregelung zu einem forum shopping hätte kommen können, so wäre dies doch nicht unbillig gewesen, da sich die Gerichte auf eine Regelung berufen hätten, die der Erblasser hätte vorhersehen können und der er mit einer – ebenfalls in diesem Konzept vorgesehenen – Rechtswahl hätte entgegenwirken können (nach der ErbVO-2009 gemäß Art. 17 ErbVO-E2009 und Art. 5 ErbVO-E2009 sowohl hinsichtlich des anzuwendenden Rechts als auch mittelbar hinsichtlich der internationalen Zuständigkeit).[1038] Auch den Erben wäre solch eine Lösung zuzumuten gewesen, da sie damit hätten rechnen müssen, dass eines der Gerichte an einem der Aufenthaltsorte ohnehin zuständig gewesen wäre. Schließlich wäre dieses Problem in der Praxis wohl sehr selten aufgetaucht.[1039]

Zudem sollte der eher theoretische Fall, dass jemand gar keinen gewöhnlichen Aufenthalt haben kann, im ErbVO-E2009 vermutlich durch das Abstellen

---

rückgegriffen werden." Freilich ist dieser Rückgriff allein für die ErbVO zu unsicher, da er nicht die erbrechtlichen Besonderheiten berücksichtigen kann. So formuliert auch Altmeyer nur, dass der gewöhnliche Aufenthalt sich damit nach dem Daseinsmittelpunkt bestimme, „der den Schwerpunkt der familiären, sozialen und beruflichen Beziehungen bilde[…]." Aus deutscher Sicht wurde angeführt, man wolle den Begriff flexibel halten und insbesondere eine autonome Auslegung ermöglichen: Lehmann FPR 2008, 203, 205; aus deutscher Sicht: BT-Drucks. 10/504, S. 41; sie dazu bereits Fn. 1031. Gontschar (in: Erbrechtsverordnung und schweizerisches IPRG, S. 7) möchte schließlich ebenso auf eine Definition verzichten, aber für die wenigen problematischen Fälle „Regelbeispiele" aufnehmen, wobei aber schon seine Ausführungen erkennen lassen, dass dieses Unterfangen kaum praktikabel ist.

1035 Wobei dann jeweils das Gericht entscheiden könnte, ob „zusammenhängende Verfahren" vorliegen, siehe Teil 3 B. II. 7.

1036 Vgl. Geimer, in: Reichelt/Rechberger, Europäisches Erbrecht, S. 18; Haas, in: Jud/Rechberger/Reichelt, Kollisionsrecht in der Europäischen Union, S. 137 f.; Rechberger/Schur, in: Jud/Rechberger/Reichelt, Kollisionsrecht in der Europäischen Union, S. 202. Zur Rechtshängigkeitsregelung siehe Teil 3 B. II. 7.

1037 Lehmann, Brüssel-IV-Verordnung, Rdnr. 235, anders aber noch in ZErb 2005, 320, 325.

1038 Wobei im Falle des Art. 5 ErbVO-E2009 wiederum ein Parteiantrag erforderlich ist, s.o. Teil 3 B. II. 1.

1039 So auch die Feststellung von: Lehmann, Brüssel-IV-Verordnung, Rdnr. 235. Damit wird auch Mansels Einwand (in: FS Ansay, S. 185, 211) begegnet, die Definition müsse sich an den Domicil-Begriff annähern, damit jeweils nur ein einziger gewöhnlicher Aufenthalt gegeben wäre.

auf den „letzten" gewöhnlichen Aufenthalt eingegrenzt werden, da jeder Mensch im Laufe seines Lebens typischerweise einmal einen gewöhnlichen Aufenthalt gehabt haben dürfte.[1040] Wie aber kann dem Problem begegnet werden, wenn weder eine Definition noch die Aussparung einer solchen angemessen ist? Legt man die bis hierhin gewonnenen Erkenntnisse zugrunde, müsste ein europäisches Gleichlaufsystem in der ErbVO, würde es auf diesem Konzept des ErbVO-E2009 fußen, um einen „Mittelweg" ergänzt werden. Anbieten dürfte sich hier eine Ergänzung von Erwägungsgründen.[1041] Diese wären Teil der Verordnung, aber eben keine echte Norm. In diesen Erwägungsgründen hätte der Verordnungsgeber daher frei formulieren können, ohne den Druck einer konkreten, korrekten und einheitlichen Legaldefinition zu verspüren. Möglich wäre es dann, die Kriterien des EuGH[1042] auf eine Richtschnur aufzufädeln, ergänzt um spezifische, erbrechtliche Kriterien. Ausgangspunkt wäre der ständige Mittelpunkt der Interessen des Erblassers, der ja auch schon in der Begründung zum ErbVO-E2009 angesprochen wurde.[1043] Zu ermitteln wäre dann, wo nach dem Willen des Erblassers sein Lebensmittelpunkt lag. Anhaltspunkte dafür wären seine persönlichen, familiären und beruflichen Umstände. Konkret sollte dabei auf die Kriterien zurückgegriffen werden, die der EuGH in der Rechtssache C-262/00 (Louloudakis) ansprach. Es sollte insbesondere der Ort des Vermögens erwähnt werden, der zusätzlich erbrechtlich angepasst auf die Belegenheit des Nachlasses abstellt. So wäre auch ein Hauptgrund für das Abstellen auf den gewöhnlichen Aufenthalt, den Ort, an dem sich die Nachlassgegenstände befinden, für maßgeblich zu erklären, abge-

---

1040 So auch Lehmann ZErb 2005, 320, 322. Zudem hält Rohe (in: FS Rothoeft, 1, 21) es gar nicht für möglich, dass ein Mensch mehrere Lebensmittelpunkte, sprich mehrere gewöhnliche Aufenthalte, hat, da Effizienzkriterien dies ausschlössen. Der Einwand des DNotV (in: DNotV-Stellungnahme, S. 14), es bedürfe eines besonderen Gerichtsstandes, wenn kein gewöhnlicher Aufenthalt existiere, geht daher fehl.

1041 Siehe auch: DNotV-Stellungnahme, S. 18; Seyfarth, Zuständigkeitswandel, S. 245; Faber/Grünberger NZ 2011, 97, 101 (mit Verweis auf den unveröffentlichten Entwurf des Rates vom 30.6.2010, Dok. 11637/10 JUSTCIV 129 CODEC 627, der ebenfalls die Aufnahme eines entsprechenden Erwägungsgrunds vorsah; Wagner DNotZ 2010, 506, 514. So auch die Ideen des Lechner Reports I, Amendment 6; Lechner-Reports II, Amendments 131 ff.: Hier werden aber nur die Dauer und Regelmäßigkeit des Aufenthalts berücksichtigt. Nur in dem Amendment 132 wird zusätzlich noch der familiäre und soziale Mittelpunkt berücksichtigt, jedoch auch ohne diesen näher zu umreißen. Auch die ErbVO sieht entsprechende Erwägungsgründe vor, dazu: Teil 5 A.

1042 S.o. Teil 3 B. III. 1.c. bb. (1).

1043 Vgl. Begründung zum ErbVO-E2009, S. 6 sowie Teil 3 A. III. 1. c.

deckt.[1044] Starre Fristen sollten nicht aufgenommen werden, ebenso wenig Vermutungsfristen oder Integrationsmaßstäbe, wie bei *Lehmann* gefordert.[1045] Diese könnten mehr schaden als nützen, weil einerseits die zeitliche Komponente stets schwierig zu bestimmen, wenn nicht sogar willkürlich ist.[1046] Andererseits könnte so nicht ausgeschlossen werden, dass sich zu stark an diesen orientiert und nicht mehr auf die individuellen Gegebenheiten des Sachverhaltes eingegangen würde.[1047] Überdies sollte nicht hinsichtlich der Begriffsverständnisse bei kollisionsrechtlicher und zuständigkeitsrechtlicher Verwendung des gewöhnlichen Aufenthalts differenziert werden. Es ist nicht ersichtlich, warum ein Gericht, das seine Zuständigkeit bejaht, in Bezug auf das anzuwendende Recht einen abweichenden gewöhnlichen Aufenthalt annehmen sollte, da dies ein einheitliches und den Gleichlauf förderndes Ergebnis verhindern würde. Dies wäre aus gesetzgeberischer Sicht widersinnig, weil es dem Europäischen Verordnungsgeber gerade darauf ankommt, in beiden Fällen ein einheitliches Kriterium zu wählen, was aber durch ein unterschiedliches Begriffsverständnis zunichte gemacht würde.[1048]

1044 S.o. Teil 3 B. III. 1.c. bb. (1). Auch Buschbaum und Kohler (in: GPR 2010, 106, 112) sprechen sich für die Aufnahme objektiver Kriterien aus, befürworten aber auch die Aufnahme einer Mindestverweildauer, was von der Verfasserin im Folgenden abgelehnt wird. In der Stellungnahme der Österreichischen Notariatskammer, S. 3 f. wird die Verwendung objektiver Kriterien als alternative Möglichkeit zu einer Regelung im Sinne des Haager Übereinkommens von 1989 angesehen. Für objektive Kriterien spricht sich auch das MPI (MPI-Comments, Rdnr. 133) aus.

1045 Siehe auch Rechberger/Schur, in: Jud/Rechberger/Reichelt, Kollisionsrecht in der Europäischen Union, S. 208.

1046 DNotI-Studie, S. 262; MPI-Comments, Rdnr. 133; Junghardt, Rom-IV-VO, S. 157 f.; Lübcke, Das neue europäische Internationale Nachlassverfahrensrecht, S. 361 ff.; Mansel, in: FS Ansay, S. 185, 211; Jud GPR 2005 133, 135, siehe aber auch die dieses Argument wenig entkräftende Anmerkung von Rauscher (in: Rauscher, EuZPR/EuIPR, Einf EG-ErbVO Rdnr. 56), der zur Ermittlung der Frist auf soziologische Erhebungen zur Dauer befristeter Arbeitsmigration abstellen will, was auch nicht stets sachgerecht sein wird; zumal auch sein Ausgangspunkt des Abstellens auf die Möglichkeit der Verjährung nach § 2325 BGB willkürlich, wenn nicht sogar unpassend erscheint, da eine Verjährung dem Erbrecht im Grunde fremd ist.

1047 So wohl auch die Sorge des DNotI, DNotI-Stellungnahme, S. 262; vgl. nur Rechberger/Schur, in: Jud/Rechberger/Reichelt, Kollisionsrecht in der Europäischen Union, S. 208; Jud GPR 2005, 133, 135. Aus diesen Gründen ist eine Einzelfallbetrachtung auch vorzugswürdig gegenüber Mansels Idee (in: FS Ansay, S. 185, 211), eine Vermutungsregelung aufzunehmen, dass jeder in seinem Ursprungsstaat seinen gewöhnlichen Aufenthalt hat, sofern kein anderer Wille erkennbar ist.

1048 U.a. Teil 3 B. I.

Ein Unterpunkt in den Erwägungsgründen könnte demnach beispielsweise lauten:

„Der gewöhnliche Aufenthalt des Erblassers befindet sich an dem Ort, den der Erblasser zum ständigen Mittelpunkt seiner Interessen gewählt hat. Entscheidend ist der Schwerpunkt seiner familiären, sozialen und beruflichen Beziehungen. Zur Ermittlung, welchen Ort der Erblasser im Einzelfall zum Interessenschwerpunkt gewählt hat, sind insbesondere heranzuziehen: die körperliche Anwesenheit des Erblassers, die seiner Angehörigen, die Einrichtung der Wohnung, der Ort seiner Arbeitsstätte/Ausbildungsstätte, der Ort der Vermögensinteressen, darunter vornehmlich der Ort, an dem sich der Hauptteil des Nachlasses befindet, und schließlich der Ort, an dem verwaltungsmäßige Beziehungen zu staatlichen Stellen und gesellschaftlichen Einrichtungen unterhalten wurden."

Auf diese Weise würde den Gerichten, Behörden, aber auch der Rechtsberatung, insbesondere den Notaren bei der Testamentserrichtung und sonstigen erbrechtlichen Beratung, eine adäquate Zusammenstellung an zu berücksichtigenden Aspekten zur Verfügung gestellt. Der bereits gerügten Unbestimmtheit des Begriffs wäre damit begegnet. Denn sodann könnte abgesehen werden, auf welche Aspekte insbesondere die Gerichte bei der Frage der Zuständigkeit und des anzuwendenden Rechts eingehen würden. Andererseits wären die Gerichte nicht an zwingende Voraussetzungen gebunden. Sie könnten den Einzelfall berücksichtigen und die stets hochgehaltene Flexibilität des Begriffs, der sich dem stetig wandelnden Europa anpassen muss,[1049] wäre gewahrt. Sollten gerade bei der Nachlassplanung dennoch Unsicherheiten hinsichtlich der Lage des letzten gewöhnlichen Aufenthaltes bestehen, so bliebe noch immer die Möglichkeit einer Rechtswahl bestehen, die nach dem ErbVO-E2009-Konzept über Art. 5 ErbVO-E2009 auch Auswirkungen auf den Gerichtsstand gehabt hätte.[1050]

(3) Abschließende Stellungnahme

Das ErbVO-E2009-Konzept sah keine Legaldefinition des Begriffs des gewöhnlichen Aufenthalts vor. Es verbietet sich auch, einen europäischen Gleichlauf, wie ihn das ErbVO-E2009-Konzept vorsah, um eine Definition des gewöhnlichen Aufenthalts zu ergänzen. Diese müsste zu viele Unwägbarkeiten berücksichtigen und könnte so schnell zu einem übermäßig komplexen und unübersichtlichen Gebilde heranwachsen, das mehr abschreckt als nützt. Auch verbietet es sich, nur eine generalklauselartige Definition zu fassen, die zu offen ist, um daraus Schlüsse zu ziehen.

1049   Dazu aus deutscher Sicht bereits Fn. 1034.

1050   Zusammen mit der Übernahme des HTestFÜ in die ErbVO dürfte damit den Bedenken von Lorenz (ErbR 2012, 39, 44) begegnet werden.

Besser ist es, in den Erwägungsgründen einen Katalog möglicher Kriterien aufzunehmen, an denen sich Gerichte, Behörden und Rechtsberater orientieren können, um den gewöhnlichen Aufenthalt festzulegen. Damit wird dem Einwand der Unbestimmtheit entgegengewirkt, ohne Flexibilität einzubüßen. Der Gefahr möglicher mehrfacher Zuständigkeiten wäre bei Zugrundelegung der Entwurfsvorschriften ohnehin über dessen Rechtshängigkeits-/Aussetzungsregelungen nach Art. 14 ErbVO-E2009 begegnet worden.[1051] Auch die Möglichkeit, dass der Erblasser keinen letzten gewöhnlichen Aufenthalt innehatte, auf den der Entwurf abstellen wollte, hätte nach dem ErbVO-E2009-Konzept praktisch nicht bestanden. Schließlich hätte der Erblasser mithilfe der Rechtswahlklausel nach dem Entwurfskonzept auch die Staatsangehörigkeit wählen können, wäre ihm das Kriterium tatsächlich einmal zu unsicher gewesen. Dies hätte sich auch auf den Gerichtsstand ausgewirkt.

Vor diesem Hintergrund erscheint auch die Kritik der Gegner in einem anderen Licht. Zuvor waren die Vor- und Nachteile von Staatsangehörigkeits- und Aufenthaltsprinzip nahezu ausgeglichen.[1052] Würde, das ErbVO-E2009-Konzept aufgreifend, ein zusätzlicher Erwägungsgrund aufgenommen, begegnete dieser mitsamt der dabei vorgesehenen Rechtshängigkeitsregelung dem Hauptkritikpunkt am Aufenthaltsprinzip, nämlich dessen vermeintlicher Unbestimmtheit. Der Erwägungsgrund würde klare Anhaltspunkte liefern. Da zudem durch eine Vorschrift wie Art. 14 ErbVO-E2009[1053] weitere Zuständigkeiten umgangen würden, gäbe es keine mehrfachen Zuständigkeiten. Nationale Rechtsschutzmöglichkeiten sollten nach dem Konzept aber ebenfalls unberührt bleiben, was gerade bei der Annahme fälschlicher Zuständigkeitsregelungen hilfreich wäre – auch wenn zukünftig sicherlich über eine Vereinheitlichung dieser Rechtsschutzmöglichkeiten nachgedacht werden könnte. Diese Problematik könnte im Übrigen aber auch auftreten, folgte der europäische Gleichlauf dem Staatsangehörigkeitsprinzip, bedenkt man die Möglichkeit mehrfacher Staatsangehörigkeit des Erblassers.

Schließlich verbietet sich hinsichtlich des europäischen Gleichlaufs auch eine – wie noch im Haager Übereinkommen von 1989 vorgesehene[1054] – vielschichtige Hilfsanknüpfung. Diese würde den Gleichlauf zerstören und schon bei alternativer Anknüpfung an die Staatsangehörigkeit oder den gewöhnlichen Aufenthalt nur verkomplizierend wirken. Der gewöhnliche Aufenthalt ist flexibel ausgestaltet, liefert aber durch die Konkretisierung in den Erwägungsgrün-

---

1051   Vgl. Teil 3 B. II. 7.
1052   S.o. Teil 3 A. III. 2. b. aa.
1053   Siehe dazu Teil 3 B. II. 7.
1054   Vgl. Teil 3 A. III. 2. b. aa.

den dennoch hinreichende Sicherheit und Stabilität, so dass die alternative oder auch subsidiäre Verwendung verschiedener Kriterien entbehrlich ist.[1055] Wie die ErbVO diese Problematik letztlich löst, ist Gegenstand von Teil 5. Im Ergebnis kann der obigen Kritik[1056] somit nicht gefolgt werden. Der gewöhnliche Aufenthalt ist ein flexibles und dennoch gut zu ermittelndes Kriterium zur Bestimmung der internationalen Zuständigkeit. Insbesondere kann er so auch auf die Interessen des Erblassers individuell eingehen und ist damit weniger statisch als die bereits beim deutschen Gleichlaufgrundsatz als grundsätzlich maßgebliches Kriterium ermittelte und nachteilige Staatsangehörigkeit. Die Vor- und Nachteile von Staatsangehörigkeit und gewöhnlichem Aufenthalt, die bereits bei der Frage der Anknüpfung angesprochen wurden,[1057] wären in Bezug auf den ErbVO-E2009 somit letztlich doch zugunsten des gewöhnlichen Aufenthalts ausgeschlagen.

Der europäische Gleichlaufgrundsatz hätte daher zu Recht an den gewöhnlichen Aufenthalt angeknüpft.

cc. Zusammenfassung der Stellungnahmen

Sowohl in Bezug auf den Gleichlaufgrundsatz als auch in Bezug auf den gewöhnlichen Aufenthalt vermag die Kritik nicht zu überzeugen.

2. Rücksichtnahme auf die Verbindung von materiellem Recht und Verfahrensrecht in den Mitgliedstaaten

a. Begründung für das europäische Gleichlaufsystem

Als weiteres Argument für das europäische System wurde – wie schon zugunsten des Gleichlaufgrundsatzes[1058] – angeführt, es bestehe oft eine enge Verbindung zwischen materiellem Recht und Verfahrensrecht.[1059] Der Gleichlauf hätte den Vorteil gehabt, dass den jeweiligen mitgliedstaatlichen Gerichten keine Tätigkeiten des materiellen Rechts aufgedrängt worden wären, die ihnen fremd gewesen wären. Damit wäre nicht nur den Staaten entgegengekommen worden, deren materielles Recht mit dem Verfahrensrecht eng verwoben sei. Auch die

---

1055 Ebenda.
1056 S.o. Teil 3 A. III. 2. b. aa. sowie Teil 3 B. III. 1. b.
1057 S.o. Teil 3 A. III. 2. b. aa.
1058 S.o. Teil 2 B. II. 1. c. cc.
1059 Haas, in: Jud/Rechberger/Reichelt, Kollisionsrecht in der Europäischen Union, S. 134 f.

übrigen Staaten hätten das ihnen bekannte Recht anwenden können. Rechtsanwendungsprobleme wären so vermieden worden.[1060]

b. Kritik am europäischen Gleichlaufsystem

Dagegen wurde, in Fortführung der Kritik am deutschen Gleichlaufgrundsatz, vorgebracht, es sei gerade wegen des Ausnahmensystems, welches das ErbVO-E2009-Konzept vorsah, gar nicht stets gewährleistet gewesen, dass Forum und Ius einem einheitlichen Recht unterlegen hätten. Auch dann hätten die Gerichte also ausländisches Recht anwenden müssen, was ihnen bis dato stets gelungen sei (natürlich unter der Geltung nationalen Rechts).[1061] Die Verbindung von materiellem Recht und Verfahrensrecht wäre damit kein ausschlaggebendes und tragfähiges Argument für den europäischen Gleichlauf gewesen.[1062]

c. Stellungnahme

Den Kritikern ist entgegenzuhalten, dass ein Grundsatz nicht als unzureichend abgetan werden kann, nur weil es Ausnahmen gibt. Zudem ist fraglich, ob das Ausnahmensystem, das der ErbVO-E2009 vorsah, den Gleichlauf tatsächlich zerstört hätte. Dies könnte wohl hinsichtlich Art. 6 ErbVO-E2009 angenommen werden, der die mitgliedstaatliche Zuständigkeit bei Drittstaatensachverhalten anordnen sollte, auch wenn nach den Art. 25, 26 ErbVO-E2009 drittstaatliches Recht zur Anwendung gelangt wäre. Andere Ausnahmeregelungen sollten hingegen versuchen, den Gleichlauf wiederherzustellen (Art. 5 ErbVO-E2009) oder die Zuständigkeit des Gerichts der Hauptsache nicht oder nicht wesentlich (beispielsweise Art. 8, 15 ErbVO-E2009) tangieren.

Das Bestehen von Ausnahmeregelungen im Sinne des ErbVO-E2009-Konzepts ändert folglich nichts daran, dass sich das Grundgerüst positiv auf die Berücksichtigung der Verbindung von materiellem Recht und Verfahrensrecht ausgewirkt hätte.

1060 Geimer, in: Reichelt/Rechberger, Europäisches Erbrecht, S. 7; Haas, in: Jud/Rechberger/Reichelt, Kollisionsrecht in der Europäischen Union, S. 135; Faber/Grünberger NZ 2011, 97, 107 („Richtigkeitsgewähr"); Jud GPR 2005, 133, 135; Lehmann ZErb 2005, 320, 325; s.a. Gargani-Report, S. 6; Kropholler, IPR, S. 279.

1061 So bereits Rauscher, in: FS Jayme, S. 719, 736; siehe dazu auch die Ausführungen zum deutschen Gleichlaufsystem unter Teil 2 B. II. 1. c. bb. (2).

1062 So im Ergebnis: Rauscher, in: Rauscher, EuZPR/EuIPR, Einf EG-ErbVO Rdnr. 52; ähnlich: Junghardt, Rom-IV-VO, S. 112 f.

3. Konformität mit anderen europäischen Verordnungen

a. Begründung für das europäische Gleichlaufsystem

Ebenso wurde die Konformität mit anderen europäischen Verordnungen positiv hervorgehoben. Dabei wurde zwar primär die Bedeutung für die Abkehr vom Staatsangehörigkeitsprinzip betont, doch wurde auch die internationale Zuständigkeit als bedeutend angesehen.

So richtet sich in nahezu jeder europäischen Verordnung die internationale Zuständigkeit nach dem gewöhnlichen Aufenthalt der Parteien und Beteiligten. Genannt wurden beispielsweise Art. 3 Abs. 1 lit. a, 6 lit. a, 8 ff. Brüssel-IIa-Verordnung, aber auch die kommenden Güterrechtsverordnungen, die nach ihren Entwürfen jeweils in Art. 5 den gewöhnlichen Aufenthalt als grundsätzlich maßgeblich für die Bestimmung der internationalen Zuständigkeit erachten. Durch diese Verwendung identischer Kriterien in den verschiedenen Verordnungen wäre in Verbindung mit dem ErbVO-E2009 der innere Entscheidungseinklang in Europa gefördert worden.[1063]

b. Kritik am europäischen Gleichlaufsystem

Unabhängig davon, dass schon zulasten der deutschen Neuregelung angeführt wurde, es handle sich bei der Herbeiführung der Konformität mit anderen Gesetzen bzw. Verordnungen lediglich um (positives) „Beiwerk" statt um ein tragfähiges Argument,[1064] wurde in Frage gestellt, ob diese Konformität überhaupt hilfreich gewesen wäre.

Entgegen der Ansicht der Befürworter wäre der durch die Konformität herbeizuführende innere Entscheidungseinklang gar nicht möglich gewesen. Die unterschiedlichen Verordnungen verfolgten unterschiedliche Zwecke. Je nachdem, welches Ziel eine der Verordnungen habe, müssten verschiedene Aspekte des Begriffs „gewöhnlicher Aufenthalt" betont werden. Diese könnten stark divergieren und dem gewöhnlichen Aufenthalt eine völlig andere Bedeutung je

---

1063 So jedenfalls der anfängliche Gedanke bei Lehmann, Brüssel-IV-Verordnung, Rdnr. 167. Ähnlich auch Dutta RabelsZ 73 (2009), 547, 563 f. (hauptsächlich bezogen auf das Kollisionsrecht) sowie Kindler IPRax 2010, 44, 45, der die Parallele zu Art. 3 Abs. 1 EuInsVo begrüßt; s.a. Haas, in: Jud/Rechberger/Reichelt, Kollisionsrecht in der Europäischen Union, S. 134. Zum Gedanken der Konformität des Anknüpfungsmoments im kollisionsrechtlichen Bereich siehe auch Teil 3 A. III. 2. b. aa.

1064 S.o. Teil 2 C. II. 3. c.

nach Regelungszusammenhang geben. Im Ergebnis wäre daher gar keine echte Konformität zu erreichen gewesen.[1065]

c. Stellungnahme

Dieser Kritik ist – wie schon im Rahmen der Ausführungen zur deutschen Neuregelung – im Grunde zuzustimmen. Allerdings greift der Einwand, der innere Entscheidungseinklang würde wegen der Begriffsdifferenzierung ohnehin nicht gefördert, nicht. Zwar ist es richtig, dass je nach Verordnung verschiedene Nuancen des Begriffs betont werden können, doch kann es in nahezu keinem Fall dazu kommen, dass der gewöhnliche Aufenthalt allein aufgrund dieser Nuancen anders bewertet wird und damit in einen anderen Mitgliedstaat fällt. Vielmehr muss, wenn dies tatsächlich einmal drohen sollte, hinterfragt werden, ob diese Nuance nicht auch für eine andere Verordnung ausschlaggebend ist. Die bereits angesprochene Rechtsprechung und auch die Kriterien, die letztlich in die Erwägungsgründe aufgenommen werden sollten,[1066] sind bei nahezu jeder vorstellbaren Verordnung von Bedeutung und können daher, selbst wenn sie bei der ersten Verordnung stärker ins Gewicht fallen als bei einer zweiten, auch bei der zuletzt genannten nicht unberücksichtigt bleiben. So wäre es, wie angeführt, zur Begriffsbestimmung nach dem Konzept des ErbVO-E2009 mitunter von Bedeutung gewesen, wo sich der Nachlass des Erblassers befunden hätte. Dies mag zwar bei der Brüssel-IIa-VO nicht elementar sein, doch spricht viel dafür, dass der Erblasser, dessen gesamtes Vermögen sich in einem Staat befindet, also beispielsweise seine Kleidung, seine Konten und seine Wohnung, auch seinen gewöhnlichen Aufenthalt nach der Brüssel-II-a-Verordnung in diesem Staat hat oder hatte.

Positiv an der Konformität wäre zudem Folgendes gewesen: Die kommenden Güterrechtsverordnungen wählen voraussichtlich nicht nur den gewöhnlichen Aufenthalt zum maßgeblichen Kriterium zur Bestimmung der internationalen Zuständigkeit und zum Anknüpfungspunkt für das anzuwendende Recht, womit sie ebenfalls einen Gleichlauf mit dem anzuwendenden Recht herstellen. Sie beinhalten darüber hinaus eine Norm, die explizit die Gerichte für zuständig erklärt, die nach der ErbVO in Fällen zuständig sind, in denen die Auflösung der Gütergemeinschaft durch den Tod eintritt. Damit wird ein doppelter Gleichlauf hergestellt. Durch die Gleichschaltung der Kriterien wäre somit eine Verknüpfung der einzelnen europäischen Verordnungen ermöglicht worden. Werden allseits und grundsätzlich identische Kriterien für die Bestimmung der internatio-

---

1065 Dies ist die letztendliche Schlussfolgerung von Lehmann, Brüssel-IV-Verordnung, Rdnr. 167.
1066 S.o. Teil 2 C. II. 3. c. bb.

nalen Zuständigkeit und des anwendbaren Rechts gewählt, können die Verordnungen ohne Sorge um die Problematik unterschiedlicher Zuständigkeiten und Kollisionsrechte untereinander Verweise aussprechen und sogar die Schwierigkeiten im Umgang mit Vorfragen[1067] würden nur noch in wenigen Fällen auftreten.

Werden also zukünftige Verordnungen ähnlich ausgestaltet und wird gerade am gewöhnlichen Aufenthalt als maßgeblichem Kriterium festgehalten, wäre die Konformität mit anderen europäischen Verordnungen – trotz grundsätzlicher Verneinung der Konformität als ausschlaggebendes Argument – ein Vorteil des europäischen Gleichlaufs nach dem ErbVO-E2009 gewesen.

4. Vielschichtiges Ausnahmensystem

a. Begründung für das europäische Gleichlaufsystem

Des Weiteren wurde von den Befürwortern positiv hervorgehoben, der europäische Gleichlauf hätte nicht nur starr die Gerichte des Aufenthaltstaates für zuständig erklärt, sondern hätte es durch das oben bereits angeführte vielschichtige Ausnahmensystem den Gerichten im Bedarfsfall ermöglicht, nationale und private Interessen zu wahren.[1068]

Zu denken sei dabei, so die Befürworter, einerseits an die Interessen des Staates, in dem Nachlassgegenstände belegen seien. Sehe das Recht im Belegenheitsstaat ein bestimmtes Verfahren vor, wie beispielsweise die bereits angesprochene Einantwortung nach österreichischem Recht, hätte bei Zugrundelegung des ErbVO-E2009-Konzepts Art. 9 ErbVO-E2009 die internationale Zuständigkeit österreichischer Gerichte für diese Einantwortung eröffnet. Damit wäre spezifisch auf nationale Traditionen und die oben bereits angesprochene Verbindung von materiellem Recht und Verfahrensrecht eingegangen worden. Hierdurch wären (nationale) öffentliche Interessen gewahrt worden.[1069]

Ebenso hätten die im ErbVO-E2009-System vorgesehenen Art. 8 und 15 ErbVO-E2009 den Beteiligten geholfen, schnell und ortsnah notwenige Maßnahmen wie die Abgabe von Erklärungen oder die Einleitung von Sicherungs-

---

1067 Zur Aussparung der Vorfragenproblematik in dem ErbVO-E2009 vgl. Teil 3 A. III. 1. c.

1068 Haas, in: Jud/Rechberger/Reichelt, Kollisionsrecht in der Europäischen Union, S. 138 ff.; insb. 144 ff.

1069 Haas, in: Jud/Rechberger/Reichelt, Kollisionsrecht in der Europäischen Union, S. 144 ff.

maßnahmen vorzunehmen, ohne dabei die grundsätzliche Zuständigkeit, die sich nach Art. 4 ErbVO-E2009 hätte richten sollen, in Frage zu stellen.[1070]

Vorgebracht wurde auch, dass die im ErbVO-E2009 angedachte Regelung des Art. 5 ErbVO-E2009 abermals den Gleichlauf gefördert hätte, indem sie die Verweisung an das Gericht des Staats, dessen materielles Recht aufgrund der Rechtswahl des Erblassers anzuwenden gewesen wäre, ermöglicht hätte. So hätte sie den eigentlich zerstörten Gleichlauf von Forum und Ius wiederhergestellt. Das Konzept hätte damit berücksichtigt, dass trotz der Verschiebung der internationalen Zuständigkeit als Folge der Rechtswahl ein gewisser Sachzusammenhang zu dem ermittelten Forum bestehen bleibe. Im Ergebnis wären auf diese Weise die bereits angesprochenen positiven Aspekte eines Gleichlaufs selbst bei einer Rechtswahl des Erblassers gewahrt worden.[1071]

Zudem wurde angeführt, die im ErbVO-E2009 vorgesehene Regelung des Art. 6 ErbVO-E2009 hätte durch ein Tätig werden und gerade durch die vielen verschiedenen Anknüpfungen auch bei Drittstaatensachverhalten (sofern von der Norm erfasst) dazu beigetragen, dass die Europäische Union ihrer Rechtsfürsorgepflicht hätte genügen können. Den betroffenen Erblassern bzw. den Erben und sonstigen Beteiligten wäre ein mitgliedstaatliches Forum zur Seite gestellt worden. Damit wäre der Rechtsfürsorgepflicht umfassend genügt worden.[1072] Beispielsweise wären die Erben eines deutschen Erblassers, der seinen Ruhestand in Florida verbracht hätte, nicht gezwungen gewesen, die Gerichte des Staates Florida anzurufen. Vielmehr wären die deutschen Gerichte danach aufgrund von Art. 6 lit. a ErbVO-E2009 zuständig gewesen, sofern sich noch Nachlass in Deutschland befunden hätte.

b. Kritik am europäischen Gleichlaufsystem

Die Kritiker wendeten sich auch gegen diese Begründung zugunsten des europäischen Gleichlaufsystems. Dabei bildeten sich primär zwei Argumentationsstränge: Zunächst wurde überhaupt gegen die Möglichkeit von Ausnahmen ar-

---

1070 ErbVO-E2009, Erwägungsgrund 14; Haas, in: Jud/Rechberger/Reichelt, Kollisionsrecht in der Europäischen Union, S. 140 zur Entgegennahme von Erklärungen; vorsichtiger aber hinsichtlich der Sicherungszuständigkeit: S. 139 f.; s.a. Haas, in: Gottwald, Perspektiven der justiziellen Zusammenarbeit, S. 63 ff.

1071 Begründung zum ErbVO-E2009, S. 5; Haas, in: Jud/Rechberger/Reichelt, Kollisionsrecht in der Europäischen Union, S. 148 f.; Lehmann, Brüssel-IV-Verordnung, Rdnr. 408 ff.; ähnlich zur verabschiedeten Fassung der ErbVO: Kunz GPR 2012, 208, 210. Dies würde natürlich auch bei einer Rechtswahl zugunsten des gewöhnlichen Aufenthalts zum Errichtungszeitpunkt gelten, vgl. Teil 3. A. III. 2. c.

1072 Anklingend bei: Haas, in: Jud/Rechberger/Reichelt, Kollisionsrecht in der Europäischen Union, S. 149 f.

gumentiert, da so eine Vielzahl von Gerichtsständen hätte eröffnet werden können. Daneben wurde vorgebracht, das Ausnahmesystem wäre weder von seinem Umfang noch von seinem Inhalt her hinreichend ausdifferenziert gewesen.[1073]

Die Argumentation gegen ein Ausnahmesystem an sich knüpfte an die Kritik der praktischen Erwägungen an. Das Ausnahmesystem hätte es ermöglicht, dass mehrere Gerichte gleichzeitig hätten tätig werden können. Dadurch wäre aber nicht nur dem erklärten Ziel der Europäischen Union, eine Zuständigkeitskonzentration herbeizuführen, nicht genügt worden. Zudem wäre es möglicherweise zu divergierenden Entscheidungen gekommen.[1074]

Der zweite Argumentationsstrang richtete sich unmittelbar gegen die obige Begründung zugunsten des europäischen Gleichlaufsystems[1075]. Zunächst wandten sich die Kritiker dagegen, öffentliche Interessen der Mitgliedstaaten wären umfassend gewahrt worden. Dem wäre gerade nicht so gewesen. Vielmehr wäre Art. 9 ErbVO-E2009 nur eine Verlegenheitslösung, die, wie obig angeführte Kritik[1076] gezeigt habe, sogar das Verordnungsziel der Nachlasseinheit gefährdet hätte, da sie verzweifelt versucht hätte, doch noch mitgliedstaatliche Interessen zu erfassen, die ansonsten untergraben worden wären.[1077]

Überdies wurde in zweifacher Hinsicht gegen die Verweisungsmöglichkeit, die das ErbVO-E2009-Konzept vorsah (Art. 5 ErbVO-E2009) argumentiert. Einige Kritiker führten an, die Verweisungsmöglichkeit hätte nicht ausgereicht, um den Gleichlauf herzustellen.[1078] Es wäre den Beteiligten und Gerichten überlassen worden, die von den Befürwortern positiv hervorgehobenen Aspekte eines Gleichlaufs herbeizuführen. Vielmehr hätte es schon dem Erblasser möglich sein müssen, neben dem anzuwendenden Recht auch den Gerichtsstand zu

---

1073 Haas, in: Jud/Rechberger/Reichelt, Kollisionsrecht in der Europäischen Union, S. 138 ff.

1074 So jedenfalls die Befürchtung von Lehmann (in: Brüssel-IV-Verordnung, Rdnr. 377), die er aber zumindest bei einer Zuständigkeit für Sicherungsmaßnahmen für nicht gegeben hält. Ebenfalls dürfte sich die hier von ihm angeführte Sorge, Annahme- und Ausschlagungserklärung in einem anderen Staat als dem Staat vorzunehmen, dessen Gerichte eigentlich international zuständig sind, im Rahmen des ErbVO-E2009-Konzepts erledigt haben, da Art. 8 ErbVO-E2009 (nun Art. 13 ErbVO) sicherstellt, dass eine solche Erklärung in einem anderen Staat vom zuständigen Gericht anerkannt wird.

1075 S.o. Teil 3 B. III. 4. a.

1076 S.o. Teil 2 B. II. 5.

1077 Lurger, in: Rechberger, Brücken im Europäischen Rechtsraum, S. 57 sowie Junghardt, Rom-IV-VO, S. 187 ff.: Ein Verzicht auf diese Regelung wäre nicht möglich gewesen.

1078 Siehe dazu: Haas, in: Jud/Rechberger/Reichelt, Kollisionsrecht in der Europäischen Union, S. 148.

bestimmen, um so gar nicht erst ein Gericht tätig werden zu lassen, das ohnehin verwiesen hätte. Denn zumeist bestünde ein engerer Sachzusammenhang zum Gericht des Staates, dessen materielles Recht gewählt worden wäre. Dies sei weniger zeit- und kostenintensiv.[1079]

Andere Kritiker bemängelten hingegen, dass nicht jedes Mal an das Gericht des Heimatstaats (der Erben) hätte verwiesen werden können, da die Erben ein legitimes Interesse daran gehabt hätten, das Verfahren in ihrem Heimatstaat abwickeln zu lassen.[1080]

Gegen das Argument, der im ErbVO-E2009 angedachte Art. 6 ErbVO-E2009 hätte dafür gesorgt, dass die Europäische Union durch die Schaffung einer mitgliedstaatlichen Zuständigkeit bei Drittstaatensachverhalten ihrer Rechtsfürsorgepflicht umfassend hätte genügen können,[1081] wird vorgebracht, dies wäre ohne Rücksicht auf die internationale Zuständigkeit von Drittstaaten geschehen. Damit wären unter Umständen – und wie schon beim Gleichlaufgrundsatz – mehrere Gerichte parallel zuständig gewesen. Auf die drittstaatliche Jurisdiktion wäre so nicht hinreichend Rücksicht genommen worden.[1082]

Schließlich brachten die Kritiker vor, dass das Ausnahmesystem nach dem Konzept des ErbVO-E2009 an sich nicht ausreichend gewesen wäre. Denn die Zuständigkeitskonzentration hätte unweigerlich mit sich gebracht, dass nur ein einziges mitgliedstaatliches Gericht zuständig gewesen wäre, in Gerichten ande-

---

1079 Allerdings gegen eine von der Rechtswahl unabhängige Gerichtsstandswahl: Lehmann, Brüssel-IV-Verordnung, Rdnr. 419 f.; wohl auch schon in ZErb 2005, 320, 325 von ihm angedacht; s.a. MPI-Comments, Rdnr. 99 ff.; Stellungnahme der Österreichischen Notariatskammer, S. 4 f.; Seyfarth, Zuständigkeitswandel, S. 171; Dutta, in: Reichelt/Rechberger, Europäisches Erbrecht, S. 82; Rechberger/Schur, in: Jud/Rechberger/Reichelt, Kollisionsrecht in der Europäischen Union, S. 214, 220 f. Darstellend: Haas, in: Jud/Rechberger/Reichelt, Kollisionsrecht in der Europäischen Union, S. 148; Mansel, in: FS Ansay, S. 185, 201, 203; Bauer IPRax 2006, 202, 203. Für eine Gerichtsstandswahl aber: Altmeyer ZEuS 2010, 475, 486; DNotV-Stellungnahme, S. 13 (durch die Parteien im Klageverfahren). Bei streitigen Verfahren wäre nach Ansicht von Lurger (in: Rechberger, Brücken im Europäischen Rechtsraum, S. 52) eine Gerichtsstandswahl denkbar, bei nicht-streitigen Verfahren dürfte eine solche aber, wenn überhaupt, nur dem Erblasser möglich sein. Zur Gerichtsstandsvereinbarung nach dem Vorentwurf von 2008 (s.o. Fn. 989): Junghardt, Rom-IV-VO, S. 179; 186 f.

1080 Kohler/Pintens FamRZ 2010, 1481, 1484 (zumindest Möglichkeit einer Zuständigkeitsvereinbarung) mit Verweis auf Dörner ZEV 2010, 221, 224.

1081 S.o. Teil 3 B. III. 4. a.

1082 Anklingend bei: Lehmann, Brüssel-IV-Verordnung, Rdnr. 368 ff.; Traar, in: Reichelt/Rechberger, Europäisches Erbrecht, S. 96 ff.; s.a. Junghardt, Rom-IV-VO, S. 189 f.

rer EU-Staaten aber kein Gerichtsstand gegeben gewesen wäre. Dies hätte in einem Spannungsverhältnis zu Art. 6 EMRK gestanden, der unter anderem den Zugang zu den Gerichten vorsehe.[1083] Das stelle zwar nicht in Frage, dass das Gericht am letzten gewöhnlichen Aufenthaltsort des Erblassers hätten zuständig sein dürfen, doch sei bei Vorliegen eines hinreichenden Inlandsbezuges eines anderen Mitgliedstaates auch dessen Justizgewährungspflicht nach Art. 6 EMRK zu berücksichtigen. Es wären daher mehrere Ausnahmen aufzunehmen gewesen, um dieser Pflicht zu genügen.[1084]

c. Stellungnahme

Entgegen der Ansicht der Kritiker, die ein Ausnahmesystem vollständig ablehnen, ist ein solches grundsätzlich zu begrüßen, da es den öffentlichen Interessen und denen der Beteiligten von Nutzen sein kann, gerade wenn es die Rechtssysteme der Staaten achtet oder den Beteiligten mehr Möglichkeiten gibt, ihre Rechte durchzusetzen.

Allerdings hätte das im ErbVO-E2009 angeführte Ausnahmesystem nicht dazu führen dürfen, dass der als an sich positiv bewertete Gleichlaufgrundsatz aufgehoben worden wäre. Ansonsten hätten dessen Vorteile zunichte gemacht werden können. Dies wäre bei Art. 9 ErbVO-E2009 nicht der Fall gewesen, da dieser weiterhin Zuständigkeit und materielles Recht verknüpft hätte, selbst wenn dies zu einer Nachlassspaltung geführt hätte. Jedoch hätten Drittstaatensachverhalte den Gleichlaufgrundsatz, wie bereits im Rahmen der Argumentation zur Verbindung von materiellem und Verfahrensrecht angesprochen,[1085] zerstören können, hätte eine Vorschrift wie Art. 6 ErbVO-E2009 eine mitgliedstaatliche Zuständigkeit herbeigeführt, wäre aber Drittstaatenrecht anzuwenden gewesen. Es wäre aber andererseits auch bedenklich gewesen, in diesen Fällen eine Zuständigkeit mitgliedstaatlicher Gerichte abzulehnen, da den Beteiligten ansonsten schlimmstenfalls kein Gericht zur Verfügung gestellt worden wäre, da auf die Gerichte der Drittstaaten kein Einfluss ausgeübt werden kann. Unabhängig davon ist den Kritikern aber zuzustimmen, dass es nachteilig ist, wenn ein

---

1083 Dazu: Lehmann, Brüssel-IV-Verordnung, Rdnr. 368; Haas, in: Gottwald, Perspektiven der justiziellen Zusammenarbeit, S. 57 f.; Echterhölter JZ 1956, 142, 145; s.a. Haas, in: Jud/Rechberger/Reichelt, Kollisionsrecht in der Europäischen Union, S. 141.

1084 So Lehmann, Brüssel-IV-Verordnung, Rdnr. 371 (im Ergebnis aber eine generelle Verletzung der Justizgewährungspflicht verneinend; ebenso in: ZErb 2005, 320, 324), s.a. Pfundstein, Pflichtteil, Rdnr. 585 ff. (für eine Notzuständigkeit); Bajons, in: FS Heldrich, S. 495, 500 f.; zusammenfassend: Haas, in: Jud/Rechberger/Reichelt, Kollisionsrecht in der Europäischen Union, S. 140 f. Dagegen: Seyfarth, Zuständigkeitswandel, S. 235 ff.

1085 S.o. Teil 3 B. III. 2. b. aa.

Drittstaatengericht seine internationale Zuständigkeit bejaht, ein mitgliedstaatliches Gericht sich jedoch für ebenso zuständig hält, da dann divergierende Entscheidungen drohen.[1086]

Der im ErbVO-E2009-Konzept vorgesehene Art. 5 ErbVO-E2009 kann entgegen der Ansicht der Kritiker und bis auf die oben bereits angeführten (sprachlichen) Schwächen[1087] nicht negativ bewertet werden. Solch eine Regelung hätte dem Erblasser hinreichend, aber nicht umfassend die Möglichkeit gegeben, durch die Rechtswahl Einfluss auf den Gerichtsstand zu nehmen. So wäre nämlich der von den Kritikern angesprochenen Schwierigkeit, der möglicherweise nicht berücksichtigten Justizgewährungspflicht einiger Mitgliedstaaten, ausreichend begegnet worden. Dadurch, dass zunächst das Gericht des Staates des letzten gewöhnlichen Aufenthalts des Erblassers angerufen worden wäre, also mithin der Staat, zu dem der Sachverhalt einen nach dem ErbVO-E2009 anerkennungswürdigen Inlandsbezug gehabt hätte, dieses Gericht aber hätte verweisen können, wäre nicht nur oben angesprochener Justizgewährungspflicht genügt, sondern auch der Gleichlauf wieder hergestellt worden.

Eine darüber hinausgehende Berücksichtigung der Justizgewährungspflicht verbietet sich aber. Schließlich handelt es sich bei dem Erbscheinsverfahren um ein allseitiges Verfahren, das nicht nur die Interessen von Kläger und Beklagtem berücksichtigen muss, sondern womöglich die Interessen von vielen Beteiligten. Jedem dieser Beteiligten ein Forum zur Verfügung zu stellen, also in jedem Staat, der einen Inlandsbezug geltend machen könnte, würde die Nachlassabwicklung behindern und stören.[1088]

Insgesamt ist daher der Kritik nur eingeschränkt zuzustimmen. Unter anderem begrenzt bezüglich des im ErbVO-E2009-Konzept angedachten Art. 6 ErbVO-E2009 und dessen Regelung von Drittstaatensachverhalten kann den Kritikern zugestimmt werden. Im Übrigen wäre das Ausnahmesystem in seiner im

---

1086 Es sollte daher auch nicht noch zusätzlich die Möglichkeit bestehen, dass, sofern Art. 6 ErbVO-E2009 nicht anwendbar wäre, die nationalen Zuständigkeitsvorschriften darüber entscheiden könnten, ob nicht doch nationale Gerichte zuständig sein sollen. Hier wäre der Ausgleich von Rechtsschutz und Vermeidung von Entscheidungsdivergenzen ungleichmäßig zulasten des Rechtsschutzes aufgehoben. So aber: MPI-Comments, Rdnr. 94. Besser wäre dann wohl die Idee, eine der Notzuständigkeit des Gleichlaufgrundsatzes entsprechende Zuständigkeit einzuführen, da diese nicht generell eingreift, vgl. MPI-Comments, Rdnr. 95. Nun auch Art. 11 ErbVO.

1087 S.o. Teil 3 B. II. 1.

1088 Dazu: Haas, in: Jud/Rechberger/Reichelt, Kollisionsrecht in der Europäischen Union, S. 148; Rechberger/Schur, in: Jud/Rechberger/Reichelt, Kollisionsrecht in der Europäischen Union, S. 209 f.

ErbVO-E2009 vorgesehenen Ausgestaltung eine sinnvolle und notwendige Ergänzung des europäischen Gleichlaufgrundsatzes gewesen.[1089]

5. Ergebnis

Die Gegenüberstellung der Argumente für und wider den europäischen Gleichlaufgrundsatz nach dem Konzept des ErbVO-E2009 zeigt, dass die positiven Aspekte des Systems überwiegen. Gerade wenn das System zukünftig um einen Erwägungsgrund ergänzt würde, der den Begriff des gewöhnlichen Aufenthalts anhand objektiver Kriterien näher umschreibt, könnte möglichen Unsicherheiten umfassend begegnet werden. So würde das System den Gerichten nicht nur durch den Einklang von internationaler Zuständigkeit und anwendbarem Recht, sondern auch in Kombination mit dem Kriterium des gewöhnlichen Aufenthalts, helfen, schnell und effektiv Entscheidungen zu treffen oder – hier relevant – einen Erbschein zu erteilen.

Darüber hinaus hätte der Gleichlauf bei seiner Geltung dafür gesorgt, dass die Verbindung von materiellem Recht und Verfahrensrecht in den einzelnen Mitgliedstaaten nicht durchbrochen worden wäre, so dass (grundsätzlich zu verschmerzende) Rechtsanwendungsfehler hätten eingedämmt werden können.

Überdies hätte der europäische Gleichlauf, der den gewöhnlichen Anknüpfungspunkt zum maßgeblichen Kriterium erklären wollte, zum Vorteil gehabt, dass das Kriterium des gewöhnlichen Aufenthalts in vielen Verordnungen verwandt wird. Für den Gleichlauf spricht dabei insbesondere, dass das Gleichlaufsystem, wird es auch in die Güterrechtsverordnungen aufgenommen, ein Verweisen zwischen den Systemen ermöglicht hätte.

Schließlich hätte das umfangreiche Ausnahmensystem, das der ErbVO-E2009 vorsah, einerseits geholfen, den Gleichlauf beispielsweise auch bei abweichender Rechtswahl wiederherzustellen und andererseits die Interessen der Mitgliedstaaten und Beteiligten berücksichtigt. Negativ fällt aber ins Gewicht, dass der europäische Gleichlauf bei Zugrundelegung des ErbVO-E2009 besonders durch den darin enthaltenen Art. 6 ErbVO-E2009 beeinträchtigt worden wäre. Fraglich ist, wie sich dieser Umstand auf die Schwierigkeiten auswirkt, denen eine internationale Zuständigkeitsregelung genügen muss und anhand derer im Folgenden auch das europäische Gleichlaufsystem bewertet wird.

1089 So auch Seyfarth, Zuständigkeitswandel, S. 191, 235 ff.

C. Bewertung

Die soeben erörterten Argumente bilden – wie schon bei der Untersuchung der deutschen Systeme – im Weiteren die Grundlage der Bewertung des europäischen Gleichlaufs nach dem Konzept des ErbVO-E2009. Abgebildet wird das Szenario einer möglichen Geltung dieses Systems. Bewertungskriterien sind auch hier die Vermeidung internationaler Entscheidungsdivergenzen, die Rechtssicherheit, der Rechtsschutz aus Bürger- und aus staatlicher Sicht.

I. Vermeidung internationaler Entscheidungsdivergenzen

Die Vermeidung internationaler Entscheidungsdivergenzen wäre im europäischen System stark vom Sachverhalt abhängig gewesen.

Hätte es sich um einen Binnenmarktsachverhalt gehandelt, also einen solchen, der keinen Bezug zu einem Nichtmitgliedstaat gehabt hätte,[1090] hätte das oben beschriebene und argumentativ untersuchte europäische Gleichlaufsystem vollständig gegriffen. Der gewöhnliche Aufenthalt wäre maßgeblich zur Bestimmung der Zuständigkeit und (auch wegen der im ErbVO-E2009 angedachten Sachnormverweisung nach Art. 26 ErbVO-E2009) des anwendbaren Rechts gewesen. Andere Gerichte wären schon durch die Konzentration auf dieses „gewöhnliche-Aufenthalts-Gericht" nicht zuständig gewesen und hätten so keine divergierenden Entscheidungen treffen können. Hätten sie (beispielsweise aufgrund fehlerhafter Tatsacheninformationen) dennoch ihre Zuständigkeit annehmen wollen, hätte der im Konzept enthaltene Art. 14 ErbVO-E2009 ein Tätig werden beschränkt.[1091] Wäre nur ein Gericht zuständig gewesen (die anderen Gerichte hätten die Verfahren zumindest ausgesetzt), hätte dies Entscheidungseinklang herbeigeführt. Hätten beispielsweise die Erben einen Erbschein in Deutschland beantragt, wären die deutschen Gerichte nach dem ErbVO-E2009-Konzept international zuständig gewesen.[1092] Hätte ein anderer Berechtigter daher nachfolgend einen Erbnachweis in einem anderen Land, wie beispielsweise

---

1090 So ausdrücklich: Majer ZEV 2011, 445, 447.

1091 Außer natürlich in Fällen der Art. 8, 15 ErbVO-E2009, die aber die Zuständigkeit in der Hauptsache nicht tangiert, sondern nur notwendige (Schutz-)Maßnahmen ermöglicht hätten. Wäre Art. 14 ErbVO-E2009 erweitert worden(s.o. Teil 3 B. II.7.), wäre eine weitere Zuständigkeit zudem völlig ausgeschieden.

1092 S.a. Haas, in: Gottwald, Perspektiven der justiziellen Zusammenarbeit, S. 59 f.; ders., in: Jud/Rechberger/Reichelt, Kollisionsrecht in der Europäischen Union, S. 134; Bachmayer BWNotZ 2010, 146, 158.

Frankreich, beantragt wollen, hätten sich das Gericht – wegen Art. 14 ErbVO-E2009 nach einem entsprechenden Parteiantrag[1093] – für unzuständig erklärt. Auch im Falle einer Verweisung, wie sie der ErbVO-E2009 in Art. 5 Erb-VO-E2009 vorsah, wäre die Zuständigkeit zweier Gerichte vermieden worden. Das erste Gericht hätte sich bei erfolgreicher Verweisung für unzuständig erklärt. Hätte der Erblasser also z.b. eine Rechtswahl zugunsten des französischen Rechts getroffen, hätte das deutsche Nachlassgericht unter Beachtung von Art. 5 ErbVO-E2009 nach Frankreich verweisen können. Hätte sich – in diesem Fall – der französische Notar für zuständig erklärt, hätte das deutsche Nachlassgericht seine Unzuständigkeit erklärt und es wäre abermals nur ein Gericht zuständig gewesen.

Verstärkt worden wäre dieser Einklang durch das Europäische Nachlasszeugnis. Wäre dieses erteilt worden – ebenfalls in dem einen Staat, dessen Gerichte zuständig gewesen wären – hätte das Ergebnis, beispielsweise der obige deutsche Erbschein, als Europäisches Nachlasszeugnis ausgestaltet,[1094] in allen Mitgliedstaaten eingesetzt werden können. Hätte also das Bedürfnis bestanden, in Frankreich die Erbenstellung nachzuweisen, hätte ein Europäisches Nachlasszeugnis diesen Nachweis erbringen können, ohne dass ein erneutes Verfahren in Frankreich hätte durchgeführt werden müssen, das zu divergierenden Entscheidungen hätte führen können.

Wie schon die vorangehende Argumentation gezeigt hat, hätten bei rein mitgliedstaatlichen Sachverhalten durch das europäische Gleichlaufsystem in seiner Ausformung im ErbVO-E2009 internationale Entscheidungsdivergenzen durch die Zuständigkeits- (und Kollisionsrechts-) vereinheitlichung umfassend vermieden werden können. Partiell wäre so die eingangs angeführte „Utopie" nur einer einzigen Zuständigkeit erreicht worden. Die Differenzen bei den Entscheidungsfindungen zwischen den Staaten wären so ausgeräumt worden.

Anders hätte dies hingegen bei Drittstaatensachverhalten ausgesehen. Bei Vorliegen eines Drittstaatensachverhaltes, also eines solchen, der nicht nur Bezug zu einem Mitgliedstaat, sondern auch zu einem Drittstaat hat,[1095] hätten obige Befunde hinsichtlich der Vermeidung internationaler Entscheidungsdivergenzen nicht übertragen werden können.[1096]

1093 Vgl. zur Idee einer Abänderung von Art. 14 ErbVO-E2009: Teil 3 B. II. 7.

1094 Egal ob nun als „Annex" zum deutschen Erbschein oder als völlig neues Zeugnis, dazu Teil 1 A. III. 4.

1095 S.o. Fn. 633.

1096 Seyfarth (in: Zuständigkeitswandel, S. 193) bemerkt allerdings, dass es nunmehr positiv ist, dass eine einheitliche Regelung zur Klärung von Drittstaatenfällen in der Union existiert.

Hätte der Erblasser seinen letzten gewöhnlichen Aufenthalt nicht in einem Mitgliedstaat gehabt, wäre Art. 6 ErbVO-E2009 zu berücksichtigen gewesen. Hätten dessen Voraussetzungen vorgelegen, hätte der Erblasser also beispielsweise eine mitgliedstaatliche Staatsangehörigkeit besessen oder hätten Erben und Vermächtnisnehmer ihren gewöhnlichen Aufenthalt im Inland gehabt, wäre ohne Rücksicht auf eine drittstaatliche Jurisdiktion die mitgliedstaatliche Zuständigkeit angenommen worden.[1097] So wäre beispielsweise bei Belegenheit von Nachlassgegenständen in Deutschland auch dann eine internationale Zuständigkeit deutscher Gerichte zu bejahen gewesen, wenn der Erblasser zwar seinen letzten gewöhnlichen Aufenthalt in Florida hat, aber deutscher Staatsangehöriger ist. Nach dem ErbVO-E2009 wäre gleichgültig gewesen, ob der Drittstaat, also der Staat Florida, die deutschen Gerichte ebenfalls für zuständig gehalten hätte. Eine drittstaatliche internationale Zuständigkeit wäre nach dem ErbVO-E2009 irrelevant gewesen. Auch bereits erteilte Erbnachweise oder bereits eingeleitete Verfahren in Drittstaaten wären bei der Anrufung des mitgliedstaatlichen Gerichtes nicht berücksichtigt worden. Zudem hätte das Europäische Nachlasszeugnis keinerlei Wirkung im Drittstaat entfaltet.[1098]

Damit hätte die Regelung nicht dazu beigetragen, den internationalen Entscheidungseinklang zu fördern. Vielmehr hätte sie diesen zerstört, indem sie die drittstaatliche Jurisdiktion für irrelevant gehalten hätte. Erschwerend wäre hinzugekommen, dass aufgrund des Renvoi-Ausschlusses nach Art. 25 ErbVO-E2009[1099] nicht das Recht angewandt worden wäre, auf das der Staat des gewöhnlichen Aufenthalts, hier also Florida, verwiesen hätte. Damit wäre auch kollisionsrechtlich keine Rücksicht genommen worden, was die internationalen Entscheidungsdivergenzen verstärkt hätte.

Nur dann, wenn ausnahmsweise auch der Drittstaat eine mit Art. 6 ErbVO-E2009 korrespondierende Regelung bereitgehalten hätte, hätte das ErbVO-E2009-Konzept hier Abhilfe schaffen können.[1100] Hätte der Drittstaat seine Zuständigkeit in all den Fällen verneint, in denen Art. 6 ErbVO-E2009 die mitgliedstaatliche Zuständigkeit bejaht hätte, wären so also abermals nur die mit-

---

1097 Hinsichtlich der Mitgliedstaaten untereinander hätte dann aber wohl Art. 14 ErbVO-E2009 auch im Rahmen von Art. 6 ErbVO-E2009 eingegriffen.

1098 Entsprechende Verträge mit Drittstaaten existierten selbstverständlich (noch) nicht. Das Europäische Nachlasszeugnis wäre auch im Falle des Art. 6 ErbVO-E2009 erteilt worden, vgl. Art. 38 Abs. 2 ErbVO-E2009, siehe auch Teil 3 A. III. 4.

1099 S.o. Teil 3 A. III. 2. d.

1100 Ebenso dann, wenn ein entsprechender Staatsvertrag, wie der deutsch-türkische Konsularvertrag (siehe oben Fn. 7) geschlossen worden wäre, diese hätten aber den ErbVO-E2009 „aufheben" können und sind daher bei der Bewertung nicht zu berücksichtigen.

gliedstaatlichen Gerichte zuständig gewesen, wäre der für die Mitgliedstaaten geltende Entscheidungseinklang wiederhergestellt worden.[1101] Gerade im Fall der mitgliedstaatlichen Staatsangehörigkeit wäre diese Verneinung der drittstaatlichen Zuständigkeit denkbar gewesen. Dies hätte jedoch aus zweierlei Gründen Bedenken hervorgerufen: Zunächst wäre dann nur die Zuständigkeit dieses einen Drittstaates verneint worden, da nicht ausgeschlossen werden konnte, dass auch andere Drittstaaten, die einen Bezug zum Sachverhalt hatten, diese Ausschlussregelung gekannt hätten. Es wären nur bilateral Entscheidungsdivergenzen vermieden worden. Zudem wäre auch dann das mitgliedstaatliche Ergebnis, hier der Erbschein oder das Europäische Nachlasszeugnis, nicht zwingend im Drittstaat anerkannt worden. Insbesondere, wenn Nachlassgegenstände in einem Drittstaat belegen gewesen wären, hätte letztlich doch wieder ein weiteres Verfahren (mitunter wegen der im ErbVO-E2009 angedachten Art. 25, 26 ErbVO-E2009, also des Renvoi-Ausschlusses und vermutlich abweichenden Ergebnisses) in dem Drittstaat durchgeführt werden müssen. Nur wenn nach Art. 6 lit. d ErbVO-E2009 schon der Antrag auf den in den Mitgliedstaaten belegenen Nachlass beschränkt gewesen wäre und der Drittstaat insoweit seine Zuständigkeit verneint hätte, wäre folglich ein Entscheidungseinklang hergestellt worden.[1102]

Im Ergebnis bleibt es also dabei, dass das europäische System in der Form des ErbVO-E2009 mit der Regelung des Art. 6 ErbVO-E2009 den Entscheidungseinklang nur unter ganz engen Voraussetzungen gefördert hätte, im Übrigen aber wegen der mangelnden Rücksichtnahme auf eine ausländische Jurisdiktion Entscheidungsdivergenzen nicht hätte vermeiden können.

Schließlich wären auch dann Probleme mit Drittstaatensachverhalten aufgetreten, wenn zwar der gewöhnliche Aufenthalt in einem Mitgliedstaat gelegen hätte, aber Nachlassgegenstände in einem Drittstaat belegen gewesen wären oder das drittstaatliche Recht einen anderen Anknüpfungspunkt und/oder ein abweichendes Kriterium zur Bestimmung der internationalen Zuständigkeit gewählt hätte. Denn dann wären die bereits genannten Schwierigkeiten, die sich bei dem letzten gewöhnlichen Aufenthalt des Erblassers in einem Drittstaat ergeben hätten, auf diese Fälle zu übertragen. Die drittstaatlichen Gerichte hätten

---

1101   So Art. 87 Abs. 1 schweizerisches IPRG (eingeschränkt durch Abs. 2) und Art. 88 Abs. 1 schweizerisches IPRG. Ansonsten wäre dies aber bspw. gerade wegen Art. 6 lit. c ErbVO-E2009 kaum denkbar gewesen, der eine Zuständigkeit mitgliedstaatlicher Gerichte bejahen hätten, wenn sich Erben oder Vermächtnisnehmerin in dem Mitgliedstaat gewöhnlich aufgehalten hätten.

1102   Rein praktisch hätte es wohl ebenso gelegen, wenn ohnehin nur Nachlass in den Mitgliedstaaten vorhanden gewesen wäre, da dann keine Notwendigkeit bestanden hätte, die Drittstaaten anzurufen. In der Theorie wären aber Entscheidungsdivergenzen möglich geblieben.

– sofern nicht vorhanden – mangels Anerkennung mitgliedstaatlicher Erbnachweise ein weiteres Verfahren durchgeführt, dessen Ausgang gerade wegen Art. 25, 26 ErbVO-E2009 divergierend zum mitgliedstaatlichen hätte ausfallen können.[1103] Ebenso wenig hätte zumeist ein in den Mitgliedstaaten durchgeführtes Verfahren eine Rechtshängigkeit in einem Drittstaat oder drittstaatliche Erbnachweise berücksichtigt. Auch insofern hätten daher Entscheidungsdivergenzen gedroht.[1104]

Internationale Entscheidungsdivergenzen wären daher nach dem europäischen Gleichlaufsystem, wie es der ErbVO-E2009 andachte, bei rein mitgliedstaatlichen Sachverhalten umfassend, bei Drittstaatensachverhalten aber im Grunde nicht vermieden worden.

II. Rechtssicherheit

Auch in Bezug auf die Rechtssicherheit muss zwischen Binnenmarkt- und Drittstaatensachverhalt unterschieden werden.

Das ganzheitliche Regelungssystem des ErbVO-E2009 hätte, wie bereits erörtert, bei reinen Binnenmarktsachverhalten zur Zuständigkeit lediglich eines Gerichtes geführt.[1105] Dieses hätte wegen Art. 16 ErbVO-E2009 grundsätzlich sein ihm bekanntes materielles Recht angewandt. Hätte das Gericht das materielle Recht gekannt, hätte es dieses sicherlich korrekt angewandt. Rechtsanwendungsfehler wären vermieden worden und ein hohes Maß an Rechtssicherheit wäre zumeist die Folge gewesen.[1106]

Auch wenn eine Rechtswahl erfolgt wäre, hätte nichts anderes gegolten, denn durch die Möglichkeit der Verweisung nach Art. 5 ErbVO-E2009 hätte an das Gericht verwiesen werden können, dessen materielles Recht anzuwenden gewesen wäre.

1103 S.a. Traar, in: Reichelt/Rechberger, Europäisches Erbrecht, S. 96 f.

1104 In Betracht gekommen wären ohnehin nur nationale Regelungen zur anderweitigen Rechtshängigkeit, da der ErbVO-E2009 nur auf die mitgliedstaatliche Rechtshängigkeit abgestellt hätte, vgl. Art. 13, 14 ErbVO-E2009. S.a. Traar, in: Reichelt/Rechberger, Europäisches Erbrecht, S. 97.

1105 Wäre Art. 14 ErbVO-E2009 erweitert worden (s.o. Teil 3 B. II. 7.), sogar zur vollständigen Konzentration auf dieses, ohne weiteren Antrag oder Aussetzung.

1106 So auch im Ergebnis: Gontschar, Erbrechtsverordnung und schweizerisches IPRG, S. 11; Bachmayer BWNotZ 2010, 146, 158.

Schließlich wäre die Rechtssicherheit durch das Europäische Nachlasszeugnis gefördert worden, da dieses Zeugnis eine Legitimation auf der Basis des inländischen Erbnachweises in allen Mitgliedstaaten ermöglicht hätte.[1107]

Problematisch wäre gewesen, dass der Begriff des „gewöhnlichen Aufenthalts" ein an sich unbestimmter Begriff ist und er daher gerade bei der Nachlassplanung für den Erblasser zu Schwierigkeiten hätte führen können, wenn dieser sich hätte überlegen müssen, welche rechtlichen Grundlagen zu beachten sind. Wäre ein entsprechender Erwägungsgrund dem ErbVO-E2009-System hinzugefügt worden, wäre dem aber abgeholfen gewesen.

Überdies wäre dem planenden Erblasser noch die Möglichkeit einer Rechtswahl geblieben, die ihm sogar die Bestimmung des materiellen Rechts, dem seine letztwillige Verfügung hätte unterliegen sollen, überlassen hätte.

Wie eingangs erwähnt,[1108] hätte daher gerade die Zuständigkeitskonzentration zur Rechtssicherheit geführt, insbesondere für Erben und Erblasser. Hinsichtlich reiner Binnenmarktsachverhalte wäre das europäische Gleichlaufsystem nach dem ErbVO-E2009 folglich zu begrüßen gewesen.

Bei Drittstaatensachverhalten hätte dies wiederum nicht uneingeschränkt gegolten. Bei mangelndem letztem gewöhnlichem Aufenthalt des Erblassers in einem Mitgliedstaat wäre abermals Art. 6 ErbVO-E2009 heranzuziehen gewesen. Wenn bei Nachlassbelegenheit im Inland ein nach Art. 6 lit.a bis d ErbVO-E2009 erforderlicher mitgliedstaatlicher Bezug hergestellt worden wäre, hätte sich das mitgliedstaatliche Gericht für zuständig erklärt. Dies wäre zwar von Vorteil gewesen, weil Erblasser und Erben hätten absehen können, dass sich die Mitgliedstaaten mit ihrem Anliegen beschäftigt und die gerichtlichen Akte respektiert sowie auch ein auf dieser Basis erteiltes Europäisches Nachlasszeugnis beachtet hätten. Allerdings hätte dies nicht in vollem Umfang geholfen. Gerade wegen Art. 25, 26 ErbVO-E2009 und deren Sachnormverweisung auch bei Drittstaatenrecht hätten die Gerichte unter Umständen nicht nur ihnen (womöglich) unbekanntes drittstaatliches Recht anwenden müssen, sie hätten dieses auch ohne Rücksicht auf die drittstaatliche Jurisdiktion angewandt. Dies hätte nicht nur (hinzunehmende) Rechtsanwendungsfehler zur Folge gehabt,[1109] sondern auch, dass drittstaatliche Gerichte weder den Erbnachweis des einzelnen Mitgliedstaats, beispielsweise den deutschen Erbschein, noch das Europäische Nachlasszeugnis anerkannt hätten. Es hätte im Drittstaat ein neues Verfahren durchgeführt werden müssen, dessen Ausgang ungewiss gewesen wäre. Mögli-

---

1107 Ausführlich oben Teil 3 A. III. 4.

1108 U.a. Teil 3 B. III. 1. c. aa.

1109 Was, wie bereits angeführt, zu verschmerzen gewesen wäre, siehe zum deutschen Recht: Teil 2 C. II 3. b. cc.; Teil 2 C. III. 2.

cherweise wäre ein Erbnachweis mit divergierendem Inhalt ausgestellt worden. Auch umgekehrt wären ein drittstaatliches Verfahren und ein drittstaatlicher Erbnachweis nach dem ErbVO-E2009 und den meisten nationalen Vorschriften der Mitgliedstaaten weiterhin nicht berücksichtigt worden,[1110] so dass in den Mitgliedstaaten ein neues Verfahren durchzuführen gewesen wäre. Von Rechtssicherheit hätte dann nicht gesprochen werden können.

Einzig wenn nach Art. 6 lit. d ErbVO-E2009 der Antrag und sodann die Zuständigkeit auf im Inland belegenes Vermögen beschränkt worden wären, hätte davon ausgegangen werden können, dass auch ein entsprechender Erbnachweis grundsätzlich Bestand gehabt hätte und ggf. ein Europäisches Nachlasszeugnis, das im Rahmen der Zuständigkeit erteilt worden wäre, innerhalb aller Mitgliedstaaten hätte verwandt werden können, insbesondere dann, wenn ausschließlich Nachlass in den Mitgliedstaaten vorhanden gewesen wäre. Die Rechtssicherheit wäre so – selbst bei unbekanntem drittstaatlichem materiellem Recht – zumindest gefördert worden.

Hätte der letzte gewöhnliche Aufenthalt zwar in einem Mitgliedstaat gelegen, hätte aber trotzdem Bezug zu einem Drittstaat (beispielsweise aufgrund der Staatsangehörigkeit oder der Belegenheit von Nachlass) bestanden, hätte dies entsprechend gegolten.

Insgesamt wäre daher bei Binnenmarktsachverhalten von einem erhöhten Maß an Rechtssicherheit auszugehen gewesen. Bei Drittstaatensachverhalten hätte Rechtssicherheit aber nur in ganz begrenzten Fällen angenommen werden können.

III. Rechtsschutz aus Bürgersicht

Wie schon bei der Untersuchung der internationalen Entscheidungsdivergenzen und dem Aspekt der Rechtssicherheit ist auch hinsichtlich des Rechtsschutzes aus Bürgersicht zwischen Binnenmarkt- und Drittstaatensachverhalten zu differenzieren.

Bei reinen Binnenmarktsachverhalten wäre dem Bürger nicht nur zeitnah ein Forum zur Seite gestellt worden, sondern es wäre grundsätzlich auch noch das Recht des Staates angewandt worden, dessen Gerichte zuständig gewesen wären. Damit wäre zudem zeitnah und – insbesondere mangels Erforderlichkeit der Einholung von Gutachten in Bezug auf das ausländische Recht – kostengünstig eine Entscheidung gefällt worden. Zudem hätte der Antragsteller nicht mehr

---

1110 Zu den nationalen Vorschriften siehe bereits oben Teil 2 B. II. 1. c. aa. (1) sowie C. II. 3. a. bb.

zahlreiche verschiedene Rechtsordnungen „durchforsten" müssen, um ein zuständiges Gericht zu finden.[1111]

Es wäre jedoch problematisch gewesen, dass diese positiven Effekte dadurch hätten durchbrochen werden können, dass der gewöhnliche Aufenthalt, nach dem sich Forum und Ius grundsätzlich gerichtet hätten, unbestimmt ist und daher nicht von vornherein abzusehen gewesen wäre, welches Gericht anzurufen gewesen wäre.

Wäre jedoch dem ErbVO-E2009-Konzept ein entsprechender Erwägungsgrund hinzugefügt worden, wäre, wie oben ebenfalls erörtert,[1112] anhand objektiver Kriterien abzusehen gewesen, welches Gericht zuständig und welches Recht anzuwenden gewesen wäre. Dem Erblasser wäre zudem die Möglichkeit einer Rechtswahl geblieben, die Einfluss auf das materielle Recht und über Art. 5 ErbVO-E2009 auf das anzuwendende Recht gehabt hätte. Gerade Art. 5 ErbVO-E2009 hätte für die Erben überdies die Erleichterung geschaffen, dass, hätten sie in dem Land gelebt, dessen Staatsangehörigkeit der Erblasser gehabt hätte, an die Gerichte „ihres" Aufenthaltsstaates hätte verwiesen werden können (hätten auch die weiteren Voraussetzungen des Art. 5 ErbVO-E2009 vorgelegen).

Im Übrigen hätten den Erben (oder sonstigen Berechtigten) zudem keine beachtenswerten Nachteile gedroht, wenn sie keinen weiteren Bezug zum Staat des letzten gewöhnlichen Aufenthalts des Erblassers gehabt hätten. Zwar wären in diesem Fall die Kosten für Anfahrt und ggf. einen Dolmetscher erhöht gewesen, doch wären diese Kosten vernachlässigungswürdig gewesen, bedenkt man, dass einerseits ohnehin die Interessen des Erblassers schützenswerter gewesen wären, da die Erben ja etwas, den Nachlass, von ihm erhalten hätten. Andererseits hätte das Gericht bei Konzentration auf diesen Ort schnell und sicher sein eigenes Recht hätte anwenden können. Schließlich wären wahrscheinlich die meisten Nachlassgegenstände ohnehin in diesem Land belegen gewesen.[1113] Es wäre also gerechtfertigt gewesen, wenn das dortige Gericht sich auch der Rechtssache angenommen hätte. Weitergehender Rechtsschutz wäre überdies dadurch gewährt worden, dass Art. 8 und Art. 15 ErbVO-E2009 ebenso Maßnahmen am gewöhnlichen Aufenthaltsort der Erben zugelassen hätten, insbesondere also für fristgebundene Erklärungen weder Reise noch Dolmetscher hätten in Anspruch genommen werden müssen.[1114] Dieses hohe Maß an Rechtsschutz wäre weiterhin

---

1111 Ähnlich (als Rechtssicherheitsaspekt bezeichnet): Gontschar, Erbrechtsverordnung und schweizerisches IPRG, S. 11; s.a. Bachmayer BWNotZ 2010, 146, 158.

1112 S.o. Teil 3 B. III. 1. c. bb. (2).

1113 Dazu bereits oben Teil 3 A. III. 2. b. aa.

1114 Dies ist nach Haas (in: Gottwald, Perspektiven der justiziellen Zusammenarbeit, S. 60 ff.) das „Minimalmaß" an Rechtsschutz, das aufgrund der Zuständigkeitskonzentration

erhöht worden durch das Europäische Nachlasszeugnis, das die Antragsteller auch in jedem anderen Mitgliedstaat hätten einsetzen können. Damit wird ein weiteres Mal deutlich, dass der vermeintliche Nachteil der Ortsferne zu verschmerzen gewesen wäre.

Der Rechtsschutz aus Bürgersicht wäre damit bei reinen Binnenmarktsachverhalten in großem Umfang gewährleistet worden.

Anders wäre wiederum die Bewertung der Drittstaatensachverhalte ausgefallen. Bei fehlendem letztem gewöhnlichem Aufenthalt des Erblassers in einem Drittstaat wäre abermals Art. 6 ErbVO-E2009 maßgeblich gewesen. Dessen weiter Anwendungsbereich ist grundsätzlich zu begrüßen. Wären Nachlassgegenstände in den Mitgliedstaaten belegen gewesen, hätte nicht nur ein „Welterbnachweis" erteilt werden können, sofern Art. 6 lit. a bis c ErbVO-E2009 einschlägig gewesen wären, sondern auch ein beschränkter Erbnachweis, der sich auf diesen Nachlass bezogen hätte (Art. 6 lit. d ErbVO-E2009). Gerade für die Erben wäre zudem in besonders hohem Maße Rechtsschutz geboten worden, da sich nach Art. 6 lit. c ErbVO-E2009 mitgliedstaatliche Gerichte auch dann für zuständig erklärt hätten, wenn sich der Erbe in diesem Mitgliedstaat gewöhnlich aufgehalten hätte. Der Erbe wäre dann beispielsweise nicht darauf angewiesen gewesen, zur Erbscheinserteilung nach Florida zu reisen, wo sein verstorbener amerikanischer Onkel lebte. Zwar hätte das Kriterium der Belegenheit von Nachlassgegenständen im europäischen Raum diesen Rechtsschutz beschränkt. Doch hätte es sich dabei um einen notwendigen Inlandsbezug gehandelt, der gerade gerechtfertigt hätte, dass sich mitgliedstaatliche Gerichte trotz Drittstaatensachverhalt überhaupt für zuständig erklärt hätten.

Dennoch ist fraglich, ob der so gewährte Rechtsschutz ausgereicht hätte. Denn selbst, wenn für Drittstaatensachverhalte ein zuständiges Gericht gefunden, sodann beispielsweise ein deutscher Erbschein erteilt und im Folgenden ein Europäisches Nachlasszeugnis ausgestellt worden wäre, wäre dennoch eine Beschränkung auf die Mitgliedstaaten bestehen geblieben. Wenn die Drittstaaten das Europäische Nachlasszeugnis oder den deutschen Erbschein nicht anerkannt hätten, wäre der Rechtsschutz beschränkt worden. Gerade bei vorhandenem

---

auf die Gerichte des Staates des letzten gewöhnlichen Aufenthalts des Erblassers gewährt werden muss. Damit dürfte auch der Sorge von Gesing (in: Erbfall mit Auslandsberührung, S. 194 ff.) abgeholfen sein, die befürchtete, bei einer ausschließlichen Zuständigkeit würde die Rechtsverfolgung erschwert (im Übrigen sprach sie sich aber zugunsten des Verordnungsentwurfs aus, da dieser mit Art. 5, 6 ErbVO-E2009 keine generelle ausschließliche Zuständigkeit normiert hätte), ähnlich: Hau, Positive Kompetenzkonflikte, S. 59 f.

Nachlass in einem Drittstaat hätte eventuell ein weiteres Verfahren durchgeführt werden müssen.[1115]

Auch umgekehrt wären drittstaatliche Erbnachweise und die entsprechenden Verfahren in den Drittstaaten nach der Verordnung ohne Belang gewesen. Hätte zudem ein nationales Anerkennungsverfahren für den Erbnachweis gefehlt,[1116] wäre in den Mitgliedstaaten ein neues Verfahren durchzuführen gewesen. Der Rechtsschutz des Bürgers wäre dadurch ebenfalls beeinträchtigt gewesen.

Schließlich folgt das zentrale Problem, dass drittstaatliches Recht zur Anwendung hätte gelangen können, insbesondere wenn der Erblasser keine Rechtswahl nach Art. 17 ErbVO-E2009 getroffen hätte. Da Art. 25, 26 ErbVO-E2009, wie mehrfach angeführt, auch bei Drittstaatenrecht eine Sachnormverweisung ausgesprochen hätten, hätte ausländisches Recht angewandt werden müssen. Die Ermittlung des Rechtes hätte das Verfahren nicht nur verzögern und verteuern können, sondern unter Umständen auch zu einer Rechtsordnung geführt, die der Drittstaat nicht angewandt hätte. Dies hätte womöglich zur Folge gehabt, dass, wenn ein Drittstaat hätte angerufen werden müssen, der Ausgang des dortigen Verfahrens völlig vom mitgliedstaatlichen Verfahrensausgang divergiert hätte, was zudem eine ohnehin schon fragwürdige Anerkennung mitgliedstaatlicher Erbnachweise (auch des Europäischen Nachlasszeugnisses) in den Drittstaaten erschwert hätte.

Es hätte lediglich dann ein umfassend positives Ergebnis erzielt werden können, wenn nur Nachlass in Mitgliedstaaten vorhanden gewesen wäre. Art. 6 lit. d ErbVO-E2009 hätte in diesem Fall garantiert die mitgliedstaatlichen Gerichte für zuständig erklärt.[1117] Die Antragsteller hätten dann in vollem Umfang von dem Verfahren profitieren können. Wäre beispielsweise ein deutscher Erbschein erteilt worden, hätten sie sich innerhalb deutscher Grenzen legitimieren können. Wäre dazu noch ein Europäisches Nachlasszeugnis ausgestellt worden, wäre eine Legitimation innerhalb der Europäischen Union[1118] möglich gewesen. In Drittstaaten belegener Nachlass, in denen der Erbschein oder das Europäische Nachlasszeugnis unter Umständen nicht anerkannt worden wären, wäre zudem ausgespart worden, so dass eine entsprechende Berücksichtigung dieses Nach-

---

1115 Eine Anerkennung nach Art. 91 schweizerisches IPRG bejahend: Gontschar, Erbrechtsverordnung und schweizerisches IPRG, S. 20 f.

1116 So wie in den meisten Fällen in Deutschland, siehe dazu Teil 2 B. II. 1. c. aa. (2) und Teil 2 C. II. 3. a. bb.

1117 Dieser wäre aber nur dann unmittelbar anwendbar gewesen, wenn es sich bei Art. 6 lit. a bis d ErbVO-E2009 um alternative und nicht um subsidiäre Kriterien gehandelt hätte; s.o. Teil 3 B. II. 2.

1118 Soweit die Mitgliedstaaten beteiligt gewesen wären.

lasses hätte unterbleiben können, was wahrscheinlich Zeit und Kosten gespart hätte.

Nichts anderes hätte bei Drittstaatensachverhalten gegolten, bei denen der gewöhnliche Aufenthalt in einem Mitgliedstaat liegt. Nur dann, wenn eben kein Nachlass im Ausland belegen gewesen wäre, hätte umfassender Rechtsschutz gewährt werden können, da nur dann irrelevant gewesen wäre, ob der Drittstaat anders anknüpft, seine Zuständigkeit abweichend bestimmt oder das mitglied-staatliche Verfahren oder den mitgliedstaatlichen Erbnachweis bzw. das Europä-ische Nachlasszeugnis berücksichtigt.[1119]

Zusammenfassend wäre ein umfassender Rechtsschutz aus Bürgersicht für reine Binnenmarktsachverhalte unter Zugrundelegung des Konzepts des ErbVO-E2009 gegeben gewesen. Bei Drittstaatensachverhalten hätte zwar ein erhöhtes Maß an Rechtsschutz vorgelegen, doch wäre dieser bei Weitem nicht so umfas-send wie bei den Binnenmarktsachverhalten gewesen.

IV. Rechtsschutz aus staatlicher Sicht

Bei der Bewertung anhand des Kriteriums „Rechtsschutz aus staatlicher Sicht" bleibt wie bei den vorangehenden Bewertungskriterien eine Differenzierung nach Sachverhalten nicht aus.

Bei reinen Binnenmarktsachverhalten wäre grundsätzlich nur das Gericht des Staats zuständig gewesen, in dem der Erblasser seinen letzten gewöhnlichen Aufenthalt hatte. Es hätte also, wie mehrfach erörtert, eine Zuständigkeitskon-zentration auf dieses Gericht stattgefunden. Andere Gerichte wären demnach unzuständig gewesen und gerade das forum shopping wäre so vermieden wor-den.[1120] Allerdings wäre dies nicht gewährleistet gewesen, wenn der Begriff des

---

1119 Solch ein Drittstaatensachverhalt dürfte allerdings selten vorkommen, da der Drittstaa-tenbezug wenn nicht über den letzten gewöhnlichen Aufenthalt des Erblassers, dann doch über die Belegenheit von Nachlassgegenständen hergestellt wird.

1120 So auch Kunz GPR 2012, 208, 210 sowie im Grundsatz Kohler, in: Rei-chelt/Rechberger, Europäisches Erbrecht, S 118 f. Letzterer weist allerdings auf die (seltenen) bilateralen Abkommen hin, die hier ein forum shopping weiterhin hätten ermöglichen können, was aber gerade aufgrund von deren Seltenheit nicht wirklich re-levant geworden wäre. Der Fokus der nachfolgenden Ausführungen liegt daher auf den sehr problematischen Drittstaatensachverhalten. Süß (in: Workshop on the Proposal for a Regulation on Succession, S. 11 ff.) äußert sich ebenfalls positiv hinsichtlich der Vermeidung des forum shopping, gibt aber zu bedenken, dass dies zu Rechtserlan-gungsschwierigkeiten führen könne. Dem ist aber, wie insbesondere unter Teil 3 C. II. ausgeführt, bei Binnenmarktsachverhalten nicht so, bzw. diese Problematik ist ver-nachlässigungswürdig.

„gewöhnlichen Aufenthalts" die Möglichkeit eröffnete hätte, die Zuständigkeit dennoch zu beeinflussen. Da der Begriff unbestimmt ist, hätten beispielsweise die Erben eines mehrerer Gerichte erwählen können, das einen gewöhnlichen Aufenthalt mangels umfassender Informationen bejaht und bei dem das anzuwendende Recht, das sich ebenfalls nach dem gewöhnlichen Aufenthalt bestimmt hätte, den Interessen der Erben am ehesten entsprochen hätte.

Diese Möglichkeit wäre dann begrenzt gewesen, wenn ein Erwägungsgrund aufgenommen worden wäre, der objektive Kriterien beinhaltet hätte. Hätte das Gericht den gewöhnlichen Aufenthalt an diesen Kriterien messen müssen, hätte es nicht ohne Weiteres seine Zuständigkeit bejahen können. Vielmehr wären schon die Erben bei der Entscheidung des anzurufenden Gerichts beschränkt gewesen.

Ebenso wäre es den Erben nicht möglich gewesen, mehrere Gerichte anzurufen, da die Aussetzungsregelung des Art. 14 ErbVO-E2009[1121] das zuerst angerufene Gericht für primär zuständig erklärt und das zweite Gericht das Verfahren bis zum Abschluss des ersten Verfahrens aussetzt oder sich in der ersten Instanz nach entsprechendem Antrag für unzuständig erklärt hätten. Wäre die Norm, wie angeführt, erweitert worden, hätte sich das Gericht sich sogar von Amts wegen für unzuständig erklärt.[1122] Die Beteiligten hätten zudem ohnehin nur durch Art. 5 ErbVO-E2009 das zuständige Gericht „ändern" können.

Diese Zuständigkeitskonzentration hätte zu einem umfassenden Rechtsschutz auch aus staatlicher Sicht bei reinen Binnenmarktsachverhalten geführt.

Bei Drittstaatensachverhalten wäre bei letztem gewöhnlichem Aufenthalt des Erblassers in einem Drittstaat allerdings abermals Art. 6 ErbVO-E2009 heranzuziehen gewesen. Wie schon bei der Problematik der Vermeidung internationaler Entscheidungsdivergenzen erörtert, wäre keine Rücksicht auf die drittstaatliche Jurisdiktion genommen worden, was zur Folge gehabt hätte, dass mitgliedstaatliche und drittstaatliche Gerichte parallel hätten zuständig sein können. Dann wäre ein forum shopping aber uneingeschränkt möglich geblieben.[1123]

Auch wenn nur Nachlassgegenstände in den Mitgliedstaaten vorhanden gewesen wären, hätte dies ein forum shopping nicht vermieden. Zwar ist fraglich, ob ein drittstaatlicher Erbnachweis in den Mitgliedstaaten anerkannt worden wäre, wenn nicht mitgliedstaatliche, sondern drittstaatliche Gerichte angerufen worden wären, doch hätte dies ein forum shopping nicht per se begrenzt. Ebenso

---

1121 Zur abgeänderten Fassung von Art. 14 ErbVO-E2009 und Art. 10 ErbVO-E2009 siehe Teil 3 B. II. 7.
1122 Ebenda.
1123 Zum Verhältnis der mitgliedstaatlichen Gerichte untereinander bei Art. 6 ErbVO-E2009 vgl. Teil 3 B. II. 2.

hätte es sich umgekehrt mit einem mitgliedstaatlichen Erbnachweis oder einem Europäischen Nachlasszeugnis verhalten.

Nichts anderes hätte gegolten, wenn der letzte gewöhnliche Aufenthalt des Erblassers zwar in einem Mitgliedstaat gelegen hätte, aber beispielsweise Nachlass auch in einem Drittstaat belegen gewesen wäre.

Letztlich ist zu berücksichtigen, dass auch dann, wenn, wie ebenfalls bei dem Bewertungskriterium der Vermeidung internationaler Entscheidungsdivergenzen problematisiert, einige Drittstaaten ihre Zuständigkeit verneint hätten, sofern mitgliedstaatliche Gerichte zuständig gewesen wären,[1124] wohl sehr selten der Fall eingetreten wäre, dass sich kein einziges drittstaatliches Gericht neben den Mitgliedstaaten für zuständig gehalten hätte. Da auch entsprechende Rechtshängigkeitsregelungen im ErbVO-E2009 bei Drittstaatensachverhalten gefehlt hätte, wäre es damit bei mehreren Zuständigkeiten geblieben und ein forum shopping wäre nicht ausgeschlossen gewesen.[1125]

Rechtsschutz aus staatlicher Sicht wäre damit durch das System des ErbVO-E2009 bei Drittstaatensachverhalten kaum bis gar nicht gewährleistet worden.

Damit wäre Rechtsschutz bei reinen Binnenmarktsachverhalten vollumfänglich, bei Drittstaatensachverhalten hingegen kaum anzunehmen gewesen.

V. Sonstige bewertungsrelevante Umstände

Positiv wäre die Konformität mit anderen Verordnungen gewesen, die auch ein internes Verweisen unproblematisch ermöglicht hätte. So wäre also nicht nur eine Einheitlichkeit hergestellt worden, die das europäische Verordnungssystem nachvollziehbarer und überschaubarer gemacht hätte, sondern auch ein „doppelter Gleichlauf" verschiedener Verordnungen erreicht worden, der den Verordnungen ein gegenseitiges Bezugnehmen untereinander erleichtert hätte.

Als nachteilig ist hingegen anzumerken, dass viele Vorschriften des Systems nach dem ErbVO-E2009, darunter insbesondere Art. 9 ErbVO-E2009, Art. 10 ErbVO-E2009 und Art. 14 ErbVO-E2009, detailliert betrachtet nachbesserungsbedürftig gewesen wären. Auch wenn sie das Gleichlaufsystem an sich nur peripher tangiert hätten, hätte dies dennoch das ganzheitliche Konzept beeinträchtigen oder zumindest in sich nicht mehr schlüssig erscheinen lassen können.

1124 Beispielsweise wegen identischer Kriterien zur Bestimmung der Zuständigkeit.
1125 Ähnlich im Ergebnis: Seyfarth, Zuständigkeitswandel, S. 161.

VI. Zusammenfassung

Es zeigt sich, dass der ErbVO-E2009 den Praxisproblemen bei reinen Binnenmarktsachverhalten mit adäquaten Lösungen begegnet wäre. Durch die Zuständigkeitskonzentration wären Entscheidungsdivergenzen vermieden, Rechtssicherheit geschaffen und Rechtsschutz sowohl aus Bürgersicht als auch aus staatlicher Sicht gewährt worden. Dies, obwohl der Rechtsschutz aus Bürgersicht durch die Wahl des letzten gewöhnlichen Aufenthalts des Erblassers als maßgebliches Kriterium nicht so umfassend gewährt worden wäre, dass das Forum den Erben stets auch ortsnah zur Verfügung gestanden hätte, was aber zugunsten des Erblassers zu verschmerzen gewesen wäre.

Hinsichtlich der Drittstaatensachverhalte zeigt sich ein sehr viel ambivalenteres Bild. Positiv ist, dass der Rechtsschutz aus Bürgersicht dadurch gefördert worden wäre, dass Art. 6 ErbVO-E2009 sehr weit gefasst war und damit oft eine mitgliedstaatliche Zuständigkeit eröffnet hätte. Allerdings hätte gerade diese Regelung wenig Rücksicht auf eine drittstaatliche Jurisdiktion genommen. Dies hätte zu Einbußen bei der Vermeidung internationaler Entscheidungsdivergenzen, der Rechtssicherheit sowie dem Rechtsschutz aus staatlicher Sicht geführt. Ob diese einseitige Rücksichtnahme auf den Rechtsschutz aus Bürgersicht auf Kosten der übrigen Probleme hätte erfolgen sollen, erscheint fraglich.

Schließlich ist positiv hervorzuheben, dass mit der Wahl des gewöhnlichen Aufenthalts eine Konformität mit anderen Verordnungen erzielt worden wäre. Es bleibt aber ebenso festzuhalten, dass der ErbVO-E2009 in vielen Details noch nachbesserungsbedürftig gewesen wäre.

D. Zusammenfassung und Ergebnis

Die ErbVO wurde auf der rechtlichen Grundlage des Art. 81 AEUV erlassen. Die Prinzipien der Einzelermächtigung, Subsidiarität und Verhältnismäßigkeit wurden dabei gewahrt.

Kapitel I der ErbVO regelt den Anwendungsbereich und die Begriffsbestimmungen.

Kapitel III bezieht sich auf das anzuwendende Recht. Dabei gilt das Prinzip der Nachlasseinheit. Zum maßgeblichen Anknüpfungspunkt wird darin zu Recht der letzte gewöhnliche Aufenthalt des Erblassers erklärt. Bedenklich ist, dass dieses Kriterium durch „engere Verbindung" zu einem anderen Staat aufgelöst werden kann, Art. 21 Abs. 2 ErbVO.

Abweichend kann der Erblasser eine Rechtswahl in einer Verfügung von Todes wegen vornehmen. Gewählt werden kann das Recht, dessen Staatsangehörigkeit der Erblasser besaß. Ebenso sollte aber auch der gewöhnliche Aufenthalt zum Zeitpunkt der Errichtung der Verfügung von Todes wegen gewählt werden können.

Problematisch war im ErbVO-E2009, dass Art. 25, 26 ErbVO-E2009 eine Sachnormverweisung aussprechen sollten, der Renvoi ausgeschlossen gewesen wäre und so womöglich (wegen Art. 25 ErbVO-E2009, der die universelle Anwendung der Verordnung garantierten sollte) umständlich drittstaatliches Recht hätte ermittelt werden müssen, selbst wenn dieses auf mitgliedstaatliches Recht zurückverwiesen hätte. Dieses Problem löst Art. 34 ErbVO durch eine partielle Renvoi-Zulassung.

Auch die Anerkennung und Vollstreckung von Entscheidungen und Urkunden, die in Kapitel IV und V geregelt sind, waren im ErbVO-E2009 verbesserungswürdig. Auch hier besserte die ErbVO nach. In Bezug auf das in Kapitel VI eingeführte Europäische Nachlasszeugnis ist aber auch die ErbVO noch ausbaufähig.

Die Zuständigkeitsregelungen finden sich in Kapitel II.[1126] Begutachtet wurden bisher die Vorschläge nach dem ErbVO-E2009. Das Zuständigkeitssystem sollte danach eine allgemeine Regelung in Art. 4 ErbVO-E2009 enthalten. Diese wollte die Gerichte des Staates für international zuständig erklären, in denen der Erblasser seinen letzten gewöhnlichen Aufenthalt hatte. Art. 5 ErbVO-E2009 sollte aber unter besonderen Voraussetzungen die Verweisung an das Gericht des Staats erlauben, dessen materielles Recht der Erblasser gewählt hat. Darüber hinaus sollte Art. 6 ErbVO-E2009 bestimmen, wann mitgliedstaatliche Gerichte zuständig sind, wenn der letzte gewöhnliche Aufenthalt des Erblassers in einem Drittstaat lag. Art. 7 ErbVO-E2009 hätte die Möglichkeit der Widerklage beinhaltet, die aber nur in Fällen der streitigen Gerichtsbarkeit relevant gewesen wäre. Wiederum auch für die freiwillige Gerichtsbarkeit bedeutend wäre Art. 8 ErbVO-E2009 gewesen, der insbesondere den Erben die Möglichkeit eröffnet hätte, Erklärungen nicht nur beim zuständigen Gericht, sondern auch im Gericht ihres Aufenthalts abzugeben. Art. 9 ErbVO-E2009 hätte eine Zuständigkeit bei sachenrechtlichen Sondervorschriften begründet, was kritisiert wurde. Art. 15 ErbVO-E2009 sollte schließlich Sicherungsmaßnahmen vorsehen.

Verfahrensrechtlich wären Art. 10 bis 14 ErbVO-E2009 zu berücksichtigen gewesen. Dabei wäre die Aussetzungsregelung des Art. 14 ErbVO-E2009 zu begrüßen gewesen, die das zuerst angerufene Gericht für primär zuständig gehalten und dem später angerufenen Gericht nicht nur die Aussetzung des Verfahrens, sondern in der ersten Instanz nach Parteiantrag die Unzuständigkeitser-

---

1126 Selbstverständlich mit Ausnahme von Art. 38 Abs. 2 ErbVO-E2009.

klärung ermöglicht hätte. Dennoch wurde erörtert, dass auch eine Unzuständigkeitserklärung von Amts wegen hätte hilfreich sein können.

Durch die grundsätzliche Anknüpfung an den letzten gewöhnlichen Aufenthalt des Erblassers sowohl bei der internationalen Zuständigkeit als auch beim anzuwendenden Recht wäre nach dem ErbVO-E2009-Konzept ein Gleichlauf hergestellt worden. Dieses europäische Gleichlaufsystem wurde sodann abstrakt begutachtet. Aus praktischer Sicht überzeugt es durch Kosten- und Zeitersparnisse. Auch der gewöhnliche Aufenthalt trägt hierzu bei, da er schnell und einfach ein einziges zuständiges Gericht finden lässt. Es wurde aber angeregt, dieses Konzept um einen Erwägungsgrund zu erweitern, der den gewöhnlichen Aufenthalt konkretisiert. Durch die identische Anknüpfung von internationaler Zuständigkeit und anzuwendendem Recht wird zudem in den meisten Fällen das Recht des Staates anwendbar sein, dessen Gerichte den Fall auch entscheiden, so dass materielles Recht und Verfahrensrecht nicht auseinandergerissen werden, was von Vorteil sein kann. Außerdem geht gerade die Anknüpfung an den gewöhnlichen Aufenthalt mit den Anknüpfungskriterien anderer Verordnungen konform. Schließlich sorgt das im ErbVO-E2009 angedachte Ausnahmensystem dafür, dass, ohne den Grundsatz aufzuheben, dennoch notwendige Maßnahmen wie die nach Art. 8 ErbVO-E2009 oder Art. 15 ErbVO-E2009 vorgenommen werden können. Eine Regelung wie Art. 6 ErbVO-E2009 hätte den Gleichlaufgrundsatz zugunsten des Rechtsschutzes für die Bürger von Drittstaaten beeinträchtigt.

Dies spiegelte sich auch bei der Bewertung wider. Bei reinen Binnenmarktsachverhalten wären bei Zugrundelegung des ErbVO-E2009-Konzepts sowohl internationale Entscheidungsdivergenzen vermieden als auch Rechtssicherheit gewährleistet und Rechtsschutz aus Bürgersicht und staatlicher Sicht umfassend gewährt worden. Bei Drittstaatensachverhalten wären hingegen nur beschränkt Lösungen für diese Praxisprobleme geboten worden. Der Rechtsschutz aus Bürgersicht in Drittstaatensachverhalten hätte zu vermehrten Entscheidungsdivergenzen, weniger Rechtssicherheit und weniger Rechtsschutz aus staatlicher Sicht geführt.

Das europäische Gleichlaufsystem nach dem ErbVO-E2009 überzeugte daher im Grunde. Es wurden allerdings hinsichtlich seiner konkreten Ausgestaltung verbesserungswürdige Punkte aufgedeckt. Wie diese aussehen könnten, zeigt der folgende Vergleich mit den deutschen Regelungen. Die darin gewonnenen Erkenntnisse zu möglichen Nachbesserungen werden im Anschluss mit der Bestimmung der internationalen Zuständigkeit im ErbVO verglichen, so dass erarbeitet werden kann, was an dieser Verordnung noch ausbaufähig ist und was bereits gegenüber dem ErbVO-E2009 verbessert wurde.

4. Teil: Zusammenführung des deutschen und des europäischen Systems

Die Ergebnisse des zweiten und dritten Teils werden im Folgenden zusammengeführt, um zu ergründen, welche Vor- und Nachteile die Systeme hatten bzw. gehabt hätten. Die gewonnenen Erkenntnisse werden im fünften Teil auf die ErbVO übertragen. Die Praxisprobleme dienen abermals als Orientierungspunkte für den Vergleich.

A. Vermeidung internationaler Entscheidungsdivergenzen

In Bezug auf die deutschen Systeme wurde festgestellt, dass der Gleichlaufgrundsatz zwar durchaus den Vorteil hatte, dass nur bei Anwendbarkeit deutschen Rechts die Zuständigkeit deutscher Gerichte bejaht, bei anwendbarem ausländischem Recht aber generell verneint wurde. Dadurch wurden internationale Entscheidungsdivergenzen aber nur teilweise gefördert.[1127] Bei einem direkten Vergleich der Systeme wurde daher die Neuregelung bevorzugt, nach der wesentlich offener die Zuständigkeit deutscher Gerichte bejaht wird, da ohne Rücksichtnahme auf die ausländische Jurisdiktion viele subsidiäre Zuständigkeiten herangezogen werden, welche die deutschen Gerichte für international zuständig erklären. Ihr wurde aber zugesprochen, gerade mit der Anknüpfung an den Wohnsitz ein Kriterium zu wählen, das international zumeist verwandt wird, was – mangels einheitlicher internationaler Regelung – zumindest als förderlich angesehen wurde. Ob zusätzlich eine Regelung zur Rechtshängigkeit und zur Anerkennung ausländischer Erbnachweise aufgenommen werden müsste, wurde an dieser Stelle offengelassen.[1128]

Das europäische System nach dem ErbVO-E2009 hätte die Zuständigkeit bei reinen Binnenmarktsachverhalten auf ein mitgliedstaatliches Gericht beschränkt, nämlich auf das Gericht des letzten gewöhnlichen Aufenthalts des Erblassers. Art. 5 ErbVO-E2009 hätte nur dann eine Verweisung an ein anderes Gericht vorgesehen, wenn dies von den Beteiligten beantragt und eine Verweisung vom zuständigen Gericht als sachdienlich empfunden worden wäre. Dies wurde als positiv gewertet. Negativ fiel die Bewertung der Drittstaatensachverhalte aus, da insoweit (gerade wegen Art 6. ErbVO-E2009 und Art. 25, 26 ErbVO-

---

1127 S.o. Teil 2 B. III. 1.
1128 Zu alledem: Teil 2 D. I.

E2009) ohne Rücksicht auf eine drittstaatliche Jurisdiktion eine mitgliedstaatliche Zuständigkeit bejaht worden wäre.

Der direkte Vergleich der Systeme zeigt, dass hinsichtlich der reinen Binnenmarktsachverhalte mit dem ErbVO-E2009-Konzept das geschaffen worden wäre, was mehrfach als höchstes Gut zur Vermeidung internationaler Entscheidungsdivergenzen angeführt wurde:[1129] die Zuständigkeitskonzentration auf ein einziges Gericht. Durch diese Konzentration kann es nicht dazu kommen, dass mehrere Gerichte tätig werden und unterschiedliche Entscheidungen treffen können. Sicherlich wäre es nach dem ErbVO-E2009 unzuständigen Gerichten möglich gewesen, nach Art. 8 oder 15 ErbVO-E2009 bestimmte (notwendige) Teilbereiche zu behandeln, doch wäre das Hauptsacheverfahren nicht angetastet worden. Einzig Art. 5 ErbVO-E2009 hätte eine Verweisung zugelassen, dann aber nur, um den Gleichlauf wiederherzustellen.

Positiv ist ebenfalls, dass die zuvor angedachte Rechtshängigkeitsregelung im ErbVO-E2009 Berücksichtigung finden sollte, wenn auch ihr konkreter Inhalt verbesserungswürdig gewesen wäre. Um ganz sicher zu gehen, dass das später angerufene Gericht seine Zuständigkeit verneint hätte, hätte nicht auf den Antrag der Parteien vertraut werden sollen. Vielmehr hätte das später angerufene Gericht seine Unzuständigkeit von Amts wegen feststellen können.[1130]

Ebenso wurde bei dem Vergleich der deutschen Systeme angeregt, „besondere" Anerkennungsregelungen zu schaffen, die ein Vorgehen mit ausländischen Erbnachweisen im Inland ermöglichen. Konkret wurde angedacht, einen deutschen Erbschein auf der Basis des ausländischen Erbnachweises zu erteilen. Auch dies wäre nach dem ErbVO-E2009 bei reinen Binnenmarktsachverhalten überflüssig gewesen. Zwar hätten insoweit nicht die Regelungen zur Anerkennung von öffentlichen Urkunden nach Kapitel V des ErbVO-E2009 geholfen, doch wäre in Kapitel VI ein Europäisches Nachlasszeugnis eingeführt worden. Dieses hätte den Vorschlag umgesetzt, der schon hinsichtlich des deutschen Rechts unterbreitet wurde: Die Gerichte des Staates, die das Erbscheinsverfahren durchgeführt hätten, hätten nicht nur einen inländischen Erbnachweis ausstellen können. Darüber hinaus hätte in diesem Staat ein Europäisches Nachlasszeugnis beantragt werden können, das auf der Grundlage des durch die Gerichte ermittelten Rechts zur Legitimation über die Staatsgrenzen dieses Mitgliedstates hinaus in allen anderen Mitgliedstaaten[1131] hätte eingesetzt werden können. Auch wenn das Zeugnis in seiner konkreten Umsetzung sicherlich noch einiger

---

1129 S.o. Teil 1 B. II. 1. sowie Teil 2 D. I.
1130 Siehe bereits Teil 3 B. II. 7.
1131 Sofern an dem ErbVO-E2009 beteiligt, s.o. Teil 3 A. III. 1. a.

Verbesserungen bedurft hätte,[1132] wäre damit dem Gedanken, der im deutschen Recht als ausbaufähig angesehen wurde, vollumfänglich Rechnung getragen worden.

Es ist daher festzuhalten, dass der ErbVO-E2009 bei reinen Binnenmarktsachverhalten die Schwächen ausgeglichen hätte, denen das deutsche System nicht gerecht werden kann.

Allerdings gilt dies für Drittstaatensachverhalte nicht uneingeschränkt. Insoweit gleichen sich deutsche Neuregelung und europäisches System. Beide nehmen bzw. hätten die Zuständigkeit Deutschlands respektive der Mitgliedstaaten angenommen, ohne eine ausländische bzw. drittstaatliche Jurisdiktion zu berücksichtigen. Sicherlich werden sowohl mit dem Wohnsitz als auch mit dem gewöhnlichen Aufenthalt Kriterien verwandt bzw. sollten verwandt werden, die auch in der restlichen Welt nicht selten gebraucht werden. Doch kann so nur internationaler Entscheidungseinklang erreicht werden, wenn sich kein Gericht an keinem Ort der Welt neben den mitgliedstaatlichen Gerichten für zuständig hält.

Wie schon im deutschen Recht angedacht, hätte daher auch bei dem ErbVO-E2009 die Aufnahme von Rechtshängigkeits- und Anerkennungsregelungen bei Drittstaatensachverhalten Abhilfe geschaffen, so dass auch nicht auf nationale Regelungen hätte zurückgegriffen werden müssen, da diese – wie beispielsweise in Deutschland hinsichtlich eines Erbscheinsverfahrens – nahezu nicht vorhanden sind.[1133]

So wäre es möglich, als Verbesserungsvorschlags des im ErbVO-E2009 angedachten Systems die Rechtshängigkeitsregelung des Art. 14 ErbVO-E2009 (in der abgeänderten Form) nicht nur auf mitgliedstaatliche Gerichte zu beschränken, sondern auch für drittstaatliche Gerichte gelten zu lassen. In diesem Fall würden sich die später angerufenen mitgliedstaatlichen Gerichte für unzuständig erklären, wenn ein Drittstaat von der Zuständigkeit seiner Gerichte ausgeht. Dies ist aber zur Vermeidung internationaler Entscheidungsdivergenzen einerseits nicht hinreichend, andererseits zu umfassend. Nicht hinreichend ist der Verbesserungsvorschlag, weil er nicht beinhaltet, dass das drittstaatliche Gericht stets vor dem mitgliedstaatlichen Gericht angerufen wird. Sollte es einmal nach dem mitgliedstaatlichen Gericht angerufen werden und keine dem Art. 14 ErbVO-E2009 entsprechende Regelung existieren, würde es seine Zuständigkeit neben der des mitgliedstaatlichen Gerichts nicht verneinen und womöglich einen Erbnachweis ausstellen, der inhaltlich vom mitgliedstaatlichen Nachweis divergie-

---

1132 Vgl. Teil 3 A. III. 4.
1133 S.o. Teil 2 B. II. 1. c. aa. (2) sowie Teil 2 C. II. 3. a. bb.

ren würde.[1134] Ebenso scheint es fraglich, ob der Verbesserungsvorschlag nicht zu umfassend wäre. So würde die mitgliedstaatliche Zuständigkeit ausgeschlossen, selbst wenn ein umfassender Rechtsschutz durch drittstaatliche Gerichte nicht geboten werden kann.[1135]

Weiter wäre es gerade dann, wenn eine mitgliedstaatliche Zuständigkeit aufgrund drittstaatlicher Zuständigkeit verneint würde, erforderlich, auch die zweite, im Rahmen des deutschen Vergleichs angesprochene Idee einer Anerkennungsregelung aufzunehmen. Diese müsste drittstaatliche Erbnachweise in der Europäischen Union anerkennen oder beispielsweise – in Fortführung der Idee zum deutschen Recht – ein Europäisches Nachlasszeugnis auf Grundlage des drittstaatlichen Erbnachweises erteilen. Dies ist aber keineswegs eine angemessene Lösung. So würden drittstaatliche Erbnachweise Eingang in alle Staaten der Union finden, ohne dass sie einer inhaltlichen Überprüfung standhalten müssten.[1136] Gerade Erbnachweise von Drittstaaten, deren Recht nach der gemeinsamen Wertevorstellung der europäischen Staaten, die in der EMRK sowie in der europäischen Grundrechtecharta niedergelegt ist, als fragwürdig erscheint, hätten so in vollem Umfang Geltung innerhalb der Europäischen Union, was nicht gebilligt werden sollte.[1137] Zudem könnte solch eine Regelung dazu führen, dass sich die Beteiligten vermehrt zum forum shopping verleiten ließen. Da das Kollisionsrecht nur innerhalb der Mitgliedstaaten vereinheitlicht wird, können die Drittstaaten weiterhin divergierendes Recht anwenden, das einige der Beteiligten besserstellt, als es der ErbVO-E2009 ursprünglich vorsah. Wenden sie sich sodann an den Drittstaat und erteilt dieser einen entsprechend günstigeren Erbnachweis, müsste dieser in der Europäischen Union anerkannt werden.[1138] Damit wird zwar durch solch eine Regelung eine Legitimation erleichtert und vermieden, dass zusätzlich in den Mitgliedstaaten abweichende Entscheidungen getroffen werden. Doch bliebe ansonsten der Rechtsschutz (sowohl

---

1134 So auch der Ansatz von Hau, Positive Kompetenzkonflikte, S. 62. Zugegebenermaßen könnte hier eine entsprechende Umformulierung in Betracht gezogen werden, was aber aufgrund des nachfolgend geschilderten Problems überflüssig ist. Die Prioritätsproblematik stellt sich im Übrigen nicht bei den Mitgliedstaaten, da insoweit alle dieser Regelung folgen; ähnlich: Hau, Positive Kompetenzkonflikte, S. 123.

1135 Siehe dazu auch: MPI-Comments, Rdnr. 81 f.; Haas, in: Jud/Rechberger/Reichelt, Kollisionsrecht in der Europäischen Union, S. 149 f. Es zeigt sich somit auch, dass internationaler Entscheidungseinklang und Rechtsschutz aus Bürgersicht in einem immensen Spannungsverhältnis stehen können.

1136 Außer womöglich der des ordre public.

1137 Selbstverständlich kann dem mit der orde-public-Prüfung begegnet werden. Allerdings wäre insoweit nur eine Ergebniskontrolle möglich, so dass auch hier letztlich Zweifel bestehen bleiben dürften.

1138 Ähnlicher Gedanke bei: Gesing, Erbfall mit Auslandsberührung, S. 144.

aus Bürgersicht als auch aus staatlicher Sicht) völlig unberücksichtigt. Damit ist bereits ohne genauere Untersuchung der Rechtsschutzproblematik[1139] abzusehen, dass solch eine Regelung, die im Einzelfall womöglich sogar dem Erblasserwillen widersprechen könnte,[1140] nicht tragbar ist.

Aus diesen Gründen wäre es, wie noch oben angeregt,[1141] ebenso verfehlt, eine deutsche „modifizierte" Anerkennungslösung zu schaffen. Denn auch in diesem Fall würde das forum shopping gefördert und (bei Rückgriffsmöglichkeit auf nationale Vorschriften) möglicherweise einem Erbnachweis Einlass in die Europäische Union gewährt, der aus europäisch-rechtsstaatlichen Gründen bedenklich erscheint. Solange also nicht gewährleistet werden kann, dass das forum shopping vermieden und Rechtsschutzumfang sowie inhaltliche Kongruenz zu europäischen Rechtstraditionen gewahrt sind, erscheint eine Aufnahme solcher Vorschriften nicht angemessen.[1142]

Damit einhergehend sind auch die vielfach diskutierten Ideen eines „gemäßigten Gleichlaufs" auf europäischer Ebene zu verwerfen und in Bezug auf den Verordnungsentwurf zu Recht verworfen worden. Nach einer dieser Ideen bliebe es bei der Zuständigkeitsregelung des Art. 4 ErbVO-E2009 auch bei Drittstaatensachverhalten. Aber nur dann, wenn der Drittstaat, in dem der letzte gewöhnliche Aufenthalt des Erblassers lag, keine Zuständigkeit vorsieht, sollten nationale Restzuständigkeiten (in Deutschland also § 105 FamFG i.V.m. § 343 FamFG) eingreifen.[1143] Wie umfassend der in den Drittstaaten gewährte Rechtsschutz ist und in welchem Maße der Drittstaat von seiner Zuständigkeit Gebrauch macht, wird dabei aber nicht berücksichtigt. Ebenso bleiben Umfang und Inhalt der nationalen Rechtsvorschriften der Mitgliedstaaten unbeachtet. Auch diese können unter Umständen keine Zuständigkeit vorsehen, so dass der Rechtssuchende insoweit schutzlos gestellt ist. Schließlich kann die Prognose, die hinsichtlich der Zuständigkeit des Drittstaates getroffen werden muss, nicht immer leicht abgesehen werden. Zu Recht wurde daher im ErbVO-E2009-

---

1139 S.u. Teil 4 C. und D.

1140 So im Ergebnis auch: Gesing, Erbfall mit Auslandsberührung, S. 144 (auf S. 184 aber wohl doch wieder für eine Anerkennungslösung); s.a. Dörner/Hertel/Riering/Lagarde IPRax 2005, 1, 3 (zur Situation vor der ErbVO in Bezug auf Entscheidungen); ein „succession shopping" wäre die Folge: Merkle, Pflichtteilsrecht und Pflichtteilsverzicht im Internationalen Erbrecht, S. 594.

1141 S.o. Teil 2 D. I.

1142 Auch der ordre public würde hier nur eine Ergebniskontrolle zulassen und eben nicht den drittstaatlichen Erbnachweis in Gänze einer Prüfung unterziehen.

1143 Dazu: Rechberger/Schur, in: Jud/Rechberger/Reichelt, Kollisionsrecht in der Europäischen Union, S. 219; Bauer IPRax 2006, 202, 203 (jeweils mit Verweis darauf, dass es sich um eine Idee Krophollers handelte).

Konzept auch die Schaffung Art. 6 ErbVO-E2009 vorgesehen und nicht (allein) auf die nationalen Vorschriften vertraut.

Eine andere Idee war, einen „gemäßigten europäischen Gleichlaufgrundsatz" dann einzuschalten, wenn zwar Gerichte eines Mitgliedstaates zuständig sind, sich aber Nachlass im Drittstaat befindet. Das mitgliedstaatliche Gericht sollte seine Zuständigkeit dann ablehnen, wenn das drittstaatliche Gericht besser geeignet ist, sich mit der Sache zu befassen und insbesondere von einer ausschließlichen Zuständigkeit der eigenen Gerichte ausgeht. Damit sollte die dem gemäßigten Gleichlaufgrundsatz innewohnende Billigung durch den Drittstaat betont und zusätzlich eine Forum-non-conveniens-Regelung eingeführt werden.[1144] Auch hier ist nicht von der Hand zu weisen, dass diese Regelung den internationalen Entscheidungseinklang gefördert hätte. Doch ist abermals der Umfang des durch die Drittstaaten gewährten Rechtsschutzes und des Zuständigkeitsgebrauchs des Drittstaates fraglich. Gerade in Bezug auf einen drittstaatlichen Erbnachweis ist nicht klar, in welchem Ausmaß er überhaupt zur Rechtsdurchsetzung beitragen könnte. Dann wären auch lediglich bilateral Entscheidungsdivergenzen vermieden.[1145] Überdies sei abermals betont, dass diese Zuständigkeitsnachfrage, wie auch schon im deutschen Recht angeführt,[1146] mehr Unsicherheiten schafft als beseitigt. Zeitlich ausufernde Verfahren, welche die Prüfung der Zuständigkeit des Drittstaates beinhalten, wären in diesen Fällen das „kleinste Übel". So mag diese Idee aus der Perspektive der Vermeidung internationaler Entscheidungsdivergenzen oberflächlich hilfreich erscheinen, insgesamt kann allerdings auch sie nicht überzeugen.

1144 Vgl. Dörner/Hertel/Riering/Lagarde IPRax 2005, 1, 3 mit Verweis auf den Vorschlag der „Gruppe für europäisches IPR" (Groupe européen de droit international privé, abgedruckt in IPRax 1993, 67), der in Art. 5 eines Entwurfs für ein EG-Familien- und Erbrechtsübereinkommen vorsah, dass sich innergemeinschaftliche Gerichte dann zugunsten der Gerichte am Belegenheitsstaat für unzuständig erklären konnten, soweit diese für die mit dem Rechtsübergang verbundenen Vorgänge eine ausschließliche Zuständigkeit reklamierten. Befürwortend auch: Gesing; in: Erbfall mit Auslandsberührung, S. 200 ff.

1145 Haas, in: Gottwald, Perspektiven der justiziellen Zusammenarbeit, S. 68 f. Aus nationaler Sicht sieht es auch Gesing (in: Erbfall mit Auslandsberührung, S. 200 ff.) als erstrebenswert an, eine eingeschränkte Forum-non-conveniens-Regelung (in Bezug auf den Belegenheitsstaat) aufzunehmen. Sie selbst schränkt aber auf S. 202 f. ein, dass sich der Staat, zu dessen Gunsten die eigene Zuständigkeit abgelehnt werde, für zuständig erklären müsse. Dabei geht sie allerdings nicht darauf ein, inwieweit von dem anderen Gericht Rechtsschutz gewährt werden muss oder wie lange das Verfahren zur Ablehnung der eigenen Zuständigkeit dauern darf. Zudem bezieht sie sich ohnehin nur auf Entscheidungen und nicht auf die Sonderproblematik der Erbscheine.

1146 S.o. Teil 2 B. II. 2. b. bb.

Auch wenn diese Ideen in ihrer konkreten Ausformung nicht überzeugen können, haben sie dennoch im Kern einen guten Grundgedanken: Die drittstaatliche Jurisdiktion bleibt bei der eigenen mitgliedstaatlichen Zuständigkeit nicht unberücksichtigt. Aber statt auf die entgegenstehende (ausschließliche) drittstaatliche Zuständigkeit abzustellen, sollte vielmehr überlegt werden, ob das Abstellen auf eine Anerkennung des mitgliedstaatlichen Erbnachweises oder Europäischen Nachlasszeugnisses in Betracht kommt. So würden zwar drittstaatliche Erbnachweise keinen Eingang in die Europäische Union finden. Anderseits wäre aber die drittstaatliche Jurisdiktion insoweit berücksichtigt, als nicht über in diesem Staat belegenen Nachlass mitentschieden wird, wenn abzusehen ist, dass der entsprechende Erbnachweis in diesem Drittstaat nicht anerkannt wird und damit überhaupt nicht eingesetzt werden kann. Zudem hätte die Anerkennung den Vorteil, dass sie als Wirkungserstreckung gewährleisten würde, dass nicht nur der Erbschein mit seinem Gutglaubensschutz, sondern auch das Europäische Nachlasszeugnis mit einem entsprechenden Schutz Berücksichtigung im Ausland erfahren würde und sich die Erben damit legitimieren könnten.

Konkret könnte an die Ideen von *Neuhaus*[1147] und *Wengler*[1148] angeknüpft werden. Diese sprechen sich dafür aus, dass dann, wenn das Urteil auf Vollstreckung im Ausland zielt und es dort ganz sicher nicht anerkannt wird, das Rechtsschutzbedürfnis verneint werden sollte. Nun scheint es einerseits fraglich, ob das Abstellen auf das Rechtsschutzbedürfnis überhaupt zweckmäßig ist[1149] sowie darüber hinaus, ob in der Verordnung das Rechtsschutzbedürfnis miteinzubeziehen und noch weiter in die nationalen Verfahrensvorschriften vorzudringen ist.[1150] Viel spricht dafür, hier nicht auf das Rechtsschutzbedürfnis abzustellen, sondern schon vorher bei der Frage der internationalen Zuständigkeit selbst anzuknüpfen. Denn diese Frage ist es, die durch solch eine Regelung geklärt

---

1147 Neuhaus, Grundbegriffe des IPR, S 292; s.a. Gesing, Erbfall mit Auslandsberührung, S. 197 (zu Recht ablehnend, was die Vollstreckung und den Bezug zum Rechtsschutzbedürfnis angeht).

1148 Wengler IPRax 1991, 42.

1149 Dagegen: Matthies, Internationale Zuständigkeit, S. 48 f. Es handle sich um eine Frage, ob die internationale Zuständigkeit besteht oder nicht, das Rechtsschutzbedürfnis sei irrelevant.

1150 Dies würde nicht nur Staaten missfallen, die besondere Verfahrensvorschriften im Erbrecht haben, wie bspw. den Common-Law-Staaten oder Österreich. Es würde auch erheblichen neuen Diskussionsbedarf bedeuten, da in diesem Fall nicht nur eine losgelöste Regelung zum Rechtsschutzbedürfnis aufgenommen werden könnte, sondern wahrscheinlich eine umfassende Regelung des Rechtsschutzbedürfnisses erforderlich wäre.

werden soll.[1151] Daher sollte dieser Gedanke die Basis einer Zuständigkeitsablehnung bilden.[1152]

Im Grunde sollte sich die Zuständigkeit nach den im ErbVO-E2009 vorgesehenen Normen, Art. 4 bis 6 ErbVO-E2009, richten. Sollte aber – und hier wäre gewährleistet, dass es eben keine unsichere Anerkennungsprognose gibt – ganz sicher feststehen, dass der Erbnachweis in einem Drittstaat nicht anerkannt wird, sollte das Gericht in Bezug auf diesen Drittstaat seine Zuständigkeit beschränken können. Dies liefe auf einen „umgekehrten gemäßigten Gleichlaufgrundsatz" hinaus, der nicht zuständigkeitsbegründend, sondern zuständigkeitsbeschränkend wäre.[1153] Damit würde sich zudem der Regelung des § 98 Abs. 1 Nr. 4 FamFG[1154] angenähert, wonach die deutschen Gerichte zuständig sind, wenn „ein Ehegatte seinen gewöhnlichen Aufenthalt im Inland hat, es sei denn, dass die zu fällende Entscheidung offensichtlich nach dem Recht keines der Staaten anerkannt würde, denen einer der Ehegatten angehört." Die Norm wird aber von vielen als „Exklusivnorm" bewertet, deren Gedanke nicht verallgemeinerungsfähig sei.[1155] Dies im Grunde auch zu Recht, denn solch eine Regelung ist insbesondere drei Kritikpunkten ausgesetzt.

Einerseits würde abermals nur ein bilateraler Entscheidungseinklang hergestellt. Es wird aber ohnehin nie möglich sein, auf der ganzen Welt nur ein einziges zuständiges Gericht zu finden oder auf sonstige Art und Weise zu vermeiden, dass divergierende Entscheidungen getroffen werden. Nur wenn international Abkommen getroffen werden, die eine Zuständigkeitskonzentration vorsehen, kann sich diesem – bereits als Utopie bezeichneten – weltweiten Entscheidungseinklang angenähert werden.[1156] Im Übrigen muss akzeptiert werden, dass zwar die Anknüpfung an den gewöhnlichen Aufenthalt hilfreich ist, weil sie in-

---

1151 So auch Matthies, Internationale Zuständigkeit, S. 48 f.; vgl. bspw. auch Fn. 1145.

1152 So im Ansatz auch: Schröder, Internationale Zuständigkeit, S. 500 f.; Walchshöfer ZZP 80 (1967), 165 ff.

1153 S.a. Pfeiffer, Internationale Zuständigkeit, S. 145.

1154 Vor Einführung des FamFG: § 606a Abs. 1 Nr. 4 ZPO a.F.: „Die deutschen Gerichte sind für Ehesachen zuständig, wenn [...] 4. ein Ehegatte seinen gewöhnlichen Aufenthalt im Inland hat, es sei denn, dass die zu fällende Entscheidung offensichtlich nach dem Recht keines der Staaten anerkannt würde, denen einer der Ehegatten angehört."

1155 BGH NJW 1977, 900 = BGHZ 68, 16; Geimer, IZPR, Rdnr. 974 ff.; Gesing, Erbfall mit Auslandsberührung, S. 197 f.; Pfeiffer, Internationale Zuständigkeit, S. 144 ff.; Hau, Positive Kompetenzkonflikte, S. 188; Kohler, in: FS Matscher, S. 251 ff., insb. 252 (in Bezug auf das EuGVÜ).

1156 Sodann wären abermals Rechtsschutzgesichtspunkte fraglich, wenn sich also nur an ein einziges Gericht gewandt werden könnte. Zumindest Art. 8 ErbVO-E2009 und Art. 15 ErbVO-E2009 entsprechende Regelungen müssten dann berücksichtigt werden.

ternational als Zuständigkeitskriterium oft verwandt wird,[1157] aber darüber hinaus multilateraler Entscheidungseinklang durch eine Europäische Verordnung nicht geleistet werden kann.

Ein weiterer Kritikpunkt ist, dass auch das „sichere Feststehen"[1158] eines Anerkennungsausschluss ebenso unsicher sein kann.[1159] Dieser unbestimmte Begriff des sicheren Feststehens müsste ebenfalls eingegrenzt werden. Zwar wäre es möglich, die einzelnen Drittstaaten konkret auf ihre Anerkennungsregelungen vorab zu prüfen und eine Stelle zu schaffen, die in diesen Fällen anzurufen ist und konkrete Angaben zu den Anerkennungsregelungen machen kann.[1160] Verfahrensökonomisch ansprechender wäre es aber, eine zeitliche Befristung für die Feststellung aufzunehmen, so dass beispielsweise innerhalb eines Monats die Frage der Anerkennung im Drittstaat geklärt sein muss. Ist dies nicht möglich, sollte dem Gericht eine Beschränkung verwehrt sein. So würden zwar divergierende Entscheidungen nicht vermieden, doch hat sich während der gesamten Untersuchung immer wieder gezeigt, dass Entscheidungseinklang, Rechtsschutz aus staatlicher Sicht und Rechtsschutz aus Bürgersicht sowie Rechtssicherheit in einem Spannungsverhältnis stehen. Würde dem Gericht also ein unendlich langer Zeitraum zur Prüfung der Anerkennung im Drittstaat überlassen, würde dies das Verfahren verzögern, was mit Rechtsschutznachteilen, aber auch Rechtssicherheitsnachteilen zulasten des Bürgers einherginge, obwohl eine solche Regelung an sich auch der Kostenvermeidung und Rechtssicherheit, im Endeffekt also auch dem Bürgerschutz dienen könnte und sollte.[1161]

Schließlich kann sich die Anerkennungsprognose nachträglich ändern, beispielsweise wenn ein Abkommen getroffen oder die Anerkennungsregelungen des Drittstaates reformiert werden. In diesem Fall kann der Antragsteller ein Interesse daran haben, dass der Erbnachweis oder das Europäische Nachlasszeugnis nun doch diesen Drittstaat erfasst.[1162] Es muss dem Antragsteller daher möglich sein, den Antrag dennoch in der den Drittstaat umfassenden Form zu stellen

---

1157 Ähnlich auch: Pfeiffer, Internationale Zuständigkeit, S. 147. Siehe auch zur deutschen Anknüpfung an den Wohnsitz, der sein europäisches Äquivalent im gewöhnlichen Aufenthalt findet Teil 1 B. I. 1. c.

1158 In § 98 Abs. 1 Nr. 4 FamFG wird die Bezeichnung „offensichtlich" gewählt.

1159 Hau, Positive Kompetenzkonflikte, S. 188 f.; s.a. Pfeiffer, Internationale Zuständigkeit, S. 156.

1160 Ähnlicher Gedanke wie in Bezug auf den „bestätigenden Erbnachweis" beim Europäischen Nachlasszeugnis, s.o. Teil 3 A. III. 4.

1161 Ähnlich: Hau, Positive Kompetenzkonflikte, S. 189.

1162 S.a. Hau, Positive Kompetenzkonflikte, S. 188.

oder einen ergänzten Erbnachweis oder ein ergänztes Europäisches Nachlasszeugnis zu beantragen.[1163]

Die entsprechende Regelung könnte also lauten:

„(1) Das Gericht kann seine Zuständigkeit in Bezug auf einen Drittstaat ablehnen, wenn sicher feststeht, dass dieser Drittstaat den mitgliedstaatlichen Erbnachweis nicht anerkennt. In diesem Fall wird das in diesem Drittstaat belegene Vermögen für den Erbnachweis nicht berücksichtigt. Kann innerhalb eines Monats nicht festgestellt werden, ob der Drittstaat den mitgliedstaatlichen Erbnachweis anerkennt, bleibt dem Gericht die Beschränkungsmöglichkeit nach S. 1 und 2 verwehrt.

(2) Ändert sich nach Erteilung des Erbnachweises die Anerkennungslage in Bezug auf den Drittstaat, kann eine Ergänzung des Erbnachweises beim zuständigen Gericht beantragt werden.

(3) Abs. 1 und 2 gelten entsprechend für das Europäische Nachlasszeugnis."[1164]

Wäre diese Regelung Bestandteil der ErbVO, würde demnach zumindest aus der Sicht der Mitgliedstaaten das Spannungsverhältnis von internationalem Entscheidungseinklang und zu gewährendem Rechtsschutz in einem ausgewogenen Verhältnis gelöst. Problematisch bliebe zwar weiterhin, dass ein drittstaatlicher Erbnachweis in den Mitgliedstaaten nicht anerkannt wird, doch ist dies, wie ausgeführt, aufgrund der drohenden Nachteile zu verschmerzen.[1165]

Ob und wie die ErbVO diese Problematik löst, ist Gegenstand von Teil 5 B.

Im Übrigen ist darauf hinzuweisen, dass auch diese Nachteile eingedämmt wären, wenn die im ErbVO-E2009 vorgesehene Regelung des Art. 26 ErbVO-E2009 entsprechend abgewandelt und zumindest einen partiellen Renvoi zulassen würde, nämlich dann, wenn das drittstaatliche Recht auf das mitgliedstaatliche Recht (zurück-)verweist. Wie mehrfach angeführt, sind es nämlich gerade die Art. 25, 26 ErbVO-E2009, die internationale Entscheidungsdivergenzen vermehrt auftreten lassen. Durch deren Sachnormverweisung auch bei Drittstaatensachverhalten kann es dazu kommen, dass das drittstaatliche Recht insbeson-

---

1163 Da die Wirkung des Europäischen Nachlasszeugnisses nach der Fassung des ErbVO-E2009 eine zeitliche Befristung auf drei Monate hat, kann auch eine erneute Erteilung beantragt werden, wobei neu über die Einschlägigkeit der vorgeschlagenen Regelung zu entscheiden ist. Bei der ErbVO sieht dies, wie geschildert, Teil 3 A. III. 4., wiederum anders aus.

1164 Wobei dann noch eine Definition in Bezug auf den mitgliedstaatlichen Erbnachweis erforderlich ist. Dazu böte sich, wie oben erörtert, eine weite Fassung an. Ähnlicher Gedanke, aber nicht in Bezug auf das Erbscheinsverfahren und ohne oben angesprochene Einschränkungen: Lübcke, Das neue europäische Internationale Nachlassverfahrensrecht, S. 441 ff., 444.

1165 Art. 12 ErbVO enthält zwar eine Norm, die auf diesen Gedanken beruht, doch ist sie gerade auf Erbnachweise und das Europäische Nachlasszeugnis wohl zumeist nicht anwendbar.

dere ohne Rücksicht auf dessen Rückverweisung angewandt wird. Es ist offensichtlich, dass dann, wenn dieses weiterverweist, Entscheidungsdivergenzen gefördert werden. Würde, wie oben bereits erörtert,[1166] zumindest aufgenommen, dass, wenn das drittstaatliche Recht auf das Recht eines Mitgliedstaates zurückverweist, die Verweisung angenommen wird, würden vermutlich nicht nur Zuständigkeit und anwendbares Recht in vielen Fällen wieder parallel laufen, also der Gleichlauf partiell wiederhergestellt sein, es würde auch gewährleistet, dass zumindest in diesem Bereich nicht anders entschieden wird, sollte das drittstaatliche Gericht seine Zuständigkeit annehmen.[1167] Zwar würde diese Regelung eine Nachlassspaltung zulassen, also ermöglichen, dass bei teilweiser Rückverweisung das Recht des Drittstaates und teilweise das des Mitgliedstaates zur Anwendung gelangt.[1168] Dies ist jedoch aufgrund der positiven Aspekte hinzunehmen, insbesondere, da die Nachlassspaltung nicht generell, sondern nur partiell eingeführt würde und einen Gleichlauf von anzuwendendem Recht und Verfahrensrecht, der ja eigentlich durch eine Nachlassspaltung beeinträchtigt werden kann,[1169] zumindest in einigen Fällen herbeiführte. Es sei an dieser Stelle vorgreiflich in Bezug auf den fünften Teil und Bezug nehmend auf Teil 3 A. III. 2. d. darauf hingewiesen, dass Art. 34 ErbVO dieser Forderung gerecht wird.

Im Ergebnis ist auf Basis der gewonnenen Erkenntnisse zu den deutschen Regelungen und zum ErbVO-E2009 folglich anzuregen, eine Regelung zu schaffen, welche die Möglichkeit eröffnet, die mitgliedstaatliche Zuständigkeit zu beschränken, wenn der mitgliedstaatliche Erbnachweis oder das Europäische Nachlasszeugnis in einem Drittstaat, in dem Vermögen belegen ist, das ansonsten in dem entsprechenden Nachweis oder Zeugnis zu berücksichtigen wäre, sicher nicht anerkannt werden. Würde zudem noch ein drittstaatlicher Renvoi ermöglicht, so würde den Schwierigkeiten bei Drittstaatensachverhalten insgesamt adäquat begegnet. So genügt der europäische Gleichlauf, dessen Basis der ErbVO-E2009 wäre, nicht nur bei reinen Binnenmarktsachverhalten den Anforderungen, die eingangs, aber auch bei dem Vergleich der deutschen Systeme, entwickelt wurden.

Insgesamt hätte aus der Sicht des internationalen Entscheidungseinklangs der im ErbVO-E2009 erstmals angelegte europäische Gleichlauf eine positive Weiterentwicklung des deutschen Gleichlaufgrundsatzes und der Neuregelung dargestellt. Er wäre aber noch auszubauen gewesen. Ob die ErbVO diesen Ausbau vorgenommen hat, ist Gegenstand von Teil 5.

1166 Teil 3 A. III. 2. d.
1167 Von (zu verschmerzenden) Rechtsanwendungsfehlern abgesehen.
1168 Zum Beispiel wie heute im französischen Recht, das bewegliches und unbewegliches Vermögen unterschiedlich anknüpft, vgl. Teil 1 B. I. 1. e.
1169 Siehe nur Teil 2 B. III. 1.; Teil 2 C. III. 1. Zur Nachlassspaltung: Teil 1 B. I. 1. e.

B. Rechtssicherheit

Bei der Frage der Rechtssicherheit wurde hinsichtlich des Gleichlaufgrundsatzes festgehalten, dass diesem Kriterium nur begrenzt genügt wurde. Rechtssicherheit wurde zwar dadurch geschaffen, dass das Gericht ihm bekanntes Recht (nämlich das deutsche) anwenden konnte. Allerdings war – außer zumeist für den deutschen Erblasser – insbesondere nicht vorhersehbar, ob die Gerichte ihre Zuständigkeit bei anzuwendendem ausländischem materiellem Recht nicht doch ausnahmsweise im Wege einer Notzuständigkeit bejahen würden. Nur die Beschränkung auf den inländischen Nachlass führte (stets) zur inländischen Zuständigkeit (§ 2369 BGB a.F.) und gerade dadurch, dass Anerkennungsproblematiken in Bezug auf andere Länder im Inland irrelevant waren, wurde die Rechtssicherheit zumindest teilweise hergestellt.

Auch die Neuregelung konnte nicht vollends überzeugen. Zwar existieren sowohl für In- als auch Ausländer Normen (§ 105 FamFG i.V.m. § 343 FamFG), an denen sich diese orientieren und ausgehend von den inländischen Vorschriften zum Internationalen Privatrecht auch das anzuwendende materielle Recht bestimmen können. Jedoch ist auch hier die mangelnde Berücksichtigung des sodann erteilten Erbscheines im Ausland fraglich, gerade wenn dieses nicht an das zwar häufig, aber eben nicht durchgängig verwandte Kriterium des Wohnsitzes zur Bestimmung der internationalen Zuständigkeit abstellt. Daher hilft auch hier nur eine Beschränkung nach § 2369 BGB. Nur dann ist Rechtssicherheit gegeben. Insgesamt wurde im Vergleich eine Entscheidung zugunsten der Neuregelung getroffen, da die positiven Aspekte hierfür überwogen. Allerdings sind abermals Anerkennungsregelungen diskutiert worden. Zudem wurde verlangt, dass auf die Möglichkeit der Antragsbeschränkung nach § 2369 BGB gemäß § 28 Abs. 2 FamFG verstärkt hingewiesen wird.

Der ErbVO-E2009 hätte abermals in Bezug auf reine Binnenmarktsachverhalte überzeugt. Materielles Recht und Verfahrensrecht wären wegen der Gleichschaltung der Kriterien bei Art. 16 ErbVO-E2009 und Art. 4 ErbVO-E2009 grundsätzlich parallel verlaufen. Ein hohes Maß an Vorhersehbarkeit und Kontinuität, insbesondere bei Aufnahme eines entsprechenden Erwägungsgrundes zur Eingrenzung des Begriffs des „gewöhnlichen Aufenthalts", wäre wohl die Folge gewesen. Geschützt gewesen wäre das europäische Gleichlaufsystem durch Art. 5 ErbVO-E2009, der auch bei einer Rechtswahl nach Art. 17 ErbVO-E2009 die Wiederherstellung des Gleichlaufs ermöglicht und so wieder ein hohes Maß an Rechtssicherheit herbeigeführt hätte. Schließlich hätte das Europäische Nachlasszeugnis eine Legitimation des Erben auch in den übrigen Mitgliedstaaten ermöglicht.

Negativ bewertet wurden jedoch die Drittstaatensachverhalte. Hatte der Erblasser seinen letzten gewöhnlichen Aufenthalt nicht in einem Mitgliedstaat, so hätte Art. 6 ErbVO-E2009 gegolten. Die Mitgliedstaaten wären dann zwar zuständig und ein Erbnachweis sowie gerade das Europäische Nachlasszeugnis, das im Rahmen dieser Zuständigkeit erteilt worden wäre, wären in den übrigen Mitgliedstaaten anerkannt worden, was innerhalb der Mitgliedstaaten die Rechtssicherheit hätte fördern dürfen. Allerdings wäre dies nicht auf die Drittstaaten zu übertragen gewesen. Dass diese die Zuständigkeit der Mitgliedstaaten oder gar die erteilten Erbnachweise und das Europäische Nachlasszeugnis anerkannt oder für beachtlich gehalten hätten, wäre nicht stets gewährleistet gewesen. Dies hätte möglicherweise nicht nur zu mehreren Verfahren und Erbnachweisen mit divergierenden Inhalten geführt, sondern insgesamt zu Rechtsunsicherheiten. Nichts anderes hätte gegolten, wenn trotz Zuständigkeit mitgliedstaatlicher Gerichte nach Art. 4 ErbVO-E2009 beispielsweise Nachlass im Ausland belegen gewesen wäre. Nur bei einer Beschränkung des Antrags auf mitgliedstaatlichen Nachlass nach Art. 6 lit. d ErbVO-E2009 und wenn nur Nachlass im Inland vorhanden gewesen wäre, wäre dies wohl anders zu sehen gewesen.

Vergleicht man daher auch hier die deutschen Systeme mit dem europäischen System, zeigt sich abermals, dass in Bezug auf die reinen Binnenmarktsachverhalte mit dem ErbVO-E2009 das umgesetzt worden wäre, was noch bei den deutschen Systemen bemängelt wurde. Die Zuständigkeitskonzentration verbunden mit der allseitigen Berücksichtigung insbesondere des Europäischen Nachlasszeugnisses hätte zu einem hohen Maß an Rechtssicherheit geführt. Ebenso wollte das europäische System einen – als elementaren Vorteil des deutschen Gleichlaufs betonten[1170] – Gesichtspunkt wieder aufgreifen: Materielles Recht und Verfahrensrecht fokussieren sich grundsätzlich auf einen einzigen Ort, so dass die zuständigen Gerichte das ihnen bekannte Recht anwenden.

Damit hätte der europäische Ansatz nach dem ErbVO-E2009 die positiven Aspekte der deutschen Systeme kombiniert.

Allerdings weisen die Grundsätze auch hinsichtlich der negativen Punkte Parallelen auf. So wurde an den deutschen Regelungen die mangelhafte Koordination mit ausländischen Staaten gerügt, die zu Rechtsunsicherheit führt. Ähnlich fällt das Urteil im Verhältnis zu Drittstaaten nach dem ErbVO-E2009 aus. Zwar hätte Art. 6 ErbVO-E2009 zu einer mitgliedstaatlichen Zuständigkeit geführt. Auch wäre ein entsprechender Erbnachweis im Inland, ein Europäisches Nachlasszeugnis sogar in allen Mitgliedstaaten anerkannt worden. Darüber hinaus hätte jedoch keine Gewähr für die Berücksichtigung mitgliedstaatlicher Zu-

---

1170 S.o. Teil 2 B. II. 1. a. sowie III. 2.

ständigkeiten und Erbnachweise bzw. des Europäischen Nachlasszeugnisses gegeben werden können. Ähnlich § 2369 BGB wurde daher auch hier Art. 6 lit. d ErbVO-E2009 bei nur in den Mitgliedstaaten vorhandenem Nachlass als einzig der Rechtssicherheit umfassend genügend angesehen. Denn dann wären wiederum die positiven Aspekte der umfassenden Berücksichtigung von Erbnachweis im Inland und Europäischem Nachlasszeugnis in allen Mitgliedstaaten gegeben gewesen.

So könnte es, parallel zum Ergebnis des deutschen Vergleichs, wünschenswert sein, dass bei Rückgriff auf eine Art. 6 ErbVO-E2009 entsprechende Vorschrift der Antrag zumeist (außer dann, wenn ohnehin nur Nachlass in den Mitgliedstaaten vorhanden ist) nach Art. 6 lit. d ErbVO-E2009 beschränkt wird.[1171] Mangels verfahrensrechtlicher Regelung innerhalb des ErbVO-E2009 dürfte aus deutscher Sicht auch insoweit auf die Hinweispflicht nach § 28 Abs. 2 FamFG zurückzugreifen sein.

Allerdings ist in diesem Fall zu berücksichtigen, dass eine Interpretation des Art. 6 ErbVO-E2009 erforderlich ist, die lit. a bis d als alternative und nicht als subsidiäre Kriterien auffasst. Eine subsidiäre Interpretation hätte zur Folge, dass Art. 6 lit. d ErbVO-E2009, der die Beschränkung auf im Inland belegenen Nachlass beinhaltet, nicht nach dem Willen der Parteien zur Anwendung gelangen könnte, ihnen also eine eigenständige Beschränkung des Antrags verwehrt wäre.[1172] Ansonsten bliebe aber stets die Möglichkeit des Gerichts, darauf hinzuweisen, dass insbesondere das Europäische Nachlasszeugnis nur innerhalb der Mitgliedstaaten verwandt werden kann, eine Anerkennung außerhalb der Europäischen Union aber unklar ist.

Daneben würde auch § 2369 BGB nicht überflüssig werden, da er bei einer Zuständigkeit nach Art. 4 ErbVO-E2009 weiterhin eine Beschränkung auf inländischen Nachlass ermöglicht, womit, wie geschildert, insbesondere Kosten- und Zeitersparnisse einhergingen, was gerade bei Nachlassbelegenheit in Drittstaaten (und ggf. mangels Anerkennung des deutschen Erbscheins bzw. eines Europäischen Nachlasszeugnisses) von Vorteil sein könnte.

Im Ergebnis kann aber auch hier die oben bereits erörterte Regelung zur Beschränkung der Zuständigkeit bei sicherer Nichtanerkennung im Drittstaat weiterhelfen.[1173] Kann das Gericht seine Zuständigkeit in Bezug auf die Drittstaaten ablehnen, in denen Nachlass belegen ist, bei denen aber sicher feststeht, dass ein mitgliedstaatlicher Erbnachweis oder ein Europäisches Nachlasszeugnis dort

---

1171 Im Ansatz ähnlich: Lurger, in: Rechberger, Brücken im Europäischen Rechtsraum, S. 58.
1172 So aber nun Art. 10 ErbVO, s.a. Teil 5 B. I.
1173 S.o. Teil 4 A.

nicht anerkannt werden, wäre es nicht mehr nur den Beteiligten anheimgestellt, den Antrag zu beschränken, sondern auch das Gericht, das mehr Erfahrung mit dem Umgang mit Erbnachweisen hat, könnte die mangelnde Anerkennung berücksichtigen. Die Regelung würde auch nicht zu Unsicherheiten führen, da sie nicht nur das „sichere Feststehen" der Nichtanerkennung im Drittstaat fordert, sondern auch noch eine zeitliche Eingrenzung für die Beantwortung der Frage beinhaltet, wann ein sicheres Feststehen der Nichtanerkennung vorliegt. Das Interesse der Antragssteller, selbst zu entscheiden, ob der Erbschein beschränkt werden soll, würde zudem nicht wesentlich eingeschränkt, da der Rahmen der Regelung eng begrenzt wäre.[1174] Insoweit scheint die Regelung auch hier geboten.

Im Übrigen ist auch hier eine entsprechende Öffnung des Art. 26 ErbVO-E2009 anzuraten – wie auch in der ErbVO erfolgt. Wird zumindest bei Rückverweisung auf mitgliedstaatliches Recht eine Ausnahme von der Sachnormverweisung zugelassen, ist Rechtssicherheit dahingehend gewährleistet, dass auch das drittstaatliche Recht, das ja ebenfalls eine Verweisung annehmen würde, eine entsprechende Entscheidung treffen würde.

Damit zeigt sich, dass die europäische Regelung in ihrem konzeptualen Ansatz einen Schritt sowohl auf den Gleichlaufgrundsatz als auch auf die Neuregelung zugehen sollte. Bei reinen Binnensachverhalten hätte sie zudem Rechtssicherheit in Bereichen geschaffen, in denen die deutschen Systeme keine Rechtssicherheit hätten schaffen können. Bei Drittstaatensachverhalten hätte dies zwar auch eingeschränkt dahingehend gegolten, dass innerhalb der Europäischen Union Rechtssicherheit in Bezug auf die Planbarkeit und Vorhersehbarkeit ermöglicht worden wäre, doch hätte dies nicht außerhalb der Mitgliedstaaten gegolten. Aus diesem Grund sollte zukünftig und bei Zugrundelegung dieses europäischen Gleichlaufs vermehrt auf die Möglichkeit der Antragsbeschränkung nach Art. 6 lit. d ErbVO-E2009 eingegangen werden, sofern diese in Betracht gezogen werden kann, oder ein Hinweis auf die begrenzte Wirkung insbesondere des Europäischen Nachlasszeugnisses erteilt werden. Zudem oder auch alternativ ist es sinnvoll, eine Regelung aufzunehmen, die es dem Gericht ermöglicht, seine Zuständigkeit zu beschränken,[1175] wenn sicher feststeht, dass in dem Drittstaat, in dem sich Vermögen befindet und in dem der Erbnachweis oder das Europäische Nachlasszeugnis eingesetzt würde, eine Anerkennung derselben ausscheidet. Ebenso sollte, um nicht gänzlich andere Erbnachweise als die Drittstaaten auszustellen, Art. 26 ErbVO-E2009 zumindest eine partielle Gesamtverweisung zulassen, um so auch in Bezug auf Drittstaaten die Vorhersehbarkeit

---

1174   Dazu bereits Teil 2 D. II.
1175   Auf die Mitgliedstaaten und andere Drittstaaten.

und damit letztlich die Rechtssicherheit zu fördern. Inwieweit die ErbVO diesen Forderungen nachgekommen ist, wird in Teil 5 behandelt.

C. Rechtsschutz aus Bürgersicht

Bei der Frage, ob Rechtsschutz aus Bürgersicht im deutschen System besser durch den Gleichlaufgrundsatz oder die Neuregelung verwirklicht wurde, fiel die Wertung eindeutig zugunsten der Neuregelung aus. Während der Gleichlaufgrundsatz gerade bei Anwendbarkeit ausländischen Rechts eine Zuständigkeit ausschloss und nur bei (extensiver) Anwendung von Ausnahmen, insbesondere § 2369 BGB, überhaupt Rechtsschutz gewährte, sorgt die Neuregelung durch viele verschiedene Zuständigkeitskriterien zumeist für einen Gerichtsstand. Allerdings zeigte sich, dass die mangelnde Berücksichtigung inländischer Verfahren im Ausland und ausländischer Verfahren im Inland ebenso wie die unzureichende Berücksichtigung inländischer Erbscheine und ausländischer Erbnachweise dazu führen, dass der Rechtsschutz eingeschränkt wird. Umfassende Anerkennungsregelungen und der Hinweis auf die Beschränkungsmöglichkeit nach § 2369 BGB erschienen auch hier daher als angemessene Lösung.

In Bezug auf das europäische System wurde abermals zwischen reinen Binnenmarktsachverhalten und Drittstaatensachverhalten unterschieden. Bei ersteren wäre der Rechtsschutz in hinreichendem Maße gewährt worden. Nicht nur, dass durch die Anknüpfung an den gewöhnlichen Aufenthalt zumeist das Gericht zuständig gewesen wäre, an dem sich Nachlass und Erben befunden hätten. Auch dadurch, dass das zuständige Gericht auf Grund des europäischen Gleichlaufs zumeist eigenes Recht angewandt hätte, wären schnell und sehr wahrscheinlich richtige Entscheidungen getroffen worden. Ebenso positiv ist das Europäische Nachlasszeugnis zu bewerten, das eine Legitimation in allen Mitgliedstaaten ohne weiteres Verfahren ermöglicht hätte.

Bei Drittstaatensachverhalten hätte Art. 6 ErbVO-E2009 oft zu einer mitgliedstaatlichen Zuständigkeit geführt, was den Rechtsschutz erheblich hätte fördern dürfen. In Bezug auf mitgliedstaatliches Vermögen hätte über nationale Erbnachweise und Europäisches Nachlasszeugnis insbesondere die Legitimationsmöglichkeit umfassend gewährleistet werden dürfen. Doch wären die Ergebnisse der entsprechenden Verfahren sowie das Verfahren selbst nur innerhalb der Mitgliedstaaten verbindlich gewesen. Über die Mitgliedstaaten hinaus wäre eine Anerkennung fraglich gewesen. Zudem wäre umgekehrt eine Berücksichtigung von drittstaatlichen Verfahren und insbesondere Erbnachweisen nicht vorgesehen gewesen. Dies hätte den Rechtsschutz begrenzt. Auch hier wurde daher angeregt, Art. 6 lit. d ErbVO-E2009 öfters zu einer Beschränkung auf das mitgliedstaatliche Vermögen führen zu lassen, um nicht ausschweifende Prüfungen in Bezug auf den drittstaatlichen Nachlass vorzunehmen, wenn eine Legitimation durch den mitgliedstaatlichen Erbnachweis oder das Europäische Nachlasszeugnis im Belegenheitsdrittstaat ohnehin nicht in Betracht gekommen wäre (gerade wenn wegen Art. 25, 26 ErbVO-E2009 nicht das Recht angewandt worden wäre, das der Drittstaat angewandt hätte).

Damit erinnert die europäische Regelung bei Drittstaatensachverhalten stark an die deutsche Neuregelung. Auch hier sorgt eine Vielzahl verschiedener Kriterien dafür, dass eine mitgliedstaatliche Zuständigkeit möglichst bejaht wird. Allerdings zeigt sich auch dabei das Problem, dass dieses erhöhte Maß an Rechtsschutz dann nicht hilft, wenn eine Legitimation nicht nur im Inland, sondern auch im Ausland zu erfolgen hat, beispielsweise weil sich dort Nachlassgegenstände befinden. Sicherer wäre es dann, den Antrag auf die im Inland belegenen Gegenstände zu beschränken. Eine Art. 6 lit. d ErbVO-E2009 entsprechende Regelung könnte auch hier als Äquivalent zu § 2369 BGB fungieren, so dass auf einen entsprechenden Antrag (aus deutscher Sicht nach § 28 Abs. 2 FamFG) hingewirkt werden könnte. Allerdings müsste die Art. 6 lit. d ErbVO-E2009 entsprechende Vorschrift dann, wie bereits erörtert,[1176] ein alternatives und kein subsidiäres Kriterium zu den übrigen Kriterien (Art. 6 lit. a bis c ErbVO-E2009) darstellen. Ansonsten bliebe nur ein allgemeiner Hinweis darauf, dass gerade das Europäische Nachlasszeugnis nur innerhalb der Europäischen Union umfassende Geltung hat, eine Anerkennung über die Grenzen hinaus aber nicht gewährleistet werden kann. Nicht nur aufgrund dieser Ungenauigkeit beansprucht § 2369 BGB damit auch weiterhin Geltung: Gerade wegen der Möglichkeit einer Beschränkung selbst bei Zuständigkeit nach einer Vorschrift wie Art. 4 ErbVO-E2009 ist diese Norm hilfreich, da sie umfassende Nachforschungen in Bezug auf im Ausland belegenen Nachlass erübrigt, was insbesondere bei Nachlassbelegenheit in Drittstaaten sinnvoll sein kann.[1177] Darüber hinaus ist es insoweit ebenfalls sinnvoll, eine Regelung aufzunehmen, die es den mitgliedstaatlichen Gerichten ermöglicht, ihre Zuständigkeit auf andere Drittstaaten und die Mitgliedstaaten zu beschränken, wenn sicher feststeht, dass ein Drittstaat, in dem Nachlass belegen ist, den mitgliedstaatlichen Erbnachweis oder das Europäische Nachlasszeugnis nicht anerkennt.[1178] Der Bürger wird zudem durch den Zusatz geschützt, dass die Frage, ob der Drittstaat den Nachweis oder das Zeugnis nicht anerkennt, binnen kurzer Frist, beispielsweise eines Monats, beantwortet werden muss. Auch sichert den Rechtsschutz eine Klausel ab, die eine Er-

---

1176 S.o. Teil 4 B.
1177 Dazu bereits oben Teil 2 D. II.
1178 S.o. Teil 4 A.

gänzung des Erbnachweises oder Europäischen Nachlasszeugnisses ermöglicht, sollte sich die Anerkennungslage in Bezug auf den Drittstaat ändern.

Somit zeigt auch hier die europäische Regelung, dass sie – zumindest bei reinen Binnenmarktsachverhalten – ein großes Maß an Rechtsschutz geboten hätte und damit die gegen den Gleichlaufgrundsatz und die Neuregelung angeführte Kritik nicht auf sie hätte übertragen werden können. Anders hätte es sich bei Drittstaatensachverhalten verhalten. Hier wurden abermals Parallelen zur deutschen Neuregelung deutlich. Die vielen verschiedenen Zuständigkeitskriterien hätten zwar innerhalb der Mitgliedstaaten dafür gesorgt, dass sich zeitnah ein zuständiges Gericht gefunden hätte und der entsprechende Erbnachweis in dem betreffenden Mitgliedstaat oder das dort ausgestellte Europäische Nachlasszeugnis in allen Mitgliedstaaten Berücksichtigung gefunden hätte. Sie hätten aber keine Berücksichtigung derselben über die Europäische Union hinaus herbeigeführt.

Abhilfe schaffen können bei Aufgreifen der Vorschriften des ErbVO-E2009 im Rahmen einer verbesserten Verordnung eine Art. 6 lit. d ErbVO-E2009 entsprechende Vorschrift oder ein nach der vorgestellten Zuständigkeitsablehnungsregelung beschränkter Erbnachweis, der von sich aus deutlich macht, dass auch der Erbnachweis entsprechend auf die Mitgliedstaaten begrenzt ist, sowie der allgemeine Hinweis, dass eine Anerkennung über die Union hinaus nicht gewährleistet ist. Aus deutscher Sicht ist zudem weiterhin die Beschränkung nach § 2369 BGB von Bedeutung. Inwieweit die ErbVO an diese Kritikpunkte anknüpft, beantwortet Teil 5.

D. Rechtsschutz aus staatlicher Sicht

Die deutschen Systeme konnten aus staatlicher Sicht nur eingeschränkten Rechtsschutz gewähren. Wie auch schon bei der Vermeidung internationaler Entscheidungsdivergenzen angeführt, konnten und können diese nicht verhindern, dass sich ausländische Gerichte neben ihnen für zuständig erklärten bzw. erklären. Nur eingeschränkt wurde dem abgeholfen, indem nach dem Gleichlaufgrundsatz eine Zuständigkeit deutscher Gerichte bei Anwendbarkeit ausländischen Rechts verneint wurde und wird dem bei der Neuregelung abgeholfen, indem mit Wohnsitz und Aufenthalt weltweit gebräuchliche Kriterien zur Zuständigkeitsbestimmung herangezogen werden. So ist es möglich, dass ausländische Staaten aufgrund dieser identischen Kriterien ihre Zuständigkeit verneinen. Schließlich wurde festgehalten, dass nur dann, wenn inländische und ausländische Zuständigkeiten im In- und Ausland jeweils berücksichtigt werden, Rechtsschutz aus staatlicher Sicht gewährt und insbesondere ein forum shopping eingedämmt werden kann. Die oben angesprochenen Anerkennungsregelungen sollten insoweit auch hier Abhilfe schaffen.[1179]

Im europäischen System zeigt sich hingegen bei reinen Binnenmarktsachverhalten, dass nahezu in allen Fällen die Konzentration auf ein Gericht erreicht worden wäre. Dadurch wäre ein forum shopping vermieden worden. Ebenso wenig hätte der Begriff des letzten gewöhnlichen Aufenthalts des Erblassers viel Spielraum für die Anrufung verschiedener Gerichte geliefert. Bereits an dieser Stelle[1180] wurde aber die Aufnahme eines Erwägungsgrundes in das Konzept nach dem ErbVO-E2009 befürwortet, der den Begriff des gewöhnlichen Aufenthaltes konkretisiert. Ein entsprechend ausformulierter Art. 14 ErbVO-E2009, der eine anderweitige mitgliedstaatliche Zuständigkeit berücksichtigt, wurde ebenfalls zugunsten des Rechtsschutzes gefordert.

Bei Drittstaatensachverhalten wäre allerdings durch Art. 6 ErbVO-E2009 ein forum shopping geradezu forciert worden. Ohne Rücksicht auf die drittstaatliche Jurisdiktion wäre die mitgliedstaatliche Zuständigkeit bejaht worden. Anerkennungs- oder Rechtshängigkeitsregelungen in Bezug auf die Drittstaaten hätten nicht existiert.

Jedenfalls die Zuständigkeitskonzentration nach dem ErbVO-E2009 bei reinen Binnenmarktsachverhalten hätte das erfüllt, was bei den deutschen Systemen vermisst wurde. Bei Drittstaatensachverhalten wären hingegen die Probleme, die im deutschen System herausgearbeitet wurden, bestehen geblieben. Jedoch sind Anerkennungs- und Rechtshängigkeitslösungen hier nicht in Betracht zu ziehen. Wie schon bei der Problematik der Vermeidung internationaler Entscheidungsdivergenzen erörtert, kann dies gerade, weil nicht abzusehen ist, wie und in welchem Umfang die Drittstaaten von ihrer Zuständigkeit Gebrauch machen, nicht stets helfen. Vielmehr birgt es die Gefahr, dass so Erbnachweise von Drittstaaten innerhalb der Europäischen Union verkehrsfähig würden, die aber nicht den Standards der Union genügten.[1181]

1179 Teil 4 A.

1180 Teil 3 B. III. 1. c.

1181 Begrenzt helfen würde zwar auch hier die Regelung der Zuständigkeitsbeschränkung bei Nichtanerkennung in dem Drittstaat, in dem Nachlassgegenstände belegen sind. Bleiben diese Nachlassgegenstände unberücksichtigt, ist es nicht möglich, mitgliedstaatliche Gerichte anzurufen, um einen Erbnachweis oder Europäisches Nachlasszeugnis zu erhalten, die dann in dem Drittstaat eingesetzt werden können, der möglicherweise einen Erbnachweis mit anderem Inhalt ausgeteilt hätte. Im Ergebnis ändert dies aber nichts am status quo, da bei Nichtanerkennung im Drittstaat ein Erbnachweis oder Europäisches Nachlasszeugnis weder bei Einführung der Regelung (dann Beschränkung) noch bei Erteilung eines umfassenden Zeugnisses (keine Anerkennung) das forum shopping tatsächlich tangieren würden.

Es muss vielmehr ausreichen, Art. 26 ErbVO-E2009 – wie auch in der Erb-VO geschehen –entsprechend zu erweitern.[1182] Dadurch werden divergierende Entscheidungen eingedämmt und dem forum shopping Anreize entzogen.[1183] Im Übrigen kann ein forum shopping ohnehin nicht vermieden werden, da auf die Drittstaaten kein Einfluss ausgeübt werden kann und es utopisch ist, weltweit von einer einheitlichen Anerkennungs- oder gar Zuständigkeitsregelung auszugehen. Das Maß an Rechtsschutz aus staatlicher Sicht wäre daher zwar nicht enorm, aber dennoch hinreichend. Ob die ErbVO insbesondere eine Abwandlung von Art. 26 ErbVO-E2009 vorsieht, zeigt Teil 5.

E. Sonstiges

Neben den oben angeführten Praxisproblemen sind darüber hinaus noch weitere Umstände von Bedeutung. So ist hinsichtlich des Gleichlaufgrundsatzes gelobt worden, dass anders als bei der Feststellung von Wohnsitz, Aufenthalt und den übrigen Kriterien bei der Neuregelung, er in seiner Anwendung insoweit einfacher war, als nur ein einziges Mal, also für Zuständigkeit und anzuwendendes Recht einheitlich, eine Bestimmung vorgenommen werden musste.

Nach dem europäischen Gleichlauf sollte zwar nicht das anzuwendende Recht zur Bestimmung der internationalen Zuständigkeit herangezogen werden. Doch hätte das Kriterium des letzten gewöhnlichen Aufenthalts des Erblassers, das im kollisionsrechtlichen und zuständigkeitsrechtlichen Bereich als einheitliches Kriterium verwandt worden wäre, dafür gesorgt, dass, sofern es einmal bestimmt wurde, eine erneute Bestimmung nicht erforderlich gewesen wäre. Zumindest ist nicht denkbar, dass das Gericht, das den gewöhnlichen Aufenthalt in Bezug auf seine internationale Zuständigkeit bejaht hätte, diesen gewöhnlichen Aufenthalt bezüglich des anzuwendenden Rechts anders bewertet hätte. Bei der Bestimmung geholfen hätte allerdings ein zusätzlicher Erwägungsgrund, der den Begriff des gewöhnlichen Aufenthalts greifbarer gemacht hätte.[1184] Gerade bei der grundsätzlichen Anknüpfung an den letzten gewöhnlichen Aufenthalt des Erblassers wäre demnach im ErbVO-E2009 der oben beschriebene positive Aspekt des deutschen Gleichlaufgrundsatzes aufgegriffen worden.

1182   Vgl. Teil 4 A.
1183   Ähnlicher Gedanke bei Hau, Positive Kompetenzkonflikte, S. 57 sowie Schack RabelsZ 58 (1994), 40, 47: Eine Vereinheitlichung des Kollisionsrechts vermeide das forum shopping.
1184   Dazu Teil 3 B. III. 1. c. bb. (2).

Die Kodifikation einer Regelung, die bei der deutschen Neuregelung als positiv empfunden wurde, wäre bei dem europäischen Konzept nach dem ErbVO-E2009 nicht nur aufgegriffen, sondern übertroffen worden. Dadurch, dass der letzte gewöhnliche Aufenthalt des Erblassers grundsätzlich zur Bestimmung des anzuwendenden Rechtes und der internationalen Zuständigkeit herangezogen worden wäre, wäre ein Kriterium, der gewöhnliche Aufenthalt, verwandt worden, das in vielen europäischen Verordnungen geläufig ist. Diese Einheitlichkeit hätte bei der Orientierung im Rahmen der Vielzahl europäischer Verordnungen geholfen und nicht zuletzt ein problemloses Verweisen innerhalb der Verordnungen ermöglicht.

Negativ ist aber sowohl bei der Neuregelung als auch bei dem europäischen Konzept, dass oft ein erhöhter Zeit- und Kostenaufwand folgen dürfte bzw. hätten folgen dürfen, wenn keine Beschränkung auf mitgliedstaatliche respektive inländische Nachlassgegenstände in Betracht kommt bzw. gekommen wäre.

Ebenso nachteilig ist, dass der europäische Gleichlauf gerade im Bereich der Ausnahmenregelungen verbesserungswürdig gewesen wäre, was den gut gedachten Grundsatz hätte gefährden können.

Positiv ist hingegen schließlich, dass der europäische Gleichlauf vermehrt dazu geführt hätte, dass das zuständige Gericht das ihm bekannte Recht hätte anwenden müssen. Das (deutsche) Problem der Aufnahme ausländischer Rechtsinstitute in inländische Erbscheine wäre damit wesentlich seltener aufgetreten. Wenn doch, könnte in einer zukünftigen Regelung, wie angesprochen,[1185] eine zentrale Behörde helfen, die im Rahmen der Nutzung des Europäischen Nachlasszeugnisses diese ausländischen Rechtsinstitute in inländisches Recht „übersetzt". Im Übrigen würde aber wohl aber auch hier das Vertrauen in die Gerichte bleiben müssen, dass sie auftretenden Problemen durch Anpassungs-, Substitutions- und Transpositionslösungen begegnen werden.

Damit ist das europäische Gleichlaufsystem in vielen Bereichen positiver zu bewerten als die deutschen Vorgänger, indem den aufgezeigten Schwierigkeiten adäquate Lösungen entgegensetzt werden sollten. Ob auch die ErbVO so beurteilt werden kann, untersucht Teil 5.

F. Ergebnis

Der Vergleich zeigt, dass das europäische Gleichlaufsystem die als positiv herausgearbeiteten Punkte der deutschen Regelungen aufzugreifen und teilweise

---

1185 Teil 3 A. III. 4.

sogar zu verbessern vermocht hätte. Auch hätte das europäische System Lösungen gefunden, wo deutscher Gleichlaufgrundsatz und Neuregelung versagten.

Bei reinen Binnenmarktsachverhalten hätte das System durch eine Zuständigkeitskonzentration internationale Entscheidungsdivergenzen vermieden, was auch zu einem hohen Maß an Rechtssicherheit und Rechtsschutz aus staatlicher Sicht geführt hätte. Zudem wäre mit der Anknüpfung an den letzten gewöhnlichen Aufenthalt des Erblassers in Verbindung mit der Verweisungsmöglichkeit sowie Art. 8 und 15 ErbVO-E2009 ein hohes Maß an Rechtsschutz aus Bürgersicht geschaffen worden.

Allein bei Drittstaatensachverhalten wurden Schwächen des ErbVO-E2009 aufgedeckt. Diese Schwächen decken sich teilweise mit denen der deutschen Systeme. Es wurde daher überlegt, die für das deutsche System angeregten Lösungsmöglichkeiten auch auf die europäische Ebene zu übertragen. Dies verbietet sich aber hinsichtlich der Schaffung einer Anerkennungslösung ebenso wie in Bezug auf eine Rechtshängigkeitslösung bei Drittstaatenzuständigkeit. Da Umfang und Reichweite der drittstaatlichen Jurisdiktion ebenso wenig (unproblematisch) abgeschätzt werden können wie die inhaltliche Verwertbarkeit der Verfahren, also der erteilten Erbnachweise, ist es nicht angemessen, diesen über entsprechende Regelungen Eingang in die gesamte Europäische Union zu verschaffen. Aus diesem Grund ist auch eine „modifizierte" Anerkennungslösung, wie sie beim Vergleich der deutschen Systeme angedacht wurde, letztlich abzulehnen.

Vielmehr sollte eine Regelung geschaffen werden, die die Zuständigkeit an sich beschränkt, wenn eine drittstaatliche Anerkennung des mitgliedstaatlichen Erbnachweises oder des Europäischen Nachlasszeugnisses ausscheidet. Durch die Aufnahme einer zeitlichen Befristung für die Feststellung, dass die Anerkennung ausscheidet, werden zudem unsichere Prognosen und überlange Verfahren vermieden. Schließlich ermöglicht die Aufnahme eines Absatzes, der eine Ergänzung des Erbnachweises oder des Europäischen Nachlasszeugnisses in Bezug auf den Drittstaat vorsieht, wenn sich die Anerkennungslage im Drittstaat ändert, dass insbesondere der Rechtsschutz aus Bürgersicht nicht unbillig eingeschränkt wird.

Davon unabhängig erscheint es hilfreich, dem Antragsteller, wie auch schon im deutschen Recht, zu verdeutlichen, dass Erbschein und sodann Europäisches Nachlasszeugnis nur innerhalb der Europäischen Union sicher anerkannt werden. Sofern möglich,[1186] sollte bei Zugrundelegung des ErbVO-E2009-Konzepts auf eine Beschränkung nach Art. 6 lit. d ErbVO-E2009 hingewirkt werden. Da-

---

1186 S.o. Teil 4 B. sowie Teil 3 B. II. 2.

für böte sich, wie schon in Bezug auf das deutsche System und § 2369 BGB, § 28 Abs. 2 FamFG an.

In diesem Fall hätten durch die oben genannte Regelung das Gericht und durch Art. 6 lit. d ErbVO-E2009 bzw. § 2369 BGB die Beteiligten die Möglichkeit der Beschränkung.[1187]

Schließlich sollte durch eine „Renvoi-Öffnung" des Art. 26 ErbVO-E2009 gewährleistet werden, dass Verweisungen drittstaatlicher Rechte, die auf mitgliedstaatliche Rechte zurückverweisen, angenommen werden und so – da dann wohl in nicht wenigen Fällen auch das Recht des Staates anzuwenden wäre, dessen Gerichte nach Art. 6 ErbVO-E2009 zuständig sind – ein Gleichlauf wiederhergestellt wird, der neben den allgemein positiven Effekten der schnelleren und einfacheren Rechtsanwendung den Vorteil hätte, dass auch Drittstaaten das Ergebnis des mitgliedstaatlichen Verfahrens, den erteilten Erbnachweis oder das Europäische Nachlasszeugnis, anerkennen.

Insgesamt zeigt sich, dass der europäische Gleichlauf in der Form des ErbVO-E2009 dem deutschen Gleichlauf weit überlegen gewesen wäre. Zwar hätte das Konzept positive Aspekte dieses Gebildes aufgegriffen und sie mit positiven Gesichtspunkten der deutschen Neuregelung kombiniert. Anders als der deutsche Gleichlaufgrundsatz hätte der europäische Gleichlauf nach dem ErbVO-E2009 aber keine Abhängigkeit zwischen anzuwendendem Recht und internationaler Zuständigkeit hergestellt, sondern lediglich das identische Kriterium des letzten gewöhnlichen Aufenthalts des Erblassers gewählt. Dieses Kriterium ist nicht nur flexibler als die dem Gleichlaufgrundsatz zugrunde liegenden Prinzipien, es ist auch den europäischen Bedingungen eher angemessen.

Die Entwicklung des europäischen Gleichlaufgrundsatz ist damit eine lobenswerte Evolution des deutschen Gleichlaufgrundsatzes und der Neuregelung, die zwar im Detail noch kleinere Schwächen aufwies, aber insgesamt den langwierigen Streit zwischen Gleichlaufgrundsatz und Doppelfunktionalität durch eine für beide Seiten sicherlich gut vertretbare Lösung hätte beenden können, ohne dass dem Konzept hätte vorgeworfen werden können, eine Misch- oder Verlegenheitslösung zu sein.

Es ist daher zu hoffen, dass dieser Grundsatz auch in die endgültige Verordnung aufgenommen wurde. Bestmöglicherweise wurde der europäische Gleichlauf in der ErbVO um die angesprochenen Änderungen ergänzt. Ob dem so ist

---

1187 Wobei die Beschränkungsmöglichkeit für die Beteiligten dann nur noch den Nachlass in den Mitgliedstaaten umfassen würde, die Zuständigkeitsregelung der Gerichte aber ermöglichen würde, dass Drittstaaten, die den mitgliedstaatlichen Erbnachweis oder das Europäische Nachlasszeugnis anerkennen, weiterhin in dem Nachweis oder Zeugnis berücksichtigt würden.

oder ob diese endgültige Verordnung nicht vielmehr noch um die gewonnenen Erkenntnisse zu bereichern ist, wird im Folgenden geprüft.

5. Teil: Übertragung der gewonnenen Erkenntnisse auf die ErbVO

Wie ausgeführt wurde Anfang Juni 2012 die endgültige Europäische Erbrechtsverordnung verabschiedet.[1188] Diese verabschiedete Verordnung, die ErbVO, hat im Gegensatz zum Vorentwurf von 2009 nun den Titel „Verordnung des Europäischen Parlaments und des Rates über die Zuständigkeit, das anzuwendende Recht, die Anerkennung und Vollstreckung von Entscheidungen und die Annahme und Vollstreckung öffentlicher Urkunden in Erbsachen sowie zur Einführung eines Europäischen Nachlasszeugnisses".

Die ErbVO basiert zwar auf dem Vorentwurf aus 2009, ist aber, wie der neue Titel vermuten lässt, nicht inhaltsgleich, sondern weicht in vielen Bereichen von diesem ab. Die wichtigsten Änderungen wurden in Bezug auf die einzelnen Regelungsbereiche im Allgemeinen teilweise bereits im 3. Teil A. III. behandelt. An dieser Stelle werden auf der Grundlage der bisher gewonnenen Erkenntnisse lediglich der Begriff des gewöhnlichen Aufenthalts im Rahmen der ErbVO (A.) sowie die Vorschriften zur Bestimmung der internationalen Zuständigkeit (B. I.) näher begutachtet. Insbesondere die Umschreibung des Begriffs des gewöhnlichen Aufenthaltes wurde bei der Bewertung des europäischen Gleichlaufkonzepts nach dem ErbVO-E2009 in Teil 3 B. III. 1. als verbesserungswürdig angesehen und bedarf daher einer gesonderten Betrachtung. Die Erkenntnisse des vierten Teils werden unter Teil B und dort unter Punkt II. behandelt.

A. Der gewöhnliche Aufenthalt nach der ErbVO

Eine Definition des gewöhnlichen Aufenthalts findet sich wie schon im ErbVO-E2009 auch in der ErbVO nicht. Vielmehr wurden, wie auch gefordert,[1189] entsprechende Erwägungsgründe aufgenommen:

> „(23) In Anbetracht der zunehmenden Mobilität der Bürger sollte die Verordnung zur Gewährleistung einer ordnungsgemäßen Rechtspflege in der Union und einer wirklichen Verbindung zwischen dem Nachlass und dem Mitgliedstaat, in dem die Erbsache abgewickelt wird, als allgemeinen Anknüpfungspunkt zum Zwecke der Bestimmung der Zuständigkeit und des anzuwendenden Rechts den gewöhnlichen

---

1188 Dazu bereits oben Fn. 16 ff.
1189 S.o. Teil 3 B. III. 1. c. bb (2). Die neuen Erwägungsgründe entsprechen weitestgehend der Idee von Süß, in: Workshop on the Proposal for a Regulation on Succession, S. 15 f.

307

Aufenthalt des Erblassers im Zeitpunkt des Todes vorsehen. Bei der Bestimmung des gewöhnlichen Aufenthalts sollte die mit der Erbsache befasste Behörde eine Gesamtbeurteilung der Lebensumstände des Erblassers in den Jahren vor seinem Tod und im Zeitpunkt seines Todes vornehmen und dabei alle relevanten Tatsachen berücksichtigen, insbesondere die Dauer und die Regelmäßigkeit des Aufenthalts des Erblassers in dem betreffenden Staat sowie die damit zusammenhängenden Umstände und Gründe. Der so bestimmte gewöhnliche Aufenthalt sollte unter Berücksichtigung der spezifischen Ziele dieser Verordnung eine besonders enge und feste Bindung zu dem betreffenden Staat erkennen lassen.

(24) In einigen Fällen kann es sich als komplex erweisen, den Ort zu bestimmen, an dem der Erblasser seinen gewöhnlichen Aufenthalt hatte. Dies kann insbesondere der Fall sein, wenn sich der Erblasser aus beruflichen oder wirtschaftlichen Gründen – unter Umständen auch für längere Zeit – in einen anderen Staat begeben hat, um dort zu arbeiten, aber eine enge und feste Bindung zu seinem Herkunftsstaat aufrechterhalten hat. In diesem Fall könnte – entsprechend den jeweiligen Umständen – davon ausgegangen werden, dass der Erblasser seinen gewöhnlichen Aufenthalt weiterhin in seinem Herkunftsstaat hat, in dem sich in familiärer und sozialer Hinsicht sein Lebensmittelpunkt befand. Weitere komplexe Fälle können sich ergeben, wenn der Erblasser abwechselnd in mehreren Staaten gelebt hat oder auch von Staat zu Staat gereist ist, ohne sich in einem Staat für längere Zeit niederzulassen. War der Erblasser ein Staatsangehöriger eines dieser Staaten oder hatte er alle seine wesentlichen Vermögensgegenstände in einem dieser Staaten, so könnte seine Staatsangehörigkeit oder der Ort, an dem diese Vermögensgegenstände sich befinden, ein besonderer Faktor bei der Gesamtbeurteilung aller tatsächlichen Umstände sein."[1190]

Die ErbVO stellt damit, wie verlangt, auf den Einzelfall ab, gibt aber auch konkrete Kriterien vor, die eine Bestimmung des gewöhnlichen Aufenthalts erleichtern. Jedoch werden Dauer und Regelmäßigkeit besonders betont. Es ist zu hoffen, dass die Gerichte nicht vornehmlich darauf abstellen, sondern, was ebenfalls ersichtlich erreicht werden soll ("... sowie die damit zusammenhängenden Umstände und Gründe"), den Einzelfall berücksichtigen.

Zur Berücksichtigung des Einzelfalles dient auch Erwägungsgrund 24. Hier werden erstmals die familiären und sozialen Umstände angesprochen, die den Lebensmittelpunkt konkretisieren. Auch die Staatsangehörigkeit und die Belegenheit von Vermögensgegenständen sollen mögliche Kriterien zur Bestimmung

---

1190   Von Hinden und Müller (ErbStB 2013, 97, 99) verstehen die verwandten Begriffe spezifisch erbrechtlich, was nur teilweise überzeugt. Der Wortlaut scheint zwar spezifisch auf das Erbrecht zugeschnitten, doch wollte der Verordnungsgeber gerade einen bereits bekannten und von der Rechtsprechung konkretisierten Begriff, den des gewöhnlichen Aufenthalts, umschreiben, so dass nicht generell ausgeschlossen werden kann, dass die bisherige Rechtsprechung zu diesem Begriff zumindest im Grunde zu übertragen ist. Im Ergebnis gegen ein spezifisch erbrechtliches Begriffsverständnis: Dörner ZEV 2012, 505, 510.

des gewöhnlichen Aufenthalts sein. Allerdings werden diese Kriterien so dargestellt, als seien sie nicht in die eigentliche Betrachtung miteinzubeziehen, sondern nur dann relevant, wenn eine Ermittlung anhand der in Erwägungsgrund 23 genannten Umstände, insbesondere nach Prüfung der Dauer und Regelmäßigkeit des Erblasseraufenthalts, nicht möglich ist. Um aber zu gewährleisten, dass jeder Einzelfall individuell gehandhabt wird, sollte darauf geachtet werden, die entsprechenden Kriterien zuvor zusammenfassend anzuführen und erst im Anschluss mit einer Konkretisierung zu beginnen. Mit Blick auf den zuvor eigenständig erarbeiteten Erwägungsgrund[1191] würde es sich daher empfehlen, S. 2 von Erwägungsgrund 23 zu konkretisieren:

> „Bei der Bestimmung des gewöhnlichen Aufenthalts sollte die mit der Erbsache befasste Behörde eine Gesamtbeurteilung der Lebensumstände des Erblassers in den Jahren vor seinem Tod und im Zeitpunkt seines Todes vornehmen und dabei alle relevanten Tatsachen berücksichtigen, insbesondere die Dauer und die Regelmäßigkeit des Aufenthalts des Erblassers in dem betreffenden Staat, *die körperliche Anwesenheit seiner Angehörigen, die Einrichtung der Wohnung, der Ort seiner Arbeitsstätte/seiner Ausbildungsstätte, der Ort der Vermögensinteressen, darunter vornehmlich der Ort, an dem sich der Hauptteil des Nachlasses befindet, und schließlich der Ort, an dem verwaltungsmäßige Beziehungen zu staatlichen Stellen und gesellschaftlichen Einrichtungen unterhalten wurden."*[1192]

Im Übrigen ist die Einführung des Erwägungsgrundes aber als gute Lösung für die bereits besprochene Problematik anzusehen. Anhand dieses Leitfadens wird es den Gerichten (und den übrigen Involvierten) möglich sein, schnell und vermutlich richtig den gewöhnlichen Aufenthalt zu bestimmen.[1193]

Dieser gewöhnliche Aufenthalt ist sodann auch weiterhin primär für die Bestimmung der internationalen Zuständigkeit maßgeblich, auf die im Folgenden eingegangen wird.

B. Die Vorschriften zur Bestimmung der internationalen Zuständigkeit

Im Bereich der internationalen Zuständigkeit wurden – wie in der gesamten ErbVO gegenüber dem ErbVO-E2009 – viele Vorschriften geändert, gestrichen oder neu aufgenommen. Wie diese Änderungen konkret aussehen, wird in einem

---

1191 S.o. Teil 3 B. III. 1. c. bb (2).
1192 Anders wohl: Kunz GPR 2012, 208, 210. Sie geht davon aus, dass wegen Art. 27 Abs. 1 S. 1 lit. e ErbVO der Vermögensschwerpunkt nur eine untergeordnete Rolle spielt.
1193 Simon und Buschbaum (in: NJW 2012, 2393, 2395) sind aber der Meinung, dass eine weitere Konkretisierung durch den EuGH nicht ausbleiben kann.

ersten Schritt (II.1.) untersucht. Welche Auswirkungen die Änderungen auf die obige Bewertung des ErbVO-E2009[1194] und die Gesamtbewertung aus dem vierten Teil haben, folgt in einem zweiten Schritt (II.2.).

I. Die Bestimmung der internationalen Zuständigkeit nach der ErbVO

Erfreulich ist zunächst, dass die Grundanknüpfung nach Art. 4 ErbVO-E2009 in Art. 4 ErbVO nicht wesentlich verändert wurde. Es ist lediglich eine sprachliche Anpassung dahingehend vorgenommen worden, dass sich die Zuständigkeit nun für Entscheidungen[1195] „in Erbsachen" „für den gesamten Nachlass" ergibt.

Im Übrigen haben sich die im ErbVO-E2009 angedachten Regelungen teilweise stark gewandelt. Art. 5 ErbVO enthält nun beispielsweise eine Gerichtsstandsvereinbarung.[1196] Danach ist es „den betroffenen Parteien" möglich, im Falle einer Rechtswahl des Erblassers nach Art. 22 ErbVO zu vereinbaren, dass „für Entscheidungen in Erbsachen ausschließlich ein Gericht oder die Gerichte des Mitgliedstaats des gewählten Rechts zuständig sein sollen", Art. 5 Abs. 1 ErbVO. Diese Gerichtsstandsvereinbarung bedarf der Schriftform,[1197] ist zu datieren und von den Parteien[1198] zu unterschreiben, Art. 5 Abs. 2 ErbVO.

Liegt eine wirksame Gerichtsstandsvereinbarung vor, erklärt sich das nach Art. 4 ErbVO oder Art. 10 ErbVO (vormals Art. 6 ErbVO-E2009) eigentlich zuständige Gericht gemäß Art. 6 lit. b ErbVO für unzuständig. Die Zuständigkeit des per Gerichtsstandsvereinbarung festgelegten Gerichts folgt sodann aus Art. 7 lit. b ErbVO. In Art. 7 lit. c ErbVO wird darüber hinaus das Gericht des Mitgliedstaates, dessen Recht der Erblasser nach Art. 22 ErbVO gewählt hat, für zuständig erklärt, wenn die Verfahrensparteien dessen Zuständigkeit ausdrück-

---

1194 S.o. Teil 3 C.

1195 Die Definition der Entscheidung bleibt im Wesentlichen unverändert, so dass Art. 3 Abs. 1 lit. g ErbVO weiterhin den Beschluss über die Erteilung eines Erbscheins erfasst.

1196 Hierzu eher kritisch: Dutta FamRZ 2013, 4, 6 f.

1197 Elektronische Übermittlungen, die eine dauerhafte Aufzeichnung des Vertrages ermöglichen, sind der Schriftform gleichgestellt, vgl. Art. 5 Abs. 2 ErbVO a.E.

1198 Stellt sich bei dem Verfahren vor dem Gericht, zugunsten dessen eine Gerichtsstandsvereinbarung getroffen wurde, heraus, dass eine Verfahrenspartei nicht der Vereinbarung angehört, so ist das Gericht weiterhin zuständig, wenn sich die Partei auf das Verfahren eingelassen hat, ohne den Mangel der Zuständigkeit des Gerichts zu rügen, Art. 9 Abs. 1 ErbVO. Rügt sie hingegen die Unzuständigkeit, so hat sich das Gericht für unzuständig zu erklären und die nach Art. 4 oder 10 ErbVO zuständigen Gerichte sind zuständig, Art. 9 Abs. 2 ErbVO.

lich anerkannt haben. Schließlich beinhaltet Art. 7 lit. a ErbVO in Verbindung mit Art. 6 lit. a ErbVO den ursprünglichen Art. 5 ErbVO-E2009.[1199] Eine Fristsetzung an das Gericht, das sich für zuständig erklären soll, fehlt in dieser Neuregelung nun aber gänzlich. Es bleibt zu hoffen, dass dieses Vorgehen der Anrufung des „Art. 22 ErbVO-Gerichts" und die Unzuständigkeitserklärung des eigentlich zuständigen Gerichts nicht aus diesem Grund eine längere Zeit in Anspruch nehmen werden.

Die Gerichtsstandsvereinbarung dürfte, da sie auf die Gerichte der Mitgliedstaaten beschränkt ist, deren Recht der Erblasser nach Art. 22 ErbVO gewählt hat, keine zu weitreichenden Folgen haben. Sie scheint spezifisch auf die Verfahren der freiwilligen Gerichtsbarkeit zugeschnitten und den Parteien mehr „Spielraum" lassen zu wollen. Allerdings ist sie, wie der sprachlich nicht angepasste und oben bereits kritisierte[1200] Art. 5 ErbVO-E2009 (nun: Art. 7 lit.a ErbVO i.V.m. Art. 6 lit. a ErbVO) auf die Verfahrensparteien zugeschnitten. Diese im Erbscheinsverfahren zu umgrenzen ist, wie angeführt, nicht immer leicht. Die Problematik scheint nur Art. 9 ErbVO eindämmen zu können, der vorsieht, dass bei Verfahrensparteien, die an der Gerichtsstandsvereinbarung nicht partizipiert haben, das Gericht nur bei rügeloser Einlassung dieser Parteien zuständig bleibt, sich bei mangelnder rügeloser Einlassung aber für unzuständig erklären muss.[1201]

Neu eingeführt ist auch Art. 8 ErbVO. Dieser sieht vor, dass das nach Art. 4 oder 10 ErbVO eigentlich befasste Gericht das Verfahren zu beenden hat, wenn die Verfahrensparteien vereinbart haben, die Erbsache außergerichtlich in dem Mitgliedstaat, dessen Recht der Erblasser nach Art. 22 ErbVO gewählt hat, einvernehmlich zu regeln. Diese Regelung ermöglicht es den Parteien, die Erbsache außergerichtlich, beispielsweise vor einem Notar, in einem Mitgliedstaat ihrer Wahl zu klären, wenn dies nach dem Recht dieses Mitgliedstaats möglich und wenn das Gericht nicht von Amts wegen befasst ist.[1202] Dies soll nach Erwägungsgrund 29 „auch dann der Fall sein, wenn das auf die Rechtsnachfolge von Todes wegen anzuwendende Recht nicht das Recht dieses Mitgliedstaats ist". Auch hier wurde wahrscheinlich versucht, die besondere Beteiligtenstellung bei der freiwilligen Gerichtsbarkeit stärker zu betonen. Die Regelung führt dazu, dass außergerichtliche Stellen ihr eigenes Recht anwenden, weil die Vereinbarung der außergerichtlichen Regelung nur zugunsten einer Stelle möglich ist, die in einem Mitgliedstaat liegt, dessen Recht der Erblasser nach Art. 22 ErbVO

1199   Dazu: Teil 3 B. II. 1. Kritisch zu dieser Norm: Vollmer ZErb 2012, 227, 230.

1200   Ebenda.

1201   Vgl. auch Fn. 1198. Eher kritisch auch: Dutta FamRZ 2013, 4, 7; Kunz GPR 2012, 208, 209 f.

1202   ErbVO, Erwägungsgrund 29.

gewählt hat. Dadurch werden die außergerichtlichen Stellen nicht durch die Einholung von Rechtsgutachten und die Rechtsfindung übermäßig belastet.[1203]

Daneben wurde auch Art. 6 ErbVO-E2009, nun Art. 10 ErbVO, abgewandelt. Art. 10 ErbVO beschränkt sich nunmehr darauf, eine mitgliedstaatliche Zuständigkeit bei letztem gewöhnlichen Aufenthalt in einem Drittstaat dann anzunehmen, wenn der Erblasser im Todeszeitpunkt die Staatsangehörigkeit eines Mitgliedstaates hatte (Abs. 1 lit. a) oder subsidiär, wenn der Erblasser seinen vorangehenden gewöhnlichen Aufenthalt in einem Mitgliedstaat hatte, dieser aber nicht länger als fünf Jahre zurückliegt (Abs. 1 lit. b). Nur hilfsweise sind nun noch die Gerichte der Mitgliedstaaten für den Nachlass zuständig, der sich in diesem Staat befindet, sofern der Antrag auf den dort befindlichen Nachlass beschränkt ist (Abs. 2). Im Übrigen ist der angerufene Mitgliedstaat – nun ausdrücklich – für den gesamten Nachlass zuständig (Abs. 1).[1204]

Damit wurde Art. 6 lit. c ErbVO-E2009 gestrichen, der auf den gewöhnlichen Aufenthalt der Erben oder Vermächtnisnehmer in einem Mitgliedstaat abstellte. Die Streichung begrenzt ein weitreichendes Tätig werden mitgliedstaatlicher Gerichte. Ob diese Streichung aus Rechtsschutzgesichtspunkten ebenso vertretbar ist, erscheint aber fraglich und wird unter B. II. erörtert.

Für drittstaatliche Sachverhalte neu geschaffen wurden Art. 11 und 12 ErbVO. Art. 11 ErbVO sieht eine Notzuständigkeit vor (forum necessitatis), wie sie schon der deutsche Gleichlaufgrundsatz kannte.[1205] Diese Notzuständigkeit ist allerdings normiert und erklärt, dass, wenn kein Gericht eines Mitgliedstaats aufgrund anderer Vorschriften der Verordnung zuständig ist, „die Gerichte eines Mitgliedstaats in Ausnahmefällen in einer Erbsache entscheiden [können], wenn es nicht zumutbar ist oder es sich als unmöglich erweist, ein Verfahren in einem Drittstaat, zu dem die Sache einen engen Bezug aufweist, einzuleiten oder zu führen."[1206] Zudem muss die Sache ausreichenden Bezug zu dem Mitgliedstaat des angerufenen Gerichts aufweisen. Wie dieses ausreichende Maß an Inlands-

---

1203 Kritisch aber: Lübcke, Das neue europäische Internationale Nachlassverfahrensrecht, S. 452 f.

1204 Dutta (in: FamRZ 2013, 4, 6) bezeichnet Art. 10 ErbVO als „Allzuständigkeit". Er erklärt ferner, dass die Norm nicht anwendbar sei, wenn kein gewöhnlicher Aufenthalt vorliege. Der Verordnungsgeber geht allerdings zu Recht davon aus, dass dieser Fall nie eintritt.

1205 Vgl. Teil 2 B. II. 1. b. bb. Für solch eine Zuständigkeit bereits: Lübcke, Das neue europäische Internationale Nachlassverfahrensrecht, S. 445 ff.; Seyfarth, Zuständigkeitswandel, S. 149 ff.

1206 Als Beispiel für solch einen Ausnahmefall nennt die ErbVO in Erwägungsgrund 31 einen Bürgerkrieg. Für eine solche Regelung sprach sich bereits Lorenz (in: ErbR 2012, 39, 42) aus.

bezug aussehen muss, wird aber weder in der Norm noch in den Erwägungsgründen angeführt. Die Streichung von Art. 6 lit. c ErbVO-E2009 legt jedoch die Vermutung nahe, dass dieser dann gegeben ist, wenn Erben und Vermächtnisnehmer ihren gewöhnlichen Aufenthalt in dem angerufenen Mitgliedstaat haben.

Schließlich greift Art. 12 ErbVO die Idee auf, die bei der obigen Zusammenführung der Zuständigkeitssysteme erörtert wurde:[1207] Danach kann das Verfahren beschränkt werden, wenn der Nachlass des Erblassers Vermögenswerte umfasst, die in einem Drittstaat belegen sind. Dem in der Erbsache angerufene Gericht ist es dann „auf Antrag einer der Parteien [möglich zu] beschließen, über einen oder mehrere dieser Vermögenswerte nicht zu befinden, wenn zu erwarten ist, dass seine Entscheidung in Bezug auf diese Vermögenswerte in dem betreffenden Drittstaat nicht anerkannt oder gegebenenfalls nicht für vollstreckbar erklärt wird." Zusätzlich – und im Rahmen dieser Arbeit unter besonderer Berücksichtigung von § 2369 BGB – sieht Art. 12 Abs. 2 ErbVO vor, dass Abs. 1 nicht das Recht der Parteien berührt, den Gegenstand des Verfahrens nach dem Recht des Mitgliedstaats des angerufenen Gerichts zu beschränken. Die Auswirkungen dieser Norm auf die Untersuchung im Rahmen der Zusammenführung werden unter B. II. besprochen.

Art. 7 ErbVO-E2009 und Art. 9 ErbVO-E2009 wurden – gerade in Bezug auf Art. 9 ErbVO-E2009 zu Recht – vollständig gestrichen. Art. 8 ErbVO-E2009 (nun Art. 13 ErbVO) ist abgewandelt worden. Er gilt nicht mehr schlechthin für die Annahme oder Ausschlagung einer Erbschaft oder eines Vermächtnisses, sondern umfasst auch den Pflichtteil betreffende Erklärungen. Allerdings wird die Norm insoweit eingeschränkt. Danach kann die entsprechende Erklärung von dem Gericht des Mitgliedstaats, in dem die betroffene Person ihren gewöhnlichen Aufenthalt hat, entgegengenommen werden. Dies wird in Erwägungsgrund 33 damit begründet, dass „eine Person, die ihre Haftung für die Nachlassverbindlichkeiten begrenzen möchte, […] dies nicht durch eine entsprechende einfache Erklärung vor den Gerichten oder anderen zuständigen Behörden des Mitgliedstaats ihres gewöhnlichen Aufenthalts tun können [sollte], wenn das auf die Rechtsnachfolge von Todes wegen anzuwendende Recht von ihr verlangt, vor dem zuständigen Gericht ein besonderes Verfahren, beispielsweise ein Verfahren zur Inventarerrichtung, zu veranlassen. Eine Erklärung, die unter derartigen Umständen von einer Person im Mitgliedstaat ihres gewöhnlichen Aufenthalts in der nach dem Recht dieses Mitgliedstaats vorgeschriebenen Form abgegeben wurde, sollte daher für die Zwecke dieser Verordnung nicht formell gültig sein. Auch sollten die verfahrenseinleitenden Schrift-

---

1207 S.o. Teil 4 A.

stücke für die Zwecke dieser Verordnung nicht als Erklärung angesehen werden." Damit dürften die Möglichkeiten der Erklärungsabgabe im Aufenthaltsstaat des Betroffenen jedoch stark begrenzt sein. Zudem drohen Unsicherheiten und zeitliche Verzögerungen, wenn geprüft werden muss, ob eine Entgegennahme möglich ist. Auch wenn es daher angebracht erscheint, nicht jede Erklärung gelten zu lassen, wäre es dennoch hilfreich, die Abgabe der entsprechenden Erklärung zumindest unter Fristwahrungsgesichtspunkten als erheblich anzusehen.

Schließlich führt Erwägungsgrund 32 an, dass es sich bei der in Art. 13 ErbVO aufgenommenen Zuständigkeit um keine ausschließliche handelt und dass die abgegebene Erklärung unverzüglich an das eigentlich zuständige Gericht weiterzuleiten ist. Im Ergebnis ist die Änderung daher in Bezug auf die Aufnahme des Pflichtteils und den Erwägungsgrund 32 zu begrüßen, bezüglich der Aufnahme der Einschränkung betreffs der Möglichkeit der Abgabe aber zu eng geraten.[1208]

Positiv muss wiederum der in Art. 14 ErbVO (vormals Art. 10 ErbVO-E2009) aufgenommene lit. c bewertet werden. Danach gilt hinsichtlich des Zeitpunkts der Anrufung des Gerichts: Leitet das Gericht das Verfahren von Amts wegen ein, ist der Zeitpunkt maßgeblich, zu dem der Beschluss über die Erteilung des Verfahrens vom Gericht gefasst wird. Wenn ein solcher Beschluss nicht erforderlich ist, muss auf den Zeitpunkt abgestellt werden, zu dem die Sache bei Gericht eingetragen wird. Damit wird dem System der freiwilligen Gerichtsbarkeit Rechnung getragen, das eine Zustellung, wie ausgeführt,[1209] oft nicht kennt.

Erfreulicherweise gegenüber der Parlamentsfassung vom 13. März 2012 erneut geändert wurde Art. 18 ErbVO, der ehemalige Art. 14 ErbVO-E2009. In der Fassung vom März 2012 ist durch die Aufnahme des Wortes „Klagen" statt „Verfahren" der in Bezug auf den ErbVO-E2009 noch vertretenen Ansicht eine Absage erteilt worden, dass Art. 14 ErbVO-E2009 als Ausgleich für die Rechtshängigkeitsregelung des Art. 13 ErbVO-E2009 für die freiwillige Gerichtsbarkeit anzusehen ist.[1210] Denn durch diese enge Fassung hätte keine Norm mehr existiert, die ein „Rechtshängigkeitsäquivalent" für die freiwillige Gerichtsbarkeit geschaffen hätte, in der, wie im Erbscheinsverfahren, keine Klage vorliegt. Bei dieser folgenreichen Änderung hat es sich aber wohl lediglich um ein Redaktionsversehen gehandelt,[1211] das in der endgültigen Fassung bereinigt wurde.

1208 Dazu auch: Dutta FamRZ 2013, 4, 7 f.
1209 S.o. Teil 3 B. II. 7.
1210 Ebenda.
1211 Dies mag daran liegen, dass die englische Fassung von vornherein nur von „action" sprach.

Im Zuge der Rückänderung wurde in Art. 17 ErbVO, dem vormaligen Art. 13 ErbVO-E2009, ebenfalls das Wort „Klagen" in „Verfahren" geändert. Ob dies aber zur Folge haben soll, dass die Norm nun auch auf Verfahren der freiwilligen Gerichtsbarkeit anzuwenden ist, erscheint fraglich. Insoweit könnte auch hier ein Redaktionsversehen vorliegen. Dass es sich um ein solches handelt, ist sogar sehr wahrscheinlich, da Art. 18 ErbVO sonst sinnentleert wäre. Eine weite Fassung des Art. 18 ErbVO, angelehnt an Art. 17 ErbVO, ist aber weiterhin zu fordern, um eine umfassende Rechtshängigkeitsregelung zu schaffen.

II. Auswirkungen auf die Kritik am ErbVO-E2009 und die Erkenntnisse des vierten Teils

Art. 5 ErbVO schadet ebenso wenig wie die Art. 6 ff. ErbVO, da dadurch jeweils Forum und Ius (auch die außergerichtliche Stelle) zusammengeführt werden.[1212] Erfreulich ist, dass auch die Neufassung des Art. 14 ErbVO-E2009, Art. 18 ErbVO, gegenüber der Fassung von März 2012 wieder „zurück geändert" wurde, so dass die Norm wieder von „Verfahren" und nicht mehr von „Klagen" spricht. Ansonsten würde auf die Besonderheiten des Verfahrens der freiwilligen Gerichtsbarkeit nicht hinreichend Rücksicht genommen. Die Folgen wären verheerend: Es bestünden keine Rechtshängigkeitsregelungen oder sonstigen Aussetzungsmöglichkeiten im Bereich der freiwilligen Gerichtsbarkeit. Durch das Fehlen einer entsprechenden Norm würden auch bei reinen Binnenmarktsachverhalten internationale Entscheidungsdivergenzen drohen und ein forum shopping wäre vermehrt möglich. Denn selbst wenn der gewöhnliche Aufenthalt nunmehr in den Erwägungsgründen ausführlicher umschrieben wird und folglich klarer sein dürfte, wo dieser liegt, so dass sich zumeist nur ein Gericht finden dürfte, ist nicht ausgeschlossen, dass durch falsche Tatsacheninformationen doch mehrere Gerichte von ihrer Zuständigkeit ausgehen.[1213]

Der aufgenommene Erwägungsgrund ist davon unabhängig zu befürworten. Auch wenn er im Detail verbesserungswürdig erscheint,[1214] so schafft er doch mehr Klarheit bei der Bestimmung des gewöhnlichen Aufenthalts. Damit ermöglicht der Erwägungsgrund Gerichten, Notaren, Rechtsanwälten und natürlich Erblassern sowie sonstigen Beteiligten, den entscheidenden Ort für das an-

---

1212 Dutta (in: FamRZ 2013, 4, 6 f.) hingegen sieht dies kritisch. Er hält einen so engen Anwendungsbereich der Gerichtsstandsvereinbarung im Vergleich zu den Brüssel I und IIa-Verordnungen für zu eng geraten, verkennt dabei aber die in dieser Arbeit dargestellten Probleme eines Auseinanderfallens von Forum und Ius.

1213 Dazu siehe oben Teil 3 B. III. 1.

1214 S.o. Teil 3 A. III. 2. b. bb.

zuwendende Recht und die internationale Zuständigkeit zu bestimmen. Dies ist flexibler als die Aufnahme einer Legaldefinition. Negativ ist lediglich, dass durch Art. 21 Abs. 2 ErbVO und dessen Anknüpfung an die „engste Verbindung" der Gleichlauf von Forum und Ius unnötigerweise zerstört wird. Da die Einführung dieser Norm, wie ausgeführt,[1215] zudem nicht geboten ist, erscheint fraglich, ob bei deren Aufnahme tatsächlich umfassend abgewogen wurde, ob sich die Zerstörung des Gleichlaufs und der damit einhergehenden Vorteile tatsächlich als lohnenswert erweisen würde. Dies gilt insbesondere, weil durch die Aufhebung des Gleichlaufs und die Einführung des unbestimmten Rechtsbegriffs Rechtsunsicherheiten drohen, die der ErbVO-E2009 noch nicht beinhaltete.

Ebenso negativ ist die Neufassung von Art. 13 ErbVO zu bewerten. Damit drohen erhebliche Unsicherheiten betreffs der Frage, ob Erklärungen überhaupt vor dem Gericht des Staates, in dem sich die Person, die die Erklärung abzugeben hat, gewöhnlich aufhält, abgegeben werden können. Der Rechtsschutz aus Bürgersicht, der oben wegen dieser Norm noch gelobt wurde,[1216] wird dadurch beeinträchtigt.

Bedenklich ist auch die Neufassung von Art. 6 ErbVO-E2009. Da Art. 10 ErbVO nun deutlich macht, dass die beschränkte Antragsstellung nach Abs. 2 nur subsidiär eingreift, kann der Mechanismus der eigenständigen Antragsbeschränkung,[1217] der bei Drittstaatensachverhalten hilfreich wäre, nicht mehr eingreifen.

Auch Art. 12 ErbVO hilft hier nur begrenzt. Diese Norm stellt darauf ab, dass eine Beschränkung möglich ist, wenn die Entscheidung im Ausland nicht anerkannt wird. Art. 12 ErbVO ist daher auf Erbnachweise, die, wie bereits ausgeführt,[1218] zumeist keine Entscheidungen sein dürften, nicht anwendbar. Da aus deutscher Sicht auch die bloße Anerkennung des Beschlusses über die Erteilung des Erbscheins als Entscheidung im Sinne der Verordnung nicht zur oben ausgeführten Problemlösung beiträgt, erfüllt die Norm nicht die Voraussetzungen, die in Teil 4 A. aufgestellt wurden.[1219] Ebenso verhält es sich wohl mit dem Europäischen Nachlasszeugnis.

Selbst wenn aber Art. 12 Abs. 1 ErbVO die Beschränkung nach Art. 10 Abs. 2 ErbVO aufgreifen soll, so gelingt dies nicht hinlänglich. Zunächst fehlt das geforderte zeitliche Kriterium. Die Feststellung, ob ein Erbnachweis oder das

---

1215 Ebenda.

1216 Vgl. Teil 3 C. III.

1217 S.o. Teil 4 B.

1218 Teil 2 B. II. 1. c. aa. (2).

1219 A.A. wäre wohl Rauscher (in: Rauscher, EuZPR/EuIPR, Einf EG-ErbVO Rdnr. 38, 81) der den deutschen Erbschein als Entscheidung im Sinne der Verordnung erfassen will. Vgl. Fn. 813 und Teil 3 A. III. 3. b.

Europäische Nachlasszeugnis im Drittstaat anerkannt würden, kann oft nur mit einem erheblichen Zeitaufwand erfolgen. Da Art. 12 Abs. 1 ErbVO zudem von der schlichten Anerkennung spricht, also nicht einmal das Wort „offensichtlich" mit aufnimmt, muss die drittstaatliche Anerkennung umfassend geprüft werden.[1220] Auch fehlt die Möglichkeit, eine nachträgliche Änderung der Anerkennungsprognose zu berücksichtigen. Besonders bedenklich ist jedoch, dass der Erbscheinsantrag nicht von vornherein beschränkt werden kann. Er muss vielmehr zunächst unbeschränkt beantragt werden, verbunden mit dem Antrag, diesen zu beschränken. Diese zunächst unbeschränkte Antragsstellung kann dann aber wiederum negative Kostenfolgen beinhalten. Immerhin muss das Gericht über die Beschränkung entscheiden und dafür eine kostenerhebliche Handlung vornehmen.

Überdies ermöglicht die Norm auch nicht, wie in Teil 4 gefordert, dass die Gerichte den Antrag eigenständig beschränken. Dies mag dem Dispositionsgrundsatz geschuldet sein, ist aber, wie ausgeführt, im Erbscheinsverfahren nicht stets angebracht. In ihrer derzeitigen Fassung und aus Sicht des Erbscheinsverfahrens überzeugen daher Art. 10 Abs. 2 ErbVO und Art. 12 Abs. 1 ErbVO nicht.

Absatz 2 hingegen zeigt, dass als Norm aus deutscher Sicht § 2369 BGB weiterhin Relevanz haben wird, was bedingt durch die Fassung von Art. 12 Abs. 1 ErbVO, nach der Erbscheine kaum erfasst sein dürften, auch dringend notwendig ist.

Ebenso sinnvoll erscheint die Aufnahme von Art. 11 ErbVO. Wenn schon Art. 6 lit. c ErbVO-E2009 gestrichen wird, sind die entsprechenden Erben und Vermächtnisnehmer doch nicht rechtsschutzlos gestellt. Allerdings muss ein „Ausnahmefall" für die Einschlägigkeit der Norm vorliegen, was den Rechtsschutz aus Bürgersicht wiederum begrenzt. Zudem ist der geforderte Inlandsbezug in seinem Umfang fraglich, so dass die Norm schließlich mehr Probleme schaffen als lösen dürfte.

Positiv fällt wiederum ins Gewicht, dass Art. 34 ErbVO nun einen Renvoi bei Drittstaatensachverhalten begrenzt zulässt. Dadurch wird obiger Forderung[1221] entsprochen und es dürften weniger internationale Entscheidungsdivergenzen drohen, ein forum shopping eingegrenzt und schließlich mehr Rechtssicherheit herbeigeführt werden.

In Bezug auf die Erkenntnisse des vierten Teils zeigt sich daher, dass die ErbVO abermals eine Weiterentwicklung der vorangehenden Zuständigkeitsre-

---

1220 Weniger kritisch: Dutta FamRZ 2013, 4, 7. Dieser will sogar ganz auf eine Zuständigkeitsbeschränkung verzichten.
1221 Teil 3 A. III. 2. d., Teil 3 B. III. sowie Teil 4.

gelungen ist. Insbesondere die drei als wesentlich herausgearbeiteten Punkte wurden berücksichtigt. So existiert in Art. 12 Abs. 2 ErbVO eine besondere Anerkennungsregelung, die eine drittstaatliche Jurisdiktion berücksichtigt. Ebenso wurde Art. 6 lit. d ErbVO-E2009 in Art. 10 Abs. 2 ErbVO beibehalten und auf § 2369 BGB kann weiterhin zurückgegriffen werden. Schließlich wurde Art. 26 ErbVO-E2009 in Art. 34 ErbVO abgewandelt. Allerdings zeigte sich ebenfalls, dass die konkrete Ausformulierung dieser Normen nachteilig ist. Die Anerkennungsregelung gilt nicht, wie gefordert, für Erbnachweise und das Europäische Nachlasszeugnis. Art. 10 Abs. 2 ErbVO geht nur von einer subsidiären beschränkten Zuständigkeit aus und ermöglicht es den Parteien so nicht, den Antrag direkt und von sich aus auf im Inland belegenen Nachlass zu beschränken. Art. 12 Abs. 1 ErbVO hilft insoweit nur begrenzt. Gerade dies waren jedoch elementare Forderungen, die im vierten Teil herausgearbeitet wurden. Einzig die Abwandlung von Art. 26 ErbVO-E2009 in Art. 34 ErbVO, die nun den geforderten partiellen Renvoi zulässt, erfüllt die aufgestellten Forderungen. Den im Vergleich herausgearbeiteten Schwächen der Zuständigkeitsregelungen genügt damit auch die ErbVO nur begrenzt. Den Praxisproblemen, internationalen Entscheidungsdivergenzen, Rechtsunsicherheit und mangelndem Rechtsschutz sowohl aus Bürgersicht als auch aus staatlicher Sicht, wird damit auch die ErbVO nicht vollumfänglich gerecht. Das Konzept nach der ErbVO führt aber zumindest teilweise dazu, dass diese begrenzt werden, indem sie die angesprochenen Punkte berücksichtigt.

Dennoch zeigt sich ebenso, dass die Verordnung neue Schwierigkeiten in Bezug auf die Praxisprobleme aufwirft. Dies zeigt sich gerade durch eine Regelung wie Art. 13 ErbVO, die den Bürgerrechtsschutz beeinträchtigt. Ferner ist die nicht gerechtfertigte Aufhebung des Gleichlaufs in Art. 21 Abs. 2 ErbVO bedenklich, die zu erheblicher Rechtsunsicherheit führen kann. Damit genügt auch die ErbVO den Praxisproblemen insgesamt nur eingeschränkt und kann daher nicht als gänzlich gelungen bezeichnet werden.

III. Zusammenfassung

Die Bestimmungen der internationalen Zuständigkeit wurden in Teilbereichen vollständig neu gefasst. So ist die Möglichkeit der Gerichtsstandsvereinbarung in Art. 5 ErbVO hinzugekommen, während Art. 7 und 9 ErbVO-E2009 in der ErbVO nicht mehr auftauchen. Art. 10 ErbVO wurde um die mitgliedstaatliche Zuständigkeit bei gewöhnlichem Aufenthalt in einem Mitgliedstaat von Erben und Vermächtnisnehmern gekürzt. Dafür ist allerdings in Art. 11 ErbVO eine – nicht ganz so weitreichende – „Notzuständigkeit" geschaffen worden. Zudem wurde Art. 12 ErbVO hinzugefügt, der eine Beschränkung der Zuständigkeit ermöglicht, sofern eine Entscheidung im Drittstaat nicht anerkannt wird. Diese Regelung passt aber nicht auf das Erbscheinsverfahren. Auch der notwendige Antrag und die umfassende Ermittlung der Anerkennungsvoraussetzungen des Drittstaates können zu Problemen führen.

Ebenso wenig ist die Neufassung von Art. 8 ErbVO-E2009, nunmehr Art. 13 ErbVO, zu begrüßen. Art. 13 ErbVO erfasst zwar Erklärungen zum Pflichtteil. Die Norm will jedoch nur Erklärungen, die einer besonderen Abgabefähigkeit genügen, in anderen Mitgliedsstaaten als dem Mitgliedstaat zulassen, dessen Gerichte nach Art. 4 oder 10 ErbVO zuständig sind.

Schließlich ist positiv hervorzuheben, dass Art. 14 ErbVO nun den bereits im Rahmen der ErbVO angeregten Änderungen entspricht und Art. 18 ErbVO nach einer unzureichenden Fassung im Parlamentsentwurf vom März 2012 wieder den Voraussetzungen der freiwilligen Gerichtsbarkeit genügt.

Die zahlreichen Änderungen wirken sich auf die Bewertung der ErbVO teilweise sehr negativ aus. Zunächst beeinträchtigt insbesondere Art. 13 ErbVO den Rechtsschutz aus Bürgersicht. Besonders negativ fällt aber ins Gewicht, dass durch Art. 21 Abs. 2 ErbVO auch bei reinen Binnenmarktsachverhalten ein Gleichlauf unbillig zerstört werden kann. Nur die Neufassung von Art. 34 ErbVO ist erfreulich. Durch sie werden im Verhältnis zu Drittstaaten sowohl der Entscheidungseinklang als auch der Rechtsschutz gefördert.

Somit wird die ErbVO in Bezug auf die Bestimmung der internationalen Zuständigkeit zwar einigen angesprochenen Problemen gerecht, schafft allerdings auch neue Schwierigkeiten.

C. Fazit

Insgesamt – auch unter Einbeziehung der Gegenüberstellung aus dem 3. Teil[1222] – zeigt die ErbVO, dass auf die Anregungen aus der Literatur eingegangen wurde. Die geäußerte Kritik wurde in weiten Teilen aufgegriffen. Einige Änderungen können hingegen nicht als gelungen bezeichnet werden. Gerade solche in Bezug auf die internationale Zuständigkeit beeinträchtigen das Erbscheinsverfahren teilweise mehr, als sie ihm nützen. Ein erneutes Überdenken der Vorschriften scheint daher wünschenswert. Bis zur perfekten Erbrechtsverordnung, die allen Interessen gerecht wird, sind folglich noch viele Nachbesserungen vorzunehmen. Erste Ansätze zeigen aber, dass der Verordnunggeber das Ziel solch

---

1222 Teil 3 A. III.

einer perfekten Verordnung weiterhin verfolgt. Wann er das Ziel erreichen wird, bleibt aber abzuwarten.

6. Teil: Abschlussbetrachtung

1. Teil A.: Aus der Rechtsvereinheitlichung ist das Erbrecht bisher nahezu vollständig ausgenommen worden. Am 14. Oktober 2009 wurde durch den Verordnungsentwurf der Europäischen Kommission versucht, insbesondere Kollisionsrecht und internationale Zuständigkeit im Erbrecht innerhalb der Europäischen Union einheitlich zu fassen. Dieser Entwurf ist im März 2012 durch den Rechtsausschuss des Europäischen Parlamentes abgeändert und von diesem Mitte März 2012 gebilligt worden. Auch der Rat hat die Verordnung im Juni 2012 verabschiedet. Insbesondere der vorangehende Verordnungsentwurf hatte unter anderem zum Ziel, einen Gleichlauf zwischen anzuwendendem Recht und internationaler Zuständigkeit herzustellen. Solch ein Gleichlauf ist dem deutschen Recht nicht unbekannt. Bis zur Einführung des FamFG am 1. September 2009 galt in Deutschland ein Gleichlaufgrundsatz, der deutsche Gerichte unter anderem im Erbscheinserteilungsverfahren dann für zuständig erklärte, wenn auch deutsches materielles Recht anzuwenden war. Nach Einführung des FamFG am 1. September 2009 richtet sich die internationale Zuständigkeit nach der örtlichen. Diese drei Regelungen bildeten wegen ihrer Ähnlichkeiten ebenso wie ihrer Unterschiede den Gegenstand der Untersuchungen, wobei der Fokus auf dem Erbscheinserteilungsverfahren lag.

1. Teil B.: Ein Erbschein ist deshalb von Bedeutung, weil er der Legitimation dient und Gutglaubensschutz bietet, §§ 2365 f. BGB. Seine spezifischen Besonderheiten sind daher zu berücksichtigen, wenn es um Fragen der internationalen Zuständigkeit geht. Die Kriterien, die diese Zuständigkeit bestimmen, sind folglich von ebenso großer Bedeutung wie die konkrete Ausgestaltung der Norm. Zunächst wurden daher diese wesentlichen Kriterien und der Begriff der internationalen Zuständigkeit erörtert. Schließlich ist auf die entscheidenden Probleme eingegangen worden, für die eine solche Zuständigkeitsvorschrift Lösungen finden muss. Abgestellt wurde auf internationale Entscheidungsdivergenzen, Rechtsunsicherheit und mangelnden Rechtsschutz aus Bürger- sowie aus staatlicher Sicht. Sodann wurden die einzelnen Systeme, der deutsche Gleichlaufgrundsatz, die deutsche Neuregelung und das System des ErbVO-E2009, anhand dieser Probleme untersucht. Die bei einem anschließenden Vergleich der drei Regelungen gefundenen Ergebnisse waren sodann Grundlage einer Begutachtung der verabschiedeten Fassung der ErbVO, bei der deren Stärken und Schwächen, ausgerichtet an den Voruntersuchungen, abschließend erörtert wurden.

2. Teil A., B.: Nach einem vorangehenden Fallbeispiel (2. Teil A.) war Gegenstand der Begutachtung zunächst der deutsche Gleichlaufgrundsatz, der in

Deutschland bis zum 1. September 2009 galt. Es handelte sich um eine Entwicklung der Rechtsprechung, die dann, wenn deutsches materielles Recht anzuwenden war, auch von der deutschen internationalen Zuständigkeit ausging. Galt es aber, ausländisches Recht anzuwenden, so wurde die internationale Zuständigkeit deutscher Gerichte grundsätzlich abgelehnt. Ausnahmsweise ist eine Zuständigkeit aber dennoch angenommen worden, wenn Not- oder Sicherungsmaßnahmen in Betracht kamen. Eine geschriebene Ausnahme bildete zudem § 2369 BGB a.F., der, wenn im Inland Nachlass belegen war, die Erteilung eines Fremdrechtserbscheines ermöglichte. Es konnte also ein Erbschein in Bezug auf diese inländischen Nachlassgegenstände erteilt werden, wenn ausländisches materielles Recht anzuwenden war. Eine Grenze der internationalen Zuständigkeit bildete schließlich die wesenseigene Zuständigkeit, die deutschen Gerichten Tätigkeiten untersagte, die dem Wesen der deutschen Gerichtsbarkeit fremd waren. Der Gleichlaufgrundsatz wurde insbesondere von den Vertretern der Doppelfunktionalitätstheorie kritisiert, die die internationale Zuständigkeit, wie sonst im Zivilrecht üblich, an die örtliche Zuständigkeit koppeln wollten. Obwohl die Befürworter anführten, der Gleichlaufgrundsatz nehme Rücksicht auf die ausländische Jurisdiktion, indem die internationale Zuständigkeit bei Anwendbarkeit ausländischen Sachrechts verneint und nur bei Maßgeblichkeit deutschen Sachrechts bejaht wurde, wandten die Kritiker ein, dass damit keine Rücksicht genommen werde. Es werde gar nicht darauf geachtet, wie sich andere Staaten verhielten. Eine umfassende Berücksichtigung der ausländischen Jurisdiktion sei ohnehin nur bei einer Anerkennung ausländischer Erbnachweise gegeben, was aber gerade in Deutschland zumeist ausscheide. Ebenso wenig konnten die Kritiker die von der Rechtsprechung angeführten Erwägungen der einfachen Praktikabilität überzeugen. Ein solches Gerüst könne nicht ohne Weiteres allein auf praktische Erwägungen gestützt werden. Zumal diese ohnehin nicht stets durchgreifen würden, gerade wenn die Staatsangehörigkeit oder das anzuwendende Recht umfassend ermittelt werden müssten. Auch die von den Befürwortern dieses Ansatzes vorgebrachte Argumentation, die Verbindung von Sach- und Verfahrensrecht sei in Nachlasssachen besonders eng, vermochte die Kritik nicht zu entkräften. Vielmehr könne eine solch enge Verbindung, sollte sie bestehen, für die Rechtsanwendung auch ausländischen Rechts nicht hinderlich sein, was gerade die Existenz von § 2369 BGB a.F. bestätige, der vorschreibe, dass auch ausländisches Recht anzuwenden sei. Ohnehin seien Normen wie § 2369 BGB a.F., § 73 FGG a.F. und Art. 25 EGBGB a.F. für eine Begründung des Gleichlaufgrundsatzes irrelevant. Dieser Kritik ist weitestgehend zugestimmt worden. Im Anschluss wurden weitere Ausformungen des Gleichlaufgrundsatzes erörtert. Der strenge Gleichlaufgrundsatz entsprach dem der Rechtsprechung, so dass sich die Ausführungen auf den gemäßigten Gleichlaufgrundsatz fokussierten.

Dieser ging davon aus, dass deutsche Gerichte bei der Anwendbarkeit ausländischen Sachrechts nur mit Zustimmung des ausländischen Rechts als Wirkungsstatut zuständig sein sollten. Bei Anwendung deutschen materiellen Rechts wäre hingegen eine inländische Subsidiaritätszuständigkeit gegeben gewesen. Dieses Gebilde, das an Anerkennungsregelungen erinnerte, war jedoch, was die Zuständigkeitsbestimmung anging, derart unsicher, dass es abzulehnen war. Sodann wurden die Gleichlaufvarianten bewertet. Der internationale Entscheidungseinklang konnte durch den Gleichlaufgrundsatz nur eingeschränkt gefördert werden. Die Zuständigkeit wurde, ohne auf die ausländische Jurisdiktion zu achten, angenommen oder abgelehnt. Da zudem ein Anerkennungssystem fehlte, wurden auch ausländische Erbnachweise nicht berücksichtigt, ebenso wenig wie deutsche Erbscheine im Ausland. Eingeschränkt half die Ablehnung der eigenen internationalen Zuständigkeit bei Maßgeblichkeit ausländischen Sachrechts, wobei dann noch nicht gesichert war, dass sich nur ein ausländisches Gericht für international zuständig hielt. Auch wurde Rechtssicherheit nicht uneingeschränkt gewährleistet. Bei Anwendbarkeit deutschen Sachrechts konnte der deutsche Erblasser (denn die Staatsangehörigkeit war nach Art. 25 EGBGB meist entscheidend für die Anwendbarkeit deutschen Sachrechts) zwar mutmaßen, ob und wie das Gericht entscheiden würde. Darüber hinaus blieb ihm aber die Aussicht auf weltweite Beachtung des durch deutsche Gerichte erteilten Erbscheins aufgrund der zumeist mangelnden Anerkennung verwehrt. Der ausländische Erblasser konnte zudem kaum planen, da deutsche Gerichte bei Maßgeblichkeit ausländischen Sachrechts nur ausnahmsweise ihre Zuständigkeit bejahten. Dieses Muster zog sich auch im Bereich des Rechtsschutzes aus staatlicher Sicht fort. Bei Maßgeblichkeit deutschen Rechts wurde Rechtsschutz umfassend gewährt, sofern die mangelnde Anerkennung nicht im Wege stand. Bei Anwendbarkeit ausländischen Sachrechts war dies nur dann der Fall, wenn eine der Ausnahmen eingriff. Schließlich wurde auch Rechtsschutz aus staatlicher Sicht kaum gewährt, da gerade das forum shopping aufgrund der mangelhaften Berücksichtigung ausländischer Jurisdiktion nahezu uneingeschränkt möglich war.

2. Teil C.: Sodann wurde auch die Neuregelung nach dem FamFG, die seit dem 1. September 2009 gilt, begutachtet. Danach richtet sich, wie schon von den Vertretern der Doppelfunktionalität gefordert, die internationale Zuständigkeit nach der örtlichen (§ 105 FamFG). § 343 FamFG statuiert, wann das Nachlassgericht örtlich zuständig ist. Dabei ist primär der Wohnsitz des Erblassers entscheidend. Sekundär wird auf den gewöhnlichen oder den schlichten Aufenthalt und schließlich auf die Staatsangehörigkeit abgestellt. Auch kann eine Zuständigkeit über die Belegenheit von Nachlass im Inland begründet werden. § 2369 BGB eröffnet in seiner neuen Fassung bei Vermögen im Aus- und Inland eine

Beschränkung auf das inländische Vermögen. Eine Grenze bildet auch hier wieder die wesenseigene Zuständigkeit. Gerade die vielen Kriterien und nicht zuletzt die Möglichkeit, allein aufgrund der Belegenheit von Nachlassgegenständen im Inland eine Zuständigkeit zu begründen, führen dazu, dass diskutiert wird, ob ein hinreichender Inlandsbezug gefordert werden muss. Dies ist aber nicht zuletzt wegen des offenen Wortlauts und mangels entsprechender Intention des Gesetzgebers abgelehnt worden. Auch in Bezug auf die Neuregelung wurden die Argumente für und wider abgewogen. Dabei zeigte sich, dass das System nach der Neuregelung zwar durch die vielen Kriterien keine grundsätzliche Rücksicht auf die ausländische Jurisdiktion nimmt. Jedoch ist die Verwendung des Wohnsitzes ein weltweit gebräuchliches Kriterium. Faktisch wird so eine Rücksichtnahme herbeigeführt. Dabei fällt aber auch hier negativ ins Gewicht, dass letztlich die Anerkennung entscheidend zur Rücksichtnahme beiträgt, diese aber in Bezug auf Erbnachweise zumeist fehlt. Aus praktischer Sicht wurde von den Befürwortern die schnelle und umfassende Möglichkeit, Rechtsschutz zu erlangen, angeführt. Allerdings wurde von den Kritikern vorgebracht, dass nun umfassend ausländisches Recht ermittelt werden müsse, was zeit- und kostenintensiv sei. Auch das Argument der Gesetzesuniformität, also die Tatsache, dass sich nun die internationale Zuständigkeit, wie sonst auch im deutschen Recht, nach der örtlichen Zuständigkeit richte, konnte die Kritiker nicht überzeugen, da es lediglich positives Beiwerk sei. Schließlich wurde die Möglichkeit der gegenständlichen Beschränkung nach § 2369 BGB von den Befürwortern als positiv herangezogen, was die Kritiker aber ebenso wenig gelten ließen. So müsse die Beschränkung zur Regel gemacht werden, um ausufernde Verfahren und Kosten zu vermeiden. Auch in Bezug auf die Neuregelung wurde der Kritik in weiten Teilen entsprochen. Bei der Bewertung zeigte sich ebenso, dass die Neuregelung den Praxisproblemen nur eingeschränkt begegnen kann. So werden internationale Entscheidungsdivergenzen lediglich begrenzt dadurch vermieden, dass der Wohnsitz (bzw. ein entsprechendes inhaltsgleiches Äquivalent) zur Bestimmung der internationalen Zuständigkeit auch in anderen Rechtsordnungen maßgeblich ist. Ansonsten wird auf die ausländische Jurisdiktion – auch wegen der mangelnden Anerkennungsmöglichkeiten – keine Rücksicht genommen, was Entscheidungsdivergenzen zulässt. Aus diesen Gründen ist auch die Rechtssicherheit beeinträchtigt, da Kontinuität und Vorhersehbarkeit unter der mangelnden Anerkennung und sonstigen Berücksichtigung ausländischer Jurisdiktion leiden. Nur die Regelung an sich, die feste Grundsätze statuiert, stützt die Rechtssicherheit. Schließlich zeigte sich, dass lediglich eine Begrenzung nach § 2369 BGB die Rechtssicherheit tatsächlich gewährleistet, da dann der Erbschein innerhalb der deutschen Grenzen umfassend gilt, was wiederum vorhersehbar ist. Folglich kann auch nur dann umfassender Rechtsschutz aus Bürgersicht gewährleistet werden, wenn von dieser Beschränkung Gebrauch gemacht wird. Ansonsten fallen die erörterten Anerkennungs- und Berücksichtigungsprobleme negativ ins Gewicht. Schließlich ist der Rechtsschutz aus staatlicher Sicht beeinträchtigt, da aufgrund der vielen Zuständigkeitskriterien das forum shopping gefördert wird.

2. Teil D.: Auf der Grundlage dieser Bewertungsergebnisse wurden die deutschen Systeme verglichen. Es zeigte sich im direkten Vergleich, dass die Neuregelung vorzugswürdig ist. Zwar vermeidet auch sie internationale Entscheidungsdivergenzen nur begrenzt, indem sie hauptsächlich ein allgemein übliches Kriterium verwendet. Doch überzeugt sie damit gegenüber dem Gleichlaufgrundsatz, der letztendlich nur vordergründig Entscheidungseinklang herbeiführte. Es wurde aber angeregt, Anerkennungsregelungen aufzunehmen, deren Fehlen bei beiden Systemen kritisiert wurde. Auch in Bezug auf die Rechtssicherheit überwogen die Argumente zugunsten der Neuregelung. Da diese aber bei einem Verlassen der deutschen Grenzen Rechtssicherheit kaum gewährleistet, wurde angeregt, gerichtlich intensiver auf § 2369 BGB hinzuweisen und den Beteiligten die Konsequenzen einer möglichen Nichtanerkennung des Erbscheins im Ausland zu verdeutlichen. Die rechtliche Grundlage insbesondere für den Hinweis auf § 2369 BGB ist in § 28 Abs. 2 FamFG gesehen worden. Zudem wurde auch hier ein Anerkennungssystem als mögliche weitere Hilfe erörtert. Diese Einschränkungen des § 2369 BGB und des Anerkennungssystems sind auch bei der Frage des Rechtsschutzes aus Bürgersicht als nützlich empfunden worden, die sich im Grunde zugunsten der Neuregelung beantworten ließ. Letztlich überwogen auch die positiven Aspekte der Neuregelung bei der Problematik des Rechtsschutzes aus staatlicher Sicht, wobei eine Anerkennungsregelung ebenfalls als förderlich angesehen wurde.

3. Teil A.: Der Untersuchung des europäischen Systems ist eine Übersicht über die kommende Erbrechtsverordnung vorangestellt worden, wobei der Fokus auf dem Verordnungsentwurf aus dem Jahr 2009 lag. In diesem Zusammenhang wurden jedoch auch jeweils die Abweichungen der ErbVO vom ErbVO-E2009 erörtert. Bei dieser Übersichtsbetrachtung konnte festgestellt werden, dass Kompetenzgrundlage für den Erlass der Verordnung Art. 81 Abs. 1 i.V.m. Abs. 2 lit. a, c, f AEUV ist. Die einzelnen Regelungsbereiche wurden ebenfalls erörtert. Im Rahmen des Anwendungsbereichs und der Begriffsbestimmungen wurden Schwächen insbesondere in Bezug auf die Definition der Urkunde aufgedeckt. Auch die Regelungen zur Bestimmung des anwendbaren Rechts sind genauer untersucht und kritisiert worden. Als positiv erachtet wurden die Nachlasseinheit und die Möglichkeit der Rechtswahl, wenn auch Einzelheiten als verbesserungswürdig angesehen worden sind. Verbessert gegenüber dem Erb-

VO-E2009 wurden in der ErbVO die Regelungen zur Anerkennung und Vollstreckung öffentlicher Urkunden. Insbesondere in der Entwurfsfassung hätten diese gerade bei Erbscheinen zu Rechtsunsicherheiten und Umgehungsmöglichkeiten des Kollisionsrechts führen können. Gelobt wurde zudem weitestgehend die Einführung eines Europäischen Nachlasszeugnisses, das eine Anerkennung von Erbnachweisen überflüssig macht. Schließlich konnte begrüßt werden, dass Art. 34 ErbVO gegenüber der Vorgängernorm, Art. 26 ErbVO-E2009, weiter gefasst wurde. Er enthält kein reines Gebot der Sachnormverweisung mehr, sondern ermöglicht partiell eine Gesamtverweisung bei Drittstaatensachverhalten zugunsten des Entscheidungseinklangs.

3. Teil B.: Bei der Auseinandersetzung mit den Regelungen zur Bestimmung der internationalen Zuständigkeit nach dem Verordnungsentwurf aus 2009 wurde zunächst auf die Grundsatzregelung des Art. 4 ErbVO-E2009 eingegangen. Danach sollte – wie schon zur Bestimmung des anzuwendenden Rechts – der letzte gewöhnliche Aufenthalt des Erblassers für die Bestimmung der internationalen Zuständigkeit maßgeblich sein. Ein umfangreiches Ausnahmesystem komplettiert diese als europäischen Gleichlauf bezeichneten Entwurfsvorschriften. Darunter befand sich auch Art. 5 ErbVO-E2009, der nach einer Rechtswahl des Erblassers eine Wiederherstellung des Gleichlaufs ermöglichen sollte, indem er nach einem Antrag der Beteiligten und bei Dafürhalten des Gerichts eine Verweisung an die Gerichte des Mitgliedstaates erlaubte, dessen Recht gewählt wurde. Zudem sollte Art. 6 ErbVO-E2009 einen breiten Anwendungsbereich in Drittstaatenfällen eröffnen, wenn der letzte gewöhnliche Aufenthalt des Erblassers im Ausland gelegen hat, beispielsweise durch die Staatsangehörigkeit des Erblassers oder bei in den Mitgliedstaaten belegenem Nachlass. Art. 8 ErbVO-E2009 (Zuständigkeit der Gerichte für die Abgabe von Erklärungen) und Art. 15 ErbVO-E2009 (Zuständigkeit für Sicherungsmaßnahmen) sollten zudem Zuständigkeiten in anderen Mitgliedstaaten in Fällen herbeiführen, in denen es unbillig gewesen wäre, einzig auf die Gerichte im letzten gewöhnlichen Aufenthaltsstaat des Erblassers zu verweisen. Die verfahrensrechtlichen Regelungen der Art. 10 ff. ErbVO-E2009 sollten das System zur Bestimmung der internationalen Zuständigkeit vervollständigen, wären aber in Bezug auf die freiwillige Gerichtsbarkeit nicht völlig angemessen gewesen. Auch beim europäischen Gleichlauf wurden zunächst die Argumente für und gegen diesen erörtert. Während die Befürworter betonen, dass die Verknüpfung von anzuwendendem Recht und internationaler Zuständigkeit dazu führt, dass Kosten und Zeit eingespart würden, bemängeln Kritiker, dass die Konzentration auf ein Gericht die Möglichkeiten der Beteiligten, Rechtsschutz zu erlangen, einschränke. Ebenso sei der gewöhnliche Aufenthalt als entscheidendes Kriterium zu unbestimmt und beeinträchtige so die Bestimmung der internationalen Zuständigkeit. Im Rahmen der Stellungnahme wurde insbesondere das letztgenannte Kriterium widerlegt, indem nach Auswertung von Rechtsprechung und Literatur die Ergänzung des im ErbVO-E2009 vorgesehenen Gleichlaufkonzepts um einen Erwägungsgrund befürwortet wurde. Dieser sollte der Unbestimmtheit des Begriffs des gewöhnlichen Aufenthalts entgegenwirken. Auch das Argument der Befürworter, die enge Verbindung von materiellem Recht und Verfahrensrecht rechtfertige den europäischen Gleichlauf, wird von den Kritikern angegriffen: Gerade das Ausnahmensystem zerstöre den Gleichlauf teilweise. Das Argument sei aber ohnehin nicht tragfähig, da die Möglichkeit, die Verbindung aufrechtzuerhalten, nur ein Nebeneffekt sein könne. Ebenso wenig überzeugt die Kritiker das Argument der Konformität mit anderen Verordnungen, auch wenn es, wie die Stellungnahme zeigte, hilfreich ist, dass durch identische Anknüpfungskriterien ein Verweisen von Verordnung zu Verordnung unproblematisch möglich wird. Schließlich wurde das vielschichtige Ausnahmensystem, welches das ErbVO-E2009-Konzept vorsah, bewertet. Dieses wird von den Befürwortern als löbliche Zusatzhilfe betont. Von den Kritikern wird es als zu umfangreich und undurchsichtig abgelehnt. Die Stellungnahme stimmte dem nur teilweise, in Bezug auf die zu weite Entwurfsvorschrift des Art. 6 ErbVO-E2009, zu. Dieser war es auch, der die Kritik im Rahmen der Bewertung dominierte. Bei reinen Binnenmarktsachverhalten überzeugte das europäische Gleichlaufsystem in seiner Ausformung im ErbVO-E2009 nahezu in allen Kategorien. Die Konzentration auf ein einziges Gericht hätte vor divergierenden Entscheidungen geschützt und ein forum shopping vermieden, also Rechtsschutz aus staatlicher Sicht gewährt. Zudem wären die Vorhersehbarkeit und Beständigkeit gegeben, gerade durch das Europäische Nachlasszeugnis, das innerhalb der (beteiligten) Mitgliedstaaten in vollem Umfang Wirkung entfaltet hätte. Dadurch hätte es auch zum Rechtsschutz aus Bürgersicht beigetragen. Dieser wäre nach dem ErbVO-E2009-Konzept zudem durch das Ausnahmensystem, insbesondere Art. 8 und 15 ErbVO-E2009, gefördert worden. Bei Drittstaatensachverhalten fiel die Bewertung hingegen deutlich negativer aus. Gerade wenn der Erblasser seinen letzten gewöhnlichen Aufenthalt in einem Drittstaat gehabt hätte und Art. 6 ErbVO-E2009 anwendbar gewesen wäre, wäre durch den weiten Anwendungsbereich dieser Norm, der ohne weiteres auch bei drittstaatlicher Zuständigkeit eingegriffen hätte, ein forum shopping ermöglicht, mithin Rechtsschutz aus staatlicher Sicht nicht gewährt worden. Zudem hätten internationale Entscheidungsdivergenzen gedroht, die aufgrund der noch unzureichenden Fassung der Art. 25, 26 ErbVO-E2009 im Verordnungsentwurf von 2009 und deren Sachnormverweisung auch bei Drittstaatenrecht noch verstärkt worden wären. Schließlich wären auch der Rechtsschutz aus Bürgersicht und die Rechtssicherheit nur dann umfassend gewährleistet worden, wenn es sich um einen auf mitgliedstaatlichen Nachlass beschränkten Antrag und damit Erbnachweis gehandelt hätte. Dies insbesondere, weil Anerkennungsregelungen für drittstaatliche Erbnachweise gefehlt hätten und auch europäische Nachweise und das Europäische Nachlasszeugnis im Ausland oft nicht anerkannt worden wären.

4. Teil: Die drei Systeme wurden sodann zusammengeführt. Dabei konnte festgestellt werden, dass die europäische Konzeption nach dem ErbVO-E2009 bei einem reinen Binnenmarktsachverhalt da überzeugt, wo die deutschen Systeme noch versagten, was vorwiegend Folge der Zuständigkeitskonzentration ist. Bei Drittstaatensachverhalten wurden allerdings Parallelen zur deutschen Neuregelung deutlich, da Art. 6 ErbVO-E2009 ebenso weit gefasst sein sollte wie § 343 FamFG. Es galt daher zu überlegen, wie man den weiten Anwendungsbereich bei Drittstaatensachverhalten begrenzen kann. Erörtert wurden mehrere Methoden, beispielsweise erweiterte Rechtshängigkeits- und Anerkennungsregelungen sowie eine Ausprägung der Forum-non-conveniens-Regel gepaart mit dem gemäßigten Gleichlaufgrundsatz. Da all diese Regelungen aber in weitem Maße Prognoseentscheidungen verlangen und den Rechtsschutz und die Rechtssicherheit beeinträchtigen würden, wurde ein eigener Ansatz eingeführt. Dieser hatte zwar den Gedanken der Anerkennung verinnerlicht und auch den gemäßigten Gleichlaufgrundsatz als Basis. Es wurde jedoch nicht die Zuständigkeit der Gerichte davon abhängig gemacht. Vielmehr wurde angeregt, die Zuständigkeit mitgliedstaatlicher Gerichte zu beschränken, wenn eine Anerkennung ganz sicher und nicht bloß nach einer unsicheren Prognoseentscheidung entfiel. Diese Regelung wäre auch in Bezug auf die Rechtssicherheit und den Rechtsschutz aus staatlicher Sicht hilfreich und würde dem forum shopping Anreize entziehen, womit auch der Rechtsschutz aus staatlicher Sicht gefördert würde. Rechtssicherheit und Rechtsschutz könnten zudem dann gewährleistet werden, wäre der Antrag nach einer Art. 6 lit. d ErbVO-E2009 entsprechenden Norm stets auf das mitgliedstaatliche Vermögen beschränkt. Im Übrigen würde § 2369 BGB aus nationaler Sicht aber auch nicht überflüssig werden. Wäre die Möglichkeit, den Antrag stets zu beschränken, eröffnet und bestünde zudem die oben erörterte Möglichkeit der Zuständigkeitsbeschränkung für die Gerichte, gäbe es zwei Wege, die Situation in Bezug auf drittstaatliche Sachverhalte zu verbessern. Ebenso würde eine partielle Gesamtverweisung bei Drittstaatensachverhalt, also eine Anpassung des Art. 26 ErbVO-E2009, wie sie in der ErbVO auch erfolgt ist, zur Verbesserung beitragen. Insgesamt überzeugt der grundlegende Gedanke eines europäischen Gleichlaufs, der als positive Weiterentwicklung der beiden deutschen Regelungen, insbesondere des deutschen Gleichlaufs, bewertet wurde.

5. Teil: Abschließend wurden die Ergebnisse aus dem dritten und insbesondere vierten Teil zur Grundlage einer abschließenden Bewertung der Zuständigkeitsbestimmungen nach der ErbVO. Es zeigte sich, dass die endgültige Version der Verordnung für die aufgeworfenen Probleme nur teilweise Lösungen bietet. Außerhalb der Vorschriften zur Bestimmung der internationalen Zuständigkeit gelingt es der ErbVO in weiten Teilen, die Schwierigkeiten zu beseitigen, die noch in Bezug auf den Vorgängerentwurf bemängelt wurden. So beinhaltet der endgültige Entwurf einen Erwägungsgrund, der den Begriff des gewöhnlichen Aufenthalts näher umschreibt. Ebenso positiv hervorzuheben ist, dass die endgültige Version nun einen partiellen Renvoi bei Drittstaatensachverhalten zulässt, also eine Weiterverweisung des drittstaatlichen Internationalen Privatrechts für beachtlich hält, wenn dieses auf mitgliedstaatliches Recht oder das Recht eines weiteren Drittstaates verweist, der die Verweisung annimmt. In Bezug auf die Vorschriften zur Bestimmung der internationalen Zuständigkeit überzeugt die endgültige Version aber nur begrenzt. Zwar ist die neu eingeführte Gerichtsstandsvereinbarung akzeptabel, weil sie nur dann zulässig ist, wenn sie zugunsten des Rechts erfolgt, das der Erblasser gewählt hat. Normen wie Art. 13 ErbVO sind allerdings nachteilig. Ebenso nachteilig ist, dass Art. 12 ErbVO, der inhaltlich an die Idee anknüpft, die Zuständigkeit zu beschränken, wenn der Erbschein oder das Europäische Nachlasszeugnis im Drittstaat nicht anerkannt werden, wohl gerade auf diese Zeugnisse nicht oder nur selten anzuwenden sein wird. Auch Art. 10 ErbVO wurde nun so gefasst, dass er ein eigenständiges Beschränken des Erbscheinsantrags durch den Antragsteller im Vorhinein und ohne gerichtliches Mitwirken nicht mehr zulässt. So bleibt aus deutscher Sicht nur noch § 2369 BGB.

Fazit: Es bleibt abzuwarten, wie sich die Erbrechtsverordnung weiter entwickeln wird. Auch wenn die Verordnung anwendbar sein wird, ist die Diskussion über sie sicherlich noch nicht beendet. Es ist zu hoffen, dass die aufgeworfenen Schwierigkeiten zur Kenntnis genommen und bei der Diskussion berücksichtigt werden.

Literaturverzeichnis

Altmeyer, Sabine: Vereinheitlichung des Erbrechts in Europa – Der Entwurf einer „EU-Erbrechts-Verordnung" durch die EU-Kommission, in: ZEuS 2010, S. 475 bis 492

Bachmayer, Christian: Ausgewählte Problemfelder bei Nachlasssachen mit Auslandsberührung, in: BWNotZ 2010, S. 146 bis 178

Baetge, Dietmar: Der gewöhnliche Aufenthalt im Internationalen Privatrecht, Tübingen 1994 (zit.: Baetge, Gewöhnlicher Aufenthalt im IPR, S.)

ders.: Zum gewöhnlichen Aufenthalt bei Kindesentführungen (zu OLG Rostock, 25.5.2000 – 10 UF 126/00, unten S. 588, Nr. 49), in: IPRax 2001, S. 573 bis 577

Bahrenfuss, Dirk, Kommentar zum Gesetz über das Verfahren in Familiensachen und die Angelegenheiten der freiwilligen Gerichtsbarkeit (FamFG), Berlin 2009 (zit.: Bearbeiter, in: Bahrenfuss, Kommentar zum FamFG, § Rdnr.)

Bamberger, Heinz Georg / *Roth*, Herbert: Kommentar zum BGB, Edition: 26, Stand: 01.02.2013, München (zit.: Bearbeiter, in: BeckOK-BGB, § Rdnr.)

Bajons, Eva-Marlis: Internationale Zuständigkeit und anwendbares Recht in grenzüberschreitenden Erbrechtsfällen innerhalb des europäischen Justizraums – Eine Abkehr von nationalen Grundwertungen durch freie Orts- und Rechtswahl?, in: Festschrift für Andreas Heldrich zum 70. Geburtstag, München 2005, S. 495 bis 509 (zit.: Bajons, in: FS Heldrich, S.)

Baldus, Christian: Ein europäisches Erbrecht?, in: GPR 2009, S. 105

ders.: Normqualität und Untermaßverbot: Für eine privatrechtliche Logik der Kompetenzbestimmung am Beispiel des Europäischen Erbscheins, in: GPR 2006, S. 80 bis 82

Bar, Christian von: Internationales Privatrecht, Band II, Besonderer Teil, München 1991 (zit.: von Bar, IPR, Band II, Rdnr.)

Bar, Christian von / *Mankowski*, Peter: Internationales Privatrecht, Band I, Allgemeine Lehren, 2. Auflage, München 2003 (zit.: von Bar/Mankowski, IPR, Band I, S.)

Basedow, Jürgen: Das BGB im künftigen europäischen Privatrecht, Der hybride Kodex – Systemsuche zwischen nationaler Kodifikation und Rechtsangleichung, in: AcP 200 (2000), S. 445 bis 492

ders.: Das Internationale Privatrecht in Zeiten der Globalisierung, in: Festschrift für Hans Stoll zum 75. Geburtstag, Tübingen 2001, S. 405 bis 416 (zit.: Basedow, in: FS Stoll, S.)

ders.: Die Harmonisierung des Kollisionsrechts nach dem Vertrag von Amsterdam, in: EuZW 1997, S. 609

ders.: Die Neuregelung des Internationalen Privat- und Prozeßrechts, in: NJW 1986, S. 2971 bis 2979

ders.: The Communitarization of the Conflict of Laws under the Treaty of Amsterdam, in: CML Rev. 37 (2000), S. 687 bis 708

Bassenge, Peter / *Roth*, Herbert: Kommentar zum Gesetz über das Verfahren in Familiensachen und die Angelegenheiten der freiwilligen Gerichtsbarkeit (FamFG) und zum Rechtspflegergesetz (RPflG), 12. Auflage, Heidelberg 2009 (zit.: Bearbeiter, in: Bassenge/Roth, Kommentar zum FamFG und RPflG, § Rdnr.)

Bauer, Frank: Neues europäisches Kollisions- und Verfahrensrecht auf dem Weg: Stellungnahme des Deutschen Rates für IPR zum internationalen Erb- und Scheidungsrecht, in: IPRax 2006, S. 202 bis 204

Baumann, Wolfgang: Das notarielle Erbscheinsverfahren nach dem FamFG - Teil 1, in: NotBZ 2011, S. 157 bis 167

ders.: Das notarielle Erbscheinsverfahren nach dem FamFG - Teil 2, in: NotBZ 2011, S. 193 bis 206

Beller, Olaf: Die Vorschriften des FamFG zur internationalen Zuständigkeit, in: ZFE 2010, S. 52 bis 58

Bengel, Manfred / *Reimann*, Wolfgang: Handbuch der Testamentsvollstreckung, 4. Auflage, München 2010 (zit.: Bearbeiter, in: Bengel/Reimann, Handbuch der Testamentsvollstreckung, Kap. Rdnr.)

Berenbrok, Marius: Internationale Nachlaßabwicklung, Zuständigkeit und Verfahren, Berlin 1989 (zit.: Berenbrok, Internationale Nachlaßabwicklung, S.)

Bernitt, Carmen: Die Anknüpfung von Vorfragen im europäischen Kollisionsrecht, Tübingen 2010 (zit.: Bernitt, Vorfragen im europäischen Kollisionsrecht, S.)

Böhringer, Walter: Auswirkungen des FamFG auf das Grundbuchverfahren, in: BWNotZ 2010, S. 2 bis 12

Bolkart, Johannes: Die Reform des Verfahrens in Familiensachen und in den Angelegenheiten der freiwilligen Gerichtsbarkeit, in: MittBayNot 2009, S. 268 bis 276

Bonefeld, Michael / *Kroiß*, Ludwig / *Tanck*, Ludwig: Der Erbprozess – mit Erbscheinsverfahren und Teilungsversteigerung, 4. Auflage, Bonn 2012 (zit.: Bearbeiter, in: Bonefeld/Kroiß/Tanck, Der Erbprozess, S.)

Bork, Reinhard / *Jacoby*, Florian / *Schwab*, Dieter: Kommentar zum Gesetz über das Verfahren in Familiensachen und die Angelegenheiten der freiwilligen Gerichtsbarkeit (FamFG), 2. Auflage, Bielefeld 2013 (zit.: Bearbeiter, in: Bork/Jacoby/Schwab, Kommentar zum FamFG, § Rdnr.)

Brand, Torsten: Erbrechtsverordnung - Realität nicht vor 2011, in: DRiZ 2010, S. 131

Brandi, Tim: Das Haager Abkommen von 1989 über das auf die Erbfolge anzuwendende Recht, Berlin 1996 (zit.: Brandi, Haager Abkommen, S.)

Brix, Gerald / *Thonemann-Micker*, Susanne: Grenzüberschreitende Nachfolgeplanung und Erbfall: Deutschland/USA – Das anzuwendende Recht (IPR), Rechtswahl, Nachlassspaltung, in: ErbStB 2012, S. 192 bis 198

Brox, Hans / *Walker*, Wolf-Dietrich: Erbrecht, 25. Auflage, München 2012 (zit.: Brox/Walker, Erbrecht, Rdnr.)

Bünning, Martin: Nachlaßverwaltung und Nachlaßkonkurs im internationalen Privat- und Verfahrensrecht, Baden-Baden 1996 (zit.: Bünning, Nachlaßverwaltung im internationalen Recht, S.)

Bumiller, Ursula / *Harders*, Dirk: Kommentar zum Gesetz über das Verfahren in Familiensachen und in den Angelegenheiten der freiwilligen Gerichtsbarkeit (FamFG), 10. Auflage, München 2011 (zit.: Bearbeiter, in: Bumiller/Harders, Kommentar zum FamFG, § Rdnr.)

Buschbaum, Markus: Die künftige Erbrechtsverordnung – Wegbereiter für den acquis im europäischen Kollisionsrecht, in: Weitsicht in Versicherung und Wirtschaft, Gedächtnisschrift für Ulrich Hübner, Heidelberg 2012, S. 589 bis 606 (zit.: Buschbaum, in: GS Hübner, S.)

ders.: Europäische Union: Erbrechtsverordnung, in: ZEV 2012, 198

Buschbaum, Markus / *Kohler*, Marius: Vereinheitlichung des Erbkollisionsrechts in Europa, Erster Teil, in: GPR 2010, S. 106 bis 113

dies.: Vereinheitlichung des Erbkollisionsrechts in Europa, Zweiter Teil, in: GPR 2010, S. 162 bis 170

dies.: Le certificat successoral européen et les certificats successoraux nationaux: une coexistence source de tension, in: GPR 2010, S. 210 bis 214

Buschbaum, Markus / *Simon*, Ullrich: EuErbVO: Das Europäische Nachlasszeugnis, in: ZEV 2012, S. 525 bis 530

dies.: Die Vorschläge der EU-Kommission zur Harmonisierung des Güterkollisionsrechts für Ehen und eingetragene Partnerschaften – eine erste kritische Analyse, Erster Teil, in: GPR 2011, S. 262 bis 267

dies.: Die Vorschläge der EU-Kommission zur Harmonisierung des Güterkollisionsrechts für Ehen und eingetragene Partnerschaften – eine erste kritische Analyse, Zweiter Teil, in: GPR 2011, S. 305 bis 309

Calliess, Christian / *Ruffert*, Matthias: EUV/AEUV, Das Verfassungsrecht der Europäischen Union mit Europäischer Grundrechtecharta, München, 4.

Auflage 2011 (zit.: Bearbeiter, in: Calliess/Ruffert, Kommentar zum EUV/AEUV, Art. Rdnr.)

Chassaing, Pascal: Regard national sur les successions internationals et le future règlement communautaire, in: Georges Khairallah / Mariel Revillard, Perspectives du droit des Successions Européennes et Internationales, Études de la proposition de règlement du 14 Octobre 2009, Paris 2010, S. 35 bis 58 (zit.: Chassaing, in: Perspectives du droit des Successions Européennes et Internationales, S.)

Coester-Waltjen, Dagmar: Anerkennung im Internationalen Personen-, Familien und Erbrecht und das Europäische Kollisionsrecht mit anschließendem Diskussionsbericht, in: IPRax 2006, S. 392 bis 401

dies.: Das Anerkennungsprinzip im Dornröschenschlaf?, in: Festschrift für Erik Jayme, Band 1, München 2004, S. 121 bis 129 (zit.: Coester-Waltjen, in: FS Jayme, S.)

Dallafior, Roberto: Die Legitimation des Erben – Eine rechtsvergleichende und internationalprivatrechtliche Studie, Zürich, 1990 (zit.: Dallafior, Die Legitimation des Erben, S.)

Dauner-Lieb; Barbara / *Heidel*, Thomas / *Ring*, Gerhard (Hrsg.): Nomos-Kommentar Bürgerliches Gesetzbuch, Band 5, Erbrecht, §§ 1922 – 2385, 3. Auflage, Baden-Baden 2010 (zit.: Bearbeiter, in: NK-BGB, § Rdnr.)

Denkinger, Miriam: Europäisches Erbkollisionsrecht - Einheit trotz Vielfalt?, Köln 2009 (zit.: Denkinger, Europäisches Erbkollisionsrecht, S.)

Dölle, Hans: Über einige Kernprobleme des internationalen Rechts der freiwilligen Gerichtsbarkeit, in: RabelsZ 27 (1962), S. 201 bis 244

Dörner, Heinrich: Das deutsch-türkische Nachlaßabkommen, in: ZEV 1996, S. 90 bis 96

ders.: Das Grünbuch „Erb- und Testamentsrecht" der Europäischen Kommission, in: ZEV 2005, S. 137 bis 138

ders.: Der Entwurf einer europäischen Verordnung zum Internationalen Erb- und Erbverfahrensrecht – Überblick und ausgewählte Probleme, in: ZEV 2010, S. 221 bis 228

ders.: EuErbVO: Die Verordnung zum Internationalen Erb- und Erbverfahrensrecht ist in Kraft!, in: ZEv 2012, S. 505 bis 513

ders.: Vorschläge für ein europäisches Internationales Erbrecht, in: Recht als Erbe und Aufgabe - Festschrift für Holzhauer, Berlin 2005, S. 474 bis 483 (zit.: Dörner, in: FS Holzhauer, S.)

Dörner, Heinrich / *Hertel*, Christian / *Lagarde*, Paul / *Riering*, Wolfgang: Auf dem Weg zu einem europäischen Internationalen Erb- und Erbverfahrensrecht, in: IPRax 2005, S. 1 bis 8

Dorsel, Christoph: Forum non conveniens, Richterliche Beschränkung der Wahl des Gerichtsstandes im deutschen und amerikanischen Recht, Berlin 1996 (zit.: Dorsel, Forum non conveniens, S.)

Drappatz, Thomas: Die Überführung des internationalen Zivilverfahrensrechts in eine Gemeinschaftskompetenz nach Art. 65 EGV, Tübingen 2002 (zit.: Drappatz, Gemeinschaftskompetenz, S.)

Drobing, Ulrich: Anmerkung zu LG Koblenz, Beschluss vom 17.7.1958 – 4 T 295/58, in: JZ 1959, S. 316 bis 318

Dutta, Anatol: Das neue internationale Erbrecht der Europäischen Union - Eine erste Lektüre der Erbrechtsverordnung, in: FamRZ 2013, S. 4 bis 15

ders.: Die Rechtswahlfreiheit im künftigen internationalen Erbrecht der Europäischen Union, in: Gerte Reichelt / Walter H. Rechberger (Hrsg.); Europäisches Erbrecht, Zum Verordnungsvorschlag der Europäischen Kommission zum Erb- und Testamentsrecht, Wien 2011, S. 57 bis 84 (zit.: Dutta, in: Reichelt/Rechberger, Europäisches Erbrecht, S.)

ders.: Succession and Wills in the Conflict of Laws, on the Eve of Europeanisation, in: RabelsZ 73 (2009), S. 547 bis 606

Ebenroth, Carsten Thomas: Erbrecht, München 1992 (zit.: Ebenroth, Erbrecht, Rdnr.)

Echterhölter, Rudolf: Die Europäische Menschenrechtskonvention in der juristischen Praxis, in: JZ 1956, S. 142 bis 146

Edenfeld, Stefan: Der deutsche Erbschein nach ausländischem Erblasser, in: ZEV 2000, S. 482 bis 485

Epping, Volker / *Hillgruber*, Christian: Kommentar zum GG, Stand: 01.01.2013; Edition: 17, München (zit.: Bearbeiter, in: BeckOK-GG, Art. Rdnr.)

Erman, Walter (Begr.) / *Westermann*, Harm Peter (Hrsg.): Handkommentar zum Bürgerlichen Gesetzbuch mit AGG, EGBGB (Auszug), ErbbauRG, HausratsVO, LPartG, ProdHaftG, UKlaG, VAHRG und WEG, Band 2, §§ 759 – 2385, ProdHaftG, ErbbauRG, VersAusglG, VBVG, LPartG, WEG, EGBGB, 13. Auflage, Münster 2011, (zit.: Bearbeiter, in: Erman, Kommentar zum BGB, Art./§ Rdnr.)

Eule, Wolfgang: Probleme bei der Vererbung von Miterbenanteilen in Fällen mit Auslandsberührung, in: ZEV 2010, S. 508 bis 511

Everts, Arne: Neue Perspektiven zur Pflichtteilsdämpfung aufgrund der EuErbVO?, in: ZEV 2013, S. 124 bis 127

Faber, Wolfgang: Der aktuelle Vorschlag einer EU-Verordnung für Erbsachen – ein Überblick, in: JEV 2010, S. 42 bis 50

Faber, Wolfgang / *Grünberger*, Stefan: Vorschlag der EU-Kommission zu einer Erbrechts-Verordnung, in: NZ 2011, S. 97 bis 115

Ferid, Murad: Die 9. Haager Konferenz, in: RabelsZ 27 (1962), S. 411 bis 455

ders.: Der Erbgang als autonome Größe im Kollisionsrecht, in: Liber Amicorum - Festschrift für Ernst J. Cohn, S. 31 bis 41 (zit.: Ferid, in: FS Cohn, S.)

ders.: Internationales Privatrecht, 3. Auflage, Frankfurt am Main 1986 (zit.: Ferid, IPR, S.)

Ferid, Murad / *Firsching*, Karl / *Dörner*, Heinrich / *Hausmann*, Rainer: Internationales Erbrecht, 86. Auflage, München 2012 (zit.: Bearbeiter, in: Ferid/Firsching/Dörner/Hausmann, Internationales Erbrecht, Frankreich, Band, Grdz., Rdnr.)

Fetsch, Johannes: Auslandsvermögen im Internationalen Erbrecht? Testamente und Erbverträge, Erbschein und Ausschlagung bei Auslandsvermögen? – Teil 1, in: RNotZ 2006, S. 1 bis 42

ders.: Auslandsvermögen im Internationalen Erbrecht? Testamente und Erbverträge, Erbschein und Ausschlagung bei Auslandsvermögen? – Teil 2, in: RNotZ 2006, S. 77 bis 117

Ficker, Hans: Verknüpfung von Anknüpfungen, in: Festschrift für Hans Carl Nipperdey zum 70. Geburtstag, 21. Januar 1965, Band I, München 1965, S. 297 bis 322 (zit.: Ficker, in: FS Nipperdey, Band I, S.)

Firsching, Karl: Die deutsche IPR-Reform und das deutsche internationale Verfahrensrecht, in: ZZP 95 (1982), S. 121 bis 135

ders.: Grundzüge des internationalprivatrechtlichen Familien- und Erbrechts, einschließlich des internationalen Verfahrensrechts (III), in: Rpfleger 1972, S. 1 bis 8

Firsching, Karl (Begr.) / *Graf*, Hans Lothar: Nachlassrecht, 9. Auflage, München 2008 (zit.: Bearbeiter, in: Firsching/Graf, Nachlassrecht, Rdnr.)

Fischer, Gerfried: Die Entwicklung des Staatsangehörigkeitsprinzips in den Haager Übereinkommen, in: RabelsZ 57 (1993), S. 1 bis 25

Flick, Hans / *Piltz*, Detlev: Der Internationale Erbfall, Erbrecht, Internationales Privatrecht, Erbschaftssteuerrecht, München 2008 (zit.: Bearbeiter, in: Flick/Piltz, S.)

Fötschl, Andreas: The Relationship of the European Certificate of Succession to National Certificates, in: European Review of Private Law 2010, S. 1259 bis 1271

Foyer, Jacques: Reconaissance et exécution des judgements étrangers et des actes autentique, in: Georges Khairallah / Mariel Revillard, Perspectives du droit des Successions Européennes et Internationales, Études de la proposition de règlement du 14 Octobre 2009, Paris 2010, S. 135 bis 151 (zit.: Foyer, in: Perspectives du droit des Successions Européennes et Internationales, S.)

Frantzen, Torstein: Europäisches internationales Erbrecht, in: Festschrift für Erik Jayme, Band 1, München 2004, S. 187 bis 196, (zit.: Frantzen, in: FS Jayme, S.)

Friederici, Peter / *Kemper*, Rainer: Familienverfahrensrecht, Handkommentar, Baden-Baden 2009 (zit.: Bearbeiter, in: Friederici/Kemper, Kommentar zum FamFG §, Rdnr.)

Frieser, Andreas: Fachanwaltskommentar Erbrecht, 3. Auflage, München 2011 (zit.: Bearbeiter, in: Frieser, Fachanwaltskommentar Erbrecht, § Rdnr.)

Fröhler, Oliver: Das Verfahren in Nachlass- und Teilungssachen nach dem neu geschaffenen FamFG – Eine Bestandsaufnahme unter ergänzender Berücksichtigung des Personenstandsrechtsreformgesetzes, in: BWNotZ 2008, S. 183 bis 191

Fuchs, Angelika / *Hau*, Wolfgang Jakob / *Thorn*, Karsten: Fälle zum internationalen Privatrecht mit internationalem Zivilverfahrensrecht, 4. Auflage, München 2009 (zit.: Fuchs/Hau/Thorn, Fälle zum internationalen Privatrecht, S.)

Gamillscheg, Franz / *Lorenz*, Egon: Die Bewältigung des § 1371 BGB durch das IPR, in: Lauterbach, Wolfgang, Vorschläge und Gutachten zur Reform des Deutschen Internationalen Erbrechts, S. 65 bis 90 (zit.: Gamillscheg/Lorenz, in: Vorschläge und Gutachten zur Reform des Deutschen Internationalen Erbrechts, S.)

Gaudemet-Tallon, Hélène: Le règles de compétence dans la proposition de règlement Communautaire sur les successions, in: Georges Khairallah / Mariel Revillard, Perspectives du droit des Successions Européennes et Internationales, Études de la proposition de règlement du 14 Octobre 2009, Paris 2010, S. 121 bis 134 (zit.: Gaudemet-Tallon, in: Perspectives du droit des Successions Européennes et Internationales, S.)

Geimer, Reinhold: Anerkennung ausländischer Entscheidungen auf dem Gebiet der freiwilligen Gerichtsbarkeit, in: Festschrift für Murad Ferid zum 80. Geburtstag am 11. April 1988, Frankfurt am Main 1988, S. 89 bis 130 (zit.: Geimer, in: FS Ferid, S.)

ders.: Die geplante Europäische Erbrechtsverordnung – Ein Überblick, in: Gerte Reichelt / Walter H. Rechberger (Hrsg.); Europäisches Erbrecht, Zum Verordnungsvorschlag der Europäischen Kommission zum Erb- und Testamentsrecht, Wien 2011, S. 1 bis 26 (zit.: Geimer, in: Reichelt/Rechberger, Europäisches Erbrecht, S.)

ders.: Internationales Zivilprozeßrecht, 6. Auflage, Köln 2009 (zit.: Geimer, IZPR, Rdnr.)

ders.: Rechtsschutz in Deutschland künftig nur mit Inlandsbezug?, in: NJW 1991, S. 3072 bis 3074

Gesing, Hannah Birthe: Der Erbfall mit Auslandsberührung unter besonderer Berücksichtigung hinkender Rechtsverhältnisse, Frankfurt am Main 2011 (zit.: Gesing, Erbfall mit Auslandsberührung, S.)

Godechot-Patris, Sara: Le Champ d'Application de la Proposition de Règlement du 14 Octobre 2009, in: Hubert Bosse-Platière, Nicolas Damas, Yves Dereu, L'Avenir Européen du Droit des Successions Internationales, Paris 2011, S. 17 bis 32 (zit.: Godechot-Patris, in: L'Avenir Européen du Droit des Successions Internationales, S.)

Gontschar, Nikita: EU Erbrechtsverordnung und schweizerisches IPRG, e-fellows.net stipendiaten-wissen, Band: 188, Norderstedt 2011 (zit.: Gontschar, Erbrechtsverordnung und schweizerisches IPRG)

Gotthard, Peter: Anerkennung und Rechtsscheinswirkungen von Erbfolgezeugnissen französischen Rechts in Deutschland, in: ZfRV 1991, S. 2 bis 13

Groeben, Hans von der / *Schwarze*, Jürgen: Kommentar zum Vertrag über die Europäische Union und zur Gründung der Europäischen Gemeinschaft, Band 1, Art. 1 – 53 EUV, Art. 1 – 80 EGV, Baden-Baden, 6. Auflage 2003 (zit.: Bearbeiter, in: von der Groeben/Schwarze, Kommentar zum EU-/EG-Vertrag, Art. Rdnr.)

Große-Wilde, Franz M. / *Ouart*, Peter E.: Deutscher Erbrechtskommentar, §§ 1922 – 2385 BGB, Art. 25, 26, 235 EGBGB, mit Formulierungshilfen und Mustern, 2. Auflage, Köln 2010 (zit.: Bearbeiter, in: Große-Wilde/Ouart, Deutscher Erbrechtskommentar, Art. Rdnr.)

Haas, Ulrich: Der europäische Justizraum in „Erbsachen", in: Peter Gottwald, Perspektiven der justiziellen Zusammenarbeit in Zivilsachen in der Europäischen Union, Bielefeld 2004, S. 43 bis 112 (zit.: Haas, in: Gottwald, Perspektiven der justiziellen Zusammenarbeit, S.)

ders.: Die Europäische Zuständigkeitsordnung in Erbsachen, in: Brigitta Jud / Walter H. Rechberger / Gerte Reichelt, Kollisionsrecht in der Europäischen Union, Neue Fragen des Internationalen Privat- und Zivilverfahrensrechtes, Wien 2008, S. 127 bis 150 (zit.: Haas, in: Jud/Rechberger/Reichelt, Kollisionsrecht in der Europäischen Union, S.)

Hahne, Meo-Micaela / *Munzig*, Jörg: Kommentar zum FamFG, Stand: 1.5.2012, Edition: 5, München (zit.: Bearbeiter, in: BeckOK-FamFG, § Rdnr.)

Hau, Wolfgang: Das Internationale Zivilverfahrensrecht im FamFG, in: FamRZ 2009, S. 821 bis 826

ders.: Das System der internationalen Entscheidungszuständigkeit im europäischen Eheverfahrensrecht, in: FamRZ 2000, S. 1333 bis 1341

ders.: Positive Kompetenzkonflikte im Internationalen Zivilprozeßrecht, Frankfurt am Main 1996 (zit.: Hau, Positive Kompetenzkonflikte, S.)

Hausmann, Rainer: Zur Anerkennung der Befugnisse eines englischen administrator in Verfahren vor deutschen Gerichten, in: Festschrift für Andreas Heldrich zum 70. Geburtstag, München 2005, S. 649 bis 666, (zit.: Hausmann, in: FS Heldrich, S.)

Hausmann, Rainer / *Hohloch*, Gerhard: Handbuch des Erbrechts, 2. Auflage, Berlin 2010 (zit.: Bearbeiter, in: Hausmann/Hohloch, Handbuch des Erbrechts, S.)

Haußleiter, Martin (Hrsg.): Kommentar zum Gesetz über das Verfahren in Familiensachen und in den Angelegenheiten der freiwilligen Gerichtsbarkeit, München 2011 (zit.: Bearbeiter, in: Haußleiter, Kommentar zum FamFG, § Rdnr.)

Heggen, Marc: Europäische Vereinheitlichungstendenzen im Bereich des Erb- und Testamentsrechtes - Ein Ansatz zur Lösung von Problemen der Nachlassabwicklung bei transnationalen Erbfällen?, in: RNotZ 2007, S. 1 bis 15

Heinemann, Jörn: Das neue Nachlassverfahrensrecht nach dem FamFG, in: ZFE 2009, S. 8 bis 16

ders.: Die Reform der freiwilligen Gerichtsbarkeit durch das FamFG und ihre Auswirkungen auf die notarielle Praxis, in: DNotZ 2009, S. 6 bis 43

ders.: Erbschaftsausschlagung: neue Zuständigkeiten durch das FamFG, in: ZErb 2008, S. 293 bis 300

Heinze, Christian: Bausteine eines Allgemeinen Teils des europäischen Internationalen Privatrechts, in: Die richtige Ordnung, Festschrift für Jan Kropholler zum 70. Geburtstag, Tübingen 2008, S. 105 bis 127 (zit.: Heinze, in: FS Kropholler, S.)

Heldrich, Andreas: Die Frage der internationalen Zuständigkeit im Bereich der freiwilligen Gerichtsbarkeit, in: Berichte der deutschen Gesellschaft für Völkerrecht, Heft 10 (1971), S. 97 bis 132

ders.: Frage der internationalen Zuständigkeit der deutschen Nachlassgerichte, in: NJW 1967, S. 417 bis 422

ders.: Internationale Zuständigkeit und anwendbares Recht, Berlin / Tübingen 1969 (zit.: Heldrich, Internationale Zuständigkeit und anwendbares Recht, S.)

Henrich, Dieter: Abschied vom Staatsangehörigkeitsprinzip?, in: Festschrift für Hans Stoll zum 75. Geburtstag, Tübingen 2001, S. 437 bis 449 (zit.: Henrich, in: FS Stoll, S.)

ders.: Familienerbrecht und Testierfreiheit im europäischen Vergleich, in: DNotZ 2001, S. 441 bis 452

Hermann, Helga-Maria: Erbausschlagung bei Auslandsberührung, in: ZEV 2002, S. 259 bis 263

Herweg; Cornelia: Die Vereinheitlichung des Internationalen Erbrechts im Europäischen Binnenmarkt, Baden-Baden 2003 (zit.: Herweg, Europäisierung des Internationalen Erbrechts, S.)

Herzog, Stephanie: Die EU-Erbrechtsverordnung (EU-ErbVO), in: ErbR 2013, S. 2 bis 14

Heß, Burkhard: Die „Europäisierung" des internationalen Zivilprozessrechts durch den Amsterdamer Vertrag - Chancen und Gefahren, in: NJW 2000, S. 23 bis 32

ders.: Die Integrationsfunktion des Europäischen Zivilverfahrensrechts, in: IPRax 2001, S. 389 bis 396

Hinden, Michael von / *Müller*, Thorsten: Die Europäische Erbrechtsverordnung – Aktuelle Auswirkungen auf die Nachfolgeplanung, in: ErbStB 2013, S. 97 bis 103

Hoffmann, Bernd von / *Thorn*, Karsten: Internationales Privatrecht einschließlich der Grundzüge des internationalen Zivilverfahrensrechts, 9. Auflage, München 2007 (zit.: von Hoffmann/Thorn, IPR, S.)

Horndasch, K.-Peter / *Viefhues*, Wolfram: FamFG – Kommentar zum Familienverfahrensrecht, 2. Auflage, Münster 2010 (zit.: Bearbeiter, in: Horndasch/Viefhues, FamFG, § Rdnr.)

Hügel, Stefan: Kommentar zur GBO, Stand: 01.02.2013, Edition: 17, München (zit.: Bearbeiter, in: BeckOK-GBO, § Rdnr.)

Ivens, Michael: Internationales Erbrecht, Norderstedt 2006 (zit.: Ivens, Internationales Erbrecht, S.)

Jansen, Paul (Begr.): FGG – Großkommentar zum Gesetz über die Angelegenheiten der freiwilligen Gerichtsbarkeit, Band 1, Einführung, §§ 1 bis 34 FGG, 3. Auflage, Berlin 2006 (zit.: Bearbeiter, in: Jansen, Kommentar zum FGG, § Rdnr.)

Janzen, Ulrike: Die EU-Erbrechtsverordnung, in: DNotZ 2012, S. 484 bis 493

Jarass, Hans Dieter / *Pieroth*, Bodo: Kommentar zum Grundgesetz für die Bundesrepublik Deutschland, 12. Auflage, München 2012 (zit.: Bearbeiter, in: Jarass/Pieroth, Kommentar zum GG, Art. Rdnr.)

Jauernig, Othmar (Hrsg.): Kommentar zum Bürgerlichen Gesetzbuch mit allgemeinem Gleichbehandlungsgesetz (Auszug), 14. Auflage, München 2011 (zit.: Bearbeiter, in: Jauernig, Kommentar zum BGB, § Rdnr.)

Jayme, Erik: Grundfragen des internationalen Erbrechts - dargestellt an deutschösterreichischen Nachlassfällen, in: ZfRV 1983, S. 162 bis 179

ders.: Zur Reichweite des Erbstatuts, in: Gerte Reichelt / Walter H. Rechberger (Hrsg.); Europäisches Erbrecht, Zum Verordnungsvorschlag der Europäischen Kommission zum Erb- und Testamentsrecht, Wien 2011, S. 27 bis 40 (zit.: Jayme, in: Reichelt/Rechberger, Europäisches Erbrecht, S.)

Josef, Eugen: Die Zuständigkeit deutscher Nachlaßgerichte bei Sterbefällen von Ausländern, in: DNotZ 1904, S. 199 bis 223

Jud, Brigitta: Rechtswahl im Erbrecht: Das Grünbuch der Europäischen Kommission zum Erb- und Testamentsrecht, in: GPR 2005, S. 133 bis 139

Junghardt, Anna: Die Vereinheitlichung des Erb- und Testamentsrechts im Rahmen einer Europäischen Verordnung – Rom-IV-VO, Regensburg 2009 (zit.: Junghardt, Rom-IV-VO, S.)

Kaufhold, Sylvia: Zur Anerkennung ausländischer öffentlicher Testamente und Erbnachweise im Grundbuchverfahren, Am Beispiel der Erbfolge nach einem schweizerischen Staatsangehörigen, in: ZEV 1997, S. 399 bis 405

Kegel, Gerhard: Was ist gewöhnlicher Aufenthalt?, in: Recht im Wandel seines sozialen und technologischen Umfeldes, Festschrift für Manfred Rehbinder, München 2002, S. 699 bis 706 (zit.: Kegel, in: FS Rehbinder, S.)

Kegel, Gerhard / *Schurig*, Klaus: Internationales Privatrecht - Ein Studienbuch, 9. Auflage, München 2004 (zit.: Kegel/Schurig, IPR, S.)

Keidel, Theodor (Begr.): Kommentar zum Gesetz über das Verfahren in Familiensachen und die Angelegenheiten der freiwilligen Gerichtsbarkeit (FamFG), 17. Auflage, München 2011 (zit.: Bearbeiter, in: Keidel, Kommentar zum FamFG, § Rdnr.)

Keidel, Theodor / *Kuntze*, Joachim / *Winkler*, Karl: Freiwillige Gerichtsbarkeit – Kommentar zum Gesetz über die Angelegenheiten der freiwilligen Gerichtsbarkeit, 15. Auflage, München 2003 / 2005 (Nachtrag) (zit.: Bearbeiter, in: Keidel/Kuntze/Winkler, Kommentar zum FGG, § Rdnr.)

Khairallah, Georges: La loi applicable à la succession, in: Georges Khairallah / Mariel Revillard, Perspectives du droit des Successions Européennes et Internationales, Études de la proposition de règlement du 14 Octobre 2009, Paris 2010, S. 61 bis 80 (zit.: Khairallah, in: Perspectives du droit des Successions Européennes et Internationales, S.)

Kindler, Peter: Vom Staatsangehörigkeits- zum Domizilprinzip: das künftige internationale Erbrecht der Europäischen Union, in: IPRax 2010, S. 44 bis 50

Koch, Harald / *Magnus*, Ulrich / *Winkler von Mohrenfels*, Peter: IPR und Rechtsvergleichung, ein Studien- und Übungsbuch zum internationalen Privat- und Zivilverfahrensrecht und zur Rechtsvergleichung, 4. Auflage, München 2010 (zit.: Koch/Magnus/Mohrenfels, IPR und Rechtsvergleichung, S.)

Kohler, Christian: Entwicklungen im europäischen Familien- und Erbrecht 2011-2012, in: FamRZ 2012, S. 1425 bis 1432

ders.: Die künftige Erbrechtsverordnung der Europäischen Union und die Staatsverträge mit Drittstaaten, in: Gerte Reichelt / Walter H. Rechberger

(Hrsg.); Europäisches Erbrecht, Zum Verordnungsvorschlag der Europäischen Kommission zum Erb- und Testamentsrecht, Wien 2011, S. 109 bis 129 (zit.: Kohler, in: Reichelt/Rechberger, Europäisches Erbrecht, S.)

ders.: Schlusswort zum Symposium, Kollisionsrecht, Zivilrecht und Zivilverfahrensrecht im Lichte der gemeinschaftsrechtlichen Reformen, in: Brigitta Jud / Walter H. Rechberger / Gerte Reichelt, Kollisionsrecht in der Europäischen Union, Neue Fragen des Internationalen Privat- und Zivilverfahrensrechtes, Wien 2008, S. 181 bis 184 (zit.: Kohler, in: Jud/Rechberger/Reichelt, Kollisionsrecht in der Europäischen Union, S.)

ders.: Staatsvertragliche Bindungen bei der Ausübung internationaler Zuständigkeit und richterliches Ermessen – Bemerkungen zur Harrods-Entscheidung des englischen Court of Appeal, in: Verfahrensgarantien im nationalen und internationalen Prozeßrecht, Festschrift für Franz Matscher zum 65. Geburtstag, Wien 1993, S. 251 bis 263 (zit.: Kohler, in: FS Matscher, S.)

Kohler, Marius / *Buschbaum*, Markus: Die „Anerkennung" öffentlicher Urkunden? – Kritische Gedanken über einen zweifelhaften Ansatz in der EU-Kollisionsrechtsvereinheitlichung, in: IPRax 2010, S. 313 bis 316

Kohler, Marius / *Pintens*, Walther: Entwicklungen im europäischen Familien- und Erbrecht 2009-2010, in: FamRZ 2010, S. 1481 bis 1486

dies.: Entwicklungen im europäischen Familien- und Erbrecht 2008-2009, in: FamRZ 2009, S. 1529 bis 1534

Kopp, Beate: Probleme der Nachlaßabwicklung bei kollisionsrechtlicher Nachlaßspaltung, Tübingen 1997 (zit.: Kopp, Nachlaßspaltung, S.)

Kousoula, Aikaterini: Europäischer Erbschein, Vorschläge auf der Basis einer rechtsvergleichenden Untersuchung der deutschen und griechischen Regelung, Baden-Baden 2008 (zit.: Kousoula, Europäischer Erbschein, S.)

Kraus, Artur: Die deutsche internationale Zuständigkeit im Nachlassverfahren, Würzburg 1993 (zit.: Kraus, Die internationale Zuständigkeit in Nachlassverfahren, S.)

Kroiß, Ludwig: Änderung im Nachlassverfahren durch das FamFG, in: AnwBl 2009 S. 592 bis 595

ders.: Das neue Nachlassverfahrensrecht, in: ZErb 2008, S. 300 bis 308

ders.: Die internationale Zuständigkeit im Nachlassverfahren nach dem FamFG, in: ZEV 2009, S. 493 bis 496

ders.: Einführung in das internationale Erbrecht, in: ErbR 2006, S. 2 bis 5

ders.: Internationales Erbrecht, Einführung und Länderübersicht, Bonn 1999 (zit.: Kroiß, Internationales Erbrecht, Rdnr.)

Kropholler, Jan: Internationales Privatrecht einschließlich der Grundbegriffe des internationalen Zivilverfahrensrechts, 6. Auflage, Tübingen 2006 (zit.: Kropholler, IPR, S.)

Kroppenberg, Inge: Nationale Rechtskulturen und die Schaffung eines europäischen Erbrechts, in: Europäisierung des Rechts, Ringvorlesung der Juristischen Fakultät Universität Regensburg 2009/2010, Hrsg. v. Herbert Roth, Tübingen 2010, S. 103 bis 119 (zit.: Kroppenberg, Nationale Rechtskultur, S.)

Krzywon, Hagen: Ausländische Erbrechtszeugnisse im Grundbuchverfahren, in: BWNotZ 1989, S. 133

Kunz, Lena: Die neue europäische Erbrechtsverordnung – ein Überblick (Teil I), in: GPR 2012, S. 208 bis 212

dies.: Die neue europäische Erbrechtsverordnung – ein Überblick (Teil II), in: GPR 2012, S. 253 bis 257

Lagarde, Paul: Familienvermögens- und Erbrecht in Europa, in: Peter Gottwald, Perspektiven der justiziellen Zusammenarbeit in Zivilsachen in der Europäischen Union; S. 1 bis 20, Bielefeld 2004 (zit.: Lagarde, in: Gottwald, Perspektiven der justiziellen Zusammenarbeit, S.)

ders.: Présentation de la proposition de règlement sur le successions, in: Georges Khairallah / Mariel Revillard, Perspectives du droit des Successions Européennes et Internationales, Études de la proposition de règlement du 14 Octobre 2009, Paris 2010, S. 5 bis 16 (zit.: Lagarde, in: Perspectives du droit des Successions Européennes et Internationales, S.)

Lange, Knut Werner: Erbrecht, Lehrbuch für Studium und Praxis, München 2011 (zit.: Lange, Erbrecht, S.)

ders.: Das geplante Europäische Nachlasszeugnis, in: DNotZ 2012, S. 168 bis 179

Lange, Heinrich / *Kuchinke*, Kurt: Erbrecht – Ein Lehrbuch, 5. Auflage, München 2001 (zit.: Lange/Kuchinke, Erbrecht, S.)

Lehmann, Daniel: Die Reform des internationalen Erb- und Erbprozessrechts im Rahmen der geplanten Brüssel-IV Verordnung, Bonn 2006 (zit.: Lehmann, Brüssel-IV-Verordnung, Rdnr.)

ders.: Die EU-Erbrechtsverordnung zur Abwicklung grenzüberschreitender Nachlässe, in: DStR 2012, S. 2085 bis 2089

ders.: Die EU-Erbrechtsverordnung: Babylon in Brüssel und Berlin, in: ZErb 2013, S. 25 bis 30

ders.: Die Zukunft des deutschen gemeinschaftlichen Testaments in Europa, in: ZEV 2007, S. 193 bis 198

ders.: Ernüchternde Entwicklung beim Europäischen Erbrecht?, in: FPR 2008, S. 203 bis 206 ders.: Internationale Reaktionen auf das Grünbuch zum Erb- und Testaments-recht, in: IPRax 2006, S. 204 bis 207

ders.: Stellungnahme zum Grünbuch der Kommission der Europäischen Ge-meinschaften zum Erb- und Testamentsrecht, in: ZErb 2005, S. 320 bis 327

Leible, Stefan / *Staudinger*, Ansgar: Art. 65 EGV im System der EG-Kompetenzen, in: EuLF 2000/2001, S. 225 bis 235

Leipold, Dieter: Erbrecht – Ein Lehrbuch mit Fällen und Kontrollfragen, 19. Auflage, Tübingen 2012 (zit.: Leipold, Erbrecht, Rdnr.)

ders.: Europa und das Erbrecht, in: Europas universale rechtsordnungspolitische Aufgabe im Recht des dritten Jahrtausends – Festschrift Alfred Söllner zum 70. Geburtstag, S. 647 bis 668 (zit.: Leipold, in: FS Söllner, S.)

Leitzen, Mario: EuErbVO: Praxisfragen an der Schnittstelle zwischen Erb- und Gesellschaftsrecht, in: ZEV 2012, S. 520 bis 524

ders.: Die Rechtswahl nach der EuErbVO, in: ZEV 2013, S. 128 bis 132

Linke, Hartmut: Die Europäisierung des Internationalen Privat- und Verfahrens-rechts – Traum oder Trauma?, in: Einheit und Vielfalt des Rechts, Fest-schrift für Reinhold Geimer zum 65. Geburtstag, München 2002, S. 529 bis 554 (zit.: Linke, in: FS Geimer, S.)

Lintz, Gerd; *Papadimopoulos*, Joannis: Vererbung von Immobilien in Griechen-land durch deutsche Staatsangehörige, in: MittBayNot 2009, S. 442 bis 448

Loon, J.H.A. van: Die Haager Konferenz und ihre Bestrebungen zur Reform des Internationalen Erbrechts, in: MittRhNotK 1989, S. 9 bis 13

Looschelders, Dirk: Die Anpassung im Internationalen Privatrecht, Zur Metho-dik der Rechtsanwendung in Fällen mit wesentlicher Verbindung zu meh-reren nicht miteinander harmonierenden Rechtsordnungen, Heidelberg 1995 (zit.: Looschelders, Anpassung im IPR, S.)

ders.: Internationales Privatrecht - Art. 3 - 46 EGBGB, Berlin 2003 (zit.: Loo-schelders, IPR, Art. 3 – 46, Art. Rdnr.)

Lorenz, Stephan: Erbrecht in Europa – Auf dem Weg zu kollisionsrechtlicher Rechtseinheit, in: ErbR 2012, S. 39 bis 49

ders.: Renvoi und ausländischer ordre public, in: Einheit und Vielfalt des Rechts, Festschrift für Reinhold Geimer zum 65. Geburtstag, München 2002, S. 555 bis 567 (zit.: Lorenz, in: FS Geimer, S.)

Lübcke, Daniel: Das neue europäische Internationale Nachlassverfahrensrecht, Darstellung auf Grundlage des Verordnungsentwurfs vom 14. Oktober 2009 unter Berücksichtigung der Endfassung, Baden-Baden 2013 (zit.: Lübcke, Das neue europäische Internationale Nachlassverfahrensrecht, S.)

Lurger, Brigitta: Der Europäische Erbschein – ein Rechtsinstrument für Notare und Rechtspraktiker in Europa, in: Rechberger, Walter, Brücken im Europäischen Rechtsraum, Europäische öffentliche Urkunde und Europäischer Erbschein, 21. Europäische Notartage 2009, S. 45 bis 64 (zit.: Lurger, in: Rechberger, Brücken im Europäischen Rechtsraum, S.)

Lukoschek, Jutta: Neuerungen im Erbrecht und Nachlassverfahrensrecht, Teil 2, in: NotBZ 2010, S. 324 bis 334

Maass, Eike: Der Entwurf für ein „Gesetz zur Reform des Verfahrens in Familiensachen und in den Angelegenheiten der freiwilligen Gerichtsbarkeit" - ein gelungener Versuch einer umfassenden Verfahrensreform?, in: ZNotP 2006, S. 282 bis 290

Majer, Christian Friedrich: Die Geltung der EU-Erbrechtsverordnung für reine Drittstaatensachverhalte, in: ZEV 2011, S. 445 bis 450

Mansel, Heinz-Peter: Anerkennung als Grundprinzip des Europäischen Rechtsraums, Zur Herausbildung eines europäischen Anerkennungs-Kollisionsrechts: Anerkennung statt Verweisung als neues Strukturprinzip des Europäischen internationalen Privatrechts?, in: RabelsZ 70 (2006), S. 651 bis 731

ders.: Personalstatut, Staatsangehörigkeit und Effektivität, Eine internationalprivat- und verfahrensrechtliche Untersuchung zu Mehrstaatern, einer Ausweichklausel für die Staatsangehörigkeitsanknüpfung und zum innerdeutschen Kollisionsrecht, München 1988 (zit.: Mansel, Personalstatut, S.)

ders.: Vereinheitlichung des internationalen Erbrechts in der Europäischen Gemeinschaft – Kompetenzfragen und Regelungsgrundsätze, in: Tugrul Ansay's Armagan; Festschrift für Tugrul Ansay, Ankara 2006 (zit.: Mansel, in: FS Ansay, S.)

Mansel, Heinz-Peter / *Thorn*, Karsten / *Wagner*, Rolf: Europäisches Kollisionsrecht 2009: Hoffnungen durch den Vertrag von Lissabon, in: IPRax 2010, S. 1 bis 27

dies.: Europäisches Kollisionsrecht 2010: Verstärkte Zusammenarbeit als Motor der Vereinheitlichung?, in: IPRax 2011, S. 1 bis 30

dies.: Europäisches Kollisionsrecht 2012, Voranschreiten des Kodifikationsprozesses – Flickenteppich des Einheitsrechts, in: IPRax 2013, S. 1 bis 36

Matthies, Heinrich: Die Deutsche Internationale Zuständigkeit, Frankfurt am Main 1955 (zit.: Matthies, Internationale Zuständigkeit, S.)

Maunz, Theodor / *Dürig*, Günter: Kommentar zum Grundgesetz, 67. Ergänzungslieferung, München 2012 (zit.: Bearbeiter, in: Maunz/Dürig, Kommentar zum GG, Art. Rdnr.)

Mayer, Jörg: Offene Fragen des Erbrechts an die Verfassung – (noch) ungelöste Probleme aus der Praxis, Teil 2, in: ErbR 2010, S. 70 bis 82

Merkle, Rüdiger: Pflichtteilsrecht und Pflichtteilsverzicht im Internationalen Erbrecht, Gottmadingen 2008 (zit.: Merkle, Pflichtteilsrecht und Pflichtteilsverzicht im Internationalen Erbrecht, S.)

ders.: Qualifikation und Anknüpfungszeitpunkt des Erb-/Pflichtteilsverzichts im IPR, in: Festschrift für Ulrich Spellenberg zum 70. Geburtstag, München 2010, S. 283 bis 298 (zit.: Merkle, in: FS Spellenberg, S.)

Michalski, Lutz: BGB – Erbrecht, 4. Auflage, Heidelberg 2010 (zit.: Michalski, Erbrecht, Rdnr.)

Müller, Thorsten / *Tomhave*, Karen: Das Erbscheinsverfahren, Kurzer Überblick sowie Neuerungen nach dem FamFG, in: ErbStB 2011, S. 353 bis 359

Münchener Kommentar: Münchener Kommentar zum Bürgerlichen Gesetzbuch Band 9, Erbrecht, §§ 1922 – 2385, §§ 27 – 35 BeurkG, 5. Auflage, München 2010

Band 10, Internationales Privatrecht, Rom I-Verordnung, Rom II-Verordnung, Einführungsgesetz zum Bürgerlichen Gesetzbuche (Art. 1 – 24), 5. Auflage, München 2010

Band 11, Internationales Privatrecht, Internationales Wirtschaftsrecht, Einführungsgesetz zum Bürgerlichen Gesetzbuche (Art. 25 – 248), 5. Auflage, München 2010

(zit.: Bearbeiter, in: Münchener Kommentar zum BGB, § Rdnr.)

Münchener Kommentar zur Zivilprozessordnung mit Gerichtsverfassungsgesetz und Nebengesetzen

Band 1, §§ 1 – 510c, 4. Auflage, München 2013

Band 3, §§ 946 – 1086, EGZPO – GVG – EGGVG – UklaG, Internationales Zivilprozessrecht, 3. Auflage, München 2008

Band 4, Gesetz über das Verfahren in Familiensachen und in Angelegenheiten der freiwilligen Gerichtsbarkeit (FamFG), 3. Auflage, München 2010

(zit.: Bearbeiter, in: Münchener Kommentar zur ZPO, § Rdnr.)

Mugdan, Benno: Die gesamten Materialien zum Bürgerlichen Gesetzbuch für das Deutsche Reich, V. Band. Erbrecht. Berlin 1899 (zit.: Mugdan V, S.)

Muscheler, Karlheinz: Der Erbschein (Teil 2), in: Jura 2009, S. 567 bis 574

ders.: Die geplanten Änderungen im Erbrecht, Verjährungsrecht und Nachlassverfahrensrecht, in: ZEV 2008, S. 105 bis 112

Musielak, Hans-Joachim: Kommentar zur Zivilprozessordnung mit Gerichtsverfassungsgesetz, 10. Auflage, München 2013 (zit.: Bearbeiter, in: Musielak, Kommentar zur ZPO, § Rdnr.)

Musielak, Hans-Joachim / *Borth*, Helmut / *Grandel*, Mathias: Familiengerichtliches Verfahren, 1. und 2. Buch, 3. Auflage, München 2013 (zit.: Bearbeiter, in: Musielak/Borth, Kommentar zum FamFG, § Rdnr.)

Navrátilová, Michaela: Familienrechtliche Aspekte im europäischen Erbkollisionsrecht. Unter Einbeziehung der Rechtsetzungskompetenz nach dem Vertrag von Lissabon, in: GPR 2008, S. 144 bis 155

Neuhaus, Paul Heinrich: Anmerkung zu BGH, Beschluss vom 14.6.1965 – GSZ 1/65, in: JZ 1966, 237 bis 242

ders.: Grundbegriffe des Internationalen Privatrechts, Tübingen, 2. Auflage 1976 (zit.: Neuhaus, Grundbegriffe des IPR, S.)

ders.: Internationales Zivilprozessrecht und Internationales Privatrecht - Eine Skizze, in: RabelsZ 20 (1955), S. 201 bis 269

ders.: Neue Wege im Europäischen Internationalen Privatrecht, in: RabelsZ 35 (1971), S. 401 bis 428

ders.: Zur internationalen Zuständigkeit in der Freiwilligen Gerichtsbarkeit, in: NJW 1967, S. 1167 bis 1168

Neuner, Robert: Internationale Zuständigkeit, Mannheim/Berlin/Leipzig 1929, (zit.: Neuner, Internationale Zuständigkeit, S.)

Nordmeier, Friedrich: Erbverträge und nachlassbezogene Rechtsgeschäfte in der EuErbVO – eine Begriffserklärung, in: ZEV 2013, S. 117 bis 124

ders.: EuErbVO: Neues Kollisionsrecht für gemeinschaftliche Testamente, in: ZEV 2012, S. 513 bis 519

Nourissat, Cyril: Le Champ d'application de la proposition de règlement, in: Georges Khairallah / Mariel Revillard, Perspectives du droit des Successions Européennes et Internationales, Études de la proposition de règlement du 14 Octobre 2009, Paris 2010, S. 17 bis 34 (zit.: Nourissat, in: Perspectives du droit des Successions Européennes et Internationales, S.)

Odersky, Felix: Die Abwicklung deutsch-englischer Erbfälle, Köln 2001 (zit.: Odersky, Die Abwicklung deutsch-englischer Erbfälle, S.)

ders.: Die Europäische Erbrechtsverordnung in der Gestaltungspraxis, in: notar 2013, S. 3 bis 9

Oertzen, Christian von: Anglo-Amerikanische Nachlasstrusts und inländische Grundstücke bzw. grundstücksbesitzende Erbengemeinschaften, in: ZEV 2013, S. 109 bis 115

Olzen, Dirk: Erbrecht, 3. Auflage, Berlin 2009 (zit.: Olzen, Erbrecht, Rdnr.)

Padovini, Fabio: Der Europäische Erbschein, in: Brigitta Jud / Walter H. Rechberger / Gerte Reichelt, Kollisionsrecht in der Europäischen Union, Neue Fragen des Internationalen Privat- und Zivilverfahrensrechtes, Wien 2008, S. 151 bis 164 (zit.: Padovini, in: Jud/Rechberger/Reichelt, Kollisionsrecht in der Europäischen Union, S.)

Palandt, Otto (Begr.): Kommentar zum Bürgerlichen Gesetzbuch, 71. Auflage 2012 (zit.: Bearbeiter, in: Palandt, Kommentar zum BGB, § Rdnr.)

Pfeiffer, Thomas: Internationale Zuständigkeit und prozessuale Gerechtigkeit, Die internationale Zuständigkeit im Zivilprozess zwischen effektivem Rechtsschutz und nationaler Zuständigkeitspolitik, Frankfurt am Main 1995 (zit.: Pfeiffer, Internationale Zuständigkeit, S.)

Pfundstein, Tobias: Pflichtteil und ordre public, Angehörigenschutz im internationalen Erbrecht, München 2010 (zit.: Pfundstein, Pflichtteil, Rdnr.)

Pintens, Walter: Die Europäisierung des Erbrechts, in: ZEuP 2001, S. 628 bis 648

ders.: Grundgedanken und Perspektiven einer Europäisierung des Familien- und Erbrechts - Teil 3, in: FamRZ 2003, S. 499 bis 505

Prütting, Hans / *Wegen*, Gerhard / *Weinreich*, Gerd: Kommentar zum Bürgerlichen Gesetzbuch, 7. Auflage, Köln 2012 (zit.: Bearbeiter, in: PWW, Kommentar zum BGB, § Rdnr.)

Prütting, Hanns / *Helms*, Tobias: Kommentar zum Gesetz über das Verfahren in Familiensachen und die Angelegenheiten der freiwilligen Gerichtsbarkeit (FamFG), 2. Auflage, Köln 2011 (zit.: Bearbeiter, Prütting/Helms, Kommentar zum FamFG, § Rdnr.)

Rauscher, Thomas: Europäisches Zivilprozess- und Kollisionsrecht EuZPR / EuIPR (Kommentar), Band 4: Brüssel IIa-VO, EG-UntVO, EG-ErbVO-E, HUntStProt 2007, München, Bearbeitung 2010 (zit.: Bearbeiter, in: Rauscher, EuZPR/EuIPR, Art. Rdnr.)

ders.: Internationales Privatrecht, mit internationalem Verfahrensrecht, 4. Auflage, Heidelberg 2012 (zit.: Rauscher, IPR, S.)

ders.: Heimatlos in Europa? Gedanken gegen eine Aufgabe des Staatsangehörigkeitsprinzips im IPR, in: Festschrift für Erik Jayme, Band 1, München 2004, S. 719 bis 745 (zit.: Rauscher, in: FS Jayme, S.)

Rechberger, Walter H. / *Schur*, Theresia: Eine Internationale Zuständigkeitsordnung in Verlassenschaftssachen, Empfehlungen aus österreichischer Sicht, in: Brigitta Jud / Walter H. Rechberger / Gerte Reichelt, Kollisionsrecht in der Europäischen Union, Neue Fragen des Internationalen Privat- und Zivilverfahrensrechtes, Wien 2008, S. 185 bis 224 (zit.: Rechberger/Schur, in: Jud/Rechberger/Reichelt, Kollisionsrecht in der Europäischen Union, S.)

Rehm, Gebhard: Erbfolge nach italienischem Recht; Anmerkung zu BayObLG, Beschluß vom 03.08.1993 - 1 Z BR 58/93, in: MittBayNot 1994, S. 274 bis 277

Remde, Julia: Die Europäische Erbrechtsverordnung nach dem Vorschlag der Kommission vom 14. Oktober 2009, in: RNotZ 2012, S. 65 bis 85

Remien, Oliver: Chancen und Risiken erbrechtlicher Planung und Beratung nach dem Vorschlag einer europäischen Verordnung über das internationale

Erbrecht und das europäische Nachlasszeugnis, in: Erbrecht und Vermögenssicherung, Tagungsband, Hrsg. v. Herbert Grziwotz, Würzburg 2011, S. 95 bis 115 (zit.: Remien, in: Grziwotz, Erbrecht und Vermögenssicherung, S.)

ders.: European Private International Law, The European Community and its emering area of freedom, security and justice, in: CML Rev. 38 (2001), S. 53 bis 86

Repasi, René: Die Rechtsetzungskompetenzen der Europäischen Gemeinschaft im Familien- und Erbrecht, in: StudZR 2004, S. 251 bis 288

Revillard, Mariel: Droit international Privé et Communautaire: Pratique Notariale, Paris 2010 (zit.: Revillard, in; Droit International Privé et Communautaire, Rdnr.)

Richters, Patrick: Anwendungsprobleme der EuErbVO im deutsch-britischen Rechtsverkehr, in: ZEV 2012, S. 576 bis 579

Riering, Wolfgang: Internationales Nachlassverfahrensrecht, in: MittBayNot 1999, S. 519 bis 529

Riezler, Erwin: Internationales Zivilprozessrecht und prozessuales Fremdenrecht, Berlin 1949 (zit.: Riezler, IZPR, S.)

Rohe, Mathias: Staatsangehörigkeit oder Lebensmittelpunkt? Anknüpfungsgerechtigkeit im Lichte neuerer Entwicklungen, in: Festschrift für Dietrich Rothoeft zum 65. Geburtstag, München 1994, S. 1 bis 40 (zit.: Rohe, in: FS Rothoeft, S.)

Rohlfing, Hubertus: Entwurf eines Gesetzes über das Verfahren in Familiensachen und in den Angelegenheiten der freiwilligen Gerichtsbarkeit (FamFG-Entwurf), in: ErbR 2008, S. 144 bis 151

Sachs, Michael (Hrsg.): Kommentar zum Grundgesetz, 6. Auflage, München 2011 (zit.: Bearbeiter, in: Sachs, Kommentar zum GG, Art. Rdnr.)

Saenger, Ingo (Hrsg.) / *Bendtsen*, Ralf: Handkommentar zur Zivilprozessordnung sowie zum FamFG und zum Europäischen Verfahrensrecht, 4. Auflage, Baden-Baden 2011 (zit.: Bearbeiter, in: HK-ZPO, § Rdnr.)

Sauvage, François: L'option et la transmission du passif dans les successions internationales, in: Georges Khairallah / Mariel Revillard, Perspectives du droit des Successions Européennes et Internationales, Études de la proposition de règlement du 14 Octobre 2009, Paris 2010, S. 99 bis 118 (zit.: Sauvage, in: Perspectives du droit des Successions Européennes et Internationales, S.)

Schaal, Daniel: Aktuelles im IPR / aus dem Ausland, in: BWNotZ 2013, S. 29 bis 32

ders.: Internationale Zuständigkeit deutscher Nachlassgerichte nach der geplanten FGG-Reform, in: BWNotZ 2007, S. 154 bis 160

Schack, Haimo: Die EG-Kommission auf dem Holzweg von Amsterdam, in: ZEuP 1999, S. 805 bis 808

ders.: Die Versagung der deutschen internationalen Zuständigkeit wegen forum non conveniens und lis alibi pendens, in: RabelsZ 58 (1994), S. 40 bis 58

ders.: Internationales Zivilverfahrensrecht, Ein Studienbuch, 5. Auflage, München 2010 (zit.: Schack, IZVR, Rdnr.)

Schäuble, Daniel: Die Einweisung der Erben in die Erbschaft nach österreichischem Recht durch deutsche Nachlassgerichte – Eine Untersuchung auf Grundlage des FamFG und der Erbrechtsverordnung, Frankfurt 2011 (zit.: Schäuble, Einweisung der Erben durch deutsche Nachlassgerichte, S.)

ders.: Die Erbscheinserteilung in internationalen Erbfällen nach neuer Rechtslage, in: ZErb 2009, S. 200 bis 206

Schellhammer, Kurt: Zivilprozess, Gesetz – Praxis – Fälle, 14. Auflage, Heidelberg 2012 (zit.: Schellhammer, Zivilprozess, S.)

Scherer, Stephan (Hrsg.): Münchener Anwaltshandbuch Erbrecht, 3. Auflage, München 2010 (zit.: Bearbeiter, in: Münchener Anwaltshandbuch Erbrecht, § Rdnr.)

Schlechtriem, Peter: Ausländisches Erbrecht im deutschen Verfahren - dargestellt am Falle der Maßgeblichkeit französischen Erbrechts, Karlsruhe 1966 (zit.: Schlechtriem, Ausländisches Erbrecht im deutschen Verfahren, S.)

Schlosser, Peter: Kommentar zum EU-Zivilprozessrecht, EuGVVO, EuEheVO, AVAG, HZÜ, EuZVO, HBÜ, EuBVO, 2. Auflage, München 2003 (zit.: Schlosser, EU-ZPR, Art. Rdnr.)

Schömmer, Hans-Peter / *Reiß*, Jürgen: Internationales Erbrecht – Italien, 2. Auflage, München 2005 (zit.: Schömmer/Reiß, Internationales Erbrecht - Italien, S.)

Schotten, Günther: Probleme des Internationalen Privatrechts im Erbscheinsverfahren, in: Rpfleger 1991, S. 181 bis 189

Schotten, Günther / *Schmellenkamp*, Cornelia: Das Internationale Privatrecht in der notariellen Praxis, 2. Auflage, München 2007 (in: Schotten/Schmellenkamp, IPR in der notariellen Praxis, § Rdnr.)

Schroer, Patrick: Europäischer Erbschein - Mit rechtsvergleichender Darstellung, Frankfurt am Main 2010 (zit.: Schroer, Europäischer Erbschein, S.)

Schütze, Rolf: Deutsches Internationales Zivilprozessrecht unter Einschluss des Europäischen Zivilprozessrechts, 2. Auflage, Berlin 2005, (zit.: Schütze, Deutsches Internationales Zivilprozessrecht, Rdnr.)

Schulte-Bunert, Kai / *Weinreich*, Gerd: Kommentar zum Gesetz über das Verfahren in Familiensachen und die Angelegenheiten der freiwilligen Gerichtsbarkeit (FamFG), 3. Auflage, Köln 2012 (zit.: Bearbeiter, in: Schulte-Bunert/Weinreich, Kommentar zum FamFG, § Rdnr.)

Schulze, Reiner (Red.) / *Dörner*, Heinrich: Handkommentar zum Bürgerlichen Gesetzbuch, 7. Auflage, Baden-Baden 2012 (zit.: Bearbeiter, in: HK-BGB, § Rdnr.)

Schwarze, Jürgen (Hrsg.): EU-Kommentar, 3. Auflage, Baden-Baden 2012 (zit.: Bearbeiter, in: Schwarze, EU-Kommentar, Art. Rdnr.)

Schwimann, Michael: Internationale Zuständigkeit in Abhängigkeit von der lex causae?, in: RabelsZ 34 (1970), S. 201 bis 222

Schwind, Fritz: Raum und Zeit im internationalen Privatrecht, in: Vom deutschen zum europäischen Recht – Festschrift für Hans Dölle, Band 2– Internationales Recht, Tübingen 1963, S. 105 bis 117 (Schwind, in: FS Dölle, Band 2, S.)

Scoles, Eugene: The Hague Convention on Succession, in: The American Journal of Comparative Law Vol. 42 (1994), S. 85 bis 123

Seyfarth, Stefan Georg: Wandel der internationalen Zuständigkeit im Erbrecht, Konstanz 2011 (zit.: Seyfarth, Zuständigkeitswandel, S.)

Siehr, Kurt: Internationales Privatrecht, Deutsches und europäisches Kollisionsrecht für Studium und Praxis, Heidelberg 2001 (zit.: Siehr, IPR, S.)

Simon, Ulrich / *Buschbaum*, Markus: Die neue EU-Erbrechtsverordnung, in: NJW 2012, S. 2393 bis 2398

Soergel, Hans Theodor (Begr.): Kommentar zum Bürgerlichen Gesetzbuch, Band 10, Einführungsgesetz, 12. Auflage, Stuttgart 1996, Band 23, Erbrecht 3, §§ 2274 – 2385, 13. Auflage, Stuttgart 2002 (zit.: Bearbeiter, in: Soergel, Kommentar zum BGB, Art./§ Rdnr.)

Sonnenberger, Hans Jürgen: Randbemerkungen zum Allgemeinen Teil eines europäisierten IPR, in: Die richtige Ordnung, Festschrift für Jan Kropholler zum 70. Geburtstag, Tübingen 2008, Seite 227 bis 246 (zit.: Sonnenberger, in: FS Kropholler, S.)

Spickhoff, Andreas: Grenzpendler als Grenzfälle: Zum „gewöhnlichen Aufenthalt“ im IPR, in: IPRax 1995, S. 185 bis 189

Starke, Timm: Erbnachweis durch notarielles Testament, in: NJW 2005, S. 3184 bis 3187

Staudinger, Ansgar: Europäisches Kollisionsrecht für Verbraucherverträge, in: ZfRV 2000, S. 93 bis 105

Staudinger, Julius von: Kommentar zum Bürgerlichen Gesetzbuch mit Einführungsgesetz und Nebengesetzen
§§ 2346 – 2385 (Erbverzicht, Erbschein, Erbschaftskauf), Buch 5, Erbrecht, Berlin, Neubearbeitung 2010

Einleitung zum IPR, Art. 3 – 5 EGBGB, Anhang zu Art 4 EGBGB: Länderberichte zum Renvoi und zur Unteranknüpfung bei Mehrrechtsstaaten; Anhang I zu Art. 5 EGBGB: Grundlagen des Staatsangehörigkeitsprinzips, Anhang II zu Art 5 EGBGB: Die deutsche Staatsangehörigkeit, Anhang III zu Art 5 EGBGB: Ausländisches Staatsangehörigkeitsrecht, Anhang IV zu Art 5 EGBGB: Das internationale Flüchtlingsrecht (Internationales Privatrecht - Allgemeiner Teil), Berlin, Neubearbeitung 2003
Einführungsgesetz zum Bürgerlichen Gesetzbuche/IPR, Art. 25, 26 EGBGB, (Internationales Erbrecht), Berlin, Neubearbeitung 2007
Einführungsgesetz zum Bürgerlichen Gesetzbuche/IPR, IntVerfREhe, (Internationales Verfahrensrecht in Ehesachen), Berlin, Neubearbeitung 2005 (zit.: Bearbeiter, in: Staudinger, Kommentar zum BGB, § Rdnr.)

Steeden, Rachel: Großbritannien: Vorbehalte gegenüber der EU-Erbrechtsverordnung, in: ZEV 2010, S. 513

Steinmetz, Alexander / *Löber*, Burkhardt / *Alcázar*, Roco Garcia: EU-Erbrechtsverordnung: Voraussichtliche Rechtsänderungen für den Erbfall von in Spanien ansässigen, deutschen Staatsangehörigen, in: ZEV 2010, S. 234 bis 238

Sticherling, Helmstedt: Türkisches Erbrecht und deutscher Erbschein, in: IPRax 2010, S. 234 bis 236

Strübing, Tobias: Der amerikanische Erblasser mit Nachlass in Deutschland – Erbscheinserteilung, in: ZErb 2008, S. 178 bis 188

Stumpf, Cordula: EG-Rechtsetzungskompetenz im Erbrecht, in: EuR 2007, S. 291 bis 316

dies.: Europäisierung des Erbrechts: Das Grünbuch zum Erb- und Testamentsrecht, in: EuZW 2006, S. 587 bis 592

Süß, Rembert: Auf dem Weg zum Einheitlichen Europäischen Erbrecht, in: ZErb 2005, S. 28 bis 32

ders.: Der Vorschlag der EG-Kommission zu einer Erbrechtsverordnung (Rom IV-Verordnung) vom 14. Oktober 2009, in: ZErb 2009, S. 342 bis 348

ders.: Erbrecht in Europa, 2. Auflage, Angelbachtal 2008 (zit.: Bearbeiter, in: Süß, Erbrecht in Europa, S.)

ders.: The proposed EU Regulation on Succession and German Law, in: Workshop on the Proposal for a Regulation on Succession, S. 1 bis 28

Tarko, Ihor: Ein Europäischer Justizraum: Errungenschaften auf dem Gebiet der justitiellen Zusammenarbeit in Zivilsachen, in: ÖJZ 1999, S. 401 bis 407

Terner, Paul: Perspectives of a European Law of Succession, in: MJ 2007, S. 147 bis 178

Tersteegen, Jens: Erbscheinserteilung nach österreichischem Erblasser mit Vermögen nur in Deutschland, in: ZErb 2007, S. 339 bis 343

Traar, Thomas: Der Verordnungsvorschlag aus österreichischer Sicht, in: Gerte Reichelt / Walter H. Rechberger (Hrsg.); Europäisches Erbrecht, Zum Verordnungsvorschlag der Europäischen Kommission zum Erb- und Testamentsrecht, Wien 2011, S. 85 bis 108 (zit.: Traar, in Reichelt/Rechberger, Europäisches Erbrecht, S.)

Uerpmann-Wittzack, Robert / *Edenharter*, Andrea: Subsidiaritätsklage als parlamentarisches Minderheitsrecht?, in: EuR 2009, S. 313 bis 330

Ultsch, Michael: Internationale Zuständigkeit in Nachlaßsachen - Ein Beitrag zum Justizgewährungsanspruch, in: MittBayNot 1995, S. 6 bis 16

Vékás, Lajos: Objektive Anknüpfung des Erbstatuts, in: Gerte Reichelt / Walter H. Rechberger (Hrsg.); Europäisches Erbrecht, Zum Verordnungsvorschlag der Europäischen Kommission zum Erb- und Testamentsrecht, Wien 2011, S. 41 bis 56 (zit.: Vékás, in Reichelt/Rechberger, Europäisches Erbrecht, S.)

Verbeke, Alain / *Leleu*, Yves-Henri: Harmonisation of the Law of Succession in Europe, in: Towards a European Civil Code, Arthur Hartkamp; Martijn Hesselink, Ewoud Hondius, 3. Auflage, Nijmegen 2004; S. 335 bis 350 (zit.: Verbke/Leleu, in: Towards a European Civil Code, S.)

Völker, Mallory: Europäisierung des Familienrechts - Haftungsfalle forum shopping, in: FF 2009, S. 443 bis 450

Vollmer, Peter: Die neue europäische Erbrechtsverordnung – ein Überblick, in: ZErb 2012, S. 227 bis 234

Voltz, Markus: Internationales Erbrecht in der EU – Perspektiven einer Harmonisierung (Symposium des Deutschen Notarinstituts in Brüssel), in: IPRax 2005, S. 64 bis 66

Waal, Marius de: A Comparative Overview, in: Kenneth Reid / Marius de Waal / Reinhard Zimmermann, Exploring the Law of Succession, Studies National, Historical and Comparative, S. 1 bis 26 (zit.: de Waal, in: Reid/de Waal/Zimmermann, Exploring the Law of Succession; S.)

Wagenitz, Erich: Inwieweit sind für die dem Nachlaßgericht obliegenden Verrichtungen die deutschen Gerichte zuständig, wenn der nach dem 1. Januar verstorbene Erblasser ein Ausländer und die Zuständigkeit durch Staatsverträge nicht geregelt ist?, Greifswald 1905 (zit.: Wagenitz, Zuständigkeit deutscher Gerichte, S.)

Wagner, Rolf: EG-Kompetenz für das Internationale Privatrecht, in Ehesachen?, in: RabelsZ 68 (2004), S. 119 bis 153

ders.: Der Kommissionsvorschlag vom 14.10.2009 zum internationalen Erbrecht: Stand und Perspektiven des Gesetzgebungsverfahrens, in: DNotZ 2010, S. 506 bis 519 ders.: Zur Kompetenz der Europäischen Gemeinschaft in der justiziellen Zusammenarbeit in Zivilsachen, in: IPRax 2007, S. 290 bis 293

Walchshöfer, Alfred: Die deutsche internationale Zuständigkeit in der streitigen Gerichtsbarkeit, in: ZZP 80 (1967), S. 165 bis 229

Wengler, Wilhelm: Fehlendes Rechtsschutzinteresse wegen Unmöglichkeit der Vollstreckung der Entscheidung durch das international zuständige deutsche Gericht?, in: IPRax 1991, S. 42 bis 43

Wiethölter, Rudolf: Internationales Nachlaßverfahrensrecht, in: Lauterbach, Wolfgang, Vorschläge und Gutachten zur Reform des Deutschen Internationalen Erbrechts, Tübingen 1969; S. 141 bis 184 (zit.: Wiethölter, in: Vorschläge und Gutachten zur Reform des Deutschen Internationalen Erbrechts, S.)

Wilsch, Harald: EuErbVO: Die Verordnung in der deutschen Grundbuchpraxis, in: ZEV 2012, S. 530 bis 532

Wittrowski, Ralf: Die Beantragung und Erteilung von Erbscheinen in Erbfällen mit Auslandsberührung nach dem FamFG, in: RNotZ 2010, S. 102 bis 132

Zehntmeier, Ursula: Das Erbscheinsverfahren nach dem neuen FamFG, in: NWB 2010, S. 1986 bis 1993

Zeiss, Walter / *Schreiber*, Klaus: Zivilprozessrecht, 11. Auflage, Tübingen 2009 (zit.: Zeiss/Schreiber, ZPO, Rdnr.)

Zimmermann, Walter: Das Erbscheinsverfahren im FamFG, in: JuS 2009, S. 817 bis 821

ders.: Das neue FamFG, Verfahrensrecht, Rechtsmittel, Familiensachen, Betreuung, Unterbringung, Nachlasssachen und Kosten, 2. Auflage, München 2011 (zit.: Zimmermann, Das neue FamFG, Rdnr.)

ders.: Das neue Nachlassverfahren nach dem FamFG, in: ZEV 2009, S. 53 bis 58

ders.: Die Nachlasspflegschaft und sonstige Nachlassverfahren im FamFG, in: Rpfleger 2009, S. 437 bis 440

ders.: Die Nachlasssachen in der FGG-Reform, in: FGPrax 2006, S. 189 bis 194

ders.: Erbschein und Erbscheinsverfahren für die gerichtliche, anwaltliche und notarielle Praxis, 2. Auflage, Berlin 2008 (zit.: Zimmermann, Erbschein und Erbscheinsverfahren, Rdnr.)

Zöller, Richard: Kommentar zur Zivilprozessordnung, mit FamFG (§§ 1-185, 200-270, 433-484) und Gerichtsverfassungsgesetz, den Einführungsgesetzen, mit Internationalem Zivilprozessrecht, EU-Verordnungen, Kostenanmerkungen, 29. Auflage, Köln 2012 (zit.: Bearbeiter, in: Zöller, Kommentar zur ZPO, § Rdnr.)